今天的历史

——恩施市大事记

恩施市地方志编纂委员会办公室
恩施市档案局（馆）史志办公室 编

方志出版社
Pubishing House of Local Records

图书在版编目(CIP)数据

今天的历史:恩施市大事记 / 恩施市地方志编纂委员会办公室,恩施市档案局(馆)史志办公室编. ——北京:方志出版社,2017.8

ISBN 978-7-5144-2524-6

Ⅰ.①今… Ⅱ.①恩… ②恩… Ⅲ.①恩施—地方史—大事记 Ⅳ.①K296.33

中国版本图书馆CIP数据核字(2017)第234069号

今天的历史——恩施市大事记

编　　者:恩施市地方志编纂委员会办公室、恩施市档案局(馆)史志办公室
责任编辑:朱　姝

出 版 人:冀祥德
出 版 者:方志出版社
地址　北京市朝阳区潘家园东里9号(国家方志馆4层)
邮编　100021
网址　http://www.fzph.org
发　　行:方志出版社图书经销中心
电　　话:(010)67110500
经　　销:各地新华书店
印　　刷:恩施州献华印务有限公司

开　　本:787×1092　　1/16
印　　张:44
字　　数:913千字
版　　次:2017年8月第1版　2017年8月第1次印刷
印　　数:0001~1000册

ISBN 978-7-5144-2524-6　　**定价**:220.00元

民国二十五年(1936)恩施县行政区划示意图

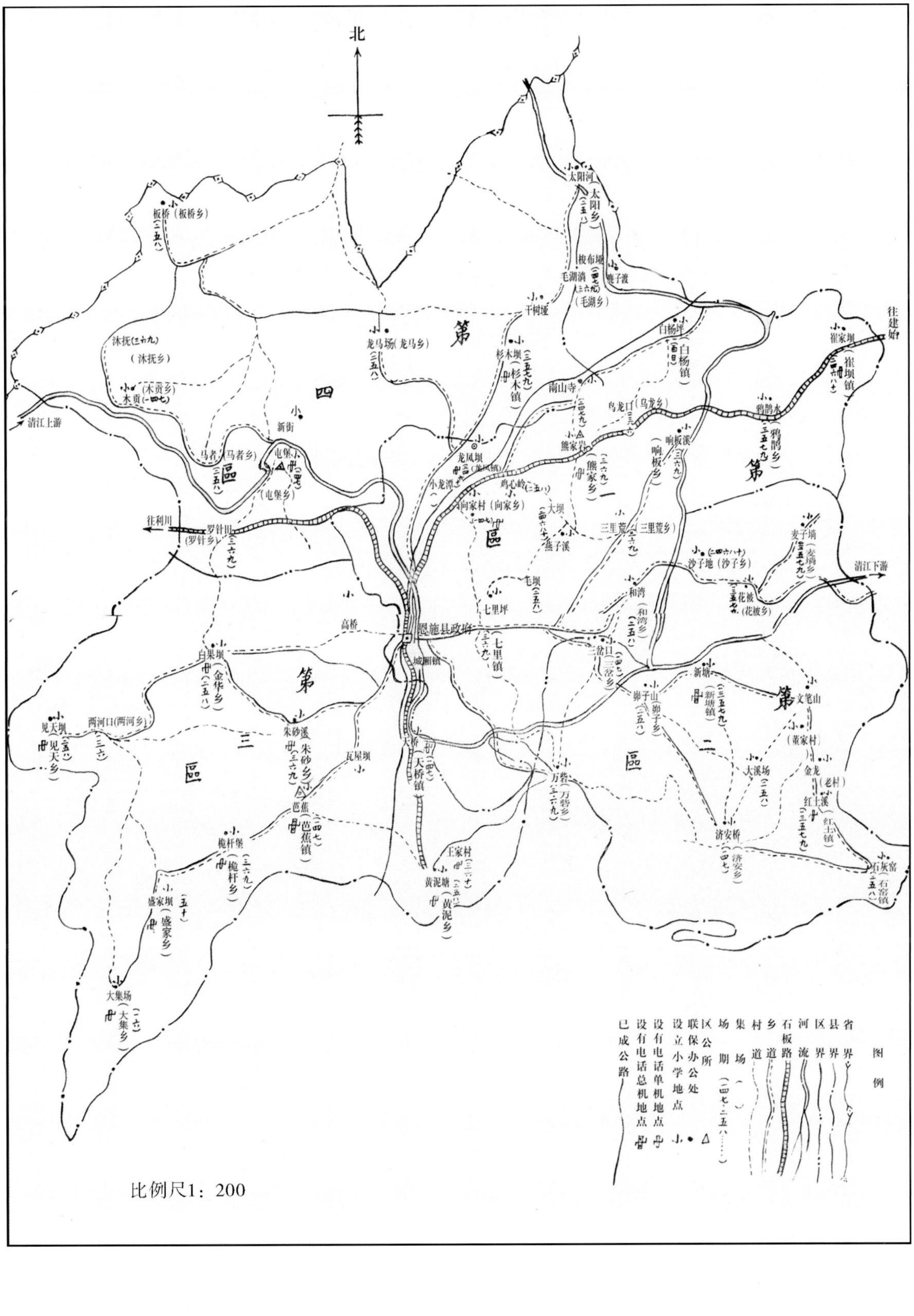

恩施市城

区全景图

1982年恩施县(市)城区示意图

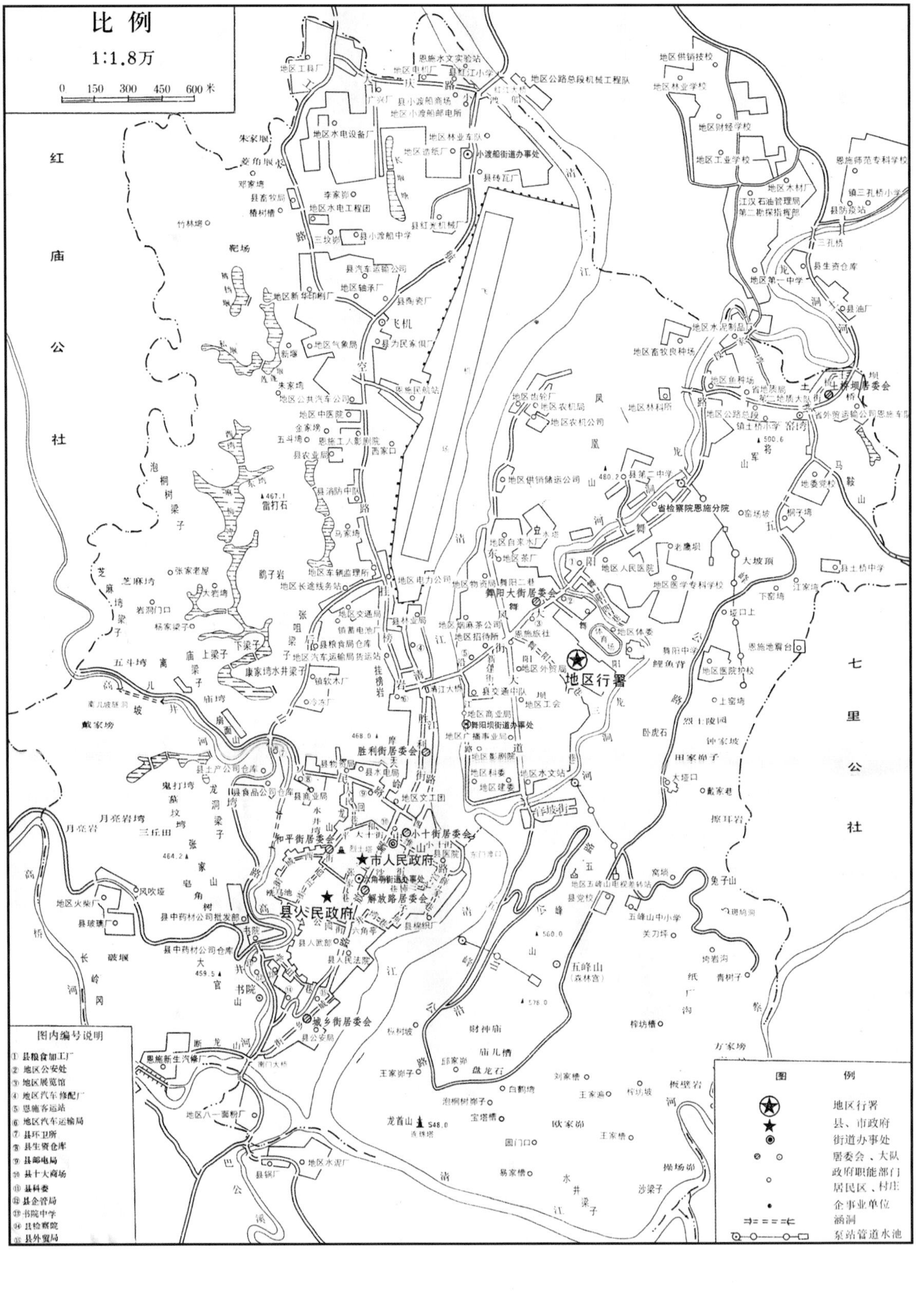

恩施市地方志编纂委员会

恩市办文〔2016〕11号

监　修 向前进

主　任 苏　勇

副主任 郑晓斌　张渊平　李　君　杨局成　黎昔品

董　高　邵永政　张献宏（女）　崔显琦

委　员 刘天宝　徐　卫　李明国　吴　萍　肖极峰　陈立辉　刘　斌　邱　凌

陈　斌　张　云　石国伟　王玉玲（女）　李正文　向极怀　李晓玲（女）

张思楚　陈启富　谭大会　李在寅　杨昌福　周雁飞（女）　黄　兴

胡　兵　万亨东　陈　宁　沈维珩　刘　彬　汪业民　黄贵森　胡祖华

赵树峰　滕松柏　张　玲　魏顺军　官伟立　龙世俊　杨　帆

丁　娟（女）　徐贵尧（女）　刘永坤　田天龙　周　勇　陈光平　荣万福

吴秀忠　曾　伟　吴先锋　尹国民　冉景钊　伍功勋　潘　超　朱显龙

唐洪波　查忠铭　李　琼　朱诗斌　谭　贤　丁清传　陈轶丹

崔　谊（女）　王胜江　覃登春　明　渊　王永照　潘贤勇　张泽武

办公室主任 张思楚（兼）

副　主　任 戴　平（兼）　何克伦（兼）　兰远辉（兼）　赵明权（兼）

2016年3月25日

恩施市地方志编纂委员会（调整）

恩市办文〔2017〕14 号

监　修 向前进

主　任 苏　勇

副主任 吴卫平　黄　波　谢　奎　董　高　金德钧　张献宏（女）
蔡万高　曹　云

委　员 周海枝　赵树峰　冉景钊　吴　萍（女）　肖极峰　吕祖贵　邱　凌
陈　斌　袁芹武　章云峰　王玉玲（女）　徐志刚　潘贤勇　向文政
胡　咏　张远虑　刘　斌　陈　凯　赵书拉　张　玲　周燕飞（女）
黄　兴　胡　兵　易发斌　陈启富　沈维珩　刘　彬　蒲　武
廖平玥　董晓明　胡祖华　刘建林　丁　娟（女）　李晓玲（女）
魏顺军　官伟立　龙世俊　刘世怀　徐贵尧（女）　汪　涛　滕松柏
田天龙　周　勇　陈光平　朱胜武　吴秀忠　曾　伟　刘永昆　尹国民
张　凤（女）　李　琼　覃登春　潘　超　朱显龙　唐宏波　陈轶丹
甘　艳（女）　刘迪海　李华武　明　渊　翟朝庆　甘志明　伍功勋
胡　琳　朱诗斌　刘伯韬　林　忠

办公室主任 张远虑（兼）

副　主　任 何克伦（兼）　兰远辉（兼）　赵明权（兼）

2017 年 4 月 24 日

《恩施市大事记》编辑部成员名单

恩市史志文(2016)12号

主　编 张思楚

副主编 戴　平　何克伦　兰远辉　赵明权

编　务 刘武成　黄泽桃(女)　李诚红(女)　何　群(女)　张　进(女)
刘龙凤(女)　熊　璞(女)　沈江鸿　姚懿予(女)　陈万勇　陈　静(女)
袁庆玲(女)　王　涛　张爱梅(女)

2016年8月10日

《恩施市大事记》编辑部成员名单（调整）

恩市史志文(2017)5号

主　　编 张远虑

执行主编 张思楚

副 主 编 何克伦　兰远辉　赵明权

编　　务 刘武成　戴　平　黄泽桃（女）　李诚红（女）　何　群（女）　张　进（女）　刘龙凤（女）　熊　璞（女）　沈江鸿　姚懿予（女）　陈万勇　陈　静（女）　袁庆玲（女）　李仁龙　王　涛　张爱梅（女）　周伦碧（女）

文本审校 唐春温　王寿襄

终审定稿 张思楚

封面设计 谢奕然

图片资料 肖华林

2017年6月2日

序

几千年以降，时序更替；数十月以来，夙夜耕耘。一部涵盖历史，昭示现实，恩施市有史记载以来较为完整、全面、系统的《今天的历史——恩施市大事记》终成卷帙，实感欣慰。《恩施市大事记》是在《恩施县志》（清嘉庆·同治版）、《恩施县志》（1840—1982）、《恩施市志》（1983—2003）和《恩施市年鉴》（系列）等综合地方志书（年鉴）编纂出版的基础上，由市档案局（馆）史志办公室根据恩施市实际，历经三年时间整理而成的又一具有“资治、教化、存史”功用的大型地情资料工具书。这是我市地方史志工作的一件大事，也是我市文化建设的一项重要成果，填补了我市大事记专著的一项空白。其价值特殊，意义深远，作用非同凡响。

《今天的历史——恩施市大事记》的编纂，坚持正确的指导思想，运用辩证唯物主义、历史唯物主义的观点、立场和方法，忠于历史，尊重历史，实事求是，与时俱进，全面、客观、系统、真实地征编自有史记载以来至2015年恩施市（县）经济、政治、文化、社会等方面的大事、要事、特事、新事，充分反映了境内几千年来自然、经济、社会、人文渐进发展的历史脉络、重大史实、历史功绩和时代特色，系恩施市（县）志系列文献的浓缩与精华，是集中了解、认识和研究当地历史权威而珍贵的地情资料。

人民是历史的创造者。大约公元前二世纪，即唐虞夏商时期，武落钟离山巴氏、樊氏、瞫氏、相氏、郑氏五姓族人，推选巴务相为廪君，继而建立巴国，自此历经春秋战国、秦汉三国、唐宋元明、清朝民国和中华人民共和国等历史时期，在这块3972平方公里的热土上，人类不断地繁衍，历史不断地进步，社会不断地发展与变化。自新中国成立以来特别是改革开放以来，在中国共产党的坚强领导下，广大人民群众当家做主，通过艰难探索，奋力开发，在改造和利用大自然的过程中，战胜一个又一个困难，创造一个又一个奇迹，取得一个又一个成就，浓墨重彩地书写出了历史上最灿烂辉煌的篇章。恩施的变化，可谓翻天覆地，沧海桑田。

近几年来，市委、市政府率领全市上下深入贯彻中共十八大精神，紧扣经济和社会发展目标，坚定信心，抢抓机遇，开拓进取，砥砺前行，其建设基础和发展环境一直保持良好地发展态势，政治清明，社会文明，经济繁荣，生态幽美，人民生活水平明显提高，市域综合实力明显提升，相继荣获“全国民族团结进步模范集体”“全国‘双拥’模范城”“全国科普示范县（市）”“国家园林城市”等国家级荣誉。“十三五”时期，是全市脱贫攻坚、如期全面建成小康社会的决胜时期。我们要紧密团结在以习近平同志为核心的中共中央周围，紧紧围绕市委、市政府发展大局和工作重心，牢牢把握创新、协调、绿色、开放、共享发展理念和市场、绿色、民生发展纲要，着力建设武陵山区域城市、交通枢纽、旅游休闲、低碳工业聚集、富硒产品集散和金融服务“六个中心”，努力打造宜居、宜业、宜旅的“美丽恩施”，确保与全州、全省同步全面建成小康社会。

古为镜，史为鉴。但愿《今天的历史——恩施市大事记》在掩卷凝思之际，能给予读者和后人一个清醒而客观地了解、洞悉恩施市（县）递进演变过程真实轮廓的认同与共鸣，自当倍觉殊荣。

是为序！

2017年5月15日

（作者苏勇系中共恩施市委副书记、恩施市人民政府市长）

凡　例

一、《今天的历史——恩施市大事记》(以下简称本记),以马克思列宁主义、毛泽东思想、邓小平理论"三个代表"重要思想和科学发展观为指导,贯彻落实习近平总书记系列讲话精神和治国理政的新理念新思想新战略,坚持辩证唯物主义、历史唯物主义立场、观点和方法,全面、客观、系统、真实地征编境内自有史记载以来至 2015 年恩施市(县)经济、政治、文化、社会等方面的重要史料。

二、本记坚持"广征、精编、严核"原则和"大、要、特、新"标准,对境内市(县)重要会议、重要决策、重要部署、重要活动、重点工程项目和重大经济建设与社会发展成果进行记载,同一活动或专项活动领导名录收录副市(县)级以上人员;重要人事调整收录市(县)党政主要领导或集中任命的领导集体;到恩施市(县)重要视察活动收录副州(厅)级以上领导。对境内突发事件,或重大事故等主要事件进行记载。同时,对涉及市(县)有关上级主要领导批示、重要通知、重大报道、重大事件和获得重要奖励成果、重大实践成果也予以记载。神话传说一般未列入本记。

三、本记采用编年体和纪事本末体相结合的体例,以时为经,以事为纬,一事一记,对一些持续时间较长,有因果关系或内在联系的事件适当集中记述。在编排上,采取以日系事,以月系日,以年系月方法。日不详者,以月表述,附于月末。

四、本记中年、月、日表述,新中国成立前,使用朝代年号纪年,扩注公元年号,月、日或为农历日期,或为公历日期;新中国成立后,以公元纪年,月、日为公历日期。统计数据,新中国成立前,以汉字数字表述;新中国成立后,以阿拉伯数字表述。

五、本记采用语体文、记述体、第三人称行文。所用汉字以国家语言文字工作委员会 1986 年发布的《简化字总表》为依据,词形以教育部、国家语委 2002 年公布的《第一批异形词整理表》为标准,非常用字一般不再使用。

六、数字标点遵循国家标准出版规定,GB/T15843—2011《标点符号用法》,GB/T15845—2011《出版物数字用法》。

七、本记对主要机关称谓，一般第一次出现时一律用全称，如“中国共产党恩施市（县）委员会”“恩施市（县）人大常委会”“恩施县人民委员会”“恩施市（县）人民政府”“政协恩施市（县）委员会”“中国共产党恩施市纪律检查委员会”“中国人民解放军恩施市（县）武装部”“恩施县抓革命、促生产第一线指挥部”，其后一般使用简称，即“市（县）委”“市（县）人大”“县人委”“市（县）政府”“市（县）政协”“市（县）纪委”“市（县）武装部”等。凡市（县）直部门、所辖行政区划单位，一般不冠“恩施”或“恩施市（县）。

八、本记以条目为主要信息载体和基本撰稿方式，分上、下部。上部以朝代、年度排列，日期为条目，以【 】为标识。相同时间首条条目为具体时间，次条条目为是时、是年、是月、是日，第三条及以上条目止为“△”，不加【 】标识。下部以月份、日期排列，年度为条目，以【 】为标识。

今天的历史

——恩施市大事记

目　录

上 部

下 部

一 月

五 月

六 月

七　月

八　月

九 月

十 月

今天的历史

——恩施市大事记

上　部

唐虞夏商

【是时】地理范围属荆、梁二州之域(《尚书·禹贡》),天文翼、轸分野(《天文图》)。

△四亿四千万年前奥陶纪,恩施地区为一片海洋,小渡船村大龙潭古脊椎动物化石为证;四亿至三亿五千万年古生代泥盆世地壳变动为陆地,白果乡楠木村发现三叶虫化石、古生代腕足动物化石。

△夷城在清江中游盐湖(唐朝以前,连珠塔下南门峡口仅有暗洞消水,如今城区北起龙凤坝,南至芭蕉湾,清江漫及低洼处均为湖泊)西岸,今恩施老城西门外高桥坝上蛮王寨。

△大约公元前二世纪,武落钟离山巴氏、樊氏、瞫氏、相氏、郑氏五姓族人,用比武的方式,推选出巴务相为廪君。廪君乘土船率军西征,至于盐阳,战胜盐水女神,君乎夷城,四姓皆臣之。施国遂属廪君管辖(《后汉书注》)。廪君继续西征,在江州(今重庆)建立巴国。

△《洛书》曰:周武王伐纣,实得巴、蜀之师,著乎《尚书》。巴师勇锐,歌舞以凌殷人,前徒倒戈。故世称之曰"武王伐纣,前歌后舞"也。武王既克殷,以其宗姬封于巴,爵之以子。巴蜀绵亘百濮,巴师精锐有施。故传《武成》王曰:"百濮有施,盟朕以力。夷水鉴心,丹峰秀帜。城雄钮鼎,永不言兵"(晋·常璩《华阳国志·巴志》注)。

西　周

【是时】属夔子国地。"夔在巫山之阳,秭归乡是也。"楚国国君熊绎嫡孙熊挚所建,楚王封为夔子。公元前634年,为楚成王所灭(《史记·楚世家》集解)。

春　秋

【是时】为巴国界。

△盘瓠之后,输幏布一匹二丈,是谓“賨布”。廪君之巴氏出幏布八丈(《文选·魏都赋》李善注)。

△巴蔓子,都亭人,周末巴国乱,将军蔓子请援于楚,许以三城。楚救巴,巴国复宁,楚使请城,蔓子曰:赖楚之灵,克绥祸难,顾三城先君之封,不可得也,请以吾头往。及自刎,楚使持头归报,楚王曰:使吾得臣如蔓子者,何以城为?以上卿之礼葬其头于荆门山之阳,巴人亦以上卿礼葬其身于邑西北都亭山。

战 国

【是时】周显王时(前 368—321)楚国衰弱,秦惠文王(前 337—311 在位)与巴蜀为好,蜀王弟苴私亲于巴,巴蜀世战争(晋·常璩《华阳国志·巴志》)。

△周慎王五年(前 316)蜀王伐苴侯,苴侯奔巴,巴为求救于秦。秦惠文王遣张仪、司马错救苴、巴,遂伐蜀,灭之。仪贪巴苴之富,因取巴执王以归,置巴蜀及汉中郡(同上书)。

△及秦惠文王并巴中,以巴氏为蛮夷君长,世尚秦女。其世爵比不更,有罪得以爵除。其君长岁出赋二千一十六钱,三岁出义赋一千八百钱;其民户出幏布八丈二尺,鸡羽三十鍭(《后汉书》卷 86)。

△前 310 年,秦惠文王薨,秦武王继位,任用甘茂,罢张仪;前 306 年秦武王薨,其异母弟秦昭王立,昭王母亲系楚国王族后裔,前 305 年,秦昭王与楚怀王订立黄棘之盟。故楚国在巴苴之地设置巫郡。故旧志称“战国属楚巫郡地”。

秦

【是时】前 229 年,秦王政灭楚,置黔中郡,巫地属焉(《秦纪》)。故旧志称“秦属黔中郡”。

西汉

【是时】查《汉书·地理志》,“南郡,属荆州,领县十八。”其中有“巫县:故城在巫山县北,巫溪水南有盐井。”故旧志称“汉为巫县之地”,也是夜郎国强力辐射范围(《夜郎国地图》说明:分核心范围、强力辐射范围、远程辐射范围)。

△夜郎本是牂牁江流域土著民族。《后汉书》“有竹王者兴于遁水。有女子浣于水溪。有三节大竹流入女子足,推之不去,闻有儿声。浣女取持归,破之,得一男儿。长养有才武,遂雄长夷狄,以竹为氏。”是为夜郎王的来历。

△楚庄王苗裔庄蹻(?—前256)于前301年率农民起义,聚众数千,一直攻入郢都。顷襄王招安,封为大将军。奉命南征,沿长江而上,攻略巴郡、黔中郡以西且兰、夜郎地区,直达滇池。前286年,庄蹻正要归报楚王时,楚国巴郡、黔中郡已被秦国占领,归路断绝。庄蹻遂留滇建国,自称滇王,号“庄王”。

东　汉

永初初年(107)

【是年】九真徼外夜蛮夷举土内属,开镜千八百四十里(《后汉书·南蛮传》)。

建安十三年(208)

【是年】魏武平荆州,分南郡,属南郡巫县南境(时施南府皆南郡地),隶荆州。枝江以西为临江郡。赤壁败后地入蜀,蜀改临江郡为宜都郡。

建安二十四年(219)

【是年】地复入吴,置建平郡。

三国蜀吴

蜀汉章武二年·吴黄武元年(222)

【是年】刘备率大众来向西界,从巫峡、建平(连)突围至夷陵界,立数十屯。陆逊曰:“此必有谲。”上疏曰:“夷陵要害,国之关限。备水陆俱进,今反舍船就陆,处处结营,察其布置,必无他变。”乃敕各持一把茅,以火攻,拔破其四十余营,备因夜遁。

△章武二年(222)刘备一心收复荆州为关羽报仇,扎营夷陵猇亭。东吴陆逊火烧七百里连营。刘备西逃,陆逊追至夔关,走到奉节城外江岸沙滩,大军走进长方石垒巷道,转来转去,迷失方向,找不到出路。问之,地名“鱼腹浦”,垒名“八阵图”。继而雾气冲天,杀气腾腾,陆逊大惊大恐,不知所措。周泰央人请来诸葛亮的岳父黄承彦放出。

△诸葛亮在夔关甩掉陆逊后,刘备暂居白帝城。孙权遣使求和,双方建立联盟,分治荆州定界。《施南府志》“石乳关在城西一百七十里。在石乳关山上,三国吴蜀分界处,武侯曾至焉。今呼十二关。”至今有界碑为证。由此可证:三国时,恩施县西部为蜀汉管辖。

永安三年(260)

【七月】分宜都西部置建平郡治巫,属荆州(《三国志·吴志》)。又分巫县南境置沙渠、建始二县。属建平郡,为沙渠、建始二县地。晋建平郡治巫,领八县,在府境仍为沙渠、建始二县。

【是年】蜀汉章武年间(221年、222年)州级实体政权五个,下辖二十七郡一百六十九县。其中永安都督(州级)辖巴东郡、建平郡、固陵郡。固陵郡辖羊渠(万县、开县一部分)、朐忍(云阳)、鱼腹(永安府、固陵郡治所·奉节)巫县(巫山一部分)北井(巫山一部分)。其后多年,吴蜀联盟政区不变(罗开玉《蜀汉行政建制研究》)。可推恩施西部为鱼腹县所属。

晋

太康元年(280)

【是年】合统县入巫,北井、泰昌、信陵、兴山、建始、秭归、沙渠。沙渠县改属晋之建平郡。南北朝时,宋、齐沿袭。

东　晋

大兴元年(318)

【是年】向弘,西晋末东晋初巴族头人,至建康求拜元帝,任折冲将军,封平乡侯。

△元帝司马睿赐"晋蛮夷归义侯"金印。

大兴三年(320)

【是年】建平夷王向弘等归附,即封向弘为折冲将军,许以世袭。

安帝元兴三年(404)

【是年】桓诞窜蛮中,筑城临施水(廪君君乎夷城原址扩修),号施王城。恢复施国,自称施王,子孙袭王(世传民谣:"上有骷髅寨,下有香车塘。有人识得破,代代做君王")。至后周保定初(561),始平之,以其地置施州(《方舆览胜》)。

宋

文帝(刘义隆)元嘉二年(425)

【是年】谢灵运应施王桓诞之邀,来施国考察,在通天洞续写《山居赋》"远西"部分。其中有描写猿猴"掷飞枝于穷崖,超空绝于深硎,蹲谷底而长啸,攀木杪而哀鸣"之句。故施国人因尊谢灵运为"木杪仙人",遂将通天洞命名"木杪仙人洞"。此次谢灵运与施王桓诞同游椅子山,在磨刀石北池饮马书写《登钮山饮马池作》。施王在池畔为之立"谢公亭"。

梁

太平二年(557)

【是年】取都亭山名,置亭州,崇岗深麓,映带左右,下多良田广囿。

北　周

建德二年(573)

【是年】沙渠县境内置施州及清江郡(施州治所,在今恩施城东十里。《恩施县志》同治版"古迹"。具体地址在州基河上州古丘,即今石灰窑),分沙渠部分地为乌飞、盐水二县,乌飞属施州,盐水置亭州及资田郡。

建德三年(574)

【是年】置施州。

隋　朝

开皇二年(582)

【是年】废清江、资田、军屯三郡，改乌飞县为开夷县。

开皇五年(585)

【是年】改沙渠县为清江县，大业初县属清江郡，隶荆州总管。以县置清江之北，因以为名。辖十一乡。

大业年间(605—615)

【是时】李超，子仲举，陇西人，任清江令。“治绩懋箸，为当时最，民尸祝之”。

义宁元年(617)

【是年】置开夷县。

义宁二年(618)

【是年】废清江郡，复置施州，领清江、开夷二县。

唐　朝

武德初年(618—620)

【是年】置江州,盐水县属之。

武德四年(621)

【是年】废江州,以巴山属睦州,并废盐水县入清江县。城以都亭山为名,故城在县东四十里。

贞观元年(627)

【是年】清江县属江南道。

麟德元年(664)

【是年】废开夷县入清江县,清江县为施州治所所在地。

开元二十一年(733)

【是年】清江县属黔中道。

天宝元年(742)

【是年】改施州为清化郡,领清江、建始二县。

天宝十四年(755)

【是年】覃如夏因护唐玄宗驾往成都有功。唐玄宗封覃如夏为“行军总管”兼“左仆射光禄大夫”，调往施州镇抚十八峒，子孙世袭其职。

至德元年（756）

【是年】覃如夏行营进驻施州椅子山。

至德二年（757）

【是年】二月戊戌，罢侍御史裴冕，贬施州刺史。典设郑虔贬施州判官（《唐书·肃宗本纪》）。

乾元元年（758）

【是年】复为施州，治清江，领清江、建始二县，属江南西道。

△二月丁未，大赦，改元（《肃宗本纪》）。李白“去岁左迁夜郎道，今年敕放巫山阳”。

△夏，裴冕做《对雨感时》寄给改放于瞿塘的李白。

△秋，李白应裴冕之邀来施州，有《把酒问月——故人贾淳令予问之》《谢公亭》等多篇诗作。

△贾淳，字敦诗，唐地理学家。肃宗时任鸿胪卿，主管地方朝贡。此时也至施州。

△杜甫有《郑典设自施州归》《赠裴施州冕》等诗。

大历年间（776—779）

【是时】南承嗣，魏州顿丘人，南霁云子。历施、涪二州刺史。柳宗元称其服忠思孝，无替负荷（《明统一志》）。

大历·建中年间（776—783）

【是时】房武，河南洛阳人。由盩厔（zhouzhi）令翟施州刺史。有遗爱，民德之。士至兴元尹（《明统一志》）。

光化·天复年间(898—903)

【是时】张道古,字子美,临淄人。景福中(892—893)戳进士第,乾宁间(894—898)官右拾遗迁左拾遗。上疏,言国家有五危二乱,贬施州司户参军。任中开凿今连珠塔下峡口,盐湖水退成江河,沿岸变为良田。唐释贯休作《送张拾遗赴施州司户》。

五 代

【后梁】属前蜀。

【后唐】前蜀有其地,旋入后蜀。

【后晋】【后汉】【后周】均属后蜀。

天复元年(901)

【是年】王建攻下夔、施、忠、万四州,此后施遂为蜀所据。

天复三年(903)

【十月】蜀王王建陷施州。

同光三年(925)

【是年】前蜀王衍降,(施州)旋为后蜀孟氏所据。

北　宋

(乾德元年)建隆四年(963)

【一月】蜀王孟昶降。

【是月】刘光义取夔、施、忠、开四州。

乾德三年(965)

【一月】刘光义平施州。

乾德四年(966)

【是年】蛮酋珍州刺史田景迁内附纳土,以酉江为界,酉江以北歌罗寨夜郎县故地尽入施州。

太平兴国元年(976)

【五月】施州麦秀两歧。

端拱元年(988)

【七月】施州卫鼓角池生嘉莲。

端拱二年(989)

【七月】施州虫生害稼。

淳化五年(994)

【六月】李顺贼党张余攻施州,指挥使黄希逊击走之(《宋史·太宗本纪》)。

至道二年(996)

【是年】太宗祀南郊,向通汉上言,诏加检校司徒,进封河内郡侯,五溪诸州都防御使。

咸平六年(1003)

【是年】益州军乱,议者恐其缘江下峡,集施黔高溪蛮捍御之。及还大掠,转运使丁谓召与盟令还汉口,而生蛮违约。谓遣高州义军务头角田承进等,擒六百余人,夺所略四百余人,蛮始震慑服罪。谓乃于施州界置尖木寨(在恩施),以控制诸苗。

△侯延赏,为施州巡检使,真宗尝召问蛮事。延赏言民无他求,惟欲盐耳。上乃召夔路转运使丁谓措置。详《控制纪略》。

大中祥符九年(1016)

【九月】禾一茎九穗至十二穗。

【日月】寇瑊字次公,汝州临汝人。真宗时进士,授蓬州军事推官,徙开封府推官。会施州蛮叛,转运使移瑊权领施州。先是戎兵仰他州馈粮,瑊至,请募人入米,偿以盐。军自足,而民力纾(《宋史列传》)。

天禧中期(1017—1021)

【是时】下溪州蛮彭仕汉寇辰州,杀巡检王文庆。方(即史方,字正臣,开封人)勒兵入溪洞讨捕,降其党李顺同等八百余人,诛其尤恶者社忽等十九人。迁西头供奉官、知辰州兼沿边溪洞都巡检使,修南、北江五砦,徙夔州。时富、顺州蛮田彦晏寇施州,焚暗利砦。方领兵直抵富、顺,荡其巢穴,穷追彦晏至七女栅,降之。

乾兴元年(1022)

【是年】顺州蛮田彦晏,率其党田承恩寇施州暗利砦,纵火而去。夔州发兵讨之,俘获甚众。

天圣元年(1023)

【是年】知保顺州田承恩款边誓还。所输粟，上令归户口刻石誓状，碑文在尖木寨。

△王立，天圣初为夔州路转运使。施州徼外蛮利得赐物，每岁求入贡者甚众，所过烦扰为公私患。立奏：令以贡物输施州，遣还溪岗；又城施州，通云安，车以运盐。朝廷嘉许之(《旧志》)。

天圣九年(1031)

【是年】施州属蛮覃彦绾等寇永宁寨(在今恩施)。

皇祐五年(1053)

【是年】田承恩等誓柱文在施州。

嘉祐三年(1058)

【是时】夔路大旱，仁宗遣使安抚(《仁宗本纪》)。转运使马(某)仲甫按部至施州，指导抗旱。以施州城跨山，不可凿井。马仲甫乃相视水脉，在县城州古丘(北)东上一里(县东十五里椅子山)大岩洞发现清泉，于是以竹引该泉入城中，公私赖之。施州官民因立祠其上，号“马公泉”。

嘉祐六年(1061)

【八月】歌罗寨生芝四木。

治平元年(1064)

【是年】施州大水，遣使疏治，蠲免租赋，赈恤灾民。

元丰八年(1085)

【是年】清江郡户一万九千八百四，贡黄连、木药子。

△李周，字纯阳，一字纯之，冯翊人，登进士第，通判施州，因“州界群獠，不习服牛之利，为辟田数千亩，选谪戍知田者，市牛使耕，军食赖以足。”（《宋史列传》）

元祐二年（1087）

【一月】白虹贯日，二月诏施黔戎泸等州保甲监司免岁阅。

元祐三年（1088）

【是年】道政乡龙里桥人詹邈，中进士第一。又中博学宏词科状元。恩施、建始皆祀诸乡贤祠，查祖坟在利川，碑碣尚存，盖都亭里人，居三县接壤处。

绍圣年间（1094—1097）

【是时】黄庭坚因修史获罪，贬为涪州别驾、黔州安置。于绍圣二年四月抵达黔州。三年后，“戎州安置”。又三年东归。其间多次到施州，有《上南里渡》《次韵答清江主簿赵彦成》《题驴瘦岭马铺》等诗。

绍圣三年（1096）

【十二月】癸酉，置施州铸钱广积监（《哲宗本纪》）。地址即今柳州城铁厂。施州广积监所铸“绍圣通宝”因为加入城南三十里青山菁银矿三分，“绍圣通宝”价值高于其他铁钱，深受军民商贾欢迎（朝野杂记·甲集卷十六·铸钱诸监》）。

元符元年（1098）

【八月】李木连理。

崇宁元年（1102）

【是年】湖北都钤辖舒亶，奉旨招募施黔土丁，讨辰、沅山徭，每州无过七百人。缘徭贼深据溪洞险阻，不通正军。

崇宁中期(1102—1106)

【是时】赐竹王祠庙额“灵惠”。竹王祠,在城东北郭外,即夜郎后(侯)祠。按《华阳国志》云:初有女子浣于遁水,有三节竹流入足间,中有婴儿声,剖竹得男,收养之,及长,材武,自立为夜郎王,以竹为姓。汉武平西南夷,被杀。夷人求立后,乃封其二子为侯,死后配食其父。

政和中期(1111—1117)

【是时】城东里许五峰山,土人历传神异,士民集资,于山顶建塔立庙。徽宗封连珠山神为“嘉惠侯”,赐庙额曰“永福”。

宣和四年(1122)

【是年】因茂州石泉军土丁子弟不谙射艺,诏选施黔兵善射者分任教习。

南　宋

绍兴二十三年(1153)

【八月】大风雨。

淳熙三年(1176)

【是年】施州大饥。

淳熙四年(1177)

【是年】城南门外开元寺重修。该寺唐时建。

淳熙十二年(1185)

【十月】蠲免施州额钱。

庆元三年(1197)

【是年】覃百坚(覃如夏十一世孙)(从征平“蜀吴曦乱”有功(【按】《宋史·吴曦传》无此事)。封行军总管,诰任施州。卒赠左仆射光禄大夫。任施州柳城。

嘉定元年(1208)

【是年】覃百坚之子覃普诸以朝仪代文职,后尊为义石柱等处镇抚元帅。

△程公许,字秀与,一字希颖,叙州宣化人,嘉定中进士。金人犯阆中,制置使桂如渊遁,三川振动。朝廷擢李埴代之辟公许通判施州,行户曹事。公节浮费,梳利源,民不增赋而用足。时诸将乘乱抄劫,事定自危,以重贿结幕府。大将和彦威怀金宝以献,公正色却之,彦威惭而退;吴彦者将金宝缄于僧牒书尾以进,公许完卷还之而责其使,闻者畏服。士至宝章阁学士(《宋史列传》)。

嘉熙二年(1238)

【是年】荆湖制置使,孟珙部将伍思志率千人屯施州以拒元兵,竟复夔州。

嘉熙三年(1239)

【是年】谍报大元兵欲大举临江,珙策必道施、黔以透湖、湘。以二千人屯峡州,千人屯归州,以精兵五千驻松滋,为夔声援。大元兵自随窥江,珙密令刘全拒敌,遣伍思智以千人戍施州(《宋史·孟珙传》)。

淳祐三年(1243)

【五月】庚子,诏施州筑土城及关隘六十余所。本州将士及忠州戍卒,执役三年者,各补转一官(《理宗本纪》)。(【按】宋旧城即今象牙山及瑞狮岩,因山为之。元仍其旧)

宝祐元年(1253)

【是年】施州治所已迁象牙山。潼州王次畤知施州，侍亲、偕僚佐贰车开封赵与端、青阳龙孙法、重庆焦震雷、清江令中南、曹援蔡昌文，车出七里，同游通天洞。于洞中井泉右旁大罩岩上刻字纪游——称洞名“木杪仙人洞”；感受“洞府窈深奇怪，不类人间世”。至今尚存。

开庆元年(1259)

【四月】谢昌元知施州，自备缗钱百万，米麦千石，筑州城，移州治于倚(椅)子山，亦名州基山。筑郡城有功，诏转一官(《理宗本纪》)。

【是年】原施州治所——隋清江县故城——州基河上州古丘，城基碑碣尚存。至元十三年(1276)始废。

△郡守谢昌元移州治于此，以据险要，亦名州基山，俗名旧州城，讹呼柳州城，土瓷器皿多出其地。

咸淳二年(1266)

【是年】张朝宝接替谢昌元知施州。扩修椅子山城内外交通。至今山城南门外还留有两大石刻，即镌摩崖石刻“宋施州城遗址”名牌上方，悬崖古刻斗楷“渐入佳境”。由此再上约十丈，有绝壁中磨平五尺四寸见方，刻三行，行八字，计二十四字石碑：“宋咸淳丙寅季冬，郡守张朝宝平削险巉，拓砌此路，以便行役。”

咸淳六年(1270)

【是年】柳州城题摩崖石刻。该碑高一丈九尺五寸，宽一丈六尺五寸，厚二丈二尺二寸，为自然褐色巨石砂岩削面镌刻而成，刻铭框高四尺五寸，宽三尺三寸，离地面五尺五寸，共一百六十九字。记载郡守秦伯玉为施州引种种植西瓜的农事活动。二十世纪始传名“西瓜碑”。

咸淳十年(1274)

【是年】熊伯明权总制施忠部将，以天长县、东横山、秦童湖、青沟口各处战功受赏。

景炎元年(1276)

【是年】向艮，施州道政乡(今双河)人，始署参军，历升都统，元兵破州城，不屈而死(《楚纪》)。王在，武陵人，理宗端平初进士，治《周礼》。真德秀知其材，擢冠本经，摄判施州。城陷，不屈，死之(《楚纪》)。俱与十五烈士葬于柳州城。里人称为“将军墓”。

元　朝

至元十一年(1274)

【是年】将县域并入施州。

△张进益充溪峒按抚使。至元三十一年(1294)，从刘国杰平诸峒，又助官军两月饷，进金紫光禄大夫。

至元十三年(1276)

【是年】元军攻陷柳州城，迁州城于原址，因袭宋代土城(今恩施老城六角亭)加筑城墙。

至元十五年(1278)

【是年】立夔州路总管府，施州隶焉。改清江郡，领清江、建始二县。

至元十八年(1281)

【是年】石抹不老，契丹人，以夔路副万户驻施州，洞酋向贵什用降。

△大小盘诸峒蛮叛，怀远大将军石抹按只(契丹人，子不老袭父职)，奉命率诸翼蒙古、汉军三千余人戍施州。既而蛮酋向贵什用等降，其余峒蛮之未服者，悉平。以为保宁等处万户。

至元二十一年(1284)

【是年】把总向于凤平诸峒蛮,引酋长入觐,授开州将领,大德九年(1305)历绍庆路总管。

△谭世凤从李廷玉讨平诸峒。至元三十一年(1294),从刘国杰平诸峒,升都元帅,万户。

△施州人向午凤,征峒蛮,充哨马把总,身先士卒,事平,引蛮入觐,授开封将领。大德九年(1350),升绍庆路总管。

至元二十二年(1285)

【是年】清江县并入施州,属四川行省。

至元二十五年(1288)

【十二月】以施州之清江县隶夔州路总管府。

【是年】王守仁,太原人。至元间知施州。严明刚谨,均赋宽役。时有禾双穗、牛二犊之瑞(旧《夔州府志》)。

△邵浓,知施州。筑城有功,吏民思之(旧《卫志》)。

泰定三年(1326)

【是年】峒蛮叛,资阳县巡检向同孙、枫香木寨巡检唐志通、忠峒寨巡检满国珍(一作潘国珍)与九姓长官彭忽都不肯招降,各授巡检。

至顺三年(1332)

【一月】夔路忠信寨峒主阿其什用,合夔蛮八百余寇施州。四月,师壁散毛大盘,追出三峒蛮野王等二十三人,来贡方物。

【三月】夔路忠信寨洞主阿具什用,合洞蛮八百余人寇施州。

至正二年(1342)

【是年】更施南道宣慰使司。至正十七年(1357),为明玉珍所据,改为宣慰司。

明 朝

洪武年间(1368—1378)

【是时】置施州卫军民指挥使,其属有指挥同知、指挥佥事、左右中千户所、千户、百户,计兵四千六百七十九名,屯田二百六十顷,屯粮一千五十八石。

洪武四年(1371)

【七月】裁施州。

【是年】以宣抚授覃耳毛。康熙时其后人覃禹鼎袭,以问罪改流,其北境属恩施。

△东乡五路安抚司覃起利。天启三年(1623),覃天胤与其子征黔阵亡,题晋宣慰。雍正十年(1732)其后人覃寿春以长子楚昭得罪正法。诸子不才,呈请改流,其地多属宣恩,惟北属恩施县境。

△忠建宣抚司田思俊。

△明师伐蜀,少聚生徒教授陈德芳讽施南土司覃州隆降,附以兵助王师。欲酬其功,固辞不受。献藩欲以卓行荐,使者及门,逾垣而避焉。

△复属施南宣慰司,寻复为蛮所据。

洪武十四年(1381)

【六月】恩施县隶施州卫军民指挥使司,属四川都司。

【九月】江夏侯周德兴移师讨水尽源通塔平、散毛诸峒,置施州卫军民指挥使司。

【是年】施州卫指挥佥事朱永在宋元城墙的基础上拓东北一带城垣,安集军民数千家,建"周长九里,高三丈五寸"的城墙,设东西南北四门。东曰迎恩门,南曰朝阳门,西曰金华门,北曰拱辰门。四门之上皆有飞檐桅楼,东门有官仓数十廒,南门祀关帝。

△在东门内置兵备道署。清雍正六年(1728),改县即为县署。

△峒酋覃芳诸等攻破州城,粮尽力屈,城陷。施州李才知州,与州同孙明用、州判王杰、吏目李毓秀皆死之(旧《夔州府志》)。

△圆通寺在城内回龙山下建成。为佛教寺院。

△朱永,字遇纯,凤阳人,任施州卫指挥佥事,拓东北一带城垣,安集军民数千家,升广东都指挥。去,后人尸祝之(《明一统志》)。

洪武十五年(1382)

【是年】复置施州。

洪武十七年(1384)

【是年】景川侯曹震,言散毛峒蛮,时寇掠为民患,已命施州卫及施南宣抚覃大胜招之,如负固,请发兵讨之。

洪武二十年(1387)

【是年】安福蛮夏得忠结诸蛮叛,攻城。施州知州胡士能遇害(旧《夔州府志》)。

洪武二十二年(1389)

【是年】宣德侯金,镇驻施州,休息士卒,控制蛮獠。

洪武二十三年(1390)

【是年】凉国公蓝玉,克散毛峒,禽剌惹长官覃大旺等万余人,置大田军民千户所,隶施州卫。

△省州入卫,改置施州卫军民指挥使司,属湖广都指挥使司,不设县。编户三里,领军民千户所一,宣抚司三,安抚司八,长官司八,蛮夷长官司五,而容美长官亦在境内焉。

永乐年间(1403—1405)

【是时】地大震,苗蛮七十余处相攻害。

△敕荆瞿守备镇施,又每岁命按察司,都司官各一员巡历。间岁御史亲至。

永乐四年(1406)

【是年】童辅,合肥人,调施州卫指挥,世袭佥事,遂为恩施人。

永乐十五年(1417)

【是年】向得豪,施州都亭里人,岁贡生,任交州府同知。

洪熙元年(1425)

【是年】黎利叛,陷交州。向得豪被执不屈,骂贼死。祟祀乡贤。

宣德十年(1435)

【是年】指挥孙本建在北门外建振武桥。

△指挥使孙本达在县北门外,修建镇武桥。一说振武桥,正统时指挥冯广修,清顺治中游击罗达重修。

正统十三年(1448)

【是年】师壁七十余处,各相攻杀,施地大震。御史蒋诚,副使邢端按部至施,率指挥童辅督兵讨之,追其伪印。

景泰元年(1450)

【是年】贵州按察使王宪请于朝,列入秩祀(即黑神庙),并赐额曰“忠烈”,故改称“忠烈宫”。

景泰五年(1454)

【是年】佥事沈庆、守备任忠复迁南郡书院(即孔庙)于南城外旧址。成化六年(1470)重修。沈庆,余杭人。永乐九年(1411)进士,历任副使、佥事、提刑按察司等职。纂修《施州卫志》(兵燹无存)。在施州创作《通天洞》《蛮王冢》《圆通寺》《问月台》《洪崖山》等诗。

天顺二年(1458)

【是年】黄溥,字澄济,广信弋阳人,由四川按察使谪施州卫经历。兴废省役,不专事法律。初,施学同云、贵例,士以选贡,目不知书。溥至,选官民子弟,亲为授经,士始向学。在任九年,起广东按察使。曾纂《施州卫志》,兵燹无存(旧《湖广通志》)。唯存诗作不少。

成化元年(1465)

【是年】卫千户童贵调征广西苗,攻克荔浦县、思峒、横岭、银木寨、大藤峡等处,生擒贼首侯恶解官。成化十一年(1475),调征靖州苗,攻破大唐山箐、龙翁箐、雷唐脊等处,升本卫指挥佥事。

△佥事郁文博按部至施,时有川寇馀党窜入卫地,博命指挥童钟督施南宣抚覃彦升,擒获孙居士、胡清等三十余人,悉平之。

△麓川反,千户唐贵领施兵讨平之,升赏指挥。周溥随征大藤峡功,升本省都司。

△戎角村向式、廖氏反叛,剽掠巫、建等县,唐贵、周溥屡勤王师。

成化三年(1467)

【是年】在麒麟溪上建便冬桥,木桥七架,长十五丈。至万历七年(1579),邑人周汲泉奉父命创修,用石,易名成志桥。

成化六年(1470)

【六月八日】重修施州卫学,十月十一日告竣。自大成殿,以达东西两庑、戟门、棂星门。学自明伦堂,以及志道、据德、依仁、游艺四斋,会馔之室、休息之庐、宾客之位,悉撤旧更新、瓦甓墁甃,丹漆黝垩之饰,加于旧规。又饬先师及配飨之仪,增制簠、簋、笾、豆、罍、爵之属,以严祀事。百宪咸备,制度森如,焕然壮观。

弘治三年(1490)

【二月】施州石心村(人山岭)山崩,有石二,类人形。距五里,清江南岸山裂,大石塞江,水壅为滩。

弘治五年(1492)

【是年】崇教寨民叛,当事欲由人山岭进攻。许深,字大本(颖悟好学,师事黄溥,隐居不仕,以岁贡终)言斑鸠崖之险一夫可守,若由万寨木里园捣其背则彼险可夺。从之,不数日擒首恶三十余人,贼遂平。

弘治六年(1493)

【是年】郑岳字汝华,进士,迁湖广佥事。施州庶民自相仇杀,有司以叛闻。岳擒治其魁,余悉纵遣。

弘治十三年(1500)

【是年】崇教寨民廖王(玉)文等入寇建始之亲陇里,参政林矿同佥事郑岳、都指挥同知樊华按部至施,率本卫及瞿塘、忠州、长宁等卫所官军,先驻要隘。玉文等十一人,威慑受款。事平,赐金币。又与岳迁学宫于城南门之右,即今所。林矿,闽县人。郑岳,莆田人。樊华,荆州左卫人。

弘治十八年(1505)

【是年】大水。

正德年间(1505—1521)

【是年】戎角民叛,指挥童昶佥事讨平之。又广西猺叛,指挥童昶率戎角士兵随征有功,升赏。历靖州参将及淮安总镇,命下而公卒,著有《施州卫》《大田所》二志,《周正考》《樊川诗》,俱毁于兵燹。

正德十一年(1516)

【夏】大水环城,漂民居,马栏寺山忽裂。

正德十二年(1517)

【七月】散毛覃斌,杀忠建田本,夺其地,楚抚席书檄指挥孙廉督征,遁入永顺。嘉靖九年(1530),施州贼黄马了等百人,流劫云、万、奉节等处,川东道檄本卫擒捕,侦知马了乃忠路仇人,檄安抚覃正刚擒之。嘉靖二十八年(1549),施民谭黄牯,流劫巫、建、归、巴、奉、万。两省会剿指挥杜遇,伏兵贼巢归路,夹击擒之。

嘉靖四十二年(1563)

【是年】施州蛮王忠叛,巡抚谷中虚督兵据险,属藩恭王绍元谕降,以沙市巡检赵应奎入其巢为质,忠出降寻下吏杀之,而应奎亦以计脱。

嘉靖四十五年(1566)

【是年】汪泽,歙州人,卫经历。土寇黄中固负,攻围数月不克。泽上寨作质,诱其出降,及下寨擒之。余党磔杀泽。今上寨高冢犹存。一云,泽以公事至荆,谒分巡吴公,面谕黄中事。令其相机抚降,无致朝廷劳费。泽归自励,约卫人冒险登寨,开谕黄中降。川兵妒之,追逐迫急,失足坠崖死。二志不同,今两存之(《恩施县志》同治版)。

△黄中初平,设兵备道,驻彝,辖重庆府属。岁专巡施,自李尧德任后,宰执张居正即议撤去。

隆庆二年(1568)

【是年】李尧德,永年人,嘉靖三十八年(1559)进士。土寇黄中既平,议设兵备驻扎,德以车驾副郎任湖广按察使司佥事,驻扎施州卫。振武敷文,诛黄中族党,戮散毛宣抚覃栄,施南宣抚覃宣。升本省布政使司,历升陕西巡抚(旧《卫志》)。

隆庆三年(1569)

【是年】改府同知,为抚夷厅。

万历四年(1576)

【是年】丙子科,张问礼(号立斋)中举,知睢州。以忤魏珰降马湖通判,寻迁知眉州。告归,乡人称金玉君子。著有《虎溪居士集》《澄心录》及《家训》。子以选贡为华州州同,有惠政,入州名宦祠,寻升廉州判。

万历七年(1579)

【秋】城南麒麟溪石拱桥动工修建,于下年季夏约二百一十余日而落成,名为“成志桥”。计桥十八度,度二石柱,高丈二尺;跨石盘一长七尺,厚尺二寸,上覆石板或二或三,长六尺,阔五尺许;共柱三十六、盘十九、石板五十余,两岸各设石磴三十六级,以防泥泞。

万历二十年(1592)

【是年】给关防,命驻施,二尹(不详)兼理粮饷卫掌印,屯操巡捕。每五年军政推迁千百户。

万历三十七年(1609)

【是年】己酉科,李一凤进士,知贵池县,擢徽州同知,俱以廉惠称。致仕归,开大莫园,置书万卷以课子弟。重修《卫志》。

△己酉科,刘寅中武举,第六十名。卫千总。

天启元年(1621)

【是年】容美(今鹤峰县)土司田楚产在四川保宁府南部县铸造观音与韦驮佛像各一尊,赠奉施州卫军民指挥使司。

天启三年(1623)

【是年】江西新昌进士邹维琏,字德辉,为考功司郎中,以劾魏戍施一年。有《友白集》《大梦草》俱毁于兵火,仕至福建巡抚。

△邹维琏,字德辉,江西新建进士,任考功司郎中,以攻魏珰戍施。一载后,起南太仆少卿,巡抚福建。在施著作题咏甚多,有《友白集》《大梦草》。俱毁于兵燹。

△奢酋据重庆,复设兵备道,事平亦撤。添荆州府通判一员,为抚夷燮厅,专制施州。

天启四年(1624)

【是年】牟海鸾以黔功授贵州守备。覃奇勋,剿贵州贼有功,加总兵忠路宣慰使。

天启七年(1627)

【是年】恩施乡宦张三阳、李一凤等重建问月亭。亭在恩施县北城外碧波峰。相传为唐李太白流夜郎时望月作《把酒问月》处,后人建亭其上。清乾隆四十一年(1776),副将保泰重建。咸丰十年(1860)知府朱启仁建亭三级,中祀太白,亭右建"无敌堂"。光绪六年(1880)知府王庭桢集资修葺。易"无敌"为"景李亭",左增建"船厅亭";后辟一径,修治石道,松杉夹道,可直达"白衣庵""月波楼";途半建"翼然亭"。

崇祯二年(1629)

【是年】牟海龙以渝城功,授汉中守备。

△木贡民谭正伦,与仇互告案,未剖仇者,复杀伤多命。指挥唐尧德单骑入擒正伦正法,当事嘉之。

崇祯三年(1630)

【是年】庚午科,童天阅(童昶孙)中举,始为部郎,福王时历三部尚书,童氏与明相终始。

崇祯七年(1634)

【是年】卫诸生向霖龙(滚龙坝人),投义勇,以功授守备。崇祯九年(1636),剿安庐池太光,固勒黄等处,擢都督指挥。崇祯十二年(1639),东虏犯阙,奉旨勤王,加升副总兵。

△流寇猖獗,檄施南、东乡二司进剿,寂明,娴武艺,以指挥邓崇振、唐尧德及寂明分督之。至巴东平阳坝,遇贼大队入川。败绩,寂明死之。

△流寇猖獗,檄调施南、东乡二司进剿。以指挥邓宗震、唐尧德及僧寂明分督之,至巴东平阳规败绩,寂明死之。十二月,施南土司覃良士因事在狱,土司统兵围城,胁指挥唐复元出良士,所过村庄,残灭殆尽。

△流寇自楚入蜀,由巴东过建始,统众数十万。居民屠戮大半,自是往来不绝。

崇祯八年(1635)

【是年】邓宗启选拔为拔贡。

崇祯九年(1636)

【是年】卫指挥邓宗震督土官剿贼有功,升守备。

崇祯十三年(1640)

【是年】有司请旌,奉旨为孝子邑人陈矿建坊立祠,以其孙媳周节妇附祀。陈矿,父隆,好善乐施,卒年八十九,临终取大簏焚于庭,皆负券也。矿母病甚,旦夕拜祈,割左肋取肝方寸和粥以啖母,母病痊而矿亦无恙,及母亡哀毁骨立,逾年而殁。

△城内葛家坡建陈孝子祠。

崇祯十六年(1643)

【是年】彝陵州人,天启进士文安之,字汝止,授检讨,历南京司业。至施,经四年以病卒。

崇祯十七年(1644)

【是年】广西解元,官庶吉士滕之伦,字伯伦,至施,有题五峰及象牙山诗。

△郡人孙能字怀艺(卫同知君廉叔父),发钱三十万五千余修七里坡石磴三百(五)六十余级,凡一百二十余日而落成。分两种石头砌成,即柳州城白沙石一百八十一级,当地青石一百八十余级。

△卫民徐大成捐尖山子水陆田地一段为学田。

△庞一德,南海人,卫学教授。造就士类,重修《卫志》(旧《卫志》)。

(南明)永历元年(1647)

【是年】南明将军何腾蛟督师兴建武圣宫,殿为面阔三间,进深三间建筑,宽四丈一尺,深四丈三尺五寸,占地面积约三百五十六平方丈,建筑面积约九十五平方丈,为砖石墙体歇山顶,木瓦结构宫庙建筑。

清　朝

顺治四年(1647)

【五月】李闯王爱将李过,即“一只虎”。与土司战于城南,大破之,遂遣其总兵刘大仓镇卫,旋以檄屯南坪。

顺治六年(1649)

【是年】张献忠党李来亨、高必正、姚黄等相继劫夺,掳掠人口,索金钱赎之。

顺治八年(1651)

【是年】刘体纯号“二虎”者至。凤卫伯牟文绶家居,恶其裸剥男女,诈称秦王檄,檄之去。癸巳年,孙可望自贵州来寇。

顺治九年(1652)

【是年】奉旨颁勒卧碑于学宫在邑文庙。

顺治十二年(1655)

【是年】刘体纯忿文绶欺己,自西山发兵来,时绶已没,刘则洗其家,复掠卫民。

顺治十三年(1656)

【一月】南明王朝总兵、荆国公王观兴屡窜入戎角村。顺治十六年(1659),焚卫城,驱士民入戎角,分兵搜山谷曰打粮。湖督川督两次招安不听。至康熙四年(1665)正月,观兴驱恩、建遗民走荆州乞降。湖督张长庚亲为抚慰,着遗民领票与粮回籍。遣江南武进士徐尚谋为卫守备，又遣靳宗臣同卫旧弁朱纯，捧檄招降各土司。七月设游击防守，运米接济。尚谋于五月抵卫，披斩荆棘，招抚流亡民，始有生全之乐。其留荆者亦十二三。

顺治十四年(1657)

【是年】刘体纯复入施州，百户陈世凯率乡勇于堰水击败之。顺治十六年(1659)，川陕总督李国英遣将，分兵平忠路贼寇。

顺治十六年(1659)

【是年】中州副总兵陈世凯，字伯赞，恩施都亭里(今利川凉雾乡)人降清，授副将。康熙十年(1671)，随川陕总督李国英进攻李自成余部刘一虎，以总兵衔授杭州副将。康熙十三年(1674)屡败耿精忠部，授温州总兵。康熙十六年(1677)加左都督。康熙二十二年(1683)晋世职骑都尉。康熙二十三年(1684)，升浙江都尉。

康熙三年(1664)

【是年】废指挥使及指挥同知、指挥佥事、千户、百户。设游击、守备各一员。

康熙四年(1665)

【一月】王观兴出山投诚，驱施民出山，同壮声威。民扶老携幼，践踏弃捐，死者过半，至荆州乞降。湖督张长唐亲为抚慰，着遗民领票与粮回籍，遣江南武进士徐尚谋为卫守备。五月抵卫，城中屋仅数椽。又遣靳宗臣同卫旧弁朱纯，捧檄招降土司。是年七月，设游击防守，运米接济。谋与臣披荆斩棘，抚恤流亡，始有生全之乐。其留荆者亦十有二三。

【是年】施始归顺，废指挥千百户，设流卫制，守备、千总各一员，教授、训导各一员。废仓使、驿丞、营制、游击(守备)各一员，千总二员。设把总四员，一驻大田，一驻支罗，一驻戎角，一守城。废屯军，割荆镇马战守兵共五百四十二名，永驻防施。康熙十三年(1674)，吴三桂据云南叛，施入于逆，至康熙十九年(1680)归顺。后谭宏据四川叛，施又陷于逆，翌年归顺。

△以荆州镇前营游击，移驻施州。分城西南为营地，南抵孝子房，西抵圆通寺，内除卫署基地，东北二门有营地数间为司门之居。兵二百六十六名。

康熙十三年(1674)

【是年】吴三桂据滇南,檄至施,卫守备贾进才降贼,旋以贪残被逮。总兵李春儒又来镇施。时建始亦降贼,张拱极为伪令。康熙十七年(1678),三桂死。康熙十九年(1680),贼兵败衄,春儒乃降,安置荆州,以天年终。又逐张拱极,以祖建藩为建始令。谭宏本献贼党投诚。封慕义侯。吴逆叛,从逆;吴逆败,又降。康熙二十年(1681)秋,又据四川天成山叛,陷夔州及施、建。时张拱极久匿民间,乘乱袭执祖建藩,解贼营囚之。翌年,贼平,建藩归,斩张拱极。

康熙十七年(1678)

【是年】提督徐檄宣上德,招安至施。自是,施及建乃反正。

康熙二十年(1681)

【秋】据四川天成山叛,陷夔州及施建。张拱极久匿民间乘乱,袭执祖建藩解贼营,贼囚之。翌年贼平,建藩归,斩拱极。

康熙二十一年(1682)

【是年】卫民薛正纪捐薛家庄田地山场一段为学田。

康熙二十二年(1683)

【是年】颁御书"万世师表"匾额。

△施州虫荒。

△卫民陈姓捐县南门外水田一段为学田。

康熙二十四年(1685)

【是年】巡道祖泽深捐资,在南门内重修县学即卫学。

△雨雹。

康熙三十五年(1696)

【是年】丙子科,关玳中举,第二十三名。陈旭善中举,第四十八名。赵国玺中武举。

康熙三十八年(1699)

【是年】己卯科,欧阳汝升中举。谭献策中举副榜。

康熙四十年(1701)

【是年】卫民门斗陈宗晓捐蛮王砦水田一段为学田。

康熙四十一年(1702)

【是年】保励堂即保泰,蒙古正白旗侍卫,任施南协营副官,重修问月亭,兵民立有德政碑。后升泰宁镇总兵。清诗人袁枚(1716—1779)写有《送保将军励堂之施南》诗六首送别。

康熙四十三年(1704)

【是年】守备傅天锡重修西庑、泮池、崇圣祠。教授张佐瑞、酆维宪补修大成门明伦堂。训导陈欲珍复捐俸,鼎建教授、训导二署。

△孝感贡生夏熙臣任施州卫教授。

康熙四十四年(1705)

【是年】乙酉科,余植中举,第六十七名。颜光仁中举,第七十二名。

康熙四十八年(1709)

【是年】己酉科,王碧中武举。

康熙五十三年(1714)

【是年】甲午科,冉洪中举,第五十七名。

康熙五十五年(1716)

【是年】改务新,顺天武举,任施州卫守备。补修学官,劝设义仓。

△张良佐,浙江衢州武进士,施南营守备。精骑射,工书法,礼士戢兵。康熙五十五年(1716)、康熙五十六年(1717)虫荒,运米巴、夔两路接济,民赖以生焉(旧《卫志》)。

雍正二年(1724)

【是年】社稷坛在府城北门外二里许马鹿口建成。

雍正三年(1725)

【是年】裁施州卫,改称施县。

△奉旨在学宫内建乡贤祠,刻恩旌忠义孝弟姓氏于上。

△奉旨在学宫外建节孝祠,祠前建坊,刻恩旌节孝姓氏于上。春秋致祭。文庙于春秋上丁日致祭。

△颁御书"生民未有"匾额。

雍正四年(1726)

【是年】在府城北门外马鹿口建先农坛。

雍正五年(1727)

【是年】涂翰嘉,广东潮州武举,任施州卫守备。补修学宫,给诸生乡试资斧,因改卫去,民思之。

雍正六年(1728)

【是年】奉旨颁发平定青海,告成太学,碑文在邑文庙。

△裁施州卫,题改恩施县,隶属归州。

△改卫为县治,仍卫署,寻升为府治,移县署于今贡院地,因建棚,始移该处。知县署在城东门内,先为县丞署,即明时兵备道行署基。

△马公昉义,以直隶明经铨恩施令。泊彝陵,月明如昼,遥望江中一船,仪仗麾从,飘飘御风而行,转瞬即杳。是夜,县治白洋坪,有里长姚姓者,适梦皂衣使呼迎城隍,起视,户外有二尺许神像在焉。比邻子亦同梦。质诸马公,讯其颠末,憬然悟曰:“嘻!畴昔之夜,飘然从江中过者,非即此神也耶!”即命建祠祀之。故南郡有府祠,而县祠则在白洋坪市。

雍正七年(1729)

【是年】部议湖北施州卫改为恩施县,设官,隶归州。

△部议湖北施州卫改为恩施县,应照各县例,将原设廪、增各四十石之数,各裁去二十石,留二十石,两年一贡。

△原设廪、增生各四十名之数,各裁去二十名,留二十名。两年一贡。学额,仍文童十五名,武童十五名。

△议准设廪、增各二十名,两年一贡。

△河南唐县贡生马昉义任知县。

△己酉科,杜墀选拔为拔贡。

△王封镇,字建元,卫诸生。博学能文,馆于容美土司署。刚方正直,土司敬礼之。辑《卫志》,简严有体。

△湖广总督迈柱奏准“丁”随“粮”派。良法美意,均为万世所利赖。

△于执中,字君敏,山东昌邑人。授湖南永顺卫经历,雍正七年永顺既改归流,经历却裁。制府以其才猷明敏,而又熟悉苗情,檄委协理恩施县事。廉建本城及大旺义学二所,置田四十五亩,以资膏火。

雍正十年(1732)

【是年】江苏吴县人钮正己任知县。钮正己由大田千户,升桑植守备。以熟悉苗情,特梳改补恩施令。

雍正十一年(1733)

【是年】忠建改流。忠建土司田兴爵(洪武忠建宣抚司田思俊裔孙)以横暴不法侵龙山,改设内地,经南臬审实,拟罪改流,俱为恩施县地。

雍正十三年(1735)

【是年】覃禹鼎以淫恶抗提,问罪改流。

△湖广总督迈柱题以十五土司并原设恩施县地、幅员三千余里设施南府,辖恩施、宣恩、来凤、咸丰、利川五个县,又拨建始入施,计六县。恩施县地并入忠孝安抚司地,为施南府治,属湖北布政使。

△恩施县隶属于施南府。

△改施南协营制,辖左右二营。施南协副将一员。设副将都司守备四员,千总外委二十一员,添兵八百九十七名,共兵一千五百五十七名,每年支俸饷银共三万二百十二两五钱八分四厘。驻扎施南府城,副将一员,都司一员,存城把总一员。分防一汛十一塘(每塘兵皆五名),即下营坝汛(汛兵九名)、莲花池塘、沿长坡塘、鸡心垄塘、峦山子塘、黄草坡塘、罗针田塘、天桥塘、乾溪屯塘、芭蕉塘、桅杆堡、天池塘。

△全县总人口三万三千一百二十六人。

乾隆元年(1736)

【十月】恩施行云阳县食盐水引四十六张,恩施额销云阳县水引四十六张,增水引七十六张。至乾隆二十六年(1761),请增水引八十一张,计二百零三张。每张应征税银三两四钱五厘,计征税银六百九十一两二钱一分。例系商人毕致远自赴四川夔州府盐捕府衙门每年两季完纳,不由县批解。

【是年】以原境设恩施县为附郭首县。

△颁御书《与天地参》匾额。

△江南阜阳贡生鹿骢豫任知县,革陋规,整士风,扶弱锄强,数年几至无讼,民为立德政碑。及去,复立祠于官坡祀之。公仕至贵州贵西道。

△知府田三乐创建施南府学宫,三年工竣(在城内象牙山之阳)。光绪五年(1879),知府王庭桢捐廉集(赀)资,委典史王学涵等重修。大成殿及东西两庑,大成门、棂星门,并修阶戺(shi 门轴门槛)石道、黉墙、泮池,新设乐生、歌生,增制乐器、祭器,以余资发商取息。

△设官定制，施州升府，创建府署。署为施州卫署故址，在城西南象牙山麓。道光五年(1825)，署府孙钟清捐廉修葺。光绪八年(1882)春，知府王庭桢领款承修，于二堂东偏建花厅三间，曰“思补斋”；楼三间曰“杏雨楼”；复室二间，厢房四间；西偏建书室二间，寝室二间，复室一间，“望月楼”一间。光绪九年(1883)，署府李谦接修，建上房五间，中间曰“五福堂”，广六丈一尺，袤二丈四尺。视旧制高五尺。其左右厢共六间，东西屋四间皆葺之；走廊移前三尺，屏墙增高三尺，修葺二堂，并堂下右厢两间。加官门增高二尺，建西花厅三间，其下三走间并庖湢宅门、过厅，皆经改修。其前大堂东偏外，官厅内“福德祠”；西偏“案牍祠”；东西科房、头门、仪门、差厅、“秦公祠”，均经修葺。建“钟鼓楼”高一丈五尺；东西辕门较旧地移前二尺。

乾隆二年(1737)

【是年】建协署，光绪七年(1881)副将柏云凌领款承修。凡东西辕门、头门、仪门、大堂、二堂、内室、官厅、“览胜楼”并科房，共计二十余间。署西“慎余堂”三间，书房一间；署东“演武厅”及箭道、营门，皆重修之。增建“观星台”。

乾隆三年(1738)

【一月】奉上谕，恩施每年统计止纳银七十三两六钱四分。体现皇恩“爱养土民，望其共受国恩，原不计贡赋之多少”。

【是年】定赋额、地丁、钱粮、杂税，以次详备。征输之供支给者，仅什一焉。

△恩施县额行四川云阳县水引一百六十七张，陆引三百十张。

乾隆四年(1739)

【是年】恩施县为附郭首邑。周围九百八十里。

△知府直隶深州贡生田三乐，详请宣来咸利四县土童附入恩施汉童内考试，如文理可观，四县共取进第一名、第二名，暂隶恩施县学管辖，经题准后新疆童生每岁科额入二名。

△湖北巡抚兼署湖广总督陈辉祖题请施南府及恩施县俱改为繁、疲、难三字要缺(清代按各府、州、县等所处的地理位置、管辖面积、重要程度、贫富情况等条件，将其各划分等第，以“冲、繁、疲、难”四字标明。据《听雨丛谈》“繁简”条载：“外省道府丞倅州县各官，以冲繁疲难四字，别其简要。兼四字者为最要缺，三字为要缺，二字为中缺，一字及无字为简

缺,此定例也。外省大吏又将通省州县各缺,略其繁简,视其肥瘠,别定为上下中九等,为捐摊经费之地,以均其力。")实际划分为,地当孔道者为冲,政务纷纭者为繁,赋多逋欠者为疲,民刁俗悍者为难。凡兼三兼四者为最要缺、要缺,凡一、二项者为中缺、简缺。

△府属新设之宣、来、咸、利四县,酌进一二名,暂归恩施县学管辖。

乾隆五年(1740)

【是年】乐用六佾,每学,额设乐舞生四十名,免府、县试。

乾隆八年(1743)

【是年】山西荣河举人严济宽任知县。

乾隆十年(1745)

【是年】四川荣昌举人赵云龙任知县。

乾隆十一年(1746)

【是年】河南南阳进士范汝轼任知县。

△教谕魏荣植(楠)、训导宋鳌补修东庑,易起凤门以砖石。嘉庆七年(1802),知县李钟白捐廉倡率士民补修。

△陈欲珍,蕲州举人。恩施县学,培植士林。"明伦堂"立有"去思碑"。

乾隆十二年(1747)

【是年】直隶交河举人常青岳任知县。

乾隆十四年(1749)

【是年】遵刊御制平定金川告成太学碑文在邑文庙。

乾隆十五年(1750)

【是年】江南新阳举人葛炜任知县。

乾隆十六年(1751)

【是年】钦奉恩诏编审案内,遵照部文将恩施县乾隆十二年(1747)、十四年(1749)、十六年(1751)升垦粮银,各照摊征之,则派征丁银八钱七分二厘四毫四丝五微二尘四纤六渺一茫,自乾隆十七年(1752)为始起征。

乾隆十九年(1754)

【是年】秋大熟。

△商盘,会稽人,雍正八年进士。乾隆十六年施南府同知,善谈、诙谐、妙得神解。留有《采蕨》《烧山行》《南里渡》《连珠岭》《磨搓神祠曲》《蛮村秋千曲》等诗词。

乾隆二十年(1755)

【是年】遵刊御制平定准噶尔告成太学碑文在邑文庙。

△县丞署始移县北九十里马者村,分防木贡。原在东门内县署地。县丞为知县的辅佐官,正八品。

△知县养廉一千二百两,减二百两,实一千两;其同知、通判、经历、县丞、巡检、典史原照内地之数,加给一半。如同知例,给六百两,酌加三百两,共九百两。又加给之数减去一半,实七百五拾两;余员较廉多少,各减加给之半。

乾隆二十一年(1756)

【是年】分巡荆宜施道来谦鸣重题向王庙额。向王庙在北门外,据《宋志》云,河内人向述,汉景帝妻以公主,因巴蛮攻劫,使镇秭归,善于安攘,又得次妃许氏之兄弟为将佐,得楚蜀人心,生子十六,分十子入衡阳,六子入川,聚桥头分遣,破釜各给一片,世守为信。述卒,葬秭归堇竹沱,宋时在归州显灵驱疫,民上状遂敕封王立祠赐额,蛮人畏疫,故自归巴达于施州多有不祀其先而祀向王者。北门外祠不知建在何年,康熙时守备贾进才重修。

△恩施训导宋鳌辑府志四卷。未刊。

乾隆二十二年(1757)

【是年】直隶故城副榜贾六奇任知县。

乾隆二十四年(1759)

【是年】四川长寿举人孙维祖任知县。

△遵刊御制平定回部告成太学碑文在邑文庙。

乾隆二十五年(1760)

【是年】河南郑州举人李汝逊任知县。

乾隆二十六年(1761)

【是年】恩施县城墙开始修建,乾隆三十七年(1772)验竣,崇二丈四尺五寸,周围一千二十一丈,计程五里七分,西北西南俱依山筑城,其东北一带城内城地势亦较外微高,东清江门改迎恩,南南阳门改朝阳,西西顺门改金华,北拱北门改拱辰。

乾隆二十七年(1762)

【是年】壬午科,袁天铨中武举。

△湖南清泉举人左修绪任知县。

乾隆二十九年(1764)

【是年】山西阳高举人崔绪振任知县。

乾隆三十一年(1766)

【是年】贵州贵阳举人姜起滢任知县。

△在东门城楼及圆通寺修设府仓十廒。至乾隆四十一年(1776),修设县仓东十廒、南

五廒、西六廒、北五廒,共二十六廒,俱在县署内,贮谷一万八千石。

△钦奉恩诏不加赋,五年编审人丁一次。于乾隆十七年(1752)七月内,奉准通政司咨。

乾隆三十二年(1767)

【是年】贵州安顺举人梅毓仁任知县。

△茹棻,字古香,会稽人。乾隆进士第一累官至兵部尚书。在恩施县考察留下《莲花池》《瘿木》《背篓》《城隍山》《山猴歌》《锦鸡歌》等。

乾隆三十三年(1768)

【是年】直隶举人王鸿典任知县。在任法严令肃,积牍皆清。既去,民犹思之。

乾隆三十四年(1769)

【是年】直隶新安举人刘芳任知县。

△湖南益阳举人刘永华任知县。

乾隆三十五年(1770)

【是年】云南蒙自举人李沛云任知县。

△山东临清举人刘洽任知县。

乾隆三十六年(1771)

【是年】江西广昌廪贡李蛟腾任知县。

△议准施南设立府学,额取四名,于恩施县学原额十五名内减三名、建始县学原额八名内减一名,拨入府学。又于六县中酌取四名,定为学额八名廪增四名,岁科两试,并拨宜昌府训导为施南府学,东湖训导拨来凤,巴东训导拨咸丰,归州训导拨利川,恩施训导拨宣恩。

△知府江西铅山副榜张映焘在府城内捐建考棚,详准兴修,乾隆四十一年(1776)工竣,乾隆四十五年(1780)知府钱塘贡生汪献琛刻学宫卧碑,刷给士民诵读,设立文庙钟鼓

及名宦乡贤祠神主,详请学政按临考试,经督抚题请奏准部复在案。

△邑令李汝逊领费修城,周围丈量,计长一千三十一丈。石甃城身高二丈,砖甃女墙高四尺五寸。翌年,复详验重修,其广崇较明时朱永所修,仅三分之一。

△按县置学,以恩施县学训导员缺,拨改为宣恩县学员缺。旧附恩施之考试各生,俱归各县自辖。利川人文较盛,将恩施县原额廪、增各二十名,俱减为十二名,以八名拨入利川。至设立府学,应将恩施县学文、武原额十五名内,量减三名。

△施南府知府张应泰首倡在五峰山龙首山建造七级佛塔。周旋数次未能成功。

乾隆三十七年(1772)

【是年】江西南丰进士吴森署知县。

乾隆三十八年(1773)

【八月】奉上谕:因官兵经过恩施等地,民夫运送军械,赶送行装等项,“着该督抚一体查明具奏,候朕酌量加恩,以普一视同仁之意。该部即遵谕行。”

【是年】安徽休宁举人汪廷炎任知县。

△境内出产硫磺,招商采办,至乾隆四十四年(1779)积存余磺十余万斤。

△训导马堂详请旧有卫学田地,公拨两学公收,以作香烛之资。知府袁文观,饬署恩施县知县吴森妥议,分拨两学公收在案。

乾隆三十九年(1774)

【是年】浙江会稽监生史廷标署知县。

△议准将恩施县原额廪增各二十石俱减为十二石,以八石拨入利川,设廪后必食饩十年方准出贡,以后四年一贡,至拨回之实廪、候廪在恩施食饩已久,应仍准其与恩施学校年出贡。俟届该本学应贡之期,再将未贡之生归于本学出贡。至各县武童应于恩施减三名,建始减一名,作为府学四名,其宣来咸利四学各取进二名。

乾隆四十年(1775)

【是年】广东陆丰举人刘毓蟠任知县。才识通敏,民皆怀德畏威,及去,无不攀辕追送。

△重建问月亭,台高三十丈,其顶平方。

乾隆四十一年(1776)

【是年】署任知府余姚举人吕世庆在城内创建凤山书院,将恩施邑令崔振绪所断张炎等互争田地归书院以赡诸生,亲为课文讲学。

△奉旨颁发平定两金川告成太学碑文在邑文庙。

△训导李宗汾凿文明井,又名六六井(在城内府学署中)。"公署原无井,掘西庑墙外地,不数尺,两穴泉涌,结砌井署内。""其名六六井者,成于六月既望。""因时命名,标以六六。"洌井寒泉,"味甘气馥,不损不益,渊涵渟蓄,日月代明,澄清照昱。"

乾隆四十二年(1777)

【是年】江西临川举人李孝澍任知县。

乾隆四十三年(1778)

【是年】升科成熟额内粮一百七十二石九斗三升六合四勺,成熟银六十八两一钱九分五厘。又成熟额外粮一百一十八石八升四合七勺,成熟额外银三十五两四钱二分五厘。

△阖县成熟额内银六十八两一钱九分五厘,额外银三十五两四钱二分五厘。至乾隆四十七年(1782),升科成熟额内粮四石二斗二升二合九勺,额外粮六十石四斗四升二勺,成熟额内银一两九钱,额外银一十八两一钱三分二厘。

乾隆四十四年(1779)

【五月十三日】清江水溢。

【是年】江苏长洲监生韩悦曾任知县。

乾隆四十五年(1780)

【是年】四川长寿举人贾思谟署知县。

△议准府学每年收租谷一十八石,租银六两九钱二分,县学每年收租谷一十九石,租

银六两九钱二分。

△知县韩悦曾奉府饬,将学田谷石地租,细行分拨,并详藩司立案。县学每年分收租谷四十五石,租银六两九钱二分。

乾隆四十六年(1781)

【是年】吴省钦,字充之,号白华,南汇(今上海南汇县)人,乾隆进士,由编修累迁至左都御史。考察恩施留有《鳌脊山》《象牙山》《题问月亭》《施州行署柬冀州太守时辛丑秋杪》

△学使吴省钦按临考试,仿欧阳文忠公"至喜亭"而以"至喜"名其斋,复制"扬清堂"额,悬于大堂。

乾隆四十七年(1782)

【是年】四川金堂举人陈维恒署知县。

△湖北学政吴省钦始按施南考试。

△学使吴省钦改象鼻山名鳌脊山。

△升科成熟额内粮四石二斗二升二合九勺,成熟银一两九钱。又成熟额外粮,六十石四斗四升二勺,成熟额外银一十八两一钱三分三厘。实共征银四百九十二两一钱一分七厘。

乾隆四十八年(1783)

【是年】河南商丘举人史伟烈任知县。

乾隆四十九年(1784)

【是年】湖南巴陵监生林赞盛署知县。

△部鹏、李世远获正贡。

乾隆五十年(1785)

【是年】谭天景获正贡。

△河南虞城举人范道立任知县,政简刑清,士民爱戴。

乾隆五十二年(1787)

【是年】向登道获恩贡。陈楚材获正贡。金达选拔为拔贡。

乾隆五十三年(1788)

【是年】安徽桐城举人张曾敕署知县。

乾隆五十四年(1789)

【是年】浙江钱塘进士汤诰任知县。

乾隆五十七年(1792)

【是年】河南沁阳拔贡王三锡署知县。

△云南蒙自进士尹英图任知县。嘉庆七年(1802)授施南知府。任内惠政,有廉声,于地方倡兴文教,多见事功,获后人嘉评。

△知县尹英图为白衣庵题赠"林壑尤美"匾额。

乾隆五十八年(1793)

【是年】龚显才、谭正贵、罗文玟、翟相汉获正贡。

△乾隆帝诰命恩施县三岔莲花池村李碧堂妻唐老安人建立牌坊,并赐联云:"教子有方,文武双馨安社稷;守身如玉,贞操一璧著乡邦。"以其夫亡守寡,抚养幼子李琼、李瑶兄弟一文一武双拔贡。

乾隆六十年(1795)

【是年】增广学额一次,大学加取五名,中学加取三名。其取进六名以上者,增额三名;

四五名者,增额两名;二三名者,增额一名。

嘉庆元年(1796)

【一月】奉恩诏蠲免施南府六县之地丁钱粮。秋七月,蠲免应征各款正项及耗羡杂课钱粮。秋八月奉,蠲缓钱粮应以嘉庆丙辰至戊午年止,共蠲三次。

【是月】因乾隆六十年(1795)被水成灾,恩诏蠲免。七月,蠲免应征各款正项及耗羡杂课钱粮。八月,又蠲缓嘉庆丙辰至戊午年。

【二月二十八日】施南协步兵,以功擢把总滕美贵剿贼于来凤阵亡。

【五月一日】奉上谕:因“恩施县有贼屯聚,经知县尹英图等率领乡勇分路擒捕,歼毙多贼,洗荡贼巢。”“知县尹英图着即以同知升补,其经历蒋遇春及把总、外委等俱着酌升用,以示奖励。”并将“应征钱粮再行蠲免一年,以示奖义。”

【五月二十八日】邑人,施南协把总黄国珍,从剿白莲教,于旗鼓寨阵亡,世袭云骑尉。

【是年】白莲教活动频繁,乡人谌本琏于杉木坝之关门岩,垒石为关,拒贼,贼慑不敢进。旋制府帅军扣关,本琏恐贼之伪,(杆)扞益严,乃令人引长綻,縋已下,与乡人约曰:“如贼杀我,可掀石击之。”乃见制府,制府褒其义勇。谌字宾侯,恩施诸生。性孝友,敦行崇学,时士之通经者,多出其门。年七十余,卒于乡。

△奉节贼窜入利川境,尹(知县尹英图)与利川知县陈春波、奉节知县周景福等,大破贼于长堰塘、楼子坝,又追剿至奉节界观音洞,将三县贼全行扑灭。旋擢荆州府同知,嘉庆七年(1802),授施南府知府。

△川省教匪窜入县境,知县尹英图率领绅衿义勇,于县属之荆竹园擒获贼首,歼除余匪。贼又扰利川县之长堰塘,尹会利川知县陈春波,奉节知县周景福,合三县义勇,及本协弁兵,剿除净尽。特旨加知府衔。

△教匪扰来凤,施南协副将樊继祖率弁兵驻卯峒,断贼路,不数月而来凤平。翌年,教匪扰利川,樊率兵会恩施、利川、奉节三县知县,合乡勇会剿,贼匪全行扑灭,仰荷谕旨,褒嘉恩赉,升浙江镇总兵。

△增广学额一次,大学加取七名,中学加取五名,小学加取三名。嘉庆四年(1799),增广学额一次;嘉庆二十五年(1820),增广学额一次,数俱如前。

△曹绪德,恩施武生,郑绍举,恩施人,从征教匪,以功给六品衔。嘉庆五年(1800),在兴山县阵亡,世袭云骑尉。

△滕美贵,恩施人,施南协把总,从征贼匪,于来凤县阵亡,世袭云骑尉。

△刘凤,兴山籍,恩施人,施南协把总,从征教匪,阵亡,世袭恩尉骑。

△覃加耀贼党,自长乐窜县东境老虎口。官兵逼追险隘处,歼毙无算。又林之华余党,自椰坪窜扰县东崔家坝等地,亦被官兵乡勇追剿,洗荡净尽。

△四川奉节土贼汤允礼等倡乱,恩施朱德洪起应之。知县尹英图捕擒正法。先是德洪以白莲教煽惑其众,至数百人。生员赵兴义首其事,遂率兵勇往捕,甫至半途,德洪为其乡人所擒来献。

嘉庆二年(1797)

【一月】蠲免恩施应征银。九月,以旱乏食,恩施普行给赈。赈三月,并予房屋修费。

【是月】奉上谕蠲免境内应征钱粮。秋九月,奉恩诏因旱乏食,普行给赈三月,并与房屋修费。嘉庆二年(1797)九月二十八日奉上谕:因奉节、利川会合贼匪不下万余,尹英图等以知县、千总等率领士民、乡勇迅速剿除。“尹英图、周景福、陈春波均着超赏知府衔,有缺酌行奏补。千总刘忠魁着超升都司,外委刘文玉着超升守备,其分路带兵之守备陈安信等六人着交汪新查明,如果奋勇出力,即以应升之缺升用;并该三县应征钱粮加恩,再行蠲免一年,以示嘉赉众民外,所有绅士乡勇人等,亦着汪新查明,择其尤为出力为首者赏给六品顶戴,其余分外出力者酌赏七八品顶戴。”

【九月二十八日】白莲教首林之华窜至乐业坝,人皆逃匿。邑诸生,黄万全有剿贼陈耀川功,与民人黄振万以骂贼死。奉旨黄万全、黄振万俱准设主昭忠祠,并勒名于碑。

【是月】邑人向廷芳从征破贼于奉节县,赏给六品顶戴。又在巴东五保山堵截蓝黄号贼,嘉庆七年(1802)二月十七日阵亡。诏以其子茂禄袭云骑尉。

【是年】知县尹英图将县署作奖义堂。

△覃家耀叛,田宗武(邑东乡一桶水人)负祖避难,夜行遇贼,胁之从,田泣曰:“予二岁失怙,母又他适,非祖字之不有身也。今祖年八十矣,与孙相依为命,其忍跬步离哉!”贼感其孝,释之。与脯一方,助甘旨。

△杨遇春,字时斋,四川重庆人。从额勒登保赴湖北剿覃家耀、林之华破芭叶山,连败之长阳、宣恩、建始、恩施。家耀窜终保寨,峭岩陡绝,夜缒而登,擒家耀及其党张正潮。

嘉庆三年(1798)

【三月二十六日】邑人,由行伍历官把总李盛敏以剿湖北教匪,阵亡。

【是年】江苏宜兴人蒋遇春,由贡士授经历署知县。

△城隍庙移向城内鳌脊山下建成。该庙原建鳌脊山顶,施南府属,为奉祀道教所传守

护城池之神的庙宇。

△奎星楼在城内鳌脊山桂香殿右建成。又名魁星楼，奉祀文魁星，为三层木结构六角形楼阁式建筑。

△知施南府事、前恩施知县尹英图在城内鳌脊山顶另建文昌祠（南门外文昌祠，后改作南郡书院。）由施南府知府杨毓江创建。奉祀文昌帝君的庙宇，由山门、戏楼、桂香殿、酒楼等建筑组成。

△李敏，恩施人，施南协把总，从剿教匪阵亡，世袭云骑尉，无嗣，以兄子友桂袭。嘉庆二年（1797）九月二十八日奉上谕，奉节贼匪滋扰，官兵乡勇歼灭。恩施、利川、奉节等州县应征钱粮，加恩再行蠲免一年。

△位于双河渗孔河上的九间桥，由秀才李宾之、李宝之监修竣工。九间桥全长十丈二尺，宽十三丈八尺，高十三丈五尺，为木石结构，有一墩二孔，每孔净跨四十八丈；六根长五丈一尺、直径二尺四寸的巨木镶排成梁，上立“四柱三骑”木扇十排，形成九间房屋式桥体，故名“九间桥”。

嘉庆四年（1799）

【是年】颁御书“圣集大成”匾额。

△贾珍光、陈训、张能容选拔为拔贡。

△麦大熟，秋有年。

嘉庆五年（1800）

【四月七日】邑武生曹绪德、邑人郑绍举，以剿贼功给六品顶戴，在兴山县阵亡。

【八月】阴雨过多，西城坍塌，城垣坍塌，邑人宋士模、康光灿，邑诸生捐资修筑。

【是年】邑人，施南协把总钟志茂，以迎截川匪阵亡。

△庚申科，向明珍中武举。

嘉庆六年（1801）

【是年】邑人，施南协把总赵甲剿蓝黄号贼阵亡。

△江西泸溪举人李钟白任知县。

△奉旨在鳌脊山建文昌祠，以二月初三生辰致祭。

嘉庆七年(1802)

【二月二十七日】邑人王大伦,破贼给八品顶戴,邑人王友贵,在巴东长岭杀贼有功,赏给外委,与向廷芳同日阵亡。

【是年】顺天通州进士刘澍任知县。

嘉庆八年(1803)

【一月】奉恩诏蠲免被贼滋扰地丁钱粮,恩施县全行蠲免。

【是年】北乡提厂集镇由白莲教首领林之华转战至此建成。

嘉庆九年(1804)

【是年】朱尚志、向镐获正贡。

嘉庆十年(1805)

【是年】东乡沙地黄广田村朱如兰中举人,授武昌训导。

嘉庆十一年(1806)

【十一月八日】部议恩施县复还学额三名,文武童生各进取十五名。

【是年】江苏上海举人赵秉淳署知县。

△阖邑绅士,以恩施人文较盛,前拨学额,应仍拨还,赴省呈控,经抚宪咨部,部议湖北巡抚瑚图礼等,奏请恩施县复还学额三名,文、武童生各取进十五名。

嘉庆十二年(1807)

【十月】湖南湘潭举人,官中书舍人,张家槵任知县。实行德政,与教谕陶成葆(钟祥举人)纂修《恩施县志》,开恩施修志先河。

【冬】碧波峰问月亭卜吉鸠工,庀材创修。亭既成,知县张家槵作《问月亭序》。

【是年】丁卯科,李伟光中武举,戊辰进士,江苏徐州卫守备。

△户口清册,阖县民数三万九千一百五十三户,计男妇大小人口共二十四万九千七百五十丁口,内随粮人丁一百三十九丁。

嘉庆十三年(1808)

【四月十六日】县治西乡(芭蕉)燕子岩山石崩塌周围四里许,击碎韩宗圣、张天凤宅,压毙男妇大小二十一口。

【秋】恩施县志(四卷本)由县事前内阁中书舍人,充国史馆分校湘潭张家榯,中浣(中旬)恩施县教谕安陆陶成葆撰序,勘印成册。

【是年】北乡白杨坪麂子渡人李纬光中武进士,任江苏徐州卫守备,后升任徐州府正堂。

△戊辰科,向登魁,中武举。

嘉庆十四年(1809)

【十一月四日】虎晨至其村,啮毙郭氏儿,旋蹲于成泰屋后,一村皆惊。村民朱六率张起科、陈楚贵等十数人,各执械追逐。虎咐哮起,众皆震慑。虎乃扑朱六,伤右手及脊背,并啮叉,折其柄,势益猛厉,奋身一跃,以爪攫潘学超项及右膊,众益股栗。潘成泰(恩施县奇峰坝人,父学超世业农)挺矛直刺虎后,复连刺其胁。虎始舍学超走。陈楚贵趋而前,刃及虎口,力怯不能中。然虎已先负重伤,不暇顾。众亦遂听虎走伏林莽间,不敢复击。有顷,邻村方家坝方启尧闻之,约其村数人来视,逐之。虎复起,啮伤启尧。于是两村之人,始合力毙虎。

嘉庆十五年(1810)

【是年】江西南丰进士谭光祥任施南府知府。

△知府谭光祥在府城南门内县学之西建龙神祠。

嘉庆十六年(1811)

【四月】北乡白杨坪街刘能兴、王梦熊等九姓人、二十二户,在钟鼓楼小山东南麓修"万寿宫",亦称"江西会馆"。供从江西到白杨落籍人士聚会,接待江西到白杨坪的客人。

【是年】安徽婺源举人詹应甲任知县。

△在城南巴公溪上重修济政桥，知府谭公光祥更名丰乐桥。济政桥明指挥使唐贵，贡生李庠始修，用木。卫人周汲泉重修。易以石，康熙间复修。“石桥三十有六尺，广十有八尺，袤七十尺”，为单孔石拱桥，

△城内富户康兴廉捐资造船，请人摆渡。即称义渡。

嘉庆十八年(1813)

【是年】北乡白杨坪麂子渡人李逢春中武进士，任山西德胜路守备。后钦点为蓝翎侍卫，任御前侍卫，旋升御前侍卫千总。

△王家�，字滋圃，癸酉科拔贡，候选教谕，生平敦行孝友，砥砺廉隅。著有《丧礼撮要》，乡人多奉行，乡俗由是屏佛道而宗家礼。

嘉庆十九年(1814)

【是年】甲戌科，李逢春中武举，蓝翎侍卫，陕西得胜路守备。

嘉庆二十一年(1816)

【是年】云南举人张复中任知县。

△学使鲍桂星按临，作《施州行》赠尹太守诗。咸丰六年(1856)，学使冯誉骥作《重试施州示诸生》诗，均勒石壁间。

△因南郡书院经费不充，知府佟景文谕将凤山书院(旧为义学。乾隆时，知府吕世庆倡建。以县民张姓等互争田地，归作膏火)拨入南郡书院。

嘉庆二十二年(1817)

【是年】广东河源举人蓝绍芬任知县。

嘉庆二十三年(1818)

【是年】江苏甘泉进士耿赐龈、江西浮梁进士黄承祁先后任知县。

△高之维在县北四十里，建修金龙坝桥。

△江苏金匮监生王令仪、江西南昌进士龚焕枝、河南罗山进士王本立、山东邵平举人李景灏先后任知县。

△龚焕枝字干亭，勤政爱民，持重有体。讼无巨细，必坐堂皇莅之，重门洞开，万民观听。两造俾各尽其词察而后断。曲直昭然，士民悦服。

△王本立，字禹门，河南罗山进士。学优文粹，临事明决。令恩施，士服其教，吏畏其威，兴利除弊，有循良之称。后擢汉阳同知。

嘉庆二十四年（1819）

【是年】邑大疫。

嘉庆二十五年（1820）

【是年】三岔莲花池赶场坝因坝中渗水孔堵塞，积水成潭，水深十余丈，集市掩没，改称赶场潭。一说地震陷落成潭，近处东山有山体下滑丈余陡坎可证。

道光元年（1821）

【是年】云南蒙自进士左章炳任知县。

△饥民采蕨食。

△增广学额一次，大学加取七名，中学加取五名，小学加取三名。

△哈廷珍，号湘依，道光元年汉阳举人。任施州府学训导，屡摄恩施教谕事。造士有方，多所成就。升黄州教授，因病乞退，旋卒于施。

道光二年（1822）

【是年】奉县宪左章炳，以文昌宫祀典攸关，准免钱粮，永远遵行存案。

△向发道（滚龙坝人），壬午科，第四名中武举。道光二十九年（1849），中武进士，官至直隶正定镇守备，天津泰宁镇白石口都阃府蓝翎都司。

道光三年（1823）

【六月】朔日食既。众星现。

【是年】西乡屯堡集镇由贾、刘二氏集资建成。

△位于湖北省恩施市白果乡两河口楠木坪双山寺石建成。在清朝一直香火鼎盛，僧尼众多。僧尼圆寂后，尸骨火化，需有存放之所，寺周修建有三座石塔，即嘉庆九年（1804）建众生塔，四方形，四层，高一丈五尺，门额有“众生塔”匾；道光三年（1823），建极乐塔，六角形，四层，高一丈八尺，因塔身雕刻有弥勒佛像，又称弥勒佛塔；道光十四年（1834），建福寿塔，六角形，五层，高一丈八尺，因塔身雕刻“福寿”大字而名，又因状如莲花被称为莲花塔。

道光五年（1825）

【六月】孙仲清集郡士民，筹修郡城。士民慷慨输金，得如千数，乃命施尉鲁鹏翮董其事，补修郡城，迄八月竣工。重建西北两楼，择用旧材三分之一，补筑圮城数十丈，高厚如旧式，增女墙数百堵，共用钱七百余千。有碑。

【是年】北乡熊家岩人朱秀怀中选贡，任四川酉阳州判。

△乙酉科，向存道中武举，拣选卫千总。

道光六年（1826）

【二月二十八日】申刻，有星如月，自南流西，有声。

道光七年（1827）

【夏】淫雨，麦未获，生芽。

【是年】知县张起云修建金声、玉振二亭，奎文、尊经二阁。

道光八年（1828）

【是年】戊子科，黄玉山中武举。

△署恩施县知县张启云、训导罗德崐倡率监生吴文儒、廪生李大魁改建大成门左为金声门，右为玉振门，并以余资补修各处。

道光十年（1830）

【是年】淫雨，伤稼，饥。

道光十一年(1831)

【夏】豺犬食人。

【是年】辛卯科,雷世兴中武举,卫昌营蓝翎把总。

△知县姒朝绾捐廉补修,并劝邑绅捐钱助修城池。

△知县姒朝绾,准贡生朱荣禄、杨联绶、李大魁禀请在城东南隅五峰山之前龙首山建造连珠塔,仅甃(音昼)七层之二而止。道光十三年(1833),知县陈肖仪捧檄斯土,禾黍有秋,锐意建成,坐东向西。连珠塔为八边砖石塔,占地面积二千二百五十平方尺,共分七层,通高十丈四尺,内有螺旋石梯一百二十九级,由第一层可至第七层。塔刹由七颗大锡珠重叠而成。八个塔角上各雕刻天王大力士一尊,面目狰狞,敞胸露腹,或蹲或站,双手上托,造型各具特点,无一雷同。每层塔原各有八个铜风铃,七层塔共有五十六个。至十五年(1835),建石坊于塔前,修屋数楹于塔之左偏。

△樊燮(樊增祥之父)袭一等轻骑都尉。道光二十六年(1846),任宜昌府中营游击,咸丰元年(1851)调任广西道。后因在礼遇上与湖南巡抚骆秉章幕府的左师爷(左宗棠)有隙,被革职回籍。

道光十二年(1832)

【冬】大雪深三尺,积月不化。

【是年】知县姒朝绾修理西廊文案房六间。

△教谕彭人檀捐廉,在明伦堂后修造教谕署西舍三间。道光二十四年(1844),教谕刘兆麟捐廉修造东厢典籍厅三间,厅后退思处一间。

△恩施县旧管新收民数四万零九百七十三户,编审随粮人丁及滋生人丁、土著不成丁,男女大小共二十五万四千四百五十九丁口。

道光十三年(1833)

【夏】恩施县南乡燕子岩崩四里许,死二十一人。

【秋】螟螣(音腾)害稼,饥。

【是年】重修向王(苗)庙,因北门旁地势而为三级台地建筑,庙宇恢宏壮观,牌楼式门墙,雕像人物众多,栩栩如生,大殿建筑飞檐翘角,富丽堂皇,庙内供奉木雕向王神像和菩萨。

△江西新建进士王协梦,任施南府知府。道光十四年(1834),主修《施南府志》三十卷。

道光十四年(1834)

【四月】豺犬食人。

【是年】江西弋阳人陈肖仪,字琴泉,署任恩施。操守清廉,听断明决。痛惩黠隶,击豪猾,严治盗贼,四境赖以乂安。捐廉筹建连珠塔,以余款创立宾兴。士林立生祠祝之。

△知县陈肖仪率贡生朱荣禄、杨联绶、李大魁等组织众民续修连珠塔,三年竣工,塔层七级。

△施南府知府王协梦为五峰山七层塔题名"连珠塔",并撰《五峰山建塔记》。

△甲午科,蔡玉振中武举。

道光十五年(1835)

【夏】旱。

【是年】连珠塔前石坊,左侧斋堂数楹,周围花墙、院门等建成,将塔团团围住。

道光十六年(1836)

【是年】知县王令仪立"建平首邑"坊于署前之东,"振武岩疆"坊于署前之西,修理客厅。

道光十七年(1837)

【六月】郡城嘉莲池莲花并蒂。

【夏】彭人檀,字树香,长阳人。嘉庆癸酉拔贡(王家筠同年),己卯(1819)举人。道光十二至二十年(1832—1840)任恩施县教谕。作《木杪洞纪游》有序云:"木杪仙洞,出城东七里余。宋宝祐元年清江郡守王公次畴,侍其亲,挈僚佐一游。摩崖题名,称洞府窈深奇怪,不类人间世。迄今几五百年无问津者。丁酉夏日偕朱仁山州别驾,李春甲明经,罗冠乙、春樵两茂才诣焉。奥如旷如不可穷诘,与石壁所志无异。而州卫志所载宝祐中六人,既不相涉,碑亦不可复见。怅然久之,乘月而归。赋此纪游云尔。"彭公司铎恩施,教士以矜风骨、尚节气为先。金壶墨澄,洒遍山川。老归硍山。

【是年】东乡七里坪庙槽三圣宫建成。庙宇坐西朝东,为三开四进砖木结构歇山式建筑。

△职员康光远在城内薛家巷捐设赈济仓,共产业九契,每年额收课谷九十四石五斗,

课钱七十七千二百文。康富贵疏财,乐善好施,生平懿行,不可枚举,其彰彰在人耳目间者,惟捐设此仓为最。前知府顾椿,知县王本立,详请旌奖,加盐运同衔。

△罗德琨,紫子峰,兴国举人,施南府训导。博学能文,三摄恩施学篆。课士之暇,得宋鳌、李宗汾府志抄稿,纂修郡乘,称勤敏焉。太守王协梦监订付梓。

道光十八年(1838)

【七月十一日】东乡下塘坝稻地忽作裂帛声,居民尽移他处。越三日,夜,山崩。时邑令王公,为之正经界,免赋税焉。

【是月】清江水溢。

道光十九年(1839)

【八月】东乡崔家坝街西方上空,现石云彩,秋风早临,朔霜,岁大祲(不祥之气,妖氛)。

【是年】己亥科,朱宗培中武举。

△英吉利犯粤,争虎门。陈连升(恩施行伍,任广东三江口副将)正防堵澳门,大帅复调公守沙角炮台。公昼夜严守,夷不敢进。约战,公虞兵单,请益师,弗与,给火药一桶。公知事不济,谓长子举鹏曰:“尔可将印札赍回虎门,吾受君恩深,当捐躯以报”。次日,夷大至,卒尽靡,公急发炮,弗然。公叹曰:“此吾报国时也。”受炮洞胸死。举鹏回营,行数里,闻炮声若雷,知父与夷战,将印札交营书某去,驰回炮台,誓死殉父。只身血战,力不支,亦与于难事。闻赐葬祭,褒以“忠孝廉全”字。晋总兵衔,赏骑都尉,世袭。敕广东建立专祠,入祀昭忠祠。

道光二十年(1840)

【是年】邑令常达醇在县北十里,捐廉重修盐水溪桥。

△知县陈肖仪,字琴泉,江西弋阳人,以建连珠塔余资,创设宾兴(举贤之法),给省试路资,士林立生祠祝之。

道光二十一年(1841)

【一月七日】民族英雄陈连升与英军作殊死血战时为国捐躯。后归葬于凤凰山陈氏祖茔之地。

【二月】恩施县衙颁种桑、植桐、栽漆、育厚朴、播乌柏劝令，为发展特产作物“视为成家之一法也”。

道光二十二年（1842）

【一月】桂林太守顾客椿途经恩施，游览天桥胜景，题写“天桥”二字，并作诗一首：“碧水跨长虹，群仙从此过。跌岩天门开，万山来朝贺。”

【是年】郡城南乡（施州卫南一百里，今宣恩县境内）农人斸获二铜印，大者博二寸余，文“施南万户府”，背镌“大夏天统三年”；小者博二寸，文“施南宣抚司司狱司”，铜色斑斓。

道光二十三年（1843）

【是年】北乡白杨坪董家店人李道森中武举，任广东提标游击，赏戴花翎。

道光二十四年（1844）

【是年】有年（年岁丰收）。

△云南浪穹进士杨松磐，字春岩，授恩施县知县，多惠政。调任应城，士民思之。

道光二十五年（1845）

【是年】向正书，字玉璘，邑诸生，诰封昭武都尉。性刚直，严正不阿，生平敦笃实行。事继母极孝，母瞽，躬亲侍养，至老无间。其仁心义质，恩德被于乡间，世皆敬仰。

道光二十六年（1846）

【是年】邑绅成君贤在城东门内重修东岳宫。该宫原位于东门内，紧邻水府庙，坐北朝南，北依清江，面向大街。

道光二十七年（1847）

【是年】顺天大兴举人李嘉瑞任知县。

道光二十八年(1848)

【是年】葛家坡卢氏女,年十二,变为男。

道光二十九年(1849)

【夏】境内风雨延续月余,旋生虫害,复遭兵燹,饥民流窜,死者无数。

【是年】知县李嘉瑞修理大堂,并修东西廊十二房。

△向道存,己酉科,中武举,第二十四名。官至施南府千总,因弟向发道贵,诰封昭武将军。

道光三十年(1850)

【是年】东乡卢、吴、王等富绅开始在七里坪修建街道。历五年建成,设粮食、生猪、织染、杂货等商行。

咸丰元年(1851)

【十月】城郊长沙河杨席珍、邹代春、邹代礼、邹代和、陈年文、姚秀光等组织一方百姓,整顿辖区内长沙河渡口秩序,规范义渡行为,实行专船专用,以利过渡安全。

【是年】河南阳武拨贡任海晏任知县。

咸丰二年(1852)

【秋】大熟,谷一茎两穗至四五穗。

【是年】陈展鹏(连升次子,袭轻车都尉,任道士洑都司,升襄阳游击)战死于黄州斗城。陈受桂(举鹏嗣子,袭云骑尉,任抚标千总)与其叔起鹏,俱死于难。

△钟淑友从征武昌,阵亡。

△知府何大经、知县任海晏劝捐兴修,重建西门城楼及屋三楹,周环雉堞皆加青石加固。

咸丰三年(1853)

【五月】日反晕,缺一隅。

咸丰四年(1854)

【八月】阴雨连绵,弥月不止,民奇饥。屯堡三簸箕康名敬等约聚二十余人,于鸭子塘康家洞操练,计划于八月十五日攻打恩施县衙。知府何大经、知县任海晏,风闻其事,旋移会施南协驻防兵丁,尽数捕获余匪五十余人,详请遴员会审,将康等正法。民间歌谣"只准人吃糠,不准糠吃人",即指此事,"人"指任海晏,"糠"指康名敬。

【是年】江苏江都举人王甲曾任知县。

△增广学额一次,恩施增额七名。

咸丰五年(1855)

【一月】大星昼见,自北流南,光烛地,行有声。夏五月初八日,地震。是月,太白昼见,至九月始灭。

【是年】朱辉宪获增贡。筹济军饷,以复设训导选用,六品军功。

△四川人陈寿图,字达甫,任施南府知府。

咸丰六年(1856)

【是年】恩施县查访作战死亡官兵姓名上奏请恤结束。抚恤分出征阵亡、病故两类。出征阵亡分别规定一次赏银二十五至八百两(白银,以下同);出征病故抚恤,分别赏银十六至二百两。

咸丰七年(1857)

【五月】清江水溢。

【是年】太平军自襄阳复入宜昌,将由大溪、建始两路窥施。先使侦探入山,联合民间武装为内应。恩邑戒严,副将兴禄带兵出防,知府陈寿图遴选邑绅,设局团防,并措饷支给兵勇,委府经历邵汝正带勇防驻野三河及羚羊口一带要隘。三月,野三河擒侦探两名,府县会讯,遂杀戮。太平军知有备而止。

△邑庠黄显声在城东一百三十里处,凿石架梁,名平安桥。

咸丰八年(1858)

【是年】云南昆明进士倪应颐、蒙古镶蓝旗附生白多寿先后任知县。

△恩施人李世斌任松滋把总,调施南剿粤匪,死节,祀昭忠祠。

咸丰九年(1859)

【二月】鸠工庀材,重建问月亭,创楼三层,仿"黄鹤"之制,以祀太白。东建屋三楹,为"无敌堂",为"钓楼"。

【三月】东乡崔家坝马田发生地震,造成灾害。

【是年】向致道,中文科进士。官至候选儒学正堂。

△曾毓珏等于县南三十六里募建干溪(也称甘溪)桥,为湖南及宣、来之要津。

咸丰十年(1860)

【八月】奎星阁桂再花。

【是年】署知府黄益杰饬绅劝捐,修理坍塌挫裂凡六处。

△湖广阁督官奏:恩施捐输,计至二万四千零,请以银二万两永广文武学额两名,四千两暂广学额两名。文武学额各十七名。

△知府朱启仁谕邑绅倡立义学三所,捐廉延师课读,逾年,以改任而止。

咸丰十一年(1861)

【六月】长星如匹练,自井分入紫微垣,抵太微垣。秋七月,两星斗,一星殒地。东乡下塘坝在城东一百二十里,地广平,宜稻。

【七月】贵州、四川太平军首领李洪,联合农民军进攻施南。施南府知府陈洪钟会同恩施知县白多寿、施南协副将惠春率兵防堵。十二日,太平军围攻恩施城,施南协副将惠春等二十一名军官战死,施南清兵死亡大部,太平军被歼三千余人。

【是月】黔、蜀李洪等,联合起事,进入蜀之涪州、南川等处,官兵击败,义军由羊角碛、郁山镇进陷。

【是年】境内东乡崔坝南里渡(又称南泥渡)、北乡白杨坪三会驿等处川楚大道设驿站。

△太平天国翼王石达开,自咸丰七年(1857)五月率精锐部队十万余众离京(南京)出

走，转战于安徽、江西、湖南、湖北、贵州、四川后，至施南（恩施）与清军及地方乡勇数次激战。

△杨宗时，字春生，顺天涿州人，摄篆恩施，革去讼庭送案陋规。百姓如免苛征，口碑传颂。

△白莲教自黔江县到邑，民间武装潜谋内应，知县白多寿侦实，严堵关隘，遍谕乡民乡勇严查，拿获侦探并义军七十余人，骈斩枭示，义军惧，不敢窥境。奏闻赏花翎，加同知衔。

△黄一才，恩施千总，从征来凤，阵亡。给云骑尉，世袭。

△知县白多寿补修差房、狱舍数间。

同治元年（1862）

【二月】东乡和湾（又称河湾）一带，发生天雨如墨现象。翌年岁饥。

【是年】知县白多寿拟订团练章程二十条，通详各大宪，批饬各州县悉遵行之，案存县署。境内开始兴办团练。

△增广学额一次。壬戌科，饶应祺、崔德璋、尹克墨中举。尹克墨，麻城教谕。

△许光曙，字晓东，湖南沅陵人，举人，知恩施县。“精吏治，悉民情。”

△署令许光曙，改建新馆于麟溪书院之侧，合旧遗田业，附存书院。每年拨出四成，以备乡试给发路费之资。

△壬戌科，李际昌，监生，通判衔，候选府经历。防剿出力，加五品衔；张映乾，监生，州同衔，候选府经历。防剿出力，加五品衔。

△壬戌科，朱辉旐廪贡、刘元贵附贡、李道源增贡、黄之仪廪生、朱宸附贡，均由防剿出力，以训导尽先选用。

△壬戌科，贾谊臣，附生，防剿出力，保从九，广西思恩府司狱；成燧，监生，防剿出力，以从九尽先选用；饶应祺，附贡，候选训导，防剿出力，加国子监学正衔。

△芭蕉富商吴光华于芭蕉下街和恩施城内北门关内丁字街兴建“吴永兴”商号，将“恩施玉露”茶推向外界。

同治二年（1863）

【五月】黔匪包毛仙窜至酉阳，逼近施疆，警报日至。知府夏锡麒，知县许光曙，传集绅富，晓以大义，捐赀募勇，设立团防总局，制造旌械，训练勇丁，号为恩、威正副二军。战守之具具备，随札饬宣、来、咸、利四县，募勇守隘，自固疆圉，并结声援。七日，石达开听部李幅猷从，纠集部属，扰黔江，势逼施郡。府县会移协营派兵出防，副将札拉罕，即率官兵数百余员名，出防咸丰，随拨恩、威二军，饬邑绅分赴牛栏口、黄泥塘、九道水各要隘堵御，又按户抽丁，协同练勇，分布四城，昼夜防守，兼以邻邑四应。军力倍壮，布置愈匝，民心始安。府县复恐贼众兵单，移调宜镇官兵来援。是月，石部侦施疆有备，遂率党众窜秀水入贵州。八月，石部踪愈远，府县饬撤总局，释勇归农。所余军需四千余金，归入麟溪书院，于偃武寓修文之意。

【是年】赵鸿藻，生员，由营保候选知县；康明哲，监生，湖南候补知县。由征战保升湖南即补道，赏戴花翎；康醇甫，监生，随营保留江西，即补蓝翎知县，加同知衔；赵咏，增生，由营保即选训导；左宏达，附生，由营保蓝翎即选训导；谌在恪，附生，随保选用训导；康明义，附贡，候选知县；康佩谦，附贡，候选知县；张昭卿，监生，候选县丞；王肇桀，监生，候选府经历；朱炳，监生，广东试用县丞，由营保升蓝翎知县；沈昌均，增贡，候选州同；沈昌墀，监生，候选县丞。

△署知县许光曙劝捐四千有零，于县西门外金华桥南创建麒麟溪书院，四月兴工，是冬竣工。书院位于县西华门外金华桥南，据麒麟溪上游。建讲堂三楹，为修道堂，堂后建屋三间：左祭器，右图书，东为宾兴馆。翼以讲舍十四间，西为花厅，环以仓厨，共造房屋三十八间，计用修造工费钱二千五百串零。知府夏锡麒曰“潜斋”。

△岁大祲（年成不好）。

△湖南湘潭举人翁键任知县。

同治三年（1864）

【是年】甲子科，彭光炼中举。

△署知县翁键谕绅劝捐，修理城池三处。

同治四年（1865）

【一月】府学宫棂星门，赤虹缠两柱。夏五月朔，府学宫泮池水潮，声如沸，如是者三日。

【闰五月】桂有花。

【是年】湖南澧州监生罗凌汉任知县。

△知府夏锡麒捐廉，倡率士民，重修鼓楼，派邑绅董成厥事。楼成，每日击鼓报时。后即“六角亭”。

△杉木坝人尹寿衡，名克墨，中进士，钦点主事，现分刑部。

△都亭里白杨坪火石坡人黄开榜任江西九江水师营提督。

同治五年(1866)

【是年】四川长寿县监生朱三恪任知县。

△县令朱三恪于龙洞修建龙王庙。

同治六年(1867)

【是年】丁卯科,樊增祥中举。黄文化中武举。

同治七年(1868)

【是年】恩施县实行里甲制,置崇宁里、市郭里、都亭里三里二十五甲,其中崇宁里八甲、市郭里九甲、都亭里八甲。

△《恩施县志》刻本由白多寿修、罗凌汉纂刊印出版。正文为十二卷,约二十五万字。

同治八年(1869)

【是年】崇宁里、崔家坝、鸦鹊水设总团,属恩施县管辖。

同治九年(1870)

【是年】彭燮,字济臣,湖南巴陵廪生,以军功保知县,署任恩施。宰恩二载馀,舆情爱戴。

同治十年(1871)

【是年】恩施县人秦书田在恩施城小十街开设玉庆斋糖食店。

同治十一年(1872)

【是年】崇宁里三岔叶家台等地连续发生痢疾,患病一百余人,死亡四十余人。

同治十二年(1873)

【是年】署施南协副将马德中援宜昌新设操防章程禀准添设。於额设兵丁一千二百余名中拣选二百名逐日操演技勇。

同治十三年(1874)

【是年】岁科取进学额,文三十八名,武十九名。

△复醵金,扩建吉王祠宇。祠在城东门外。施南古施州治,城东即有吉王祠。祀明吉简王。王以成化中分藩长沙,传数世至王某。崇祯末年,避献贼乱走之桂林。其宗族、姻旧,仍留长沙。乾隆二年(1737)始以王象至施。

光绪元年(1875)

【是年】樊增祥精选五百余首诗词,分上下两卷编为《云门初集》。张之洞赞其诗词创作表现出"精思、博学、手熟"惊人才华,往往能把"人人意中所欲言而实人人所不能言"的内容,恰到好处地表现在自己的诗词中。

光绪二年(1876)

【是年】恩施县人李日跻,丙子恩科高中进士,任刑部主事。

光绪三年(1877)

【春】樊增祥到京城参加会试,中进士。改庶吉士。

【八月】于鳌脊山麓建节孝祠。光绪五年(1879)二月落成。

【是年】饶应祺署同州知府。

光绪四年(1878)

【二月】恩施东西道路开始修建,光绪六年(1880)十月竣工,恩施县东路,自北城外,至百步梯,建始界百二十有八里;西路,自北城外,至石板顶(岭),利川界百四十里。计东西石路共二万三千四百三十三丈,内石梯二万七千零四十一级,沙土路二千九百八十九丈,广六七尺不等。

【秋】樊增祥入荆州幕府,冬天又入武昌张之洞幕府充当幕僚。张成为樊增祥的官场导师,劝导樊增祥不要专攻辞章之学,要多做经世学问,"书非有用勿读",引导樊增祥在社会中立足,并走上仕途。

【十一月】修葺龙洞龙神祠。光绪五年(1879)闰三月,复修治之。祠庙在山之麓。前恩施县朱大令三恪所督建。

【是年】知府王庭桢督修存钱一千贯,发商生息,以备岁修。

△尹寿衡授江西司主事。

光绪五年(1879)

【是年】知县李增荣将郡城内柿子坝典史署故址改建城隍庙。城隍庙原在县治北八十里白杨坪。

△知府王庭桢因邑北乡太阳河文昌、武圣二庙公款,仅作一乡宾兴,委官绅劝谕该乡董事生员佘文光等,将庙内公款酌提苞谷租二十二石钱二百四十缗,捐作阖邑宾兴(地方官招待应举之士,馆在麟溪书院左侧),并立规条勒石。

光绪六年(1880)

【是年】教谕张恒泰及邑绅朱辉旒等先后禀请知府王庭桢、知县李增荣筹款,移建学宫殿庑於大成殿后,增建棂星门,泮池加广数尺,桥亦增高加广。

△详报户口清册,恩施县合邑除流寓户口外,所有一切土著民数三万九千一百五十四户,计男妇大小总共二十六万九千九百八十四丁口。随粮人丁一百三十九丁口,滋生人一千七百九十八丁口。

△知府王庭桢率邑绅在碧波峰之麓增修"月波楼"三楹。光绪七年(1881)冬,复建凝翠轩于后。即白衣庵,古刹。纵广仅数十武(古以六尺为步,半步为武)。庵前有紫薇二木。

△知府王庭桢谕,令湖南会馆改造大渡船一。同善堂建大渡船一,增船夫四名,同善堂发给口食,以免需索渡钱。冬闲水浅,湖南会馆修造板桥,以便行人。

光绪七年(1881)

【十一月】重修问月亭、景李堂,并建船厅。

【是年】知府王庭桢规划由庆潭口引水至崔家坝方案,并捐廉五十金,委巡检王迺斌组织劳力资金,督工实施。光绪十年(1884)春竣工,渠长十里,名以"王公渠"。

△阖邑存仓者六千四百七十九石五斗,将寄存绅富之谷一千零五石九斗六升二合提归县仓,又补足折耗谷三十一石五斗,实储谷部斛七千四百八十五石四斗六升二合。常平仓二十六廒,在县署右侧,储谷一万八千石。历时既久,遂止存一十八廒。以南、西、北三字编号,其"南"字一二四号暨"北"字五号共四廒与仓外墙垣。

光绪八年(1882)

【是年】秋雨多,禾萎。翌年春,斗米千余钱。乡民无从告籴,斸蕨为食。无蕨则掘草根,削树皮。又洞中有白土可食曰“观音泥”。食者多病胀,且有死者。郡伯子泉王公,倡捐廉钱五百缗,官绅共捐三千余缗,遣员采买,设局平粜;令富室有余谷者,减价以售。

光绪九年(1883)

【是年】知府李谦檄恩施知县刘鉴督修施南阖府试院(在郡城十字街),新建大堂一进,头门三间,钟鼓楼二座,东西官厅各一,西茶号房三间,西文场十一间,演武厅三间,大厨房四间,东厕一;新作东西堂号板十八副,东西文场号板八十副,桅斗二对;又修葺仪门一进,点名厅一座,东西堂号各五间,花厅三间,东茶号房三间,东西门房各三间,上房三间,东西幕友房各三间,簧案房三间,二堂一进,内东长科房五间,加官门一进,外官厅三间,供给所五间,东西辕门各一;前后左右墙垣皆经修理,用考棚经费钱一千九百三十串零八百文。

△知府李谦率绅董,重修社稷坛室三间。中奉社稷、山川、风云、雷雨神位。左右为储祭器、办祭品之所。配房二间,东为官僚奉祭茶室;西付看坛人居住。周围缭以垣。

光绪十年(1884)

【春】尹寿衡因母丧回籍,适值知府王庭桢倡修《施南府志》,尹应聘主纂,经年书成刊行。较旧志多有创新,主张“方志不宜志天文,人物不唯重科名,艺文必确有可据,缺而不滥。”

【是年】樊增祥赴陕西宜川任知县。

光绪十一年(1885)

【是年】施南协驻各地汛、塘再次裁减兵员,至光绪末年(1908),塘兵悉数撤离,仅在施南府城和崔家坝驻防少量兵丁。

光绪十二年(1886)

【是年】施南协驻各地汛塘裁汰兵员,境内驻军减少。

△都亭里太阳集镇人佘子珍在集镇开中药店铺,聘请张氏中医坐店开诊。

光绪十三年(1887)

【夏】施州参军王迺斌为恩建交界的巴溪河(沙地鹤峰口)北岸题"鹤峰"二字,并一道镌刻于石崖之上,阴刻,颜体,每字一尺五寸见方。整件石刻笔力遒劲,潇洒气派。

光绪十四年(1888)

【是年】比利时天主教总堂派神甫戈氏、潘氏和华籍神甫林黎泉(利川人)至鸦鹊水传教。

△都亭里麂子渡安子营李绍先从云南引入山茶花种植。

△郑开,字梅溪,直隶贡生,由教官推升恩施县丞调摄学篆。文理纯实,兼工诗。性和情挚,士林敬爱之。顾蔼庭太守谓施属七广,文惟梅溪,为北直名宿云。

光绪十五年(1889)

【是年】恩施县从重庆请来师傅培训木、漆、五金等业技工。

△法兰西主教德希圣、司铎德希贤、董明德和宜昌教民贾澄清到沙地传教,于李文甫家设教堂。比利时神甫闻显举、史美德、潘德林、林梦新在鸦鹊、沙地割地修建教堂。

光绪十六年(1890)

【是年】境内遭水灾,农民严重歉收,湖广总督张之洞奏请朝廷专拨银两,赈济灾民。

光绪十七年(1891)

【五月】钦加六品衔府照磨候补粮部府田金标等人捐钱,于县东北边境的巴溪河上建三星桥。宣统三年(1911)七月,重建并立碑纪念。

【是年】崇宁里新塘集镇由肖、严、田三氏集资建成。

△饶应祺署新疆布政使。

光绪十八年(1892)

【是年】洗马池建成。池大十二丈六尺,深四尺五寸,墙门呈凸字形,上嵌碑额。由副将、施南府协台熊朝鉴主修并题字。款为“古人云:晚凉看洗马,亦军中要务也,署前旧有池,淤废日久,今特浚而新之。庶马政复修蕃,鹿因之而兆兹。当春日融和,桃柳掩映,见二、三良马腾骧其中,洵有一洗空凡之象而乐。国家之升平焉,故识之。光绪壬辰春日,楚南熊朝鉴题。”

光绪十九年(1893)

【是年】樊增祥撰《樊山集二十一卷》《樊山续集二十八卷》《樊山批判十四卷》《樊山公牍二卷》《樊山时文》(不分卷)刻本完成。存五十六卷(樊山集一至二十一,樊山续集一至十七、二十五至二十八,樊山批判一至十二,樊山公牍一至二)。

光绪二十年(1894)

【是年】恩施县人黄道魁高中文科举人(甲午科)。

光绪二十一年(1895)

【是年】恩施县人詹恺高中文进士(乙未科),任遵义知县。

光绪二十二年(1896)

【是年】境内大旱。

△都亭里太阳等地遭遇连阴雨百余天,鸡窝寒瘟疫流行,庄稼颗粒无收,死亡甚多。部分死亡绝户无人安埋。

△吴永兴商号与恩施城十八家商户,发行市票,在市面流通。

△省官钱局于恩施设立分局,代理施南府金库,为境内官方金融机构之始。

光绪二十三年(1897)

【是年】境内大旱。市廓里薛家巷康氏放谷施赈。

△恩施至巴东人行道改造,路面铺置石板。

光绪二十四年(1898)

【是年】推行保甲制,保长、甲长管理行政事务。

△湖广总督张之洞派遣蔡国祯,组织改修宜昌经恩施至来凤的人行大道。

光绪二十五年(1899)

【是年】恩施籍王璟芳、沈尚濂、敖正邦就读于武昌经心两湖书院,被张之洞选派赴日留学,为恩施首批留学生。

光绪二十六年(1900)

【六月】八国联军于大沽口登陆,进逼津京,樊增祥应召至京,以道府在武卫军任事。乃密奏慈禧,力请移避长安,并先期赶回长安筹策"迎銮"。十一月,以护驾功,擢升皖北兵备道,着留"行在"办事,充政务处提调,因得日近宫廷。慈禧曾手谕皇帝:"自今机要文字,可令樊增祥撰拟,仍当秘之,勿招人忌也。"樊到任后,在朝廷中增设政务处,负责处理军机政务。翌年六月,升为陕西省臬司,八月,慈禧回京前又调署陕西布政使。再翌年,实授甘肃布政使。

【是年】邑庠生白杨坪首士王丹岩与建始首士谢海楼倡建龙驹河(雉鸡河)单孔半圆石拱桥竣工,名"万寿桥",跨径八丈二尺。

△比利时传教士(亦称天主教神父)租白杨集镇下街刘天佑私宅设教堂传教。

光绪二十七年(1901)

【是年】吴永兴商号于武汉设立商行。

△恩施籍人饶凤璜自费留学日本应庆大学攻读政法科,肄业。翌年,归国参加武昌乡试,中举人。

光绪二十八年(1902)

【冬】文麟,号心存,奉天府(沈阳)铁岭县人,任施南府知府。莅位后,微服私访,采风问俗，洞察民间疾苦，继而劾贪吏，惩蛊役，除莠安良，行廉政之风。遇淫雨连绵，谷价昂贵，开仓粜粮，平抑物价，解“贫民谋食之艰”。有“惠政”，“阖郡士民”立碑以志。

△尹寿衡致仕回乡，捐资倡导于杉木坝与龙凤坝之间的河上，修建五孔大石桥一座。

△王莲（即尹莲，杉木坝人，婚后随夫姓王），为清末湖北留日女子第一人，进入东京女子美术学校学习。毕业回国后，在武汉积极从事反清宣传，为辛亥革命首义旗帜设计者之一。

光绪二十九年（1903）

【一月十六日】新疆巡抚饶应祺赴任安徽巡抚途中，病故于新疆哈密，灵柩运回恩施，葬于黄泥坝清江东岸，后俗称饶家坟。

【是年】设施南府师范传习所。

△改麟溪书院为恩施县立高等小学堂。

光绪三十年（1904）

【七月十七日】法国天主教主教德希圣偕司铎德希贤、董明德等七人“巡视”沙子地教区。行至花被，农民向元新回避未及，德主教借故寻衅滋事，激怒民心，农民向燮堂（土家族）率众将其一并杀毙。府、县衙门秉承洋人旨意开庭，教士听审。九月十五日，向等十义士被斩首示众，自杀者崔春生被戳尸示众，其余被捕者皆科重刑。清政府被迫签订“赔偿白银一十四点五万两，割地建教堂”丧权辱国条约。

【是月】恩施县人刘汉卿参加由建始人吕大森与张难先、胡英等人在武昌成立反清秘密团体科学补习所，为运动新兵起义。是年，刘与吕大森与康秉钧回到恩施，联系会党（哥老会），以期响应，后湖南事败而未果。翌年，三人在府城建立反清革命团体日知会（后更名天锡会）分会，秘密组织反清活动。光绪三十三年（1907）春，施南府知府施纪云逮捕刘入狱。武昌起义爆发时，为防止清军反扑，保卫胜利果实，革命党人分赴各地策动地方驻军反正，来凤人向炳昆回到施南，与康秉钧等人动员施南军队响应起义。十月二十八日，施南驻军首领李汝魁等宣布反正，刘被迎接出狱。

【是年】武汉地区成立日知会等革命团体，恩施籍人张荣楣、康建堂在汉加入科学补习所，李济臣、张鹏程在汉加入文学社，向炳焜、王鸿猷、袁国纪在汉加入共进社。

△都亭里太阳毛湖埫（又称茅湖淌）人袁国纪加入共进社革命团体，武昌起义前夕，于宜昌等地从事秘密革命活动。

△樊增祥调任江宁布政使。

△新疆巡抚饶应祺遗孀王夫人捐资创办境内第一所私立小学——春山两等（即初等和高等）小学堂。

光绪三十一年(1905)

【七月】恩施籍留日学生王琨芳在日本东京参加孙中山缔造的同盟会,恩施留比利时学生祝乾逵参加欧洲同盟会。

【八月】府署西侧建施南府劝工所。

【是年】崇宁里沙地偏南杨方友等户租山挖煤营生,兴办境内第一个小煤窑。

△天主教宜昌教区以"施南教案"赔款之部分在沙地建一座西式教堂。宣统三年(1911),天主教比籍教士闻显举再度修造沙地教堂。总堂设楠木沟,下辖沙地大花被、小花被、下村坝、玉峰山、麦子淌,新塘峁子山、土地塘等分会。

光绪三十二年(1906)

【是年】改南郡书院为施南府中学堂,以原考棚为校舍。

△驻施清军整编为第八镇三十二标第三营和宜防营。

△比利时(荷兰籍)神甫田国庆于红土赵家村乌鸦坝建立天主教堂。

△恩施籍人向炯(字明斋,湖北方言学堂毕业)加入同盟会。宣统三年(1911),参加武昌起义。后任鄂西军政府内务部参议、湖北省议会议员、恩施县议会议长等。

光绪三十三年(1907)

【六月】宜昌教区主教田国庆到恩施占地修建礼拜堂。

【是年】王维藩赞助开办甲种农业学堂,为恩施县职业教育学校之始。

△恩施商户福和、信孚、福星和、吴永兴、甘益太、刘亦生等先后于武汉设庄,号称"施南帮"。其中"信孚""福星和""钧记""慧记"等为日本"水田洋行"和"斋藤洋行"在汉口的生漆包庄户。

△市廓里芭蕉灯笼坝监生蓝聘廷之妻艾氏牌坊(又称牌楼)竖立。高二丈一尺,宽一丈六尺,为三间三楼形制,中门宽五尺四寸,高八尺八寸。

光绪三十四年(1908)

【十月】省派警察学堂毕业生王桂生等四人,抵恩施创办警务,于县城大十街圆通寺内设立恩施巡警专局,配警员二十六名。

【是年】都亭里太阳河集镇人沈定钟,清诰赠“振武将军”。其妻刘氏清诰封“一品夫人”。

宣统元年(1909)

【是年】都亭里太阳集镇人刘仁益(又名刘丁仙,武秀才),领头捐资组织当地民众捐工、捐料在道路湾河出口处三百尺修建风雨桥,名为“白沙桥”。

△崇宁里沙子地人王鸿猷(字级三,清末秀才),在武汉加入共进社。

宣统二年(1910)

【是年】汉口中华圣公会湘鄂教区曾兰友至恩施城创设恩施中华圣公会。

△恩施城内及近郊设简易识字学塾十五所,为恩施县成人教育之始。

△施南府商务会成立。

△境内设巡警教练所,训练巡警四十名。

△樊增祥护理两江总督。

宣统三年(1911)

【八月二十七日】由上海东亚同文书院(位于日本爱知县)学生今井美代吉、小岛利一郎一行六人组成的楚蜀队,经建始红岩寺到恩施崔家坝、鸦雀水至施南府,进行实地考察,历时五天,于三十一日离境赴宣恩,至咸丰,入四川。其沿途见闻记录于《孤帆双蹄》(中文译名《入蜀纪行》)。

【十月十八日】祁顺德,恩施县人,第一镇二协三标一营右队一排二棚士兵,武昌起义时随队攻击刘家庙,敌兵败北,追至三道桥铁路附近,中弹殒命,时年三十八岁。

【十月十九日】袁上培,恩施县人,第一镇二协三标二营右队一排三棚副目,武昌起义时在汉口刘家庙阵亡,时年十九岁。

【十月二十七日】康云鹏,恩施县人,第一镇二协三标二营右队三排排长,武昌起义时随队攻打歆生路,被弹击毙,时年三十五岁。

【十月二十八日】在武昌首义影响下,驻施清军三十二标第三营管带李汝魁召集恩施城绅商军学各界人士会议,宣布施南府反正,响应武昌首义,归顺湖北军政府。

【是月】恩施县知事公署成立。地方绅士公举叶永耀为恩施县知事。

【十一月四日】驻施宜防营管带朱扬武蓄谋叛乱,是日夜晚杀死驻施清军三十二标第三营反正首领李汝魁、朱篡权,自认司令部部长。

【是年】全县总人口二十六万七千五百四十六人。

民国时期

民国元年(1912)

【二月十一日】恩施县人唐燊,字杰三,被推举为湖北省临时议会成员。

【是年】崇宁里崔家坝境内豺狼白日上街入民居,伤牛羊、食麦禾,岁年大饥。

△鄂军政府通饬:民国初建,境内所有以往民欠钱粮概行豁免。

△废施南府,恩施县属湖北省直管。李风高任县知事。

△李鹏程于恩施城北门外开设鹏程鞋店,制作钉鞋,自产自销。为恩施皮鞋制造业之始。

民国二年(1913)

【是年】恩施县人尹援一,字肖波,被推举为湖北省议会成员。

△石苏任县知事,李风高离任。

民国三年(1914)

【六月十六日】都亭里孢头山发生地震,半小时山崩陷,低于地面九尺,震区内房屋、坟墓同遭倾塌,致三百余人死亡。

【是年】美籍牧师高合德至恩施传播福音教。比籍神甫任永生于沙井巷开设圣心女校,教读圣经。

△尹孟班任恩施县知事,石苏离任。

民国四年(1915)

【是年】崇宁里七里坪卢先悦取柳州城陶土样品多份,运至江西景德镇烧制陶器,将景德镇陶土挑回柳州城烧制陶器,三次往返,均获成功,遂请景德镇陶瓷技师到柳州城传艺。

△设荆南道。恩施县属荆南道管辖。

△金泽先任恩施县知事,尹孟班离任。

民国五年(1916)

【冬】郑渭川(永禧)任恩施县知事,金泽先离任。

民国六年(1917)

【秋】湖北靖国军唐克明部之鄂军前敌指挥柏文蔚改为川鄂军前敌总指挥,驻崔家坝。蓝天蔚亲率独立连及步兵营向建始攻击北洋军于学忠部。于部不敌,弃建始城北逃,南军乘势追击六十里;蓝部设指挥所于三里坝等待后续部队,北军退守高店子,双方呈对峙之势,民国八年(1919)双方撤退。

【十二月】崇宁里沙子地人刘尊五组织贫苦农民武装起义,率近千人攻打恩施县城。因内奸告密,攻城失败,死伤二百余人。

【是年】湖北靖国军第一军在荆州失败后,部分官兵转驻鄂西,总司令唐克明设总部于恩施城。第一师师长兼前敌指挥胡廷翼率部驻恩施崔家坝和建始红岩寺,第二师师长李德三驻恩施县和宣恩县。

△省实业厅第三农事实验场于恩施城北门外设立,为境内农业技术科研、推广专门机构之始。

△吴良棻任恩施县知事。郑渭川离任。

民国七年(1918)

【一月一日】市廓里白果乡油竹坪游民田合林率数十人,奔袭见天坝复仇(其父因盗窃被团总童清安处死),杀死见天乡团总童清安,火烧见天坝街。

【一月八日】鄂西靖国军总司令蔡济民部攻占恩施,为筹集粮饷,强迫农民种植鸦片,征收窝捐以充军饷,境内烟毒泛滥。

【是月】比利时传教士于鸦鹊街后天主教堂设教会学校。

【六月十三日】孙中山派大元帅府秘书章太炎至恩施巡视,协调唐克明与蔡济民之间矛盾,同时于各军间作护法宣传鼓动和组织工作,历时两月之久。

【六月二十一日】北洋政府军攻占恩施城。

【是月】何复周任恩施县知事,吴良棻离任。

【十一月】恩施兵变,厚载入恩施,唐克明走,烈武受军府命为鄂西总司令。

【是年】饶凤璜任北洋政府总统徐世昌秘书。

民国八年(1919)

【九月二十一日】施宜镇守使署于宜昌成立,陆军十八混成旅旅长赵荣华出任镇守使,不久转驻恩施。

民国九年(1920)

【十二月】驻恩施的靖国军总司令蓝天蔚抵挡不住当地"神兵"组织强大攻势,率部逃至板桥蒿坝八宝山(即万寿山)时,被板桥简纪南的"神兵"和沐抚"月德星"(本名向腊妹,女)的神兵包围击溃,蓝只身入川。

【是年】美福音教牧师高合德,修女欧美妮于恩施城内东正街创办恩施西医诊所,为境内第一家西医机构。

△王海东任恩施县知事,何复周离任。

民国十年(1921)

【三月二十一日】市廓里芭蕉贫苦农民深受团总吕廷献、保董吕廷森、团防大队长吕泽之的残酷压迫剥削,难以生存,邀约数十人冲进吕家杀死三人。三月二十三日,又将吕廷献、吕廷森两栋房屋焚毁。三月二十四日,吕氏三人逃至恩施城,勾结驻军直系军阀,带领北洋军一百余人,搜捕、杀害贫苦农民三十余人,抢走财物和粮食,焚毁九家农民房屋七十四间。

【八月】荆南道改设荆宜道、施鹤道,恩施县为施鹤道治所。

【九月】川湘两省出兵援助鄂人自治,湖北自治军鄂西总司令潘正道属部汤子模旅从酉阳向巫山集结。施宜镇守使赵荣华部撤离恩施,委咸丰杨芝香为施鹤联团总指挥率部驻守恩施城,辖七个大队一百人枪。中旬,川军援鄂失利,汤子模部由巫山溃退至恩施,在城外向杨芝香部发起猛攻,双方激战数日,恩施城始终未落入汤手。后因守北门的高经明被汤部买通,于九月二十七日子夜开城放入汤军,杨芝香被阻隔在东门城楼。军中无主,各逃性命,杨中弹负伤,投清江自尽,时年三十七岁。投江前书绝命血书联:"誓为桑梓藩篱杀身成仁幸矣,愿作施南屏障见危授命快哉"。

【是年】全县流行天花,患者三万余人,死亡五千余人。

△和湾、三岔口、崔家坝、盛家坝等地先后发生"神兵"造反,火焚集镇。

△杨某某(名字缺考)任恩施县知事,王海东离任。

民国十一年(1922)

【是年】市廓里大集场(亦称大溪场、大吉场)钟佩三邀集邻乡“神兵”攻打恩施城,口号称“杀灰狗儿”(即杀靖国军,因靖国军身着灰色制服而名)。是时,城内为靖国军李德三的割据地,李派其猛将营长焦某率主力与钟之主力战于南门外石家坡,焦大败被杀,李德三见势不妙,仓皇逃至鄂北老家。

△王特拙、望鸿观先后任恩施县知事,杨某某、王特拙先后离任。

民国十二年(1923)

【是年】北洋军属部于恩施遍设关卡,征收鸦片税收纳“护送费”,恩施鸦片经缴讫费用后,流往宜昌、汉口等地。

△沈霈、程作霖先后任恩施县知事,望鸿观离任。

民国十三年(1924)

【秋】都亭里梭布垭遭四川土匪李万名率众匪洗劫,保长陈兴斋即派人赴白杨坪程竹吾处求援。程即率部拦击,缴获仿制步枪一支。土匪文全娃毙命,李匪率部逃逸。

【十二月】崇宁里和湾农民不满团防公所团丁借收捐之名实行劫夺,三岔大坝“神兵”祝九娃派人请咸丰黑洞“神兵”许幺娃支援雪恨,两路“神兵”三百余人,焚毁和湾张团总住宅,旋转攻恩施城。“神兵”行至洗爵溪、花生湾时,与城内派出的团防快枪队交火,“神兵”伤亡惨重,祝九娃等阵亡,许幺娃带残部退回黑洞。

【是年】沈继先任恩施县知事,程作霖离任。

民国十四年(1925)

【十一月】中国共产党(简称中共)党员朱光钦、胡楚藩,以武汉学生联合会代表名义到恩施开展学生运动,于省立第十三中学组织学生自治会,宣传孙中山联俄、联共、扶助农工的主张,号召群众起来配合全国工人运动和学生运动。其间,举行罢课月余的学潮。翌年春,由于驻施直系军阀于学忠镇压,学生运动受阻停止。朱光钦等去武汉。

【是年】建始“神兵”“大刀会”进攻恩施城,于向家村被北军击退。

△境内推行鸦片“寓禁于征”税政,续征烟窝税。恩施禁烟查缉处负责执征。

民国十五年(1926)

【十二月】国民党右派张翼洲和当地豪绅王冰如、邓际云、吕树安等,操纵成立国民党恩施县党部筹备处。

【是年】国民革命军第四十三军进驻恩施,北洋军阀所属军队撤离恩施。

△李竟成任恩施县知事,沈继先离任。

△李清尘任恩施县知事,李竟成离任。

民国十六年(1927)

【一月十二日】省立十三中、恩施高等小学、乙种农业学校及九福堂、路德、文德小学高年级学生,在施鹤学生联合会基础上,联合成立恩施青年学会。

【二月十日】董必武以国民党省党部名义派恩施籍中共党员朱光钦、共青团员徐伯坚返恩,重组恩施县党部筹备处(林家巷劝学所),使之成为国共合作的统一战线组织。朱光钦任筹备处主任,徐伯坚任宣传部部长,廖生明任组织部部长,金裕汉任秘书,谭大荣负责总务。

【是月】恩施县农民协会、工人协会、妇女协会成立(国民党恩施县党部筹备处领导)。

△崔家坝、七里坪区农民协会成立,解散原乡公所。嗣后,全县普遍实行区、乡自治,以农民政权代替土豪劣绅把持的旧政权。

△设恩施县审判土豪劣绅委员会(隶国民党县党部筹备处),筹备处主任朱光钦(中共党员)等十一人为委员。

【三月二十三日】县党部筹备处制定《取缔妇女缠足条例》。是日起,开展放足运动,至六月底,城乡妇女裹足者全部解放。

【是月】恩施县审判土豪劣绅委员会,初拟判处死刑、无期徒刑、有期徒刑人犯名单四十余名,逮捕崔坝镇土豪吕树安,查封城内富豪王冰如(人称王大老爷),将其二人反绑,游街示众。

【四月】驻施黔军叛变,伙同国民党右派和土豪劣绅捣毁恩施县党部筹备处。国共合作破裂。

【是月】蒋介石叛变革命,驻施第四十三军军长李晓炎公开叛变,镇压革命,中共党员为避免暴露身份离开恩施,白色恐怖蔓延城乡,恩施大革命转入低潮。

【五月一日】朱光钦、徐伯坚于恩施体育场主持声势浩大的“讨蒋大会”,并游行示威,声讨蒋介石“四一二”反革命政变罪行。

【六月】自称郭营长的率一股溃军三十余人进驻沙地街，向当地富豪要钱要粮，沙子地团总王碧泉向东乡团阀傅卫风求救。七月初，红土溪、新塘、鸦鹊水团防从四面围剿，一举将该部消灭。

【十月】来凤籍中共党员杨维藩、恩施籍共青团员金裕汉、郑濂参加中共鄂西特委在宜昌召开的党团联席会议，听取传达中共中央"八七"会议精神和湖北秋收暴动计划。会后，三人同回施鹤扩大党团组织。翌年一月，成立中共施鹤临时特委和共青团施鹤委员会、青年协进社，并带领农民自卫军和联络"神兵"暴动。

【十二月二十六日】川东土著武装国汝洲部受川军挤压，流窜鄂西。纠集土匪、"神兵"六千余人围攻恩施城，至翌年一月四日败退。

【是年】废道存县。县置区，区置联保，联保置保甲。

△金继炬任恩施县知事，李清尘离任。丁康年任恩施县知事，金继炬离任。

民国十七年(1928)

【十二月三日】贺龙部队经过恩施大集场、白果坝抵达利川老屋基，与杨维藩部会合，宣布成立湘鄂西前敌委员会。并改"施鹤临时特委"为"施鹤临时部委"，杨维藩任部委书记，由前委直接领导。

【十二月二十五日】中共湘鄂西前敌委员会第四军由利川向东转移，经恩施崔家坝去鹤峰。

【是年】中国国民党恩施县指导委员会成立。

△恩施县司法公署设立。行政、司法职责分开。

△北乡区崔家坝大豪绅吕尔昭为夺取团总职务，杀死连受之、连宝之、连简之兄弟三人。

△遵南京国民政府令，恩施县知事公署改为县政府，恩施县为二等县。丁康年改任恩施县县长。

△设鄂西行政区，恩施县为行政区治所，实行新县制。沈霈、李浠白、曾恤民先后任恩施县县长。

民国十八年(1929)

【三月】国民党恩施县党务办事处成立，取代原指导委员会。

【九月十六日】贺龙、周逸群领导的工农红军攻克桑植县城，鹤峰、桑植两县苏维埃政权建立，标志着以鹤峰为中心，包括清江以南石灰窑、双河桥一带湘鄂川黔革命根据地形成。贺龙领导红军部队在石灰窑一带开展武装斗争，同时发展苏区商业，允许自由贸易，保护正当经营，取消苛捐杂税，促进商品流通。

【是年】美国慈善会领导的福音教路德会在窑湾设堂，称“中华路德会”（即地区护校校址）。

△汪龙瑶、万文源、杨少芹先后任恩施县县长。

△恩施籍人郑炳坤在武汉“单汉明袜厂”学得织袜技术回施，与其姐夫熊福昌合资购织袜机两部，于城内大阳沟开织袜店，为恩施机制针织业之始。

民国十九年(1930)

【一月九日】贺龙率红四军主力在鹤峰中营游击队配合下，攻克恩施红土溪，歼灭团防武装，击毙团总赵金轩，缴枪近一百支。为石灰窑、八角庙（红土）、白岩溪农民协会的建立创造条件。

【二月十三日】中共鹤峰中心县委特派员杨英和红四军一团党代表龙在前至头棚黄昌朋家召开积极分子秘密会，研究筹建白岩溪农民协会。四月十九日，白岩溪农民协会成立，陶东祥任主任，黄昌明任副主任，杨清轩任书记。

【三月三日】东乡区石灰窑乡农民协会成立。

【四月】王炳南带领红军在粟谷湾、头棚、挖断山农协大队的配合下，打败地方团防傅卫风部。

【五月二十八日】中共鹤峰中心县委特派员杨英在白岩溪召开农民协会干部会议，宣布恩（施）、宣（恩）、鹤（峰）三县边防司令部成立。杨清轩任边防司令部司令，王殿安任副司令，杜恩波任参谋长。下辖三个团，其中第二团团长覃海清，领导白岩溪农民协会六个农协大队的地方武装，驻守白岩溪、粟谷湾。

【是月】游击队队员向兴奎（土家族），与红军一道到红土溪杀死地主黄文宇夫妇，并将打土豪获得的部分钱财拨给稻池村，创办苏维埃小学。翌年三月，向兴奎不幸在建始官店被捕，被恶霸黄敬卿残酷杀害。

【六月十三日】红军第四十团团长程海波（红土天落水人）于建始双土地一带，遭团防埋伏，壮烈牺牲。

【是月】川东土著武装甘占元窜扰恩施，恩施驻军及县政府大小官吏畏匪逃遁。城内士绅、团防筹备巨资请来凤县团阀向济川带人枪千余驻守恩施城，与攻城的甘部交战十三天，甘不敌而撤走，向济川在追击途中遭夹击身亡。

【七月二十四日】宣恩县县长李培南乘红四军主力东下洪湖之机，纠集地方团防傅卫风、冯玉池、覃福斋、陆明清等部一千余人进犯白岩溪农民协会。农民协会主任陶东祥及其成员覃海清、熊信柱、肖顶山(肖三娃)、杨明力、佘开恩等九人惨遭杀害。

【是月】恩宣鹤红军边防司令部副司令员王殿安、参谋长杜恩波到石灰窑组建游击支队,肖敬之任支队长。

【十月二十六日】红军独立团团长贺炳南和副团长文苗率六百人驻扎红土白果坪,趁团总黄在元在红土街过生日时将其包抄、处决。

【是年】南乡区白果坝团总邓濂溪趁贺龙红军主力调走,带领团丁围攻留守白果金龙坝的红军,杀害红军游击队政治委员杨某某、红军战士童继美、熊蔚然等十余人。

△北乡区茅田坪秀才谢殿卿,于尖山处理奸情杀人案,召集数百群众到场,将奸夫、淫妇活埋,与死者同葬,称“三人坟”。

△卢某某(名字缺考)、杨敬曲先后任恩施县县长。

△应施鹤行政委员潘正道之聘,张阆村(荣楣)回到恩施,佐潘治理鄂西政务,亲赴各县考察,写成《施鹤六邑视察记》一书。

民国二十年(1931)

【三月二十三日】东乡区济安乡粟谷湾团防冯玉墀带领团丁数百人进犯白岩溪。农民协会创始人之一,边防游击队干部汤文采、熊烈凤被杀害。杨清轩率领红军和游击队员奋勇反击,冯部团丁几近被全歼,冯部逃至新塘。

【是月】恩施县政府将全县九二七名团丁改编为七个中队,拥有枪五百二十支,武装队伍扩大。

【春】红二军团前委主要负责人夏曦执行错误路线,致恩、宣、鹤边防司令部副司令员王殿安受诬陷被捕。王越狱后于二十二年(1933)在恩施崔坝遭人杀害。

△廖化平任恩施县县长。杨敬曲离任。

【七月】国民党军队向苏区发动大规模“围剿”。恩施驻军罗启疆一个旅,石门罗效之两个保安团,慈利朱际凯一个保安团,桑植周燮卿一个旅,共一万五千余人,加上恩施、五峰、建始、宣恩、鹤峰、石门、长阳、桑植等县团防两万余人,联合向湘鄂边苏区进攻。

民国二十一年(1932)

【春】杨澧任恩施县县长。廖化平离任。

【九月】边防司令杨清轩于鹤峰北佳羊牯堡开会时被叛徒冯秀山杀害。

【十月二十日】国民党为围剿红军和加强统治，在豫鄂皖三省设行政督察区。恩施县划归湖北省第十行政督察区（简称第十行政区）管辖，为专员公署（简称专署）驻地，实行专员兼县长制，县府业务概由专署兼理。十区专员兼保安司令蔡继伦兼任恩施县县长。杨澧离任。

民国二十二年（1933）

【二月十四日】红三军七师师长叶光吉、政委盛联钧率兵攻克新塘、红土溪、甘坪、粟谷湾、白岩溪、椿木营等地，挫败傅卫风、冯玉墀（又称冯玉池）统领的团防武装。

【是月】湘鄂西中央分局书记夏曦率领红军一百余众至石窑朱家湾，于土豪李志连家设立红三军政治部和被服厂，领导恩施、建始、宣恩等地政治工作和县、区、乡苏维埃政府建设工作。

△上坝区苏维埃政府、区游击队分别成立，所属上坝、下坝、王家台、贺家台、木成、七营房、水杉坝和后坪乡苏维埃政府、游击队先后成立。

△湘鄂西中央分局于石窑进行人口、耕地、山林登记，开展土地革命。

【三月】蚂蟥坝区苏维埃政府、游击队分别成立，所属蚂蟥坝、胆大妇和小溪坪乡苏维埃政府、赤卫队同时成立。

【是月】石灰窑区苏维埃政府成立，下辖十个乡苏维埃政府，驻地钟福泉家，并成立石灰窑区游击队，下辖七个乡赤卫队。

【四月十一日】贺龙从鹤峰至石灰窑，在朱家湾红三军政治部停留三天。

【是月】石灰窑区苏维埃政府集中力量于石灰窑乡进行土地革命试点，开展减租减息和土地革命运动。

△八角庙区苏维埃政府成立，下辖十三个乡苏维埃政府，成立区游击队，下辖十一个乡赤卫队。八斗田区苏维埃政府成立，下辖十个乡苏维埃，成立区游击队，下辖十个乡赤卫队。

△双河桥、红蓝（又称横栏）溪和木栗园区苏维埃政府、游击队分别成立。所属车营、麻水、龙桥溪、甘坪、都泥坝、上台和下台乡苏维埃政府、赤卫队先后成立。

【五月十一日】在红军代表郭廷卿、余绍全领导下，恩施县苏维埃政府于济晏（双河）上坝黄敬堂家成立（后迁粟谷湾卢仕敏家），主席张家振、副主席康先成，文书唐方善、委员向国登、陈显著（后任）、姚海堂，经济委员尹德清。下辖十个区苏维埃、六十个乡苏维埃政府。

【六月十一日】十区专员、保安司令袁济安兼任恩施县县长。蔡继伦离任。

【七月二十四日】国民革命军新三旅和恩施团防傅卫风部侵占恩施苏区。

【八月】贺龙红军一千八百余众从咸丰龙潭司到恩施大集场，没收咸丰风背岩杨梯梯、芭蕉沟黄学清、香树槽唐鸾笙和向肃朝等富户的谷子，部分作为军粮，部分分给贫苦农民。在大集场停留四天后，往龙潭司方向开进。

【九月】贺龙率领军部和九师以及教导团千余人，先后转战于恩、宣、咸、利边境开辟新区，驻白果金龙坝、阳昌隆（地名）一带。恩施金龙坝游击大队同时建立。

【是月】粟谷湾区苏维埃政府遭地方团防冯玉池破坏。主席张祖纯及工作人员白玉阶、唐太恒、李家荣、毛品儿、熊胜金六人遭杀害。

【秋】境内关口、长沙坝、长阴洞、瓦厂坝、龙潭坝、两河口等地水患，绵延四十里，二百余户流离失所，八百余户断粮。

【十一月】贺龙红军进驻大集场，派三十人着便衣打击土豪劣绅，将团总姚丕成捉拿，于大集场街附近枪毙；将杨西山（保董）捉拿，于离大集场十多里的磨子山路旁枪毙；将落坡保董周老大捉拿。红军于大集场停留两天三夜后，向利川方向进发。

【十二月十七日】红三军由恩施大集场进入咸丰小村，召开湘鄂西中央分局小村会议，讨论湘鄂边区失败的教训和当前任务，将"恢复湘鄂边"口号改为"开创湘鄂川黔边新苏区"。

【是月】红七军和红九师于石灰窑会师。两师主力三千余人，于恩、宣、鹤三县交办椿木营一带开展活动。

△江汉工程局派员勘测清江。测定清江在境内流长为一百二十七公里。

【是年】南昌湘鄂赣三省边防剿匪司令部下令修建恩施机场。机场南北长五百五十米，东西宽一百七十五米，顺清江而建。翌年扩建，跑道延长至九百六十米。民国二十七年（1938）竣工试航。

△境内王思古、胡秉之、段东亚等人发起组织东亚体育会。为境内第一个体育团体。

△在恩施经商的汉阳人吕松琴与人合股经营创办大丰电灯公司，恩施城大十街一带部分居民用电照明，开办机器米厂，为境内火力发电和机器碾米之始。

△八角庙区曾三湾乡苏维埃主席、私塾教师张久锡（沙地偏南人）与其子，被红土团总黄敬卿地方武装杀害于新渡坝。

△张阆村个人出资创办恩施现代第一家报纸《施鹤日报》。

民国二十三年（1934）

【二月】红军游击队长刘汉清带一百余人枪，从利川往宣恩草坝场进发，夜宿大集场，与保安团赵容武交火，保安团大败。

【是年】专员袁济安报“本区各县军事频繁，农村破产”，电请农村金融救济处救济，至十二月核准，中央即在恩施设立救济分处。

△省建设厅派沈友铭带队勘测巴石公路，旋由蒋介石派员复勘，于翌年三月以南昌行辕4559快邮B命令“立即赶建兴工”，旨在围剿川湘鄂边区革命根据地。

民国二十四年(1935)

【一月二日】西乡区板桥乡新田团首李明楚纠集利川团堡团总冉作霖等，到板桥集镇将团总薛鼎臣家十三口人和让水坝保长李斗才家七口人全部杀害。李明楚之子李永桥夺得板桥团总职位，当上板桥保安大队长。

【二月十三日】十区专员、保安司令范熙绩兼任恩施县县长。袁济安离任。

【五月三十日】巴东至恩施长途通讯电话线架通。

【六月】蒋介石电令中国农民银行派员到川湘鄂边区放款，指定以恩施、咸丰、来凤三县为范围，款额二十万元。

【十一月三日】恩施执行国民政府法令，使用国家印制的法定货币，实行“法币”制，禁止银圆流通，白银收归国有。

【十二月】国民党恩施县直属区党部建立。

【是年】恩施聊园茶社放映无声电影《济公活佛》《火烧红莲寺庙》等，开无声电影放映先河。

民国二十五年(1936)

【二月十四日】十区专员、保安司令傅恒伯兼任恩施县县长。范熙绩离任。

【三月】恩施县立第一小学附设幼稚园。为境内幼儿教育之始。

【春】第十行政督察区改为第七行政督察区(以下简称第七行政区)，恩施县为附廓县。

【四月】督察区首届运动会于恩施县立公共体育场举行，各县学生代表队和成人代表队参赛。

【五月】鄂西戒烟医院于恩施县五通庙成立，为境内官办卫生院之始。

【夏】恩施县苏维埃副主席康先成在与新塘团总傅卫风的战斗中壮烈牺牲。

【十月】巴(东)石(门坎)公路巴东至恩施段竣工，途经恩施县奇羊坝至泡木垭计六十八公里,全线通车。该工程于民国二十三年(1934)一月动工,是年六月由巴东试车至恩施,七月十二日投入货运。公路全长三百三十五公里,为湖北省路基路面施工一次完成的第一条公路,也是境内首条公路。

【是年】推行四年义务教育,私塾改良,设短期小学。

△张阆村应民国异察委员会委员长宋哲元电邀赴北平任该会高等顾问。

民国二十六年(1937)

【秋】廖洪洲、傅卫风、王碧泉、谢海澄(时称“洪风碧海”)四人分别于沙子地王碧泉家和麦淌谢海澄家设香堂,砍香饮雄鸡血酒盟誓,成立汉流组织“公民社”。

【十一月】南乡区大集场一带因咸丰县税务局到巴西坝押逼亩捐,扣押人质,勒索钱财,激起民愤,数百人造反而致战火蔓延至境。湖北保安十一团前往进剿,于官渡河交战,保安团败退,损人枪各五十余。造反民众进而占据恩施芭蕉镇,至十二月撤回。

【十二月二十五日】日机首次空袭恩施,在南门外狮子岩、李家磨投弹三枚,均落荒郊,未造成人员伤亡和财产损失。

【是月】袁济安复任七区专员、保安司令,兼任恩施县县长。傅恒伯离任。

【是年】中国茶叶公司派技士范和钧、戴肖州至恩施考察茶叶生产状况。翌年,由副总技师冯绍裘率技士到恩施兴办机制茶厂。

△恩施县始有公路客运,通达巴东、咸丰。

△恩施县青年余至品在湖北省第八届运动会上,以37′40″的成绩获万米长跑第一名。

△经实地踏界,将原隶属于建始的鹤峰口村、落都村老水井沟至黑沟以北划归恩施麦淌联保管辖,将白岩寨上瓦仓、谭家湾下瓦仓划归恩施花被联保管辖。

△张阆村个人出资在北平重印同治七年(1868)版《恩施县志》五百部,为《恩施县志》第一次活字铅印本。

民国二十七年(1938)

【一月一日】废专员兼县长制,恩施县政府从第七行政区专署分出,独立办公。余廷襄任恩施县县长。

【三月】恩施防空情报所成立。

【是月】中共女党员张静娴、周慕仪、胡淑善、黄丽珍等于恩施芭蕉、建始红岩寺等地组织起“姊妹会”和“妇女识字班”,通过开会、读报、教唱抗日歌曲、演戏,扩大中共的影响,宣传抗日救亡。

【四月九日】中共湖北省委委员、工运部长雍文涛等三十九人(其中中共党员十一人)奉中共湖北省临时省委常委、宣传部长陶铸委派,赴恩施发展合作事业,成立恩施县合作事业办事处,并以此为掩护,发展共产党地下组织。

【六月】湖北省政府派员至恩施筹办西迁事宜和组建难民收容所。

【七月】国民党中央艺文委员会派人至恩施,创办出刊《施南日报》,为全区铅印报纸之始。嗣后,因资金困难停刊。

【是月】恩施芭蕉地下党员沈德枢、张静娴、周慕仪等,于芭蕉小学组成"抗战剧团",参加师生四十余人。每逢芭蕉场期,剧团即整队上街演出,先后演出《放下你的鞭子》《枪口对外》《奋起救国》等话剧,演唱《保家乡》《八百壮士》《黄河谣》《流亡三部曲》《九一八小调》等歌曲。

【秋】国民党驻军陆军二十补训处于白杨坪中心小学老办公楼处修建"七七纪念堂"。

【十月】湖北省政府开始西迁恩施。至年末,国民党中央驻省机关以及省属机关、团体、学校、军警等迁至舞阳坝、土桥坝、五峰山、窑湾、金子坝、红庙(古称黉庙)、龙洞、七里坪、核桃坝、鸭子塘、阳鹊坝等地。恩施成为湖北战时省会和全省政治、军事、经济、文化中心。省政府驻土桥坝办公。

【是月】芭蕉小学成立中共党小组,沈德枢(又名孙德枢)任组长,后与宣恩合作指导室党小组合并,成立芭蕉特别支部。

△国民政府军事委员会调查统计局(军统)湖北站、第六战区军事谍报流动组(代号"陆胜赢")、军统恩施邮电所迁施,择地办公。

【十一月二十四日】湖北省立联合中学恩施高中分校由"汉口市一中""省立江陵中学""宜昌中学"和"省立恩施十三中"合并成立,分校主任李叔熙。校址始设原十三中,翌年春,迁北郊五华里的金子坝,以金凤山和李、康、杜三家大院为校舍。学生报到一千二百余人(全部男生),分为二十六个班,其中高中十二个班,初中十四个班。十二月十二日上课。

【是月】省政府于象牙山修建公共体育场和抗日阵亡烈士纪念碑。

△中共湖北省委派曾一凡、吴海若、李庭洪等以抗战教育研究会名义至恩施,曾一凡接任中共七区工委书记。工委机关驻恩施城中山路生活书店。

△恩施县公共体育场维修扩建后改为湖北省公共体育场,面积一万零二百万平方米,设足球、篮球、网球场等。十二月九日,举办临时省会篮球锦标赛。

△湖北联中农业专科分校(简称农专,后升省立农学院)迁恩施五峰山,校址设小垭口周家大屋,为境内第一所高等专科学校,设农业系、农教系和畜牧兽医系,师生一百余人。

△中国国民党恩施县执行委员会成立,国民党恩施县党务办事处废除。

【十二月】全县建立中共特别支部二个、支部三个、党小组六个,党员发展到八十二名。到民国三十年(1941)一月全县建立区委三个、特委二个、支部十五个、直系党小组二十四个,党员发展到三百五十六名。

【是年】湖北省立联合中等学校恩施屯堡女子高中分校成立,校址设在屯堡新街许家大屋。

△中茶公司五峰实验茶厂采用机械制茶。为境内第一个官办茶厂。

△湖北省政府命令从本年度起实行公购余粮。

民国二十八年(1939)

【二月】中共恩施县城厢区委成立,区委机关驻恩施书店,区委书记余金堂、组织委员张维新、宣传委员卢福。

【是月】中共屯堡区委成立,区委机关驻屯堡合作金库,区委书记卢福、组织委员李微羲、宣传委员张翼洲。

△中共芭蕉区委成立,区委机关驻芭蕉小学,区委书记张力(张静娴,女)、组织委员周慕仪(女)、宣传委员谢光玖。下辖芭蕉小学组、脂肪溪农民组、芭蕉妇女组、黄莲溪农民组。

△蔡增耀任恩施县县长。余廷襄离任。

【三月】魏泽同传达中共湘鄂西区委书记钱瑛指示,决定成立中共恩施县委(简称县委),余日升任书记、张维新任组织部长、倪汝海任宣传部长、肖忆文为委员。讨论制定《工作计划》,扩大党的基础和加强党内组织工作,开展对敌斗争。

【五月一日】中共芭蕉地下党组织芭蕉制茶厂工人举行反剥削罢工,取得"增加工资、改善生活和实行八小时工作制"胜利。

【是月】湖北省政府及江汉工程局于恩施城东门外设水位观察站一处。六月二十二日,始作水位记录,十一月,移交恩施县,改称测绘所。

【六月七、九日】日军飞机三十六架轮番轰炸恩施城,炸毁房屋七百二十八栋,炸死一百一十三人,重伤三十九人,轻伤一百一十九人。

【六月十日】第七行政区行政督察区区署及恩施县政府迁芭蕉朱砂溪(又名硃砂溪)办公。翌年十二月,迁回火神庙县政府办公地。

【是月】中共湘鄂西区委决定成立中共恩施中心县委,下辖恩施、建始、利川、宣恩等县党组织。县委机关设恩施书店。魏泽同任书记、余日升(恩施县委书记)任组织部长、沈德枢(建始县委书记)任宣传部长。机关迁驻恩施官坡橘园。

△湖北省立联中恩施职业分校迁至向家村,同时,由潘一新、赵贯一、赵贯中等组成中

共联合支部，潘一新任书记、赵贯一任组织干事、张人孝任宣传干事。

△湖北省赈济委员会开辟恩施龙马乡西流水荒地为难民垦牧区。

【七月十九日】中心县委委员肖忆文严重泄密，县委成员受到国民党特务监视而被迫停止活动。

【九月十一日】中共七区特委成立。特委机关设下官坡。

【九月十二日】日军飞机二十七架分批轰炸恩施飞机场及县城。

【九月三十日】日军飞机十八架于小渡船、赵家坝上空投弹数枚，炸死居民四人、重伤十人，轻伤二人，炸毁房屋九栋。

【是日】中华路德会福音堂医院遭日军飞机轰炸。后从薛家巷迁至窑湾。

【是月】中共恩施中心县委撤销，建立中共施巴特委。马千木（马识途）为书记，王栋任组织部长，孙士祥任宣传部长兼恩施县委书记，刘一清（刘惠馨）任民运部长兼秘书。恩施中心县委书记魏泽同调任公南特委副书记。施巴特委机关设恩施，下辖恩施七区、巴东和秭归、兴山十个县中国共产党的工作，领导恩施、建始、利川、咸丰四个县委和巴秭兴工委、来凤中心县委及宣恩特支。

△中共屯堡区委书记卢福等组建龙马小学及妇女党支部，卢任书记、魏骏一任组织干事、黎系芬任宣传干事。

【十月十日】湖北省临时省会田径运动会于恩施县举行。县居民李东百获百米短跑第一名，刘明伦获百米自由泳第一名，简增富获二百米自由泳第一名，王伯寿获三级跳远第一名。

【十一月】中共施巴特委重新组建中共恩施县委，孙仕祥任书记。

【是月】中共施巴特委组织部长王栋于龙凤坝建立工人党支部，张慎琰任书记，张慎旺任组织干事、吉显祺任宣传干事。

△张曝乐任恩施县县长，蔡增耀离任。

【冬】湖北省立联合中学恩施女子高中分校师生，在中共湘鄂西特委妇女部长刘惠馨领导下，掀起“反饥饿、反贪污、反迫害”学潮。

【十二月十九日】日军飞机二十六架分三批轰炸恩施飞机场和北门外。炸死四人、炸伤十九人，炸毁房屋四十余栋。

【是年】湖北省农业改进所驻恩施老鹰坝，为境内农业科研机构。

△省建设厅魏国珍、陈汲云主持在杉树湾、竹园坡等地建官营煤矿井，所产之煤由省平价物品供应处统购配销。

△李四光应邀到恩施，任省临时参议会副会长。实地考察第四纪冰川遗迹及地层划分等问题，为恩施后来勘探水、煤、气、油提供宝贵依据。

民国二十九年(1940)

【一月】中共向家村联中支部书记梁顺朝参加特委于建始三里坝举办的学校支部党员干部“密训班”,以加强对党员的革命气节教育,“密训”为期十天。

【是月】省政府令鄂西各县征派民工扩建恩施至宜昌、宜都、利川人行道;恩施至万县驿道;疏浚恩施城至屯堡清江河道。

△中共恩施特委领导王栋指示中共党员张慎旺、吉显祺打入国民党驻龙凤坝第二十补充兵团训练所举办的“工人夜校”,组织进步青年团结起来,跟随共产党闹革命。

△省电影巡回施教队在恩施城南正街中心小学首次放映有声电影《保家乡》。

【三月】中共湖北省立联合中学恩施高中支部组织学生掀起学潮,声援联中恩施女高分校。组织联合请愿团到省政府请愿。

【是月】中共向家村职业中学支部宣传干事周维新(李书)以“全省学生联合会”名义写《告全省流亡学生书》,寄发鄂西、鄂北各分校,号召学生掀起反饥饿、反迫害运动。

【四月二十日】首本《农民抗战读本》在向家村刊印。

【是月】省民政厅厅长张难先出巡鄂西,至恩施与县长张皞乐商讨减租事宜。

△中共向家村社教工作队党特组赵贯一、赵贯中开展社会教育,于二坡街兴办第二所“农民夜校”。

【六月十日】中共南方局决定撤销中共湘鄂西区委,派区委书记何功伟(何彬)至恩施指导鄂西特委工作。

【六月十七日】国民政府军事委员会决定组设第六战区长官司令部于恩施。七月初,司令长官陈诚抵施,主持六战区军务并兼任湖北省政府主席。

【是月】省交通办事处改美国产道奇、雪佛兰十五辆汽油车为木炭车,开通恩施城公共交通,为恩施城公交之始。

【七月二日】县政府在栖凤桥装设筒车,作提水灌溉示范。

【八月十六日】中共中央南方局派巡视员钱瑛至恩施,于五峰山红岩狮唐清洪家主持召开湘鄂西区党委扩大会议,传达中共中央关于“隐蔽精干,长期埋伏,积蓄力量,以待时机”的指示,宣布撤销湘鄂西区委及所属施巴特委,成立中共鄂西特委,特委机关设在唐清洪家。何功伟任特委书记(省委书记),王栋任组织部部长,马识途(又名马千木)任宣传部部长,何功楷任青年部部长,刘惠馨(又名刘一清)任妇女部部长。下辖巴归兴宜工委,来咸宣中心县委,建巴中心县委,恩施、建始、利川三个县委和湘鄂边部分党的组织。同时,为应对突发事变,缩小领导机关目标,决定以恩施为中心,将工作区域分为南北两路,马千木负责南路,王栋负责北路,刘一清负责机关工作兼与南方局交通联系,许云担任特委驻重庆南方局联络员，张翼洲继续将官坡农场作为地下交通站，负责与南路联系。

【是月】何功楷任中共恩施县委书记。

△中共鄂西特委建立联络站九个。境内店子坪小学、严家湾小学、龙凤坝西药文具店三个联络站。

△胡先麓任恩施县县长，张暤乐离任。

【九月】恩施机场实施扩建，十一月竣工。

【是月】国民党中央执行委员会调查统计局（中统）、湖北省党部调查统计室（鄂调室）、第六战区参谋处研究室（研究系）分别从湖北省宜昌、巴东迁入。

△中共鄂西特委调建始县委宣传部长冯传庚（冯夷）到龙马小学教书，接任恩施县委宣传部长。恩施县委调屯堡小学教务主任、党员许启源接任龙马小学党支部书记。

【十月】陈诚为破坏中共地下党组织，将设在恩施的十六个特务机构集中，组成“高级干事会”，实行统一领导，统一指挥。

【是月】推行新县制，裁区设乡，恩施县为先行试点县，全县设置甲种乡（镇）十九个，乙种乡（镇）十三个，下辖三百八十二保。

【十一月】周恩来派出赈抚宣传队至恩施，全队十四人，其中中共党员六名。到施后，公演独幕剧《家破人亡》，并散发自编刊物《林园》。不久，该队大部分队员被国民党逮捕。

【是月】张麟书任中共恩施县委书记。

△刘先云任恩施县县长，胡先麓离任。

【冬】麦淌乡联保主任何鹏飞因与原联保主任谢海澄有隙，抓住谢吸食鸦片把柄，将其捉拿，欲押送恩施治罪。行至三岔和湾马踏沟，遭廖洪举、傅卫风、王碧泉所派人员及谢妻杨文英截击，当场打死警卫股主任刘少三和干事冉齐。嗣后，省政府主席陈诚派保安部队进剿东乡二区，分别在三岔口、新塘、沙子地、麦子淌驻军各个连镇压平叛。傅卫风主动投案，被监禁，事方平息。

【是年】恩施城区人口猛增，军糈民食日趋紧张，湖北省政府为特殊应急，划恩施城周十五公里范围内为粮食彻底管制区，实行粮食统筹统配。

民国三十年（1941）

【一月一日】《新湖北日报》于恩施创刊出版，此系陈诚为配合“新湖北建设运动”指示而创办的省政府机关报。

【一月二十日】中共鄂西特委书记何功伟、妇女部部长刘惠馨、特委地下交通员张翼洲、金振霞被国民党特务密捕入狱。嗣后，特务机关在恩施城乡发动大搜查，逮捕中共党员、进步青年和爱国人士四百余人。是年十一月十七日，军统特务奉令杀害何功伟、刘惠馨于方家坝。相继被杀害的中共党员还有张家祥、董童刚、李子云、李绍先、朱子贞等。

【一月二十三日】特务组织在七里坪逮捕"恩施第十救济队"中共地下党支部书记陈沐潮及队员七人。

【是月】龙马小学校长、中共龙马支部书记许启源因受三青团教员严密监视,撤至湖北省立医院任录事,党员邱雨农化名邱志平接任校长和支部书记。

△中共恩施特委组织部长王栋到龙凤坝西药文具商店联络站布置联络站撤退工作,同时撤退的还有严家湾小学联络站。

【二月】湖北省政府指令恩施县"二五减租"。

【是月】省政府辟恩施木贡乡辖地六处为省营硫磺厂,境内黄铁矿正规化开采由此始。

【三月】新塘镇民众联名向省政府控告保安十一团在新塘驻防期间奸淫、勒索罪行。

【四月一日】第六战区于恩施方家坝设立青年训导队,关押中共党员和进步人士。

【四月二十九日】日军飞机九架轰炸恩施城。致六十三人死亡、四十三人重伤、三十六人受轻伤。

【是月】芭蕉镇流行疾病,忽冷忽热,七天不出汗人便死亡,每保死亡二十余人(均为壮年)。第五保瓦屋坝高大禄家十六人罹该病,十日日内死亡八人。

【六月十一至十六日】日军飞机六架连日袭扰城区箭道坡和城北枫香坪。

【六月十七日】陈诚在湖北省政府委员会二百六十二次会议上,痛斥保安十一团驻新塘时奸淫勒索的罪行,责令撤去吴中相团长职务,判处营长吴相凡及属下官兵十一人死刑。是月下旬,吴等于恩施三孔桥被执行枪决。

【是月】第六战区民众训练委员会(民训会)、党政工作总队(党政总队)、青年训练大队(青训队)于境内成立。

【八月】省政府决定从是年度起改田赋征币为征实(物),并公布战时民生主义四大经济政策,即增加生产,征购实物,物物交换,凭证分配。恩施县在省府就近最先执行。

【是月】胡蓬文任恩施县县长,刘先云离任。

【九月六日】吉安乡(大集场)四渡河一带爆发反对国民党暴政的武装斗争。翌年三月,领头人熊双廷(土家族)被国民党杀害。

【是月】省政府按新县制"地区有高中,县有初中"规定,将省立恩施初级中学下放恩施县辖,恩施县始有县立初中。

△湖北省建设厅设立清江桥工事务所,主任工程师沈友铭主持清江大桥修建事宜。十一月初动工,民国三十二年(1943)正月初一建成通车。该桥为木桁大桥,桥长三百五十尺,宽十七尺,六孔,耗资一百五十万余元。命名"行易桥",后改名"中正桥"。

【十月】花被乡铺房人董吉和(九保保长)、刘定后、刘定顺、刘定贵及刘世衡五人被八保保长吴经南、七保保长孙作之、五保保长雷纯江联合纠集数十人杀害,刘定美(在恩施读书)到新塘傅卫风处报案,区署派人将凶手汤寿成、汤朝干、孙铸臣、孙令宜、吴楚衡等人捉拿归案,枭首抵命。

【十二月十五日】高桥坝灌溉工程破土动工,为境内首个水利工程。

【是月】恩施飞机场扩建。

△湖北省立恩施屯堡女子高级中学易名湖北省立恩施第七女子高级中学(以下简称“七女高”)。

△鸦鹊乡春季淫雨成灾,旱秋,粮食歉收,人群饥荒。

民国三十一年(1942)

【一月】省政府组织一百一十八人编查队,于恩施试办土地呈报点。

【四月】王开化任恩施县县长,胡蓬文离任。

【五月】旱,延至六月,水田干裂、生虫。全县受灾水稻、苞谷计四十八万亩。

【是月】遵省政府命令,全县开展“一户一井”活动,实行掘井挖塘。

【十月】林渊泉任恩施县县长。王开化离任。

【十二月十一日】抗日演出队六队队员李虹(中共党员),为避免特务控制,保全其他党员安全,开枪自杀。

【是月】新四军军长叶挺被国民党特务从重庆秘密押解到恩施,先囚禁于三义宫巷民享社东门招待所,翌年二月、三月囚禁于后山湾一农舍;八月,秘密押往桂林。

【是年】实行粮食统筹统配,控制粮食买卖,保证战时粮食供应。

△境内天花疾病流行,安石乡所辖双河、木栗园及石灰窑、头棚和粟谷湾等地病死四百余人。

民国三十二年(1943)

【春】民饥,以野生植物充饥,观音土代食。腹胀、浮肿等疾病发生,死人随处可见。政府拨赈款十五万元(法币)、苞谷一万公斤。

【六月六日】日军飞机七架窜犯恩施,国民党空军以七架战斗机升空迎击,至新塘上空激战十五分钟,击落日轰炸机一架。

【六月二十九日】蒋介石由重庆飞抵恩施,驻龙洞主席官邸(陈诚为迎蒋专建)。翌日,在城内省干训团“中正堂”出席国民政府成立纪念周暨中正堂落成纪念大会。七月一日召集六战区军政要员会议，检讨战况，讲述鄂西大捷意义；七月二日，接见湖北省知名人士。三日下午五时，乘飞机离恩施返重庆。

【九月十九日】中国国民党恩施县第一次党员代表大会召开，出席会议代表二十三人。

【十月】县政府于城内象牙山建“忠烈祠”，将恩施县抗日阵亡官兵一百八十三名和有特殊功绩将领六十一名的牌位迎祀于祠。每年春秋二季举行公祭。

【十一月二十一日】日军飞机三十九架，分四批次轰炸恩施城。国民党空军第十一大队以八架飞机迎击，击落敌新型 P44 驱逐机四架，自损战斗机三架。飞行员颜泽光、周福心、张传伟殉国。

【十二月】国民政府空军飞机一架于恩施沙子地撞山失事，人机俱毁。

【是年】恩施、建始两县确定以龙驹河为界。恩施县辖地风水坝的上村、下村划归建始，建始辖地把东峡、石槽水、十里牌、撒毛湾、施谭坝、八斗丘划归恩施县。

△省会交通办事处增开城区至龙凤坝公交线路，自城内小十街始发，经清江桥、土桥坝、黄泥坝、红庙到龙凤坝返回，车辆为雪佛兰木炭车改装，每日往返四趟。

民国三十三年(1944)

【一月一日】湖北省立教育学院升格为国立湖北师范学院，校址设五峰山。

【一月十三日】新四军军长叶挺被国民党特务从桂林复押至恩施囚禁。其子华明、正明和女儿扬眉随至。

【是月】恩施县二百余青年学生参加远征军，赴缅甸参加抗日战争。

【二月】省保安司令部于城郊构筑工事，九月竣工，空军五十七站同时征用民地修建营房。

【七月】谢珈航任恩施县县长，林渊泉离任。

【十月二十九日】日军飞机轰炸恩施后山湾，造成十六人死伤，其中死亡五人、重伤九人、轻伤二人。城区六战区司令部驻地为日机轰炸的主要目标。

【是月】恩施民间体育团体“鹤唳”篮球队，战胜驻恩施、来凤和四川凉山美国空军联合组织的“美空”篮球队，轰动山城。

△乡镇保甲干部，首次举行考试考核。

【十一月二十一日】中国空军第十一大队三名飞行员(分队长颜泽光，西康雅江人，时年二十八岁；周福心，江苏南江人，时年二十四岁；张传伟，安徽郎溪人，时年二十三岁)牺牲周年之际，湖北省政府在土桥坝将军山修建“抗日英雄纪念碑”。省主席王东原撰写碑记。

【十一月二十八日】桅杆乡蒋世春因不满其保长职务被免，邀约民众将桅杆合作社和桅杆乡公所同时包围，将乡队副傅德明等六人杀害。次日，团管区组织四百余人缉拿蒋世春，蒋逃走。一个月后，被团管区便衣队擒获枪毙。

【是年】境内风、雹、虫灾相继发生，复遭连绵阴雨。县政府拨救灾款十四万元(法币)，赈济灾民一千三百一十二人。

民国三十四年(1945)

【八月十五日】日本天皇接受《中美英三国促令日本投降之波茨坦公告》(简称波茨坦)，宣布无条件投降。国民党中央通讯社恩施分社发出《号外，日寇投降》消息。驻恩施的国民党中央机关、湖北省及各区的党政军机关要员，在空军五十七站中美合作所聚会，欢庆抗日战争胜利。恩施山城人民欢欣鼓舞，燃放鞭炮。

【八月十六日】各界政要、工商要员、学校师生代表四千余人，参加省政府主席王东原在干训团操场主持的万人大会，庆祝抗日战争胜利。

【八月二十日】何应钦代表国民党中央统帅部抵恩施，与第六战区司令长官孙蔚如、副司令长官兼参谋长郭忏秘密会谈，部署六战区和湖北省受降事宜。

【是月】恩施警察局改为恩施县警察局，内设司法行政科、总务科和刑警队；分驻所六处，警额九十二人。

△何清铭任恩施县县长，谢珈航离任。

【九月十一日】第六战区长官司令部撤离恩施。

【十月十日】恩施县参议会成立。

【是月】省政府及国民党中央驻省机关、省属学校等，开始回迁武汉，至翌年九月复迁工作基本结束。

民国三十五年(1946)

【三月】周渝宗任恩施县县长，何清铭离任。

【五月】湘西瞿伯阶匪部窜扰恩施石灰窑和济安(即双河)桥一带，大肆烧杀、奸淫、抢掳。

【六月四日】恩施县于北门外清江码头举行抗日战争胜利后首次龙舟竞赛。

【十月十日】中国国民党恩施县第二次党员代表大会召开。出席会议代表四十六人。

【十二月】罗伯农任恩施县县长，周渝宗离任。

【是年】设立恩施县简易师范学校，校址设原南郡书院。

△国民党恩施县党部整理党务，将分散游离党员编入组织，直属区分部增至四十四

个,区党部分部、小组一百二十一个。

民国三十六年(1947)

【三月三日】中国人民解放军江南游击纵队司令员李人林率部经恩施县石灰窑入湖南进军湘西,张才千率警卫部队和第四支队经恩施奔赴来凤。

【三月十二日】川鄂边界匪首周庆波与恩施白杨坪刘天培勾结,将白杨坪市场掳掠一空,所有商户关门歇业。

【五月】县立第一小学教职员工长期领不到工资,靠募捐、借债度日、食粥维教,不堪忍受,全校师生罢课三日,到县政府请愿。

【六月】张家训任恩施县县长。罗伯农离任。

【十月】境内凡年满十八周岁以上人口,开始申领国民身份证。翌年八月,凡满十四周岁以上人口,需领国民身份证。县政府通饬推行纵横取保连坐办法,创发证件十余种,民众进城或外出需持“通行证”方可通行。

【十一月】恩施县成立国民代表大会和立法委员选举事务所,开展本籍国大代表竞选,十二月初在县大礼堂结果揭晓,王献谷以一十一万三千八百票当选为第二届国民代表大会代表。竞选中王献谷为贿赂选民,耗费现金及物资折币两亿元(法币)。

【十二月】《恩施县抗战史稿》刻写油印成册。该史稿系恩施县民教馆馆长高尚之搜集,国民党湖北省民政厅罗门骥编审,分照片、序言、敌寇罪行、奸伪行为、抗战损失、战时动员、抗战文存等部分,计十万余字,主要记载抗日战争时期恩施为湖北临时省会时的政治、经济、军事、教育、卫生、文化诸方面情况。

民国三十七年(1948)

【一月】国民党与三青团组织合并,成立恩施县党团统一委员会。凡党团员一律重新登记。是年七月,全县登记党团员约二千人。

【四月】林人俊任恩施县县长,张家训离任。

【五月三十一日】青年党恩施县党部于北门外万寿宫举行成立大会,时有党员二十三人。

【七月】湖北省汽车同业公会恩施分会于栖凤桥成立,辖恩施八县汽车六十余辆。

【八月十九日】县政府奉令使用金圆券,每元金圆券兑换法币三百万元。公职人员薪金改发粮食。

【十二月一日】民社党恩施县党部成立。

【是月】恩施初中爆发学潮,反对校方贪污剋扣学生钱粮及个别人贩卖鸦片,历时一月,波及县政府。

【是年】城关土桥坝街发生火灾,一百八十余户居民住宅焚毁。

△饶凤璜回恩施参加国民党政府立法委员选举,当选后赴南京就职。为官期间,政治态度开明,坚持"无党无偏"的公正立场,同情中国共产党及其领导的革命事业,与中共参政人员周恩来、董必武、林祖涵、吴玉章等时有来往,在国民参政会大会期间,多次附议中共参政人员提案,发言给予支持。新中国成立前夕,蒋介石令饶去台湾,避拒不就。

民国三十八年(1949)

【二月二十二日】中共云(云阳)奉(奉节)南岸工委及川东民主联军下川东纵队第四支队(后改为七南支队)政委李君明、党代表彭树诚率领两个大队袭击板桥乡公所,击毙乡长田希明,缴获短枪四支、步枪八十余支。

【四月】武汉临近解放,湖北省政府主席朱鼎卿采取应变措施,派朱怀冰带领一班人马至恩施,设立鄂西行署。

【是月】孙增洼任恩施县县长,林人俊离任。

【五月】武汉解放,国民党湖北省党部、省政府退至恩施;民政厅长彭旷高召集恩施汉流帮会骨干及党政要员,宣布成立"反共行动委员会"。

【七月】朱鼎卿以逃亡省主席身份至恩施,将原省府赴施人员和鄂西行署人员合并,重组伪省政府。

【八月】宋希濂的绥靖公署由巴东移至恩施,境内再次重兵云集。

【是月】彭时斌任恩施县县长,孙增洼离任。

【九月】中共恩施地委(设宜昌,简称地委),经请示湖北省委同意,由王英先、霍震、曹辉、洛君、袁英五人组成中共恩施县委,王英先任书记。

【十一月二日】中国人民解放军湖北军区发起以解放恩施为中心的鄂西南战役。以军区第一副司令员王宏坤、参谋长张才千为首的战役指挥所统一指挥二野十一军、四野四十二军一一二师、一五五师、四七军、五〇军和湖北军区独立一师、二师。参战部队长途奔袭,运动神速,不日逼近恩施城外围。

【十一月四日】驻恩施的国民党部队向四川逃窜,留守部队驻扎在土桥坝、五峰山、凤凰山等地,企图阻止解放军进恩施城;同时军警特政人员大肆散布谣言,城乡民众惊恐。土桥坝、舞阳坝一带居民逃避乡下;学校停课,店铺关门,乡村农民躲进山洞。

【十一月五日】驻恩施的国民党溃军万余人,于长堰塘长沙河渡口用民船和义渡船三只渡清江,向宣恩、咸丰至四川彭水、秀山等地逃窜。是日上午开始,至次日拂晓渡河完毕,船夫被强迫征作挑夫。

中华人民共和国时期

1949 年

【11 月 4 日】境内鸦鹊水率先解放。

【11 月 6 日】中国人民解放军湖北省军区独立二师部队与驻守在土桥坝、凤凰山、五峰山一带的国民党军队交火，敌军稍加抵抗即撤出阵地逃入老城。解放军乘胜攻占凤凰山、五峰山阵地。老城敌军放火烧清江桥。解放军集中火力压制烧桥之敌，部队随即入城，恩施解放。中共恩施县委随军进城，按照中央人民政府制定的城市政策和中国人民革命委员会及中国人民解放军总部颁布的《约法八章》，接管国民政府在恩施的各级机构，确立革命新秩序。

【11 月 7 日】恩施县人民政府（简称县政府）宣告成立，经省人民政府任命，张树林任县长。县政府进驻原国民党恩施县政府所在地（即六角亭县文化馆内）。

【是日】全县建立城关、龙凤、屯堡、新塘、鸦鹊、芭蕉 6 个区。

【11 月 13 日】恩施国营煤厂于县城南郊石家坡建成。为第一家县国营工业企业。

【11 月 18 日】恩施专区所属八县全部解放，鄂西南战役告捷。宋希濂、朱鼎卿残部逃往四川，其在恩施的湖北省政府宣告结束。

【11 月 20 日】恩施行政区专员公署（以下简称恩施专区或专署）暨县政府于县体育场举行各界联欢大会，庆祝恩施专区全境解放，到会 5000 余人。军分区政委李人林、四野五十军军长曾泽生、县长张树林等在会上讲话。

【11 月 21 日】地委机关报《恩施新闻》（即《恩施日报》）创刊。

【11 月 22 日】国民党绥靖第十五旅第四十三团副团长刘天培（原国民政府恩施县副县长）、常备营营长刘海帆带 20 余人携步枪 62 支、手枪 5 支、机枪 2 挺和手榴弹若干枚到白杨坪主动向政府投诚。至年末，恩施县原国民党起义投诚人员 336 人，其中起义 294 人、投诚 42 人。起义投诚人员中，将级 3 人、校级 13 人、尉级 53 人。

【11 月 23 日】恩施贸易公司开业，主要业务收购土特山货和出售粮食、盐、布等生活必需品。为境内首家国营商贸企业。

【11 月 28 日】中国人民解放军恩施军分区发布剿匪动员令，全县清匪反霸斗争展开。至翌年 12 月 15 日，歼匪 693 人，缴获长短枪 382 支、土枪刀矛 403 件、子弹 2.19 万发及军用器材一批。1951 年 11 月，复剿散匪 49 人，收缴长短枪 108 支、其他武器 85 件、子弹

8177 发。

【11 月 30 日】恩(施)巴(东)客车开通,为境内新中国成立后首次客运。巴(东)石(咸丰石门坎)公路恩巴段恢复不定期客运业务。

【是月】全县接收国民党政权乡公所 18 处,缴获步枪 400 余支、机枪 5 挺、炮 4 门。

【12 月 1 日】全县召开旧乡镇职员及绅士会议,到会 114 人。恩施军分区政委李人林、中共恩施县委书记王英先、恩施县政府县长张树林等到会讲话,阐明党的政策,敦促其立功赎罪,悔过自新。至 12 月底,全县收缴各类枪支 1726 支、炮 315 门、刀 485 把、炮弹 85 枚、手榴弹 828 枚、子弹 4.76 万发、信号弹 20 发。

【12 月 4 日】流散在恩施石灰窑一带的国民党湖北绥靖第一师师长傅锡章(即鄂保第五旅)部及宜昌专员鲁坚率所部千余人,集中到舞阳坝向中国人民解放军缴械投诚。

【12 月 18 日】中国人民银行恩施支行成立。

【12 月 29 日】恩施专署和恩施军政办事处宣布人民币为唯一合法流通货币。人民币始在境内流通。

【是月】中共湖北省委批复由王英先、霍震、曹辉、洛君、袁英、张汉华、巴方廷 7 人组成中共恩施县委员会(简称县委),王英先任书记。

△人民解放军野战部队 10 万大军从恩施过境入川,人民群众出民工、送粮草、做军鞋,踊跃支援前线。

△城区大部分私营工商业基本恢复营业,人民群众生活逐步安定。

△全县开展反动党、团、特、匪、会首、军政人员登记工作。至翌年 2 月 13 日,全县 708 人登记。

△全县总人口 351268 人。

1950 年

【1 月 1 日】全县禁止银圆及其他金属币和旧币流通,使用中国人民银行发行的人民币,市面流通票面额为壹万元、贰万元、叁万元、伍万元、拾万元;壹仟元、贰仟元、伍仟元、壹佰元、贰佰元、伍佰元。

【1 月 13—18 日】恩施县首届各界人民代表会议第一次会议召开,出席会议代表 280 人。会议作出在全县开展清匪反霸、减租减息、征收公粮、加强生产、渡过灾荒的决议。

【1 月 16 日】县公安局组织力量逮捕全县最大的封建把头、反共纵队司令、中统特务廖洪举,从其住宅搜出钢笔手枪 1 支、子弹 3 发、手枪 1 支。是年 8 月 8 日,廖及济安、桅杆的反革命暴乱匪首冯玉墀、钟介卿被处决。

【是月】县、区派工作队(组)深入农村,发动群众成立农民协会,组织农业生产和开展清匪反霸、减租减息运动。

【2月13日】屯堡区杉木乡土匪熊天昌等5人在恩建交界处,将韩某一家4口杀害,藏匿苕窖,用石磨封口,并将其财产洗劫一空。县公安机关接报后,依靠群众将匪徒全部抓获。

【是月】恩施县公安中队组建。

△恩施县民主妇女联合会筹备委员会成立。

△境内"反共自卫队"队长傅明德(鸦鹊区白杨乡鲁竹坝人)、"反共自卫队"队长涂柯(原名良瑰,鸦鹊区白杨乡董家店人)被依法处决。

【3月2日】中国新民主主义青年团恩施县工作委员会成立。霍震、袁英先后兼任书记。

【3月3日】中国茶叶公司汉口分公司在芭蕉、五峰山等产茶区发放无息贷款,扶持茶叶生产。

【是日】四川奉节土匪王福初、冉子蚁等于境内让水坝袭击屯堡区板桥乡政府,3名解放军战士在战斗中牺牲。

【3月19日】中国人民解放军恩施县大队(以下简称恩施县大队或县大队)、恩施县公安中队破获以龙凤区向家乡恶霸彭遂三为首的全县性反革命暴乱案。查明首犯彭遂三、向天降、彭明若等勾结四川省王学初、湖北省来凤县瞿波平匪部预谋是年4月10日实施全县性武装暴乱,企图颠覆新生人民政权的事实。经突袭戡剿,案犯陆续被擒。逮捕预谋暴乱分子22人,首犯彭遂三、向天降于是年7月15日被处决。

【3月24日】恩施县大队在四川奉节三角坝击溃拥有400余人、由匪特操纵的封建组织"大刀会",击毙总头目郑左龙等9人,活捉120人。

【是月】屯堡区板桥乡土匪头子戴显奇、刘中华、吴忠连、李吉三等被人民解放军恩施县大队张汉华、赵兴武率领的剿匪部队抓获。

△恩施县大队指导员冯茂春率部队清剿天池山胡先荣等反共武装。

△桅杆区成立,与芭蕉区分设。全县划7个地名区。

【4月10日】桅杆区车蓼坝土匪头目吴三纲纠集匪徒83人,携长枪9支、短枪1支、手榴弹8枚以及刀矛等,聚集于天上坪策划反革命暴乱。是日拂晓袭击区工作队驻地,工作队员邱英杰、陈发扬、康纪纯、安福九、安宾九、邓殿山被杀害,刘永扬负伤。县大队暨军分区部队闻讯赶赴现场,追捕匪徒,在宣恩境内擒获匪首吴三钢及其子吴圣华、杀人凶手刘定钟等20余人。是年5月4日,吴三纲、刘定钟被处决。

【是月】郭甫任县政府县长。张树林调离。

△恩施县文化馆建立。

【5月10—13日】恩施县第二届各界人民代表会议第一次会议召开。大会通过《贯彻春耕生产十大政策，坚决完成税收任务》的决议。

【5月13日】恩施县人民法庭成立。县长为庭长，县公安局长为副庭长兼审判长。恩施专署任命县公安局长曹辉兼审判长。

【是月】中共恩施地委暨恩施军分区党委召开各县军政干部联席会议，决定6月、7月两个月为剿匪突击月。并令恩（施）奉（节）指挥所具体执行恩施县境内剿匪任务。

△境内成立乡农民协会地方，废除保甲制度，改用村名，村农会代行其职权。

△县委、县政府机关迁至红庙街马家坪处办公。11月，县委机关迁回舞阳坝（即专署农业局）办公；县政府机关迁回舞阳坝抗战时民享社旧址（即地区展览馆）办公。

【6月12日】恩施县工商业联合会第一届会员代表大会召开，县工商业联合会成立，会址林家巷9号。

【7月8日】清江河洪水越过清江桥面，一桥孔被冲毁，沿江居民数十人遇难。

【7月30日】恩施专署直署单位首届运动会在恩施体育场举行，专直机关、军队、学校554名运动员参赛。8月1日，运动会闭幕。

【是月】红土区成立，与新塘区分设；杉木区、茅坝区成立，与龙凤区分设。全县辖10个地名区。

【8月15日】恩施军分区向全区部队发布剿匪动员令，同时调整兵力部署。

【8月24日】恩施县大队破获境内"救民党"反革命组织案。是年12月25日，李吉云、党子和等5名主犯被处决，余党7名被判处有期徒刑。

【9月21日】县大队在境内活捉匪首郑济川（原白杨坪镇公所镇长），缴获步枪2支，子弹132发。

【10月6日】县大队驻板桥一排排长龙均国率领15名战士，在与恩施交界的奉节含瑞坝活捉瞿波平匪部恩施第一游击区第七纵队司令周绍穆。

【是月】全县匪患基本肃清，捕获匪首、惯匪69名，劝降土匪554名，收缴枪支799支、子弹2080发、手榴弹650枚。

△县公安局侦破鞠金堂（湖北汉川人，曾任国民党军连长、副官）贩毒案。鞠住恩施龙凤坝扶风骡马行，与该行老板赵荣华（湖北枝江人，曾任国民党乡长）勾结，用吗啡、大烟换骡马，数额巨大。鞠、赵分别于是年10月和12月被处决。

【11月2日】恩施县工商界第一届代表大会在中华圣公会（即和平街木瓦组）召开。全县26个同业公会选出62名代表出席会议，大会选举产生恩施县工商业委员会委员15人、候补委员3人，李巩一任主任委员，委员会下设总务组、协商调解委员会和学习研究经

济委员会。

【11月10日】县大队设立招兵处，实行兵员扩征。

【12月9日】县委传达中共中央关于开展镇压反革命运动的指示，成立以县委、县政府为领导的，有各界民主人士参加的案件审查委员会，即日起在全县范围内大张旗鼓地开展镇压反革命运动。

【12月15日】专区法院在城关依法审判和处决参与反革命阴谋暴乱的原国民党恩施县县长张家训、原国民党恩施县三青团干事长叶涤亚、原国民党恩施县参议长李子尚、原国民党恩施县芭蕉区区长李仲常等。

【12月23日】县公安局战士詹厚钱夜晚于清江桥头站哨时，被匪特暗杀。翌年，主犯刘慎五、王汉青、李永清伏法。

【12月26日】恩施芭蕉供销合作社建立，为恩施专区第一个基层供销合作社。

【12月31日】县政府决定对美国在恩施建立的路德会及其医院进行管制。1951年1月正式接管。

【是月】经省政府批准，恩施县确定为第一批土改区。12月21日，县委开始培训土改工作队并进行试点。翌年1月18日，开始在龙凤、茅坝、芭蕉3个区的42村进行第一批土改。是年5月15日，组织10个工作队、380名队员赴白杨、熊家、黄泥、芭蕉、白果、燕子、和湾、三岔等106个村进行第二批土改，然后在234个村展开。至1952年夏，全县土改工作基本完成。

【冬】全县举办第一期普种牛痘技术训练班，培训医务人员75名。嗣后开展普种牛痘工作。

【是年】恩施专署在柳州城铁厂原抗日战争难民营房招收抗战流浪孤儿，建成恩施专署孤儿院。

1951年

【1月28日】清江河唯一的桥梁——位于恩施城关的清江大桥，在被国民党军队逃窜时炸毁4个月后得到修复。500余人参加竣工通车庆典。

【是月】恩施县龙洞、竹园等13个村进行土地改革试点，7月全面铺开。共分三批进行，到1952年底结束，无地农民分得土地和耕牛、家具、房屋。

【3月5日】境内反革命首要分子刘蔓萍被县公安局逮捕。刘曾为国民党军统特务、首任国民党第六战区党政工作总队中校督导员、恩施县参议长。1950年4月，刘与其兄刘及红等人纠集400余人密谋暴动，并与湖南反共救国军联络。该案破获后，刘逃往宜昌，

后潜回恩施沙地乡一岩洞内，被县公安局和当地民兵捕获归案。是年8月17日，刘被依法处决。

【3月21日】县公安局侦查员傅德明到大集执行任务，行至盛家坝被反革命分子杨巧云、杨宗孔、杨宗可等杀害。是月28日，杨巧云等9主犯被处决。

【3月29日】杀害著名民主人士闻一多、李公朴的主犯之一黎俊和，曾监视叶挺、新中国成立后继续从事特务活动的国民党军统特务余翔，被恩施专署在境内处决。

【4月1日】县公安局取缔反动会道门"皇极道"，逮捕首犯李吉庭及以下罪犯35名。缴获"精神牌"等罪证20余种。

【是日】县大队三连一班押解死刑人犯16名，途经屯堡区夜宿，18时，犯人在狱中咬断绳索，将查监战士胡德胜勒死，企图脱逃。被解放军战士及时察觉，当场将监内犯人全部击毙。

【4月29日】县法院在城关召开公审大会，对"中庸天道教"（前身为"北方一贯道"）特务头目进行公审。该教为美蒋特务机关直接指挥，于民国三十七年（1948）潜入恩施。公审大会为期两天，1000余人参加，陈东楹等4名主犯被判处死刑。

【是月】全县组织各种会议、利用各种形式宣传中南军政委员会颁布的《春耕生产十大政策》，农业生产逐步恢复和发展。

【5月1日】恩施城乡10万军民举行盛大示威游行，反对美帝侵略朝鲜，反对美帝武装日本，响应中共中央关于抗美援朝保家卫国的号召，1629人参加和平签字，捐款5598元（折现币值，下同）购买飞机大炮。

【是月】七里区、红庙区成立，城关区更名为城关镇。全县辖11个区、1个镇。

【6月17日】恩施县清案委员会成立，由县委委员、县大队长等6人组成。开展镇反案件清理，至9月底结束，清理案犯819名。

【6月30日】】恩施县封建大头目，恶霸王献谷（伪国大代表）、邓濂溪（伪县参议会副议长）、林人俊和张笃周4名犯罪分子，于县体育场公审后被执行枪决。

【8月1日】恩施县召开万人大会，庆祝"八一"建军节暨烈士纪念塔落成仪式。烈士塔坐落在恩施老城象牙山。

【是月】恩施县在已结束土改的洞子乡，由住队干部帮助，成立有8户农民参加的互助组，选举雷显富为组长，这是恩施地区的第一个互助组。

【12月11日】恩施专区首次土特产展览会在恩施县城开幕，展出土特产品1500多种，历时18天，4.96万人前往参观。

【12月31日】恩施县抗美援朝捐款达8.82万元，名列全专区第一。

【是月】县委派出28人组成调查组，至区、乡开展经济调查，号召多种茶叶、苎麻等土特产作物,鼓励农村发展经济。

【是年】县民主妇联筹备处配合土改运动,发动妇女开展反虐待、反残害、反限制的斗争,以保证妇女人权、政治行使权、财产权、婚姻自由权、社会活动权,并提倡夫妻家庭和睦。

△全县组织开展打击投机倒把和不法奸商活动,县委、县政府在恩施城关和部分农村集镇,有重点地抛售玉米、棉纱、棉布等,有效遏制市场上粮棉物价猛涨趋势。

△全县组织三岔、七里等地800余名劳力,兴修莲花池排涝工程。该工程全长860米,于翌年竣工。

△中共恩施县茅坝区桐子乡支部委员会成立,为新中国成立后恩施专区首个党的农村支部。

1952年

【1月】全县"三反运动"(反贪污、反浪费、反官僚主义)开始。城关各机关、企业、部队和工商界代表1200人集会,拉开全县"五反"(即在工商界开展反对行贿、反对偷漏税、反对盗窃国家财产、反对偷工减料、反对盗窃国家经济情报)斗争的序幕。参加"五反"运动的私营工商业主593人,其中466人有不同程度问题,分别受到退赃、补税、罚款、法律制裁等处理。

【3月20—21日】中国人民志愿军归国代表团代表郑媚高、李文兵、田静(女)、连福荣为恩施县工人、农民、学生、城市居民2万余人作报告。21日晚与城关志愿军家属联欢。其间,全城人民写出慰问信1000余封,请代表团转给前线战士。

【是月】恩施专区农科所选点天池山,建立马铃薯试验站。

△茅坝区裁撤。全县辖10个区、1个镇。

【5月13日】县委、县政府提拔一批从土改运动中涌现出来的农民积极分子担任干部。经过几批土改运动,全县共提拔农民干部400名,其中12人被提拔为副区级干部。

【6月13日】县人民政府在城区召开大会,当场焚毁5200多两鸦片、7000多两吗啡,并逮捕拒不坦白的烟毒犯82名,处决贩毒集团首犯2名。禁烟运动至9月底结束。

【是月】恩施县第三届各界人民代表会议第一次会议召开。

【7月】恩施县总工会、恩施县农民协会先后成立。刘新顺、刘凤岭分别担任总工会主席、农协会主席。

【8月6日】2时33分至3时47分,境内可观月偏食。

【8月23日】县政府在体育场举办物资交流大会,恩施县各区、专区各县及外地组团

参加。是日,市场交易额达110多万元。

【是月】撤销第二区(红庙),新设三区(三岔)、五区(济安)、七区(沙地)十区(太阳)、十二区(木贡)、十三区(白果),并将原地名区改为一区(七里)、二区(龙凤)、三区(三岔)、四区(新塘)、五区(济安)、六区(红土)、七区(沙地)、八区(鸦鹊)、九区(杉木)、十区(太阳)、十一区(屯堡)、十二区(木贡)、十三区(白果)、十四区(大集)、十五区(芭蕉)和城关镇。

【9月9日】全县开始组织查田定产工作。

【10月10日】中共利川县委书记张子僚和其妻段兴芬及警卫人员赴省开会,途径屯堡乘木船至恩施,因船超载,行至三簸箕滩处翻沉。张一行4人与同船人员及船工3人同时遇难。

【是月】贩毒集团首犯沈绍民被处决。

△恩施县民主妇联筹委会召开妇女代表会,县民主妇女联合会成立。

【11月】石源任中共恩施县委副书记,主持县委工作。原县委书记王英先调离。

【12月】恩施县与邻县插花地调整。第五区(济安)所辖粟谷湾、长坪、挖断山、头棚、沙坨、白岩溪等地划归宣恩县管辖;鹤峰县中营区黍子乡、建始县官店区长岩屋村划归恩施县第五区(济安)管辖。

【是月】县人民政府向全县88058户农民,颁发耕地、山林地、房屋所有证(以下简称土地证)。

【是年】全县开始有计划地组织采伐森林和开展人工造林。同时,恩施专署在太山庙建立国营林场(1958年划归县辖)。

△恩施县农业技术指导站成立,主要从事农业技术传授、推广和指导工作。

1953年

【1月】十三区(白果)高桥乡张才万等10户农民成立互助组。为全县第一个农业互助组。

【2月26日】城关镇6对青年在县文化馆举行集体婚礼,各界代表近千人前往贺喜。

【4月】撤销第五区(济安)。

【6月17日】县委第一次互助组代表大会召开,总结交流经验,部署农村互助合作运动。至年末,全县建立农业互助组1552个。

【7月1日】恩施县统一开展全国第一次人口普查。全县总人口为38.42万人,其中男20.19万人,占总人口的52.55%;女18.23万人,占总人口的47.45%。

【是月】岳启运任县人民政府县长,郭甫调离。

【8月】裁撤一区(七里),建立白杨区(二区),将原二区(龙凤)改为一区,十五区(芭蕉)改为五区。全县辖14个数字区、1个镇。

【11月17日】中共中央办公厅秘书室致函恩施县给毛泽东主席写信的单位和个人,勉励全县人民积极开展互助合作运动,增加生产,改善生活,支援祖国大规模生产建设。

【11月19日】张才万被选为恩施专区代表,随全国人民第三次赴朝慰问团参加在朝鲜的慰问活动,历时75天,翌年2月2日返回恩施。

【是月】全县城镇农村全面实行粮食计划供应,粮食一律凭证供应,各地取缔粮食自由市场。

【12月6日】城关镇派出所破获一起诈骗案。主犯刘金生、何前信从湖南省邵东县至恩施县,以牛骨中膝400公斤、牛膝20对佯充虎骨行骗。刘、何分别被判有期徒刑15年和10年。

【是月】阮季平任县委书记,石源调离。

△县委抽调工作人员600余人分组到农村,开展粮食统购工作,是年入库7500吨,超额完成收购任务。

【是年】省森林局投资2.5万元,整治清江伏三跳至清明滩河段,除礁石5935立方米。

△境内高拱桥乡张才万互助组获恩施专署奖励小型抽水机1台,实施拦河、抽水、灌溉,为全县使用排灌机械之始。

1954年

【1月15日】十三区(白果)高桥乡外坝村3个互助组经过半个月的酝酿协商,在地委工作组指导下,成立红旗农业生产合作社,选出委员7人,朱大宪为社长,张才万为副社长,45户入社。为恩施县第一个农业生产合作社。

【是月】李益孟任县人民政府县长,岳启运调离。

△全县开始规划国营林场建设,到3月结束,批准建立富尔山、二台坪(大集)、油竹坪、川湖(太阳)、大山顶、长岭岗、高岭等7个国营林场。

△恩施县3000多个临时互助组转为常年互助组。

【2月25日】恩施县在区、乡行政建设中,实行第一次基层普选。

【2月28日】一区(龙凤)五峰乡9个农业互助组63户农民,在乡农会主席史代富带领下,组成全县第一个高级农业生产合作社——灯塔集体农庄。

【3月10日】恩施前进缝纫业生产合作社、曙光藤椅业生产合作社成立,为境内首家

手工业社。

【6月30日至7月4日】恩施县第一届人民代表大会第一次会议在恩施专区京剧院召开,出席会议代表330人。大会作出开展以互助合作为中心的农、林、牧、特增产运动,完成生产计划,支援国家工业建设;发动群众做好粮食统购统销工作,以满足国家建设和广大人民生活日益增长的需要;做好财经工作,保证市场供应,为国家工业化积累资金;加强政治工作,巩固人民民主专政;发动群众做好文教卫生工作;广泛开展总路线的宣传运动和拥护学习《中华人民共和国宪法(草案)》等7个决议。会议通过无记名投票选出李嘉诲、陈沛书、朱大宪、李巩一、周南(女)为湖北省第一届人民代表大会代表。

【6月】一区(龙凤)五峰乡茶厂生产的龙井、玉露、炒青、红茶等精品茶叶,远销苏联、日本、匈牙利等国家。

【7月6日】夜晚,境内大部分地区突降暴雨,洪水横溢,致41人死亡,其中溺水24人,泥石掩埋17人。嗣后,连绵阴雨延续3个月之久,降雨量1066.9毫米。

【夏】十二区(沐抚)境内山洪暴发,响声频发,如炸雷,房屋振动,家具翻倒,地面出现纵横裂缝、下陷,无人畜伤亡。

【8月】恩施县委贯彻中共中央《关于发展农业生产合作社的决议》。一部分办得好的学年互助组带头转为初级社,至年末,共建初级社22个,参加家户602户,占总农户的0.69%。

【9月3日】三区(三岔)阳河乡李某凤因受互助组长等批评怀恨在心,将有毒"马桑树细末"投入开水中,至1人死亡、18人中毒。李犯被判处无期徒刑。

【12月20日】首批木材6321立方米从清江河流送宜都。

【12月28—31日】恩施县第一届人民代表大会第二次会议召开。议题为传达全国人民代表大会决议精神,继续贯彻增产节约、全面开展互助合作运动和总结统购统销工作;对市场供应、工商改造工作安排、文化教育事业、地方财政开支、中西医团结等问题进行讨论。会议作出关于传达贯彻全国人民代表大会精神和今冬明春开展以互助合作为中心的增产节约运动两项决议。

【是月】撤销九区(杉木),全县辖13个数字区、1个镇。

【是年】贯彻中共中央《关于发展农业生产合作社的决议》,年末全县互助组发展到9176个,建初级社24个。

1955年

【1月】恩施县贯彻《中共中央关于资本主义工商业改造的决议(草案)》,开展对资本

主义工商业的社会主义改造。到10月23日止，城关镇26个行业全部过渡为国营门市部。至年末，全县城镇计有商户457户，从业人员480人，依业人员1571人；改造为公私合营258户，从业人员204户，依业人员881人；过渡为国营的23户，从业人员39人，依业人员170人；组织合作商店176户，从业人员177人，依业人员520人。农村计有999户不同行业，从业人员1066人，过渡为供销合作社企业的432户，做作业人员466人；组织合作商店的290户，从业人员296人；单线经销代销的277户，从业人员304人。

【是月】全县普降大雪，气温下降，冻死耕牛1300头、生猪7140头、山羊1275只、骡马49匹。

【2月24日】恩（施）利（川）公路全线建成通车，公路以城西麟溪书院为起点，至白果长岩屋入利川，境内全长54公里。该公路全长90公里。该公路1950年5月1日动工，1953年3月5日停工，1954年10月29日复工，历时5年建成。

【3月1日】境内开始使用中国人民银行发行的新人民币，实行新币与旧币兑换，新币1元兑换旧币10000元。

【3月19日】恩施县金子坝建立恩施地区第一个新式农具站，培训农民使用新式农具和进行创制新式农具实验。

【6月20日】10时至13时30分，境内可观日食。

【7月29日】省电影教育工作队21队交县管理，恩施县电影放映队成立。恩施县始有自属电影放映机构。

【8月1日】县公安部队改编为人民武装警察，仍为公安机关建制。

【是月】组织全县干部、职工开展肃反运动。参加运动人数2.75万人，占应参加人数100%。运动历时两年多，清出少数反革命分子和其他坏分子，审查一部分干部职工的政治历史问题。

【9月28日】二区（白杨）三义乡三丰农业社会计瞿世焕（15周岁）出席在北京召开的全国青年社会主义建设积极分子大会，是日15时07分，在怀仁堂受到毛泽东主席接见。

【是月】全县开展党内第一次整党整风运动。参加运动的中共党员1361人，非党积极分子6000余人。解决党内存在的组织不纯、思想不纯、作风不纯的问题，重点解决思想不纯的问题。犯有各种错误的130名党员，通过整党整风受到不同处分和教育。

△全县实行粮食统购统销制度改革，实行定产、定购、定销"三定"政策，保持一定三年不变。

【10月3日】县公安局破获双河桥反革命集团案，抓获潜伏的国民党京山联保主任、少校情报副科长赵力文等人（均遣送原籍地法办）。

【12月10日】首批500名城镇居民赴大山顶移民开荒。

【是月】杨艺任县委书记,阮季平调离。

△恩施地方灯戏《雪山放羊》和傩戏《姜女下池》在湖北省戏剧会演中获创作奖和演出奖。

【是年】全县初级农业社发展到2848个,入社农户6.42万户,占总农户的73%,基本实现全县半社会主义的农业合作化。

1956年

【1月】城关区私人商业全部过渡为国营商业门市部。龙凤区204户私人商业全部过渡为供销社企业。

【2月】恩施八一面粉厂建成投产,为境内机制面粉之始。

【是月】恩施县科学技术普及协会成立。

【4月27日】公安机关组织破获十三区(白果)会道门"皇极道"复辟活动案,缉拿主犯邓子彦、田元香等4人。随后,县政府印发《关于取缔十三区反动会道门"皇极道"的布告》。

【是月】裁撤七区(沙地)、十区(太阳)。全县辖11个区、1个镇。

△中共中央统战部、国家民委派教授潘光旦至恩施县作土家族情况考察。

【5月5日】恩施县有线广播站成立,城关等4个区安装喇叭。10月1日,县广播站开始播音。

【5月16—21日】中国共产党恩施县第一次代表大会在县工人俱乐部召开,到会代表374人,其中正式代表359人。会议选举产生中共恩施县第一届委员会委员18人,候补委员3人和出席中共湖北省第一次代表大会代表。一届一次全委会议选出县委常委9人,杨艺任书记,王敏先、刘新顺任副书记。

【6月29日】恩施城区昼夜暴雨,清江洪水漫岸,危及古城低洼处民居。

【是月】恩施地委、恩施专署机关与恩施县委、县政府交换办公场所,地委、专署迁至舞阳坝;县委、县政府迁至六角亭。

【7月】贾长庚任县人民政府县长,李益孟调离。

【8月10日】组织宣传贯彻《全国农业发展纲要》第四条、第五条有关精神,至10月15日,完成全县14779名地主、富农、反革命分子规划入社工作,其中一类(社员)占24.36%,二类(后补社员)占58.11%,三类(监督改造)占14.81%,依法管制占2.72%。翌年,全县地主、富农、反革命分子摘帽比例达35%~40%。

【8月20—23日】中国人民政治协商会议(简称政协)恩施县委员会第一届第一次全

委会于恩施城关工人俱乐部召开,应到委员 92 人,实到 72 人。会议听取《政协性质和任务的说明报告》,并通过有关决议。会议选举杨艺为第一届委员会主席,贾长庚、李巩一、刘厚章、李嘉诲为副主席。

【是月】二区(白杨)熊家乡洞下槽灯戏班灯戏《苦中贤》参加中南地区戏剧观摩会演,获优秀戏曲奖。

【9 月】恩施县第三中学(新塘)、第四中学(屯堡)、第五中学(芭蕉)相继建成招生。

【11 月 5 日】恩施县法律顾问处成立。为恩施专区第一个法律咨询机构。

【12 月 27 日至翌年 1 月 2 日】恩施县第二届人民代表大会第一次会议召开,到会代表 350 名。大会宣布改县人民政府为县人民委员会(简称县人委,人民代表大会闭会期间,县人民委员会既是行政机关,同时履行人民代表大会常务委员会职能)。作出优先发展农业,在保证粮食自给有余的前提下,大力发展多种经营和副业生产;发展地方工业、手工业、交通运输业、国营和合作商业、文教卫生事业;对手工业和小商小贩的社会主义改造 3 个决议。会议选出县长贾长庚、副县长刘永扬、王明玉、李嘉诲,人民法院院长宫敏以及县人委委员。选出贾长庚、李嘉诲为湖北省第二届人民代表大会代表。

【是月】区人民政府更名为区公所,为县人委派出机关。

【是年】全县完成对个体手工业的社会主义改造,组织手工业生产合作社(组)96 个,入社手工业者 2311 人,约占手工业者总人数的 95%。

1957 年

【1 月 3 日】土家族被国家民委确认为单一少数民族。

【是月】全县数字区恢复为地名区。即龙凤、三岔、新塘、红土、鸦鹊、白杨、屯堡、沐抚、白果、桅杆、芭蕉区和城关镇。

【2 月 22 日】龙凤区五峰乡灯塔农业社主任史代富、白杨区鹿子渡乡鸿建大队党支部书记袁传炳出席全国首届劳模大会。是日正午,在北京怀仁堂受到毛泽东及周恩来、陈云、邓小平、邓子恢、彭德怀等中央领导人的接见并合影。

【3 月 1 日】在省第二届农业劳动模范代表大会上,龙凤区灯塔社(全面丰收)、芭蕉区寨湾乡金星社(茶叶)、白果区见天乡红星社(林业)获"省特等劳模单位"称号。

【3 月 25 日】芭蕉红茶初制厂兴建,为全省首家机械化茶叶加工企业。

【4 月 2 日】恩施县被湖北省农业评奖委员会评定为"1956 年度粮食丰产县"称号,并获得奖金 5000 元。五峰灯塔社等 32 个单位获得奖金 3380 元。

【4 月 21 日】省委书记处书记、省长张体学率领省联合工作团到达恩施。5 月 14 日,

张体学邀请恩施一中、恩施二中、恩施五中、恩施农校、恩施师范和恩师附小的学生教师代表40余人召开座谈会,征求对党和政府的意见和要求。省委副秘书长史林峰、恩施专署副专员石源以及各学校校长参加座谈。

【5月30日】县委遵照中共中央《关于整风运动的指示》,向全县各级党组织发出《关于开展整风运动的工作计划》。整风运动开始。

【5月31日】国家卫生部通报县卫生院老中医胡某波自杀事件。1956年11月13日,因县卫生院某领导犯官隙主义,致胡投河自杀,行政副院长被撤职。

【是月】沐抚区板桥乡烽火集体农庄被湖北省人民政府和国务院表彰为劳动模范单位,农庄主任刘瑞松出席省政府和国务院劳模大会。

△红土区供销社将石灰窑所产当归送省药材公司专家鉴定,被命名为"窑归"。

【7月】白果区见天坝乡红星农业生产合作社被评为全国林业模范单位。

【8月23日】县委三级干部会议召开,部署整风"反右"运动。

【是月】复设沙地区、太阳区。全县辖13个地名区,1个镇。

△桅杆区磨锣村麻风病村建立,为单列行政村。村内设县麻风病院,麻风病人实行隔离治疗,后更名为康乐村。

△芭蕉小学教员金裕坦办理退休手续,为全县第一个退休职工。

【10月17日】15时30分,三岔区和湾街发生重大火灾。全街房屋296间和卫生所、学校、供销社、粮店及仓库3处悉数被焚毁,重伤4人、轻伤24人,损失粮食11万公斤,经济损失折款10万元。县公安局迅速破案,依法查办火灾责任人郭某集。

【11月】公安机关破获境内会道门"大刀会"复辟活动案,缉拿首犯向达昌(沐抚区板桥乡人)。

【12月7日】五峰山灯塔社被国家农业部授予"全国农业增产模范"称号。同时,授予社主任史代富爱国生产奖章1枚。

【是月】三岔区三元乡被国务院水土保持委员会授予全国水土保持工作先进单位称号。

△谭家乡被恩施专署授予"全区绿化工作先进单位"称号。该乡7163亩荒山全部绿化,为全专区第一个乡级绿化单位。

【冬】全县开展以兴修农田水利为中心的建设高潮,25座水库工程、5个发电站、7条灌溉渠道工程相继动工兴建;完成坡(田)改梯(田)面积2130亩,旱(田)改水(田)面积13368亩。

【是年】全县初级农业社全部转为高级农业社,参加农户8.96万户,占总农户的99.9%。全县实现农业合作化。

△成立恩施县节制生育小组，城区部分居民开始实行计划生育。

△红土区手工业社被省委、省政府评为全省工具改革模范。

1958 年

【1 月 6 日】全县整风“反右”运动在机关、厂矿、企业、学校全面展开。

【3 月】三岔区莲花池出土“晋蛮夷归义侯”金印 1 枚。

【4 月】地委组织部部长徐谦兼县委第一书记，杨艺改任书记处书记。

【是月】由恩施专署分配，县农水局引入日本造久保田手扶拖拉机 1 台，功率为 9.56 千瓦，在城郊金子四大队耕作示范。为恩施县使用拖拉机之始。

【5 月 11—16 日】恩施县第三届人民代表大会第一次会议召开，应到代表 375 名，实到代表 288 人。大会选举尚怀庆为县长，高兴利、李嘉诲、刘永扬、王明玉为副县长，宫敏为县人民法院院长。选出高兴利、李嘉诲、温洁萍（女）、李巩一、朱大宪、彭天琦、张达亮为湖北省第三届人民代表大会代表。

【5 月 27 日】龙凤区红旗社打麻能手方登成通过劳动竞赛，每小时双手扯麻皮 32.6 公斤，每天打干麻 16 公斤，创全国人工打麻记录。

【夏】恩施专署民族宗教事务科赴恩施太阳河、三岔口、芭蕉、大集场等地区作民族调查，初步确认恩施为土家族聚居地之一。

【6 月 3—9 日】农业部、商业部、轻工业部组织的全国甜菜生产会议在恩施县召开，参加会议的有四川、云南、上海、内蒙古等 14 个省、市、区及恩施专区各县代表。会议听取各地甜菜种植及加工情况，制定发展生产计划。

【7 月 15 日】芭蕉区芭蕉茶厂试制成功高级红碎茶，经著名茶叶专家冯绍裘鉴定，内质和外形均接近世界驰名的印度、锡兰产品。

【是月】新塘区区长杨家隆、太阳区区长陈朝义、沐抚区区长张玉山、大集区区长杨理盛一行，代表恩施县土家族参加省少数民族参观团，在武昌受到国务院副总理乌兰夫、省委书记王任重、省长张体学接见。

【8 月 11 日】一架由我国制造的安 2 型飞机从武汉飞抵恩施北门外机场，搭载乘客 12 人，5000 余人在机场举行欢迎仪式。武汉至恩施航线正式通航，航班为每周一、三、五和周日 4 班，当日往返。

【8 月 27 日】省交通厅投资 60 万元，整治清江恩施县城至盐池段河道。清江三号木帆船载重 5.5 吨，于是日 11 时 30 分从县城开航，历时 5 小时，航程 50 公里，沿途穿过 41 座险滩，顺利到达沙地区土地堂。

【是月】恩施二中(今市一中)被确定为湖北省108所重点中学之一;境内成立恩施医专、恩施工专等高等专科学校;恩施师范、恩施农校开办专科生班。

【9月22日】苏联林业专家沸·沸·波波娃(女)到白果区见天乡考察稀有金钱古松。

【9月23日】凌晨3时许,白杨区公所办公楼失火,大火焚毁房屋30间和部分档案资料,直接经济损失1.56万元。

【是月】县委在新塘双河桥召开大办钢铁现场会,全县大办钢铁群众运动相继展开。年末,境内建钢铁厂55个,投入劳动力近10万人,伐木9万立方米用于烧炭炼钢。

△人民公社之前,全县高级农业生产全作社发展到628个,参加农户89621户,占总农户的99.9%。

△县委工作组对在高桥坝红星一队和金子坝四社三队试种的3.5亩双季稻验收,两季年产386.5公斤,比一季中稻每亩增收111.5公斤,开辟水田两熟制增产新途径。

△恩(施)大(集)公路马鹿河石拱桥建成。该桥由县交通局自行设计并指导施工,总长54米,3孔,跨径3~10米。为境内第一座公路石拱桥。

△高桥坝水力发电站建成。为境内首座水力发电站。

【秋】恩施二中招收高中班,为县属高中之始。

【11月8日】灯塔人民公社5268户社员开始领工资,共领8~10月工资150121元,全公社202个食堂吃饭不要钱。

【是月】全县废区、乡建制和高级农业社,设立人民公社,实行政社合一。全县设置14个人民公社,即灯塔、龙凤、白杨、东风(三岔)、新塘、芭蕉、红土、清江(沙地)、鸦鹊、太阳、屯堡、沐抚、红星(白果)、光辉(大集)人民公社。下辖149个生产大队、588个生产队。

【是年】县公安局首次招录女交通民警10名。

△新塘公社土法生产水泥25吨,为恩施县水泥生产之始。

△屯堡中学学生向光富出席"全国民兵模范"大会,受到毛泽东等党和国家领导人接见。

1959年

【1月7日】23时许,光辉人民公社(大集)关口幼儿园发生重大火灾,园内幼儿13人(3~6周岁)和保育员商银兰计14人遇难,另有1名保育员受重伤。事发后,恩施行署副专员夏云芳等专、县领导率县公安局干警赶赴现场,调查处理善后。

【2月11日】全县分三片(龙凤、芭蕉、沙地)集中农村党员及生产队长以上干部,进行以反瞒产为中心内容的整党整风运动。

【2月12日】在轻工业部召开的全国第三届酿酒会议上，恩施县被评为“全国酿酒先进单位”。

【是月】红土公社刘胡兰铁厂厂长陶青秀（女）、清江（沙地）公社胜淌大队党支部书记张德芳和水平大队党支部书记范开美、太阳公社茶山大队党支部书记张华卿、灯塔公社高桥大队党支部书记张才万和灯塔（五峰山）大队党支部书记史代富、城关镇妇联主任雷华英出席全国农业社会主义建设先进单位积极分子代表大会。

【3月19日】全县建立义务消防队114支，配备义务消防员1.4万人，添置消防器材一批。

【3月26日】县委召开五级干部会议纠正“右倾”错误，到会7190人，其中中共党员1354人。至4月18日，会议采取大鸣、大放、大字报形式对领导干部的思想作风进行批判，贴出大字报6445张，征求群众意见1万余条。

【春】境内流行麻疹，发病4499例，死亡330人。

【4月12日】县委制定《关于处理人民公社若干具体政策问题的初步意见》，包括大办钢铁、大办交通的账目问题，粮食问题，1958年财政包干问题，贷款问题，耕牛、骡马、车、船、大型工具处理问题，占用民房和借用家具问题，食堂粮食问题，个人捐款处理问题，社员发展牲畜问题。该类意见初步解决平均主义、集中过多、权力下放和体制问题，确定四级核算、队为基础的分配制度。

【4月30日】11时许，屯堡街发生火灾，供销社库存的400公斤黑炸药爆炸。1000余人参加抢救，致4人死亡、13人重伤、38户受灾，焚毁房屋117间，损失10余万元。恩施四中13周岁初一年级女生谭珍菊（少先队员）在烈火中抢救财产被严重烧伤，送县医院医治无效牺牲。

【5月11日】芭蕉区芭蕉茶厂保卫干事唐元登因自制竹质灭火器功效显著，出席全国公检法先进工作者大会。

【5月18日】恩施县社会福利院党支部书记龙国军出席全国烈军属和残废、复员、退伍、转业军人社会主义积极分子代表大会。

【6月20日】根据《省人民政府关全面发展生产，提高人民生活水平的布告》精神，恩施县恢复农村自留地，全县退还和重新拨给社员自留地1万亩。

【7月1日】城关贸易市场开张。是日，经营总金额7万余元，比平日上升2.6倍，其中销售上升1.13倍，收购上升4.6倍。

【7月2日】县委、县人委动员机关干部、工人、学生，组织10万人下乡抗旱，至9月20日结束，历时81天（史称“81天大旱”）。

【7月15—17日】政协恩施县第二届委员会第一次全委会召开，到会委员59人，列席

人员9人。会议选举杨艺为第二届委员会主席，李富云、贾长庚、高兴利、李嘉海、刘厚章、李巩一为副主席。

【8月18日】全县党员干部开展“反右倾”运动。9月下旬，运动扩大到县直、社直机关、团体和企事业单位。

【8月19日】高桥坝水电站投产发电，通过3条支线将电力输送到厂矿、街道。该工程1953年开始勘测、设计，1957年7月动工兴建，耗工5.36万个，开石方6.45万立方米，挖土方1.01万立方米。

【是月】中共恩施县委党校建立，为境内党校教育之始。

△县财政投资购买柴油机、水泵17台套，用于抗旱，为恩施县机械抽水抗旱之始。

△县民政局创办县柿子坝聋哑学校。

【9月22日】苏联北方《真理报》编辑委员会来信，转达“斯大林集体农庄”全体庄员对灯塔人民公社全体社员的国庆祝贺；转达阿尔汉尔斯德“红十月锯木厂”全体工人对恩施县为民木工厂全体工人的国庆祝贺。

【9月27日】县公安局侦破屯堡“中国民主同盟党”反动组织案，抓捕首犯敖福扬等9人，缴获反革命纲领、伪造印信、假证明等20余件。

【10月1日】恩施城举行2.5万人参加的盛大集会游行，庆祝新中国成立10周年。专员石源在大会上讲话。

【11月20日】县委、县人委在清江电影院召开全县特赦大会，特赦罪犯3名。同时，省、地分别特赦恩施籍罪犯1名、16名。

【11月20—22日】中国共产党恩施县第二次代表大会于县汉剧团召开，到会代表420人。大会通过徐谦所作的工作报告和杨艺所作的《关于1960年至1967年恩施县全面发展规划》的报告。会议选举产生中共恩施县第二届委员会委员22人、候补委员8人。二届一次全委会议选举徐谦为县委第一书记，杨艺、王敏先、刘新顺为书记处书记。

【11月27日】出席全国群英会代表毛访刚、黎金福返回恩施，全县各界群众7200余人集会欢迎。

【12月7日】县公安局破获新塘“中国人民革命党”反动组织案。首犯廖明永、主犯谭楚才和9名案犯分别被判处死刑、死缓和15年以下有期徒刑。

【12月30日】全省红旗青年观摩团到达恩施，受到500余名青年欢迎。

【是年】恩施县儿童福利院建立。

1960年

【1月1日】新中国成立后，恩施县城首次开通公共汽车。

【1月2日】22时许,中国台湾国民党飞机侵入光辉(大集)公社所辖老马坪、黄土堡、关口、三县场、安乐屯一带上空投撒传单(内附年片、画片)。传单以旅美国、墨西哥华侨名义“给大陆的信”进行攻心战。县公安局速派员赴现场封存传单。

【是月】红土公社女青年张腊芝(土家族),出席在北京召开的全国劳动模范表彰大会。

【2月12日】灯塔公社民兵师建立,为恩施专区首个公社民兵师。

【2月18日】屯堡公社清江渡口因超载,渡船断索,过渡的两部汽车沉入河底。

【3月18日】全县开展土地勘察规划工作,县、区、社3903名工作人员参加,5月底结束。全县土地资源情况初步掌握。

【是月】县农科所引进玉米杂交种“恩杂217”,在三岔区三元坝一队试种20余亩。经秋季验收测算,比本地“大子黄”品种增产两成以上。

【4月】县农业科学研究所在光辉(大集)公社建立。

【是月】红土公社大岩管理区汪家河一带,发现“亚洲树王”之称的秃杉天然次生林。

【5月】全县首次组织开展农作物品种资源和农作物病虫害、鸟兽害、杂草害情普查。

【6月1日】城关镇柿子坝民办小学先进集体代表赖昌社和全国劳模、妇幼保健工作者王佩芳,沐抚新田优秀民办教师李绍南出席全国文教群英会。受到毛泽东、刘少奇、周恩来等中央领导接见。

【6月10日】湖北省政府副省长孟夫唐率全省麻风病防治现场会代表,到县麻风病院参观和检查指导工作。

【7月1日】灯塔公社红五月大队社员杨荣林(女)被授予“全国三八红旗手”称号。

【7月11日】武汉电影制片厂至恩施拍摄《红日照满山》专题纪录片。于翌年1月28日在县城公演。

【7月16日】恩施县财贸战线开展“新三反”运动即反官僚主义、反违法乱纪、反贪污盗窃,至8月20日结束,揭露和处理严重官僚主义者7人、违法乱纪者121人、贪污盗窃分子47人。

【7月19日】龙凤公社保扎管理区发生大面积滑坡,至23日,约3000亩地层滑坡100米。因早有地面裂缝先兆,人员已撤离,仅有畜禽和财产损失折币25万元。

【是日】第一个城市人民公社——灯塔公社(后改名城市人民公社)成立。该公社6.2万人,划分21个管理区,其中8个在郊区。公社内有56个街道工厂,3300名工人,33个公社食堂,58个幼儿园和托儿所、60个服务站,还办有敬老院、妇产院、医疗保健站等。

【是月】高兴利任恩施县人委县长。尚怀庆调离。

【9月】屯堡公社大树管理区党支部书记胡修桂(女)、县砖瓦厂工人耿泽新出席全国

民兵大会，被国防部授予“神枪手”称号。

【是年】县委制定处理人民公社若干问题具体政策，组织干部4000余人次，分三批落实政策兑现工作，初步纠正“一平二调三收款”（在公社范围内实行贫富拉平平均分配；县、社两级无偿调走生产队包括社员个人的某些财物；三收款，指银行将过去发放给农村的贷款统统收回）的共产风。

△全县边境地区设置防空监视哨14处，配空监人员106人，组建边界联防委员会3个、小组8个，成员97人。

1961年

【1月28日】白（杨）奉（节）公路竣工通车。境内白杨公社石桥子至太阳公社石乳关里程45.4公里。

【是月】县委抽调一批干部深入农村开展整风整社运动，纠正“五风”（即共产风、浮夸风、一平二调风、强迫命令风、瞎指挥生产风），至8月结束。同时遵照中共中央关于改变农村人民公社基本核算单位的指示，落实“三级所有，队为基础”体制，解决生产队之间的平均主义。

△白杨公社羊角管理区新民大队一生产队食堂发生食物中毒事件，致21名社员中毒，其中重度中毒4名。县委指派县医院组织医疗队赴现场，经抢救中毒人员全部脱险。查明中毒原因为萝卜叶切碎堆放过久产生亚硝酸盐所致。

【2月1日】县公安局破获屯堡区大树公社会道门“大刀会”复辟活动案。是日晚，与当地干部、民兵配合，逮捕刘西尧等骨干13名，缴获经书等91件。查明该会发展成员205人、活动3年零4个月的犯罪事实。

【3月22日】新塘公社与清江（沙地）公社接界的中间河渡口渡船超载翻沉，致13人死亡。

【5月】遵照中央关于县以下不划右倾机会主义分子的通知精神，县委为在1959年反右倾运动中作过组织处理的人员平反。

【是月】恢复区公所建制。7月，复设城关镇。全县辖14个区、1个镇。即灯塔、龙凤、白杨、三岔、新塘、芭蕉、红土、沙地、鸦鹊、太阳、屯堡、沐抚、白果、大集区和城关镇，区置区公所。

【6月】县委开展干部甄别平反工作，抽调专职干部83人组成19个专班，其中农村8个专班36个专人，财贸战线8个专班39个专人，工交战线2个专班4个专人，文教卫生战线1个专班4个专人。至1962年3月，全县在“反右倾”斗争中受到批判和处分的214名

干部,甄别平反194人,占总数的90.7%。

【是月】全县停办公共食堂,开放集贸市场。

【9月】城关镇三街体育运动员何祖斌被选拔进入湖北省乒乓球队,后入选国家乒乓球队。

【11月】全省玉米杂交种子工作会议在恩施县召开,提出"恩杂217"与"金皇后"为全省20世纪60年代山区玉米主要推广品种。

【12月】中国预防医学教授杨光圻一行,首次到新塘区双河公社鱼塘坝一带调查硒中毒情况。为境内硒资源研究之始。

【冬】县委、县人委组织开展精减干部职工队伍工作。全县精减干部、职工1421人,占全县国家机关及全民所有制企事业单位职工总数的9.06%。同时压缩城镇吃商品粮人口1.2万余人,年减少粮食销量200万公斤。

1962年

【1月8日—13日】恩施县第四届人民代表大会第一次会议召开,出席代表320名,列席代表55名,县政协委员76名列席会议。会议选举高兴利为县长,吴保忠、李嘉诲、归天麟为副县长,宫敏为人民法院院长。

【是时】政协恩施县第三届委员会全委会一次会议召开,到会委员76名。会议选举杨艺为第三届委员会主席,贾长庚、高兴利、李富云、李嘉诲、刘厚章、李巩一为副主席。

【1月11日至2月7日】县委第一书记徐谦、县长高兴利出席中共中央在北京举行的中央扩大工作会议(即七千人大会)。

【2月2日】晚,白杨区集镇中街发生火灾,焚毁房屋27间,致6户36人受灾,涂某珍一家4人死亡。

【2月12日】恩施行署公安处指挥,恩施县公安局与宣恩县公安局联合侦破刘忠藻、张子柏为首的"中国民主党"反革命集团案。查明该集团自1960年始,以新塘为中心,涉跨川、鄂两省6县,发展成员261人,企图暴乱、颠覆人民政权的事实。逮捕主犯8名,缴获反革命纲领1份、符号141张、其他物证45件。1964年2月27日,刘、张于恩施专区体育场宣判大会后被执行枪决。

【2月22日】恩施城区半自动化电话工程竣工投入使用。

【是月】县委召开扩大会议,提出搞好大集体,放宽小自由,允许社员种自留地,喂养家禽家畜,栽种零星果木,开展家庭副业。

【7月14日】恩施专署公安处劳改科某司机驾驶一辆63型嘎斯车,车载20人,在飞机

场行驶,行至机场中段,司机追赶野兔,急速转弯导致翻车。致2人当场死亡、1人重伤,事后责任人被追究法律责任。

【8月】撤销县委书记处。县委第一书记、书记处书记改任书记、副书记,杨艺任县委书记,徐谦不再兼任。

【12月】县良种场在旗峰坝建立,同时撤回盛家坝农科所与其合并。1967年,改为县农业科学研究所。

【是年】县土产公司从恩施专区土产站引进烤烟种子50克,于西流水试种,为境内烤烟种植之始。

1963年

【2月18日至3月2日】中国共产党恩施县第三次代表大会在清江电影院召开,到会代表526人。会议选举产生中共恩施县第三届委员会委员19人,候补委员4人。三届一次全委会议选出常委9人,杨艺任书记,刘新顺、贾长庚任副书记。

【3月】全县响应毛泽东主席发出"向雷锋同志学习"的号召,组织宣传活动,掀起"学雷锋,做好事"高潮,涌现出大批学雷锋先进单位和个人。

【6月12日】全国红茶初制现场会在恩施召开,至16日结束。参加现场会的有广东、广西、贵州、浙江、上海等13个省市的代表38名,会议期间代表们到芭蕉茶厂进行操作试制。

【6月20日—26日】恩施县第五届人民代表大会第一次会议召开。出席会议代表344人。大会听取县长高兴利作《恩施县人民委员会工作报告》,财政局局长张玉山作《关于1962年财政决算及1963年财政预算(草案)的报告》。县人民法院院长宫敏作《法院工作报告》,县人民检察院检察长金忠诚作《加强阶级斗争,进一步巩固人民民主专政》的报告,会议作出相应决议。会议选举高兴利为县长,吴保忠、归天麟、李嘉诲为副县长,宫敏为法院院长。选出史代富、李嘉诲、李巩一、陈炳炎、吴保忠、曾广泰、徐伯坚、黄伟来、雷华英(女)为湖北省第四届人民代表大会代表。

【是时】政协恩施县第四届委员会第一次全委会于工人俱乐部召开,至25日闭幕。到会委员71名。会议听取和讨论县长高兴利作的《恩施县人民委员会工作报告》、县委书记杨艺作的《关于进一步开展社会主义教育运动》的报告,政协副主席李巩一作的《县政协第三届常务委员会工作报告》。选举杨艺为政协四届委员会主席,贾长庚、高兴利、李嘉诲、王明玉、李巩一、刘厚章为副主席。

【是月】全县分期分批在农村开展社会主义教育运动,简称"社教",又称"小四清"(清账目、清仓库、清财产、清工分)。

【7月】全县国家机关和企事业单位开展反贪污盗窃、反投机倒把、反铺张浪费、反分散主义、反官僚主义的"五反"运动。运动分两批集中于县城进行,第一批运动10月结束,第二批运动翌年8月开始,10月结束。

【8月10日】县公安局依法逮捕黄某武、唐某纯等反革命罪犯。1962年,"中国民主党"反革命集团案被宽大处理后,黄等不思悔改,趁蒋介石叫嚣"反攻大陆"之机,重组"中国民主党",发展成员18名,继续进行反动活动。

【8月20日】境内大部地区夜降大雨,持续至翌日上午达10余小时,河水暴涨、泛滥成灾,城关北门外胜利街、清江桥被淹。沐抚、芭蕉、太阳、沙地、白杨、鸦鹊、三岔等区成重灾区。21日上午,县直机关、团体干部职工集中板车100余辆、木船17只,急赴北门外、清江桥,与群众一同抢险救灾。

【10月20日】新西兰共产党代表、亚洲及太平洋地区联络委员会委员路易·爱尼至五峰山公社灯塔大队、金子公社五大队(龙洞)及叶挺被囚禁旧址参观访问。县委副书记刘新顺陪同。

【是年】境内旗峰坝、猫子塘、小龙潭电力排灌站相继建成,为全县首批电力排灌设施。

1964年

【1月27日】在北京举行的1963年国家轻工业部全国火柴质量鉴定评比会上,恩施火柴全部达到国家规定的5项主要指标,火柴厂被列为15个优质单位之一。

【3月】县直机关干部开展学习毛泽东著作活动,发行毛泽东著作单行本1357册。至4月底,全县847人组成107个学习小组,656人订购《毛泽东选集》。

【是月】中共恩施县委首任书记王英先创作的反映新中国成立初期鄂西南地区剿匪反霸斗争的长篇小说《枫香树》(原名《枫橡树》),由中国青年出版社出版。是一部描写新中国成立初期鄂西南地区剿匪反霸斗争的纪实小说。

【7月1日】恩施县统一开展全国第二次人口普查。全县户籍人口为44.89万人,其中男23.32万人,占总人口的51.95%;女21.57万人,占总人口的48.05%。

【8月】专区水利局工程队胡某某将该队正在修理的大型货车私自无照开出,车载9人,翻至11米坡下,致2人当场死亡、5人受伤。事故责任人被追究刑事责任。

【10月19日】全县初步"四清"运动在10个区、116个公社、515个大队、4411个生产队中全面铺开。县成立社教团,区成立社教分团,公社成立社教工作队,大队成立社教工作组,组织社教工作队员1814人(其中省直262人、地专78人)。地委副书记赵文华、省

委宣传部副部长密加凡分别在屯堡区的联合公社和白果区的新街公社蹲点,对全县初步“四清”运动进行具体指导。

【是年】境内首次组织棉花种植,全县7个区、54个公社、110个大队、820个小队,试种面积3200亩。经测算,平均单产为15公斤。

△全县试办半农半读(耕读)小学434所,同时在全日制小学内附设耕读班512个。

△恩施县国营电力灌溉站——金子坝电灌站在红庙建成。为境内首家引清江水灌金子坝农田。

1965年

【1月】郑建涛任县人委代县长,高兴利调离。

【2月】屯堡区大树公社新建大队一生产队,出土1尊完整的“虎钮錞于”,重14.5公斤。

【4月】芭蕉区区长钟维喜代表恩施专区出席全国半耕半读教育改革会议。

【9月】刘新顺任县委书记,杨艺调离。

【是月】县委副书记徐国钦出席在北京召开的全国茶叶生产会议。是年,全县茶叶新发展6500亩,总面积达到2.18万亩,总产305吨,成为全省重点产茶县。

【10月】县委召开四级干部会议,贯彻落实全省山区生产工作会议精神,提出“以粮为纲,农林牧结合,多种经营,全面发展”的生产方针。

【12月20—27日】恩施县第六届人民代表大会第一次会议召开,到会代表371名。大会选举苏大章为县长,郑建涛、吴保忠、归天麟、王明玉、李嘉诲为副县长,王继三为县人民法院院长。

【12月28—31日】政协恩施县第五届委员会第一次全委会召开,到会委员64名。会议选举刘兴顺为五届全委会主席,徐成根、苏大章、李嘉诲、黄鹤皋、李巩一、刘厚章为副主席。

【是月】恩施县卫生防疫工作受到国家卫生部表彰。《健康报》以《山区的卫生防疫尖兵》为题,报道恩施县卫生防疫工作典型事迹。

【是年】全县三级干部731人深入农村办农业样板田,面积22356亩,其中91名县、区干部驻点办样板24个,面积7439亩,被湖北省列入山区农业样板示范县之一。

△首次引进水稻薄膜育秧技术,全县试验11个点,面积7.11亩,大田移栽82.3亩。增产15%左右。

△全县选定大集区扩大绿肥使用面积1.04万亩,其中4400亩种子田,总产11.5万公

斤。

1966 年

【1 月 1 日】恩施专区自来水厂(后为县自来水公司)竣工投产,即日起向恩施城区居民供水。

【2 月 28 日】省人民委员会决定,自即日起,武汉—宜昌—恩施航线正式复航。办理客货运输业务,星期一、星期五飞机由武汉出发,当天往返。

【是月】省、地委派出 1800 余人的"四清"(清政治、清经济、清组织、清思想)工作队,进驻恩施农村开展"四清"运动。6 月,工作队进驻县直机关、企事业单位和城关各街道,开展"四清"运动。

【3 月】原任中共鄂西特委副书记、施巴特委书记马识途创作的反映恩施革命斗争的长篇小说《清江壮歌》,由人民文学出版社出版。

【5 月 20 日至 6 月 10 日】龙凤区召开学习毛泽东著作积极分子集训会议。会议运用活学活用毛主席著作的典型启发和教育参会者。五峰公社回乡知识青年刘元香(女、土家族)、太阳区毛湖公社贫农社员王康桃(女)等,在大会上作典型发言。

【6 月】恩施县公安局破获国民党旧军政人员、地富分子组成的"中国人民民主革命党"反动组织案。该集团于 1964 年底始发展成员 168 人,涉及区(镇)4 个、大队 35 个。全案逮捕、管制、划戴反革命帽子 16 人。首犯田长西(太阳河人)、主犯刘仁义、陈孔品于 1968 年 12 月 20 日被依法执行死刑。

【8 月 28 日】毛泽东主席在首都与百万群众共庆"文化大革命"(简称"文革")的消息传来,专署和县直属机关、学校、工厂、商店、街道群众 2 万人于飞机场集会、欢庆。

【10 月 1 日】县印刷厂和专区印刷厂首次印刷《毛主席语录》和毛主席著作单行本。

【10 月 19 日】燕子公社办起共产主义大学。8 月中旬开办,至 10 月中旬,共办 7 期,主要组织农民学习毛主席著作,请仇大苦深的老雇农、老贫农回忆对比。

【10 月 20 日】县委根据中共八届十一中全会通过的《中共中央关于无产阶级文化大革命的决定》(即《十六条》),成立恩施县"文革"小组,县委副书记徐成根任组长,县委常委、县长苏大章任副组长。

【是月】龙凤区与灯塔区合并,全县辖 13 个区、1 个镇。

△灯塔区金子坝公社拖拉机站建立。为专区第一个公社拖拉机站。

【11 月 14 日】县汉剧团剧场为串联红卫兵专场演出,散场时路灯熄灭,发生拥挤踩踏事故,致 4 名学生死亡,62 人受伤。

【是月】境内城乡各种不同名称的红卫兵组织和群众组织应运而生。并因对当权派的看法而异,分成“造反派”与“保守派”。同时,外地红卫兵组织亦以“革命串联”名义进入恩施。恩施党政机关工作一度停止。

【12月】部分地区流行性脑脊髓膜炎流行,患者3125人,死亡189人。

【是年】县土产公司从恩施专区土产站引进白肋烟种子50克,在灯塔区谭家坝管理区五一大队(田家湾)育苗,在鲁竹坝、董家店、白杨坪、瓦庙子、杉木坝等地栽培80亩,亩产近100公斤。境内白肋烟试种成功。

1967年

【1月7日】恩施县支“左”办公室成立。

【2月26日】中国人民解放军恩施县人民武装部(简称县人武部)抓革命促生产办公室成立,部长冯元成任主任。

【3月26日】恩施县组织恩施驻军、厂矿企业、机关学校和街道居民7076人,高举毛主席画像和语录牌,敲锣打鼓,开展送肥下乡活动,为五峰山、永红、红旗、东方红、金子坝等人民公社送肥料359吨,支援春耕生产。

【是月】武汉军区空军7212部队某连奉命进驻恩施,执行“三支两军”(即支左、支工、支农,军管、军训)任务,维护社会秩序,保护人民生命财产安全。

【5月】恩施县抓革命促生产指挥部成立。为领导全县革命和生产建设而设立的临时领导机构。

1968年

【1月21—22日】恩施县各革命组织代表会议召开。会议经酝酿、讨论、协商,达成县革命委员会(简称县革委或县革委会)组成人员的协议,由7名军代表、11名领导干部、42名群众代表,74人组成县革委,其中设常委17名。1月22日,恩施县革委会成立。县人武部政委王承铎任县革委会主任,县人武部部长胡庆龙、副县长吴保忠任副主任,常委11名(缺6名),委员22名(缺5名)。该次会议后追记为恩施县第七届人民代表大会。

【是月】中国人民解放军恩施县公安机关军事管制小组(以下简称县军管小组,在“文革”期间人民代表大会制度遭到破坏,没有召开县人民代表大会,该次会议后追记为恩施县第七届人民代表大会)成立,行使原县公安局、县人民法院、县人民检察院职能。1973年3月,该小组撤销。

【2月】造反派借反对所谓“二月逆流”之机，再次对不同观点的领导干部和群众施以残酷斗争和肉体摧残。

【3月】由恩施专署林业局组织，于太阳区首次飞机播种华山松树种，造林3.5万亩。

【8月20日】境内10个小时连续暴雨，9个区受灾，冲毁房屋2206间、小桥9座，死亡7人、伤6人。

【10月】7212部队撤离恩施，中国人民解放军武汉军区8234部队进驻，继续执行“三支两军”任务。

【12月1日】县军管小组破获鸦鹊区“中国民主自卫军”反革命集团案，查获纲领、会议草案等8种20余件。查明该集团在5年时间内，先后发展成员29人的事实。首犯汤克灯、郑兴才被依法判处死刑；主犯李某茂、汤某科、汤某俊被判处有期徒刑。

【是年】县农业局在沐抚区清水公社等高山地带，实施水稻试验种植，面积6.7亩。经测算，平均单产为131.5公斤。

1969年

【1月20日】恩施城首批300余名知识青年启程奔赴农村插队落户，从事农业生产。地、县在恩施地区体育场举行欢送大会，军分区司令员汪立进代表地革委会和恩施驻军致欢送词。至1976年末，恩施县先后动员6580余名城镇知识青年上山下乡。

【3月5日】城关镇举行万人集会、游行，声讨苏联侵犯我国领土珍宝岛。地区革委会副主任王珏在会上讲话。

【4月5日】县贫下中农宣传队进驻县直部分企事业单位和城关镇各街道，领导“斗、批、改”工作。

【4月12日】鸦鹊区集镇居民刘家东用火不慎，酿成重大火灾，造成供销社、粮油加工厂等单位和104户居民受灾，焚毁房屋325间、粮食7500公斤，直接经济损失150余万元。

【5月19日】屯堡区清江拖泥溪渡口，社员半夜乘船过河扯水稻秧苗，行至河中触礁翻沉，致21人死亡。

【7月1日】位于城关镇八街的小渡船大桥竣工通车。该桥单拱跨江，净跨100米，全长150米，桥面宽10米，为湖北省第一座大跨径石拱桥。

【7月11日】境内暴雨，城区清江水位至419米，清江大桥（木桁桥）被洪水冲走，老城到舞阳坝交通被隔断，车辆绕小渡船大桥过江。农村大面积农田被淹，城乡部分房屋被冲垮，城区部分企业、商店被淹。

【8月26日】县军管小组组织力量摧毁以周某敏为首的8人盗窃团伙。该团伙1967

年起,流窜9个省10地县,作案40余次,盗得现金15000余元、粮票4850公斤、布票330余米、收音机19台等。1972年2月5日,首犯周被依法处决。

【10月1日】大集区革委会主任申志扬赴北京参加中华人民共和国成立20周年国庆观礼,受到毛泽东主席接见。

【是年】全县兴办农村合作医疗,建立大队保健室,配备赤脚医生,开展具有集体性质的医疗卫生工作。

1970年

【2月11日】县革委会召开紧急会议,贯彻中共中央"指示精神"文件。会后全县开展"一打三反"运动(打击现行反革命分子的破坏活动、反贪污盗窃、反投机倒把、反铺张浪费)。至年末,举办各种类型学习班5307期,参加学习30.57万人次,召开集训会190场次,集训1222人。

【是月】县革委会实行机构调整,清除各级革委会中的派性头目和打、砸、抢分子。

【3月】灯塔区革委会副主任刘元香(女)出席湖北省活学活用毛泽东思想积极分子代表大会。

【4月20日】省革命委员会任命曾茂廷为县革命委员会主任,刘双亭、张怀友、刘振民、苏大章为副主任。原主任王承铎调离。

【是月】恩施地、县飞播造林指挥部联合在红土区石窑公社开展飞播造林活动,出动国产"安二"型飞机82架次,成功播种华山松、油松种子,覆盖面积4万余亩。

△恩施县城镇居民上山下乡安置领导小组成立。动员组织城镇居民上山下乡。

【5月15日】经湖北省革委会党的核心小组批准,县革委会党的核心小组成立,临时履行县委职能。党的核心小组由曾茂廷、刘双亭、王保之、苏大章、尤福如、张怀友、李怀生7人组成,曾茂廷任组长,刘双亭、王保之任副组长。下设办公室,负责处理日常工作。

【5月20日】中共中央委员、湖北省革委会副主任张体学至恩施考察、调研,出席在专区体育场举行的群众大会,并发表讲话。

【是月】县公安机关军管小组破获白杨坪麂子渡"中国民主和平党八一五总军司令部"反动组织案,缴获纲领、党证等5种28件。该集团1969年底后仅6个月时间发展成员12人。首犯李某驹、李某祯(白杨麂子渡人)于1975年6月23日被处决,其余4名主犯被判处有期徒刑和管制。

【6月28日至7月1日】恩施县首批干部222人、家属及子女327人,编成5个连队,分别下到屯堡区大树公社、新塘区黄村公社、太阳区太阳公社、鸦鹊区滚龙公社、沐抚区木

贡公社所在的15个大队、89个小队插队落户。

【7月1日】县龙王塘水电站、县化肥厂、县水泥厂破土动工。

【是日】恩施清江大桥、南门大桥建成通车。清江大桥全长215米，为双曲拱桥，为连接南北交通的要道。南门大桥长70米，为石拱桥。地区革委会主任汪立进、副主任王珏、军分区副政委郭全参加通车典礼。

△恩施县革委党的核心小组安排整党建党工作。全县678个基层党组织分三批进行，第一批257个，第二批333个，第三批88个，至年末全部结束。

【7月5日】恩施县直590名干部及家属至屯堡、新塘、太阳、鸦鹊、沐抚农村插队落户，住"五七干校"。

【9月14日】恩施县组建三线建设民兵团，参加宜昌鸦雀岭至葛洲坝官庄铁路（简称"鸦官"铁路）工程建设。团长李怀生、政委尤福如，设7个营、29个连、110个排、347个班，抽调民兵4270人，配备团、营、连干部264人。任务为修筑长1公里、宽108.7米的基础工程；修筑长111.75米、宽3米、高3米的方涵工程；修筑长30.28米，内空直径1.5米的圆涵工程，需搬走7座山，填平7个湾，挖、填土方44.72万立方米。至1971年7月中旬完成任务，4位民兵为此献出宝贵生命。

【10月24日】屯堡区中渡口渡船超载翻沉，致27名驾乘人员遇难。

1971年

【1月15日】位于屯堡境内清江支流的恩施车坝水电站建成发电，装机总容量3960千瓦，3台机组组成。

【是月】省林业勘测队对太阳区百户湾林业资源全面调查，总面积4.89万亩，其中森林面积1.72万亩，县委决定建立新型采育结合的国营林场。

△位于白杨区响板水库破土动工，设计库容772万立方米。

【3月】省军区政委、省革委会副主任张洪至恩施县视察。

【5月2—7日】中国共产党恩施县第四次代表大会于清江电影院召开，到会代表485人，特邀代表2人。大会审议通过曾茂廷代表县革委会党的核心小组所作的《沿着毛泽东主席革命路线胜利前进，为进一步加强无产阶级专政而斗争》的工作报告，作出相应决议。会议选举产生中共恩施县第四届委员会委员25人。第一次全委会议选出县委常委5人，曾茂廷任书记，及树华、刘双亭任副书记。

【10月】恩施县水泥厂建成投产。

【是年】全县农业、粮食部门采取"南繁北引"，即到海南岛借田繁殖恩单二号亲本及一代种子和赴山西引进杂交玉米、高粱,加上省内调运水稻良种,共39个品种种子168.5万公斤。

△全县各级党组织经过整顿,全部恢复活动,结束以革委会取代党的领导的历史。

1972年

【1月18日】新塘区保水公社高潮大队(新塘)一施工队,承包区供销社中西药批发部修建工程,开挖地基土石方发生塌方事故,致3名施工人员死亡。

【2月】县师范学校成立,校址设芭蕉区堰塘湾。通称恩施县芭蕉师范。

【3月】境内气温普降10℃,从低山到高山全部下雪,局部地区持续到4月。粮油作物均造成不同程度损失。

【7月3日】位于太阳区的县属太阳煤矿3号井发生瓦斯爆炸事故,致5人死亡、60人中毒。

【是年】中共中央委员、武汉军区司令员、省革委会主任曾思玉到恩施,检查指导工作。

△县水泥厂建成投产,生产标号为400#普通硅酸盐水泥。设计年产量7000吨。

△大山顶药材场人工栽培天麻试验成功。

1973年

【1月6日】新塘区黄村公社青山大队(迎宾村)三生产队社员刘迪彩家发生火灾事故,致5人死亡,7间房屋焚毁。

【是月】及树华任县委第一书记兼县革委会主任,曾茂廷改任书记。

【2月26日】白果区两河公社阳昌隆大队青年杨秀杰(女),赴武汉出席全省第三次贫下中农代表大会,在武昌洪山礼堂受到国务院副总理陈永贵接见。

【3月13日】10时许,城关镇东方红公社高兴大队二生产队民兵排长黄之清家,因翻炒炸药发生爆炸事故,致4人死亡、1人受伤。

【8月16日】9时,县石油公司小渡船加油站违规操作,致汽油从螺栓喷出,射击电闸起火,3个油桶接连爆炸,附近驻军和工人奋战2小时扑灭大火。火灾焚毁油库1栋、石油5吨,损失1万元。救灾中重伤2人,轻伤30余人。

【9月7日】全县组织县、区、社工作专班,对地、富、反、坏、右"五类分子"实施纠错查漏工作。至年末,查纠错误管制641人、漏管26名,建立监改小组4120个,整顿治保组织557个。

【11月】恩施县化肥厂投产。设计为年产6.6万吨机械立窑生产线。

【12月】清江屯堡大桥建成通车。桥长171.23米,宽7.2米,高15.6米,为石肋空腹式双曲孔桥。

【是年】大龙潭水轮泵站后堤水电站建成,装机2台,容量440千瓦,年发电量150万千瓦小时。为境内开发清江水利资源建成的第一座电站。

1974年

【3月】恩施县首次派出县医院临床外科医生杨先勇参加中国援外医疗队,赴阿尔及利亚,开展外科医务工作。1976年4月结束。

【是月】屯堡区红旗大队出土编钟1口。

【5月25日】县公安局和县人民法院在专区体育场联合召开公捕公判大会,地、县领导和群众1.5万人参加会议,逮捕和公判现行反革命犯、流氓犯16名。

【是月】县委在屯堡区罗针(也称锣针)公社和平大队试办集体插队落户知青点。

【6月23日】鸦鹊区云台公社红旗(新淌坪)大队向国家出售菜油5126公斤,被誉为"万斤油"大队。

【7月】县委组织县、区、社三级干部100余人赴大寨参观,全县农业学大寨运动由此掀起高潮。

【8月】地区外贸车队胡某某无证驾驶1辆嘎斯51型汽车,行至城关土桥坝鱼种场门口上坡处,撞倒电杆、行人,当场致2人死亡、1人受伤,胡某某被依法逮捕。

【是月】县农业局技术干部肖继光赴扎伊尔执行援外任务。

【是年】全县粮食总产量达到15.49万吨,创历史最高纪录。

△经中国医学院检验考证,板桥贝母定名为"湖北贝母"。该地种植贝母200余年,药性独特。

1975年

【1月13日】县委副书记刘元香(女、土家族)出席第四届全国人民代表大会。

【2月】灯塔区长堰公社被评为湖北省农业学大寨先进集体,城关镇灯塔大队党支部书记史代富被评为湖北省农业学大寨先进个人。长堰公社党委书记黄长富出席全省农业学大寨表彰大会,在武昌洪山礼堂作典型发言。

【5月】国务院副总理华国锋就恩施县金子坝公社拖拉机站9年亏损47586元,机务人员贪污18067元的问题作出批示。县委书记及树华、组织部长柳昌权率工作组10人前往

整顿,打击贪污盗窃行为。

【6月3日】恩施县首次派出县医院护士万云秀(女),参加省卫生厅组织的援藏医疗队,开展医疗援助工作。于1978年6月结束。

【6月16日】沐抚区滥池公社星火大队十一小队农民刘光海,窜入陈某某家中,将熟睡的陈某某及其子女共5人杀害。县公安局组织刑警赴奉节县三角坝将其抓捕。1976年1月3日,刘被依法处决。

【6月27日】城关镇第三小学校舍因大雨山体滑坡泥石流冲垮教室,致31名小学生遇难、7人受伤。事故发生后,地、县党政领导亲临现场指挥抢救,处理善后。省革委会派专机运送药品急救伤员。

【8月】全县实行撤区并社,将13个区1个镇165个人民公社,组建为22个公社和1个镇、1个药材场。即熊家、板桥、龙凤、三岔、白杨、七里、龙马、红庙、沙地、鸦鹊、红土、石窑、双河、新塘、太阳、沐抚、屯堡、罗针、白果、芭蕉、干溪、大集公社和城关镇、大山顶药材场。

【9月15日】县委书记及树华出席第一次全国农业学大寨会议。

【10月】全县农村各门类企业发展到607个,从业8930人,乡镇企业步入新的发展阶段。

【11月3日】武汉军区副司令员林维先一行赴七里公社检查军事训练情况。地委副书记王保珉、恩施军分区司令员杨家麟、县委副书记方先寿、县人武部长刘双亭等陪同。

【是月】全县抽调民工3000余人,参加川汉公路(318国道)建设。同时,宣恩、咸丰、来凤、鹤峰县民工至恩施县境内投入建设。

1976年

【1月8日】国务院总理周恩来逝世,举国悲痛,全县人民自发佩戴黑纱,设置灵堂悼念。

【3月】境内首次引进杂交稻籼型迟熟组合南优二号、矮优二号种子试种。

【5月22日】白杨公社鸿建大队(麂子渡)梯耳岩发生石壁裂崩,致3人死亡、5栋民房损毁、50余亩耕地受损。

【7月1日】恩施地区中波转播台建成,境内第一次播出湖北人民广播电台和中央人民广播电台节目。

【7月6日】全国人民代表大会常务委员会委员长朱德逝世,全县人民自发开展悼念活动。

【是月】武汉医学院肺科专家李晖带领工作组至恩施县沐抚公社等地，进行地方性氟中毒流行病学调查。

△大山顶药材场改名为大山顶公社，全县辖23个公社、1个镇。

【8月23日】23时20分，崔坝小学教员杜某某烟熏蚊虫引发火灾，殃及街内94户383人受灾，焚毁房屋243间，损失17.9万元；救灾中重伤1人、轻伤90人。消防中队成功扑救。

【9月9日】中共中央委员会主席毛泽东逝世，全县人民万分悲痛，城乡各机关、团体、企事业单位、学校、街道等皆设置灵堂悼念。9月18日15时整，地县机关和城关镇3万余人在地区体育场，参加毛泽东主席追悼大会。

【是日】省广播事业局副局长张献庆带领工程技术人员，赴双河公社太山庙（海拔1891米）林场，测试电视转播讯号。

【10月24日】恩施山城2万余军民集会游行，庆祝华国锋任中共中央委员会主席、中共中央军事委主席；庆祝中共中央粉碎王洪文、张春桥、江青（女）、姚文元反革命集团。

【12月10日】县委书记及树华出席第二次全国农业学大寨会议。

【是年】全县组织524名医疗卫生人员，深入农村开展计划生育突击活动。

△境内引进试种杂交水稻成功，7个公社、17个大队、40个生产队种植一代品种面积109亩，经测算，平均单产400.5公斤，比矮秆良种增产30%左右。

1977年

【1月26日】全县普降大雪，低山积雪厚达80厘米，城区道路冰封，持续至30日；同时遇寒流过境，气温剧降，城关镇气温－12.3℃，为有记录以来最低值。境内柑橘树冻死近70万株；桐子、乌桕、棕树、竹子均遭受严重冻害。

【2月】省委常委、省革委会副主任王利滨率省农委、民政局、水利局、林业局、农业局等部门干部35人，组成省委工作队，赴大集公社蹲点，历时3年时间，实行工作队换人不换点，指导山区建设。

【8月5日】恩施县被省林业厅、省财政厅列为全省发展油桐基地县。是年，全县油桐林7000余亩，油桐籽产量1310吨。

【9月】恩施二中（今市一中）被认定为湖北省重点中学。

【10月10日】地委暨县委召开揭发、批判、控诉“四人帮”在恩施的帮派体系骨干分子和现行反革命分子罪行广播大会。会上宣布对两个“四人帮”帮派体系骨干分子、现行反革命分子依法逮捕。

【12月7日】全国恢复高考招生制度。恩施县组织下乡知青、“文革”初毕业的“老三届”学生和应届高中毕业生复习、备考。城关高中设置考点,参加考试的考生近1000名。

【是年】全县贯彻第二次全国农业学大寨会议精神,掀起第二轮农业学大寨高潮。

△境内恩施师范升格为华中师范学院恩施分院,招收三年制专科生,设中文、数学、物理3个专业和中专部。该校于1978年经国务院批准,改为恩施师范高等专科学校。

△全县建立县农科所1所、公社农科站23个、大队农科队114个、小队农科组3446个,初步建成四级农业科学实验网。

△三岔公社解决人畜饮水问题,实施人畜饮水工程建设,获国家水电部肯定,被载入《全国人畜饮水座谈会会议纪要》。

1978年

【1月】省委副书记王克文一行,赴大集公社视察。

【是月】川汉公路恩施段建成通车。恩施段自崔坝公社百步梯至罗针公社大垭口,途径崔家坝、鸦鹊水、南里渡、熊家岩、龙凤坝、大龙潭、罗针田等地,全长109公里。

【2月】县委副书记刘元香(女、土家族)出席第五届全国人民代表大会。

【5月27日】省委第一书记陈丕显至恩施考察。清华大学教授张光斗等陪同。

【是月】县委部署对1957年“反右”时错划的“右派”进行摘帽、安置和平反、改正工作。

△郭同新任县委书记兼县革委会主任。及树华调离。

△全国第二次马铃薯科研协作会议在恩施召开,与会代表120人参观马铃薯良种高产栽培丰产片。

△三岔公社青年胡道宇被团中央授予“全国新长征突击手”称号。

【6月】县委副书记柳昌权、县食品公司头道水养猪场场长,全国劳动模范刘善体,出席全国财贸学大庆、学大寨会议。

【是月】恩施城关环境卫生管理所成立,首次招录环卫工人15名。

【9月1日】大集公社妇联主任向碧梅(女)出席全国妇女代表大会。

【9月4日】省委第一书记陈丕显第二次至恩施,检查指导工作。

【10月24日】龙凤公社喻家河电站引水渠三门洞段土石方坍塌,致红旗(双堰塘)大队3名女社员遇难。

【10月28日】地区行署批转地区建委《关于恩施城镇主要道路规划报告》,恩施城道路规划为主要干道4条,即东风大道、舞阳大道、航空路、清江路,宽度20~34米;次要干

道9条,宽度14~20米;街坊道路为10~14米。

【是月】武汉军区司令员杨得志、第一政委李成芳、副司令员兼省军区司令员张秀龙,至恩施检查工作并看望苏区人民。

【10月】恩施县开始对被错划右派的人做改正工作,至1980年底结束,被错划右派人员425人全部予以改正。其中,原被减刑9人,劳教87人,开除公职55人,撤职降薪26人,保留公职监劳动改造93人,其他处理52人。除1人因新的错误不予恢复党籍外,其余全部予以撤判、改正。

【12月9日】县交通局技术干部熊明清受省交通局派遣,前往埃塞俄比亚支援该国公路建设。

【12月17日】红庙公社土桥大队青年胡某林伙同胡某、曾某,夜晚窜入地区体委,盗窃东风牌小口径手枪5支、子弹4000余发。地、县公安机关实施联合侦破,抓捕胡某、曾某,搜出手枪4支和子弹3850发。胡携枪潜逃,19日18时许,窜到龙洞大队抢劫财物,开枪致1人死亡。20日凌晨,胡被捕获归案。

【是月】全县组织开展中国共产党十一届三中全会精神学习活动。

△龙王塘水电站二、三号机组投入运行。

△全县以改土治水为中心,开展山水田林路综合治理工作验收。1977年以来,县、社两级投资113.5万元,建成基本农田10万亩,完成重点水利工程20处。

【是年】县革委会人工降雨工作办公室成立。首次在境内运用三七高射炮从事人工降雨作业。

△全县粮食总产量首次突破20万吨,达到21.25万吨。同期,油菜籽总产2335吨,生猪饲养量45.75万头,实现粮、油、猪产量三创历史。

△恩施县首次向省上调食用植物油100吨。

1979年

【1月12日】全县组织专班,对新中国成立后拘留、劳教、收审、戴帽等案件复查甄别。至年末,复查443件(其中“文革”前案件49件),纠正冤、错案件90件,占复查总数的20.32%。

【是月】恩施县各级党组织贯彻十一届三中全会精神,全县工作重点开始转移到经济建设上来。

【2月8日】根据《中共中央关于地主、富农分子摘帽问题和地、富子女成分问题的决定》,县委组织专班,在城关镇飞机大队办试点,对地主、富农分子摘帽,地主、富农子女成

分重新认定。嗣后全县全面铺开，至6月底基本结束，境内8481名“四类”分子摘帽7982名，纠正错划错戴314名，需继续监督改造185名，其二代、三代子女成分、出身全部评定为社员。

【是月】县委决定在全县农村推行定额记分和包工计酬，取消大寨“标兵工分”，同时调整并增加社员自留地、自留山，允许社员经营家庭副业，开放集市贸易，调整农村经济政策。

【3月】五峰山电视差转站建成开播。

【4月】大山顶药材场石板水教学点教师周雪梅（女）被评为“全国三八红旗手”。

【5月】县医院外科主任、主治医师方文彬，妇产科副主任、主治医师王世梅（女）赴阿尔及利亚执行援外任务。

【7月11—14日】中国共产党恩施县第五次代表大会在清江电影院召开，出席会议代表479人。会议选举产生中共恩施县第五届委员会委员32人，候补委员2人。五届一次全委会议选出县委常委12人，郭同新任书记，徐国钦、胡元春（土家族）、柳昌权、武道煊、宋光红（土家族）、刘元香（女、土家族）任副书记。

【是月】县委落实政策工作办公室成立，组织、人事、监察、信访、民政、统战等部门协同进行落实政策工作。对“四清”运动中形成的案件、“文革”运动中乱批乱斗形成的问题和案件、公检法系统在“文革”期间处理的案件，以及“四清”“文革”中非正常死亡等，全面复查甄别。

【8月16日】9时7分，县石油煤建公司土桥石油仓库发生特大火灾事故，大火持续5小时45分钟，致1人死亡，12人受伤，428.2吨石油燃烧，直接经济损失45万元。地、县公安干警、消防中队及干部群众1000余人实施抢救，省公安厅副厅长张兴元率省和武汉市消防处负责人于是日乘飞机抵施，指导抢救和善后处理。

【是月】徐国钦任县革委会主任。

【9月】舞阳大街首次启用红绿信号灯指挥通行，设置人行护栏，实行人车分流。

【10月8日】恩施县首届科学大会召开。大会对56项科技成果实行奖励。

【是月】省射击运动队队员史延斌（城关镇八街人），在第四届全国运动会上，获小口径步枪射击亚军。1982年，被授予“国家级运动健将”称号。

【11月】县委常委、县委办公室主任王荣远，赴扎伊尔执行援外任务。对外技术职称为副总工程师。

【12月】县公路段九根树道班饶某某驾驶手扶工农12型拖拉机，违章载客10人，空挡滑行，车翻至15.7米高坎，致3人当场死亡、5人重伤、2人轻伤，饶某某被追究刑事责任。

【是月】恩施县房管所将无偿代管9年多的城关镇下乡居民房屋产权全部归还原主，

总面积70452平方米,402间,房权148户。

【是年】省人民银行遵省委书记陈丕显批示,为恩施地区提供长期无息贷款,购买EQ140汽车,其中恩施县50辆。

△县旱粮原种场在三岔梨儿坪建立,实行原种三圃生产制。是年,生产玉米原种1.5万公斤。

1980年

【1月26日】县委落实国民党起义投诚人员政策领导小组成立,下设办公室,开展调查、复查认定等工作。对境内366名国民党投诚起义人员(将级3人,校级13人,尉级53人,士兵297人;起义324人,投诚42人),基本落实政策,颁发身份证书。对其中32名错杀、错判人员全部撤判,分别补发相应费用。

【是月】长(湾)石(窑)公路红土至石窑路段全线竣工通车。至此,全县公社所在地全部通公路。

【4月1日】《人民日报》发表"编者按"文章,向全国推广恩施县开办农校、培训农技员工作经验。

【4月10日】县公安局、县工商行政管理局、县文化局首次联手开展查禁取缔行动,没收迷信、淫秽图书140种195本,照片120种2212张。

【4月18日】龙凤公社胜利(鹿池塘)大队加工制作250公斤"恩施玉露"茶,运往美国俄亥俄州展销。

【6月5日】红庙公社土桥大队社员金万毕向县政府献出民国十一年(1922)二月十四日孙中山写给朱和中的一封亲笔信(现存州博物馆)。

【6月16日】境内突降暴雨,龙凤公社前进(店子槽)大队八生产队队长胡良玉察看灾情、掏沟排水时不幸被洪水冲走,以身殉职,时年34岁。8月9日,县委、县革委授予胡良玉"模范干部"称号。

【是月】恩施鸦鹊磺场被评为全国硫磺生产优胜单位。

【7月11日】恩施县地名普查工作领导小组及办公室成立。全县地名普查和《恩施县地名志》编纂工作启动。

【7月28日】恩施城关镇给58户个体工商业者分发营业执照。个体户主要从事饮食、修补、加工、理发、照相、百杂以及手工艺行业。

【8月3日】龙马公社遭受特大洪水灾害,142个生产队、1576户、6990人受灾;因灾死亡26人,受伤13人,266户倒塌房屋、畜圈,死亡牲畜132头(只),冲毁农田5274亩,受灾

农田9277亩,粮食损失约127.25万公斤,直接经济损失40.77万元。

【8月4日】境内洪水满溢,县城清江水位上升至420.19米。

【是日】屯堡公社红卫(杨家山)大队约1平方公里面积山体滑坡,毁坏耕地724亩,倒塌房屋92栋。

【是月】省革委会副主任兼恩施地委书记王利滨,到沙地公社就农村经济体制改革进行为期一周的调查研究。

【10月7日】全县举办地名普查培训班。参加地名普查215人,其中一级普查员135人。此举标志恩施县地名普查工作正式开展。

【11月14日】位于屯堡公社境内的车坝一级水库大坝截流合龙,为恩施地区最大水利电力骨干工程。地委、行署、军分区及恩施、利川等县领导,于现场指挥大坝截流合龙施工。

【11月20日】解放路派出所破获"101百万美钞"诈骗案,抓获四川籍流窜诈骗犯曹某某。

【11月30日至12月7日】政协恩施县第六届委员会第一次全委会于县供销社礼堂召开,到会委员85名。会议选举徐国钦为第六届政协主席,归天麟、吴国顺、刘厚章、吴定源、杨荣耀、李嘉诲、黄鹤皋为副主席。

【12月1—6日】恩施县第八届人民代表大会第一次会议于清江电影院召开,到会代表437名,选举郑建涛为县第八届人民代表大会常务委员会主任,白俊生、王启彦、杨家隆(土家族)为副主任;选举胡元春(土家族)为县人民政府县长,王荣远、邓相臣、李先池、杨乾之、龚征为副县长;熊惠生为县人民法院院长,李美堂为县人民检察院检察长。

【是月】根据《中华人民共和国地方各级人民代表大会和地方各级人民政府组织法》规定,设立县人民代表大会常务委员会,为县人民代表大会常设机构。同时,撤销县革委会,恢复县人民政府。

【是年】全县农村普遍推行专业承包和联产计酬责任制。

△全县财政体制"定收、定支、超收分成、结余留用、一年一度"改为"划分收支、分级包干、一定五年"办法,改革财政管理。

△县农业局调入600公斤天麻种子,于大山顶、太山庙、石灰窑、白果坝、太阳河等地进行人工栽培试验,获得成功。

1981年

【1月19日】恩施汽车客运班车从恩施开往武汉,恩(施)汉(口)客运正式通班。客运

班车每日1班，分别从恩施、汉口两地始发，次日到达对方车站，全程684公里，经过3个地区、10个县（市），沿途停靠14个站点。

【是日】县毛巾厂生产的双虎牌印花毛巾，获全省毛巾设计“百花奖”。

【3月7日】县化工厂发生重大盗窃案件，3万发雷管被盗。11日，地、县公安机关侦破该案。

【4月11日】芭蕉茶厂制作的“红碎茶”启运美国俄亥俄州展销

【是月】中央、省、地区联合医疗队，至沐抚公社、屯堡公社等地调查“氟中毒”地方病。

【6月】城关镇栖凤桥知青窗帘厂生产的木制窗帘，远销美国。

【7月】恩施板桥党参在大连市召开的全国药材品种质量鉴定会上，被确定为“中国板党”品牌。

【是月】鸦鹊公社中心（鸦鹊水）大队周某某无证驾驶手扶拖拉机，翻至11米高的平安桥下，致司乘人员5人死亡、2人重伤。

【8月10日】县地方志编纂委员会成立，《恩施县志》编纂工作启动。

【8月16日】四川省人大常委会副主任马识途（1939年，任中共施巴特委书记），专程到恩施凭吊何功伟、刘惠馨（女）烈士。

【是月】恩施县农民协会成立，为全体农民的组织。同时，撤销县贫下中农协会。

【9月1日】地区行署行文批复：鸦鹊人民公社更名为崔家坝人民公社、大集人民公社更名为盛家坝人民公社、白杨人民公社更名为白杨坪人民公社、城关镇更名为施南镇。

【是月】芭蕉公社黎明（高拱桥）大队降陨石雨。

△全县各公社大队更名，将具有浓厚政治色彩的名称更名为传统地名，如东方红大队更名为小古龙大队等。

【11月7日】国务院批准设立恩施市，实行县、市分设。原恩施县施南镇、红庙公社、七里公社所属七里坪、猫儿槽、鸭子塘、洗爵溪大队等行政区域划出，设立恩施市，行政区域总面积168平方公里，市直机关设施南镇。

【11月25日】国家广播事业局《农村广播工作》刊登《湖北省恩施县广播站试行联产计酬管理办法》的经验交流专题材料，其经验主要为定任务、定人员、定经费、定质量、定奖赔“五定合同制”。

【12月5日】县电网第一期工程竣工，恩施县始有自办电网。

【是月】全省农业区划工作会议于恩施县召开。县区划工作办公室在会上作典型发言。

【是年】中南民族学院副教授刘孝瑜受国家民委委托，至恩施县进行民族调查。

△在全国漆树品种第一次鉴定会上，恩施“复叶长”品种被认定为漆树地方良种。

△全县开展林业稳定山林权、划定自留山、确定林业生产责任制“三定”工作，落实林业政策。

1982 年

【1 月】全县首次对农业等 9 个系列专业技术职称干部，实行专业技术职务评聘。351 人被授予相应中级专业技术职称。

【2 月 9 日】省人民政府批准舞阳小学语文教师曾碧莹、恩施二中教师杨本泰为湖北省特级教师。

【3 月 10 日】欧洲经济共同体援助恩施县救灾菜油 8 万公斤，免费发给受灾困难户。

【4 月 30 日】恩施市成立庆祝大会在东方红电影院举行。徐国钦任中共恩施市委员会（简称市委）书记，彭焕章、武道煊、田期玉任副书记。

【是月】彭焕章任市政府市长，龚征、汪汉臣、向远福、邓相臣、夏绪炳任副市长。

△中共中央地方病防治领导小组派员至恩施县，调查地方性氟中毒病。

【5 月 3 日】湖北省少数民族传统体育表演赛于恩施地区体育场（栖凤桥）举行。

【是月】省长韩宁夫赴恩施，就林业、畜牧业、工业发展和城镇建设等方面进行考察。

△县、市分置，撤销施南镇，建立六角亭、小渡船、舞阳坝 3 个街道，置办事处，属于恩施市派出机构。全县辖 22 个公社，市辖 1 个公社、3 个街道。

【6 月】境内大部地区遭受特大洪水灾害，芭蕉公社 14 个村、1276 户、5934 人受灾，受灾面积 3466 亩，倒塌民房 52 户，致 1 人死亡、1 人重伤，直接经济损失 40 余万元。太阳公社 23 个大队、119 个生产队、1105 户、4634 人受灾，受灾面积 8910 亩，垮塌房屋 92 间，冲毁桥涵 12 座，致 2 人死亡。

【7 月 1 日】恩施县（市）开展全国第三次人口普查。全县人口 55.95 万人，全市人口 9.87 万人，合计 65.82 万人。其中男 34.25 万人，占总人口的 52.04%；女 31.57 万人，占总人口的 47.96%。

【7 月 15 日】全县落实原国民党县团级以下党政军特人员政策，对服刑人员实行宽大释放，安置回家。

【8 月 25 日】县政府颁发《关于大力发展多种经济作物的布告》，鼓励社员在自留地、自留山、房前屋后及部分责任田发展多种经济作物，实行谁发展、谁管理、谁受益，长期不变，其子女享有继承经营和受益权利。

【9 月 2 日】恩施县（市）土家族运动员黄气祥、谭永洁、向爱平（女）被选为湖北省代表团运动员，参加全国第二届少数民族体育运动会。

【是月】恩施市卷烟厂建成投产。购置卷烟全套机械15台,设计年生产能8000箱。

△红庙公社头道水大队郑某驾驶140汽车,翻至9米深坎,致2人死亡、8人受伤。司机郑某被依法追究刑事责任,一切损失费用由车主张某承担。

【10月28日至11月2日】中国共产党恩施县第六次代表大会于清江电影院召开,出席代表372人。大会选举产生中共恩施县第六届委员会委员28人,候补委员3人和出席省党代会的代表。六届一次全委会议选出县委常委11人,郭同新任书记,胡元春(土家族)、柳昌权任副书记。同时选举产生中共恩施县纪律检查委员会(简称纪委)及常务委员。

【12月10日】国家农牧渔业部畜牧总局副局长陈凌凤等至大山顶考察,就使用内资、外资,开发利用草山草坡问题与县委磋商。

【是月】地区电视微波线路建成,8000兆大微波信号调试正常,境内大部地区电视收视效果较好,城区新增电视机1500余台。

【是年】恩施县(市)一批科研成果获省以上表彰和奖励,其中屯堡中学设计制造的"电动自动打点器",被全国物理学会送西安展览。

△恩施县(市)全面开展稳定完善以大包干为主要形式的农业生产责任制工作。全县(市)1200余名干部深入农村,至12月底,境内98%的生产队实行家庭承包并签订合同。

△全县(市)广泛开展"五讲四美三热爱"活动。12万余人参加治理"脏、乱、差"公益活动,20余万人参加全民义务植树。

△板桥公社率先应用玉米营养钵(块)育苗移栽技术,种植面积510亩,比露地直播每亩增产50~70公斤。

1983年

【2月4日】恩施县体委以湖北省农村体育先进单位身份出席国家体委、文化部、团中央召开的全国农村体育工作会议。

【2月19日】恩施县大山顶纳入国家草地畜牧业工程项目建设计划,国家农牧渔业部畜牧局、湖北省农牧厅畜牧局与恩施县人民政府签订《大山顶草地建设与发展畜牧业项目协议书》。协议确定由中央和省两级投资450万元,县投资100万元,从1983—1985年3年内建设高标准草场6万亩,发展畜牧业。县长胡元春在协议书上签字。

【2月26日】市工具厂生产的5000套英制直柄麻花钻头启运香港出口。

【3月15日】恩施县崔家坝公社中村大队党支部书记张兆桃、龙凤公社供销社营业员袁先昌、红旗橡胶厂工人刘永秀、沐抚公社龙潭大队一生产队社员宋菊芳、恩施市装卸公

司工人邱玉莲被评为“全国三八红旗手”;恩施县七里公社天池五生产队社员刘文玉、干溪公社二峰岩八生产队社员吴金兰、县人民医院医师谢月珍、沙地公社黄广田八生产队社员李卓秀、恩施市土桥大队农会副主席谭世英、舞阳小学教师曾碧莹及邱玉莲被评为全国“五好家庭”代表。

【3月21—25日】恩施市第一届人民代表大会第一次会议在市文工团礼堂召开。大会选举武道煊为恩施市第一届人民代表大会常务委员会主任,邓相臣(土家族)、曾碧莹(女,不驻会)为常务委员会副主任;选举彭焕章为恩施市人民政府市长,龚征、汪汉臣、向远福(土家族)、夏绪炳为副市长;选举焦登发为市人民法院院长,汪精雅为市人民检察院检察长。

【是月】全县、市开展讲文明、讲礼貌、讲卫生、讲秩序、讲道德,心灵美、行为美、语言美、环境美,热爱祖国、热爱社会主义、热爱党“五讲、四美、三热爱”活动,县、市成立活动领导小组,并分别在清江电影院和市文工团大礼堂召开动员大会作出部署。

【4月25—26日】全县20个公社遭两次冰雹和大风袭击,致2人死亡,26人重伤,2.12万间房屋垮塌,1407间牛圈坍塌。红土、新塘公社倒塌高压电杆113根、高压线路7千米、低压电路40千米、电话线路10千米。

【4月28日】大集(盛家)公社葫芦滩石拱桥发生垮塌事故,致3人死亡,2人轻伤。经查明,系因该工程设计、施工不符合规定,拱架拆除时发生意外。

【5月3日】六角亭街道和平街小学教师曾祝祥被授予“全国青少年科技辅导员奖”称号。

【是月】县化肥厂厂长吕成宗被评为湖北省劳动模范。

【6月1日】恩施市对预算内国营企业推行第一步利改税制度,自即日起,市域企业由上缴利润改为缴纳所得税。

【6月2日】恩施市东风旅社被省人民政府表彰为“爱国卫生先进单位”。

【6月6日】恩施县医院中医科主治医师向极昌(土家族)、恩施市舞阳小学特级教师曾碧莹(女),出席在北京召开的全国第六届人民代表大会第一次会议。

【8月15日】全国人大常委会委员、省人大常委会副主任张秀龙率工作组到恩施市大山顶、车坝、铜盆水等地考察畜牧业、林业、水电事业发展情况。

【8月19日】国务院作出《关于同意湖北省地市行政体制改革方案给湖北省人民政府的批复》,批准撤销恩施地区,设立鄂西土家族苗族自治州。撤销恩施县,将恩施县行政区域并入恩施市。

【8月20日】恩施县、市根据中共中央和全国人大常委会关于严厉打击刑事犯罪活动的命令和相关指示,全面开展严厉打击刑事犯罪分子斗争。至12月底,收捕各类涉案人

员1086名。

【9月26日】舞阳坝街道舞阳小学高级教师曾碧莹(女)出席在北京召开的中国妇女第五次全国代表大会,并当选为全国妇联第五届执委会候补委员。

【10月】恩施市舞阳商场工会主席汪德珍(女)出席在北京召开的全国第十次工会代表大会。

【11月22日】县、市联合召开宣判大会,对流氓犯罪团伙头目、强奸犯谷军等6名罪犯和杀人犯王恩祥依法判处死刑并立即执行,对其余20名罪犯分别判处死缓、无期和有期徒刑。

【是月】恩施县沙地公社教育工会主席黄立鉴被中华全国总工会授予"优秀工会积极分子"称号。

【12月1日】鄂西土家族苗族自治州成立庆祝大会在恩施市举行,十万民众参加庆祝游行。

【12月7日】省委书记关广富、省人大常委会主任韩宁夫、省长黄知真视察恩施县大山顶牧业基地、铜盆水林场、龙王塘水电站和文昌阁画廊,并听取工作汇报。

【12月12日】恩施县被国务院列入建设农村电气化100个试点县之一。

【是月】县委、市委并存。郭同新、胡元春(土家族)、柳昌权、宋金镜、李先池(土家族)、宋光红(土家族)、杨乾之(土家族)、谢正明、田兴启(土家族)、朱纯宣(土家族)、王荣远为中共恩施县第六届委员会常务委员,郭同新为中共恩施县第六届委员会书记,胡元春(土家族)、柳昌权为县第六届委员会副书记;徐国钦、彭焕章、武道煊、田期玉、龚征、夏绪炳、何友志为市委常委,徐国钦为市委书记,彭焕章、武道煊、田期玉为市委副书记,

△恩施县白肋烟生产基地建设成果,被国家农牧渔业部授予"技术改进二等奖";"飞播造林"推广成果被国家林业部授予"科技进步三等奖"。

△恩施县防疫站实施对"沙门氏菌"(兰马特甘河戈丁根)鉴定,从人类粪便中查出戈丁根沙门氏菌,从制革废水中分离出一株兰马特甘沙门氏菌,新菌型均属世界罕见。

1984年

【1月4日】中共鄂西土家族苗族自治州委任命市委领导班子。李贵生、吕成宗、武道煊、柳昌权、朱永松、杨家志、胡元春(土家族)、陈沛源(土家族)、夏绪炳、田兴启(土家族)、钟良政为市委常委;李贵生为市委书记;吕成宗、武道煊、柳昌权、朱永松、杨家志为市委副书记;胡元春任市人大常委会(简称市人大)主任;吕成宗任代市长;宋金镜任市政协主席;田兴启为市纪委书记。恩施市、县合并。

【1月16日】恩施市人民武装部(以下简称市人武部)被省政府、省军区授予“民兵武器管理先进单位”“百日无事故活动先进单位”称号。

【2月】市委、市政府确定恩施市经济建设立足城市,依托农村,逐步实现城乡一体化发展思路。

【是月】《湖北省恩施县地名志》由《鄂西报》社出版发行,填补恩施地名书籍的一项空白。

【3月8日】恩施市个体劳动者代表大会召开。大会成立市首个个体劳动者协会,通过《个体劳动者协会章程》和《会员守则》。

【4月5日】中共中央总书记胡耀邦由中央书记处候补书记乔石、共青团中央书记处书记胡锦涛、中共湖北省委书记关广富、副书记钱运录陪同,到市大山顶考察,亲切接见恩施市党政负责干部和科技工作者。

【4月8日】恩施市叶挺纪念馆建成,对外开放。

【4月15日】中国预防医学中心卫生研究所教授杨光圻至恩施市,就硒中毒防治工作调研。

【是月】市轴承厂与美国企美公司达成出口协议,向美出口80万套轴承套圈。

【5月5日】恩施市在州体育场召开宣判大会,对龙凤镇轮奸妇女的流氓犯罪团伙头目卢宗祥、康纪雄和沐抚拐卖妇女犯罪团伙头目刘洪玖依法判处死刑并立即执行,对25名罪犯分别判处死缓、无期徒刑和有期徒刑。

【5月7日】六角亭街道和平街小学少先队大队部荣获“全国红旗大队”称号。

【5月30日】芭蕉区芭蕉小学教师袁凤鸣(女)、舞阳坝街道舞阳中学教师徐兴康荣获“全国优秀班主任”称号。

【6月11日】市委、市政府宣布对市外贸局、市供销联社和市粮食局实行政企分开,政府不再干涉企业的业务和经营活动,同时宣布全市所有企业一律由厂长、经理“组阁”。

【6月12日】全市完成区、乡行政体制改革。废止人民公社,恢复区、乡建制,全市设17个区、2个市辖镇、3个城区街道。

【6月25日】恩施市开通市内自动电话2000门,安装话机956门。为鄂西自治州首家。

【6月27日至7月1日】政协恩施市第一届委员会第一次会议召开。会议选举宋金镜为政协恩施市第一届委员会主席,归天麟、杜庆余、王启彦、黄鹤皋、张廷钦、李明柱、李淑恒(女)、田兴启、高开群、覃继章、刘义琦为政协恩施市第一届委员会副主席。

【6月】湖北省军区司令员王恒一行到恩施市检查指导工作。

【7月2日】市委、市政府决定改革国营企业人事劳动制度,扩大厂长(经理)人事权和

奖惩权。

【7 月 14 日】市二中高二学生徐芳在湖北省伤残人田径运动会上以女子截肢 A 型二级跳远 2.12 米的成绩,打破全国纪录(1.89 米)。

【7 月 25 日】市一中初二学生王亮出席全国少先队员和辅导员代表大会,当选为大会主席团执行主席。会议期间,受到胡耀邦、李先念、邓颖超等党和国家领导人接见。

【8 月 8 日(农历七月十二)】红土区委、区公所在石灰窑举办"女儿会"活动。鄂西土家族苗族自治州州长李辉轩(土家族,石灰窑人)前往庆贺。"女儿会"这一具有悠久历史的民俗节庆,第一次由官方组织举行。嗣后,"女儿会"每年举行一届,成为土家族传统固定节日。

【8 月 27 日】市人大、市政府治所由六角亭迁至小渡船广兴路(今市府路)。

【是月】沐抚区改灶降氟工作获得成功。中央地方病防治领导小组办公室、中国科学院贵阳地球化学研究所、中国医学科学研究中心、沈阳医科大学、湖北省卫生防疫站等前来联合考察,认为其做法在南方地氟病高发区具有推广价值。

【9 月 8 日】六角亭街道和平街小学少先队五(1)中队荣获全国"快乐的中队"奖。

【是月】双河区河溪乡肖家河大队发现 1933 年贺龙红军留下的一组反映红军生活的漫画。

【10 月 1 日】全市第二步"利改税"工作启动。

【10 月 5 日】市造纸厂麦草堆放不当再次自燃起火。与 9 月 18 日火灾,共焚毁麦草 180 万千克,造成直接经济损失 21.48 万元。

【10 月 14 日】在全国第一届伤残人运动会上,市二中学生徐芳以截 A 型二级跳高 1.6 米创全国纪录,荣获金牌。

【11 月 5 日】恩施市鄂西白肋烟打叶复烤厂,经中国烟草总公司批准建立。此系国家"七五"期间烟草行业重点技术改造项目之一,为中国白肋烟打叶复烤第一家。

【11 月 10—15 日】市第二届人民代表大会第一次会议在清江电影院召开,大会选举胡元春(土家族)为恩施市第二届人大常务委员会主任,杨家隆(土家族)、王明玉、孟郁成、邓相臣(土家族)、曾碧莹(女,不驻会)为副主任;选举吕成宗为市长,夏绪炳、李淑恒(女)、谭世湘(土家族)、何渭滨、李栋培、何孝政为副市长;选举于秉寿为市人民法院院长,李美堂为市人民检察院检察长。

【11 月 15 日】在境内原恩施师范专科学校基础上,组建的鄂西大学举行成立大会。

【是月】市民族第一皮鞋厂获国家轻工业部、国家民委授予"全国先进企业"称号。

【12 月 27 日】红土区漆树坪乡彭家垭村农民张开柏自筹资金购买"661 型"大客车 1 辆,开通恩(施)红(土)客运班车。为恩施市第一位个体客运户。

【12月28日】市公安局破获一起署名"兵军锐"致信给美国驻华大使馆转台湾敌特机关进行反革命挂钩案。

【是月】恩施籍乒乓球运动员卢奎被国家体委授予"国家级运动健将"称号。

△开始实行市委、市人大、市政府、市政协"四大家"领导信访接待日制度,确定每月15日为接待日。

1985年

【1月19日】市人武部被武汉军区授予"民兵工作安全单位"称号。是月,恩施市民兵武器管理和民兵训练工作,也受到武汉军区表彰。

【是月】市委、市政府代表国家民委、劳动人事部和全国科协给向本市工作满20年以上的345名科技人员颁发"少数民族地区科技工作者"荣誉证书。

【2月2日】市供销合作联社食品加工厂因一临时工违章用火引发火灾,致85间房屋焚毁,直接经济损失26.99万元。

【3月30日】双河区校场坝乡农民张洪义、张洪兵、张洪州、张洪楚和张洪玉5兄弟,个人合资兴建万塘湾电站落成,装机容量33.5千瓦,为境内首家私人电站。

【4月6日】境内国营711厂基干民兵连被武汉军区授予"带头建设文明先进集体"称号。

【6月20日(农历五月初三)】川、鄂边界万余群众聚集大山顶牧场,参加"女儿会"活动。

【7月12日】暴雨造成境内18个区、镇、街道受灾,严重的35个乡、132个村、1588个村民小组、2.32万户受灾,致44人死亡(其中房屋倒塌死亡31人,洪水淹灭死亡7人,雷击死亡6人),22人重伤。19日晚,红庙、七里、龙马、龙凤等区、镇及恩施城区遭暴风雨、雷电、冰雹袭击。红庙、龙凤一带,6个半小时降雨331毫米,占年平均降雨量的23.64%。灾情发生后,市委、市人大、市政府与有关单位负责人和工作人员组成12个工作组,赶赴现场,会同区、乡、村干部开展救死扶伤,抢险救灾活动。市政府拨给供应粮12.5万千克,救灾款29.2万元,安葬费5000元。市直机关干部职工捐粮油1433千克、现金1.39万元、衣服8291件,救助灾民。

【7月19日】红庙区小龙潭乡三合村,因暴雨造成山体滑坡,死亡24人,其中卢昌学一家5口全部遇难。另倒塌房屋67户、107间,其中8户、34间无家可归;400亩水田、520亩玉米绝收。

【8月10日】恩施生产的650吨硫磺从巴东启运,出口泰国。

【是月】红土区委、区公所发起的鹤峰县、建始县、宣恩县、恩施市“三县一市边区文艺汇演”在红土区举行。

【9月19日】市政府召开解放战争时期起义投诚人员座谈会，向366名国民党起义投诚人员颁发证书。

【10月22日】14时30时，武（汉）恩（施）航班一架英制360型客机在恩施机场降落时冲出跑道49米，撞倒机场围墙和市林业局房屋，致乘客21人、机组4人受伤，飞机报废。嗣后，恩施机场停航。

【10月23日】恩施市地甲病控制标准达到省定目标，经省验收团验收合格。

【11月5日】省政府批准设立黄泥塘侗族乡（小乡），乡政府所在地黄泥塘。为恩施市第一个少数民族乡。翌年7月13日，成立庆典在黄泥塘举行，省、州民委和湖南、贵州及本州各县市祝贺团200余人到会祝贺，周边群众万人赴会。

【11月24日】全省民族用品优质产品评选结果揭晓。恩施民族服装厂“清江牌”民族连衣裙两个品牌被推选为轻工部优质产品。

【12月15—19日】中国共产党恩施市第一次代表大会在清江电影院召开，李贵生作题为《团结一致，再展宏图，为推进恩施市社会主义现代化建设而努力奋斗》的报告。大会选举产生中共恩施市第一届委员会委员29名、候补委员3名，市第一届纪委委员18名。市一届一次全体会议选举产生李贵生、吕成宗、朱永松、陈行高（土家族）、陈永富、陈沛源（土家族）、易英仲、胡元春（土家族）、蔡万顺（土家族）、钟良政、徐先寿为市第一届常务委员，李贵生为书记，吕成宗、朱永松、陈行高（土家族）、易英仲、蔡万顺（土家族）为副书记。

【12月20日】市文物管理所副所长贺孝贵被国家文化部授予“全国文物博物馆系统先进工作者”称号。

【12月22日】由武汉飞往恩施的英制肖特360型民航客机，在恩施着陆时失事，致25人受伤。

【是日】板桥区委书记向海滨被省委、省政府授予“全省山区先进工作者”称号。

【是月】恩施市计划生育委员会、沐抚区、红庙区、白杨坪区、太山庙药材场、市人民医院、旗峰乡被国家计划生育委员会授予“全国计划生育先进单位”称号；白果区计划生育协理员谭锡银、市计划生育委员会副主任吴应均被授予“全国计划生育先进工作者”称号。

△由市政协文史委组织编纂的《恩施文史资料》第一辑出版。

△盛家坝区司法所所长胡邦国出席全国司法系统先进工作者代表大会。

1986 年

【1 月 27 日】中共湖北省委授予恩施市轴承厂磨工车间党支部书记万坚(女),红土区大河沟乡长树湾五组组长陈全如“优秀共产党员”称号,市委作出《关于广泛开展向万坚、陈全如同志学习的决定》。

【1 月 27 日】舞阳坝街道舞阳小学代表出席在北京召开的全国语言文字工作会议载誉归来,成为全国 58 个文字改革和推广普通话先进集体之一。

【是月】太阳河区官坝乡被省人民政府授予“全省乡镇企业先进单位”称号。

【2 月 9 日】恩施市被中国烟草总公司确定为“全国白肋烟生产出口基地县(市)”。

【3 月 2 日】在对越自卫反击战中,全国“两山”战斗英雄报告团西北分团成员、一等功臣聂义丹向恩施市 800 多名干部职工和学生作英模事迹演讲。

【4 月 11 日】市文化馆干部杨官汉所作的中国画《绣荷图》,在是日的《人民日报》第八版发表。

【4 月 13—15 日】湖北省第一届少数民族传统体育运动会在恩施市举行。

【4 月 24 日】中央政治局常委、国务院总理赵紫阳、全国人大常委会副委员长王任重一行,赴大山顶牧场考察。省委书记关广富、省长郭振乾陪同。

【5 月 1 日】国务院农村研究中心组织武陵山区考察团到大山顶牧场考察。

【是月】恩施市扫盲教育工作,经省政府验收组复查确认,宣布为“基本无文盲市”。

【6 月 14 日】恩施市举行市人武部由军队建制改为地方建制交接仪式。

【7 月 3 日】鄂西州、恩施市公安机关及时侦破新塘区前坪乡一起杀害岳父、岳母、妻嫂、侄子和侄女一家 6 口并纵火焚毁房屋案件,犯罪嫌疑人张某林系当地农民。

【8 月 1 日】美国烟叶专家左天觉·琼斯到三岔乡考察。

【8 月 11 日】恩施市被国家民委、国家体委授予“全国少数民族体育先进单位”称号。

【9 月 27 日】武汉市武昌区与恩施市结为友好市区。

【10 月 10—13 日】市委召开全市四级干部会议,贯彻省、州农村整党工作会议精神,决定集中 3 个月时间,在全市开展村级整党工作。

【是月】恩施市大山顶草场建设与发展畜牧业项目通过国家农牧渔业部项目验收组验收,认定达到国内先进水平。

【11 月 19 日】崔家坝镇农业中学发生一起致 217 人食物中毒事故。案件查明,系该中学某教师新居落成,设宴酬宾,因鲜鱼中带有沙门氏菌所致。

【是月】市前进服装厂被国家民委、国家轻工业部授予“少数民族先进企业”称号。

【12 月 10 日】国务院国函〔1986〕182 号文件批复,同意新建许家坪民用机场,机场规模按三级机场、供安 -24 等型飞机起降的技术要求进行设计、建设。1989 年 5 月 6 日,机场主体工程破土动工。

1987 年

【1 月 15 日】市政府被国家民政部授予"1986 年度全国扶贫扶优工作先进单位"称号。

【2 月 7 日】市委常委(扩大)会议决定,对全市预算内国营企业开始实行"核定基数,利税统算,基数包干,照章纳税,财政返还"经济责任承包制。

【3 月 12 日】湖北省计委转发国家计委燃字〔1986〕2642 号文件,批准天楼地枕水电站设计任务书。该电站装机 2.52 万千瓦,年发电量 1.3 亿千瓦时。

【3 月 28 日】凌晨 4 时 30 时,六角亭街道胜利街发生一起重大火灾事故,致 5 人死亡、122 人受灾,54 户计 3114 平方米民房焚毁,直接经济损失 120 余万元。经查明,系一居民使用电炉不当所致。火灾发生后,州、市领导等赶赴现场组织救火,经过消防、居民和市一中学生 2 小时的奋力抢救方被扑灭。

【是月】市第二届人大常委会十五次会议决定,香樟树为市树;桂花、月季花为市花。

△市民贸系统 10 个国营企业,开始实行首批租赁制经营。

【5 月 1 日】恩施风(浑)水河大桥建成通车。大桥位于恩施市三岔与新塘两区交界的峡谷地带,于 1984 年 6 月开工建设,于 1987 年 4 月完成主体工程,全长 172.5 米,主跨 120 米,桥面行车道宽 7 米,总造价 222 万元。为湖北省第一座预应力钢筋混凝土桁架拱桥。

【是日】鄂西州政府决定,位于恩、利、咸交界之星斗山自然保护区,由恩施、利川、咸丰三县(市)实行联合保护。

【5 月 20 日】恩施市召开大会,颁发居民身份证。此系全州首次。

【6 月 23 日】龙凤镇八龙坪村党支部被中共湖北省委授予"先进党支部"称号;盛家坝区大茅坡村农民安凯被授予"优秀共产党员"称号。

【7 月 22 日】市公安局与市人民法院联合在东方红电影院门前召开公捕公判大会,宣布对 18 名流氓、盗窃等现行犯罪分子的逮捕决定和对 6 名刑事犯罪分子的判决。

【是月】恩施市调频广播转播台在天池山建成,为全市首个传输台。

△市文化馆摄制的《恩施傩戏脸子》电视片,赴意大利展播。

【8 月】市民族橡胶厂生产的儿童牧靴品牌,被国家民委、国家轻工业部授予"部优产品"称号。

【8 月 30 日】恩施市航空路建成通车。该路于 1985 年 3 月破土动工,全长 3.1 千米,

路面宽30米，为全州第一条规模较大、标准较高的城市道路。

【10月1日】小渡船商场副食门市部主任李继炎被省人民政府授予“湖北省职工劳动模范”称号。

【11月22—29日】政协恩施市委员会二届一次会议在市政协礼堂召开，会议选举宋金镜为政协恩施市第二届委员会主席，田兴启、张廷钦、高开群、王建军、王家声、刘义琦、覃继章、陈沛源为政协恩施市第二届委员会副主席。

【11月23—29日】恩施市第三届人民代表大会第一次会议在清江电影院召开，大会选举王明玉为恩施市第三届人民代表大会常务委员会主任，向诗才、邓相臣（土家族）、孟郁成、李明柱（土家族）为常务委员会副主任；选举吕成宗为市人民政府市长，陈永富、李高轩、何孝政、谭世湘（土家族）、张纲为副市长；选举于秉寿为市人民法院院长、李美堂为市人民检察院检察长。大会通过《关于加强全市农村初级中学建设提高小学毕业生升学率的决议》。

【12月5日】国家农牧渔业部外事司派员到恩施市考察，确定每年给恩施市投资500万美元，实施联合国世界粮食计划署武陵山区农业综合开发项目，简称国际粮援项目，代号“WFP3779”。恩施市即启动该项目。

1988年

【1月20—24日】市委一届四次全体（扩大）会议，讨论通过关于《城市经济体制改革》《深化农村经济体制改革》《各行各业为农村经济体制改革综合服务》等方案。

【是月】市民政局局长黄永明被国家民政部授予“全国民政系统劳动模范”称号。

【2月1日】鄂西州最大的综合性大楼——恩施市舞阳商场开业。州长李辉轩参加开业仪式，副州长熊顺奇和市长吕成宗为大楼开业剪彩。

【4月】市委、市政府颁发《关于加快深化企业改革的具体意见》。

【是月】黄泥塘侗族乡被国务院表彰为全国民族团结进步先进集体。

【5月3日】中共中央委员、广播电影电视部长艾知生至恩施市调研，对广播电视事业的发展提出具体意见和要求。

【5月26日】市委、市政府通报表彰小渡船建筑公司职工胡世全舍己救人的英勇事迹。4月28日傍晚，市二中两名女学生不慎落入清江，前来救援的一名男学生也被卷入激流。危急时刻，胡世全奋不顾身扑入江中，就近将男生救起，然后急追300多米，将一名女生送至岸边，使2人生命得救，接着再次潜入水中，将另一遇难女生拉上河岸。而胡因溺水牺牲。

【是月】恩施市完成组建民兵摩托化步兵第16师高炮团及师直部分分队机关作业演习任务。

【6月6日】恩施“龙井”“玉露”“珍眉”绿茶产品，被国家民委选送参加在南斯拉夫举办的1988年度国际博览会。

【7月9日】大山顶药材场被省政府授予“最佳经济效益场圃”称号。

【7月23日】省政协副主席林少南至恩施视察。州政协主席杨久富与市委书记吕成宗、副书记刘诗伟、蔡万顺、赵世玉及市政协主席宋金镜等陪同或汇报。

【8月15日】省政协主席沈因洛至恩施考察。州政协副主席余建芳、市委书记吕成宗、市政协主席宋金镜等陪同或汇报。

【是月】恩施市胜利街小商品市场被国家工商局授予“全国文明集贸市场”称号。

【9月1日】六角亭街道民族前进服装厂厂长刘德珍（女）赴京出席中国妇女第六次全国代表大会。

【10月】市电力公司电网并入220千伏电网，与湖北省电网并网运行。

【11月30日】恩施市清江姊妹桥举行开工典礼。清江桥始建于1941年11月，原系木桥，后改建为混凝土结构桥。随着州城车流量增大，清江桥成为制约城区交通的“瓶颈”。恩施市申请州、省联合投资，紧靠原清江桥修建“姊妹桥”，至翌年5月建成，8月完成对老桥的翻修，9月15日通车。

【是月】恩施市组织公安民警、武警官兵、保卫干部300余人，突击行动，抓获涉嫌卖淫嫖娼、制作贩卖传播淫秽物品、种植吸食贩运毒品、聚众赌博、拐卖妇女儿童和利用封建迷信骗财害人即“六害”行为的犯罪嫌疑人147名，摧毁犯罪团伙7个、赌博据点12个，卖淫嫖娼窝点3个。

△恩施市普及初等教育工作，经省、州检查验收团复查验收，认定全市初等教育“四率”（入学率99.7%，巩固率99.64%，毕业率96.37%，普及率98.78%）达标，普及初等教育工作合格。

【12月】根据王英先（中共第一任县委书记）创作的小说《枫香树》改编，反映恩施清匪反霸斗争10集电视连续剧《天池山血泪》由鄂西电视台与湖北电视剧制作中心合作拍摄完成。翌年1月30日，《天池山血泪》首映式在鄂西宾馆举行，市、州领导和鄂西军分区领导及部分是年参加过清匪反霸斗争的老同志参加首映式。

【是月】恩施市毽球队参加全国毽球赛，男队、女队双夺冠。

△恩施市地方病防治工作领导小组办公室主任龙德祥被国家卫生部授予“全国地方病防治先进工作者”称号。

1989 年

【1 月 15 日】崔家坝镇铺子房乡芭蕉园小学发生一起楼房坍塌事故，致 1 名学生死亡、9 名学生负伤。经查明，系因教室楼上存放实物超重，大梁、楼枕断裂所致。

【1 月 20—24 日】中国共产党恩施市第二次代表大会在清江电影院召开。大会选举产生中共恩施市第二届委员会委员 31 名、候补委员 4 名、市第二届纪委委员 15 名。市委二届一次会议选举产生吕成宗、易英仲、蔡万顺（土家族）、刘诗伟、杜成明、冯国亮、陈永富、张恒昌为市第二届委员会常务委员。吕成宗为市委书记，易英仲、蔡万顺（土家族）、刘诗伟为市委副书记，张恒昌为中共恩施市第二届纪委书记。

【是月】龙凤镇建成卫星电视地面接收站，为全市首个地面接收系统。

【3 月 4 日】红庙区枫香坪村农民陈自强，被共青团中央和国家农牧渔业部授予“全国青年科技示范户标兵”称号。

【4 月】恩施市组织开展打击拐卖妇女儿童犯罪专项斗争，至 9 月，抓获犯罪分子 106 名，涉及 14 个省、市 40 多个地区。

【5 月 20 日】市公安局破获一起文物编钟走私案，抓获 3 名案犯，缴获编钟 1 具。

【6 月 8 日】经国家教育委员会批准，在境内筹建鄂西大学的基础上建立湖北民族学院，明确学院由湖北省领导，以专科为主。

【6 月 21 日】恩施市被列入国家“长江防护林”建设重点县（市）之一。

【7 月 8—11 日】恩施市境内遭受洪涝灾害，致 11 人死亡、17 人重伤、2 人失踪，造成经济损失 4495 万元。至 11 日 17 时，恩施城区水位 420.78 米，流量 4100 立方米/秒，超警戒水位 5.63 米，是 1896 年以来最高水位。

【7 月 22 日至 9 月 13 日】恩施市大部分地区持续干旱 52 天，粮食作物受旱灾面积 52 万亩，经济作物损失 1807 万元；致 33.7 万人、33.4 万头牲畜饮水困难；18 所中小学，5000 余师生因缺水停课。

【8 月 28 日】恩施市组织市、区、乡干部 2124 人深入 613 个村，贯彻《中华人民共和国村民委员会组织法》，同时在 837 个党支部（其中村支部 611 个）开展民主评议党员活动至 9 月 23 日结束。参加选举的选民 38.25 万人，参加评议的党员 1.39 万人。

【是月】恩施客运公司 1 辆发往大吉方向的班车，在恩（施）咸（丰）公路高拱桥芝麻岭转弯处倾覆，致 6 人死亡，22 人轻伤。

【9 月 13 日】市一中教师杨宝坚、太阳区头茶园村小学民办教师宋功贵分别被国家教委、国家人事部和教育工会全国委员会授予“全国教育系统劳动模范”“全国优秀教师”称号。

【9月23日】恩施轴承厂厂长张中雄、双河区下坝村药材场负责人赵正灼被省政府授予"全省劳动模范称号"。

【10月11日】沐抚区境内发现流行性"出血热",自即日起延续74天,发病49例,其中死亡10例。

【是年】白果乡金龙坝山洞出土甬钟、壶、洗、篮等8件铜质文物,据出土文物鉴定,俱为蜀汉文物,印证三国时恩施县西部属蜀汉;同年,在白杨坪乡九根树村农民挖出的"吴率夷中郎将"银印,证实三国时恩施县东部属吴国。

1990年

【1月8日】市委二届三次全会通过《关于进一步加强党的建设和思想政治工作的决定》《关于贯彻执行〈中共中央关于进一步治理整顿和深化改革的决定〉实施方案》《关于进一步强化农业基础增强农业后劲有关问题的决定》和《关于组建农村工作队到区乡帮助工作的决定》。

【1月16日】州、市公安局、检察院、法院联合在东方红电影院召开大会,依法惩处一批拐卖人口的刑事犯罪分子。被告人向洪贵被宣布判处死刑立即执行;李某某等30名涉嫌拐卖被告人和5名其他被告人被判处有期徒刑。

【1月27日】市委二届五次全会通过《中共恩施市委关于制定恩施市国民经济和社会发展十年规划和"八五"计划的建议》。

【2月8日】市人武部被省政府、省军区授予"培养和开发使用军地两用人才先进单位"称号。

【2月15日】市委、市政府作出《关于贯彻全省山区工作会议精神,进一步加强经济开发工作有关问题的决定》。

【4月20日】市人武部被省委、省政府、省军区授予"先进人民武装部"称号。

【是月】湖北省第二地质大队在新塘区王家湾、白腊湾探出多微复合型硒矿泉水。水质含硒、锌、钼、锶、钒、偏硅酸等微量元素。在国内属第一次发现。

【6月13日】《简明大不列颠百科全书》第二卷载文介绍恩施市六角亭老城情况。

【6月27日】市公安局与州人民级法院、市人民法院在州体育场再次召开公捕公判大会,连同6月2日,被告人陈泽轩、吴世超被判处死刑,立即执行,对45名犯罪嫌疑人依法判处有期徒刑、无期徒刑,93名刑事犯罪嫌疑人被依法逮捕。近4万名群众参加大会。

【7月12日至9月26日】全市境内持续特大干旱,农作物严重受损。

【8月14日】省政协副主席董玉森至恩施市视察。州政协副主席余建芳、市委书记吕

成宗、市政协副主席陈沛源等陪同或汇报。

【9月5日】日本茶叶文化振兴会董事长松下智到恩施市，考察“恩施玉露”传入日本的800年渊源。

【9月12日】第十一届亚运会火炬递交仪式在恩施市举行，市长商金平主持大会，州委书记朱纯宣向市委书记吕成宗递交亚运圣火。十万名群众伫立街头，观看由1500人组成的24个方队火炬接力长跑。

【10月19日】市委、市政府作出《关于发展农村区域性支柱产业的决定》。

【10月25日】舞阳中学被国家教委、国家体委授予“国家体育锻炼标准先进单位”称号。

【11月2日】省委副书记、省长郭树言到恩施市视察。

【11月11日】全国首次巴文化研讨会在恩施市举行。

【11月29日】省委、省政府授予恩施市龙凤镇八龙坪村“山区建设先进单位”称号。

【12月1日】市铁锅厂获“全国民族用品生产先进企业”称号，市橡胶厂厂长马桂松获“全国民族用品生产企业优秀厂长”称号。

【12月17日】市塑料一厂被国务院授予“全国民族团结进步先进单位”称号；盛家坝区区长王祖勤被国务院授予“全国民族团结进步先进个人”称号。

【是月】三岔区文化站被国家文化部授予“全国先进文化站”称号。

1991年

【1月1日】市委二届五次全体(扩大)会议提出“八五”期间经济和社会发展目标，即实现人均粮食400千克(800斤)，人均收入1000元，人均创财政收入100元，人口自然增长率控制在9‰以内目标，简称“8119”工程。

【1月26—28日】全市开展“追逃犯，打流窜，破大案，挖团伙”统一行动，抓获违法犯罪嫌疑人87名，其中批捕在逃人员5名，流窜犯罪嫌疑人13名，摧毁犯罪团伙8个(成员25名)，侦破案件76起。

【1月28日】市人民广播电台开播，发射频率102兆赫，呼号“恩施市人民广播电台”。

【1月28日至2月3日】政协恩施市第三届委员会第一次会议在市委会议室召开，会议选举谭世湘为政协恩施市第三届委员会主席，高开群、刘石林、王建军、王家声、刘义琦、彭应国、谭明煊为政协恩施市第三届委员会副主席。

【1月29日至2月3日】恩施市第四届人民代表大会第一次会议在清江电影院召开，大会选举向诗才为恩施市第四届人民代表大会常务委员会主任，李必敬(土家族)、杜庆余

（不驻会）、何孝政（土家族）、陈行高为常委会副主任；选举商金平为市政府市长，徐恩平、向金阶（土家族）、向海滨（土家族）、谭儒全、雷昌桃（女）、李俊林（土家族）、邬本超为副市长；选举于秉寿为市人民法院院长；李美堂（土家族）为市人民检察院检察长。

【3月20日】联合国儿童基金会官员哈德费尔一行到恩施市对计划免疫第二个85%目标进行审批。

【是月】恩施市代表中国接受世界卫生组织免疫审计通过。

【4月16日】石灰窑区大河沟乡大河沟村党支部书记李平安参加全国个体劳动者第二次代表大会暨第二次全国先进个体劳动者表彰大会，在人民大会堂与国务院总理李鹏、副总理田纪云合影留念。

【4月17日】新华社播发《恩施硒资源富集世界罕见》通讯稿。

【4月22日】市政府在北京亚运村国际会议中心，举行开发恩施富硒茶新闻发布会，市长商金平，副市长邬本超、向金阶参加会议，陈丕显、王平、陈锡联等中央领导出席。恩施富硒茶被列入湖北省星火计划。

【4月25—27日】省政协主席沈因洛至恩施市，深入卷烟纸厂、轴承厂、芭蕉区茶场及金星村级茶场视察。

【4月27日】市民族橡胶厂厂长马桂松被省政府授予“湖北省劳动模范”称号。

【是月】杭州国际茶叶文化节为恩施富硒茶举办展销会；恩施富硒茶被列入湖北省星火计划。

【6月7日】市税务局板桥税务所职工向阳，被共青团中央授予“全国税务系统青年标兵”称号。

【是日】副州长刘建武至恩施市政协天桥生态农业点上检查指导工作。

【6月8日】贵州铜仁市政协副主席覃业精一行至恩施市，就湘鄂川黔边区县（市）政协联谊会第四届年会有关事宜进行协商。

【6月15日】屯堡区罗针田车坝一级水库竣工，总库容6200万立方米，属于恩施市境内唯一中型水库。

【7月16—20日】中共恩施市第三次代表大会在清江电影院召开，杨家志作题为《振奋精神，扎实工作，为实现“八五”计划而奋斗》的报告。大会选举产生中共恩施市第三届委员会委员31名、候补委员4名，市第三届纪委委员15名。市三届一次全体会议选举杨家志、商金平、赵世玉、黄振益（土家族）、刘诗伟、冯国亮、张恒昌、杜成明、向诗才、伍绍春为市第三届常务委员，杨家志为市委书记，商金平、刘诗伟、赵世玉、黄振益（土家族）为市委副书记，张恒昌为市第三届纪委书记。

【7月22日】省政府公布湖北省第一批历史文化名城名单，恩施市为全省九个历史文

化名城之一。

【8 月 20 日】市委、市政府作出《关于四年消灭荒山八年绿化恩施的决定》。

【8 月 22—24 日】省政协副主席曾重郎一行至恩施市轴承厂、烟叶复烤厂、盘纸厂、化肥厂、和市麻茶公司等视察。

【8 月 23 日】市档案局(馆)长段远恒被国家档案局(馆)、国家劳动人事部授予“全国档案系统先进工作者”称号。

【8 月 26 日】省政府确定恩施市民族前进服装厂为鄂西州国旗定点制作厂家。

【9 月 13—17 日】由州委、州政府主办的“硒资源综合开发研讨会”在恩施市举行,200 多位代表与会。会议提出富硒烟叶基地、富硒茶叶基地、富硒药材基地、富硒原粮(包括食品、饲料及添加剂)基地建设和硒矿综合开发 5 大任务。

【9 月 21 日】市政府发出《关于严厉打击拐卖妇女儿童犯罪分子的通告》,于 24 日晚 11 时,全市开展统一行动。经过 14 个小时行动,全市抓获拐卖人口犯罪嫌疑人 591 人,流窜犯罪嫌疑人 14 名。至 10 月 31 日,全市抓获审查涉嫌拐买人口犯罪嫌疑人 1615 人,其中重大案犯 454 人,摧毁团伙 222 个(成员 1161 人),缴获赃款赃物价值 30 多万元。

【10 月 11 日】全国人大常委会副委员长费孝通一行到恩施市,考察民族经济状况。

【10 月 18 日】恩施市土地资源详查工作在龙凤镇试点的基础上全面展开。

【是月】国家烟草专卖局批准恩施市卷烟厂为计划内地方烟厂。

【11 月 15 日】国际粮援项目“WFP3779”恩施市项目实施区水利项目开工。

【12 月 17 日】恩施市国际及港澳台长途直拨电话于是日 9 时 04 分开通。

1992 年

【1 月 7 日】市委书记吕成宗被中共中央组织部授予“优秀领导干部”称号。

【1 月 30 日】市委、市政府作出《关于加快教育事业发展的决定》。

【2 月 5 日】鄂西、台北海峡两岸书法作品邀请赛在恩施市赏心亭举行。

【是月】龙凤镇龙凤小学教师高继英被国家教委授予“全国教育系统先进工作者”称号。

△市二化工厂发生爆炸事故,7 名女职工严重烧伤。

【3 月 12 日】板桥区被州委、州政府列为全州 10 个农业综合开发试验区之一。

【3 月 18 日】“楚运杯”全国女子甲级篮球邀请赛在恩施市举行。

【是月】盛家坝区盛家坝中学教师艾国清被国家体委、国家教委授予“全国优秀体育教师”称号。

【4月7日】市人民法院就恩施市民族毛巾厂申请破产一案作出裁定，宣告市民族毛巾厂从即日起破产。这是全州首家由人民法院依法裁定破产的国营企业。

【4月10日】市政府作出《关于压缩财政支出增加财源减轻财政负担的决定》。

【4月15日】《香港经济导报》以“世界最大硒资源地——中国鄂西自治州”为题，用14个版面，2万余字，中英文对照，全面介绍恩施硒资源。

【4月21日】州汽车客运公司一客车在恩施市“双龙”公路龙马区境内倾覆，致11人死亡，34人受伤。

【4月24日】市化肥厂黄家海被省委、省政府授予“湖北省省劳动模范”称号。

【6月5日】市委、市政府颁布《关于加快发展农村支柱产业若干问题的决定》。

【6月6日】名茶“恩施玉露”被国家民委选定为在南斯拉夫举行的国际博览会上的展品。是月10—13日，该品牌在省农牧厅举办的1992年湖北名茶暨优质茶评选活动中，被评为“湖北名茶”。

【6月19日】屯堡区马者乡党委、红土区帅家垭乡党委被州委授予“全州乡镇党委十面红旗”称号。

【6月27日】10时许，龙凤坝境内州化工厂包装车间，引发特大爆炸事故，致22人死亡、3人受伤，5号车间及周边10栋厂房计688平方米夷为平地，厂房中3000平方米以内工业设施被炸毁，直接经济损失250万元。

【6月30日】市政府被国家民委授予“全国少数民族计划生育工作先进集体”称号。

【是月】市水利电力局被国家水利部授予“全国农村供水工作先进单位”称号。

【7月1日】全市粮食销售和食用植物油经营全部放开，粮油统销制度取消。

【7月2—5日】恩施生物硒资源开发利用项目鉴定会在恩施市举行，中国科学院院士徐冠仁、中国工程院院士卢良恕分别发来贺信。于若木、杨光圻、顾景范、陆启清、陈启坤等13位专家莅临大会。

【7月7日】市委、市政府作出《关于加强农村重点财源乡镇建设的决定》。

【9月15日】省委社教工作队到恩施市龙凤镇开展社教工作，该队来自省直21个厅局级单位共102人，其中厅级干部4名，处级干部38名。4个多月工作，扶持龙凤镇兴办企业、修建人畜饮水池、维修中小学宿舍项目总计105个，总投资271万元。

【是月】恩施市培智中心在城乡街小学成立，中心开设聋哑、弱智班各1个。1994年1月，被命名“恩施市聋哑学校”；2002年，增设盲童班。2003年5月，更名为“恩施市特殊教育学校”。

△新塘区裕昌工贸总公司与台湾双狮集团合资兴办“深圳天隆电子工艺有限公司”，台湾国丰烟花实业公司与香港高升旅游服务公司合资兴办“湖北国丰汽车改装有限公司”

在恩施市成立。恩施市实现引用外资零的突破。

【10月5日】省政府批准建立湖北鄂西红庙经济开发区，恩施市红庙区公所为开发区驻地。开发区实行党委会、管委会、经济发展总公司“三位一体”体制，开发区面积30平方千米。24日，州委批准成立中共鄂西红庙开发区委员会。28日，开发区授牌暨新闻发布会在鄂西宾馆举行。红庙经济开发区是鄂西州唯一一个省级少数民族经济开发区。

【10月10日】恩施市化肥厂设计能力为4万吨的尿素工程动工。该工程总投资9610万元，上马后因地方自筹资金不到位而停工18个月，经贾志杰等省、州领导多次到工程现场办公解决资金缺口后复工，至1996年9月2日建成投产。

【10月12日】省政协副主席韩文卿一行至恩施市，就经济发展情况调研。

【11月25日】板桥党参、双河魔芋产区被州委、州政府列入全州第一批17个专业化经济小区。

【11月29日】市邮电局引进具有20世纪90年代世界先进水平的中国与比利时合资、上海贝尔电话设备制造有限公司生产的5000门数字程控电话交换设备，经过1年6个月时间的建设，顺利割接成功。至此，全州6县、市(除巴东、鹤峰县外)及恩施市的龙凤、沙地区镇用户电话和16个区镇交换机同时进入国内、国际长途自动交换大网，结束人工接线长途电话和长途电话通话难的历史。

【12月16日】恩施市叶挺纪念馆、连珠塔、文昌祠、柳州城遗址及引种西瓜碑等被省政府确定为省级文物保护单位。

1993年

【1月1日】恩施市经济电视台开播。

【1月6日】恩施市召开“见义勇为好公民表彰大会”，对敢于同犯罪分子作斗争的34名见义勇为人员予以表彰。

【3月13日】恩施市政府与清江开发总公司、省水利厅、鄂西自治州政府四方代表，在联合兴建姚家坪水电站协议书上签字。姚家坪水电站横跨利川、恩施两市，坝址位于恩施市屯堡区马者乡境内，设计装机容量18万千瓦，水库库容6亿立方米，计划总投资10亿元。

【3月19日】恩施市政府五届二次常务会议审议通过《恩施市推行股份制、股份合作制试行办法》和《恩施市工商企业租赁、拍卖实施意见》。

【是月】舞阳坝街道被省委、省政府授予“1992年度社会治安综合治理先进单位”称号。

【4 月 4 日】国务院以国函〔1993〕36 号文批复，同意将鄂西土家族苗族自治州更名为恩施土家族苗族自治州。所辖区域未调整。

【4 月 21 日】恩施市人民警察首次授衔仪式在市公安局举行，州委副书记兼市委书记杨家志、市长胡荫安、市委副书记刘诗伟、冯国亮、何德金及州公安局局长尚武等领导参加授衔仪式。公安部授予一级警督 5 人，二级警督 42 名，三级警督 64 名；省公安厅授予一级警司 70 名，二级警司 42 名，三级警司 24 名，授予一级警员 15 名，二级警员 5 名。全市 300 余名公安干警参加授衔仪式。

【4 月 28 日】市一塑料厂职工龚泽柱被中共湖北省委、省人民政府授予“湖北省劳动模范”称号。

【5 月 26 日】白果区龙谭坝乡唐家院子村、龙潭坝村部分村民不支持当地政府水田放水种植烟叶，唐家院子村盘古庙一带聚集上千人，造成恩（施）利（川）公路 26 ~ 28 千米路段交通中断 1 天时间。

【5 月 27 日】省委书记关广富至恩施市视察。

【是月】市化肥厂厂长王祖富被国家化工部授予“全国化工系统劳动模范”称号，六角亭街道书院中学教师卢正英（女）被国家教委授予“全国教育系统劳动模范”称号，市工商银行职工廖习珍（女）被中国人民银行、中国金融工会授予“全国金融系统劳动模范”称号。

【7 月 1 日】板桥区委书记李青山被省委表彰为“全省优秀共产党员”。

【8 月 15 日】恩施市境内天楼地枕水电站并网发电成功，6300 千瓦的发电量输入华中电网。该站装机容量为 2.52 万千瓦（4 × 6300 千瓦），第二、第三台机组也在 9 月 1 日投入运行，为恩施州水电部门自行设计、自行施工工程。

【9 月 13 日】恩施市被列入“全国计划生育百强县（市）”之一。市委书记胡荫安赴北京参加全国计划生育百强县市经验交流和表彰大会。1983 年始连续 10 年时间，境内人口出生率控制在 17.5‰，计划生育率达 97.5‰，先后四次被评为全国、全省计划生育先进集体和少数民族地区计划生育工作先进县市。

【是月】恩施市被国务院残疾人工作协调委员会、国家教委、国家民委、中国残联联合授予“全国特殊教育先进县（市）”称号。

【10 月 15 日】州政协副主席刘元香一行至恩施市，就市文化馆现场办理“整顿文化市场”的提案进行督办。副市长吴武元等陪同。

【是月】恩施市电气化县（市）建设达标工作，经湖北省农村水电初级电气化验收委员会验收，认定合格。

【11 月 7 日】市土管局职工万齐忠、方业成、谭学桃被国家土地管理局授予“土地定级

估价、应用科学技术成果一等奖”和“日常地籍管理工作、应用科学技术成果三等奖”。黄应贵、杨启超被国家土地管理局授予“土地定级估价、应用科学技术成果一等奖”。

【11 月 19—23 日】中国共产党恩施市第四次代表大会在清江电影院召开，胡荫安作题为《适应市场经济体制，加快改革开放步伐，为建设好恩施州首府城市而奋斗》的报告。大会选举产生中共恩施市第四届委员会委员 29 名、候补委员 2 名，市第四届纪委委员 13 名。市委四届一次全体会议选举胡荫安、黄振益（土家族）、刘诗伟、冯国亮、伍绍春、许家兴、向诗才、吕金施、雷昌桃（女）、陈秀汉（土家族）、朱金玉（土家族）、郭银龙为市委常务委员，胡荫安为市委书记，黄振益（土家族）、刘诗伟、冯国亮、伍绍春为市委副书记。雷昌桃为市第四届纪委书记。

【11 月 28 日】全国人大常委会副委员长布赫一行到龙凤镇八龙坪村、市卷烟盘纸厂、烟叶复烤厂视察，并前往叶挺将军纪念馆参观。

【11 月 28 日】16 时整，恩施许家坪机场通航，全国人大常委会副委员长布赫、湖北省人大常委会副主任王汉章为机场通航暨武汉市航空公司首航成功剪彩。该机场是 1986 年 12 月经国务院、中央军委同意新建的，于 1989 年 5 月 6 日破土动工，总投资 9151.5 万元。

【11 月 29 日】国务委员、国家民委主任司马义·艾买提一行到恩施市考察。

【11 月 30 日】省长贾志杰一行到恩施市化肥厂考察。

【12 月 1 日】恩施土家族苗族自治州成立 10 周年庆祝大会在州城举行。为祝贺建州 10 周年，中共中央政治局常委、全国人大常委会委员长乔石题词：“团结奋进，改革开放，建设繁荣文明的自治州。”

【12 月 6 日】恩施市被省人民政府批准为“全省农村初级电气化县（市）”。

【是日】省民委主任袁仲由、省政协民宗委副主任李云广率省边贸经济考察组，至恩施市板桥区调研。

【是月】恩施市与国内数百个集贸市场建立信息交换网络，涵盖 10 个省（市）、70 个县（市）。

△恩施市被国家体委授予“全国群众体育先进单位”称号。

1994 年

【1 月 9—12 日】政协恩施市第四届委员会第一次会议在市委会议室召开，会议选举刘诗伟为政协恩施市第四届委员会主席，高开群、谭明煊、王家声、龙昌亮、于德安、肖金玉、郑世孝为副主席。

【1月10—13日】恩施市第五届人民代表大会第一次会议召开,大会选举向诗才为第五届人大常委会主任,何孝政(土家族)、李必敬(土家族)、向海滨(土家族)、李明柱(土家族)、谭儒全、章曼云(女,不驻会)为五届人大常委会副主任;黄振益(土家族)为市政府市长,吕金施、吴武元(土家族)、谭大自(土家族)、李俊林(土家族)、温庆煜、杜寿昌、陈玉明(女)、邬本超、何东平为副市长;周美华为市人民法院院长;吴国钤为市人民检察院检察长。

【是月】《中国共产党恩施市组织史资料》(1925.冬—1987年11月)由湖北人民出版社出版发行。该资料系市委组织部、市党史办公室、市档案局(馆)联合,历时5年时间,实行4次修改编撰而成,为恩施市第一部组织史资料专著。编撰规模为52万字,印数700册。

【2月】恩施市行政学校在市委党校挂牌。全市公务员培训由此开始。

【3月7日】恩施市被国家烟草专卖局、中国烟草总公司授予"1993年度全国烟叶生产收购工作先进县(市)"称号;市烟叶产销公司被授予"1993年度全国烟叶生产收购先进单位"称号。

【3月21日】市委四届二次全体(扩大)会议通过《关于进一步加快商贸企业改革的决定》《关于深化工业企业改革,加快工业发展的决定》《关于深化农村改革,振兴农村经济的决定》《关于加快发展个体私营经济的决定》《关于进一步加快发展乡镇企业的决定》。

【是月】市电力公司工会主席王洪熙被全国总工会授予"优秀工会工作者"称号。

【4月6日】市政府作出《关于进一步建设和完善社会保障体系的决定》。

【4月10日】联合国人口基金会P35项目组组长琼·哈菲女士在国家计划生育委员会宣传司司长江亦曼陪同下考察恩施市计划生育服务中心和龙凤镇计划生育P35项目。

【是日】省委副书记、省政协主席回良玉一行至恩施市视察。州委书记朱纯煊、市委书记胡荫安等陪同。

【4月24日】恩施市被确定为全国7个NPA项目即《90年代中国儿童发展规划纲要》试点县(市)之一。

【5月1日】恩施市发生一起绑架人质案件。屯堡区李某军、熊某、新塘区廖某兰3人在城区航空路将新塘区人龚某挟持到六角亭四海酒家处捆绑殴打,令其父、兄送钱赎人。市公安局接到报警后,及时开展侦破,于5月5日18时抓获犯罪分子,解救人质。

【5月16日】恩施市启动清江水布垭枢纽工程库区前期移民实物指标调查登记工作。

【是月】境内开通900兆模拟移动通信基站,标志着恩施市跨入数字通信时代,移动电话机(俗称"大哥大")在境内面世使用。6月,模拟信号与全国模拟移动电话系统联网。

△市公路段峡口道班班长曹代权被省委、省政府授予"湖北省劳动模范"称号,龙凤信

用社主任舒春鹄被国家商业部授予“全国金融劳动模范”称号。

【6月】恩施市开始实行住房制度改革。

【7月8日】州政协副主席李家友、刘元香率州、市部分政协委员，联合调查城区文化市场管理情况。市领导高开群等陪同。

【7月16日】武陵山区鄂西科技扶贫开发团副团长王长清一行，至七里坪区旱地“双千工程”样板田实地考察。市领导谭明煊等陪同。

【8月4日】市计划生育委员会主任伍蔚森荣获全国计划生育“百杰主任”称号。

【8月9日】州政协副主席李家友率州、市部分委员，对一皮鞋厂、水电设备厂等企业转换经营机制进行联合调研。市领导高开群等陪同。

【8月15日】市委、市政府作出《关于突破性发展多种经营的决定》。

【8月18日】省政协副主席、省委统战部长蒙美路至恩施市，就政协及统战工作调研。

【8月25—26日】省长贾志杰率相关部门负责人到恩施市现场办公，解决尿素工程、大龙潭水利枢纽工程、卷烟厂、水泥厂等建设与生产中的具体问题。

【8月30日】省水利厅在武昌召开《恩施市大龙潭水利水电枢纽工程可行性研究报告》评审会议，与会专家及省有关部门负责人经过评审，通过工程报告。省计委于9月26日下达《关于恩施大龙潭水利枢纽工程项目建议书的批复》。该项目装机3万千瓦，总投资2.3亿元。

【9月5日】9时许，沙地区中间河渡口发生一起铁板渡船翻沉事故，致5人失踪。

【9月29日】市政府作出《关于改革市对市直单位财政管理办法的决定》。

【是日】在国务院召开的第二次全国民族工作表彰会上，市人大常委会主任向诗才被授予“全国民族团结先进模范”称号。

【是月】省第二地质大队在双河区鱼塘坝详查石煤0.88平方千米，探明精硒储量(C+D)64吨，属世界罕见独立硒矿床。

【12月1日】全国政协民族委员会副主任陈新率全国政协赴民族教育考察组至恩施市，赴板桥中学、职教中心、舞阳中学、实验小学、聋哑学校等就民族教育工作视察。市委副书记、市政协主席刘诗伟等陪同。

【是月】恩施市被国家烟草专卖局授予“1994年度全国烟叶生产先进单位”称号。

1995年

【2月8日】市政府作出《关于加强农村卫生工作的决定》。

【是月】全市组织开展取缔“旷野窄门”邪教组织专项斗争。

△市公安局局长武刚被省委、省政府授予“1994 年度社会治安综合治理先进个人”称号。

【3 月 24 日】恩施市叶挺将军囚居旧址，被省政府命名为全省首批“爱国主义教育基地”。

【3 月 25 日】市委、市政府作出《关于教育改革与发展的决定》。

【3 月 30 日】市政府作出《关于深化城市卫生改革的决定》。

【5 月 17 日】市人民检察院被最高人民检察院记“集体一等功”。

【5 月 26 日】市农业局被国家农业部授予“温饱工程先进单位”称号，谭正耀、彭应国被授予“温饱工程先进个人”称号。

【6 月】新塘区委书记黄正明，被省委授予“1995 年度全省优秀共产党员”称号。

【7 月 1 日】市委、市政府作出《关于进一步加快农村脱贫致富奔小康步伐的决定》。

【7 月 2 日】市委、市政府作出《关于加速财源建设尽快摆脱财政困境的决定》。

【7 月 16 日】国家地矿部矿床地质研究所专家和英国地调局官员，赴恩施市考察双河区硒矿床，参观市防疫站硒检测中心，与相关部门洽谈合作研究缺硒疾病防治问题。是年 11 月 13 日，再次专程到新塘、双河、芭蕉提取硒资源样品。

【7 月 27 日】恩施电视台试播。恩施经济电视台停播。

【8 月 7 日(农历七月十二日)】“1995 中国民俗风情游”大型活动在恩施市举办。来自省、州各有关部门负责人和友邻地区的代表以及中央、省内外新闻工作者、各旅游观光团参加活动，近 3 万人观看“女儿会”节目表演。

【8 月 13 日】龙马区撒谷坝村一间歇泉(俗名马屙尿)突发山洪，致途经该段的行人王某某、李某某、李某 3 人被冲至茶山河深沟溺亡。

【8 月 15 日】叶挺将军铜像在恩施市叶挺将军囚居旧址揭幕。叶挺之子、深圳市政协副主席、先科集团董事长叶华明偕夫人和州、市党政军负责人参加揭幕仪式。中央军委副主席张震和老将军肖克等为铜像题词。

【8 月 24 日】沐抚区安坪村被国家绿化委员会授予“造林绿化千家村”称号。

【10 月】市工商局局长张邦宪被国家工商局、国家技术监督局授予“全国打假先进个人”称号。

【11 月 5 日】市政府被省委、省政府授予“造林灭荒先进单位”称号。

【11 月 19 日】湖北省军区司令员、少将贾富坤检查恩施市征兵和民兵预备役工作。

【12 月 5 日】恩施市第一个跨行业、跨所有制形式的大型经济联合实体——恩施东方建材工业(集团)总公司成立。1997 年 7 月，易名为湖北恒丰水泥股份有限公司。

【12 月 6 日】新塘区龚家坪乡被省政府授予“楚天明星乡镇”称号。

【12 月 15 日】市工商局被省政府授予“全省打假先进单位”称号。

【是月】恩施市被省委、省政府、省军区授予“全省双拥模范城”称号。

△市水泥厂被省政府授予“全省综合管理先进单位”称号。

1996 年

【1 月 17 日】市委四届五次全会审议通过《中共恩施市委关于制定全市国民经济和社会发展“九五”计划和 2010 年远景目标的建议》。

【2 月】市职业技术教育中心被国家教委认定为“全国重点职业高中”。

【3 月 31 日】恩施市人武部改为军队编制，恩施市军、地双方领导人在交接文书上签字。

【是月】白杨坪区被省委、省政府授予“1995 年度社会治安综合治理优胜单位”称号。

【4 月 10 日】省政府通报表彰恩施市计划委员会和市计划委员会主任吕世洪为全省“八五”八五期间计划系统“先进单位”和“先进工作者”。

【是月】黄泥塘侗族乡青龙山小学教师姚仁本、小渡船小学教师广启宽被国家教委授予“全国希望工程园丁”称号。

【5 月 6—9 日】恩施市中等城市建设研讨会召开。省、州有关部门领导、专家和论文作者 300 余人参会。省委原秘书长、省发展研究中心总干事吕乃强，省政府发展研究中心副主任冀学金，省国家安全厅厅长邓凡金等领导莅临会议。市委书记胡荫安发表《抓住机遇，加快发展，尽快把恩施建设成为中等城市》的讲话。会议收到论文 58 篇，宣读 12 篇，书面交流 46 篇。

【5 月 7 日】恩施市实施“幸福工程”试点，该项目由中国人口福利基金会筹资、中国计划生育协会负责实施，以救助贫困母亲为目的。

【5 月 24 日】恩施市体育运动员田龙兵在全国残疾人运动会上夺得盲人柔道金牌、铁饼和标枪银牌。

【5 月 26 日】市委、市政府作出《关于加快恩施市中等城市建设的决定》。

【5 月 29 日】市委、市政府作出《关于争创全省科学技术工作先进市的决定》。

【6 月 6 日】恩施清江煤炭有限公司成立，该公司以红土煤炭总厂为核心，联合区、乡、村集体煤厂，改制成为集约化经营型的乡镇工业企业，具有年产原煤 5 万吨规模。

【6 月 19 日】龙凤镇福利院被国家民政部授予“全国模范敬老院”称号。

【是月】恩施市召开首次科技大会，制定《关于争创全省科技工作先进市的决定》，160 个项目获科技进步奖。

【7月16日】市委四届六次全会讨论通过《关于切实加大生产性投入的意见》。

【7月19日】恩施市WFP3779项目工程，经国家农业部、林业部、水利部联合评选为“优秀项目”，恩施市WFP3779办公室被评为“先进项目单位”。

【8月6日】市委、市政府作出《关于加强供销合作社改革与发展的决定》。

【8月16日】市政府制定《恩施市鼓励市外客商投资的优惠办法（试行）》。

【8月17日】市公安机关阻止并及时处理澳大利亚4名女青年散发非法宣传单一案。

【8月28日】市公安局红土派出所所长卢在武在与歹徒搏斗时英勇牺牲。翌年3月21日，省政府批准卢在武为革命烈士；8月28日，公安部追授卢为“全国公安系统二级英雄模范”。

【是日】世界粮食计划署项目顾问文尼·杰和项目官员刘学荣、黄可灵及中国农业部项目专家屈四喜至恩施市，对3779项目作年度检查。

【9月12日】省委书记贾志杰、省长蒋祝平至恩施市，视察市化肥厂尿素工程。

【9月13日】市委、市政府作出《关于进一步深化企业改革的决定》。

【9月27日】市人民检察院检察科副科长黄光耀，被最高人民检察院追记一等功。

【10月】太阳河区副区长冉少鹏被省委、省政府、省军区授予“抗洪抢险先进个人”称号。

【11月15日】屯堡区恩川公路7.5千米处，一个体运输户驾驶万山牌客车坠入60米陡坡，致15人死亡，10人受伤。

【11月16日】恩施城区清江电影院失火，剧场焚毁，直接经济损失29万元。

【11月22日】《人民日报》发表《民办教师何润菊》通讯。12月26日，中央政治局委员、国务院副总理李岚清作出批示，要求湖北省省长蒋祝平对献身山区教育事业的何润菊作为“民转公”特例解决。蒋祝平批转省教委及州、市有关部门解决。市委、市政府作出决定，授予何润菊“模范教师”称号。

【是月】《恩施市志》（1840—1985）由武汉工业大学出版社出版。

【12月3日】13时18分，境内一辆“万山”牌中巴车从白杨坪区开往城区，行至航空路纸厂后门时，发生爆炸，致3人死亡，3人受伤。经查明，系陈某某（白杨坪区人）因失恋，在中巴车上引爆自杀身亡。

【12月10日】恩施市政府与利川市政府签订两市《联合勘定行政区域界线协议书》。

【12月26日】市建设委员会被国家建设部授予“全国市政公用设施普查先进单位”称号。

【12月31日】日本株式会社木下食品有限公司滨川到白果区油竹坪租种荒山3000亩，创办魔芋生产基地——中日合资湖北楚业魔芋食品有限公司楚业农庄。

【是月】龙凤镇被国家农业部纳入“国家级乡镇企业东西合作示范工程示范区”。

△市公安机关摧毁“旷野窄门”湘鄂川黔四省高层骨干分会。

△白杨坪区文化站被国家文化部、国家财政部授予“山区一级文化站”称号。

△恩施宏业魔芋公司开发的魔芋葡甘低聚糖荣获中国环保协会“绿色杰出贡献奖”；希之源公司的富硒玉米爽荣获中国环保协会“中国一绝”“黄金饮品”称号。

△州博物馆对外开放。该馆位于舞阳大道博物馆路2号。博物馆注重对文物的征集和收藏。通过调拨、征集、购买、考古发掘等多种方式收藏文物七万余件。如“双虎钮錞于”“巴式甬钟”“巴式矛”“巴式剑”以及“土司帽”“土司印章”、土司夫人使用的“金凤冠”等珍贵文物。

1997年

【1月】恩施市实施撤区建乡体制改革。全市设立16个乡、3个镇、3个街道，撤销原设127个区辖乡(镇)，除3个街道和沐抚乡不设管理区外，全市设立69个管理区。

【是月】恩施市荣获“1996年度全国烟叶生产收购工作先进单位”称号。

【2月1日】《恩施信息》第一期出刊。报纸为市委机关报，每月1日、15日出版，每期四开四版，每期发行量为7000份。

【是月】省委党校函授学院、州委党校函授分院恩施市函授站在市委党校建立。

△恩施市荣获省委、省政府“1996年度全省小企业改革先进市”称号。

△舞阳坝街道被省委、省政府授予“1996年度社会治安综合治理先进单位”称号，小渡船街道党委副书记毛丕顺被省委、省政府表授予“1996年度社会治安综合治理先进个人”称号。

【3月6日】市农委被省委、省政府授予“全省农委系统先进单位”称号。

【4月1日】州委、州政府决定，湖北恩施红庙经济技术开发区范围内的社区管理移交恩施市。

【是月】市公路段职工陈善银由省公路局聘请赴老挝从事公路爆破作业，时间为3个月，是恩施市支援国外工程建设第一人。

△舞阳坝街道沙河小学教师黄在全、三岔乡三元小学教师王丕元、太阳河乡梭布垭小学教师戴平安获“全国希望工程园丁奖”。

【5月7日】恩施市被省委、省政府授予“1996年度计划生育先进单位”称号。

【5月10日】市公安局110报警服务台开通。

【是月】全市开展“禁种堵源”禁毒专项治理活动。

【6 月】全市开展“清缴爆炸物品，打击涉爆犯罪”专项斗争。

【7 月 13—16 日】全市暴雨诱发地质灾害造成山体移位、滑坡，发生泥石流 278 处，22 个乡镇、街道，206 个村，1564 个组，3.03 万户，6.44 万人受灾，计 5924 间房屋倒塌，7.05 万亩农田损毁，致 19 人死亡，391 人受伤，634 头大牲畜死亡，1862 处公路垮塌，造成直接经济损失 2.95 亿元。灾情发生后，市委书记曾祥国等及时赶赴重点地段察看险情，组织抢险，嗣后连夜召开紧急动员会，组织干部、职工、武警官兵、公安干警 3000 余人奔赴抗洪抢险第一线，帮助 420 米水位线以下的单位和居民转移人员和财物，转移群众近万人，抢运物资折币 1000 万元。

【7 月 19 日至 8 月 24 日】境内连续 35 天未降雨，连续高温，形成特大旱灾。

【7 月 28 日】州、市邮电机构合并，恩施市境内邮电业务始划入州邮电局经营管理。

【是月】全市城镇居民最低生活保障工作启动。

【8 月 1 日】市人民医院首次成功实施 2 例“心脏介入治疗二尖瓣狭窄”手术、1 例“病理性窦性心率过缓安装起搏器”手术。

【8 月 14 日】市委、市政府作出《关于加快农业产业化的决定》。

【9 月 18 日】市委、市政府出台《关于加快发展个体私营经济的若干规定》。

【是月】市统计局被国家统计局授予“第一次全国基本单位普查先进集体”称号。

【10 月 18 日】波音 737 客机在恩施许家坪机场顺利起降，试飞成功。翌年 1 月 16 日，机场荣获 4C 级机场认证。

【是月】恩施市被中宣部宣教局、半月谈杂志社授予“宣传运用《半月谈》标兵市”称号。

【11 月】恩施市扫盲工作，经省政府扫盲验收工作组认定，达到基本扫除青壮年文盲标准。全市 1949 年 10 月 1 日以后出生、年满 15 周岁以上青壮年人口 4.04 万人，达到脱盲以上文化程度的有 3.98 万人，非盲率为 96.55%。

【12 月 16 日】市委四届八次全会讨论通过《恩施市社会主义精神文明建设“九五”规划》。

【是月】国家烟草专卖局确定恩施市为中国烟草与英美烟草（BAT）优质白肋烟生产合作基地。

△恩施市财政收入首次突破 1 亿元，达到 1.13 亿元。

△市教委被国家体委授予“全国群众体育先进单位”称号。

1998 年

【1 月 8 日】市委、市政府作出《关于加快脱贫步伐的决定》。

【2 月 13—14 日】市委第四届九次全体(扩大)会议通过《关于进一步深化企业改革的决定》,其基本原则为以产权制度改革为突破口,以民营化为基本取向,以出售为主要形式,对所有制结构实施战略性调整。

【3 月 8 日】凌晨 3 时许,白杨坪乡九根树村民于长久屋后山坡一块巨石滑落,砸毁房屋,致 4 人当场死亡。市委副书记伍绍春、副市长吴武元等领导及市公安局干警 10 余人赶赴现场,处理善后工作。

【3 月 12 日】市政协办公室报送省政协的《关于改善我州交通条件》信息,被省委办公厅《要情专报》刊用。省委秘书长赵文源,副省长周坚卫阅后作出批示。

【3 月 27 日】市委、市政府颁布《关于加快教育改革和发展若干问题的决议》。

【4 月 18 日】省委书记贾志杰至恩施市,考察白果乡油竹坪村。

【5 月】恩施市被国家文化部授予"国家级文化先进单位"称号。

【6 月中旬】恩施境内连降大到暴雨,致使全市列入国家养护等级公路坍方 34 处/4.87 万平方米,路基中断 665 米/1.06 万平方米,冲毁路面 4.31 万米/15.11 万平方米,冲毁涵洞 19 道,需修建防护工程 12 处、5249 平方米,造成国道、省道、县道多次中断交通,直接经济损失 230 多万元。

【是月】恩施市被纳入国家长江三峡库区生态项目工程治理范围。

【7 月 28 日】市委、市政府作出《关于加快林业发展与改革的决定》。

【8 月 20 日】恩施市颁布《驻恩部队拥政爱民公约》。

【8 月 24 日】恩施市被国家民委、省政府授予"民族团结进步先进集体"称号,市委书记曾祥国被授予"民族团结进步先进个人"称号。

【8 月 28 日】市五届人大常委会第 36 次会议审议通过《关于在恩施市城区禁止燃放烟花爆竹的决定》,从翌年 1 月起执行。

【是月】沙地乡黄广田村希望小学教师邓红旗获"全国希望工程园丁奖"。

【9 月 9 日】恩施市少数民族传统体育运动代表队,在利川市举办的湖北省第四届少数民族传统体育运动会上,取得 6 金、5 银、10 铜好成绩,荣获团体总分第一名。

【9 月 19 日】境内州人民医院与州民族医院合并成立恩施州中心医院。

【10 月 9 日】恩施市被省委、省政府授予"创建省级文明城市先进市"称号。

【10 月 14 日】省政府批复同意市政府和咸丰县、鹤峰县、宣恩县政府行政区域界线联

合勘定协议书。

【10月18日至翌年3月5日】恩施市持续干旱136天，致多条河溪断流，多数堰塘干枯，电厂被迫停产或半停产，人畜饮水困难，冬播粮油作物和蔬菜大部分干死，农业生产严重受损。

【10月25—28日】省政协副主席韩南鹏率省政协常委、民族宗教委员会主任袁仲由，省政协常委、民族宗教委员会副主任汪长俊，省政协副秘书长李云广等领导组成的省政协农业产业化调查组，至恩施市就农业产业化建设调研。

【10月30日至11月3日】恩施市"普九"工作经省人民政府"普九"评估验收团评估验收，7～12周岁适龄儿童入学率100%，初中在校学生入学率95.4%；辍学率小学为0、初中为2.3%；15周岁人口初等义务教育完成率99.3%，17周岁人口初级中等义务教育完成率90.1%，认定恩施市普及九年义务教育各项指标达到国家和省规定现阶段三类地区基本普及九年义务教育的标准。

【是月】市委机关及市政协机关由六角亭迁入小渡船45号市政府院内，市"四大家"合院办公。

【12月1日】东门黄石大桥建成通车。该桥是省委省政府"616"工程之一，总投资524.31万元，全长250米，由恩施市友好城市黄石市根据对口支援协议投资200万元援建。该桥于1997年4月破土动工，由铁四院承建，1年6个月时间建成，命名为东门黄石大桥。

【12月28日】由国家民委、省政府在武昌召开的全国民族团结进步表彰大会上，恩施市民委被评为模范集体、市委书记曾祥国被评为模范个人受到表彰。

【是月】市实验小学被国家教委确认为"全国首批中小学现代化教育技术实验学校"。

△小渡船街道被国家体育总局授予"全国城市体育先进社区"称号。市一中和盛家坝乡被授予"全国群众体育先进单位"称号。

△湖北恒丰股份公司（原恩施市水泥厂）晋升为"湖北省综合实力500强"。

△盛家坝供销社党支部书记万秀全被全国供销合作总社授予"1997年度劳动模范"称号。

1999年

【1月6—8日】中国共产党恩施市第五次代表大会在市文工团礼堂召开，曾祥国作题为《迈向新世纪，开创新局面，为恩施市基本实现小康目标而努力奋斗》的报告。大会选出市第五届委员会委员32名、候补委员6名；市第五届纪委委员13名。市五届一次全体会

议选举曾祥国、吴希宁（土家族）、吴武元、田凤培（土家族）、胡其龙、田文斌（土家族）、孔祥恩（土家族）、许家兴、郭银龙、刘宗烈（土家族）、熊光祥、赵昌鑫、陈玉明（女）为恩施市第五届委员会常委，曾祥国为市委书记，吴希宁（土家族）、吴武元、田凤培（土家族）为副书记。胡其龙为市第五届纪委书记。

【1月16—19日】政协恩施市第五届委员会第一次会议在市文工团礼堂召开。会议选举甘立友为政协恩施市第五届委员会主席，崔登甲、伍蔚森、龙昌亮、于德安、王庭斌为副主席。

【1月17—21日】市第六届人民代表大会第一次会议在市文工团礼堂召开，大会选举伍绍春为市第六届人大常委会主任，何孝政（土家族）、李俊林（土家族）、王和泉、肖文必、蒲元忠（土家族）为常委会副主任；吴希宁（土家族）为市政府市长，孔祥恩（土家族）、胡永进、李明东（土家族）、雷继优（土家族）、陈晓燕（女，土家族）、陈运中（省下派干部）为副市长；黄丹亦为市人民法院院长；杨辉（苗族）为市人民检察院检察长。

【1月20日】市公路段职工张顺桃（女）、简中恩、孙传国、魏清萍（女）、雷淑芬（女）被国家档案局授予“国家级档案管理工作突出贡献者”称号。

【是月】市公路段峡口道班被全国总工会授予“模范职工之家”称号。

【2月22日】州、市公安机关经过缜密侦查，成功告破恩施“二一九”特大杀人案（死者尹某山，男，71岁，住红土乡湖坪村九组；王某姐，女，73岁，住址同前，二人系夫妻关系）。犯罪嫌疑人李某安在建始县景阳镇被缉拿归案。经查，该案系因高利贷引发的血案。

【2月23日】州政府决定，将境内州财校、州工校、州林校、州供销学校合并，组建恩施职业技术学校，为建立恩施职业技术学院做准备。

【3月5日】市政府作出《关于加快畜牧产业化建设的决定》。

【3月6日】全市城市经济工作会议召开，标志着恩施市实现由农业县域经济向工业城市经济战略转移。

【是月】舞阳坝街道社会治安综合治理办公室公室主任邬学义被省委、省政府授予“1998年度社会治安综合治理先进个人”称号。

【4月2日】恩施电信局开通国际互联网，标志着恩施州通信事业已与国际接轨。

【4月10日】市政府作出《关于加强财源建设的决定》。

【6月29日】全市企业改革情况汇报统计，全市基本完成改制企业318家。其中国有企业62家，集体企业26家，乡镇企业230家。通过改革，盘活资金4.2亿元，落实债务2亿元，分流职工3200余人。

【是月】市公安局经侦大队队长李正文被国家公安部授予“全国优秀人民警察”称号。

【7月10日】11时许，恩施城区因开展取消人力车（含电动人力车，俗称电麻木）行动，

致人力车司机约500余人围堵城管大队机关，并用木棒、砖头、石块打砸城管大队办公楼玻璃、大门，砸毁城管大队标致轿车1辆。冲突中致城管人员3人轻微伤，人力车司机3人受伤。16时30分，经公安人员劝解，事态平息。

【7月24日】市委五届二次全会通过《关于加快小城镇建设的决定》《关于加强预算外资金管理实施综合财政预算的决定》。

【9月20日】恩施市广播电台、电视台机构上划恩施自治州广播电视局。

【9月20—23日】在国务院召开的第三次全国民族工作进步表彰会上，市委书记曾祥国被授予“民族团结进步先进个人”称号。

【10月】城区及城郊发生霍乱，收治腹泻住院病人118例，病原学检查确诊霍乱病人18例，带菌者10例，死亡1例。经隔离治疗，其余病人全部痊愈。

【11月9日】恩施市被省委、省政府授予“全省文明城市创建工作先进市”称号。

【11月17日】市慈善总会成立，办公地点设市民政局。全市慈善事业步入正轨。

【12月17日】国务院办公会议决定，批准湖北省清江水布垭水利枢纽工程立项。该工程库区淹没区移民安置涉及境内沙地、红土、新塘、三岔、芭蕉、舞阳坝、六角亭等7个乡镇、街道共28个村、57个村民小组计4874人。

【是月】市第二中学被国家教育部、国家体育总局授予“推行《国家体育锻炼标准》先进单位”称号。

2000年

【1月15日】市委五届三次全会通过《关于加强技术创新加快科技成果转化的决定》和《关于深化教育改革全面推进素质教育的决定》。

【2月】市城建监察大队被国家建设部授予“全国城建监察先进单位”称号。

【3月15日】市工商局建成“12315”投诉举报指挥中心，开通“12315”特服电话。全市形成覆盖城乡维权有效的“12315”网络和“一个中心，三级执法”消费者权益保护体系。

【3月17日】市第六届人民代表大会第二次会议通过《关于市乡公路改造升级黑色化的决定》，号召全市人民以改造升级，硬化、油化市乡公路为重点，奋战4年时间，改造400千米四级或等外级泥土碎石路面公路，全市公路基本实现路面化、过境乡镇街道水泥化，达到山岭重丘三级标准。

【是日】市森林公安警察秦愍被公安部授予“全国优秀人民警察”称号。

【3月19日】318国道南里渡大桥工程建设合同协议书签字仪式在州交通局举行，州交通局法定代表人的代理人沈波与铁道部工程局法定代表人的代理人邱国平在合同协议

书上签字。是年6月13日,工程动工;2002年10月1日建成通车。该桥全长334.16米,高166米,宽13米,桥下净空160米,桥孔净跨220米,投资2409万元。该桥是恩施州第一座特大钢管混凝土拱桥,建成后缩短里程5千米。

【4月4日】何功伟烈士夫人许云女士携儿子、儿媳和何功伟烈士的两个弟弟,专程从北京到恩施市吊唁烈士英灵。许云给何功伟小学赠送书籍、文具,并题写"何功伟小学"校名。

【4月18日】城区舞阳坝人行天桥工程开工。该工程由中国水利第三工程局铸造厂承建,投资350万元。

【4月21日】市政府发出《〈关于大力发展草食动物的决定〉的通知》。

【5月17日】黄泥塘侗族乡残疾运动员田龙兵,在第五届全国残疾人运动会中获得柔道金牌、标枪银牌。市政府奖励现金1000元。

【5月19日】市出租汽车管理办公室拍卖出租车经营权,首拍经营权20台,收入94.2万元。

【是日】省政协副主席杨斌庆率省直部门负责人至恩施市,就西部开发与提案办理等调研,并对梭布垭石林实地考察。

【6月5日】州政协主席李正双一行至恩施市,就旅游业发展情况调研。

【6月9日】国务院西部地区开发领导小组第一次会议召开,将恩施州纳入国家西部开发范围。恩施市享受西部开发优惠政策。

【6月22日】武汉航空公司一架运七客机,从恩施机场飞往武汉王家墩机场途中,不幸坠毁于武汉汉阳区永丰乡四台村附近汉江黄金口堤岸,乘客及机组人员42人全部遇难。该空难事故,系当时武汉恶劣天气及机组处置不当。恩施机场因武汉航空公司开展安全整顿、王家墩机场向天河机场转场等原因停航23天。

【7月18日】省政协副主席、省委统战部长纪玲芝,全国政协常委、省工商会会长宋德福率考察团至恩施市,就旅游业资源和民营企业等调研。

【7月24日】23时许,沐抚乡搬木村七渡河下游1.5公里处发生突然性山体滑坡,致2人死亡,1人失踪,清江断流18小时。事发时,5名渔民正在当地捕鱼。另2人重伤,已脱离危险。

【7月31日】城市西区开发规划通过专家评审委员会评审。该规划由省规划设计院设计,综合体现恩施市"山水园林城""生态旅游城"和"民俗风情城"的基本特点,整个西区开发建设计划用15年时间完成。

【8月9日】市委五届四次全会讨论通过《关于进一步巩固"三讲"教育成果的意见》《关于高举西部大开发旗帜推动全市经济大发展的意见》。

【8 月 11 日】“梭布垭石林首游式”一年一度的土家“女儿会”活动在新开发的旅游景点太阳河乡梭布垭石林景区举行，副省长张洪祥等省、州领导和中、外嘉宾参加首游式。

【9 月 5 日】白（杨坪）奉（节）省际公路改造工程 15KM + 500M 处（太阳河乡境内）因实施爆破作业时，炮震泥土松动，巨石下滑发生意外事故，致陈某、李某某、肖某某 3 人死亡。

【9 月 9 日】首届“中国板党节”在板桥镇开幕，州委副书记、副州长张喜武，州委常委、秘书长胡荫安，州政协主席李政双等出席开幕式。来自国内外 200 多位客商参加经贸洽谈会，签订意向性投资合同 2000 多万元。

【10 月 23 日】省政协副主席蒙美路一行至恩施市，就民族文化遗址等工作实地考察。

【10 月】市国土资源局《土地利用总体规划》被国土资源部评为“优秀成果一等奖”。

【11 月 20 日】市政府作出《关于加快魔芋产业化建设的决定》。

【11 月 26 日】21 时 30 分许，崔家坝镇崔坝中学初中分部一年级 70 多名学生突发呕吐、腹泻症状，经防疫、环保、医疗专家紧急抢救，未发生人员死亡事故。诊断为食物中毒。

【12 月 27 日】六角亭工商分局被国家工商总局授予“全国工商系统先进工商所（分局）”称号。

【是月】市民兵武器装备仓库被中国人民解放军总参谋部授予“民兵武器装备管理工作先进单位”称号。

△由市文化馆袁玉珍编导的三人舞《苗女嬉炊》在全国第十届群星奖舞蹈比赛中，获文化部颁发的银奖。

2001 年

【1 月】市检察院控诉申诉科被最高人民检察院授予“全国检察机关文明接待室”称号。

【2 月 4 日】市委五届五次全会讨论通过《关于制定国民经济和社会发展第十个五年计划的建议》。

【3 月】全市机构改革，原 22 个乡镇、街道合并为 10 个乡、3 个镇、3 个街道，即三岔、新塘、红土、沙地、白杨坪、太阳河、屯堡、白果、盛家坝和芭蕉侗族乡；龙凤、崔家坝、板桥镇；六角亭、舞阳坝、小渡船街道。撤销双河乡、石灰窑乡、黄泥塘侗族乡、芭蕉乡、七里乡、龙马乡和沐抚乡建制。

【4 月 23 日】14 时许，舞阳坝街道枫香坪村一地下鞭炮作坊突然爆炸，致作坊主侯某妻潘某和 6 岁女儿当场死亡，同村 2 名女孩受伤，作坊 3 间两层楼房炸塌。

【4月29日】市公安局破获公安部督办的非法买卖爆炸物品案,10名犯罪嫌疑人落网。

【是月】全市组织开展“治爆缉枪”专项斗争,收缴枪支6033支、子弹6520发、炸药3773.5千克、雷管4.70万发、导火索2.04万米,破获涉枪涉爆案149件,查处违法犯罪分子958人。

【5月20日】10时,沪蓉国道主干线替代方案宜恩到利川段改扩建二级公路子项目——朝东岩隧道成功对接贯通,比计划贯通时间提前4个月。

【6月4日】州政协副主席刘元香率州政协硒资源开发与利用课题组,赴新塘乡渔塘坝村实地调查,市领导崔登甲等陪同。

【6月15日】省委原副书记、省政协原常务副主席、省科学技术促进会会长钟书樵一行至恩施市,就经济建设和社会发展等调研。

【6月21日】全国人大常委会副委员长成思危一行至恩施市,就方家坝生态家园文明新村建设考察。

【是月】恩施卷烟厂根据省人民政府《恩施州卷烟工业企业结构调整有关问题的纪要》(省政府专题纪要26号)精神,即日起停产关闭,依法破产。

△《中国共产党恩施市组织史资料》(1987.12—1998.12)由湖北民院印刷厂印刷。编撰规模为80万字,印数1000册。

【7月】市财政局被省委、省人民政府授予“1999—2000年度省级文明单位”称号。

【8月15日】市委、市政府作出《关于生态家园文明新村建设的决定》。

【8月20日】人民网消息,恩施市近日破获一起专抢情侣并强奸特大系列恶性抢劫案,犯罪团伙7人有5人落网。经查明,该团伙从1月至8月上旬,共作案20余起,已报案的受害者中,一名女子被轮奸。该市警方巧妙装扮成情侣,使犯罪分子主动现形,全部被捉拿归案。

【9月】全国少数民族自治州首府城市统计信息联网第九届年会在恩施市举行。

【10月8日】三岔乡、龙凤镇,被中共中央宣传部、国家计生委授予“全国婚育新风进万家活动先进乡镇”称号。

【是月】城区东风大道精品一条街被国家工商总局命名为“全国打假维权满意街”。

【11月12日】恩施市“希之源”玉米爽在2001中国国际农业博览会上被认定为名牌产品。

【11月14日】全国政协副主席张思卿、省政协副主席杨斌庆至恩施市,就文明新村建设、私营企业及旅游业工作等调研。

【12月26日】市自来水公司三水厂建成投产。该工程投资6925万元,1999年11月

18日奠基,2000年初动工建设,2001年6月,完成第一组净水工程,投入试运行。

【12月28日】恩施城区防洪工程开工,至2003年底,建成清江姊妹桥至东门黄石大桥两岸防洪堤暨亲水走廊。

【是月】州民族体育馆投入使用。该馆位于城区施州大道中心地段,占地面积18亩,总建筑面积7400平方米。为国家标准二级多功能体育馆,

2002年

【2月】市中心医院成功实施开颅救治手术。为境内首例。

【3月】崔家坝镇滚龙坝村党支部书记向义极、恩施市环卫处李纯斌被省政府授予“劳动模范”称号。

【4月18日】省政协副主席蒙美路一行至恩施市,就全省政协工作会议贯彻落实情况进行检查。

【是月】境内三岔、白杨坪、红土、舞阳坝等乡镇、街道遭遇大风、冰雹,造成10万亩春季作物绝收,房屋倒塌236间,受灾人口13万人,其中1死1重伤,直接经济损失2000多万元。

【5月23日】市反腐倡廉和预防犯罪警示教育基地在市公安局第一看守所挂牌成立,为全省第一个在看守所建立的反腐倡廉、预防犯罪警示教育基地。

【5月31日】太阳河乡茶山河村一间歇泉(俗名马屙尿)山洪瞬间爆发,致途经该路段的行人刘某某、唐某某、袁某某(女)3人被冲至茶山河深沟溺亡。至此,该间歇泉已先后发生类似事故4起,致8人死亡。嗣后,市委书记吴希宁率国土、城建和太阳河乡有关方面负责人现场办公,决定对间歇泉实行封闭处理。

【是月】小渡船街道民族路社区团总支被共青团中央命名表彰为“全国青年文明社区”。

【6月11日】参加鄂豫陕川黔渝湘毗邻地区第13届流动人口计划生育协作会议的代表,赴恩施市就计划生育工作考察。

【7月6日】芭蕉侗族乡黄泥塘中学一年级学生乔秋为救落水同学英勇献身,时年13岁。

【7月16—18日】全省农村能源项目管理经验交流现场会在恩施市召开。会议期间,32个县市及神农架林区的代表参观白杨坪乡石桥子村等农村能源建设示范点。21—27日,省委宣传部根据省委书记俞正声“要把恩施市‘五改三建两提高’的精神文明创建活动经验总结好、宣传好,在全省生根开花结果,并推向全国”的指示精神,组织调研组到恩施

市进行生态家园文明新村建设的专题调研。

【8月3日】市委五届七次全体(扩大)会议在铜盆水森林公园举行,会议提出全面实施由农业县域经济向工业城市经济战略重点转移,并通过《市委市政府关于加快城市经济发展的决定》。

【8月16日】恩施市被省委、省政府授予"省级文明城市"称号,小渡船街道民族路社区被授予"省级文明社区"称号,芭蕉侗族乡灯笼坝村被授予"省级文明村"称号。

【8月17日】国家交通部部长黄镇东到恩施市,就交通工作考察。

【9月9日】"2002年中国板党节"在板桥镇举行,来自海内外60多家客商以及利川、重庆市毗邻乡镇近万人参加活动。是日,实现物资交流额500万元以上,销售板党30余吨。

【9月19—21日】由国家农业部、人民日报社、中央人民广播电视台、经济日报社、中国政协报社组成的采访团对恩施市生态家园文明新村建设作专题采访。

【9月21—25日】由市政府承办的湖北省第五届少数民族传统体育运动会在恩施市举行,来自全省25个代表团、54个民族的552名运动员参加11个项目和1个表演项目的角逐。民运会期间,恩施市还举办经贸洽谈活动,签项目合同18个,金额4.27亿元。

【9月22日】第四届湘鄂渝陕四省边区经济协作会在恩施市举行,会议以集中力量打造"中华旅游黄金走廊"为主题。

【9月29日】省物价局以鄂价检〔2002〕194号发文,对恩施市某实验小学乱收费案件查处情况进行通报。该小学采取自立项目收取借资款、社区教育服务费、捐资款、饮料费和保险费等合计总额260761元。事情披露后,引起省委高度重视,省委副书记邓道坤、省委书记俞正声相继作出批示。所收费用分别作出全额清退、按期偿还、补办手续和处以罚款等处理,有关责任人给予行政处分。

【10月16日】市委书记曾祥国出席全国农业生态环境与农村可再生能源建设工作会议,并代表市委、市政府作题为《推进生态家园文明新村建设,加快山区经济社会全面发展》的典型发言。

【10月18日】日本国际协力银行驻中国北京代表王韫到恩施考察大龙潭移民安置工作。

【12月10日】万宜铁路恩施火车站选址舞阳坝街道枫香坪村,东起烂草湾大桥,西止清江铁路大桥,全长约3千米,宽100~500米,占地面积1000余亩。恩施火车站是万宜铁路新建的最大火车站,也是东部地区进入西部地区的第一大站。

【是月】小渡船街道计划生育干部周萍之(女)被国家计划生育委员会授予"全国计划生育系统优秀工作者"称号。

△全市农村电网建设与改造工程竣工，全市实现城乡用电同网同价。

△市统计局创办“硒都信息网”登录互联网，为恩施市在全球互联网上的第一个窗口。

△白杨坪中学“语文创新教学研究与实验”课题被全国教育学会评为课题实验一等奖，被中国教育学会中学语文专业委员会鉴定为国家级A等成果。

△全市开展村、组撤并和社区调整工作，592个小村并为172个大村，5987个村民小组减至1410个，21个社区增至34个，132个居民小组增至180个。

2003年

【2月1日】三岔乡农民演员演出的傩戏《扎土地》，在中央电视台西部频道（即12频道）春节联欢晚会播出。

【是月】市国税局办税大厅被共青团中央授予“全国青年文明号”称号。

△三岔乡被国家文化部授予“全国民间艺术之乡”称号。

【3月5日】零时30分，万州客运公司一辆渝A－F0053号普通客车，由重庆万州开往武汉，行至318国道1607千米＋950米处，发生特大交通事故，客车翻入左侧垂直高度27米、斜面坡度45米坎下，致16人死亡、36人受伤。经查明，系因天黑冰雪路滑，坡陡弯急，驾驶员陈某某操作不当所致。

【3月21日】州委、州政府决定，湖北恩施经济技术开发区实行“州市共建共管，以市管理为主”体制，市长兼开发区主任。

【3月29日】9时40分，白杨坪乡境内一农用三轮车行至“白（杨坪）奉（节）”公路10千米＋600米处翻覆，发生特大交通事故，致5人死亡。

【是月】恩施市被省委、省政府授予“2002年度社会治安综合治理先进单位”称号。

【4月4日】新塘乡下塘坝村李家台组发现清代进士廖崇铨墓，该墓碑由石灰岩造就，主碑和左右副碑保存完好，镌刻碑文数百字，有较高研究价值。

【4月16日】恩施统计信息网向社会开通。

【是日】三岔乡茴坝村村民谭世怀开挖屋基，掘出一件完好青铜甬钟，通高61厘米。经鉴定为汉代军乐器。

【4月20日】恩施市紧急部署防控“非典型性肺炎”，市委、市政府成立防治“非典”指挥部，建立市、乡、村、组四级疫情监测网络。全市设立非典疫情监测点436个，累计监测返乡流动人员1.22万人，检查1.06万人。设立崔家坝、板桥、太阳河3个交通入口监测点，检查过境车辆5212台，检疫旅客3.21万人。省、市两级投入资金130万元，建立市、乡两级发热门诊，建定点医院和隔离区。全市实现“非典”零发病和零感染目标。

【4 月 23 日】首届“中国硒都·芭蕉茶叶文化节”在芭蕉侗族乡举行，中国工程院院士、中国茶叶学会名誉理事长、博士生导师陈宗懋参加活动并题词。

【4 月 24 日】湖北鄂西经济技术开发区更名为湖北恩施经济技术开发区。

【是月】恩施供电公司将老渡口水电开发工程转让给国电安盛有限责任公司进行后续工程建设。

【5 月 29 日】市六届人大常委会第 32 次会议通过市检察院《关于预防职务犯罪工作实施方案的报告》，并作出《关于加强预防职务犯罪工作的决定》。

【是月】市委、市政府决定，对原中共鄂西特委旧址——舞阳坝街道五峰村红岩狮按原貌进行修复，工程总投资 110 万元，建筑面积 230 余平方米，于 11 月完成修复并向社会开放。同期，修复建在何功伟村（原方家坝村）望城坡烈士就义处的何功伟、刘惠馨烈士陵园。

【6 月 3 日】州政协副主席张龙光一行至恩施市，就清江流域经济发展与环境保护等调研。

【6 月 21 日】15 时 20 分，利川市南坪粮油公司经理吴汝贵驾驶“富奇”吉普小客车，行驶至 318 国道恩施市境内 1599 千米 +600 米处翻下陡坡，发生特大交通事故，致 6 人当场死亡，1 人因抢救无效死亡，1 人重伤。

【是月】市财政局被省委、省政府授予“省级最佳文明单位”称号。

△市审计局被省委、省政府授予“省级文明单位”称号。

【7 月 31 日】市公安局小渡船派出所被国家公安部授予“全国一级公安派出所”称号。

【是月】市公安局刑警大队队长卢宗平被国家公安部授予“全国优秀人民警察”称号。

【8 月 7 日】市委五届八次全会讨论通过《关于加快发展工业经济的决定》。

【8 月 8 日】湖北华新水泥公司年产 100 万吨高品质水泥工程项目，在六角亭街道高桥坝村破土动工。该工程总投资 2.60 亿元。

【8 月 19 日】全国魔芋种植基地建设经验交流暨经贸洽谈会在恩施市举行，中国魔芋协会会长刘佩瑛到会讲话。来自 13 个省（市）、35 个县（市）的 183 名代表出席会议，其中包括日本客商在内的 130 人在会上发言。

【8 月 23 日】《人民日报·海外版》第 15 版旅游天地栏目以《恩施大峡谷令人心醉》为题，用图片形式，介绍恩施大峡谷。

【8 月 25 日】省军区司令员贾富坤到恩施市检查工作。

【8 月 27 日】省政协副主席翁行德一行至恩施市，就经济和社会发展情况视察。州、市领导李正双、甘立友等陪同。

【是月】三岔乡傩戏传人谭学潮、白杨坪乡灯戏传人廖南山被州政府命名为第一批“少数民族民间艺术大师”。

【9月5日】全国儿童青少年铅危害防治工作组专家季成叶、惠存浩到恩施市考察。

【是月】市第一看守所被国家公安部授予“全国公安监管场所深挖犯罪先进单位”称号。

【10月1日】恩施市大龙潭水利枢纽工程开发公司、市政府举行工程截流仪式。该工程具有防洪、发电、城区供水、旅游、水产养殖等综合功能，总装机3.60万千瓦，库容5200万立方米。

【10月8日】恩施龙鳞宫风景区被国家水利部授予“国家水利风景区”称号。

【10月19日】15时10分，双龙客运有限公司何开祥驾驶鄂Q11038号胜利牌小型客车，从城区挂榜岩车站行驶到环城路1千米处（旗峰坝）时，与迎面驶来的李周驾驶鄂Q13429号川路牌农用车相撞，发生特大交通事故，致4人当场死亡，2人因抢救无效死亡，9人受伤。

【10月22日】市民族文工团创作排练的土家歌舞小品《茶山春》，在中国首届农村题材文艺作品决赛中夺得表演一等奖和创作一等奖。

【10月24日】市政府作出《关于加快旅游业发展的决定》。

【10月29日】日本国协力银行贷款项目负责人到恩施市考察大龙潭移民安置工作。

【是日】州政协副主席刘元香率农科教调研组至恩施市，就农、科、教“三结合”开展情况调研。市领导甘立友、李明东等陪同。

【11月19日】国务院扶贫开发领导小组办公室主任吕飞杰到恩施市调研扶贫开发工作。

【11月21日】城区亲水走廊举行落成典礼，州委书记汤涛宣布开园，并与州长周先旺为陈连升铜像揭幕。亲水走廊从清江桥到东门黄石大桥，东岸长960米，西岸长940米，两堤上各有4.5米宽的步行道。该工程为州庆工程，7个月建成。同时，北门和橘园段的城市防洪工程也全部竣工，长1980米。2004年11月30日，亲水走廊二期工程西岸开园。

【11月22日】舞阳坝街道境内市民业建材有限公司贺孝友采石场发生崩塌事故，致翁某某、谭某某2民工被垮落的岩石当场砸死；周某某被垮落的岩石击中背部，送州中心医院经抢救无效死亡。

【11月25日】市首家城市污水处理厂开机试运行。该厂坐落于城区清江东岸五峰山麓，可日处理污水3万吨，经处理后的水质达到国家规定排放标准。工程投资1.46亿元，2001年11月动工兴建。污水处理能力6万吨/日，城区污水处理率达70%～80%，削减COD8吨/日，削减氨氮1.6吨/日。

【11月26日】国务院第三十次常务会议审议通过沪蓉国道主干线湖北宜（昌）恩（施）

高速公路可行性研究报告和宜(昌)万(州)铁路可行性研究报告。

【11月30日】恩施机场扩建工程举行奠基仪式,省委常委、省委统战部长苏晓云宣布工程奠基。该工程将跑道南延190米,北延150米,延长后跑道长2350米。新建助航打光系统和航站楼,总投资8470万元,工期为20个月。

【是月】恩施殡仪馆迁址六角亭街道头道水村(小地名黄土坎),开展殡仪、火化业务。

【12月1日】宜万铁路工程奠基仪式在恩施市枫香坪村(恩施火车站选址处)举行。中共中央政治局委员、湖北省委书记俞正声,省委副书记、省长罗清泉,公安部常务副部长田期玉、铁道部副部长孙永福、国家民委副主任周明甫等参加。

【是日】恩施土家族苗族自治州建州20周年庆祝大会在市体育中心举行。

【12月18—21日】中共恩施市第六次代表大会在州民族礼堂召开,吴希宁作题为《抢抓机遇,加快发展,为恩施市全面建设小康社会而努力奋斗》的报告。大会选举产生市第六届委员会委员33名、候补委员6名,市第六届纪委委员23名。市第六届委员会第一次全体会议选举产生吴希宁(土家族)、程贤文、田凤培(土家族)、邓升志、张安俊、侯萍(女)、谭明威、刘凡、李国庆、胡福先、秦斌、李明东、谭志国为市第六届委员会常委,吴希宁为市委书记,程贤文、田凤培、邓升志、张安俊为市委副书记。邓升志为市第六届纪委书记。

【12月26日】何功伟、刘惠馨烈士陵园(又名方家坝烈士陵园)竣工。何功伟、刘惠馨烈士墓迁入,并举行开园仪式。陵园位于小渡船街道方家坝村,占地63亩,建筑面积618平方米,投资197万元。

【是月】恩施市被国务院、解放军总政治部授予“国家双拥模范城”称号。

△六角亭街道南门武圣宫古建筑维修工程竣工,对外开放。

△市教育局代表恩施市参加“教育部·李嘉诚西部农村中小学现代远程教育项目”经验交流会,在人民大会堂作题为《利用远程资源,服务课程改革》的发言。

△市中心医院被省委、省政府授予“全省防治非典型肺炎先进集体”称号。

2004年

【1月4—8日】政协恩施市第六届委员会第一次会议在市委党校(六角亭)召开。会议听取并审议副主席王庭斌代表政协恩施市第五届委员会常务委员会向大会所作的工作报告,审议政协恩施市第五届委员会常务委员会关于提案工作情况的报告。会议期间,全体委员列席市七届人大一次会议,听取《政府工作报告》《计划报告》《财政报告》及其他有关报告。会议选举刘宗烈为政协恩施市第六届委员会主席,向成舟、王庭斌、尤连胜、孟明

星、许强为副主席。会议审议通过《政协恩施市第六届委员会第一次会议政治决议》。

【1月5—9日】市第七届人民代表大会第一次会议在恩施召开,与会代表288人。会议听取和审议代市长程贤文所作的政府工作的报告;听取和审议关于2003年国民经济和社会发展计划执行情况2004年计划草案的报告;审查和批准恩施市2003年国民经济和社会发展执行情况及2004年计划;听取和审议关于恩施市2003年财政预算执行情况和2004年财政预算草案的报告;审查和批准恩施市2003年财政预算执行情况和2004年财政预算;听取和审议市人大常委会副主任王和泉所作的市人大常委会工作报告;听取和审议市人民法院工作报告、市人民检察院工作报告;会议听取市政府副市长秦斌所作的市六届人大二次会议决议执行情况和市六届人大代表建议、批评、意见办理情况的报告。大会收到10人以上联名提出的议案47案、49件。选举吴希宁为市第七届人民代表大会常务委员会主任,选举郭银龙、王和泉、周德金、黄永耀、刘平富、向仕莲为市第七届人民代表大会常务委员会副主任;选举程贤文为市长,选举秦斌、冯晓骏、刘青、王怀东、肖家魁为副市长;选举刘茂仕为市人民法院院长、肖基年为市人民检察院检察长。

【是月】恩施市被国家民政部、解放军总政治部授予"全国双拥模范城"称号。

【2月24日】屯堡人民法庭被最高人民法院和司法部联合表彰为"全国人民调解工作模范法庭"。

【3月6日】"恩施油栗"品牌通过湖北省林木良种审定委员会审定,获"省级林木良种优质品种"称号。

【3月22日】全省首家大篷流动影院在恩施市诞生。

【4月25—28日】恩施市组织代表团,参加2004年中国北京国际合作社贸易洽谈会。全市9家企业26个产品进入展览大厅参展。

【4月30日】恩施市政府网站——"中国硒都"网经过改版开通。网站着力向广大网民展示"美丽硒都、魅力硒都、激情硒都",目前开设"政务在线""首府新闻""市长信箱"等10多个栏目。

【是日】市公路段养护分公司经理邓慎明(土家族),被省政府授予"湖北省劳动模范"称号。

【5月27日】17时49分,清江大龙潭水利枢纽工程大坝发生基坑洪水漫顶,电站上游堰体被突发洪峰冲垮,导致15人死亡3人失踪。事故发生后,市委、市政府组织8000多名干部群众、武警官兵、公安干警对出事地点下游的水域200余公里河道开展全面搜救,并安排工作专班对死者家属进行安抚慰问。28日,国务院总理温家宝、副总理回良玉分别对恩施市"五二七"灾害事件作指示,要求全力组织搜救,查明事故原因,做好善后工作,并进一步要求做好水利设施的防汛工作。省委副书记、省长罗清泉到恩施传达总理温家宝关

于“五二七”灾害的重要批示，并查看灾情，指挥施救，慰问部分遇难者家属。副省长刘友凡连夜赶到恩施坐镇指挥灾害后的搜救、善后等工作。29 日，国家防汛抗旱总指挥部办公室副主任程殿龙率工作组到恩施市，协助指导湖北省进行“五二七”灾害事件的善后处理与原因调查。

【是月】政协恩施市文史资料委员会在崔家坝镇进行古居民调查时，发现清代武进士向发道宅第。宅第位于滚龙坝村，俗称石狮子屋，面墙长 60 余米，采用薄砖合斗钩缝法砌筑，设左、中、右三道石框大门。为向发道与其兄向存道、弟向致道共同居住，原宅内有“进士及第”等匾牌 10 多块。经考证，向发道字元魁，清道光二年(1822)科中武举，道光九年(1830)科中武进士，历任守备、都司、督标游府等武官职务。道光十八年(1838)前后与其兄、其弟一起修建这一占地面积近 2000 平方米的豪宅。历经 160 余年风雨剥蚀，保存完好。

【6 月 2 日】“恩施紫油厚朴”由湖北省质量技术监督局发布为湖北省强制性地方标准。5 月 30 日，市政府组织科技局、药监局、药业产业化领导小组办公室、质量技术监督局等部门起草《恩施紫油厚朴湖北省地方标准》，由湖北省质量技术监督局在武汉组织中国科学院武汉植物研究所首席研究员王有为、湖北省中医药研究院副研究员王立群、华中农业大学教授王沫等专家评审。

【是月】新塘乡青年农民谢远国成功设计制造以电、液化气、煤为加热能源的全自动烤焙米线豆皮机，填补我国同类食品机械一项空白。产品畅销浙江、福建和重庆等处。

【7 月 8 日】恩施清江流域姚家坪水能资源 50 年开发使用权，以 320 万元价格，由北京九龙国际投资有限公司取得。此举标志着恩施市水能资源开发，开始由无偿无期使用转为有偿有期使用。北京九龙国际有限公司计划兴建姚家坪水利枢纽工程，该项目已被列入全省水电基地 14 个重点项目之一，预计投资 19 亿元人民币，总装机容量 18 千瓦。

【7 月 18—20 日】市委在铜盆水林场召开六届二次全体(扩大)会议。全会听取市委书记吴希宁代表市委常委会所作的工作报告，讨论《关于大力实施人才强市战略的决定》，通过《中共恩施市委六届二次全体会议决议》，明确提出恩施市实施人才战略的总体要求、目标任务和工作措施。

【7 月 28—29 日】省政协主席王生铁至恩施市，就民营经济及政协工作调研。州领导周先旺、戴贵洲等陪同。

【8 月 9 日】州政协副主席蔡万顺、陈晓燕一行至恩施市，就“双百”授信活动调研。

【8 月 20 日】沪蓉西高速公路宜昌至恩施段工程，在白杨坪乡张家槽村奠基开工。

【8 月 23 日】省委组织部常务副部长武清海一行深入恩施市部分社区，就党建工作进行专题调研。州委书记汤涛，州委副书记、州长周先旺，州委副书记戴贵洲等陪同。

【8 月 24—27 日】日本国周东町议会议长吉田辉雄一行访问恩施市，就恩施中药材、绿茶基地和中药材、绿茶、山野菜生产企业及中药材信息展示中心进行考察。

【8 月 26 日】由中国魔芋协会、市委、市政府主办的首届中国魔芋节暨 2004 年恩施"女儿会"在恩施市召开。中国魔芋协会名誉会长刘佩瑛教授向恩施市授予"中国魔芋综合实力第一市"奖牌。经贸洽谈会上，日本原田食品株式会社、中国冠城国际科技集团分别与恩施宏业魔芋有限公司签订联合建立有机魔芋基地、魔芋产品购销项目投资协议，协议金额分别为 2000 万元、5000 万元。

【9 月 1 日】白果乡初级中学冯梅、龙凤镇中心小学张平荣、新塘乡河溪小学田育才被省政府表彰为"全省农村优秀教师"，三岔乡初级中学罗彦昌被表彰为"全省农村优秀教育工作者"。

【9 月 15 日】恩施市山里星经贸有限公司董事长付星娥、和声走广告公司总经理张恩碧两民营企业家，应邀赴北京参加第十一届全球女企业家会议，与来自 25 个国家和地区的 500 多名企业家代表们共聚人民大会堂，进行为期 4 天的学习和交流。张恩碧就"女性创业与国际合作"这一主题代表湖北区发言。

【9 月 25 日】中国、法国、英国、意大利、美国等国洞穴专家在英国伦敦召开国际洞穴研讨会宣布：在湖北恩施板桥镇与重庆兴隆镇交界处，发现世界最长地下暗河，其出口位于板桥境内。次日，国内外众多媒体同时播发该消息。7 月 29 日，中法探险队第五次至湖北与重庆交界的恩施市板桥镇，通过 12 天的探险，运用 GPS 卫星定位仪和示踪试验，在板桥发现暗河出口，准确地测出暗河长 50 公里，比过去公认的最长暗河——地苏暗河系统（位于广西壮族自治区东安县境内）长 10 多公里。龙桥暗河由此成为迄今为止地球上发现的最长暗河。

【10 月 29 日】省硒资源开发利用促进会第一次会员代表大会在恩施市召开，会议选举产生第一届理事会和省硒促会负责人，讨论并通过《湖北省硒资源开发利用促进会章程》《湖北省硒资源开发利用促进会财务管理办法》。省硒资源开发利用促进会第一次会员代表大会选出 34 名理事，选举华中科技大学教授、博士生导师黄开勋为理事长，选举市政协主席刘宗烈为常务副理事长。

【10 月 30 日】湖北清江沐抚大峡谷在武汉国际文化产业博洽会上正式向世人推出。大峡谷位于长江三峡附近的恩施市屯堡乡和板桥镇境内，为清江大峡谷中的一段，峡谷全长 108 公里，峡谷中百里绝壁、千丈瀑布、傲啸独峰、原始森林、远古村寨等景点众多。自然景区主要由大河扁风光、朝东岩绝壁、云龙峡瀑布、铜盆水森林公园、屯堡清江河画廊等组成。

【11 月 3 日】恩施市被中国科学技术协会（CAST）命名为"全国科普示范市"，成为全

州唯一获此殊荣的国家级科普示范市。

【11月8日】省地区经济开发促进会与市政府联合主办的“2004恩施城市商业经济发展论坛”开幕。

【11月19—21日】国家森防总站纪检书记李永成及检疫处赵宇翔博士一行到恩施市检查指导2004年度松线虫病工程治理和林业有害生物普查工作。

【12月20日】恩施云龙河水电工程发生重大事故,导致3人死亡、3人受伤。经查明,系越峰云龙河三级水电开发有限责任公司所属施工项目部——葛洲坝第五工程公司越峰云龙河项目部在进行大坝左肩爆破时,其爆破产生的弃渣瞬间大量倾入云龙河,激起巨大的水浪,将在300米外导流洞施工便道避炮的6名民工卷入河中。

【12月30日】市廉租房建设室内装修完工,入住对象确定。至此,州、市政府承诺为市民兴办的12件实事全部兑现。

【是月】恩施市与黄山中安经贸资源开发有限公司、连云港东林房地产开发公司签订沐抚大峡谷龙门风景区、朝东岩风景区、龙洞河风景区3个开发项目,总投资2.5亿元。

△经省人民政府同意,恩施土家族苗族自治州州庆日由原来的每年12月1日(庆祝成立大会日)更改为每年的8月19日(国务院发文批准日)。

2005年

【1月】崔家坝镇南里渡村调解委员会,被司法部授予“全国模范调解委员会”称号。

【1月9日】8时20分许,恩施市境内318国道1539公里+60米处发生严重交通事故,一辆车号为川M06137(临时牌照)的红色农用车与1辆载有15人的无牌红色货三轮车相撞,导致2人死亡、13人受伤。

【3月1日】中共中央政治局委员、中央书记处书记、国务委员兼公安部部长周永康作出批示,要求认真总结恩施市农村地区推行治安中心户的经验,并在全国推广。“治安中心户”防控机制的主要内容为根据农村地区村民居住特点,按照村民彼此间的地域关系、经济关系、亲情关系和邻里关系等合理划分治安区域,以群众选举、民主推荐、组织认定等方式确定治安中心户长,通过明确责任和激励措施等一系列制度,以专门工作与群众工作互动结合为动力,在农村乡镇建立起以派出所为龙头、治保会为桥梁、治安中心户为载体的新型农村治安防控体系。它是由党委政府主导、综治委组织协调、社会整体联动、公安机关全力主抓的社会治安防控网络,实质是发动农民自己处理自己的事务,是村民自治在农村社会生活中的具体体现,是农村社会治安群防群治模式的改革创新。

【3月3日】恩施市大龙潭电站“五二七”围堰溃决事故处理结果公布:经省纪委常委

会、省监察厅厅长办公会研究决定，给予市长程某某党内警告、行政警告处分，副市长肖某某党内严重警告、行政记大过处分，市水利局局长、党组书记姜某撤职处分。2004 年 5 月 27 日，大龙潭电站围堰突然溃决，12 名幼儿、1 名幼师、1 名司机和 4 名民工被洪水卷走，造成 15 人死亡，3 人失踪。省联合调查组对事故的原因进行详细调查，并对责任进行划分，依法对有关责任人实行责任追究。

【3 月 8 日】全市全面推行“1 +4 + X”村务公开工作，形成以公开栏为主要平台，以 3 月 8 日“村务公开日”为载体，以广播电视、互联网、登门走访、印发宣传资料等为辅的动态与静态结合、平面和立体互补、灵活多样、实用便利的村务公开网络，进一步落实村民的知情权、决策权、参与权、监督权。6 月，全国村务公开协调小组办公室《村务公开》第 27 期刊文推介该模式；9 月，在省反腐败抓源头工作经验交流会上，“1 +4 + X”模式受到省委、省政府肯定。《人民日报》《湖北日报》《中国纪检监察报》等新闻媒体均作报道。

【3 月 15 日】越南社会主义共和国卫生部生殖保健司官员阮维俊率该国中央保健院官员及医务人员一行 5 人，到盛家坝乡卫生院考察农村妇幼保健工作。

【4 月 8 日】在广东佛山召开的全国人民法庭工作会议上，市人民法院屯堡人民法庭被授予“全国优秀人民法庭”称号。全国仅 100 家、湖北省仅 6 家人民法庭获此殊荣。此前 2 月，该法庭在“中国十佳法庭”评选活动中曾荣获“金天平”奖。

【4 月 15 日】州政协副主席张龙光一行赴屯堡乡，就矿产资源情况和建材工业现状专题调研。市领导尤连胜等陪同。

【4 月 27 日】全市政府机构改革动员会议在恩施宾馆召开。

【4 月 28 日】州委常委、宣传部部长程远斌一行至恩施市，对清末新疆巡抚，恩施籍饶应祺墓址被毁情况实地调查。市领导刘宗烈、向成舟等陪同。

【5 月 11 日】中央政治局委员、省委书记俞正声至恩施市财政局与机关干部职工就保持共产党员先进性教育与财政改革工作进行座谈。

【5 月 16 日】市委副书记、市纪委书记邓升志与州委副书记、州纪委书记胡毅一道赴省纪委、省监察厅、省民政厅和中共中央纪委、国家民政部，专题汇报恩施市开展“1 +4 + X”村务公开工作情况。

【6 月 8—10 日】由中国茶叶学会、湖北省茶叶学会、恩施州农业局、市政府主办的“2005 年中国富硒茶文化节”在恩施市举行。其间，开展经贸洽谈签约 12 项，合同金额 2.55 亿元；42 家 203 个茶叶品种参加茶叶展销会；举办硒茶与人体健康论坛专题学术讲座。中国茶叶学会理事长杨亚军、副理事长施兆鹏、农业部茶叶质检中心副主任刘新、省茶叶学会副理事长宗庆波等专家学者和全国知名企业人士及新华社、人民日报社、中央电视台等 21 家新闻媒体记者出席。

【6月16日】“恩施紫油厚朴”原产地域产品保护通过国家级审查。恩施紫油厚朴地理标志产品保护范围以市政府《关于界定恩施紫油厚朴地理标志保护范围的建议函》提出的范围为准，为恩施市辖行政区域的崔家坝镇、沙地乡、太阳河乡、红土乡、新塘乡、白果乡、板桥镇、盛家坝乡等现辖行政区域。质量技术要求按照种名、栽培技术、采收与加工和质量特色。恩施紫油厚朴地理标志产品保护范围内的生产者，可向恩施市质量技术监督局提出使用“地理标志产品专用标志”的申请，国家质检总局自公告发布之日起，各地质检测部门开始对恩施紫油厚朴实施地理标志产品保护措施。8月，国家质检总局发布公告，批准对恩施紫油厚朴实施地理标志产品保护。

【6月20—23日】全国政协常委、副秘书长、台盟中央副主席李宽敏，在省政协副主席、台盟湖北省委主委张荣国等陪同下，至恩施市调研民营企业及农业产业化工作。市领导刘宗烈等陪同。

【7月14—16日】市委六届三次全体（扩大）会议在恩施军分区招待所举行。会议听取市委书记吴希宁代表市委常委会所作的报告，讨论并原则通过《关于抢抓“两路”建设和开通机遇，加快现代工业特色板块农业和旅游业发展的决定》。

【7月16日】15时40分许，一辆由四川开县开往龙岗卧铺客车（车号渝AN1029）行驶到318国道1528KM＋30MT处（白杨坪乡张家槽村），翻下100米高的深沟，造成16人死亡、38人受伤的特大交通事故。

【是月】市委书记、市人武部党委第一书记吴希宁被广州军区授予“国防之星”和全国“关心国防后备力量建设双十佳新闻人物”称号。

△香港“复明九号”流动眼科手术车至恩施开展复明手术，历时13天，为全市144名白内障患者成功实施手术。

【8月3日】省政协常务副主席丁凤英至恩施市调研。州、市领导李正双、刘元香、刘宗烈等陪同。

【8月5日】省委副书记陈训秋至恩施市，就农业产业化建设工作调研。州委书记汤涛，州委副书记、州长周先旺陪同。

【8月10日】恩施市东门橡胶坝充水调试成功。东门橡胶坝综合指数名列亚洲同类第一，是中国橡胶第一高坝，坝底长64米，坝顶长96米，坝高6米，蓄水水域长度4.2公里。

【8月16日】恩施市“女儿会”暨特色农产品展销会红土乡石灰窑开幕。来自恩施、鹤峰、宣恩、建始近两万名土家族、苗族群众进行物资交流。每年农历七月十二的恩施土家族“女儿会”，在民间流传大约300年，被人们称为“东方情人节”。

【8月19—21日】庆祝建州22周年暨首届药交会在恩施市开幕。省政府副省长任世

茂宣布药交会开幕。国家农业部、国家林业局和省委副书记陈训秋，省政府副省长刘友凡，省政协常务副主席邓道坤、副主席丁凤英和湖北中医学院、省农科院等单位发来贺电。30多位专家学者和200多名来自澳大利亚、西班牙、英国、韩国、日本等国家及香港、台湾地区及全国各地的医药企业代表与会。其间，签订各类合同及协议48个，总金额达23亿多元，其中合同金额56968万元。

【是月】《恩施文史》第十七辑（黄在渔将军专辑）由市政协文史委主编，华夏文艺出版社出版发行。

【9月22日】省政协副主席翁行德一行至恩施市，就学习贯彻《中共中央关于加强人民政协工作的意见》情况调研。

【10月2日】瑞士国家卫生中心项目组组长卡斯帕先生和瑞士接赛尔医院骨科专家皮特博士一行二人考察降消项目。

【10月17—20日】渝鄂湘黔部分县（市、区）人大工作联席会第31次会议在恩施市举行。重庆市武隆县、垫江县、黔江区，湖南省凤凰县、永顺县、龙山县、桑植县、吉首市，贵州省石阡县、沿河县、松桃苗族自治县、德江县、铜仁市及湖北省长阳土家族自治县、来凤县、宣恩县、咸丰县、利川市、恩施市等19个成员县（市、区）人大常委会的领导和工委负责人共120余人出席会议。

【10月20日】瑞士国家卫生中心项目组组长卡斯帕一行至恩施市中心医院，就该院利用瑞士政府购置医院设备项目进行评审验收。

【10月30日】15时20分许，太阳河乡太阳矿业公司1号井发生安全事故，致2名作业人员死亡。死者雷某某、周某某均系该乡白果树村人。

【11月15日】“板桥党参”地理标志产品保护通过国家级审查。板桥党参地理标志产品保护范围以国家质量监督检验检疫总局发布的《地理标志产品保护形式审查公告》（2005年第107号）确认，即湖北省恩施市板桥镇现辖行政区域内的11个村，18万余亩耕地适宜种植板桥党参。

【12月10日】湖北省地方标准“恩施富硒茶”通过省级审查。该标准规定恩施富硒茶的术语和定义、产地范围、产地环境条件、技术要求、试验方法、检验规则、标志、包装、贮存和运输要求，适用于恩施市境内富硒绿茶、红茶的加工和销售。

【12月12日】市政府和上海索鑫科技有限公司签订《铁厂坝铁矿综合开发项目和工业试验合同书》。

【12月16日】恩施市被科技部授予“2003—2004年度全国科技进步工作先进市（县、区）”称号，市长程贤文、市科技局局长吴承亚被授予“2003—2004年度全国科技进步工作先进个人”称号。

【12 月 23—25 日】中共恩施市第六届委员会第四次全体(扩大)会议在恩施军分区招待所举行。会议由市委书记吴希宁主持,市委副书记、市长程贤文就《恩施市经济社会发展第十一个五年规划主要目标和措施的报告》向全会作出说明。会议审议并原则通过《市政府党组关于恩施市国民经济和社会发展第十一个五年规划主要目标和措施的报告》。市委常委会、市人大常委会党组、市政府党组、市政协党组、恩施经济技术开发区工委和市纪委向全会作出书面报告。会议总结"十五"时期恩施市经济社会发展取得的成绩,提出恩施市制定"十一五"规划的指导思想、目标任务和工作措施。

【12 月 26—28 日】中央政治局委员、省委书记俞正声至恩施市,走访慰问困难群众,考察扶贫开发工作。州委书记汤涛等陪同。

【是月】恩施市"板党"国家地理标志(原产地域保护)产品在北京获得专家组审查通过。

△在 2005 年"中国中小城市大型系列评选"活动中,恩施市跻身全国最具投资潜力中小城市 50 强,全省仅 3 市获此殊荣。

2006 年

【1 月 1 日】市新型农村合作医疗工作启动。

【1 月 6 日】沙地乡农民技术员邓祥光被州委、州政府授予首届"杰出人才"称号。

【1 月 22 日】南航湖北分公司一架波音 737 - 800 型客机降落在恩施机场候机楼前。该次首航,结束恩施只能飞小型客机的历史。

【是月】市纪委、市监察局被省委、省政府授予"全省纪检监察工作先进集体"称号。

【2 月 23 日】崔家坝镇鸦鹊水村朱以菊被全国妇联、全国农村妇女"双学双比"活动领导小组授予"全国农村妇女'双学双比'活动能手"称号。

【2 月 28 日】国家教育部基础教育司副司长李天顺、省教育厅副厅长郑年春一行,深入恩施市部分农村中小学,就现代远程教育工程实施情况进行专题调研。恩施市在全州最早实施农村中小学现代远程教育,2004 被年纳入国家发改委、教育部、财政部启动的部分省市农村中小学现代远程教育工程实施方案,成为全国远程教育试点市。全市 28 所初中、234 所小学、124 个教学点均拥有 1 套远程教育设备和专业人员管理,其光盘播放点、卫星收视点两种模式的远程教育覆盖所有的农村中小学。

【3 月 28 日】市委、市政府在恩施宾馆三楼会议室召开会议,就全市乡镇综合配套改革工作作出部署。

【3 月 29 日】联合国世界卫生组织 HPSP 项目国家顾问汤胜蓝博士、世界卫生组织短

期顾问 Melanie·Walker（玛·沃克）女士一行到市中心医院、芭蕉侗族乡白岩村卫生室、盛家坝乡石门村卫生室考察新型农村合作医疗工作。

【是月】由恩施宏城房地产开发有限公司投资兴建的清江外国语学校（时名清江中学）开办。该学校位于舞阳坝街道许家坪新机场路29号，为民办全日制、寄宿制完全中学。

【4月16日】由省茶叶协会，州政府共同举办，市政府、州农业局、州商务局、州工商局、州质量技术监督局共同承办的2006中国富硒绿茶交易会开幕式在州城清和园举行。省政协副主席蒙美路、省委统战部副部长、省民宗委主任郭大孝、州委书记汤涛、州长周先旺、全国人大服务管理中心主任何淼、中国茶叶研究所副所长、茶叶协会秘书长红用文等参加开幕式。其间，由中国农科院茶叶研究所、省茶叶协会等相关单位的专家组成的评委会，对49支茶样、40样茶叶包装进行品评，恩施玉露、“长友”牌鹤峰毛尖、硒露茶获得金奖，茶样分别被浙江、南京客商以5万元、4.6万元、4.8万元高价买走。

【5月1日】14时20分许，舞阳坝街道枫香坪村贺家榜组一采砂场发生山体坍塌事故，致2民工因山石掩埋死亡。经查明，事故系因开山采砂所致。

【5月16日】州城金桂大道首期5800米建设工程第一、第二、第三标段全线开工。金桂大道南起原州饲料厂与学院路平交路口，经恩施经济开发区硒都工业园，北接恩施火车站站前广场。从金子坝至桂花树，全长6115米，总宽70米，其中车行道、双向6车道，管线全部采用综合管线沟方式铺设，工程预计总投资1.47亿元。

【5月25日】国务院公布施州城址（施州城墙旧址、柳州城遗址、西瓜碑、通天洞石刻）为第六批全国重点文物保护单位。

【6月2日】省委副书记、省长罗清泉一行至恩施市，对恩施大峡谷实地考察。州委书记汤涛，州委副书记、州长周先旺等陪同。

【6月21日】崔家坝镇被省政府表彰为全省农村五保“福星工程”建设先进单位。崔家坝镇委书记黄贵森，市民政局工作员张国强被表彰为全省农村五保“福星工程”建设先进个人。

【6月23—25日】市委六届六次全体（扩大）会议在小渡船街道办事处会议室举行。会议听取市委书记吴希宁代表市委常委会所作的《抢抓机遇，加快开发区建设和发展，突出特色，努力增强市域经济竞争力》的主题报告。会议讨论并原则通过《关于加快恩施经济开发区建设和发展的决定》。会议就恩施经济开发区今后的建设和发展作出总体部署。

【6月29日】凌晨2时，全市普降大雨，其中板桥镇、龙凤镇出现暴雨，农作物受灾面积14240亩，其中绝收面积7900亩，烟叶受灾600亩，水毁农田3160亩，冲毁乡村公路85公里，公路垮塌135处，垮塌房屋14间，损毁房屋108间，冲走牲畜8头。

【7月15日】美国白肋烟协会首席执行官丹尼·麦克查尼和协会顾问兼技术专家托马斯·沃尔特、哈臣斯一行到恩施市考察白肋烟生产情况。

【8月14日】MTV叙事片《土家“女儿会”》在州电力宾馆迎宾苑举行首映式。该片被评为2005年度“全国百家电视台电视文艺金奖”。

【8月27日】省人大常委会副主任朱纯宣率部分全国、省人大代表视察恩施市天保工程。全市通过实施天保工程，森林面积已达363.91万亩，森林覆盖率达58.89%，活立木蓄积量达到378.5万立方米。州领导杨俊发、冯国亮等陪同。

【9月13—15日】美国北玛里亚纳群岛联邦自治政府罗塔市市长约瑟夫·S·伊那斯(JOSEPHS. INONS)先生率罗塔市代表团一行10人对恩施市进行友好访问。市委书记吴希宁、市长程贤文等会见。

【9月16—17日】由中国中医药管理局、省人民政府主办，州政府承办的中国中医药民族医药发展论坛中国暨中国恩施第二届药交会在恩施市举办。

【9月17日】国家中医药管理局副局长李大宁、省人民政府副秘书长邹贤启、省卫生厅副厅长胡菊萍到龙凤镇小龙潭村卫生室考察新型农村合作医疗和村卫生室规范化建设工作。

【是月】恩施市被中央宣传部、全国妇联、中央社会治安综合治理办公室、共青团中央、国家公安部、国家广电总局表彰为“全国平安家庭创建”先进市。

△市老干部局局长彭力勤被中共中央组织部、国家人事部表彰为“全国老干部先进工作者”。

【10月10日】副省长蒋大国带率省民政厅、省卫生厅、省民宗委等部门相关负责人到龙凤镇小龙潭村村务公开工作调研。州领导汤涛、周先旺、谭先振等陪同。

【10月16日】恩施市AAA级旅游景区(点)的授牌仪式在恩施土司城举行，恩施龙鳞宫、土司城、梭布垭风景区分别获得AAA旅游景区授牌。

【10月22日】美国新泽西理工大学教授、国际茶叶科学文化研究会常务副会长王致远、马来西亚湖北同乡会会长、安嘉爱生物集团执行总裁张麒麟等一行6人到芭蕉侗族乡灯笼坝村就茶叶产业化、富硒茶的生产加工以及新农村建设进行参观考察。副州长童章舜等陪同。

【10月26日】应美国洛杉矶高等法院邀请，市法院党组书记、院长刘茂仕参加湖北法院代表团赴美考察。

【10月27日】谭文骄任市委书记，吴希宁任州委副秘书长，免去其市委书记、恩施经济开发区工委书记职务。秦斌同志任市委副书记，提名为市政府市长人选，程贤文调省直部门工作，免去其市长、恩施经济开发区主任职务。

【是月】全市乡镇党委、政府、人大领导班子换届。

【11 月 15 日】位于屯堡乡双龙村的宜万铁路渡口河特大桥 5 号桥墩封顶，墩高 128 米，为目前铁路桥梁“亚洲第一高墩”。

【12 月 1 日】中央电视台、中央人民广播电台、新华社、经济日报、工人日报、光明日报、农民日报、湖北日报和湖北电视台等多家媒体组成的中央新闻采访团抵达恩施，赴芭蕉侗族乡采访。12 月 19 日晚，新华社播发图文通稿《“恩施模式”：大山深处的新农村同样精彩》，新华每日电讯、经济日报、工人日报、光明日报、中国政府网等在头版或显著位置刊发。20 日晚，中央电视台《新闻联播》以《湖北恩施破解推广难题、沼气发展成就生态家园》为题作重点报道。

【12 月 4 日】省委副书记杨松一行深入芭蕉侗族乡灯笼坝村、润邦国际茶叶公司、长友现代农业股份有限公司，就扶贫开发工作调研。州、市领导汤涛、陈亚平、甘方谦、谭文骄等陪同。

【12 月 4—7 日】政协恩施市第七届委员会第一次会议召开。会议听取并审议副主席向成舟代表六届常委会向大会所作的工作报告；听取并审议副主席尤连胜代表六届常委会所作的提案工作情况的报告；听取常务副市长蔡平代表市政府通报六届一次会议以来的提案办理情况。会议期间，全体委员列席市八届人大一次会议，听取并讨论《政府工作报告》及其他报告。大会收到委员提案 89 件。会议选举刘宗烈为政协恩施市第七届委员会主席，向成舟、尤连胜、孟明星、金德钧为副主席，丁清传为秘书长。会议审议通过《中国人民政治协商会议湖北省恩施市第七届委员会第一次会议政治决议》。

【12 月 5—8 日】市第八届人民代表大会第一次会议召开。会议听取和审议代市长秦斌所作的政府工作报告；审议恩施市 2006 年国民经济和社会发展计划执行情况和 2007 年国民经济和社会发展计划（草案）的报告；审议恩施市 2006 年财政预算执行情况及 2007 年财政预算草案的报告；听取和审议市七届人民代表大会常务委员会工作报告；听取和审议市人民法院工作报告；听取和审议市人民检察院工作报告；审议市政府关于市七届人民代表大会议案执行情况和代表建议、批评和意见办理情况的报告。大会选举出席州第六届人民代表大会的代表，选举谭文骄为市第八届人大常委会主任，选举李明东、侯萍、周德金、黄永耀、许强、刘少华为市第八届人大常委会副主任，选举秦斌为市政府市长，选举蔡平、肖家槐、何慧、向仕莲、章言为市政府副市长，选举王峰为市人民法院院长，选举刘全生为市人民检察院检察长。大会收到代表 10 人以上联名提出的议案 36 件，经议案审查委员会审查，决定将这些议案转为建议、批评和意见办理，大会收到其他建议、批评和意见 134 件。

【12 月 15—28 日】三岔乡三岔中学发生一起一般突发公共卫生事件。经流行病学调

查,为宋内氏志贺氏痢疾杆菌引起的细菌性痢疾。15 日,发生首例病例;24 日,达到高峰;26 日 12 时,启动预案,全力救治患者,控制疫情;28 日,发生最后一例病人,发病 97 人。无危重病人,无死亡病人,所有病人全部治愈。省政府两次作出批示,要求积极救治患者,及时查明原因,对相关责任单位和个人依法严肃进行处理。

【12 月 25—29 日】中共恩施市第七次代表大会在州民族礼堂召开。出席大会代表 306 名,列席代表 52 名。市委书记谭文骄作《全面贯彻落实科学发展观,为建设富裕民主文明和谐恩施市而努力奋斗》的报告。大会审议通过《中国共产党恩施市第七次代表大会关于中共恩施市第六届委员会工作报告的决议》,通过《中国共产党恩施市第七次代表大会关于中国共产党恩施市纪律检查委员会工作报告的决议》。大会选举产生市第七届委员会委员 37 名、候补委员 8 名,市纪委委员 29 名,并选举产生出席州第五次党代会的代表 64 名。在市第七届委员会第一次全体会议上,谭文骄、秦斌、李国庆、刘凡、蔡平、谭志国、徐青安、刘羽、王怀东、肖家魁、李敏等 11 人当选市委常委委员;谭文骄当选为市委书记,秦斌、李国庆当选为市委副书记。全会通过《关于中国共产党恩施市纪律检查委员会第一次全体会议选举结果的报告》,选举产生参加省第十七届党代会的代表。

【是月】恩施市遭受特大旱灾,连续 100 多天的晴热高温天气,出现历史罕见的三季联旱。受灾的人口达 46.77 万人,占全市农业人口 73%,农作物受旱面积达 38.78 万亩,轻旱 18.99 万亩,重旱 11.63 万亩,干枯 8.16 万亩,其中绝收面积 1111.75 万亩,近 4500 多亩的水田因春旱而未插秧;干旱造成饮水困难人口 22.23 万人,11.10 万头大牲畜饮水困难;旱灾累计造成直接经济损失 6644 万元,其中农业经济损失 6194 万元。

2007 年

【1 月 1 日】州、市政府在舞阳坝街道五峰山村举行全国第二次农业普查现场登记启动仪式。即日起,全州万余名普查员、普查指导员开始通过入户走访的形式,对全州农户、农业生产经营单位进行调查登记。现场调查登记的内容主要包括农业生产、农民生活、农村社会保障及农村基础设施建设情况等。现场调查工作于 4 月底结束。

【1 月 5 日】清江水布垭库区 360 ~ 401 米线下库底清理工作启动。按照全州统一安排,对水布垭库区 360 ~ 401 米线下进行库底清理,涉及恩施市沙地、红土、三岔、新塘等 7 个乡镇 55 个自然村。

【1 月 19 日】位于盛家坝乡境内的罗坡坝水电站开工仪式举行。系冷水河流域开发的第二级,设计总装机 3 万千瓦,年发电量 0.78 亿千瓦时,工程概算总投资 2.4 亿元。

【1 月 27 日】州委、州政府与市委、市政府联合召开 2007 年州城建设与管理动员大会。

会上，恩施市就过去4年州城建设与管理工作取得的成绩进行通报，对2007年州城建设与管理工作目标和任务进行部署和安排。同时，进一步加大力度争创全国卫生城市、国家园林城市、全国历史文化名城、中国优秀旅游城市。会议表彰州城建设与管理先进单位和先进工作者，并听取恩施城市建设投资有限公司、州电力总公司、市政建设拆迁户代表、环卫工人代表的典型发言。

【2月1日】省科技厅副厅长毛凤藻带领省高磷赤铁矿开发实验调研组至恩施市，深入板桥镇铁厂坝矿区进行现场踏勘，并听取市长秦斌就铁厂坝赤铁矿冶炼脱磷工业化实验工作的汇报。州、市领导赵宏中、秦斌等陪同。

【2月5日】由市委组织部、市委宣传部、市人事局、团市委等单位联合主办的第五届“恩施市十大杰出青年”评选活动揭晓。邓敬婷、邓顺权、尹应雄、肖忠友、汪平、范荣、郭俊、康峰、彭松、董祖斌等10人当选“恩施市十大杰出青年”。同时，评出全市第二届“十佳进城务工青年”和第三届“十佳青年再就业明星”。

【2月8日】恩施市2007年春节联欢晚会在天籁大剧院举行。州领导陈亚平、甘方谦、王月圣与谭文骄、秦斌等在家的市“四大家”领导、恩施经济技术开发区的领导、市直各部门及各乡镇、街道的主要负责人等欢聚一堂共迎新春。市委书记谭文骄代表市“四大家”向全市各族人民拜年。市民族文工团、市第一实验小学、市乐老艺术团的演员、学生、老同志们献上一台精彩的文艺节目。

【2月12日】州政府召开州城建设现场办公会，研究如何对恩施市2007年州城建设工作进行支持。会议提出，要转变城市发展理念，统筹协调州市力量，保质保速有序推进，确保总投资12亿多元的“15658”州城建设项目顺利完成和启动。是年，州城建设计划完成和启动15个重点项目建设、实施6大片区开发改造、启动5项重点工程建设、完成8项市政配套工程，即“15658”建设项目任务。州委书记汤涛，州委副书记、州长周先旺，州委常委、常务副州长彭军，州委常委、副州长杨天然，州人大常委会副主任于德海，州政协副主席刘青，恩施市委书记谭文骄、市长秦斌及州直相关部门负责人出席会议。

【2月13日】州委书记汤涛，州委常委、副州长杨天然先后深入人民路廉租房、施州大桥、凤凰大桥、土桥坝广场、土桥坝经济适用房和金桂大道等市政建设重点工程进行调研。市委书记谭文骄、市长秦斌等陪同。

【2月26日】州委书记汤涛到州城长源轴承、九洲牧业、华新水泥、圣峰药业等工业企业调研，了解企业生产销售情况及企业发展中需要帮助解决的困难和问题。市委书记谭文骄等陪同。

【2月26日】市党建暨经济工作会议在州民族礼堂召开。会议分析全市当前的经济形势，总结2006年的经济工作，安排部署经济工作。州委书记汤涛、市领导谭文骄、秦斌、

李国庆等出席会议。会议由市委书记谭文骄主持。州委书记汤涛讲话。大会对2006年各项工作的先进单位及个人、“十大杰出青年”、优秀民营企业等进行表彰。市委书记谭文骄与各乡镇、街道，市委市直机关工委签订党风廉政建设责任书。

【3月8日】恩施市“村务公开日”，2000名市乡干部分别下到207个村、社区参与村务公开日活动。副州长吴红娅，州民政局、州纪委监察局、州经管局负责人，市领导谭文骄、秦斌、李国庆、蔡平等分别深入芭蕉侗族乡灯笼坝村、龙凤镇三河村、吉星村，白杨坪乡石桥子村参与“村务公开日”活动。

【是日】恩施市农特产品推介会在恩施宾馆举办，向专程至恩施考察的武汉市商业总会客人推介富硒农特产品。市领导秦斌、李国庆等参加活动。武汉市商业总会会长王炳炎、副会长吴玉梅、江汉仁等一行8人还到九洲牧业、润邦茶叶、长友公司等企业进行实地考察。

【3月12日】州、市领导汤涛、谭先振、谭文骄等与1000余名州、市机关干部职工一起，到芭蕉侗族乡甘溪村义务植树示范基地参加义务植树。

【3月13—14日】由省“村务公开、民主管理”协调小组组成的考核验收组，先后深入芭蕉侗族乡灯笼坝村、舞阳坝街道耿家坪村、龙凤镇吉星村，对恩施市“村务公开、民主管理”示范县市、示范村创建工作进行考核验收。

【3月18日】州委书记汤涛，州委常委、秘书长瞿赫之，副州长朱惠民到恩施大峡谷风景区调研。市委书记谭文骄、市长秦斌等陪同。

【3月26日】由沪蓉西高速公路建设指挥部投资150万元的位于龙凤镇二坡村的沪蓉西高速公路希望小学开工奠基。新校舍占地10亩，建筑面积为1500平方米，主要建筑包括教学楼、住宿楼、餐厅、厕所与标准双篮球场等。

【3月29日】恩施中油天然气利用工程（“忠武”天然气输气管道在恩施开口供气工程）通气点火。州委常委、副州长杨天然，中国石油天然气管道局党委常委、中石油天然气管道燃气投资有限公司董事长、总经理姜银涛，中国石油华中输气分公司总经理李伟林等出席通气点火庆典仪式。州城在全州率先实现天然气双气源供气。该项目总投资5920万元，供气规模为6086万立方米。首期工程从2005年11月20日开工，2007年3月16日完工，共投入资金1500万元，包括一座恩施分输站、城区中压管网铺设9.1千米，由分输站至施州新区、CNG加气站、法院路至恩施经济开发区金叶烟草公司等处。

【4月6日】团省委副书记丁小强带领省农村基层组织阵地建设检查组一行，到六角亭街道头道水村，芭蕉侗族乡寨湾村、灯笼坝村、天桥村，对农村基层组织建设进行检查。州、市领导刘艳红、谭文骄等陪同。

【4月7日】市第八届人民代表大会第二次会议在民族礼堂召开。会议由大会执行主

席、市委书记、市人大常委会主任谭文骄主持。会议听取和审议《恩施市2006年国民经济和社会发展执行情况和2007年国民经济社会发展计划（草案）的报告》《恩施市2006年财政预算执行情况及2007年财政预案（草案）的报告》；会议通过《关于恩施市2006年国民经济和社会发展计划执行情况和2007年国民经济和社会发展计划的决议》《关于恩施市2006年财政预案执行情况和2007年财政预案的决议》。大会执行主席谭文骄、秦斌、李国庆、李明东、侯萍、周德金、黄永耀、许强、刘少华等出席会议。列席开幕式的有出席市政府七届二次会议的全体委员，市委、市人民政府、市人民法院、市人民检察院负责人员，市级调研员，部分乡镇、街道负责人，市直各部门及人民团体的主要负责人及驻市垂直单位负责人。

【4月18日】州委书记汤涛，州委常委、常务副州长彭军，州委常委、州委秘书长瞿赫之，州人大常委会副主任罗贤美等，专程到恩施经济开发区调研。

【是日】州政协副主席刘志兵、王继刚一行6人赴恩施市城区，就网吧经营管理情况视察。市领导何慧、尤连胜等陪同。

【4月20日】市工商联主席向开艳与武汉市东西湖区工商联主席陈三发就缔结为友好商会在备忘录上签字。市委常委、宣传部部长、统战部部长王怀东，武汉市东西湖区政协主席李正东，副主席、统战部部长李春生出席签字仪式。

【4月23日】9时30分许，恩施凤凰大桥建成通车。州委副书记、州长周先旺，州委常委、常务副州长彭军，州委常委、副州长杨天然，州政协副主席张龙光，以及市委书记谭文骄、市长秦斌等州、市领导出席典礼仪式并为大桥通车剪彩。该大桥于2005年开工，建设总投资3440万元，是1座集公路交通和城市景观于一体的标志性工程。工程由南昌有色冶金设计院设计，中南勘察设计院勘察，设计技术标准为城市主干道二级标准，主桥为中承式钢筋混凝土拱桥，桥梁全长188.74米，单孔净跨112米，桥宽26.1米，双向四车道，行车速度为每小时40千米。

【4月24日】新塘乡河溪村公路建成通车。至此，恩施市176个行政村实现公路“村村通”。

【4月30日】恩施市和谐城乡游暨枫香坡侗族风情寨首游式启动。州人大常委会副主任罗贤美、副州长朱惠民以及市委书记谭文骄、市长秦斌等首游式。枫香坡侗族风情寨位于芭蕉侗族乡高拱桥村，距州城10千米，景区面积1.5平方千米。风情寨为侗族人聚居地，侗族风情浓郁，寨内有游客体验休闲景点20多处。

【5月5日】国家体育总局水上运动管理中心三部副部长李欣等一行5人到芭蕉侗族乡芭蕉河高拱桥村铁耙沟段，对该河段地理位置、水流、落差等情况进行考察。考察组认为，该河段基础较好，是国内开展皮划艇激流回旋训练比赛运动的理想场地。

【5月10日】省侨联主席李磐一行至恩施市，就实施“校园侨心工程”，对白杨坪乡中心小学的教学条件及新建校楼选址等进行实地考察。州、市领导童章舜、刘少华等陪同。

【5月10—11日】省委常委、省委统战部部长苏晓云一行，深入城区长友公司、金叶公司、恩施火车站片区建设现场、金桂大道建设工地及恩施土司城进行考察、参观。州、市领导汤涛、周先旺、谭先振、李济、谭文娇、秦斌等陪同。

【5月10—12日】省乡镇综合配套改革验收检查组深入盛家坝、芭蕉、太阳河、白杨坪等乡，对农村综合配套改革工作检查、验收。市领导谭文骄、蔡平、刘羽等陪同。

【5月12日】恩施州“迎奥运首届中国人寿保险杯”中学生篮球运动会在恩施市举办，此举标志全州“阳光体育运动”正式启动。州领导吴希宁、马春菊、曹毅出席启动仪式。

【5月16日】全州工业园区建设座谈会在恩施市召开，州领导汤涛、彭军、瞿赫之、于德海、吴红娅、王建民、刘青等出席会议，各县、市委书记，各工业园区主要负责人以及州直相关部门负责人参加会议。

【5月16日】9时，省高级人民法院刑庭合议庭组成人员在市人民法院公开开庭审理上诉人(一审被告人)罗某国故意杀人一案。这是自最高人民法院作出二审死刑案件一律开庭审理决定后，省高院首次在恩施市开庭审理二审死刑案件。上诉人罗与同村妇女官某趁官的丈夫外出打工期间通奸。2004年8月，官的丈夫打工回家后，官某遂提出分手，罗认为自己被欺骗心存不满，于8月29日上午趁官某夫妇外出之机将其子杀害。州中级人民法院于2006年3月20日对该案作出一审判决，认定罗犯故意杀人罪，判处死刑，剥夺政治权利终身。罗不服判决，提出上诉。

【5月19日】由州、市科学技术局，州、市委宣传部，州、市科学技术协会主办的“2007年科技活动周”在州城硒都广场启动。州领导汤涛、马春菊、赵宏中、谭建军等州领导参加启动仪式。

【5月20日】中央民族大学常务副校长陈理一行，至芭蕉侗族乡枫香坡侗族风情寨，就乡村休闲体验游进行考察。州、市领导杨天然、杨陈清、谭文骄、秦斌等陪同。

【5月22日】由省政府新闻办公室主办，国务院新闻办五洲中心承办的“相约湖北——国际著名摄影师湖北采风行·恩施采风线”采风活动在恩施市举行。中外摄影师先后到朝东岩、大水井古建筑群、腾龙洞、梭布垭石林、芭蕉侗乡风情寨、恩施土司城仿古建筑群等处进行拍摄。

【5月25日】市公安局舞阳坝派出所所长刘建林被公安部、人事部授予“2005—2006年度全国优秀人民警察”称号。

【5月29—30日】全省农村中小学现代远程教育工程应用现场会暨第三期工程建设工作会在恩施市召开。300余名与会代表到龙凤镇、白杨坪乡、三岔乡部分学校参观。会

上，恩施市、洪湖市、远安县、郧县、麻城市、荆门市东宝区在会上介绍开展现代远程教育的经验和做法。州领导吴希宁、曹毅到会祝贺。

【5月31日】崔家坝镇滚龙坝村被国家建设部、国家文物局评选为“第三批中国历史文化名村”，该村离恩施城区60公里，居住着以土家族为主的农户200余户800余人，聚合式农舍均为明清古建筑，是恩施州最大切保存较好的古建筑群。

【6月3日】高考前夕，州委书记汤涛至市一中，看望慰问高三年级师生。

【6月3—6日】省人大常委会副主任纪玲芝率省人大环资委、省农业厅、省农村能源办等部门相关人员深入芭蕉乡灯笼坝村、高拱桥村等处，对生态家园建设现场考察。

【6月6日】恩施市被列入国家交通部颁布《国家公路运输枢纽布局规划》所确定的179个国家公路运输枢纽。在国家交通部科学研究院专家的指导下，市政府启动《恩施市国家公路运输枢纽布局规划》编制工作。

【是日】市政府门户网站—中国硒都网（http://www.hbenshi.gov.cn）全新改版后开通，从内容、功能、界面、形象等方面进行全新设计。同时，市新闻中心湖北民族学院艺术学院实习基地授牌仪式举行。

【6月8日】省发改委副主任刘兆麟至恩施市，先后到长友现代农业、长源轴承、金叶烟草以及工业园区参观，就开发区建设与企业发展情况调研。州领导杨天然、童章舜等陪同。

【是日】以“综合治理、保障平安”为主题的2007年州暨恩施市安全生产月活动启动仪式在硒都广场举行。

【6月9日】省科技厅副厅长郑春白率省科技进步考核组一行，先后到芭蕉侗族乡灯笼坝村、润邦国际彩页有限公司，对恩施市2005—2006年科技进步工作进行考核。州、市领导赵宏中、李国庆等陪同。

【6月10日】国家水利部水土保持司司长刘震一行至恩施市，就水土保持工作调研。州、市领导朱惠明、谭文骄、秦斌等陪同。

【6月13日】国家民委教育科技司科技处副处长王守利一行，至芭蕉侗族乡灯笼坝村、润邦国际茶业有限公司，就恩施市电脑农业推广应用情况调研。

【6月18日】州委书记汤涛，州委常委、副州长杨天然一行先后至施州大道、施州大桥、整治“牛皮癣”疏导措施的公共信息栏、清江防洪库岸整治（第四期）、凤凰广场等州城重点工程建设现场调研。

【6月20日】市“四大家”领导，深入各乡镇、街道开展防汛抗灾巡查，进行防汛指挥调度，对防汛办的快速反应和指挥调度能力给予充分肯定。连日的强降雨，导致全市部分乡镇、街道山洪暴发，山溪、河流水位上涨，防洪形势严峻。全市70%乡镇不同程度受灾，农

田受灾面积占全市的45%，倒塌房屋数千间，山体大小滑坡2000余处，经济损失达6000多万元。

【6月23日】中国残联派员专程到恩施市，就实施贫困肢体残疾儿童矫治手术项目执行情况进行检查。州委常委杨陈清、市长秦斌、市委副书记李国庆等陪同。

【6月25日】州、市政府在白杨坪初中举行纪念第17个“全国土地日”大型宣传活动。

【6月27日】19时许，龙凤镇佐家坝村发生一起在粪坑吸入混合性气体而引起的急性全身性中毒事故。该村村民王某某，请同村刘某某帮忙清理粪坑废渣，刘在粪坑晕倒。王及其妻、子见状，随即先后下坑救人，也晕倒，另1名村民李某在随后救人过程中又熏倒。由于中毒时间过久，5人均不治身亡。

【6月28日】市委在小渡船街道会议中心举行纪念中国共产党成立86周年暨农村党的建设“三级联创”活动表彰大会。

【6月29日】省民委主任谭徽在一行，深入芭蕉枫香坡侗族风情寨、柳州城旅游开发项目调研。州委常委、副州长杨天然，市委书记谭文骄，市长秦斌、市委副书记李国庆等陪同。

【7月6日】全国园艺作物科技入户暨促进武陵山区农民增收现场交流会在恩施市召开，并现场到芭蕉侗族乡、六角亭街道参观。会上，江苏省农业厅与恩施市农业局等4个单位作典型发言。州、市领导魏启文、谭文骄、秦斌等出席。

【是日】国家烟草专卖局监察处组织的验收组对恩施市烟叶基础设施建设项目进行验收。验收组先后深入盛家坝乡车辽坝村、三岔乡鸦沐羽村“烟水配套”蓄水池建设、提灌站建设、供水情况、取水口、田间输水管网和密集式烤房建设等烟叶基础设施工程等实地抽查。市委副书记李国庆、市政协副主席孟明星等陪同。

【7月7日】应市委、市政府的邀请，中国农业科学院茶叶研究所科研处处长、研究员、博士生导师，教授鲁成银在恩施市进行茶叶专题讲座。谭文骄、秦斌等在家的市“四大家”领导，各乡镇、街道和市直相关单位主要负责人以及全市部分茶叶骨干企业负责人聆听讲座。

【7月10日】省委书记、省人大常委会主任罗清泉，省委副书记、省长李鸿忠一行，对恩施火车站和片区开发建设情况进行考察。州、市领导肖旭明、杨天然、谭文骄、秦斌等陪同。

【7月11日】市“四大家”领导、州直部门相关领导、市人大代表、政协委员、离退休干部、企业代表、个体工商户、机关干部、工人代表、村(社区)民代表、行评代表300余人，对全市16个乡镇、街道和67个市直单位创建“满意工程”情况进行集中评议。

【7月12日】市委在小渡船街道会议中心举行七届三次全体会议，会议深入贯彻落实

全州县域经济工作暨“三大战役”动员会议和市第七次党代会精神,并就如何发展大旅游,培植大产业,奋力把旅游产业建成全市跨越式发展新支柱进行全面深入地研究、动员和部署。市委书记谭文骄作题为《发展大旅游培植大产业奋力把旅游产业建成跨越式发展新支柱》的主题讲话。会议提出恩施市今后一个时期旅游产业发展的总体要求与目标。

【7 月 15 日】省委常委、州委书记汤涛专程到恩施市,看望市“四大家”领导和经济开发区领导。

【7 月 16 日】“2007 湖北省音乐创作研讨会”在太阳河乡梭布垭石林风景区召开,至 19 日结束。省文联党组书记、常务副主席刘永泽,中国音协《人民音乐》编辑部主任、著名乐评人金兆钧及来自省音协、武汉音乐学院、省歌舞剧院、州音协、恩施市音协等近 20 个单位的 30 多名专家,就旅游歌曲、新农村歌曲、乡村音乐创作、演唱、推广等进行研讨交流。州、市领导吴希宁、王怀东出席研讨会。

【7 月 21 日】新任州委书记肖旭明率州委副书记、州长周先旺,州委常委、副州长杨天然,州委常委、州委秘书长瞿赫之等一行,到州城各重点工程建设工地就州城城市规划与建设调研。市领导谭文骄、秦斌、郜志中、李国庆等陪同。

【7 月 27 日】由农业部发展计划司副司长李伟方带队的国务院扶贫联合调研组一行,深入芭蕉侗族乡,就扶贫开发工作调研。省扶贫办主任许业富及州、市领导肖旭明、周先旺、谭先振、朱惠民、谭文骄、秦斌等陪同。

【8 月 1 日】州政协副主席杜成明一行至恩施市,就城镇和谐社区建设情况调研。市领导向成舟、尤连胜陪同。

【8 月 4 日】省医学伦理学第九次学术年会在恩施市举行。来自全省各地约 130 位医学伦理学专家、医务人员及管理人士参加此次会议。市长秦斌代表市委、市政府到会祝贺,并向参加会议的嘉宾介绍恩施市近年来的发展情况。会议收到医学伦理论文 76 篇。盛家坝乡卫生院医生李兴梅在会上作题为《当前农村医疗卫生体制改革的伦理学分析》的发言。

【8 月 10 日】州长周先旺主持召开州政府常务会议,就恩施火车站建设的有关问题进行专题研究。

【8 月 16 日】省安监局副局长刘旭辉率省检查组,先后深入白杨坪乡境内的宜万铁路马口河特大桥建设工地,宜万铁路鲁竹坝隧道建设工地、鲁竹坝采石场、火车站建设工地、金叶公司、长源轴承公司,就安全生产隐患排查治理专项行动进行检查。市领导蔡平等陪同。

【8 月 18 日】“走进恩施市、相约女儿会”重庆百辆自驾游车队 109 辆车、272 人抵达恩施市,开始为期两天的恩施之旅。市委、市政府在怡和国际大酒店举行重庆百辆自驾车游

恩施招待晚宴。市领导谭文骄、秦斌、章言、尤连胜及州旅游局的相关负责人等出席。

【8月20日】在建州24周年之际，被誉为东方情人节的恩施市土家“女儿会”在民族广场开幕。州、市领导杨陈清、吴希宁、曹毅、李春胜、谭文骄、秦斌等出席。来自台湾经贸考察团和两岸记者采风团的成员参加开幕式。

【8月23日】州人大常委会组织驻施省人大代表深入恩施市，就基础设施建设项目的配套资金和通达通畅工程等进行专题调研。州、市领导叶太俊、蔡平等陪同。

【8月25日】全民健身与奥运同行——2007年湖北省“村村乐农民篮球联赛”暨恩施市首届农民篮球运动会在白杨坪乡举办。14个乡镇、街道组织新农村示范村的14支代表队参加比赛。

【9月8日】2007年中国板党节开幕式在板桥镇政府广场举行。市长秦斌、市委副书记李国庆、市政协副主席尤连胜等出席开幕式。是日，有100吨农特产品从板桥起运。与板桥镇毗邻的重庆市龙桥、云雾、吐祥等乡镇应邀请出席本届中国板党节开幕式。湖北日报、湖北人民广播电台、楚天都市报、中国新西部杂志社以及州、市各大新闻媒体记者参加开幕式。

【9月10日】省政协委员、省政协民族和宗教委员会主任李云广一行至芭蕉侗族乡枫香坡，就农村旅游工作情况调研。州政协主席甘方谦、副主席刘志兵、市委书记谭文骄、市政协主席刘宗烈等州、市领导陪同。

【9月11日】第三届全国少数民族曲艺展演在宁夏回族自治区银川市开幕。恩施市参演的恩施耍耍《担水》获表演一等奖，恩施扬琴《爱的火花》获创作一等奖、表演二等奖。在随后举行的全国第八届艺术节参演节目选拔赛决赛中，市文工团参演的三才板《取名》成功进入“八艺节”。

【9月13日】在上海市政府驻湖北办事处主任石克强带领下，由10多家上海知名企业组成的上海经贸考察团到恩施经济开发区，先后参观金叶烟草公司、长源轴承公司和长友公司参观考察。州、市领导王建民、谭文骄等陪同。

【9月15日】省委常委、省纪委书记宋育英一行到恩施市，就村（社区）务公开、新型农村合作医疗及旅游开发调研。州、市领导肖旭明、陈亚平、柳望春、谭文骄等陪同。

【9月17日】省委、省政府派出的2005年重点贫困村整村推进工作验收组至恩施市，开始对省定20个贫困村整村推进工作进行实地验收。恩施市是年启动盛家坝乡大茅坡村、三岔乡兴隆槽村等省定重点贫困村整村推进扶贫工作。通过集中扶持，重点贫困村经济社会事业取得长足发展，贫困人口大幅减少，基础设施明显改善，产业发展各具特色，村容村貌改变。市委副书记李国庆、副市长何慧等参加汇报。

【9月17—18日】国家发改委副主任、国家西部开发办副主任王金祥、副省长李春明

一行至长友现代农业公司、金叶烟草公司,就工业、农村经济发展情况调研。州委书记肖旭明,州委常委、常务副州长彭军,副州长童章舜,市委书记谭文骄,市委常委、常务副市长蔡平等陪同。

【9月26日】市八届人民政府举行第一次全体(扩大)会议,会议对前三季度经济和社会发展形势进行全方位的盘点,总结成绩,找出不足,安排部署下半年经济工作。市长秦斌、市委常委、常务副市长蔡平、市委常委、副市长肖家魁、副市长何慧、向仕莲、章言、童军、市政府党组成员黄敏、刘恩敏、曹云出席会议,市领导谭志国、李敏、周德金、向成舟应邀出席会。

【10月9日】副省长郭生练一行先后深入市特校、小渡船中学、市计生服务站等单位调研。州委书记肖旭明、州委常委、常务副州长彭军、副州长曹毅、市委书记谭文骄、市长秦斌、副市长向仕莲等陪同。

【10月10日】全市扩大开放工作会议在小渡船街道会议中心召开,会议主要任务为传达和贯彻省、州扩大开放工作会议精神,研究部署恩施市对外开放和承接沿海地区产业转移工作,进一步加大招商引资力度,推动全市经济社会实现跨越式发展。市领导谭文骄、秦斌在家的市"四大家"领导及恩施经济开发区的领导出席会议。市委书记谭文骄在会上讲话,市长秦斌作主题报告,市委副书记、恩施经济开发区常务副主任郜志中主持会议。

【10月11日】省发改委主任李宗柏一行深入至恩施市绿源污水处理厂调研。市委书记谭文骄、市长秦斌、市委常委、副市长肖家魁等陪同。

【10月12日】省人大常委会副主任贾天增一行,先后深入民族广场、北门河坝、桥西广场等处视察市防洪工程。州、市领导记谭先振、陈亚平、朱惠民、谭文骄等陪同。

【10月15日】州腾龙水泥有限责任公司日产2500吨水泥熟料干法旋窑生产线带纯低温余热发电项目在芭蕉侗族乡天桥村砂子坡组破土动工。该项目总投资2.28亿元,日产2500吨水泥,计划于2008年10月竣工投产。工程分两步实施,首期工程年产水泥熟料77.5万吨;二期工程为纯低温余热发电,装机4500千瓦。州政协副主席张龙光、恩施市委书记谭文骄、市长秦斌等出席开工仪式。

【10月16日】纪念第十五个"国际消除贫困日"暨扶贫济困募捐大会在桥西广场举行。大会现场募集善款人民币16.59万元。州、市领导张泽洲、蔡平、黄永耀、何慧、孟明星等出席大会。会后,所募善款给付全市贫困人员,用于改善他们的生产生活条件。

【10月17日】市政府被省委、省政府、省军区表彰为"拥军优属拥政爱民先进单位"。

【10月19日】省经委主任欧阳万坤一行先后到华新水泥责任有限公司、圣峰药业有限公司、金叶烟草公司以及正在建设中的硒都工业园和经济开发区标准厂房施工现场调

研。副州长王建民、市委书记谭文骄等陪同。

【10月20日】省财政厅厅长罗辉一行深入芭蕉侗族乡灯笼坝村就新农村建设和茶叶产业化生产调研。州财政局局长邓正平、市委书记谭文骄等陪同。

【10月22日】恩施州农村党员干部现代远程教育电信模式接收站点在恩施市开通。

【10月25日】省农业发展银行行长丁伟一行至恩施市桂花树变电站建筑工地、金叶烟草公司,就恩施市经济发展情况调研。市长秦斌、副市长章言等陪同。

【是日】龙凤坝220千伏变电站投产,并接入500千伏恩施变电站。此举标志着恩施电网已整体接入500千伏系统运行。

【10月26日】全省2007年路灯年会在恩施市召开。全市路灯总数为1.03万盏,总功率853.34千瓦,实现城区路灯全覆盖,城市亮化整体水平全面提升。

【10月31日】恩施市在恩施宾馆召开"616"工程项目对接座谈会。来自省建设厅、省劳动就业局、省工商局、武汉大学、东风汽车公司、中国人民银行武汉分行等部门相关负责人以及部分州直对口单位和恩施市对口单位负责人参加座谈会。市及开发区领导秦斌、李明东、李敏、向仕莲、童军、尤连胜、刘恩敏出席座谈会。会议就如何落实湖北省《关于在民族县(市)实施"616"工程的实施意见的通知》精神,与恩施市政府及相关部门负责人进行广泛深入细致的研究。"616"工程即由"1名省委省政府领导率领6个省直单位,对口支援1个县(市),每年办6件实事"。是湖北省在民族地区实施的一项德政工程,旨在加快少数民族地区发展步伐,缩小少数民族地区与发达地区的差距。

【11月6日】国家农业部环境能源专家车锡媛、张玉华、王飞一行深入盛家坝乡安乐屯村、夏云坝村中心小学、芭蕉侗族乡高拱桥村,就农村沼气池推广及使用进行考察。

【11月8日】在州委、州政府组织的深圳投资项目推介暨签约仪式上,恩施市签约7个项目,合同金额16亿元,其中6亿元为意向性协议。

【11月13日】由省委政研室副巡视员邓永桂、省社科院原副院长、博士导师陈文科等一行5人组成的课题组,深入芭蕉侗族乡灯笼坝村、高拱桥调研。市委常委、市委办公室主任李敏陪同。

【11月16日】由中共中央宣部组织的人民日报社、新华社、中央电视台、中央人民广播电台、中央国际广播电台、光明日报、经济日报等新闻单位记者组成的学习贯彻中共十七大精神中央新闻采访团至芭蕉侗族乡,就新农村建设、扶贫开发等方面进行采访。市委副书记李国庆等陪同,并接受记者专访。

【11月19日】中央电视台,湖北电视台联合采访组赴深入芭蕉侗族乡就生态家园进行采访。市委书记谭文骄等陪同,并接受专访。

【11月24日】"楚天绝壁第一降"在恩施大峡谷成功举行。利川时代探险队队长何端

偏率四川省攀岩精英赛男子组难度赛冠军郭勇,全国攀岩冠军曹荣武和来自武汉的巾帼英雄梁琳4名勇士靠着一根绳子,征服垂直高度826米的朝东岩绝壁。

【11月25日】黄泥坝小学拆建工程开工仪式举行。该小学位于学院路李家槽,占地面积50.3亩,建筑面积近2万平方米,规划班级48个,总投资计划5000万元。副州长曹毅、市领导谭文骄、秦斌、郜志中、李明东、刘宗烈、刘凡、向仕莲等出席仪式。

【12月6日】省委副书记杨松调研市境内的铁路建设。到白杨坪乡施工现场看望建设者。

【12月8—9日】省委办公厅副巡视员胡功友率省委、省政府综治考评验收组深入白杨坪乡、龙凤镇、小渡船街道和市自来水公司、市中心医院、市粮食局等,就恩施市社会治安综合治理工作进行检查。市长秦斌向检查组一行汇报全市综治工作,市领导周德金、向成舟以及市人民法院、市人民检察院的负责人参加汇报会。市公安局、司法局等相关市直部门负责人参加汇报会。

【12月12日】省创建"中国优秀旅游城市"检查组一行至恩施市,开始进行为期4天的创优工作检查、指导。

【12月19日】州委书记肖旭明,州委副书记、副州长杨天然等一行先后深入金桂路沙河工业园区、恩施经济开发区上官田片区、红庙片区、龙凤坝衙门台片区、小龙潭片区等实地调研。市领导谭文骄、秦斌、肖家魁等陪同。

【是月】在广西南宁召开的5年一度的全国地籍管理工作会议上,恩施市国土资源局被表彰为全国地籍管理先进单位。湖北省仅5个单位获此殊荣。

2008年

【1月1日】省委副书记、代省长李鸿忠一行先后至宜万铁路恩施火车站及片区建设工地、恩施经济技术开发区金叶公司、武烟恩施分厂、州博物馆、沪蓉西高速公路谭家坝互通立交建设工地、芭蕉侗族乡枫香坡村、灯笼坝村,就施工进展、企业生产经营、文物保护和新农村建设等情况调研。州委书记肖旭明等陪同。

【1月2—3日】由省科协纪检组长曾宪计率省科协检查组一行,先后至市实验小学、民族广场、硒都广场、小渡船街道、白杨坪乡董家店村和九根树村、太阳河乡梭步垭村,就恩施市城乡科普工作情况进行检查。

【1月4日】州委书记肖旭明率州考核组先后通过民意调查、个别座谈及对屯堡乡、市审计局抽查方式,对恩施市贯彻落实党风廉政建设责任制情况进行考核。市委副书记、市长秦斌向州考核组全面汇报该市党风廉政建设责任制的落实情况。

【是日】在全国“双拥”工作领导小组、民政部、解放军总政治部在北京人民大会堂举行全国双拥模范城(县)命名暨“双拥”模范单位和个人表彰大会上,恩施市再次被全国“双拥”工作领导小组、民政部、解放军总政治部授予“全国‘双拥’模范城(县)”称号。

【1月11日】恩施市慰问“两路”(铁路、高速公路)建设者暨春节文体活动启动仪式在恩施市白果乡集镇广场举行。市长秦斌、副书记李国庆等出席仪式。

【1月17日】省交通厅副厅长、湖北沪蓉西高速公路建设指挥部常务副指挥长徐健一行,到恩施市就沪蓉西高速公路征迁工作召开协调会议。市领导谭文骄、秦斌等出席会议。恩施市境内沪蓉西高速公路有114.034千米,途经4个乡镇、30个村(社区)。自2004年3月征迁工作开始以来,已征迁房屋1271户、36万多平方米,征用土地10583亩,完成红线拆迁工作量1600万元,累计兑现补偿资金1.74亿元。

【1月19日】政协恩施市第七届委员会第三次会议开幕。大会出席政协委员257人,特邀代表41人,列席9人。大会部署2008年政协工作,讨论《政府工作报告》及其他报告,同时补选市政协领导班子成员。

【1月20日】市第八届人民代表大会第三次会议第一次全体会议在州民族礼堂幕,市委书记、市人大常委会主任谭文骄主持会议,市长秦斌作《政府工作报告》。市“四大家”领导、恩施经济开发区领导出席会议。大会应到代表287名,实到280名。秦斌代表市八届人民政府向大会报告政府工作。

【是日】市委、市政府在州民族礼堂举行2008年春节联欢晚会,谭文骄、秦斌等市“四大家”领导、恩施经济开发区领导,与正在参加两会的人大代表、政协委员,离退休老同志代表,各级劳动模范代表,至恩施市投资创业的企业家代表,部分市民一起观看春节联欢晚会。

【1月28日】板桥镇穿洞村发生一起二氧化碳中毒事故,新婚夫妇唐某两人深夜用木炭取暖,中毒死亡。洞房内明显有挣扎痕迹,疑挣扎时接触到火源,衣物和沙发均着火。

【是月】自1月12日以来,恩施市出现近50年来罕见的持续雨雪天气过程,全市16个乡镇、街道35万人受到不同程度的灾害影响,直接经济损失5500万元。农作物受灾3458公顷,乡镇道路冷冻严重,对春运特别是春节物资的组织供应造成严重影响,全市有825户1473间房屋受损,倒塌房屋309户、1056间,紧急搬迁转移安置128人;10个集镇的供水管网被冻坏,给12万余群众用水带来极大困难;农村部分供电线路损坏,造成局部停电。灾情发生后,恩施市启动自然灾害三级响应,采取措施组织群众抗灾自救,确保人民群众生命财产安全,确保城乡居民生活正常进行,确保安全生产,确保社会稳定,把灾害降低到最低限度。

【2月15日】市党建暨经济工作会议在州民族礼堂召开,会议回顾和总结2007年的党

建暨经济工作，安排部署2008年的党建暨经济工作，强调要进一步解放思想，抢抓机遇，真抓实干，在新的起点上实现“工业发展有新突破、旅游产业有新突破、城市建设有新突破、新农村建设有新突破、优化发展环境有新突破”。市领导谭文骄、秦斌等领导出席会议。各乡镇、街道党委书记，常务副乡（镇）长、副主任，市直一级单位领导班子成员和二级单位主要负责人，开发区各部门主要负责人、企业代表、大会表彰对象参加会议。

【是日】省民宗委主任谭徽在一行，先后深入白杨坪乡九根树村、石桥子村和龙凤镇小龙潭村等处，现场查看当地因灾损失情况和抗灾救灾情况。州委常委、副州长杨天然等陪同。

【2月16—18日】州委书记肖旭明在州委常委、州委秘书长瞿赫之，副州长朱惠民的陪同下，带领州农业局、民政局负责人，到宣恩县、鹤峰县、恩施市的10多个村组，调研抗灾救灾和恢复生产工作。

【2月25—26日】省建设厅厅长杨晓波一行，先后到州城施州大道、亲水走廊、清和园风雨桥、恩施土司城、凤凰山森林公园、州博物馆、金桂大道施工现场等处，对州城建设进行实地调研。全州城市建设在建项目270个，累计完成投资近26亿元，新建城市道路24条，新建城市桥梁4座，新增黑色化道路面积32万平方米，新增绿化面积1万多平方米，行道树总量达到2万多株，新建绿化走廊、广场10余个，城市功能较完善，城市形象明显提升。州委书记肖旭明等陪同。

【3月3日】恩施市生物综合体科学技术研究中心、湖北民院与俄罗斯生物工业科研生物联合体有限公司就中草药研究合作事宜进行洽谈。继上年三方签订合作意向书之后，俄方代表此次对恩施州进行深入考察，并签订具体合作协议，三方科研人员共同研究提取中药中的有效成分，并出版一本相关的科技论文书籍，有效促进恩施州中草药研究。

【3月4—5日】省委副书记杨松率省委农村工作领导小组办公室、省民政厅、省农业厅、省林业局、省烟草专卖局相关负责人及省农业厅、省畜牧兽医局专家一行先后至国有富尔山林场、芭蕉侗族乡白岩村、高拱桥村枫香坡茶园，板桥镇大山顶村、穿洞村漂浮式烟叶育苗大棚，屯堡乡沐抚福利院、马者茶园等处，检查指导恢复生产保目标和灾后重建工作。州委书记肖旭明等陪同。

【3月8日】全市207个建制村（社区）统一开展“村务公开日”活动。恩施市对“村务公开日”活动提出新的更高的要求：在村民代表大会上，各村（社区）主职干部（即书记和主任）必须就履行党风廉政建设职责的情况进行述职述廉，并现场接受参会人员的质询、提问和民主测评。凡测评不称职达30%的村（社区）主职干部，一律接受诫勉谈话；对存在严重违法、违规、违纪问题的，由有关单位追究其法律、纪律或者效能责任。全市400余名村干部在村民代表大会上作述职述廉报告。

【3月12日】17时30分许，龙凤镇大转拐村发生一起因石山滑坡房屋垮塌事故。房主沈某松（男，34周岁）家6间房屋被摧毁，其妻李某某（38周岁）当场死亡，沈及其女沈某某受伤，送往医院救治。

【3月13日】由市政府主办、市工商局及消费者协会承办的"3·15消费与责任"主题活动在州城桥西广场举行。州、市工商部门执法人员现场接受咨询，并向广大消费者介绍各类商品的真伪辨别方法，部分企业现场开展咨询服务活动。

【3月14—15日】省农村综合改革考评组先后到盛家坝、芭蕉、舞阳坝、白杨坪、太阳河等处，通过查看原始资料、听取工作汇报、走访干群代表等方式就农村综合改革进行考评。2007年，恩施市按照省、州农村综合改革政策要求，积极完善农村公益性服务"以钱养事"新机制，推行"乡财市管"和"校财局管"，规范部门涉农收费行为，落实各项惠农补贴资金，清理乡村债务并开展化解工作，杜绝新债务的产生。市委常委、市常务副市长蔡平等陪同。

【3月15日】恩施市扩大开放工作会议召开，州、市领导李济、谭文骄、秦斌等市"四大家"领导、恩施经济开发区领导出席会议。会议就如何落实全州对外开放工作会议精神，分析恩施市面临的形势，并对2008年对外开放招商引资工作进行安排部署，提出全年实现招商引资内资到位资金5.5亿元以上、直接利用外资240万美元、新引进单个项目投资规模5000万元以上项目3个、完成外贸出口创汇450万美元的目标。市发展改革局、市商务局、恒信德隆汽车销售公司的负责人分别作典型发言。市直相关部门班子成员，16个乡镇、街道的主要负责人参加会议。

【3月28日】红土乡被省委、省政府表彰为"全省抗雪救灾先进集体"。

【3月29日】由五指湖世外桃园投资置业有限公司投资的五指湖五星级酒店在恩施经济开发区奠基，州、市及恩施经济开发区领导甘方谦、谭文骄、郜志忠等出席奠基仪式。

【是月】市公汽公司被省委、省政府表彰为"2007年度全省农民工权益保障先进企业。"

【4月1日】省委常委、副省长汤涛率省政府副秘书长梅祖恩、省林业局局长祝金水、省扶贫办主任许业富、省农业厅副厅长徐能海一行，先后深入盛家坝乡、芭蕉侗族乡就灾后重建与恢复生产情况调研。州委书记肖旭明等陪同。

【4月5日】央视新闻联播播报，芭蕉侗族乡枫香坡村农民大胆开拓，探索出以生态家园建设为载体、具有鲜明民族地域特色的生态型新农村建设模式。枫香坡村以茶产业为契机，将全部山、水田改种茶叶，56户茶农种下300亩茶，每年可获得120万元的现金收入。恩施市把枫香坡打造成集休闲、娱乐、乡村体验于一体的侗乡风情山寨，使该村新农村建设走上旅游经济发展之路。

【4月6日】中共中央政治局常委、国务院副总理李克强一行，到恩施视察调研。在湖北省委书记、省人大常委会主任罗清泉，省委副书记、省长李鸿忠，省委常委、省委秘书长李明波和州委书记、州人大常委会主任肖旭明等领导的陪同下，李克强先后视察宣恩县椒园镇黄坪村、沪蓉西高速公路控制性项目清江大桥、恩施市龙凤镇龙马村等，就新农村建设、粮食直补、农资综合直补和新型合作医疗等话题，与基层干部和农民群众亲切交谈。李克强对恩施州经济社会发展所取得的成就、各项支农惠农政策落实情况和干部群众的精神面貌予以充分肯定。他强调，要注重发展特色产业，保护好生态环境，落实好支农惠农政策，关心群众生产生活，着力保障和改善民生，推动经济社会又好又快发展。在繁忙的考察过程中，李克强在车上就省委、省政府和州委、州政府领导提出的相关问题现场办公。他还再三嘱咐州委、州政府领导，作为少数民族地区，恩施州要注重发展特色产业，保护良好的生态环境，要十分重视关心群众生产生活，加强农村基础设施建设和基层组织建设，大力发展民族经济，进一步促进各民族的团结与和谐。

【4月9日】全省林业灾后恢复重建现场会在恩施市召开。州、市领导肖旭明、谭文骄、秦斌等参加会议。会议提出坚持科学规划、突出重点、着眼长远、稳步推进的方针，做到林木清理与科学经营、自然恢复与人工恢复、科技救灾与政策扶持、灾后重建与改善民生、清理迹地造林与“双低”(产量低、效益低)改造相结合，着力抓好生产自救、科学清理、森林经营、森林防火、基础设施建设，全面推进灾后恢复重建工作顺利有序开展。会上，恩施市等4个单位进行经验交流。与会者赴国有富尔山林场就林业受损与恢复重建工作进行参观了解，各地、市林业局局长在富尔山林场种下灾后重建纪念树。

【4月11日】17时许，位于屯堡乡的宜万铁路马鹿箐隧道进口发生突水事故，致1人死亡，4人失踪。

【4月15日】国家农业综合开发办公室主任王建国一行，至恩施市就贯彻落实中共中央政治局常委、国务院副总理李克强在恩施视察时的指示精神实地考察调研。省人大常委会副主任刘友凡等陪同。

【4月21日】市长秦斌主持召开恩施市应对三岔乡风水河汤家湾滑坡体异动情况紧急备战现场会。会议要求，新塘、三岔、沙地等乡将沿河警戒范围内群众撤离到水布垭库区淹没线界桩30米以上的安全地带；舞阳坝街道、芭蕉侗族乡将沿河警戒范围内群众撤离到水布垭库区淹没线界桩20米以上的安全地带；六角亭街道将沿河警戒范围内群众撤离到水布垭库区淹没线界桩以上的安全地带。并组建工作专班，对警戒范围内群众进行疏散撤离，公安、安监、交通、国土、民政、交警、运管等部门明确专人值守，警报解除前任何人不得进入警戒范围。市政法委书记、公安局局长谭志国及市政府办、国土资源局、移民局、公安局、水利水产局、交通局、三岔乡政府、新塘乡政府等单位负责人参加会议。

【4 月 24 日】州委书记肖旭明一行,先后深入沙地乡黄广田村、神堂村,崔家坝镇水淌村、滚龙坝村、南里渡村就生猪养殖、魔芋、烟叶、蔬菜、水果等特色产业发展情况实地调研。

【4 月 26 日】20 时 04 分,恩(施)大(集)公路盛家坝乡路段发生一起重大交通事故,致 3 人死亡,1 人受伤。经查明,系该乡安乐屯村村民杨某驾驶面包车在返回途中,与一辆对向行驶的重型水泥罐车相撞,驾驶员及乘车人田某某、朱某某当场死亡,乘车人杨某某在医院抢救中死亡,另 1 人受伤。

【4 月 28 日】恩施大峡谷风景区试营业庆典举行。该核心景区由云龙河地缝、大龙门、中龙门、小龙门及绝壁组成,包括地缝、绝壁、奇峰、峡谷等处质景观,是整个清江大断裂景观的精华,总面积 23.9 平方千米,公司完成 3000 万元的投资,建成一条长 7.5 千米的游步道,一条长 488 米的空中"绝壁栈道"等。州领导瞿赫之等与市委书记谭文骄、市长秦斌等在家的市"四大家"领导与恩施经济开发区领导及香港驰生集团相关负责人出席庆典。

【5 月 4 日】"恩施杯"《百姓生活》全国摄影大赛百名优秀摄影师看恩施活动启动仪式在恩施土司城举行。嗣后,来自北京、广东、福建等全国 18 个省(市、自治区)首批 30 余名摄影师在恩施市及利川市部分旅游景点创作采风。值《大众摄影》杂志创刊 50 周年,该杂志子栏目《百姓生活》以"恩施杯"命名,用纪实手法反映 2007 年以来全国老百姓的衣食住行等风貌。

【5 月 9 日】17 时许,六角亭街道后山湾加油站对面发生一起山体滑坡事故,造成 2 人死亡,1 人受伤。经查明,死者陈某某和刘某某,均系恩施市人。事发地属红色石英砂质岩,由于连日大雨形成滑坡灾害。

【5 月 11—12 日】全国人大常委、民盟中央副主席索丽生率由农业部、水利部及民盟中央相关部门领导、专家组成的调研组到恩施州,就水利建设、地质灾害治理、农村饮水安全、清江水资源保护、扶贫开发和旅游发展等方面调研。其间,索丽生一行实地考察旅游开发和景区建设、民族历史文化、农村寄宿制学校建设及人畜饮水、城市污水处理、扶贫开发及新农村建设等情况。民盟中央经济委员会副主任、清华大学人文学院教授何茂春以《恩施旅游经济规模化国际化的思路和途径》为题进行讲座。州领导谭先振、李济等陪同。

【5 月 25 日】中共中央组织部原部长张全景一行,深入芭蕉侗族乡灯笼坝村,就新农村建设、中共基层组织引导地方经济发展等调研。州委书记肖旭明、市长秦斌等陪同。

【5 月 27—29 日】省人口与计划生育委员会党组书记胡菊萍、主任杨云彦一行,到屯堡乡罗针田村、市计生服务站,就基层人口与计划生育调研。

【6 月 4 日】省民族宗教事务委员会主任谭徽在到龙凤镇、白杨坪乡等处,就农村新型

合作医疗实施情况和农民生产生活情况调研。州委常委、常务副州长柳望春等陪同。

【是日】市植保站被省政府表彰为“2007 年度全省稻飞虱防控工作先进单位”。

【6 月 5 日】省创建优秀旅游城市办公室指导组组长、省旅游局质量规范与管理处处长李伟一行到恩施市就“创建中国优秀旅游城市”工作,进行为期 5 天的检查指导。市长秦斌等陪同。

【是日】沙地乡天主教堂和向燮堂墓分别被省政府公布为第五批湖北省文物保护单位。该次公布内容主要以古遗址、古墓葬、古建筑、石窟寺及石刻、近现代重要史迹等不可移动文物。

【6 月 6 日】州委副书记、州长杨天然一行先后到恩鹤公路土桥坝至沪蓉西高速公路七里坪互通段、清江工业城片区、火车站片区、施州大道北端(红庙老街至桂花树)、黄泥坝小学、施州大桥等州城建设施工现场调研。

【6 月 12 日】17 时许,红土乡老村村马某某驾驶一辆时风农用车违章载客,行至建始县景阳镇高燎村弯道处时,撞至公路右侧的防护墙,车上乘客被抛至路边约 5 米深的坎下,15 名司乘人员当场 5 人死亡,另 2 名乘客在送往医院途中死亡,其余 8 人受伤。

【6 月 13—14 日】省委常委、副省长汤涛率省政府副秘书长梅祖恩,省移民局局长汪元良,省教育厅副厅长黄利鸣,省民政厅副厅长文增显,省地质灾害防治工作领导小组办公室专职副主任徐振坤,省能源集团董事长、党委书记肖宏江,清江公司党委书记孙贵平一行,到新塘乡风水河汤家湾南滑坡体地带,就地质灾害防治情况调研。州领导杨天然等陪同。

【6 月 15 日】副省长赵斌一行,至恩施市城市污水处理厂现场查看污水进口、氧化沟工艺、隔栅、沉池等污水处理的运行流程。市污水日处理能力达到 4.27 万吨,污水经处理排放达到国家规定的相关标准。共建成污水收集管道 37 千米。州领导杨天然等陪同。

【是日】中央社会治安综合治理委员会副主任、中央政法委副秘书长、中央社会治安综合治理委员会办公室主任陈冀平一行至六角亭街道,通过实地察看和听取汇报等方式,就社会治安综合治理工作调研。州、市领导谭先振、谭文骄、秦斌等陪同。

【6 月 17 日】全州社区党建工作会议在恩施市召开。州、市领导刘艳红、谭文骄等出席会议,全州八县市的部分组工干部和受到表彰的社区党建工作先进单位和个人参加会议。会议表彰全州社区党建工作示范街道(乡镇)、示范社区和十佳社区党组织书记。舞阳坝街道在大会上做经验交流。与会人员还参观桂花园社区、舞阳大街社区、大观园社区、解放路社区、机场路社区的党建工作。

【6 月 18 日】湖北恩施·深圳经贸恳谈会在深圳五洲宾馆举行。市领导秦斌、部志中等以及随团参会的市直相关部门主要负责人参加恳谈会。市长秦斌向各位客商介绍恩施

市的发展情况,就客商关注的投资环境问题作详细介绍,并热忱邀请各位客商到恩施市观光旅游或投资兴业。

【是日】沪蓉西高速公路高坪至吉心段通车试运行。结束恩施州没有高速公路的历史。

【6月18—19日】国家农业部规划设计研究院院长朱明一行,至白杨坪乡石桥子村新农村建设示范小区和九根树村小学,就新农村建设及生态校园建设调研。州、市领导崔军、李明东等陪同。

【6月25日】州城第一家以茶艺为主题的茶坊——清和茶坊在清和园广场举行开业庆典。茶坊面积约为1600平方米,位于州城清和园风景区,同时兼中国传统茶坊与西餐、娱乐休闲于一体,实施多层次消费。州、市领导陈晓燕、周德金等出席开业庆典。

【6月27日】州委书记肖旭明,州委副书记、州长杨天然率州发改委、建委、国土资源局、商务局、规划局等相关部门负责人到恩施经济开发区工业园区、山泰公司、开发区标准厂房以及广州本田汽车恒龙特约销售维修站等处调研。

【6月30日】恩施市庆祝中国共产党成立87周年表彰大会在恩施宾馆召开。谭文骄、郜志中等在家的市"四大家"领导和恩施经济开发区的领导出席会议。会议授予舞阳坝街道官坡社区党委等30个党组织为先进基层党组织,对史光珍等49名优秀共产党员,詹厚兰等10名优秀党务工作者予以表彰。市委常委、纪委书记刘凡传达中央、省、州领导干部大会会议精神,市委常委、政法委书记、公安局长谭志国通报市委、市政府关于对的士车司机罢工处理的有关情况。市委常委、组织部部长刘羽宣读市委表彰决定。市直部门,各乡镇党委书记,受表彰的先进基层组织、优秀党务工作者、优秀共产党员代表参加会议。

【7月3日】清江流域上游过程降雨量达到177.5毫米,至7月4日17时10分,恩施城区突破警戒水位411.5米。截至凌晨7时,城区水位达到413.7米,清江河流量达到2910立方米/秒。市委、市政府召开防汛紧抢险急会议,对抗洪抢险工作进行安排和部署。市人武部、市旅游局组织人员和冲锋舟,对在南门外巴公溪被洪水阻隔的120位村民实施紧急营救。

【7月3—4日】全省生猪良种补贴项目工作会议在恩施市召开。会议总结省实施生猪良种补贴项目以来的工作成绩,进一步明确今后全省生猪生产的发展方向。省畜牧兽医局副局长陈红颂等出席会议。恩施、京山、松滋等9个县市的畜牧兽医局有关负责人40余人参加会议。会议要求,各地要继续高度重视生猪品改,切实做好生猪良种补贴工作。要选好建好标准化生猪人工授精站点,配备必要的仪器设施,建立完备的良种公猪档案,进一步规范工作规程,完善实施方案,落实好补贴政策,做到专款专用。与会人员参观崔家坝镇标准化生猪人工授精站、崔家坝定点屠宰场以及三岔乡大旺牧业养殖场。

【7 月 5 日】17 时许,六角亭街道头道水村马尾井组垭口坡发生山体滑坡,致使途经该处的 3 名 4 ~6 周岁儿童因泥石流掩埋而死亡。灾情发生后,市委、市政府及民政部门领导紧急赶赴现场,查看滑坡灾情,慰问安抚死者家属,处理善后事宜。

【7 月 6 日】由江苏常熟农村商业银行等 20 家股东出资的恩施常农商村镇银行挂牌营业,这是恩施市第一家村镇银行。该行总资本额为人民币 3000 万元,以支持“三农”为宗旨,以社区为依托,面向农村、农户和农业经济组织,大力支持中小企业、个体工商户的发展,主要经营吸收公众存款,发放短、中、长期贷款,办理国内结算等其他银行业务。湖北银监、常熟农村商业银行、常熟市政府有关负责人与州、市领导陈晓燕、秦斌等出席开业典礼。

【7 月 9 日】省委常委、组织部部长潘立刚一行,深入六角亭街道头道水村,就村阵地建设、党务公开、村级经济发展等情况调研。州、市领导刘艳红、刘羽等陪同。

【是日】省委常委、统战部部长苏晓云一行到恩施市梭布垭石林景区就旅游产业调研。州、市领导甘方谦、刘宗烈等陪同。

【7 月 10 日】省支持民族地区加快经济社会发展现场办公会在恩施州召开。省委书记罗清泉、省长李鸿忠等省领导和省直部相关部门领导先后到龙凤镇大转拐村就新农村建设、粮食直补和新型合作医疗等调研。随后到恩施火车站开发片区、湖北中烟工业有限公司恩施卷烟厂进行考察。州、市领导肖旭明、杨天然、谭文骄、秦斌等陪同。

【7 月 15 日】由国家烟草专卖局组织的全国 31 名烟草专家组成的验收组,深入盛家坝乡优质烟叶生产科技示范基地、望城坡现代烟草农业示范基地进行检查验收。全市烟叶生产基础设施建设遍及 63 个村,投入资金 9946.28 万元,烟叶计划种植面积 12.23 万亩,计划收入够量 31.2 万担。州政协副主席刘志兵、副市长何慧等陪同。

【7 月 21 日】省档案局局长石山一行,深入六角亭街道、市民政局和市档案馆,就档案管理与利用、档案馆建设等调研。副州长曹毅,市委常委、市委办公室主任李敏等陪同。

【7 月 22 日】州政协主席甘方谦、副主席张龙光、刘青一行至恩施市,就林业产业实地考察。市领导刘宗烈、金德钧等陪同。

【7 月 24 日】恩施市“喜迎奥运、放歌清江”原生态山民歌大赛在州城民族广场拉开序幕。24 日晚与 25 日晚,来自各乡镇、街道和市直部门的 47 支参赛代表队,参加一、二、三等奖角逐。州政协副主席王月圣、市长秦斌等出席活动。

【7 月 25 日】中百仓储舞阳坝店开业。恩施中百仓储是恩施市通过招商引资方式,新引进和落户的规模大、实力强、层次高的商贸企业,其母公司——中百集团是中国企业 500 强之一。州、市领导李济、秦斌等出席开业庆典。

【7 月 29—30 日】澳门特别行政区“内地春节习俗展”考察团在恩施市进行考察。澳

门特别行政区康体部部长吴卫鸣,国家文化部民族民间文艺发展中心主任李松,省文化厅副厅长、省文联主席沈虹光等参加考察活动。市领导秦斌、李国庆等陪同。

【8月2日】州委书记肖旭明,州委副书记、州长杨天然率州“四大家”领导,到恩施市就城市发展空间问题调研。市领导谭文骄、秦斌等陪同。

【8月6日】省委常委、省委政法委书记、省公安厅厅长吴永文一行到屯堡乡,就道路交通、村组治安社会化管理调研。州、市领导肖旭明、谭文骄等陪同。

【8月7—8日】副省长田承忠一行,先后到恩施大峡谷、枫香坡侗族风情寨、恩施土司城和恩施火车站等处旅游产业调研。州、市领导肖旭明、杨天然、谭文骄、秦斌等陪同。

【8月11日】位于恩施市境内的沪蓉西高速公路马水河大桥合龙。马水河特大桥全长99.4米,主跨达200米,最高桥墩为142米。6个百米以上的高墩形成世界梁式桥梁的第一高墩群。

【8月12日】恩施市土家“女儿会”在清和园广场举行开幕式。州城2000多名青年男女相约“女儿会”,活动由开幕式、集体婚礼、恩施“女儿会”研讨会和游园相亲等4部分组成,以“弘扬优秀民族文化、打造旅游文化名城”为主题,再现土家原始赶场相亲场面。新华社、人民日报、香港大公报、湖北日报、湖北电视台、荆楚网、楚天都市报、今日湖北杂志社、中国新闻社、楚天声屏报等境外媒体竞相报道盛况。

【8月13日】国家农业部副部长陈晓华一行到恩施大峡谷,就旅游产业调研。州、市领导谭先振、崔军、李国庆等陪同。

【是日】省综治委委员、省民宗委主任谭徽在一行,先后深入市职业技术学院、龙凤镇小龙潭村、龙凤镇派出所,就社会治安综合治理调研。州、市领导朱惠民、吴红娅、谭文骄、谭志国等陪同。

【8月15—17日】应市政府邀请,韩国大路旅行社社长李弘基率韩国旅游考察团一行25人,先后到恩施龙麟宫、土司城、恩施大峡谷景区及恩施城区观光考察。恩施楚天国际旅行社、绿色硒都旅行社、春秋旅行社等旅行社团联合部分景区与韩国大路旅行社达成协议,对韩国旅行社组团至恩施的韩国游客给予优惠。市政府举办迎宾晚宴,市领导谭文骄、秦斌、蔡平等出席。

【8月18日】州城重点建设工程——施州大桥建成通车。施州大桥是一座集公路交通和城市景观于一体的标志性工程,由同济大学建筑设计研究院设计,中南勘察设计院勘察,设计技术标准为城市主干道二级标准,主桥为独塔单索面斜拉桥,桥梁全长765.6米,主桥长365米,主塔高66.66米,主跨长度145米,边跨长度100米,桥宽21.5米,双向四车道,行车速度为每小时40千米。工程总投资8630万元,其中桥梁建设投资3533万元。大桥自2006年1月开工建设,由中铁七局集团有限公司建设,武汉飞虹道桥监理有限责

任公司监理,恩施市建筑工程质量监督站进行质量监督,重庆交通大学负责技术监控。施州大桥主桥经荷载试验及相关检测,结构安全性满足设计要求,符合运行标准。州、市领导肖旭明、杨天然、谭文骄、秦斌等出席通车典礼。

【8 月 21 日】白杨坪乡、芭蕉侗族乡灯笼坝村被省委、省政府表彰为“2005—2007 年度省级文明村镇”、小渡船街道机场路社区被表彰为“2005—2007 年度省级文明社区”。

【8 月 22 日】省委常委、省纪委书记黄先耀一行,先后到恩施经济开发区工业园区、火车站开发片区及沪蓉西高速公路指挥部调研。州、市领导肖旭明、柳望春、谭文骄、秦斌等陪同。

【是月】舞阳坝街道板桥安置小区建成,安置拆迁户 192 户,其中高速公路拆迁户 44 户,投入资金 2800 万元,建筑面积 4.78 万平方米。

【9 月 2 日】副州长曹毅一行到施州民族小学,就开学情况进行检查。施州民族小学建设系省“616”工程省教育厅、省财政厅重点帮扶项目。是由省直机关部门投资 500 万元,恩施市委市政府投资 6500 万元,全力打造的一所标准化建设示范学校。校园占地面积 36635 平方米,建筑面积 23942 平方米,11 月工程全面竣工。

【9 月 3—4 日】省委常委、省委宣传部部长李春明率省委组织部副部长、省委老干部局局长翟天山、省委宣传部副部长李子林一行,至屯堡乡高台村、大峡谷风景区、恩施经济开发区红庙火车站、清江卷烟厂、金桂大道建设等处就学习和实践科学发展观、加强领导班子思想政治建设等调研。州、市领导肖旭明、杨天然、谭文骄、刘羽等陪同。

【9 月 23 日】州委书记肖旭明一行至腾龙水泥公司、锦华纸业、恩施工具、恩施卷烟厂等企业调研。州委常委、州委秘书长瞿赫之,副州长王建民,州政协副主席张龙光,市委书记、恩施经济开发区主任谭文骄,市委副书记、恩施经济开发区常务副主任郜志中等陪同。

【9 月 30 日】国务院发展研究中心副主任(正部级)、国家财政部原部长金人庆,国家环保部副部长潘岳等一行至恩施大峡谷景区,对恩施市旅游产业的发展调研。州、市领导杨天然、朱惠民、谭文骄、秦斌等陪同。在州市领导陪同下调研

【10 月 10 日】省政协副主席郑心穗一行,赴芭蕉侗族乡灯笼坝村、高拱桥村,就新农村建设工作实地调研。

【10 月 11 日】中国硒资源开发利用研讨会在恩施富源国宾酒店开幕。会议主题为交流硒资源开发利用、硒产品开发及市场开拓方面的成功经验,研讨硒资源开发产业化和标准化问题,发起并成立“中国硒资源开发协作组织”。省政协副主席郑心穗,中国营养学会常务理事、北京市疾控中心主任徐筠,州委副书记谭先振,市委书记谭文骄、市长秦斌等市领导出席本次研讨会开幕式。华中科技大学教授、博士生导师、省硒资源开发利用促进会理事长、省化学生物学与纳米药物重点实验室主任黄开勋,中国科学院地理科学与资源研

究所研究员谭见安,华中科技大学教授高秋华等近20位国内知名专家、教授,国内部分企业家,以及来自贵州、陕西、湖南、广东、上海、黑龙江、江苏等省、市的代表参加研讨会。开幕式上,恩施市、紫阳县、开阳县先后就硒资源开发利用情况进行交流。

【10月12日】由中央电视台、新华社、湖北电视台,湖北新闻网等媒体组成的采访团至板桥镇板桥社区、新田村部分农民家中和企业,对为民服务全程代理项目、程序等相关情况进行采访。板桥镇自2007年开始推行为民服务全程代理服务,群众只动嘴,干部去跑腿,搭建一个便民、公开、依法、免费、高效的平台。市委副书记李国庆等陪同。

【10月17日】市委七届四次全体(扩大)会议召开,讨论并通过《关于设立恩施市沐抚办事处的方案》。会议决定,设立恩施市沐抚办事处,为市政府派驻机构,受市政府委托,对恩施大峡谷风景区行政、经济及社会事务行使管理权,管辖范围为板桥镇的前山村和屯堡乡的大庙村、营上村、木贡村、高台村、沐抚社区,所涉及村(社区)建制及区域范围保持不变,驻地在沐抚集镇,与恩施大峡谷风景区管理处"一个机构,两块牌子"运行,其机构规模、行政职能、领导职数、人员编制及经费预算比照城区街道办事处设置和运行。

【10月17—20日】武陵山区湘、黔、渝、鄂边区畜牧兽医工作协作会第19次年会在恩施市召开,会议由恩施市政府主办。会议围绕如何加强协作会组织建设、充分发挥协作会组织作用,如何群防群控、联防联控重大动物疫病等问题进行探讨和交流。湖南省凤凰县畜牧水产局、重庆市酉阳县畜牧兽医局、利川市畜牧兽医局在会上作典型发言。会上,恩施市与宣恩县举行会旗交接仪式。州、市领导田凤培、李国庆等出席会议。

【10月18日】恩施市大龙潭水库生态流量工程投入试运行。该工程为补充和完善大龙潭水利枢纽工程的生态环境功能而建,总投资1180万元。于3月15日动工,10月15日通过验收,工程利用大龙潭水库大坝8号坝段供水口通过压力钢管输送到水轮机进行消能下汇,达到省水利厅提出的向下游清江河段泄放6.95立方米/秒生态流量的要求。州、市领导于德海、李春胜、秦斌、李国庆等出席该工程试运行启动仪式。

【10月19日】位于三岔、新塘两乡交界处的风水河大桥通车。该桥是清江水布垭电站水库淹没区交通复建工程子项目之一,距恩施市城区30余千米。大桥全长467.73米。

【10月23日】湖北省二类城市语言文字工作评估团开始对州城语言文字工作进行评估验收。评估团通过听、看、查、谈及问卷调查等方式,对州城内一条示范街道(东风大道)和包括党政机关、学校、新闻媒体、公共服务行业在内的18个相关单位进行评估。评估内容包括语言文字综合管理、普及普通话和社会用字管理等方面。

【10月25日】国务院扶贫开发领导小组办公室主任范小建,省委常委张昌尔等一行至龙凤镇龙马村、芭蕉侗族乡灯笼坝村,就扶贫开发工作调研。州、市领导肖旭明、谭先振、李国庆、蔡平等陪同。

【10月26日】东方航空武汉公司在富源国宾酒店举行新闻发布会并在恩施机场举行首航仪式。省旅游局副局长操福善,州、市领导肖旭明、李国庆等以及东航武汉公司、恩施机场公司有关领导,来自北京、上海、武汉三地的近40家旅行社负责人和省、州、市新闻界的朋友等出席首航仪式。

【是日】15时50分,东方航空公司一架波音737－800型客机从恩施机场起飞,直航首都北京,机上乘坐的170多名旅客有幸成为首航的第一批乘客。

【10月29—30日】中央检查指导组组长、全国人大常委、中华全国供销总社理事会副主任、党组成员周声涛,检查组副组长、全国政协常委、中宣部原副部长高俊良等一行到恩施市,就利用文艺形式宣传中共十七届三中全会精神和科学发展观,打造鄂西生态文化旅游圈,发展旅游业等检查指导。市委副书记李国庆等陪同。

【10月31日】由中国汽车人才研究会理事长邵奇惠率领的全国汽车行业考察团一行30余人到恩施市考察。考察团成员中包括东风汽车公司副总经理李绍烛等嘉宾。东风汽车公司是全省"616"工程单位之一,对口支持恩施市发展。市李国庆、蔡平等陪同。

【11月2日】省艺术研究所党委书记、国家一级导演龚战一行,至白杨坪乡洞下槽村,就该乡传统戏曲——"灯戏"实地调研。该调研活动是省文化厅对恩施州地方戏曲的一次搜集整理工作。特邀中央电视台戏曲频道记者、国家一级摄影师雷阳对搜集的地方戏曲进行拍摄录制。

【11月3日】市民族文工团一行30人启程参加11月5—12日在江苏苏州举办的首届"全国农民艺术节"。该团《红红火火》《哈咯咂》《直尕思得》《担水》《民歌联唱》《叭一口》6个节目参加演唱。

【11月8日】恩施市第七届村民委员会和第二届社区居民委员会换届正式选举。全市172个村设172个中心会场,882个选举投票站,登记选民446930人,参加投票选民398200人,选出村委会主任171名。社区居委会换届选举采取推选居民代表参加正式选举的方式进行,居民代表1650名参加选举,选出社区居委会主任35名,委员165名。州、市领导葛德胜、李国庆等现场观摩、指导。

【11月11—12日】中科院教授雒昆利、博士牛彩香等一行,到沙地乡秋木、花被、鹤峰口等实地勘查硒资源的含量及分布情况,对当地地质地貌进行取样分析,并选取当地马铃薯、玉米、红薯、萝卜、茶叶、大豆、板栗、煤矸石作为样品,进行硒含量测定分析。市政协主席刘宗烈等陪同。

【11月14日】全市16个乡镇、街道和10多部门共建为民服务全程代理"绿色通道"。恩施市组建市、乡镇(街道)、村(社区)、村民小组四级为民服务网络,市行政服务中心和市直有关部门的功能向乡镇、街道延伸,把"政务超市"前移,各乡镇、街道设立为民服务全

程代理中心,村(社区)设立代理室,村民小组设立代理点。对群众需要办理的事项实行“一个窗口”受理,上下联动服务、规定时限办结。

【11 月 15 日】中共十七届中央委员、全国政协经济委员会主任张左己,省政协副主席翁行德一行至恩施市,就梭布垭石林和恩施大峡谷等旅游景区建设情况考察。

【11 月 16 日】副州长董永祥到华硒生态农牧业公司调研。该公司位于舞阳坝街道洗爵溪,由恩施好又多有限公司投资建设。公司拟投资 1.2 亿元建集科研、培训、养殖、有机肥加工、大棚蔬菜种植、万吨保鲜冷库、蔬菜物流于一体的花园式现代农牧基地。副市长殷晓东等陪同。

【11 月 19 日】州委书记肖旭明一行到华硒生态、山寨皮革、九州牧业等公司调研。州、市领导柳望春、瞿赫之、秦斌等陪同。

【11 月 29 日】州城红旗大桥、连珠大桥开工建设。红旗大桥位于恩施城区清江河段上游,全长 906.493 千米,东接恩施经济开发区,西接旗峰坝,是连接恩施城北新区与老城区的主要通道,设计为自锚式预应力钢筋混凝土悬索桥,桥梁总长 332 米,大桥主跨 152 米,桥宽 26 米,双向 4 车道。工程预算总价 8744.5 万元,建设工期 24 个月。连珠大桥及接线工程是配合旧城改造,恢复并保护六角亭老城区面貌,解决城市中心区过境交通和车辆向西快速出城问题而修建的。工程沿清江东岸五峰山连珠塔山脚直通 209 国道,全长 1086.49 米,其中接线道路长 939.93 米,桥梁长 146.56 米,整个工程建设概算投资 5000 万元,工期约 24 个月。州、市领导肖旭明、杨天然、谭文骄、秦斌等为大桥工程开工奠基培土。

【12 月 2 日】由省委宣传部邀请新华社、人民日报社、中央电视台、中央人民广播电台、中国民族杂志、中国民族报、湖北日报、湖北卫视、湖北广播电台以及民族大家庭杂志等新闻媒体记者组成的“中央和省级新闻媒体民族团结进步湖北行”新闻采访团至芭蕉侗族乡,就民族团结进步、民族地区经济社会发展情况等方面进行采访。市领导蔡平、王怀东等陪同。

【是日】受韩国大路旅行社邀请,恩施市组织有市政府办公室、恩施大峡谷风景管理处、市旅游局及中国旅行社恩施分社、绿色硒都、清江源、问月旅行社等旅行社负责人参加的旅游考察团前往韩国进行旅游考察。

【12 月 2—3 日】省人大常委会常务副主任周坚卫一行至沪蓉西高速公路清江特大桥建设工地、长友公司、恩施火车站、恩施烟厂建设工地调研。州、市领导肖旭明、杨天然、谭文骄、秦斌等陪同。

【12 月 4 日】日本国政府“利民工程”(又称“利民·人的安全无偿援助”)无偿援助新塘乡集镇饮水建设项目在武汉举行签字仪式,市长秦斌与日本驻华大使馆一等秘书成田

浩司在项目赠款合约上签字。“利民·人的安全无偿援助”是日本政府对中国实施的一种小规模无偿资金援助，根据日本“政府开发援助大纲”的理念与原则进行，每项合作的最高金额为1000万日元(约合人民币69万元)。该次在武汉签署的为新塘集镇饮水建设项目。该项目共需资金360万元，除日本援建资金外，另外的资金来源为市地方配套资金。省政府副秘书长骆新华，省、州外事侨务部门有关领导出席项目赠款签字仪式。

【12月5日】州委副书记、州长杨天然一行到华硒生态、长源轴承、清河纺织等，就企业生产运行情况调研，并与14位民营企业主座谈。市长秦斌等陪同。

【12月10日】恩施市沐抚办事处挂牌成立。该办事处为市政府派驻机构，与恩施大峡谷风景区管理处合署办公，对景区行政、经济、社会事务及景区开发实行统一管理、统一协调和统一服务。其管辖范围为板桥镇前山村和屯堡乡大庙村、营上村、木贡村、高台村、沐抚社区。州、市领导瞿赫之、于德海、谭文骄、秦斌等出席挂牌仪式。

【12月11日】由光明日报、经济日报、中央电视台经济频道、中国日报等10多家中央媒体组成的新闻采访团到盛家坝乡宏光水库和安乐屯现代烟草农业进行采访。省烟草专卖局(公司)主要负责人赵全意、省烟草专卖局(公司)副总经理杨树以及州政协副主席刘志兵，市长秦斌等陪同。

【12月12日】市长秦斌分别与中国民主同盟恩施州委、中国民主建国会恩施州委、湖北民族学院生物科学与技术学院、恩施恩泰实业有限公司在恩施宾馆签订共同推进恩施市柳州城片区新农村建设意向书。柳州城片区新农村建设计划用5年时间，为片区内周家河、长堰塘、莲花池3个村、1063户农民人均纯收入增加1000元。实施包括以民族村寨、文化遗产、自然环境和山地特色农业为依托，把发展乡村生态休闲旅游与推进农村产业结构调整，拓宽村民就业渠道，增加农民收入，配套建设无公害花果园、茶园、蔬菜生产，建设大型生态养殖场，推动所在地周家河村进入全国1万个农村特色旅游村，使柳州城综合旅游收入达到1亿元。州、市领导曹毅、秦斌、何慧等出席签字仪式。

【12月17日】州委书记肖旭明一行到白果乡瓦场坝村，就新农村建设调研。州、市领导瞿赫之、谭文骄等陪同。

【12月18日】恩施市白果乡茅坝槽村现代烟草农业综合开发示范区建立。示范区由州烟草公司经理、州香城现代烟草农业开发有限公司和茅坝槽村经济联合社三方共同组建。白果乡茅坝槽村地处城郊26千米，海拔1340米，州烟草公司将茅坝槽村所辖2800亩耕地、林地按照依法有偿、自愿的原则，租赁给州香城现代烟草农业开发有限公司，进行现代烟草农业综合开发。首期投资1300万元，与农民签订租赁协议2250亩，租赁开发期为50年。市领导谭文骄、秦斌等出席签约仪式。

【12月22日】恩施硒资源开发研究中心授牌成立。公司由恩施市与中国科学院地理

科学与资源研究所联合成立,致力于生物硒资源的深度开发与应用研究。同日,恩施市与中国科学院地理科学与资源研究所《关于成立中国科学院地理科学与资源研究所恩施硒资源开发研究中心的合作协议》签字仪式在恩施宾馆举行。中国科学院地理科学与资源研究所副所长、博士生导师、教授葛全胜,中国科学院地理科学与资源研究所党委副书记、副所长、纪委书记、高级工程师、教授孙俊杰,中国科学院地理科学与资源研究所研究员、医学地理学专家谭见安,中国科学院地理科学与资源研究所研究员、博士生导师、教授雒昆利等专家和市领导谭文骄、秦斌等出席成立仪式。

【12月26—28日】国家创建优秀旅游城市检查组组长、省旅游局质量规范与管理处处长李伟率国检组一行至恩施市,代表国家旅游局开始对恩施市创建中国优秀旅游城市进行检查验收。28日,国家“创优”检查组召开国检情况通报会,恩施市具备中国优秀旅游城市的条件,通过验收。市领导谭文骄、秦斌等陪同。

【12月28日】湖北恩施州经济开发区在舞阳坝街道金子坝挂牌成立。为恩施州扩大对外开放、加快发展的又一省级经济开发区。

【12月30日】州城2万多名公务员及市民从民族体育场出发,参加州、市实施《全民健身计划纲要》领导委员会联合举办的“全民健身与奥运同行”迎新年万人长跑活动。该活动主题为“我锻炼、我健康,全民健身健康行”。

【是月】《中国共产党恩施市历史》第一卷,由中共党史出版社出版发行。全书共分为四编十二章约20万字左右。完整、准确、翔实地记述1919—1949年中国共产党各级组织领导恩施人民革命斗争的历史,包括董必武至恩施开展反军阀斗争;国共合作的国民党县党部筹备处领导群众革命运动;贺龙领导的湘鄂边苏区革命斗争;鄂西特委领导的抗日救亡运动;中国人民解放军解放恩施。

2009年

【1月6日】政协恩施市第七届委员会第四次会议开幕。大会出席政协委员257人,特邀代表39人,列席9人。市委、市人大、市政府、恩施经济开发区的领导以及市法院、市检察院的主要领导出席开幕式。大会安排部署2009年政协工作,协商、讨论《政府工作报告》及其他报告。

【1月7日】市第八届人民代表大会第四次会议在州民族礼堂开幕,市委书记、市人大常委会主任谭文骄主持会议,市长秦斌作《政府工作报告》。出席市政协七届四次会议的政协委员;市委、市政府、市政协、市人武部、恩施经济开发区领导;市级调研员、市人民法院院长、市人民检察院检察长;乡镇、街道党委书记、常务副乡(镇)长,副主任;乡(镇)人

大主席团负责人;市直人大联络处主任;市直各单位主要负责人;部分企业负责人列席大会。大会应到代表284名,实到253名。

【1月15日】恩施市获得国家旅游局"中国优秀旅游城市"称号。

【1月28日】市委常委、常务副市长蔡平率团赴澳门参加中国地方民俗文化表演。其间,恩施市派出的民俗文化表演团5天时间共演出8场,观众总人数超过10万人,当地报纸、电视媒体连续跟踪报道。

【2月1日】恩施土司城景区被国家旅游局评定为国家4A级旅游景区。该景区位于市区,是鄂西生态文化旅游圈民俗风情板块重要景区。其主体建筑墨冲楼、九进堂、廪君祠、吊脚楼、风雨桥等建筑雕刻艺术精湛,极具民族特色,集中展示巴土建筑的工艺神韵。

【2月3日】全市党建暨经济工作会议召开。

【2月4日】8时许,湖北沪蓉西高速公路开始执行省政府批准的新的收费标准。

【2月9日】沙地乡被省委、省政府表彰为村级组织换届选举工作先进单位。

【2月11日】全省农村经济工作会议表彰的30个农业专业大县中,恩施市跻身全省茶叶大县行列。省政府还决定由省财政单列安排3000万元专款对受表彰的30个大县进行奖励,每个大县100万元,以进一步巩固大县成果。

【2月15日】省旅游局局长张达华一行,到恩城郊生态休闲旅游景区——芭蕉枫香坡侗族风情寨,实地了解开发改造情况。市委书记谭文骄、市长秦斌等陪同。

【2月19日】州委、州政府与市委、市政府联合召开2009年州城建设管理大会。州委书记肖旭明,州委副书记、州长杨天然到会讲话,副州长刘顺辉主持会议,州委副书记谭先振、州人大常委会副主任陈亚平、州政协主席甘方谦、州政协副主席张龙光以及恩施市委书记谭文骄、市长秦斌等出席会议。州直单位有关负责人,恩施市直各部门、街道、社区负责人及部分市民代表参加会议。

【2月20日】市城市规划管理局被省政府表彰为"全省测量标志普查维护工作先进集体",市城市规划管理局张梁、市城市规划勘测设计室舒涛被表彰为"全省测量标志普查维护工作先进个人"。

【2月24日】州委书记肖旭明一行,深入三岔乡、太阳河乡,就基层落实科学发展观的情况进行专题调研。州委常委、州委秘书长瞿赫之,市委书记谭文骄、市长秦斌等陪同。

【3月8日】恩施市被全国村务公开协调小组表彰为"全国村务公开民主管理示范单位"。

【3月17日】省军区政委彭水生少将带领省军区工作组到恩施市,就民兵预备役建设情况调研。州委常委、恩施军分区司令员赵德利、政委朱志行、参谋长陈守忠、市委副书记李国庆等陪同。

【3月21日】州委副书记、州长杨天然率州人大常委会副主任于德海、副州长刘顺辉，州政协副主席张龙光及州财政、规划、交通、电力等相关部门负责人一行先后到连珠大桥、金桂大道、火车站片区，红旗大桥等建设工地，就工程建设进度进行查看、督办。市领导谭文骄、秦斌等陪同。

【3月26日】全市深入学习实践科学发展观活动动员大会召开。市委书记、市委深入学习实践科学发展观活动领导小组组长谭文骄在会上发表讲话；州委深入学习实践科学发展观活动指导检查组组长乐金斗出席会议并提出要求；市委副书记、市委深入学习实践科学发展观活动领导小组副组长李国庆主持会议。出席会议有市委、市人大、市政府、市政协及恩施经济开发区的市级党员领导干部。

【是日】市长秦斌率领恩施市代表团，参加2009鄂京（环渤海地区）经商合作洽谈会及"光彩事业走进恩施州"北京投资恳谈会。在会上，市长秦斌与大唐国际发电有限公司湖北办事处主任杨宝林签定总投资28亿元的恩施煤矸石火力发电项目协议。

【3月27日】"恩施玉露"由国家质监总局批准实施地理标志产品保护，为全省首个获得地理标志保护的茶叶产品。国家质监总局召开的恩施玉露地理标志产品保护审查会的专家认为，"恩施玉露"具有明显的地域特色和较高知名度，符合《地理标志产品保护规定》，予以审查通过；同时，芭蕉侗族乡、舞阳坝街道现辖行政区域被确定为保护范围。

【3月28日】由省农业厅、州政府主办，市政府承办的湖北第一历史名茶"恩施玉露"授牌仪式暨新闻发布会在省城武汉成功举行。省委常委、副省长汤涛，省人大常委会副主任罗辉，省政协副主席陈柏槐，省人民政府副秘书长梅祖恩等领导出席授牌仪式。授牌仪式由省农业厅副厅长徐能海主持，州委副书记、州长杨天然致辞，市委书记谭文骄介绍恩施市茶叶产业建设情况。鲁成银、李传友、宋庆波、倪德江、龚自明等5位茶叶专家被聘为恩施市茶叶顾问。人民日报社等15家新闻媒体出席该次新闻发布会。

【4月5日】省商务厅厅长周先旺一行到柳州城，就新农村建设和旅游开发调研。省交通厅副厅长徐健、州委常委杨陈清、州政府秘书长吕金施、市委书记谭文骄等陪同。

【4月7日】市委七届七次全体（扩大）会议召开，讨论并通过《关于大力推进全民创业的决定》。市委书记谭文骄主持会议并讲话，市委副书记、市长秦斌宣读《关于大力推进全民创业的决定（讨论稿）》。市委委员、候补委员，市纪委委员，市直有关部门及乡镇、街道（办事处）主要负责同志参加会议。

【4月26日】市公安局综合大楼投入使用。市局机关内设机构和部分二级单位从六角亭街道城乡街39号办公地搬入黄泥坝综合大楼办公。

【4月28日】以省政协常委、省政协民族和宗教委员会主任李传锋为组长的省政协《中华人民共和国民族区域自治法》调研组一行，到恩施市开展"贯彻《民族区域自治法》，

加快民族地区经济社会发展”专题调研活动。州、市领导王继刚、刘宗烈、向仕莲、尤连胜等陪同。

【4月29日】市人民法院执行庭法官周巍、屯堡乡马者村农民向修凤(女)被省委、省政府分别授予“湖北省职工劳动模范”“湖北省农民劳动模范”称号。

【是月】市公安局舞阳坝刑警中队被公安部命名为“全国一级责任区刑警队”。

【5月1日】清华大学深圳研究生院副院长马辉率清华学子广东百名企业家考察团抵达恩施进行相关考察活动。恩施市在富源国宾馆酒店举行“清华学子广东百名企业家恩施考察团情况介绍会”。市委书记、市人大常委会主任、恩施经济开发区主任谭文骄介绍市情并推荐相关项目,市委副书记、市长、恩施经济开发区第一副主任秦斌主持会议,市“四大家”领导及恩施经济开发区领导出席情况介绍会。

【5月7日】恩施大峡谷建设现场会在大峡谷风景区管理处召开。州委书记肖旭明,州委副书记、州长杨天然要求,要借全省打造鄂西生态文化旅游圈的机遇,举全州之力建设恩施大峡谷。州、市领导陈亚平、甘方谦、孔祥恩、于德海、张龙光、谭文骄、秦斌等出席会议。市委书记谭文骄、市长秦斌介绍恩施大峡谷开发建设情况;14个州直部门在会上作支持恩施大峡谷景区建设的表态发言;相关市直部门主要负责人参加会议。参会人员还对云龙河大桥等建设工地进行考察。

【5月17日】中央第二巡回检查组副组长、全国政协常委、全国工商联原副主席、党组副书记张龙之带领巡回检查组一行莅临恩施市,对学习实践科学发展观活动进行检查指导,还实地考察“恩施大峡谷”旅游资源开发、“恩施玉露”生产基地、枫香坡新农村建设情况。州委副书记、州长杨天然、州委组织部长刘艳红、市委书记谭文骄等陪同。

【5月18日】在全国社会治理表彰大会上,恩施市作为全州唯一、全省5个县市之一被中央综治委表彰为“全国平安先进县(市、区)”。恩施市在全市范围内广泛开展“平安乡镇”“平安社区”“平安大院”“平安校园”等基层创建活动,通过平安创建活动,进一步健全社会治安综合治理齐抓共管目标责任管理体系,完善综合治理运行机制,深化农村社会治安网络体系建设,首创的“农村治安中心户”得到中央领导的肯定,并在全国推广。

【5月25日】副省长张岱梨带领省民宗委副主任胡祥华一行至恩施市,就旅游产业发展情况调研。市委书记谭文骄,市委常委、市委办公室主任李敏,副市长向仕莲等陪同。

【5月26日】省民政厅厅长谢松保一行至恩施市,就基层民政工作调研。实地检查社会救助工作、民政基础设施建设、养老服务社会化工作进展情况。副州长赵川、市委书记谭文骄等陪同。

【是日】中国新闻社湖北分社社长章敦华一行至恩施市,就新农村建设情况进行实地采访,并对市委书记谭文骄进行专访。

【6月2日】省民族宗教事务委员会主任谭徽在一行至恩施市，就综合治理工作调研。市委书记谭文骄，市委常委、市政法委书记谭志国等陪同。

【6月4日】省委常委、副省长汤涛率省政府办公厅、省水利厅、省国土资源厅、省林业局等省直部门负责人一行至恩施市，就新农村建设、集体林权制度改革和防汛工作调研。州、市领导杨天然、甘方谦、董永祥、黄振益、谭文骄等陪同。

【6月18日】第二届华中茶叶博览会在武汉会展中心开幕，副市长何慧率恩施市团参加此次茶博会，润邦公司代表“恩施玉露”、乌云冠茶叶公司代表“恩施富硒茶”、怡茗代表欧盟认证有机茶、宜红公司代表红茶、清江茶业公司和岸云溪茶叶公司代表恩施有机绿茶参加会展。

【6月19日】东方航空公司特邀韩国幸福旅行社、韩国大韩通运、上海合庆工业集团、中国民航报、北京北辰旅游集团、桂林环球国旅等企业组成考察团，对恩施龙洞河休闲度假村、清江流域旅游资源、恩施大峡谷及梭布垭石林等进行实地考察。

【6月20日】美国ABP公司代表高寒女士、海伦先生（美籍华人）以及中方代表金伟女士到恩施市白杨坪实地考察有机茶叶基地、公司拟建厂址。双方还就在北京签订的《茶叶基地建设及加工出口项目协议》进行实质性洽谈。

【6月25日】由中纪委驻国家民委纪检监察局综合室主任赵运奎带队的国家民委调研检查组，对恩施市2004—2006年中央少数民族发展资金管理及使用情况调研检查。全市中央少数民族发展资金共1072万元，其中道路桥梁修建与维护资金303万元，兴修水利工程资金107万元，新农村建设等其他专项资金662万元，实施项目116个。省、州民委及市领导陪同。

【是月】《恩施市民间歌曲集》（主编甘武，副主编曾楠）、《恩施市太阳河山民歌》（主编张丽红、甘武）由湖北人民出版社出版。

【7月3日】国家烟草专卖局副局长张保振一行对正在建设中的香城现代烟草农业示范区进行考察。通过实地察看，张保振建议，要通过制定科学的规划，在抓好现代烟草农业产业的基础上，把恩施市的烟草发展历史、烟草文化等方面同示范区的观赏性、游玩性有机结合起来，将其打造成恩施市城郊休闲旅游胜地。副州长董永祥、市委书记谭文骄等陪同。

【7月7日】省委书记、省人大常委会主任罗清泉就鄂西生态文化旅游圈建设和恩施市“616”工程实施情况进行视察。省委常委、常务副省长李宪生，省委常委、省委秘书长李明波，副省长张岱梨随同视察。州委书记肖旭明，州委副书记、州长杨天然，州委常委、宣传部长孔祥恩，市委书记谭文骄、市长秦斌等陪同。罗清泉强调，提高认识、科学规划、整合资源、加快恩施大峡谷等核心景区的建设，认真总结“616”工程的帮扶经验，坚持工业兴

市,推动恩施经济社会又好又快发展。

【7月8日】18时许,恩施城区高速公路连接线发生车祸,造成42人不同程度受伤,其中2人在医院救治过程中死亡。经查明,龙某驾驶重型自卸货车(鄂Q12397)自七里坪向金桂大道方向行驶,在金桂大道至沪蓉西高速公路连接线3公里处(七里坪高速公路连接线路段),与东升客运有限公司黄某驾驶的中巴车(鄂Q12933)相撞。

【7月9日】省人力资源和社会保障厅厅长邵汉生一行至恩施市,就职业教育、返乡失业人员技能培训、社会保障等调研。市长秦斌等陪同。

【7月13日】全州新农村建设现场会在恩施市召开。州委书记肖旭明,州委副书记、州长杨天然在会上充分肯定恩施市在新农村建设上取得的成绩和经验,要求在全州推广恩施市新农村建设经验,巩固、提高和创新新农村建设的"恩施模式"。来自全州8个县市的主要负责人员等先后到望城坡现代烟草农业示范区、柳州城、华硒生态园参观恩施的新农村建设。

【7月22日】境内市民自发观看日全食天文奇观。8时10分,太阳圆面的西边缘开始出现初亏,9时16分出现食既,天空开始暗淡,2分半钟之后达到食甚,9时21分,太阳生光,日全食结束。

【7月28日】州城2009年重点工程之一的连珠大桥混凝土拱转体成功合龙。连珠大桥及接线工程是恩施市为配合旧城改造,恢复并保护六角亭老城区面貌,解决城市中心区过境交通和车辆向西快速出城问题而修建的。该工程沿清江东岸五峰山连珠塔山脚直通209国道,全长1086.49米,其中接线道路长939.93米,桥梁长146.56米。整个工程建设概算投资5000万元。连珠大桥于2008年11月破土动工,2010年4月建成通车。

【7月30日】由中国农业科学院党组书记、研究员薛亮带队的调研组一行,深入芭蕉侗族乡灯笼坝茶叶示范基地、润邦茶叶公司生产车间等实地考察、调研。州、市领导杨陈清、张华荣、李敏等陪同。

【是日】全省现代烟草农业建设工作现场会在恩施市召开。省委常委张昌尔、省委副秘书长、省委财经工作领导小组办公室(省委农村工作领导小组办公室)主任刘田喜,国家烟草专卖局纪检组长潘家华等,在州、市领导肖旭明、叶太俊、董永祥、刘志兵、谭文骄、李国庆等陪同下,参观白果乡茅坝槽村、小渡船街道望城坡村现代烟草农业示范基地的建设情况。省直有关部门负责人,全省烟叶生产区的地市州、县市有关负责人及省、州烟草公司负责人参加现场会。

【8月6日】鄂渝边区牲畜交易大市场在板桥镇让水坝奠基。该大市场投资150万元,占地面积7000平方米,建筑面积2500平方米,分为办公综合服务区、定点屠宰区、交易区、示范养殖区。集牲畜交易、储运、观察、消毒、防疫、屠宰等功能于一体,是鄂渝边区最大的

牲畜交易市场,预计交易量年10万头以上。州、市领导董永祥、李国庆、黄永耀、何慧等出席奠基仪式。

【8月12日】2009国际旅游小姐巡游中国恩施站活动启动仪式在城区土司城举行。41名佳丽在"向世界推介恩施"代言板上签名,随后巡游恩施大峡谷。州、市领导杨天然、刘顺辉、部志中、李国庆、刘宗烈、蔡平等出席启动仪式。

【8月15日】州中心医院综合业务大楼落成庆典举行。该大楼系2006年州委、州政府重点建设项目之一,以层高33层,高度130米,建筑面积7万平方米成为恩施州乃至全省医院中最高和单体建筑面积最大的业务大楼。大楼按现代化医院标准设计,集门诊、急诊、住院为一体,是一幢高智能化医疗业务大楼。

【8月18日】中央电视台大型综艺节目——《欢乐中国行·走进恩施》至恩施演出。同时,光彩事业走进恩施州、2009恩施生态文化旅游节开幕。副省长田承忠,州委书记肖旭明,州委副书记、州长杨天然参加上述活动。

【8月19日】位于恩施市和利川市交界的恩施大峡谷大桥通车。该大桥横跨清江,是连接恩施大峡谷和利川腾龙洞两个著名风景区公路的控制性工程,总投资3500万元,全长348米,于2006年11月15日开工建设。大桥建成后,缩短两大景区之间公路里程89千米。

【是日】中共中央统战部副部长、全国工商联党组书记、中国光彩事业促进会会长金哲洙,省委常委、统战部长苏晓云一行,先后深入长友食品有限公司、恩施火车站片区、湖北中烟有限责任公司恩施卷烟厂进行考察。州、市领导肖旭明、陈晓燕、谭文骄、部志中等陪同。

【8月20日】市政府与东航旅业投资(集团)有限公司签订《旅游发展合作意向协议书》《韩语导游培训协议书》,还就《恩施走进世博会》的拍摄工作、航空摄影大赛的组织事宜进行商讨。东航旅业分别于6月中旬、8月中旬三次率东航韩国办事处、韩国旅游企业、国内旅游企业、国内旅游业策划及设计企业、传媒策划专业人士和部分意向投资者等人士至恩施考察。

【8月24日】州委书记肖旭明率州委政研室、州国土资源局、团州委、州移动公司等驻莲花池村扶贫工作组成员单位主要负责人,先后深入三岔乡莲花池村天池岭、莲花池小区、国家农业综合开发区项目实验区以及农民教育培训基地调研。市领导谭文骄、秦斌、李敏陪同。

【8月25日】7时许,境内发生9级强风,持续时间7分钟,大风致2.2万人受灾、677间房屋受损、724公顷农作物受灾(其中85公顷绝收),造成直接经济损失412万元。因灾受伤住院1人,紧急转移安置86人。

【是日】由中央人民广播电台、湖北楚天新闻台等10家媒体组成的“华彩中国——少数民族自治地区采风”采访团到芭蕉侗族乡采访。来自西藏、内蒙古、广西、宁夏等民族地区媒体记者参加该项活动。

【8月28日】中国驻巴基斯坦大使罗照辉一行至恩施市,就生态文化旅游资源进行考察。

【8月31日(农历七月十二日)】一年一度的恩施市地域性民族节日——恩施土家“女儿会”如期举行。来自国内黑龙江、吉林、内蒙古等8个省、自治区的8000名青年男女及部分国外游客,齐聚州城凤凰山广场,“相约恩施土家女儿会,梦圆土家情人节”,在“女儿会”上寻找心仪的人,渴望缔造浪漫与佳话。2万余名市民聚集在一起,在风雨桥头恩施土特产品市场,赶传统“女儿会”节日。

【是月】由省委宣传部、省委党史研究室、湖北日报传媒集团主办的“功勋湖北”大型评选活动结束,恩施市何功伟烈士被评选为50名“为新中国成立做出突出贡献的荆楚英模人物”。

【9月11日】吉尔吉斯斯坦“光明道路”人民党干部考察团在该党中央执委会组织书记·洽纳切夫的率领下,先后到小渡船街道大桥路社区、机场路社区,芭蕉侗族乡高拱桥村及侗族风情寨,湖北民族学院,长友现代农业公司、山泰公司、恩施卷烟厂等企业,恩施大峡谷、土司城等风景区,分别就社区、农村、学校、民营企业、国有企业党建,民族政策及民族地区的经济社会发展,旅游资源及开发等进行考察。州领导刘艳红等陪同。

【9月13日】13时30分,318国道龙凤镇富民水泥厂处发生交通安全事故,1辆农用车与面包车相撞,导致3人当场死亡,10人受伤。2名重伤者因抢救无效,在医院死亡。

【9月14日】中国营养学会第十届微量元素营养学术会议暨第五届微量元素营养分会会员大会在恩施市开幕。会议旨在通过学术交流,为我国微量元素营养研究的深入和研究成果的推广起到引导作用。该次会议对硒资源研究和开发最新学术进展进行交流和探讨。同时,中国营养学会与恩施华硒资源科技开发公司、恩施圣峰药业公司等签订技术合作协议书。

【是日】市军队离退休干部休养所被国家民政部、解放军总政治部表彰为全国军休工作先进单位。

【9月19日】恩施物资铁路专用线暨中石化湖北恩施铁路油库项目奠基仪式在恩施火车站举行。该项目总投资2.5亿元,由恩施州铁路有限公司、中石化恩施分公司和恩施州恒通工贸公司共同投资兴建。州、市领导谭先振、谭文骄以及省铁路建设办公室、中石化湖北分公司、武汉铁路局等有关负责人参加奠基仪式。

【9月21日】市环卫处被全国妇联授予“全国三八红旗集体”称号,屯堡乡妇联主席向

玉华被“全国三八红旗手”称号。“全国三八红旗手(集体)”是中国妇女界最具影响的至高荣誉。

【9月24日】恩施州第六届运动会历时4开时间,在州民族体育馆闭幕。来自全州8个县市及州直共9个代表队约10000余名运动员参加运动会。恩施市代表团取得146名金牌,273枚奖牌,继续蝉联金牌总数第一、团体总分第一。同时,州六运会组委会还特别为恩施市政府颁发承办贡献奖“鼎盛千秋”鼎一尊。

【是月】芭蕉侗族乡被国务院表彰为“全国民族团结进步模范集体”。

【10月15日】武汉中百集团恩施仓储超市总部暨恩施物流项目在恩施经济开发区奠基。项目拟投资1亿元。省商务厅厅长周先旺以及武汉市商务局负责人,州、市领导杨天然、瞿赫之、陶继东、谭文骄、秦斌、郜志中等领导出席奠基仪式并为该项目奠基。

【10月16日】恩施大峡谷旅游公路在恩施市屯堡乡开工建设。该旅游公路被列入《鄂西生态文化旅游圈交通规划》的旅游公路项目,设计时速为30千米/小时的三级公路标准建设,预计投资1.5亿元,建设工期为24个月。州、市领导肖旭明、杨天然、刘顺辉、谭文骄、秦斌等出席开工典礼。

【10月21日】市人大常委会常务副主任李明东率部分人大常委会组成人员和人大代表,就全市推进全民创业的具体政策、工作措施、重点行业、先进典型等工作情况进行视察。全市各类市场主体发展到2.23万户,注册资本34.00亿元;规模以上企业达53家,个体工商户1.91万户,从业人员2.58万人,申报注册资本金5.00亿元,农民专业合作社77户,资金1944万元。

【10月22日】新华社湖北分社社长冯诚、常务副社长唐卫彬一行到恩施市考察,了解恩施旅游资源和民俗文化,并就恩施旅游文化的对外宣传情况调研。

【11月1日】凌晨0时许,恩施红庙地段发生一起特大交通事故,1辆日产天籁轿车车速过快,失控后撞在1辆大型铲车上,造成轿车内司乘人员5人死亡、3人重伤。

【是日】市应急水源工程引水管道建设开工,工程预计在2011年2月完成。工程拟投资5500万元,全长7600米,最大饮水量可达19.2万吨/日。

【11月3日】全省公安交通管理现场会在恩施市召开。会议号召全省学习推广恩施交通管理经验。省公安厅副厅长赵飞、省交警总队队长马国宪等参加现场会。

【11月8日】中央扩内需第十二巡视组在中纪委驻中科院纪检组长、党组成员王庭大的带领下,就旅游产业发展情况进行考察。

【11月18日】由湖北新楚源置业有限公司开发的恩施武陵国际装饰城暨五星级酒店奠基仪式在州城金桂大道入口处举行。该酒店建设面积约25万平方米,为集五星级酒店、建材装饰城、民族风情步行街、公寓于一体的国际复合型街区。州、市领导杨天然、李

济、瞿赫之、于德海、吕金施、谭文骄、秦斌、郜志中、李国庆等出席奠基仪式。

【是月】村主职干部和定补干部基本养老保险落实。全市878名参保对象通过参保缴费核定，核定个人缴费230.57万元，核准省财政补助额211.39万元，市财政补助365.81万元，资金总额为807.77万元，全部划入社保基金专户，实行规范化管理。

【12月2日】省农业厅厅长祝金水一行至恩施市，就农业农村工作调研。2009年，全市农业农村经济总收入实现40.5亿元，较上年37.5亿元增长8%，农民人均纯收入2815元，较上年2509元增加306元。

【12月6日】市委第七届八次全体（扩大）会议在怡和国际大酒店召开。市委书记谭文骄讲话，市委副书记、市长秦斌主持会议，会议讨论通过《中共恩施市委关于贯彻落实〈中共中央关于加强和改进新形势下党的建设若干重大问题的决定〉的实施意见》，通过《中共恩施市委七届八次全体会议公报（草案）》。出席会议的市委委员29人，候补委员8人，不是市委委员的市"四大家"领导、恩施经济开发区的领导，市级调研员、市纪委委员和乡镇、街道，市直一级单位负责人列席会议。

【12月21日】市委常委、市公安局长谭志国作为湖北省唯一代表，在北京主会场通过视频向全国近40万名综治干部介绍恩施市农村"治安中心户"防控机制及经验作法。

【12月24日】由市委精神文明建设指导委员会举办的首届"十大道德模范"评选揭晓，10名道德模范从51名参选人员中脱颖而出，另有10名候选人获得道德模范提名奖的荣誉称号。

【12月25日】由省名牌产品推进委员会、省实施质量兴省战略工作领导小组办公室、省质量协会联合评定，恩施市润邦国际富硒茶业有限公司生产的"恩施玉露"，被列入全省240家企业的240项"湖北名牌产品"之列。该市累计拥有6个"湖北名牌产品"，位居全州前列。

【12月29日】由国家工商行政管理总局发起，中华商标协会主办，中国中学生报承办，市政府和得力集团有限公司协办的"恩施玉露杯"第二届全国中学生商标知识竞赛、地理标志征文系列活动在北京启动。国家工商行政管理总局、中华商标协会、中国中学生报社、市政府、恩施玉露茶产业协会、得力集团等单位负责人、首都20余家媒体、部分中学老师及中学生代表等100余人参加启动仪式。

【是日】恩施市启动"恩施州城历史文化观光一日游"活动。来自州城各媒体记者，景区、旅行社、星级宾馆代表现场考察华龙村、文昌祠、施南府古城门、洗马池、古民居和老街等3条旅游线路。

【是月】湖北沪蓉西高速公路建设指挥部在恩施市组织召开湖北沪蓉西高速公路恩利段（七里坪至白羊塘）交工验收会。宜昌到恩施州境内的沪蓉西高速公路全程通车，标志着国家高速公路网东西主干线沪渝高速全线贯通。

△《中国共产党恩施市组织史资料》(1999.01—2003.12),由州新闻出版管理部门同意印刷出版。该书集中反映时间断限内,市委在加强中共组织建设,坚持改革开放,推动恩施经济社会发展方面的主要措施和成就,客观公正地记录全市党组织、政权、军事、政协、群团五大系统及部分重点企、事业单位的机构演变情况和工作概况。编撰规模为66万字,印数600册。

2010 年

【1月1—3日】恩施市、巴东县共同主办的“全国百强旅行社恩施行”考察活动举行。考察团对清江画廊、恩施大峡谷、土司城等旅游资源进行考察。其间,恩施、巴东两县市召开“神奇恩施·魅力水布垭”旅游产品推介会,向来自全国百强旅行社的代表推介恩施、长江三峡及神龙溪黄金旅游线路的新通道,展现“生态恩施州·土(家)苗风情园”旅游品牌。

【1月6日】州委常委、副州长张忠凯一行,深入煤矸石综合利用项目选址地、宏基建材、鑫泰纺织、信达机械、五峰建材、九洲牧业等工业企业调研。市领导谭文骄、秦斌等陪同。

【1月7日】州委副书记、州长杨天然一行,深入恩施民族高中建设工地调研,要求工程相关单位增强紧迫感、责任感,保质量、保安全、保进度,确保恩施民族高中在2011年秋季按时开学。州、市领导柳望春、刘顺辉、吕金施、谭文骄、秦斌等陪同。

【1月9—10日】省林业局副局长董祚华率省检查组一行,深入三岔乡莲花池村、白杨坪乡熊家岩村、龙凤镇大转拐村,就全市扶贫开发整村推进、产业化扶贫、农村劳动力转移培训和扶贫搬迁工作进行检查。州、市领导董永祥、谭文骄、李国庆等陪同。

【1月11日】市长秦斌作为全国科技进步先进县(市、区)的代表,出席在京召开的全国科学技术奖励大会。恩施市被表彰为全国“科技进步先进市”,恩施经济开发区主任、市委书记谭文骄、市长秦斌、市科技局党组副书记覃德林被表彰为“全国科技进步先进个人”。

【1月15日】州委副书记、州长杨天然率全州特色农业建设推进会与会人员,到白杨坪乡熊家岩村三丘田茶叶基地、羊角坝茶叶苗圃基地及新农村建设特色民居进行考察。州、市领导谭先振、冯国亮、董永祥、张龙光、谭文骄、李国庆等陪同。

【1月16—17日】省委第一巡回检查组组长毕志伦一行,深入舞阳坝街道官坡社区、三岔乡天池岭村和莲花池村、白杨坪乡熊家岩村等处,对全市第二批深入学习实践科学发

展观活动开展情况进行检查。市领导刘羽等陪同。

【1月19—21日】政协恩施市第七届委员会第五次会议召开。市委书记谭文骄致辞。市领导郜志中、李国庆等出席会议。在市工作的省、州政协委员、各民主党派知名人士应邀参加会议。会议补选市政协主席、秘书长和常务委员各1名,刘羽当选为市政协主席。会议通过《政协恩施市第七届委员会第五次会议关于常务委员会工作报告的决议》《政协恩施市第七届委员会第五次会议关于提案工作情况报告的决议》《政协恩施市第七届委员会第五次会议政治决议》。参会人员列席恩施市人大八届五次会议,听取并讨论《政府工作报告》和其他报告。

【1月20—22日】市第八届人民代表大会第五次会议在州民族礼堂召开。开幕式由市委书记、市人大常委会主任谭文骄主持,市长秦斌作《政府工作报告》。大会执行主席谭文骄、秦斌、郜志中、李国庆、李明东、刘宗烈、刘凡、刘羽、侯萍、周德金、黄永耀、许强、刘少华在主席台前排就座。会议补选张开忠为市第八届人民代表大会常务委员会委员。会议通过《政府工作报告》决议、《2009年经济和社会发展计划执行情况及2010年计划报告》决议、《恩施市2009年财政预算执行情况及2010年财政预算报告》决议、《市人大常委会工作报告》决议、《市人民法院工作报告》决议、《市人民检察院工作报告》决议。

【1月24日】全市“616”工程工作座谈会在省住房和城乡建设厅召开。省住房和城乡建设厅厅长李德炳主持座谈会,省委副秘书长刘田喜、省民委副主任胡祥华出席座谈会。会上,市委书记谭文骄代表市委、市政府汇报全市经济社会发展情况、2009年“616”工程项目实施情况。东风汽车公司、省工商局、武汉大学、省公安厅、武汉市第十一中学的领导及市领导李敏、市“616”工程对口受援单位负责人参加座谈会。

【1月26日】州委常委、州委秘书长瞿赫之带领州直帮扶单位负责人一行,深入三岔乡莲花池村、龙凤镇青堡村慰问困难群众。市领导李敏、向成舟等陪同。

【是日】州委常委、州委宣传部部长孔祥恩,深入恩施大峡谷景区,对景区建设和沿线新农村建设情况调研。市领导何慧等陪同。

【1月27日】州委常委、州委组织部部长刘艳红,深入小渡船街道何功伟村,走访慰问大学生村干部。市领导谭文骄等陪同。

【是日】副州长杨尚宝一行深入绿源污水处理公司、蕾康乐塑料制品有限公司、生活垃圾填埋场等处,对全市经济社会发展、节能减排工作等调研。市领导肖家魁等陪同。

△由市、州宣传部报送的文艺活动项目“恩施土家女儿会”获得湖北省第七届“屈原文艺奖”文艺活动品牌奖。

【1月28日】州委常委、州委秘书长瞿赫之一行,深入舞阳坝街道慰问困难群众。市领导谭文骄、李敏等陪同。

【1 月 29 日】由中国科学院举办的“2010 年中国科学院旅游学术研讨会”在京举行。市委书记谭文骄作为研讨会唯一的特邀代表出席会议，并在会上就全市发展旅游产业、打造“三张名片”的情况进行专题发言。

【2 月 1 日】全市各基层医疗机构开始实施国家基本药物制度，307 种目录内药品全部实行零差价销售。

【2 月 4 日】州委常委、副州长张忠凯一行深入恩运集团、民生天然气集团、恩施供电公司、华新水泥、九洲牧业、长源轴承、恩施卷烟厂等企业，就春节期间供电、供气等民生保障工作以及企业安全生产情况调研。州、市领导陈晓燕、陶军等陪同。

【2 月 5 日】州委书记肖旭明一行深入州委大院、恩施军分区、市民政福利印刷厂、武警恩施州支队、市军休所、州中心医院、市环卫处，看望慰问老干部、老党员、驻军干部、武警官兵、企业军转干部、医疗专家、特困户等。州、市领导陈亚平、瞿赫之、赵德利、张忠凯、谭文骄等陪同。

【是日】州委副书记、州长杨天然深入下岗职工、低保户、困难党员、消防官兵、劳动模范、老红军家中，为他们送去新春的祝福。州、市领导甘方谦、李济、孔祥恩、秦斌等陪同。

△州领导谭先振、柳望春、刘艳红、杨陈清、王建民一行，看望慰问州城困难党员、特困职工、专家学者等。市领导李国庆等陪同。

【2 月 11 日】州委常委、州委政法委书记、州公安局局长李云开，深入市消防大队、舞阳交警中队、市第一看守所、武警恩施市中队，看望慰问消防武警官兵和公安民警。市领导谭文骄、张孝赤等陪同。

【2 月 22 日】全市党建暨经济工作会议在州民族礼堂召开。市委副书记、恩施经济开发区常务副主任部志中主持会议，市委书记谭文骄讲话，市长秦斌安排部署 2010 年的各项工作。会议传达中央、省、州经济工作会议精神；全面分析总结 2009 年工作，表彰 2009 年先进单位和个人；谭文骄与各乡镇、街道以及市直相关部门签订《党建工作责任书》《党风廉政建设责任书》。市“四大家”领导出席会议。

【2 月 24 日】市政府、市民族宗教事务局、白杨坪乡被省委、省政府表彰为“全省民族团结进步模范集体”。市委常委、常务副市长蔡平，市教育局局长陈斌(土家族)、龙凤镇大转拐村委会主任李昌明(土家族)被表彰为“全省民族团结进步模范个人”。

【3 月 2 日】州委、州政府与市委、市政府联合召开 2010 年州城建设与管理大会。副州长刘顺辉主持会议，州委书记肖旭明，州委副书记、州长杨天然到会讲话。州、市领导陈亚平、甘方谦、柳望春、谭文骄、秦斌出席会议。

【是日】恩施市被省人民政府评为“2009 年度全省旅游发展先进县市”。这在恩施市及恩施州旅游产业发展史上尚属首次。

【3 月 3 日】省住房和城乡建设厅厅长李德炳率省“616”工程对口帮扶恩施市的省公安厅、省工商局、中国人民银行武汉分行、武汉大学、省中山医院等部门负责人，对全市“616”工程实施情况调研。州、市领导刘顺辉、谭文骄、秦斌等陪同。

【是日】州委常委、州委政法委书记、州公安局局长李云开，就州城道路交通管理工作进行座谈。市领导秦斌、蔡平、张孝赤等参加座谈。

【3 月 4 日】全市公安系统工作大会在州民族礼堂举行。市委常委、市委政法委书记、市公安局局长张孝赤总结 2009 年的工作，对 2010 年的公安工作进行全面部署。州、市领导李云开、谭文骄、秦斌等出席会议并发表讲话。

【是日】红土乡大河沟村发生一起杀死 3 人、自杀 1 人的重大刑事案件，犯罪嫌疑人彭某将与其姘居的妇女杜某杀死，同时将传闻与杜某有男女关系的郝某、郑某杀害，后自杀身亡。

【3 月 4—5 日】州人大常委会副主任马春菊率视察组一行，深入市中心医院、芭蕉侗族乡卫生院、沐抚办事处卫生院等，对全市新型农村合作医疗工作的经办机构建设、专项基金监管及支出、定点医疗机构建设、群众满意度等情况进行视察。市领导侯萍、向仕莲等陪同。

【3 月 8 日】全市第六个“村务公开日”活动开展。市“四大家”领导分别到所联系的乡镇(街道)、村(社区)参加村务公开活动。

【3 月 9—11 日】州委深入学习实践科学发展观活动第一巡回检查组，就全市第二批学习实践活动整改落实阶段各项工作进行检查验收。市领导王兰英等陪同。

【3 月 12 日】州委、州政府在恩施大峡谷风景区开展植树活动，并召开现场办公会专题研究恩施大峡谷风景区建设与管理问题。州、市领导肖旭明、杨天然、陈亚平、甘方谦、柳望春、瞿赫之、张忠凯、董永祥、谭文骄、秦斌等参加植树活动并出席会议。

【3 月 15 日】省军区副政委张仲会，对全市民兵预备役工作进行检查指导。州、市领导赵德利、朱志行、李国庆、刘海波等陪同。

【3 月 16 日】国家开发银行湖北省分行融资平台建设调研组，就进一步加强金融合作进行座谈。州、市领导余晓晨、蔡平、陶军等出席会议。

【3 月 17—20 日】省政协原副主席程运铁、胡永继一行，深入全市城乡实地调研。州、市领导吴红娅、李春胜、杜成明、陶文胜、向成舟等陪同。

【3 月 18 日】位于市民族体育运动中心的恩施茶市开市。州、市领导冯国亮、董永祥、张龙光、谭文骄、李国庆、李明东、王怀东、黄永耀、陶文胜、孟明星等出席庆典。

【3 月 19 日】国家农业综合开发办公室主任王建国率国家农业综合开发政策创新实验区项目检查组一行，就全市农综项目实施情况进行检查验收。省人大常委会副主任刘

友凡,州、市领导肖旭明、柳望春、冯国亮、董永祥、谭文骄、秦斌等陪同。

【是日】省政协民族和宗教委员会主任李传锋率调研组一行,就"十二五"期间民族地区发展问题调研。州、市领导刘志兵、李国庆等陪同。

【3 月 25 日】民盟湖北省委副主委、省政协副秘书长王耀辉,深入舞阳坝街道七里坪小学,就该校校舍及教学情况进行考察。市领导向仕莲等陪同。

【3 月 27 日】由国家环保部环境监察局局长邹首民率重点流域国家考核组一行,就重点企业环保工作进行检查。州、市领导张忠凯、秦斌、何慧等陪同。

【3 月 28 日】省环保厅厅长李兵一行,深入州城污水管理收集系统屯堡段、蓝坤医疗废物处置有限公司、芭蕉侗族乡,就全市环保工作调研。市领导秦斌等陪同。

【是日】严帼实业集团董事长严军一行,就休闲体育主题公园项目进行考察。市领导秦斌、陶文胜等陪同。

【3 月 30 日】国家发展和改革委员会农村经济司综合处处长席公会一行,就全市沼气生态能源建设情况调研。市领导朱保华、向成舟等陪同。

【是日】省第四督导组组长梁一新一行,深入市生活垃圾处理场、市污水处理公司及凤凰山森林公园,就生态文明建设情况调研。州、市领导杨尚宝、何慧等陪同。

△省畜牧兽医局局长万卫东,深入九洲牧业有限公司调研。市领导殷晓东等陪同。

【4 月 1 日】中国农业发展银行湖北省分行行长丁伟,深入华硒生态园、209 国道绕城线(虎民路段)、农副产品加工园片区、火车站片区等处,就全市基础设施建设、农业产业化发展情况进行考察。市领导谭文骄、秦斌等陪同。

【是日】恩施市应急救援大队成立。市领导秦斌、蔡平、张孝赤等参加揭牌仪式。

【4 月 7 日】省纪委常委、秘书长李昌海率省委转变经济发展方式调研组一行,深入长友公司、火车站片区、湖北中烟集团恩施卷烟厂、柳州城、华硒生态园进行实地调研。州、市领导王建民、孔祥恩、秦斌等陪同。

【是日】全国政协民族宗教委员会副主任周明甫率调研组,就制定"十二五"规划,推动民族地区经济社会发展等专题调研。州、市领导刘志兵、刘羽、赵萍等陪同。

【4 月 7—8 日】全国政协民族和宗教委员会副主任周明甫率调研组,就制定"十二五"规划和推动民族地区经济社会发展有关问题进行专题调研。州、市领导刘志兵、刘羽等陪同。

【是日】全国人大代表、州政协副主席、州工商联主席陈晓燕,深入沙地乡黄广田千头生猪养殖场、恩施飞创淀粉有限公司、花被村小寨特种养殖场,白杨坪乡熊家岩、石桥子村、硒多多生物科技开发有限公司、明杨木业公司,就全市乡、镇基层工商联分会建设情况调研。市领导向成舟等陪同。

【4月10日】国家民委副主任罗黎明、副省长张岱梨、省民宗委主任谭徽在一行，深入芭蕉侗族乡高拱桥村、九洲牧业肉制品深加工基地、湖北中烟恩施卷烟厂、施州民族小学，就全市民族工作调研。州、市领导杨天然、柳望春、瞿赫之、曹毅、秦斌等陪同。

【是日】省卫生厅厅长焦红一行，深入市中心医院、舞阳坝街道卫生院，就全市国家基本药物制度试点工作调研。市领导李国庆、向仕莲等陪同。

【4月12日】州委常委、副州长瞿赫之一行，深入市水质检测站、旗峰社区卫生院、劳动技能培训学校、209国道绕城线，就全市“616”工程实施情况进行专题调研。市领导李国庆等陪同。

【4月14日】省水利厅副厅长金正鉴率省防汛抗旱工作检查组一行，深入沙地乡、老渡口水电工程建设现场等处，就全市备汛、新增水利项目、小型水库除险加固和水利工程建设领域突出问题治理工作进行检查。州、市领导杨劲松、李国庆等陪同。

【4月17日】省人大常委会党组副书记、副主任任世茂一行至恩施市，就旅游产业发展现状调研。州、市领导于德海、董永祥、李明东、许强、陶文胜等陪同。

【4月18—19日】省委常委、省委统战部部长苏晓云、省民委副主任胡祥华一行，深入恩施大峡谷、芭蕉侗族乡高拱桥村、施州民族小学及小渡船街道望城坡村等处，就全市旅游资源开发及旅游产业发展、民族地区发展等情况进行考察。州、市领导杨天然、柳望春、李济、甘方谦、孔祥恩、秦斌、刘羽等陪同。

【4月18日】州政协副主席王继刚等一行，深入芭蕉侗族乡，对侗族乡民族工作进行视察。市领导赵萍等陪同。

【4月19日】省政协副主席周宜开、省委统战部副部长黄波一行，就恩施山泰水电设备有限公司进行的移民搬迁与新农村建设、柳州城休闲生态旅游开发项目等情况调研。州、市领导甘方谦、王怀东等陪同。

【4月21日】8时30分，恩施市悼念玉树地震遇难同胞活动在政府广场举行。市委副书记、市长秦斌等市领导，恩施经济开发区领导，全市各级各部门有关人员齐聚广场，沉痛悼念玉树地震遇难同胞。

【是日】省林业局局长王海涛至恩施市，就林业工作调研。市领导秦斌等陪同。

【4月23日】省委常委张昌尔一行至恩施市，就恩施大峡谷旅游开发工作进行考察。州、市领导肖旭明、孔祥恩、秦斌等陪同。

【是日】全省粮食质量工作会议在恩施市召开。其间，省粮食局副局长马木炎率出席会议的代表，参观市粮油质量检测站。

【4月23—24日】共青团恩施市第九次代表大会召开。市领导李明东、蔡平、王怀东、李敏等出席开幕式。团州委副书记邹伟到会祝贺。会议审议通过共青团恩施市第八届委

员会工作报告,来自全市各行业的136名代表选举产生团市委新一届领导机构、新一届团市委委员会委员、候补委员。

【4月25日】副州长董永祥到恩施大峡谷景区,就"五一"国际劳动节小长假组织接待、安全生产及景区内农民建房等问题进行专题调研。市领导肖家魁、陶文胜等陪同。

【4月25—26日】州委书记肖旭明率州委常委、州委秘书长孔祥恩,州政协副主席、州发改委副主任刘青及州委政研室、州发改委、州统计局等州直相关部门负责人,就如何转变发展方式、提高发展水平、加快市域经济发展步伐调研。市领导秦斌、郜志中、李明东、刘羽、刘凡等陪同。

【4月26日】渝、鄂、湘、黔四省边区殡葬工作联席会第一届第四次会议在恩施市召开。四省边区32个理事成员单位、7个常务理事单位参加会议,就边区殡葬改革工作交流经验,共谋发展与合作事宜。

【4月26—27日】省精神文明建设指导委员会办公室主任蒋南平一行,深入芭蕉侗族乡、市检察院、大峡谷景区等处,就全市文明创建工作调研。市领导王怀东等陪同。

【是日】由法制日报、湖北日报、楚天都市报等7家媒体记者组成的"平安湖北"采访团,在省委政法委政治部宣传教育处调研员曾繁江率领下至恩施市,对全市城乡综治维稳工作进行实地采访。市领导张孝赤接受媒体采访。

【4月28日】参加2010年全国劳动模范和先进工作者表彰大会的全国劳动模范、沙地乡农民技术员邓祥光载誉归来。市领导李敏、侯萍、陶军、向成舟等专程到机场迎接。

【是日】州委副书记柳望春率全州城乡建设代表团,参观白杨坪乡熊家岩村新农村建设。

△州人大常委会副主任杨兵率视察组,就全市社会保险工作进行专题调研。市领导蔡平、刘少华等陪同。

【4月29日】全国政协副主席白立忱、省政协副主席郑心穗一行至恩施市考察。州、市领导甘方谦、李济、刘志兵、李国庆、刘羽等陪同。

【4月30日】副州长董永祥至恩施市,就企业发展情况调研。市领导谭文骄、郜志中、陶文胜等陪同。

【5月1—3日】应市委、市政府邀请,解放军总医院外科临床部政治委员、党委书记、大校王同亮率解放军总医院专家团一行,为市民开展义诊活动。29位专家分组分别在州城桥西广场和市中心医院,开展义诊和教学查房活动。市领导谭文骄、郜志中、李国庆等陪同。

【5月2日】恩施市清江创业园项目开工奠基仪式举行。该园计划建筑面积5万平方米,项目总投资8000万元,拟建成集智能化办公、产品研发、企业教育培训中心、产品展

示、商务会议以及企业总裁 VIP 交流中心等多项功能于一体的综合建筑。市领导谭文骄、部志中、李明东、刘羽、蔡平、王怀东及州规划局负责人、广东省湖北商会惠州分会秘书长胡新民、清华大学深圳研究生院相关项目负责人等特邀嘉宾出席奠基仪式。

【5 月 4 日】清华大学深圳研究生院领导及部分广东企业家代表至市第一中学，为全市 128 名学子发放奖学金 12.8 万元。市领导部志中、向仕莲等参加发放仪式。

【5 月 5 日】州人大常委会副主任马春菊，州政协副主席、州人口计生委副主任王继刚率调研组一行，就《恩施州人口与计划生育条例》的修改进行立法调研。市领导侯萍、陶军等陪同。

【5 月 7 日】省文化厅巡视员、省文联主席、著名剧作家沈虹光至市民族文工团调研。市领导秦斌等陪同。

【5 月 8 日】国家信访局来访接待司司长刘克强一行，到恩施大峡谷考察调研。市领导蔡平等陪同。

【5 月 11 日】州委副书记、州长杨天然一行，深入恩施火车站片区建设工地，就片区各项工程建设进度进行现场督办。州、市领导张忠凯、罗贤美、刘顺辉、张龙光、秦斌等陪同。

【5 月 13 日】副省长张岱梨率省直相关部门负责人一行，深入芭蕉侗族乡灯笼坝村和枫香坡侗族风情寨、旗峰社区卫生室、香城现代烟草农业基地、施州民族小学、清江卷烟厂、七里坪福利院等处，实地了解部分“616”工程的实施情况，就进一步做好对口支援工作调研。州、市领导谭文骄、秦斌、蔡平等陪同。

【是日】省政协老干处调研员郑瑅率省政协离(退)休老干部一行 20 余人，至恩施市参观考察。市领导刘羽等陪同。

【5 月 14 日】省民族宗教委员会主任谭徽在，深入舞阳坝街道耿家坪村、六角亭街道综治维稳办公室等处，就全市基层综治维稳工作调研。市领导张孝赤等陪同。

【是日】副州长董永祥至恩施大峡谷风景区，就景区配套建设工作进行现场督办。市领导肖家魁等陪同。

【5 月 15—16 日】省老区促进会会长、理事长、省人大常委会原副主任吴华品一行，就全市“思源工程”建设、新农村建设、民族文化旅游等情况调研。市领导肖家魁、孟明星等陪同。

【5 月 17 日】恩施玉露茶业集团和恩施玉露茶叶集团有限公司成立。此举标志着全市在打造“恩施玉露”品牌上迈出新步伐。省农业厅副巡视员徐泽清，州、市领导董永祥、陈晓燕、谭文骄、秦斌、李国庆、李明东、刘羽、肖家魁等出席揭牌仪式。

【是日】国家环境保护部副部长吴晓青率省直相关部门负责人一行，深入屯堡鸭松溪藻水分离站、污水处理厂等处，就全市生态环境保护工作调研。州、市领导刘顺辉、谭文骄、秦斌等陪同。

【5月18日】国家林业局造林司巡视员丁付林率调研组一行，深入市林业要素市场、屯堡乡林业站等处，对全市的集体林权制度改革工作调研。州、市领导瞿赫之、谭文骄、秦斌、李国庆等陪同。

【5月21日】鄂西生态文化旅游圈投资有限公司副总经理刘俊刚，深入恩施大峡谷风景区换乘中心选址处、游客接待中心、干堰塘停车场建设工地及女儿湖、日天笋等暂未开发的景点等处，就景区景点开发、配套设施建设等项目进行实地考察。市领导秦斌、肖家魁等陪同。

【是日】“2010年中国（上海）国际茶业博览会”在上海国际展览中心拉开帷幕，茶叶品牌“恩施玉露”参展上海茶博会。市领导李国庆等参加茶博会。

△龙凤镇小龙潭村人民调解委员会被司法部授予“全国模范人民调解委员会”称号。

【5月23日】副省长赵斌深入大龙潭水库，就全市防汛工作进行检查。州、市领导杨天然、瞿赫之、谭文骄、秦斌、肖家魁等陪同。

【是日】国家粮食局标准质量中心标准处处长朱之光一行，深入市国家粮食质量监测站，就粮油质量检测工作调研。

【5月25日】市政府机构改革动员大会召开，政府机构改革工作启动。经过调整和整合，市政府共设置工作部门24个，部门管理机构2个，直属事业单位6个。市领导谭文骄、秦斌等出席会议。新组建机构于6月15日前挂牌并以新机构名义对外开展工作。

【是日】州委副书记柳望春一行，深入芭蕉侗族乡枫香坡侗族风情寨和“恩施玉露”茶业集团有限公司、舞阳坝街道七里坪福利院以及市体育运动中心等处，就全市“616”工程实施情况调研。市领导秦斌、李国庆等陪同。

△恩施市人民警察训练基地揭牌仪式举行。标志着恩施州公安机关第一个民警训练基地正式成立。

【5月26日】州委常委、副州长瞿赫之一行，深入望城坡现代烟草农业科技园区建设基地，全面了解工程的进展情况。市领导蔡平等陪同。

【5月27—29日】第四届中国国际有机食品博览会（BioFachChina2010）在上海国际会展中心举行。恩施市选送的花枝绿茶获博览会金奖，成为湖北省获此殊荣的4个品牌之一。

【5月28日】农业部第八批扶贫联络组深入芭蕉侗族乡，就全市新农村建设及特色产业发展情况进行考察。州、市领导杨劲松、谭祖明等陪同。

【是日】州委常委、副州长瞿赫之一行，深入三岔乡莲花池村，实地调研大棚蔬菜基地建设情况。市领导谭文骄等陪同。

【5 月 30 日】州委常委、副州长瞿赫之一行，深入龙凤镇青堡村，就该村新农村建设调研。市领导李国庆等陪同。

【6 月 2 日】副州长刘顺辉一行，深入连珠大桥北端还建房建设、叶挺路道路改造拆迁、旗峰大道安置小区建设等工程现场，就全市城市建设工作调研。市领导何慧等陪同。

【6 月 6 日】州委书记、州人大常委会主任肖旭明，州委常委、州委秘书长孔祥恩率州州委政研室、州国土资源局、团州委、州移动公驻莲花池村扶贫工作组组成单位主要负责人深入三岔乡莲花池村天池岭、龙潭坝蔬菜基地、莲花池小区等处调研。市领导谭文骄、李敏等陪同。

【6 月 8 日】州政协副主席李春胜率部分州政协委员以及相关部门负责人一行，就重点提案《关于迅速停止“见喜门业”污染旗峰小区居民环境的提案》的办理情况进行督办视察。市领导何慧等陪同。

【是日】经最高人民法院核准并下达执行死刑命令，州中级人民法院在恩施市将犯故意杀人罪的唐某采用注射方式执行死刑。在恩施州尚属首次。

【6 月 9 日】省质监局局长王泽洪一行，深入恩施山泰水电设备有限公司、湖北中烟集团恩施卷烟厂、长友现代农业股份有限公司等企业，就全市质监工作进行检查指导。市领导陶文胜等陪同。

【6 月 10 日】省“616”工程帮扶单位武汉大学校长顾海良与市委书记谭文骄在市中心医院、市第一中学为“武汉大学中南医院技术协作单位”“武汉大学优质生源基地”揭牌。州、市领导陶继东、谭文骄、秦斌等出席汇报会。

【是日】省粮食局局长孙永平率调研组深入茂和食品有限公司等处，就全市粮食部门贯彻落实全省农产品加工“四个一批”工程建设情况调研。市领导陶文胜等陪同。

【6 月 10 日】省司法厅副厅长陈文贵率全省社区矫正帮教安置工作现场会会议代表 50 余人，到三岔乡司法所，学习交流社区帮教安置工作经验。市领导张孝赤、周德金、殷晓东等陪同。

【6 月 11 日】国家发改委环资司副司长王善成，深入市生活垃圾综合处理厂项目选址处，就全市生活垃圾综合处理厂项目进展情况进行考察调研。州、市领导杨尚宝、郜志中、殷晓东等陪同。

【是日】省委第一巡视组组长陈水国率巡视组一行，到小渡船街道望城坡村，就望城坡正在建设的现代烟草农业科技示范园调研。

△武汉大学校长顾海良到沐抚办事处梨树小学，看望武汉大学西部计划志愿者，并考察志愿者在该校创办的“大山里的魔法教室”项目。州、市领导陶继东、秦斌、向仕莲、尤连胜等陪同。

△省统计局局长毛凤藻至恩施市调研。市领导谭文骄、蔡平、李敏等出席汇报会。

△副州长董永祥到恩施大峡谷风景区，深入景区旅游公路建设各标段工地，检查督办该公路工程建设。市领导肖家魁等陪同。

【6月12日】省工商局局长刘源超一行，深入白果乡瓦场坝村、市工商局六角亭分局等处，就全市新农村建设、基层工商监管执法等工作情况调研。州、市领导陶继东、陶文胜、朱保华等陪同。

【是日】鄂西生态文化旅游圈投资有限公司党委书记马清明，深入恩施大峡谷风景区进行实地考察。州、市领导董永祥、肖家魁等陪同。

【6月13日】省委书记、省人大常委会主任罗清泉，调研“616”工程工作并召开汇报会。州、市领导肖旭明、杨天然、张忠凯、瞿赫之、孔祥恩、谭文骄、秦斌等参加汇报会。

【6月14日】省民族宗教事务委员会主任谭徽在一行，深入湖北民族学院、小渡船街道旗峰社区卫生服务站等处，就全市民族地区发展工作调研。州、市领导瞿赫之、秦斌等陪同。

【6月17日】“恩施号”彩绘飞机从武汉起航，首飞恩施。“恩施号”是州政府与中国东方航空集团公司共同命名的大型客机，副省长田承忠宣布“恩施号”彩绘飞机首飞起航，并为“恩施号”授牌。

【6月22日】国家烟草专卖局人事司司长邢万里、省烟草专卖局局长赵全意、湖北中烟工业公司总经理彭明权等一行，深入望城坡现代烟草农业科技示范园调研。市领导谭文骄、李国庆等陪同。

【6月25日】宁波湖北商会为恩施市召开招商引资推介会。恩施市与宁波领航集团签订富硒农副产品加工及农产品打包销售项目合同，与湖北蓑布雅服饰公司签订年出口100万美元的民族服饰出口合同。

【6月27日】全市举办首届山地自行车爬坡挑战赛。147名来自全国各地的山地车选手参赛。州委常委、州委宣传部部长杨陈清，市领导秦斌、陶军等出席开幕式。

【6月29日】全市党建“三级联创”表彰暨“创先争优”活动动员大会召开。会议庆祝中国共产党建党89周年，总结表彰党的基层组织建设“三级联创”工作，安排部署党的建设“创先争优”活动。市委书记谭文骄在会上讲话。市委副书记、市长秦斌主持会议。会上，对全市农村党建“三级联创”活动先进单位、先进个人、2010年度先进基层党组织、优秀共产党员、优秀党务工作者进行表彰。市“四大家”领导等出席会议。

【7月1日】在团省委和省旅游局联合举行的“中国电信天翼杯·2010青年最喜爱的鄂西旅游景区”评选活动中，恩施大峡谷风景区在进入十强，获得“2010青年最喜爱的鄂西旅游景区”称号。

【是日】恩施市体育运动中心投入使用。该中心系省“616”工程省体育局重点援建项目，占地150亩，建筑面积4.4万平方米，其中赛场面积2万平方米，综合健身馆面积0.21万平方米，集体育场、综合健身馆、健身休闲广场功能于一体，能承办国家级足球、田径比赛和举办各类大型文艺演出及会展。

【7月2日】市政府、大唐国际发电股份有限公司江西分公司风电项目合作开发签约仪式举行。市长秦斌与大唐国际发电股份有限公司江西分公司副总经理杨宝林签订有关投资开发风电和其他能源项目协议，标志着全市开始向新型能源开发迈出新步伐。大唐国际发电股份有限公司江西分公司总经理张洪在签约仪式上发言。市领导谭文骄、秦斌、郜志中等出席签约仪式。

【是日】由北京必和世嘉文化传播公司与世代风范影视公司、电影频道联合投资拍摄的电影《大花》在盛家坝小溪村胡家大院开机拍摄。州、市领导杨陈清、刘凡、王怀东、向仕莲等出席开机仪式。

△州委常委、副州长余晓晨，深入城市建设投资有限公司，就全市融资平台建设情况调研。市领导蔡平、陶军等陪同。

【7月5日】鄂西生态文化旅游圈投资有限公司总经理王兴於率考察组一行，对恩施大峡谷风景区综合服务枢纽项目进行考察。州、市领导董永祥、谭文骄、肖家魁等陪同。

【7月8日】全州工商联组织建设工作现场经验交流会在恩施市召开。与会人员先后至长源轴承制造公司、小渡船工商联分会、芭蕉侗族乡工商联分会、润邦茶业公司等处参观，实地了解全市工商联组织建设情况。州、市领导李济、于德海、董永祥、李春胜、陈晓燕、李国庆等出席会议。

【是日】副州长董永祥一行至恩施市，深入土家山寨西兰卡普经销店、恩施茶市购物点等，就全市旅游产品销售开发工作进行专题调研。

【7月10日】省审计厅对州委常委、市委书记谭文骄，市长秦斌经济责任审计进点会议召开。省审计厅厅长张永祥主持会议，并就相关审计工作进行安排部署。本次审计工作负责人、省审计厅经济责任审计办公室处长刘永庆就相关审计内容进行通报。州委常委、市委书记谭文骄、市长秦斌分别向审计组作履责报告。州委常委、市委书记谭文骄，市长秦斌在恩施市任职近4年，重点审计主要审计两人2006—2009年以来经济运行情况、社会发展情况及财政收支、项目建设等情况。州审计局局长张安俊，市“四大家”领导、恩施经济开发区领导，各乡镇、街道（办事处）党委书记，市直一级单位主要负责人参加会议。

【是日】省审计厅厅长张永祥一行，深入市审计局、芭蕉侗族乡等处，对市审计工作和芭蕉侗族乡茶叶产业、旅游产业发展情况调研。州委常委、常务副州长张忠凯，州委常委、市委书记谭文骄，市领导秦斌、蔡平、李敏等陪同。

△省委副秘书长姚中凯率检查组，深入市国土局、市地税局、书院中学、芭蕉侗族乡庳口村等处，就全市“五五”普法开展、新农村建设及茶叶基地建设等情况进行检查与调研。州、市领导李云开、秦斌、陈江龙等陪同。

△省扶贫开发领导小组办公室整村推进“三个确保”工作调研座谈会在恩施市举行。市领导肖家魁等出席座谈会。

【7月12日】省审计厅厅长张永祥一行，深入三岔乡莲花池村，就全市新农村建设工作调研。市领导秦斌等陪同。

【是日】市民族文工团选送的恩施竹琴《女人不讲理》在由中国文联、国家民委、贵州省人民政府、中国曲艺家协会联合主办的第四届全国少数民族曲艺展演中获得金奖，并被本届评委会提名参加中国曲艺最高奖项“牡丹奖”比赛。系恩施州自参加曲艺奖项比赛以来得到的最高荣誉。

【7月13日】省委巡视组一行至恩施市，就基层党建、新农村建设、全民创业、旅游产业开发及民生工作进行为期一周时间的巡视。州、市领导刘艳红、谭文骄、秦斌、李国庆、陈江龙、刘凡等陪同。

【7月14—15日】省质量协会会长赵文源一行，深入湖北恩施思乐集团九州牧业公司、“恩施玉露”国家级农业标准化示范乡镇、“恩施玉露”集团等处，就全市“质量兴市”“质量兴企”和农业标准化示范区建设工作调研。州质监局局长孙必发，市领导刘少华、陶文胜等陪同。

【7月15日】省档案局局长石山率调研组一行，深入舞阳坝街道黄泥坝社区、市公安局、市民政局、市档案局等处，就全市档案工作进行专题调研。市领导李敏等陪同。

【7月16日】原副省长韩南鹏一行，深入恩施大峡谷风景区，对全市旅游资源进行实地考察。市领导殷晓东等陪同。

【是日】省残联党组书记曾玉兰，看望慰问市城区部分居家托养对象，就全市“阳光家园计划”残疾人托养工作进行专题调研。州、市领导杨陈清、向仕莲等陪同。

△台湾中央研究院院士、台湾大学医学院生化研究所荣誉教授林仁混一行，深入芭蕉侗族乡灯笼坝茶叶基地、润邦国际富硒茶业有限公司等处，就全市茶叶产业发展情况进行考察。市领导李明东等陪同。

【7月18日】省委副秘书长、省委政研室主任吕东升一行到恩施梭布垭风景区，实地考察景区开发情况。州、市领导孔祥恩、陈江龙等陪同。

【7月19日】州委常委、副州长瞿赫之一行，到芭蕉侗族乡，对该乡新农村建设工作检查督办。市领导李国庆、肖家魁等陪同。

【7月22—23日】省级园林城市复查考核组一行，就全市2008年获得“省级园林城

市"称号以来的城市园林建设进行实地复查。通过复查,恩施市总体符合《湖北省园林城市标准》要求,部分指标高于或优于《湖北省园林城市标准》。市领导何慧等出席汇报会。

【7 月 23 日】全市深入开展创先争优活动推进会召开。学习传达省、州深入开展创先争优活动推进会精神,全面深入推进全市创先争优活动。州、市领导谭文骄、秦斌、郜志中、李国庆、陈江龙等出席会议。

【7 月 24 日】副州长董永祥一行,深入恩施大峡谷风景区,对景区重点工程建设进行检查督办。

【7 月 25 日】省民族宗教事务委员会主任谭徽在一行,深入三岔乡莲花池村,就全市新农村建设调研。州、市领导谭文骄、李敏等陪同。

【是日】世界珠算心算联合会会长、中国珠算心算协会会长丁先觉一行,深入芭蕉侗族乡庳口村、灯笼坝村、高拱桥村等处,就全市新农村建设进行考察。市领导秦斌、蔡平等陪同。

【7 月 26 日】省委常委、省军区司令员、少将汪金玉一行,深入太阳河乡,走访调研恩施军分区"131"扶贫工程、民兵预备役工作等情况。州、市领导赵德利、陈江龙、黄秀武等陪同。

【是日】湖北中烟工业有限责任公司总经理彭明权一行至恩施市,就拟打造"恩施大峡谷——黄鹤楼生态走廊"项目进行前期考察与调研。州、市领导杨天然、谭文骄、董永祥、秦斌等陪同。

△州委副书记柳望春,深入芭蕉侗族乡,对全市新农村建设工作进行检查督办。

【7 月 27 日】中科院院士、中科院武汉分院研究员、博士生导师、省高级专家协会会长叶朝辉率院士(专家)考察团一行,深入芭蕉侗族乡灯笼坝村茶叶基地、枫香坡侗族风情寨等处,实地考察全市旅游产业发展情况。市领导王兰英等陪同。

【7 月 28 日】全市领导干部国防教育暨乡镇、街道党管武装述职大会召开。会上,武汉空军雷达学院蔡梓良教授受邀作题为《国防观念的历史作用和现实意义》的国防教育讲座。全市 100 多名领导干部参加会议。

【7 月 29 日】湖北日报传媒集团总编辑唐源涛一行,深入九洲通医药公司、恩施山泰水电设备有限公司、滨湖印刷厂、湖北中烟恩施卷烟厂等企业,就全市企业发展情况进行考察。州、市领导杨陈清、郜志中等陪同。

【7 月 30 日】湖北省推进学习型党组织建设暨党委(党组)中心组学习经验交流电视电话会议召开。省领导罗清泉、杨松、黄先耀、李春明出席会议并为全省先进党组织颁奖。市委中心组荣获"湖北省先进党委(党组)中心组"称号。州委常委、市委书记谭文骄参加会议并接受"湖北省先进党委(党组)中心组"授牌。

【是日】州、市领导杨天然、陈亚平、甘方谦、张忠凯、瞿赫之、秦斌等，先后到武警恩施州支队、恩施军分区、广州军区驻恩施某通信连、武警恩施州消防支队、市军休所、老红军郑大荣家等，进行“八一”建军节走访慰问。

【8月2日】副州长董永祥一行深入连珠大桥、209绕城线、后山湾、旗峰大道、施州大桥东片区、机场路入口等处，对州城规划情况、路网街道骨架建设、功能设施建设调研。市领导秦斌、何慧等陪同。

【8月3日】国家商标局地理证明商标处处长姚坤一行，深入芭蕉侗族乡茶原材料基地和现代化的生产加工龙头企业，就“恩施玉露”茶申报地理证明商标事宜进行实地调研和指导。

【8月5日】副省长张通率省住建厅、省环保厅、省文化厅等省直部门负责人一行，深入大龙潭鸭松溪藻水分离站、市体育运动中心、市民族文工团、市污水处理厂、恩施火车站片区等处，就全市城市建设与管理、环境保护、文化体育等工作进行视察。州、市领导谭文骄、董永祥、秦斌、何慧、向仕莲等陪同。

【是日】北京市地税局局长王晓明一行，深入恩施梭布垭风景区，就全市旅游资源开发情况进行考察。市领导陈江龙等陪同。

△州委常委、常务副州长张忠凯，就全市基本药物制度实施情况和农村医疗卫生服务机制体制改革工作推进情况进行专题调研。市领导蔡平、向仕莲等陪同。

【8月9—12日】国际人与动物微量元素学会主席玛丽·艾伯(MaryR. L' Abbe)教授一行，就全市城乡经济社会发展情况进行考察，并就TEMA14大会的相关筹备情况进行座谈。玛丽·艾伯(MaryR. L' Abbe)教授与市长秦斌签署由恩施市承办“第十四届国际人与动物微量元素大会”(14thTrace Elementsin Manand Animals，TEMA14)的协议书，决定2011年9月19—24日在恩施召开TEMA14大会。市领导秦斌、李国庆等陪同。

【8月12日】国家民委副主任罗黎明一行，深入芭蕉侗族乡高拱桥村和枫香坡侗族风情寨、施州小学、中烟恩施分公司、湖北民族学院等处，对恩施民族地区发展工作调研。州、市领导杨天然、柳望春、瞿赫之、谭文骄、吕金施、蔡平等陪同。

【8月13日】江西省副省长熊盛文一行，就恩施大峡谷风景区开发情况进行实地考察。州安监局局长李波林，市领导陶文胜等陪同。

【8月14日】全国推广湖北省“616”工程对口支援民族地区发展经验交流现场会在恩施市召开。在国家民委主任杨晶的带领下，国家民委副主任罗黎明、党组成员兼办公厅主任陈改户，北京市委常委、市委统战部部长牛有成，天津市政协副主席、市委统战部部长刘长喜，河北省人民政府副省长孙士彬，山西省委常委、市委统战部部长李政文，辽宁省人民政府副省长赵化明、省政协副主席高鹏，黑龙江省人民政府副省长孙永波，上海市委常委、

市委统战部部长杨晓渡，福建省人民政府副省长洪捷序，江西省人民政府副省长熊盛文，山东省人民政府副省长黄胜，湖南省人民政府副省长刘力伟，广东省人民政府副省长雷于蓝，海南省人民政府副省长符跃兰等省、市、自治区领导和国务院办公厅、中央统战部、国家发改委、教育部、国务院扶贫办、国家税务总局等部委办局相关负责人参加实地参观考察。省、州、市领导罗清泉、李鸿忠、杨松、苏晓云、李春明、张岱梨、傅德辉、甘方谦、张忠凯、谭文骄、秦斌等陪同。

【是日】省人大常委会副主任罗辉一行，深入芭蕉侗族乡高拱桥村、三岔乡莲花池村等处，就全市村镇建设及管理工作情况进行专题视察。州、市领导谭文骄、董永祥、陈治斌、秦斌、李明东、何慧等陪同。

【8 月 15 日】副州长董永祥一行，深入恩施大峡谷风景区，就马鞍龙生态停车场建设工程、干堰塘旅游观光扶手电梯建设工程等项目进行现场督办。市领导肖家魁等陪同。

【8 月 16 日】州城重点建设工程——连珠大桥建成通车。大桥全长 146.56 米，桥面宽 21.5 米，总投资约 6500 万元。州、市领导柳望春、于德海、董永祥、张龙光、秦斌等出席通车典礼。

【8 月 17 日】省人大常委会委员、省民族宗教侨务外事委员会主任委员杨德怀一行，深入盛家坝乡小溪村，就全市资源开发、民族文化发展情况考察。市领导陈江龙、刘凡、周德金等陪同。

【是日】湖北省青少年男子篮球 2010 年锦标赛在州民族体育馆开赛。市领导李国庆、向仕莲等出席开幕式。

【8 月 20 日】由武汉楚天激光集团举办的“2010 国际医学激光峰会”在恩施市召开。来自美国、德国、日本和北京、上海、天津、广东等 20 个省、市、自治区从事医学激光技术领域研究、开发和应用的知名专家学者、生产厂商代表出席会议。市领导秦斌在峰会上致辞。

【8 月 21—23 日】“2010 · 恩施土家女儿会”举行。来自武汉、重庆、湖南、贵州、北京、上海等处以及州内各县市的 1.5 万名男女青年参加赶场相亲。全市 17 个乡镇、街道(办事处)和部分市内企业组织各具特色的名优产品及民间工艺品展销。开幕式由凤凰卫视著名主持人吴小莉主持。第十四届 CCTV 全国青年歌手电视大奖赛原生态唱法金奖撒叶儿嗬组合带来的《石工号子》《薅草锣鼓》等节目亮相开幕式文艺演出。新华社、人民日报、中国新闻社、湖北日报、湖北电视台、重庆电视台、荆楚网等 20 余家新闻媒体进行报道。州、市领导杨天然、杨陈清、谭文骄、秦斌、郜志中、李国庆、陈江龙等参加开幕式。

【8 月 23 日】9 时许，一辆河南牌照的重型半挂型牵引车满载稀硫酸和其他杂物，经沪渝高速从重庆往武汉方向行驶，在利川至恩施段的薛湾隧道内，与隧道内的紧急停车带墙

体相撞，造成2人死亡。

【8月25日】鄂西生态文化旅游圈投资有限公司副总经理刘俊刚一行，对恩施大峡谷旅游综合服务枢纽项目一期工程——马鞍龙生态停车场进行督查。州、市领导董永祥、肖家魁等陪同。

【8月27日】州住房公积金管理中心恩施市办事处成立。恩施市公积金的管理权移交州政府。

【8月28—29日】州委书记、州人大常委会主任肖旭明，深入重点景区建设工地、基层党组织、乡村农户，就加快转变经济发展方式、加快旅游产业发展、推进新农村建设、进一步保障和改善民生调研。州、市领导余晓晨、谭文骄、董永祥、秦斌、李国庆、肖家魁等陪同。

【8月30日】省妇联主席梁惠玲率参加全省"鄂西生态文化旅游圈"妇女工作促进会的20余名妇联干部，深入芭蕉侗族乡，就全市新农村建设进行考察。州、市领导柳望春、李国庆等陪同。

【8月31日】副州长沙玉山一行，深入城区信达机械、华新水泥、思乐集团、恩施山泰水电设备有限公司等企业，对全市工业经济发展情况进行全面调研。市领导秦斌、郜志中等陪同。

【是月】由市政府主编，市史志办公室承编的《恩施市年鉴》(2004—2006)实行内刊出版，为恩施市首部系统性文字年鉴资料。编辑规模38万字，印数600册。

【9月1日】州委常委、副州长瞿赫之至恩施市，就9月13日即将召开的"全国突发重大动物疫情应急演练"各项准备工作现场督办。市领导李国庆、黄永耀等陪同。

【9月3日】省旅游局局长张达华一行，深入芭蕉侗族乡戽口村调研。州、市领导张忠凯、肖家魁等陪同。

【是日】州政协副主席杜成明、谭建军率40多名政协委员一行，就全市扶贫开发工作进行视察。

【9月8日】州委副书记柳望春，州委常委、副州长杨劲松至恩施市，就9月13日即将召开的"全国突发重大动物疫情应急演练"各项准备工作进行检查督办。州、市领导谭文骄、李国庆、黄永耀等陪同。

【是日】鄂西生态文化旅游圈投资有限公司副总经理周富贵一行，深入恩施大峡谷风景区，就全市旅游产业发展和鄂西生态文化旅游圈建设项目进行考察。市领导尤连胜等陪同。

△《荆楚文坛作家文库·红土作家文丛》在州城首发。该文丛由长江文艺出版社出版，收录邓斌、杨秀武、吕金华等多位红土乡土作家的作品，分为《家事马拉松》《杨秀武诗

选》《与诉讼无关》《巴地荡千觞》《乡歌，梦里的老家》《一地风情》《乡土恋歌》《萧斋吟韵》《若到江南赶上春》《红土文学作品选》10卷，涵盖小说、散文、诗词等文学作品。省作协副主席、《长江文艺》杂志社社长、主编刘益善盛赞该丛书是“湖北省近10年来所出从书中质量最高的一套”。《文艺报》《湖北日报》《楚天都市报》《恩施日报》《中国作家网》《新华社湖北频道湖北省人民政府门户网》《网易新闻中心》《湖北作家网》等公众媒介分别报道。湖北省作家协会、《长江文艺》杂志社、《散文选刊》、香港当代文学研究会等发来贺词。州、市领导王月圣、李国庆等出席首发仪式。

【9月8—9日】受市委、市政府邀请，北京师范大学艺术与传媒学院副院长、影视传媒系主任、著名电视策划人、著名教授于丹做客恩施，并到恩施大峡谷、芭蕉侗族乡枫香坡侗族风情寨等处进行考察。9日在州民族礼堂进行“感悟中国智慧”的专题讲座，从文化角度阐述人生价值，品位生活真谛，与恩施人民聊古论今、共析“仙居恩施”神仙生活，品恩施土家族苗族文化，共同感悟中国智慧。州、市领导谭文骄、秦斌、郜志中等陪同。

【9月9日】在第26个教师节来临之际，州、市领导柳望春、甘方谦、余晓晨、李国庆、向仕莲等到七里坪初级中学、三岔乡初级中学，看望慰问一线教师，并向辛勤工作在教育战线的广大教职员工表示衷心的感谢和节日的问候。

【9月10日】省政协副主席陈春林一行至恩施市，就全市扶贫开发工作进行专题调研。市领导刘羽、肖家魁、向成舟等陪同。

【9月12—13日】副省长赵斌一行至恩施市，就农村信用社和村镇银行建设调研。州、市领导柳望春、余晓晨、张忠凯、瞿赫之、谭文骄、李国庆、蔡平等陪同。

【9月13日】由国家农业部突发重大动物疫情应急指挥中心和湖北省重大动物疫病防控指挥部主办，中国动物疫病预防控制中心、湖北省畜牧兽医局、恩施州畜牧兽医局和恩施市政府承办的2010年全国突发重大动物疫情应急演练在州城举行。国家农业部副部长高鸿宾，湖北省人民政府副省长赵斌，国家首席兽医师于康震，农业部兽医局局长李金祥，省人民政府副秘书长梅祖恩，州、市领导肖旭明、柳望春、瞿赫之、杨劲松、谭文骄、李国庆、肖家魁等出席演练活动。

【9月15日】中共中央委员、全国政协港澳台侨委员会副主任、全国“扫黄打非”工作小组专职副组长李长江一行，深入芭蕉侗族乡枫香坡侗族风情寨考察。州、市领导甘方谦、余晓晨、刘羽、陶文胜等陪同。

【9月16日】州委副书记柳望春、州政协副主席张龙光率全州秋冬季农业综合开发工作会议的代表到芭蕉侗族乡，就民居改建、产业发展、村镇建设等情况进行参观考察。州、市领导谭文骄、李国庆、肖家魁等陪同。

【9月20日】州委书记肖旭明，州委副书记、州长杨天然，深入土桥坝至州委党校道路

改造路段、金凤大道建设工地、金龙大道建设工地、红旗大桥建设工地、后山湾叶挺路道路改造路段、209 国道绕城线民族路至松树坪段等处，就州城建设中存在的一些突出问题调研。州、市领导张忠凯、孔祥恩、谭文骄、董永祥、秦斌等陪同。

【是日】沃尔玛公司与恩施“大山鼎”蔬菜基地对接揭牌仪式在硒都广场举行。州委常委、副州长瞿赫之，沃尔玛亚洲高级采购总监黄志平，市领导蔡平、向成舟等出席揭牌仪式。

【9 月 26 日】国家民族委副主任吴仕民，深入芭蕉侗族乡枫香坡侗族风情寨，就少数民族地区经济社会发展进行考察。州、市领导张忠凯、陶军等陪同。

【是日】在长阳县举办的省第七届少数民族传统体育运动会上，恩施市代表团获得金牌 8 枚、银牌 5 枚、铜牌 13 枚，共 26 枚奖牌，团体总分 264 分，金牌总数和奖牌总数、团体总分均排名第二，并获得体育道德风尚奖。

【9 月 26—29 日】全国检察新闻摄影“三有”检察文化建设研讨会在恩施市举行。中国检察日报社党委副书记、纪委书记刘金胜在开幕式上致辞。州、市领导谭文骄、王怀东等陪同。

【9 月 28 日】副省长郭生练率省教育厅、省人口和计划生育委员会、省科技厅等部门负责人一行，深入六角亭街道头道水村、芭蕉侗族乡高拱桥村和枫香坡侗族风情寨、施州民族小学、市第一中学等处，就恩施“616”工程落实情况、计生以及教育工作调研。州、市领导张忠凯、吴红娅、李国庆、向仕莲等陪同。

【9 月 29 日】国家统计局副局长谢鸿光、省统计局局长毛凤藻一行，深入崔家坝镇、九洲牧业有限公司等处，就全市经济发展情况及基层统计工作调研。州、市领导张忠凯、蔡平、谭祖明等陪同。

【9 月 30 日】市第八届人民政府第四次全体(扩大)会议召开。市长秦斌在会上作主题报告，市委常委、常务副市长蔡平主持会议，市“四大家”有关领导、恩施经济开发区有关领导等应邀参加会议。

【10 月 3 日】全国人大常委会副委员长、民革中央主席周铁农，省政协副主席、省民革主委郑心穗，州人大常委会副主任、州民革主委杨兵一行，对恩施大峡谷风景区旅游产业开发及芭蕉侗族乡枫香坡新农村建设进行考察。州、市领导谭文骄、李明东等陪同。

【10 月 5—6 日】国资委监事会主席李东序一行，深入恩施大峡谷风景区、梭布垭石林景区，对全市的旅游资源开发情况进行实地考察。市领导廖泽熙等陪同。

【10 月 8 日】州委副书记、州长杨天然，州委常委、副州长张忠凯，副州长曹毅及州政府秘书长吕金施一行，深入恩施民族高中工程工地，督促检查工程进度。市领导秦斌、何慧等陪同。

【是日】“激情省运·健康湖北”湖北省第十三届运动会“金龙泉啤酒”恩施州火炬传递活动起跑仪式在州城桥西广场举行。州、市领导曹毅、秦斌、向仕莲等出席起跑仪式。

【10月12日】州委副书记、州长杨天然、副州长董永祥率参加恩施州重点县市旅游发展现场督办会的与会代表一行,就全市旅游发展情况进行参观考察。市领导秦斌、肖家魁等陪同。

【10月14日】国务院法制办公室行政复议司地方处处长张越率专项检查组一行,检查指导行政复议工作。市领导蔡平等出席汇报会。

【10月15—16日】中共中央对外联络部原副部长李北海一行,深入芭蕉枫香坡侗族风情寨、恩施大峡谷风景区等处进行考察。市领导许强、陶军等陪同。

【10月19日】省科协党组书记、常务副主席曲颖一行,就全市“科普示范助力新农村行动计划”“科学素质行动”等科普工作进行专题调研。州、市领导陶继东、李国庆、陶军等陪同。

【10月22日】全市学习贯彻中共十七届五中全会精神会议召开。州委常委、市委书记谭文骄主持会议并讲话。市长秦斌传达党的十七届五中全会有关精神。会议审议通过《中共中央关于制定国民经济和社会发展第十二个五年规划的建议》

【10月25日】国家教育部副部长、总督学陈小娅一行,深入施州民族小学调研。州、市领导陶继东、秦斌等陪同。

【10月26日】州委副书记、州长杨天然一行,深入芭蕉侗族乡戽口村、灯笼坝村等处,就新农村建设情况调研。市领导秦斌等陪同。

【10月27日】市施州民族小学、市政府应急管理办公室被省政府表彰为全省应急管理工作先进集体。

【10月29日】全市勤政廉政歌咏大赛暨汇报演出落幕。市领导秦斌、陈江龙、李明东、刘羽、刘凡等出席。

【10月30日】全省价格监测工作暨表彰会议在恩施市召开。

【11月1日】全市第六次全国人口普查工作启动。2849名指导员和普查员进行入户登记工作。州、市领导张忠凯、蔡平等参加启动仪式。

【11月9日】全国政协文史和学习委员会副主任卞晋平一行,深入恩施大峡谷风景区进行考察。州、市领导甘方谦、杜成明、刘羽等陪同。

【是日】由恩施职业技术学院教授邓治凡(恩施市人)主编,当代著名语言文字学家、《汉语大字典》常务副主编、武汉大学教授李格非担任首席顾问的《汉语同韵大辞典》由崇文书局出版发行。该典创新现代词典编排方式,以韵母顺序编排,收录字、词、词组、熟语约7万条、340万字,是一部既能查韵又能查词义的大型工具书,填补我国现代辞书编纂的空白。

【11 月 10 日】省巡视组一行，对全市第六次人口普查前期工作进行检查，并对后期复查工作进行督办。市领导蔡平等出席汇报会。

【是日】州委常委、副州长瞿赫之就秋冬农业综合开发工作调研。市领导肖家魁等陪同。

【11 月 11 日】省人民防空办公室主任谢继伦一行，就人民防空工作进行专项检查。州、市领导董永祥、许强等陪同。

【11 月 13 日】韩国驻武汉总领事馆总领事严基成夫妇、全成镇领事一行，对恩施经济开发区及旅游景点建设情况进行考察。州、市领导柳望春、谭文骄、王怀东等陪同。

【11 月 20 日】省总工会党组书记、常务副主席黄国庆，副主席陈义国等一行，深入梭布垭石林景区调研。州、市领导杨陈清、陈江龙等陪同。

【是日】省安监局局长刘必雄一行，对全市旅游景区安全工作进行专项检查。州、市领导沙玉山、陶文胜等陪同。

【11 月 23 日】省委组织部副部长周崇堂率省委组织部第四调研组一行，就全市基层党建工作调研。州、市领导柳望春、刘艳红、谭文骄等陪同。

【11 月 24 日】武汉钢铁集团公司党委书记王振有一行，对恩施大峡谷风景区进行实地考察。州、市领导沙玉山、陶文胜等陪同。

【是日】州委常委、副州长余晓晨就农行恩施市支行商业运作情况调研。市领导陶军等陪同。

【11 月 25 日】国家林业局纪检书记陈述贤一行，就林药业发展情况调研。州、市领导谭文骄、陶继东、李国庆等陪同。

【11 月 27 日】省硒资源开发利用促进会第二次会员代表大会在恩施市召开。州、市领导陶继东、秦斌、李国庆、赵萍、刘恩敏等出席会议。

【11 月 30 日】省综治委委员、省民族宗教事务委员会主任谭徽在，深入恩施市舞阳坝街道金子坝村柑子槽小区、舞阳大街社区沿江小区等处，就基层综治维稳工作进行检查。州、市领导谭文骄、沙玉山、张孝赤等陪同。

【12 月 2—3 日】市委七届九次全体(扩大)会议召开。州委常委、市委书记谭文骄代表市委作题为《建设“仙居恩施”促进“十二五”经济社会发展》的主题报告。市委副书记、市长秦斌就《恩施市经济社会发展“十二五”规划纲要(草案)》编制情况向全会作说明，并安排部署政府工作。市委副书记部志中主持会议。会议对深入贯彻落实中共十七届五中全会和省委九届九次全会、州委五届十次全会精神进行全面部署，并研究部署以建设“仙居恩施”总揽“十二五”时期经济社会发展工作。会议讨论并通过《关于转变经济发展方

式建设“仙居恩施”的决定》和《关于2010年党建工作的情况报告》，审议并原则通过《恩施市国民经济和社会发展第十二个五年规划纲要（草案）》。

【12月4日】副州长董永祥深入恩施大峡谷风景区旅游公路建设各标段工地进行检查，并对停车场扩建、换乘服务中心建设等工作进行现场督办。市领导肖家魁等陪同。

【12月5—6日】莫桑比克驻华大使安东尼奥·伊纳西奥一行至恩施市考察。州、市领导谭文骄、李国庆等陪同。

【12月8日】国家民委副主任丹珠昂奔、省民委主任谭徽在、副主任胡祥华一行，深入芭蕉侗族乡黄泥塘中学、高拱桥村等处，就民族体育运动项目以及民族团结示范村工作调研。州、市领导张忠凯、谭文骄、沙玉山、蔡平等陪同。

【12月9日】国家发展和改革委员会政策研究室贾民博士一行，深入恩施经济开发区园区，对武陵装饰建材城、恩施山泰水电设备有限公司、九州通药业、滨湖印刷以及中烟恩施分公司等企业发展情况调研。市领导部志中、刘恩敏等陪同。

【是日】州委副书记柳望春就“全国全省双拥模范城”创建工作进行检查督办。州、市领导谭文骄、李国庆等陪同。

【12月10日】市公安局通过侦查，摧毁一恶性抢劫团伙，将犯罪嫌疑人龙某某、陈某某、陈某某现场抓获。经查在一个多月时间内，该团伙作案10起。犯罪嫌疑人已刑事拘留。

【12月12日】国家发展和改革委员会政策研究室贾民博士一行，深入芭蕉侗族乡，就全市新农村建设情况调研。州、市领导刘艳红、谭文骄、王兰英等陪同。

【12月14日】州委常委、副州长瞿赫之一行，深入恩施经济开发区园区及部分涉农企业，就涉农企业发展情况等事项调研。市领导部志中、刘恩敏等陪同。

【12月16日】全市文化摩尔城项目开工建设。该项目占地总面积6888平方米，建筑总面积13800平方米。内设多功能剧院、文化演艺排练中心、图书馆、文化馆、青少年培训中心、健身娱乐休闲、购物广场等，总投资约1亿元人民币。州、市领导谭文骄、曹毅、李国庆等出席开工典礼。

【是日】省安监局总工程师刘奇晓率省安委会安全生产工作考核督查组，深入恩施腾龙水泥有限公司、四方坪采石厂、恩施天彩烟花爆竹有限公司、三岔乡等处，就全市安全生产工作进行检查。州、市领导沙玉山、部志中、蔡平、陶文胜等陪同。

【12月18日】恩（施）来（凤）、恩（施）黔（江）高速公路开工。

【12月21日】州委常委、副州长瞿赫之，州人大常委会副主任冯国亮率参加全州秋冬季农业综合开发推进会的代表，深入白杨坪乡生态文化走廊、标准茶园示范区、熊洞槽新农村建设示范走廊及丰茗圆茶叶有限公司拟建基地，就秋冬季农业综合开发情况进行参

观考察。市领导李国庆、肖家魁、许强、向成舟等陪同。

【12 月 22 日】铁道部重点建设项目,史上用时最长耗资最多的宜万铁路分别在重庆市万州和恩施火车站举行首发列车通车典礼,标志着宜万铁路建成开通运营。省委副书记、代省长王国生宣布宜万铁路恩施火车站开通。铁道部、国家发展和改革委员会等相关领导,副省长段轮一,州领导肖旭明、杨天然、陈亚平、甘方谦等出席通车典礼。

【12 月 23 日】省委副书记、代省长王国生率省政府秘书长傅德辉及省直有关部门负责人,深入芭蕉侗族乡、施州民族小学、中烟恩施分公司、湖北民族学院以及沪蓉高速公路恩施服务区等处,对全市城乡经济社会发展情况调研。州、市领导肖旭明、杨天然、柳望春、张忠凯、孔祥恩、谭文骄、秦斌、蔡平等陪同。

【12 月 24 日】省民政厅副厅长、省双拥工作办公室主任万幼清率全国、省级双拥模范城检查考评工作组,深入市光荣院、消防特勤中队、航空路车站、市中心医院、恩施土司城、市卫生局、小渡船街道民族路社区、恩施烈士陵园、市军休所、市军粮供应站、市第一中学等处,对全市双拥工作进行检查。州、市领导柳望春、秦斌、李国庆、蔡平、黄秀武等陪同。

【12 月 28 日】州委常委、常务副州长张忠凯,国家发展和改革委员会政研室博士贾民一行,深入全市重点项目建设工地,现场督办廉租房、恩施大峡谷风景区旅游公路等工程建设进度。市领导蔡平等陪同。

【12 月 29 日】州委书记肖旭明深入恩施经济开发区、湖北中烟恩施卷烟厂、湖北金叶烟草恩施复烤厂、弘翔药业、钜鑫工贸、鸥力服饰、惠农农业、锦华纸业等企业,就企业生产经营以及来年发展规划情况调研。州、市领导孔祥恩、谭文骄等陪同。

【12 月 31 日】州城"迎新年"环亲水走廊长跑活动举行。州直、市直部门、城区街道等单位干部职工共 2550 人参加该项活动。州、市领导马春菊、吴红娅、杜成明、李国庆等出席。

2011 年

【1 月 5 日】副州长董永祥一行至恩施市,深入二水厂、三水厂以及湖北水质监测网恩施监测站,对生产安全、水质监测等情况调研。

【1 月 6 日】由州委、州政府主办的"2011 恩施 · 东莞投资项目推介会"在广东省东莞市会展国际大酒店举行。会上,恩施市就市情、投资环境及省级农产品加工园基础设施建设、清江画廊旅游开发等 5 个重点招商项目作推介,与湖北奥山集团签订金额达 15 亿元人民币的恩施土苗风情园项目投资协议。州、市领导肖旭明、张忠凯、吴红娅、秦斌等率团参加会议。

【1 月 7 日】恩施市“616”工程工作汇报会在省住建厅召开。省住建厅厅长李德炳主持会议。会上,李德炳等 10 个部门相关负责人承诺,将在城区应急供水管网延伸工程、农村危房改造项目、“宜居村庄”示范项目、棚户区改造及廉租房、“恩施玉露”争创中国驰名商标、反恐特警大队集中住宿训练大楼和驾驶员考试办证综合服务楼项目、“恩施大峡谷黄鹤楼生态走廊”建设、恩施大峡谷旅游综合服务枢纽建设等 10 个项目上,给予资金、人力、政策等各方面的支持。鄂西生态文化旅游圈投资有限公司承诺,计划投入 2.48 亿元支持恩施市旅游产业的发展。省、州、市领导刘田喜、杨天然、陈江龙、蔡平等参加汇报会。

【1 月 8 日】州委常委、副州长瞿赫之率州直相关部门冒着风雪深入龙凤镇青堡村,走访慰问当地困难群众并就该村新农村建设情况调研。市领导肖家魁、向成舟等陪同。

【1 月 10 日】州党风廉政建设责任制检查考核小组深入恩施市直各单位、各乡镇、街道(办事处),就党风廉政建设责任制落实情况进行检查考核。市领导刘凡、蔡平陪同。

【1 月 12 日】恩施市党风廉政建设述职述廉大会召开。由州检查考核组对全市落实党风廉政建设责任制情况进行集中测评。市领导秦斌、李国庆、刘羽、刘凡等及市直各单位、各乡镇、街道(办事处)负责人参加会议。

【1 月 15 日】17 时许,恩施州富矿工贸公司芭蕉乡干溪村水泥配料用碳质页岩矿山发生一起气体中毒事故,致 2 名工人死亡。

【1 月 18 日】州政府教育目标责任考核组至恩施市,通过座谈听取汇报、查阅档案资料,检查考核全市 2010 年度教育目标责任完成情况。市领导向仕莲以及市教育局、市财政局、市地税局、市卫生局等相关单位负责人参加座谈会。

【1 月 18—20 日】政协恩施市第七届委员会第六次会议召开。来自全市各族各界的政协委员,认真履行政治协商、民主监督、参政议政的职能,为全市经济社会发展建言献策。大会执行主席刘羽、向成舟、尤连胜、孟明星、金德钧、赵萍以及秘书长崔显琦在主席台前排就座。会议通过《政协恩施市第七届委员会第六次会议关于常务委员会工作报告的决议》;《政协恩施市第七届委员会第六次会议关于提案工作情况报告的决议》;《政协恩施市第七届委员会第六次会议政治决议》。州、市领导谭文骄、秦斌、郜志中、李国庆、陈江龙、刘凡、蔡平等出席会议,在市工作的省、州政协委员、各民主党派知名人士应邀参加会议。

【1 月 19 日】中国硒都国际茶城开工奠基仪式在城区金桂大道举行。州、市领导杨天然、瞿赫之、谭文骄、秦斌、郜志中等出席奠基仪式。

【1 月 19—21 日】市第八届人民代表大会第六次会议在州民族礼堂召开。州委常委、市委书记、市人大常委会主任谭文骄主持会议。市长秦斌代表市政府向大会作《政府工作报告》、市人大常委会副主任侯萍代表市八届人大常委会作《恩施市人民代表大会常务委

员会工作报告》、市人民法院院长王峰代表市人民法院作《恩施市人民法院工作报告》。市人民检察院检察长刘全生代表市人民检察院作《恩施市人民检察院工作报告》。常务副市长胡平江代表市政府作《市八届人大五次会议以来代表建议办理情况的报告》。会议表决通过关于市政府工作报告的决议、“十二五”规划纲要的决议、恩施市2010年经济和社会发展计划执行情况及2011年计划报告的决议、恩施市2010年财政预算执行情况及2011年财政预算的决议、市人大常委会工作报告的决议、市人民法院工作报告的决议、市人民检察院工作报告的决议。州委常委、市委书记、市人大常委会主任、大会执行主席谭文骄主持会议并致开幕辞。大会执行主席谭文骄、秦斌等出席会议。

【1月22日】副州长董永祥一行，赴恩施大峡谷旅游公路施工现场调研。市领导陈江龙、肖家魁等陪同。

【1月24日】中共中央组织部转发省纪委、省委组织部《关于对张某等人在干部选拔任用工作中行贿问题处理情况的通报》的通知。该文称，湖北省查处恩施州委原常委、宣传部原部长吴某某违纪违法案件，对案件中涉及的张某等行贿买官人员进行严肃处理并在全省范围内进行通报。要求各级组织人事部门认真贯彻《关于严厉整治干部选拔任用工作中行贿受贿行为的通知》《关于严肃换届纪律保证换届风清气正的通知》和中央纪委、中央组织部严肃换届纪律保证换届风清气正视频会议精神，将严厉整治买官卖官问题与严肃换届纪律工作紧密结合起来，同用人上不正之风作坚决斗争，以铁的纪律保证换届风清气正。

【是日】副州长董永祥一行，深入后山湾叶挺路改造工程、许家坪隧道建设工程、红旗大桥及接线建设工程等重点项目工程进行检查督办。市领导秦斌陪同。

【1月26日】省交通运输厅副厅长田文彪率省综合检查组检查市消防、食品安全工作。州、市领导沙玉山、陶文胜陪同。

【1月27日】州委书记肖旭明率陈亚平、赵德利、孔祥恩、谭文骄等州领导，先后到恩施军分区、六角亭街道解放路社区、武警恩施州支队等处，看望慰问驻军干部、武警官兵、困难群众等，向他们致以节日的问候和祝福。州、市领导杨天然、甘方谦、杨陈清、瞿赫之、秦斌一行到州消防支队，亲切看望和慰问长期坚守奋战在防火、灭火和抢险救援一线的消防官兵，给官兵们送去新春的问候和祝福。州、市领导张忠凯、刘艳红、李云开、李国庆率慰问组深入州城老干部、特困职工家中进行慰问。董永祥、廖泽熙率慰问组深入恩施市环卫处、市自来水公司二水厂、民生天然气公司、亿利达、昆仑燃气，慰问春节前夕仍在一线工作的部分企业员工。

【是日】州委常委、常务副州长张忠凯一行，到城区公共场所、生产企业等，就消防安全工作进行检查。市领导胡平江、陶文胜陪同。

【1 月 30 日】州领导肖旭明、杨天然、陈亚平、孔祥恩,先后深入州电力总公司、市自来水公司、市环卫处、小渡船交警中队执勤点、恩施火车站,慰问一线干部职工。市领导谭文骄、秦斌陪同。

【2 月 5 日】23 时许,在市政府旁一道路上,一辆宝马轿车将一对夫妇(邹某某,57 周岁,恩施麻纺厂下岗职工;陈某某,红江小学数学教师)撞倒,致当场死亡。经查明,该肇事车辆为恩施某房地产公司总经理所有,肇事者为车辆所有人侄子,事发双方达成赔偿协议。

【2 月 8 日】鄂西生态文化旅游圈投资有限公司党委书记、董事长马清明一行深入恩施大峡谷,对景区开发与建设情况进行实地调研。州、市领导吴红娅、陈江龙、肖家魁等陪同。

【2 月 11 日】全市党建暨经济工作会议召开。市委副书记、恩施经济开发区常务副主任部志中主持会议,州委常委、市委书记谭文骄、市委副书记、市长秦斌在会上发表讲话。会议明确全市 2011 年经济社会发展总体要求和主要经济目标,并对如何建设"仙居恩施",搞好"十二五"开局提出要求。会议对 2010 年度工作先进单位、党风廉政建设先进单位、全民创业突出贡献单位、招商引资先进单位和个人代表进行表彰。会上,谭文骄与乡镇、街道(办事处)党委、市直机关工委签订党风廉政建设责任书、党建工作责任书。市领导谭文骄、秦斌、部志中、李国庆、陈江龙、刘凡等出席会议。各乡镇、街道(办事处)党委书记、常务副乡(镇)长、常务副主任、各村(社区)书记、主任、市直一级单位领导班子成员和二级单位主要负责人、恩施经济开发区各部门主要负责人以及相关企业、重点民营企业、大会表彰对象参加会议。

【2 月 15 日】省扶贫开发领导小组办公室主任杨朝中一行,深入芭蕉侗族乡庠口村,就全市扶贫开发工作调研。州、市领导瞿赫之、秦斌等陪同。

【2 月 16 日】恩施机场二期扩建工程开工奠基,标志着湖北省武陵山少数民族经济社会发展实验区建设启动。省委、省政府领导李鸿忠、王国生、赵学义、李钟协、苏晓云、李春明、周坚卫、陈春林等出席开工仪式。参加湖北省"武陵山少数民族经济社会发展实验区建设"启动仪式的省直各部门领导,民航、首都机场集团、湖北机场集团领导,州、市相关领导参加开工仪式。

【2 月 17 日】省国税局局长刘勇一行至恩施市,对市国税系统运行、税源专业化管理等情况进行检查指导。州、市领导张忠凯、胡平江等陪同。

【2 月 24—25 日】国务院安全生产委员会办公室调研督查组一行在国家煤矿安全监察局副局长王树鹤的带领下,深入恩施大峡谷风景区、腾龙水泥公司四方坪采石场、恩施土司城等处,就全市安全生产工作调研。州、市领导沙玉山、陶文胜等陪同。

【2月27日】三岔乡莲花池村委会、白杨坪乡石桥子村委会被省人民政府表彰为全省“百佳村民委员会”，小渡船街道民族路社区居委会被表彰为全省“百佳社区居民委员会”。

【3月1日】在浙江省奉化市召开的全国休闲农业与乡村旅游经验交流会上，恩施市获得“全国休闲农业与乡村旅游示范县”荣誉称号。该殊荣是被农业部和国家旅游局联合认定的，全国仅32个，恩施市是湖北省唯一获示范县的县(市)。市委常委、副市长肖家魁等参加会议。

【3月2日】恩施市“万名干部进万村入万户”活动启动，由39名市级领导带队，从84个市直单位抽调的300余名干部组成的近200个工作组，即日起与全市17个乡镇、街道(办事处)，192个村(社区)的干部一起，进村入户开展“万名干部进万村入万户”活动。市领导谭文骄、郜志中、李国庆、陈江龙、刘凡等出席活动。3月6日，市委常委(扩大)会议召开，专题部署“万名干部进万村入万户”活动。

【3月3日】州领导杨天然、陈亚平、甘方谦、谭文骄、马春菊、沙玉山、董永祥、杜成明等率州发改、住建、国土等相关部门负责人一行，先后到民族高中、金凤大道许家坪机场隧道、红旗大桥等建设工地及州文化中心规划选址处，调研州城重点工程建设。市领导秦斌、蔡平、刘羽、廖泽熙等陪同。

【是日】州委常委、副州长瞿赫之一行至盛家坝乡，对该乡烟叶产业发展情况调研，并对烟叶育苗等具体工作进行督办。市领导李国庆以及州、市烟草部门负责人陪同。

【3月5日】恩施大峡谷旅游接待中心、旅游客运站破土动工。副州长董永祥宣布工程开工，市长秦斌致辞，市委副书记陈江龙主持开工奠基仪式。市领导肖家魁、侯萍、尤连胜等出席仪式。

【3月9日】省政协副主席涂勇一行至恩施市，就如何加快推进武陵山少数民族经济社会发展试验区的相关情况调研。州、市领导甘方谦、刘凡、刘羽、廖泽熙等陪同。

【是日】州委书记肖旭明一行至位于恩施大峡谷黄鹤楼生态走廊的屯堡乡马者村，和部分州、市机关干部一起开展义务植树造林活动。

【3月10日】由共青团中央、东风汽车公司、中国青年创业就业基金会共同设立的东风帮扶大学生村干部专项基金在恩施市启动。团中央农村青年工作部部长郭祥玉，东风汽车公司党委常委周强，中国青年创业就业基金会秘书长王庆，共青团湖北省委副书记陈正祥，州委常委、组织部部长刘艳红，副州长沙玉山以及市领导秦斌、李国庆、陈江龙等出席启动仪式。

【是日】东风公司对口支援恩施市“616”工程调研座谈会在市召开。东风汽车公司党委常委周强、市领导秦斌、陈江龙、何慧等出席座谈会。

△州人大常委会副主任冯国亮带领调研组至恩施市召开座谈会，就制定《恩施州人大常委会监督司法工作办法》征求意见。市领导蔡平、邵永政等参加座谈会。

【3 月 11 日】共青团中央农村青年工作部部长郭祥玉、中国青年创业就业基金会秘书长王庆等一行，至芭蕉侗族乡就农村共青团工作调研。州委常委、市委书记谭文骄，市委副书记李国庆等陪同。

【是日】18 时 50 分许，舞阳坝街道五峰山村一民房屋因液化气泄漏发生爆炸，导致 1 栋 100 平方米砖混结构房屋和 3 间土木结构房屋被摧毁，紧邻爆炸现场的 1 栋房屋严重受损，另周边部分居民房屋以及距爆炸现场 200 米左右的建筑物不同程度受损，无人员伤亡。经查明，居民梁某某家租住户谭某某在使用液化气时，钢瓶接头与软管连接不到位，导致液化气严重渗漏，致使房间内迅速充满高浓度液化气；加之房内放有正在燃烧的蜂窝煤炉，引起液化气爆炸。

【3 月 12—13 日】省工商局局长刘源超带领省工商局“万名干部进万村入万户”活动工作组，至芭蕉侗族乡，通过召开村民代表座谈会以及入户调查的方式，倾听百姓心声，了解百姓疾苦。州、市领导谭文骄、秦斌、何慧等陪同。

【3 月 14 日】副州长董永祥至恩施市调研恩施大峡谷项目工程建设情况，实地察看恩施大峡谷旅游公路施工现场、木槽岩隧洞施工现场、马鞍龙停车场等处，详细了解施工进度和安全生产情况。市领导陈江龙、肖家魁等陪同。

【3 月 16 日】“万名干部进万村入万户”活动省委第三督查组先后深入芭蕉侗族乡寨湾村、灯笼坝村，通过座谈、走访农户、查阅资料等方式，对全市“三万”活动开展情况进行检查督办。市领导李国庆等陪同。

【3 月 16—17 日】州委书记肖旭明一行，深入乡镇、街道调研，强调恩施市要抢抓湖北武陵山少数民族经济社会发展试验区建设的机遇，争当全州排头兵，并在全省争先晋位。州、市领导孔祥恩、谭文骄、秦斌、郜志中等陪同。

【3 月 19 日】国家质量技术监督检验检疫总局副局长魏传忠率考察组，至恩施市考察旅游资源开发情况。州、市领导谭文骄、吴红娅、何慧、陶军等陪同。

【是日】恩施市“恩施号”旅游专列欢迎仪式启动。“恩施号”旅游专列是全省首次开通的省内旅游专列。副州长曹毅宣布“恩施号”旅游专列启动，市长秦斌在欢迎仪式上致辞。

【3 月 21 日】州人大常委会常务副主任陈亚平赴新塘乡，就城乡学校发展共同体试点建设的基本概况、主要做法、经验成果、发展规划等情况调研。市领导陈江龙、蔡平等陪同。

【3 月 22 日】市纪委七届六次全体（扩大）会议召开。州委常委、市委书记谭文骄出席

会议并讲话。市委副书记李国庆主持会议,市委副书记、市纪委书记刘凡回顾总结全市2010年党风廉政建设和反腐败工作的基本情况,安排部署2011年党风廉政建设和反腐败工作的主要任务。会议传达中央、省、州纪委全会精神,对2010年度全省基层纪检组织建设示范单位、全市党风廉政建设先进个人、“四个一”负责制先进工作组、“创建满意工程、优化发展环境”工作先进单位、为民服务全程代理示范单位进行表彰。市“四大家”领导等出席会议。

【3月23日】市委2011年政协工作会议召开。市委副书记、市长秦斌主持会议。州委常委、市委书记谭文骄出席会议并讲话。市政协主席刘羽在会上部署2011年政协工作。市领导部志中、蔡平、王怀东、许强、向仕莲、向成舟、尤连胜、孟明星、金德钧、赵萍等出席会议。

【是日】副省长赵斌一行至芭蕉侗族乡,就新农村建设情况调研。州、市领导肖旭明、瞿赫之、谭文骄、秦斌、肖家魁等陪同。

△由湖北省教育厅巡视员郑年春为组长的省农村综合改革考核评估组,对全市农村综合改革工作进行考核评估。市委副书记李国庆、市委常委、常务副市长胡平江汇报。市领导肖家魁、尹剑等参加汇报会。

【3月24日】州委常委、常务副州长张忠凯一行至恩施市,就固定资产投资、项目建设及财政工作调研。市领导秦斌、部志中、胡平江等陪同。

【是日】国家统计局湖北调查总队总队长李晓超一行至恩施市,就全市统计调查工作调研。市领导秦斌、陶军等陪同。

【3月29日】市民族文工团被省政府表彰为湖北省参与2010年上海世博会先进集体。

【3月29—30日】中国地方病预防控制中心主任孙殿军带领考评组一行,对恩施市落实《全国重点地方病防治规划》(2004—2010)工作进展情况进行终期考核评估。市领导陈江龙、向仕莲等陪同。

【4月2日】州人大常委会副主任罗贤美率州民委、州农行等州直单位负责人,出席白杨坪乡2011年新农村建设座谈会,就新农村建设进行专题研究。市领导王兰英、邵永政等出席会议。

【是日】恩施市侗族文化馆在芭蕉侗族乡枫香坡开馆。该馆旨在展示土家族、侗族传统生产生活实物用品,欣赏土家族、侗族民间文艺、品饮特色“恩施玉露”为主要内容。

【4月3日】恩施本草药业有限公司在恩施市板桥镇举行奠基仪式。同仁堂首席专家夏俊贤、美国惠庭外贸总公司副总裁丹里士、深圳本草皇科技有限责任公司财务总监杨友君等应邀为厂房培土奠基。州、领导陶继东、王怀东参加上述活动。

【4月5日】市委、市政府组织的何功伟、刘惠馨烈士英勇就义70周年纪念活动在革命

烈士陵园举行。州、市领导谭文骄、秦斌、李国庆以及何功伟、刘惠馨烈士的亲属——四川省人大常委会原副主任马识途、国家航天高级专家何继伟等出席纪念活动。

【是日】何功伟烈士遗属何继伟夫妇一行，至小渡船街道何功伟小学，看望该校师生，并再次捐出12万元支持学校建设。自2000年以来，何功伟烈士的家属先后为何功伟小学捐资近30万元，帮助该校改善办学条件。市领导李国庆、王兰英、向仕莲等陪同。

【4月8日】省委组织部组织处副调研员甘仁进率省"党建工作先进单位"考核组，深入恩施市小渡船街道大桥路社区，就该社区党建工作进行检查考核。市领导李国庆、王兰英等陪同。

【4月8—9日】中科院昆明植物研究所所长、云南省植物学会理事长李德铢率云南省植物学会、云南省农科院药用植物研究所33位药用植物专家至恩施市，就药用植物资源保护和利用同湖北省农科院中药材研究所专家开展学术研讨。双方就武陵山区药用植物资源保护与利用研究达成协议，结成紧密的平等合作关系，以项目为载体，共同争取承担国家及省市重大、重点科研项目，并在药用植物（特别是珍稀濒危药用植物）种质资源的保育研究、武陵山区药用植物资源调查、土苗民族药物发掘与开发利用、药用植物规范化种植与优质高效栽培技术研究、药用植物基础理论研究、药用植物产业化开发、科技平台共享、学术交流与人才培养等8个方面开展全面合作。州、市领导柳望春、瞿赫之、陈江龙、刘凡等出席签约仪式。

【4月9日】市委、市政府、恩施经济开发区组建招商团赴深圳举行"恩施市2011年春季深圳招商联谊会"。联谊会上，招商团与来自深圳、广州、惠州等处及全国各地近300位企业家进行项目推介和现场对接，签订投资项目4个，投资金额总计达98亿元，另外对6个招商项目进行推介。清华大学深圳研究生院培训学院常务副院长朱继强、市领导秦斌、郜志中、刘恩敏等出席。

【是日】省财政厅副厅长王华新一行，深入芭蕉侗族乡，就新农村建设、产业发展情况调研。州委常委、市委书记谭文骄等陪同。

【4月10日】财政部农业司副司长褚利明、国家林业局计财司副司长刘金富、国务院扶贫办开发办公室规划财务司副司长张广平一行，深入三岔乡万山红农业开发公司油茶基地、莲花池蔬菜大棚基地等处，就武陵山片区财政扶贫、财政支持木本油料产业发展和林权制度改革实施情况调研。州、市领导张忠凯、谭文骄、李国庆等陪同。

【4月11日】由中国茶叶流通协会、中国茶叶学会、中国国际茶文化研究会主办，浙江大学CARD农业品牌研究中心、浙江省新昌县人民政府联合承办的首届中国茶叶区域公用品牌建设县市长高峰论坛在浙江新昌县召开。"恩施玉露"获评"2011年中国茶叶区域公用品牌三个最具发展力品牌之一"，为湖北省唯一获评茶叶品牌。经浙江大学CARD农

业品牌研究中心和《中国茶叶》杂志共同组成的课题组评估研究，“恩施玉露”“恩施富硒茶”品牌价值被认定分别达到4.06亿元、1.22亿元。

【4月13日】省委书记、省人大常委会主任李鸿忠，省委常委张昌尔，省委常委、秘书长李春明等一行，深入新塘乡长岭岗华中药用植物园调研。州领导肖旭明、杨天然等陪同。

【是日】副州长董永祥一行，深入恩施大峡谷景区建设工地，就在建项目工程、景区绿化、景区环境卫生整治、景区设施安全等相关工作进行检查督办。市领导肖家魁等陪同。

△省军队离退休干部安置管理办公室主任何联义率省扩大内需、工程专项治理和强农惠农政策情况检查组一行，深入市原玻璃厂、火柴厂廉租房小区项目工地、红旗大桥建筑工地、流浪未成年人救助保护设施项目拟建地段等处，就全市扩大内需、工程专项治理和强农惠农政策落实情况进行综合检查。市领导刘凡、胡平江等陪同。

【4月15日】副州长董永祥一行至恩施市，深入连珠大桥安置小区、瑞园商品房小区、红旗大桥、武陵国际装饰城等施工现场，就城市建设重点工程项目建设进展情况、城市绿化工程、功能设施建设情况调研。市领导廖泽熙等陪同。

【4月17日】小渡船街道辖区新建街53号一家3口在自家卫生间死亡。经查明，男子方某，39岁；儿子方某某，11岁，被发现时全身赤裸。方某妻杜某某身穿睡衣躺在卫生间门口，尸体已开始腐烂。经法医鉴定系一氧化碳中毒，死亡时间大概为13日晚。

【4月18日】国家烟草专卖局纪检组长潘家华、省烟草专卖局局长赵全意一行，深入盛家坝乡，就恩施市现代烟草农业建设情况调研。州、市领导叶太俊、秦斌、肖家魁等陪同。

【是日】州《全民科学素质行动计划纲要》实施情况督查组在恩施市举办“恩施州科技州长科普报告恩施行”科普报告会。副州长陶继东作题为《浅谈气候变化与低碳经济》的科普报告。副市长尹剑主持报告会。

【4月20日】省文化厅厅长杜建国一行，深入市民族文工团、文化摩尔城、市文体局、金三角社区文化活动室、六角亭文化活动中心等处，就文体基础设施建设及社区、街道文化活动开展情况等调研。州、市领导曹毅、秦斌、李国庆、向仕莲等陪同。

【4月20—21日】州政协副主席张龙光率调研组一行，深入白杨坪乡熊家岩村、洞下槽村、民政壶宝茶厂、丰茗圆茶厂、芭蕉侗族乡戽口村、润邦茶叶公司、巴山茶叶公司等处，就全市茶叶产业发展情况调研。市领导肖家魁、孟明星等陪同。

【4月21日】副州长董永祥深入龙凤高中改扩建工程现场，对该工程建设进展情况进行督办。市领导李国庆、向仕莲等陪同。

【4月23日】省工商局局长刘源超一行，深入芭蕉侗族乡寨湾村马宝园桥建设现场、

润邦茶叶公司等处调研。市领导秦斌、陶军等陪同。

【4月24日】恩施市"迎五一·话发展"城区民间演艺团队喜剧小品大赛在小渡船街道会议中心举行。州、市领导王月圣、王怀东等出席。

【4月24—25日】湖北省人民防空"楚越-11"演练活动在恩施市启动。来自宜昌、襄阳、十堰、荆州、恩施、潜江等52名演练队员、14台通讯指挥车组成演练车队,沿凤凰大桥、施州大道、航空大道、清江桥舞阳大道、土桥坝、金桂大道绕城一周,在城区内进行半小时的防空警报试鸣。此次演练活动途经重庆、广安等处,总行程约1150公里,旨在进一步加强规范化训练,加大《中华人民共和国人民防空法》宣传教育力度,增强市民忧患意识,为机动指挥车和通信电台车建设、跨区域应急通信保障行动积累宝贵经验。省人民防空办公室副主任王纪三,副巡视员华凯旋,州人大常委会副主任于德海,恩施军分区副政委高绪芳,市委副书记、市纪委书记刘凡,市委常委、市人武部部长黄秀武等出席活动。

【4月25日】《恩施市城市总体规划(2010—2030)》专家评审会在武汉召开。省住房和城乡建设厅副厅长占世良主持会议。来自省直有关部门、规划设计机构和大专院校的7位专家组成的专家组,认为《总体规划》符合恩施经济社会发展的实际需要,体现恩施"山水园林城、民族风情城、生态旅游城"的特点,达到《城市规划编制办法》的要求,同意通过《总体规划》。州、市领导董永祥、秦斌、廖泽熙等出席评审会。

【4月25—28日】由荆楚网、市委、市政府共同主办的"全国重点网络媒体走进'仙居恩施'活动"举行。来自人民网、央视网、中国网、中国广播网、新浪网、搜狐网、凤凰网、东方网、红网、大河网、北方网、华龙网、中国江西网、山西新闻网等14家全国重点网络媒体的记者深入市新闻中心、"恩施玉露"茶叶基地、戽口村、枫香坡侗族风情寨、恩施大峡谷、洞下槽新农村、南里渡村、清江画廊等线路和景区进行采访,实地感受"仙居恩施"的美丽风光与恩施市经济和社会发展进程,并在互联网上掀起"仙居恩施"的宣传热潮。

【4月26日】国家民委委员李文亮深入芭蕉侗族乡,就该乡特色产业发展、特色民居改造等新农村建设情况调研。市领导秦斌等陪同。

【4月27日】恩施城区许家坪隧道工程开工。许家坪隧道工程是金凤大道的重要组成部分,自许家坪机场底层贯穿连接施州大道与金桂大道,并通过红旗大桥连接至旗峰大道,是恩施城区连接旗峰坝、红庙及金子坝的一条东西向主要通道。州、市领导杨天然、柳望春、谭文骄、于德海、董永祥、张龙光、秦斌等出席庆典活动。

【是日】恩施红旗大桥建成通车。大桥位于市区北侧清江上游红庙下官田,东接恩施经济开发区,西接旗峰坝村旗峰大道。大桥及接线全长906.49米,其中主桥长146.56米,桥宽26米。州、市领导杨天然、柳望春、谭文骄、于德海、董永祥、张龙光、秦斌等出席庆典活动。

△恩施市第六届“恩施市十大杰出青年”表彰大会举行，纪念“五四”运动92周年，袁敏、覃涛等来自不同战线的10位杰出青年受到表彰。团州委书记郭玲，市“四大家”有关领导等出席会议并为十大杰出青年颁奖。

【4月27—28日】中央财经工作领导小组办公室主任、国家发展改革委副主任朱之鑫一行至恩施市，就全市经济社会发展情况走访调研。副省长赵斌及州、市领导杨天然、柳望春、张忠凯、孔祥恩、谭文骄、秦斌等陪同。

【4月28日】东风汽车公司高级技工学校与恩施市中等职业技术学校签署《联合办学框架协议书》。此举标志着“616”工程对口支援单位东风汽车公司对恩施市的对口援助延伸到中等职业教育。东风高级技校校长沈炳生、党委书记李富安，市委领导陈江龙、侯萍、向仕莲等出席签约仪式。

【4月29日】恩施市2011年劳动模范表彰大会召开。刘世春、李长寿、刘小琼、何璐等20名劳动模范获得表彰。州委常委、市委书记谭文骄在会上讲话。市长秦斌主持会议。市领导部志中、李国庆等出席会议。

【是日】中央联席会议办公室副主任、国家信访局党组成员、副局长张彭发、省信访局副局长王昌友一行，深入恩施大峡谷，就旅游资源开发情况进行考察。市领导胡平江等陪同。

【是月】恩施高中整体搬迁至龙凤新校区。校园占地160余亩，建筑面积7.2万余平方米，投资计划3亿元。学校建成校园网，各类实验室、语音室、微机室、电教室设备齐全，图书馆藏书8万余册，中外期刊300多种，还建有天文馆、电子阅览室和多媒体数字化教学系统。

△《恩施市年鉴》(2011)内刊出版，恩施市实现一年一鉴常态化出版目标。编辑规模75.5万字，印数800册。

【5月2日】省委原书记贾志杰、蒋祝平，省人大常委会原副主任贾天增一行，深入“恩施玉露”茶叶基地、芭蕉侗族乡枫香坡侗族风情寨、州博物馆等处，就恩施市新农村建设、特色农业发展、民族文化保护、旅游资源开发等情况进行考察。州、市领导肖旭明、谭文骄、蔡平等陪同。

【5月3日】中共第十七届中央委员、十一届全国政协常委张左己，国务院三峡工程建设委员会办公室党组成员张宝欣一行，深入恩施大峡谷进行实地考察。州、市领导张龙光、孟明星等陪同。

【是日】市公汽公司6路线车组被中华全国总工会授予“全国工人先锋号”荣誉称号。州、市领导杨陈清、何慧等出席授牌仪式。

【5月4日】恩施州首个国家级乡镇农民体育健身中心在新塘乡挂牌。市领导陈江

龙、王怀东等出席挂牌仪式。

【是日】省委原书记贾志杰、蒋祝平一行，深入恩施经济开发区、旗峰大道、红旗大桥、金桂大道、恩施火车站、亲水走廊、恩施州城规划展厅等处，对市政建设及部分工业企业进行考察。州、市领导李云开、秦斌、部志中等陪同。

【5月5日】省农科院党委副书记、纪委书记孙必会，州委常委、副州长、州支持华中药用植物园建设领导小组副组长瞿赫之，深入华中药用植物园、商家湾厚朴公园、大宝山、红花淌石林、清江画廊等处，就把华中药用植物园建成集资源保存、科技示范、旅游观光于一体的多功能植物园调研。市领导陈江龙等陪同。

【5月6日】湖北武陵山少数民族经济社会发展试验区建设协商推进会在恩施市举行。省委副书记、省政协主席杨松出席会议并讲话。省直有关部门领导及长阳县、五峰县、恩施州8个县、市有关领导参加本次会议。恩施市与湖北奥山集团、随州香江商贸有限公司、中华龙投资开发有限公司、武汉博海生物医药公司签订湖北奥山·楼外楼——恩施游客接待中心、恩施·中国女儿城等4个项目的投资协议，签约金额达52.5亿元。

【5月7日】武船重型工程有限公司恩施山泰钢结构及桥梁生产基地揭牌。省政协副主席涂勇，州、市领导肖旭明、杨天然、甘方谦、谭文骄、秦斌、部志中、蔡平，武汉企业家协会会长赵零，武昌船舶重工有限责任公司副总经理、武船重型工程有限公司总经理杨少稀等出席揭牌仪式。

【5月8日】由市妇联发起的巾帼志愿者行动启动。州政协副主席、州计生委副主任王继刚，州妇联主席陈华，市领导王怀东、向仕莲等出席启动仪式。

【5月11日】由市委、市政府和中央电视台音乐频道“民歌中国”栏目组共同打造的《仙居恩施》音乐专题片在恩施梭布垭风景区开机。市领导胡平江、王怀东等出席开机仪式。

【5月11—12日】中国人民解放军空军指挥学院政治部主任王健民少将一行至恩施市，就旅游资源进行考察。州、市领导谭文骄、秦斌、陈江龙、刘凡、黄秀武等陪同。

【5月12日】省交通投资有限公司党委书记、董事长张翩义至恩施市，就恩奉高速公路、城区道路建设的规划情况进行实地考察。市领导秦斌、廖泽熙等陪同。

【是日】深圳市盛鹏达投资集团董事长徐钧率考察团一行至恩施市，就恩施大型主题公园项目进行考察。州、市领导谭文骄、部志中等陪同。

【5月12—13日】州人大常委会副主任冯国亮率州人大常委会执法检查组，到白杨坪乡、太阳河乡、板桥镇、屯堡乡等处，就恩施市贯彻执行《湖北省农村扶贫条例》情况进行检查。市领导胡平江、黄永耀等陪同。

【5月13日】湖北高路鄂西高速公路建设指挥部和湖北高路鄂西高速公路有限公司

揭牌。州、市领导肖旭明、杨天然、孔祥恩、叶太俊、董永祥、张龙光、秦斌、廖泽熙以及省交通投资有限公司党委书记、董事长张嗣义和总经理龙传华出席揭牌仪式。

【5月13日】州委副书记、州长杨天然一行深入三岔乡，就抗旱工作调研。州、市领导谭文骄、秦斌等陪同。

【5月16日】省农业厅厅长祝金水率省农业厅抗旱督导组至恩施市，深入三岔乡梨子坝村、莲花池村等处，检查指导抗旱救灾工作。州、市领导谭文骄、肖家魁、何慧等陪同。

【5月18日】副州长董永祥一行，深入恩施大峡谷风景区，就景区旅游公路建设、马鞍龙游客换乘中心大楼建设、游步道建设等情况调研。市领导肖家魁等陪同。

【5月19日】恩施市被省委组织部、省委宣传部等11个单位联合评为"全省生育文明建设先进县(市)"。

【是日】国务院参事、国务院扶贫开发领导小组办公室原主任，国务院参事、农业部农村经济研究中心研究员刘志仁一行深入芭蕉侗族乡米田村的源发茶叶专业合作社、龙凤镇三河村幸福工程禽业专业合作社等处，就提高农民组织化程度、进一步发展农民专业合作社等问题调研。市领导肖家魁等陪同。

△省委督查室主任杨邦国一行至恩施市，就抗旱工作进行督查指导。市领导尹剑等陪同。

△州政协副主席谭建军率州政协教育调研组至恩施市，就师资队伍建设情况进行专题调研。市领导向仕莲、尤连胜等陪同。

【5月20日】州政协副主席、州旅游餐饮业建设领导小组组长杜成明一行，就旅游要素建设情况调研。市领导肖家魁、尤连胜等陪同。

【5月21日】省文化厅社文与非遗保护处处长徐永胜一行至恩施市，深入小渡船街道大桥路金三角花园社区文化活动室、舞阳坝街道官坡金阳社区文化活动室、六角亭街道星光剧社及社区文化活动中心，就恩施市社区文化活动中心及非物质文化遗产保护、传承及利用情况调研。市领导向仕莲等陪同。

【5月22日】由中国少数民族体育协会、省民族宗教事务委员会共同主办，省少数民族体育协会、市政府承办的2011年高脚竞速全国邀请赛在市民族体育中心举行。国家体育总局群体司处长姚爱萍、湖北省民宗委副主任胡祥华在开幕式上致辞，州政府副州长曹毅宣布开幕，市长秦斌致欢迎词。

【5月24日】全州"616"工程工作联络员座谈会在恩施市召开。州委常委、市委书记谭文骄在座谈会上介绍恩施市"616"工程实施的情况并作表态发言，副州长董永祥在会上就如何加强与"616"工程省对口帮扶单位的联系、加强相关项目的实施提出要求，市长秦斌在座谈会上汇报恩施市2011年"616"工程项目实施情况。市领导陈江龙、胡平江、何慧

等出席会议。

【5月24—25日】省民宗委主任谭徽在一行,深入白杨坪乡朝阳坡村、芭蕉侗族乡富尔山林场、太阳河乡茶山河村等处,就贫困村发展情况调研。州委常委、州委秘书长孔祥恩,州政府秘书长吕金施,市领导秦斌等陪同。

【5月25日】省委常委、副省长张岱梨一行,深入大龙潭水电站和北门河坝城市防洪工程等处,就全市防汛抗旱工作进行检查。州、市领导张忠凯、谭文骄、肖家魁、何慧等陪同。

【5月26日】州委书记肖旭明,州委常委、州委秘书长孔祥恩一行深入白杨坪乡,就恩施市农村发展情况调研。州、市领导谭文骄、秦斌、何慧等陪同。

【是日】州人大常委会副主任罗贤美率州民委、州人社局、国家统计局恩施州调查队、州农行负责人一行,深入白杨坪乡,就该乡朝阳坡村帮扶方案进行研究。市领导王兰英等陪同。

【5月26—28日】第五届中国国际有机食品博览会(BioFach China 2011)在上海国际会展中心举行。恩施市选送的龙头湫绿茶喜获博览会金奖,成为全省获此殊荣的三个品牌之一。

【5月27日】恩施州文化中心在舞阳坝街道金子坝村开工奠基。该项目为全州软大公益设施项目和"十二五"重点项目,亦为建州30周年献礼工程。

【5月28日】省委原副书记、省人大常委会原常务副主任邓道坤,省委宣传部原常务副部长毕志伦,省社科院原党委书记刘宗发一行,深入施州民族小学、恩施火车站、沪蓉西高速公路展示馆以及芭蕉侗族乡枫香坡侗族风情寨等处,就城乡发展情况进行考察。市领导秦斌、洪波、胡启发等陪同。

【5月29日】省委原书记罗清泉一行,深入屯堡乡鸭松溪村和花枝山村、大峡谷旅游公路屯堡大块至马者段施工现场等处,就经济社会发展情况调研。州、市领导肖旭明、孔祥恩、秦斌、肖家魁等陪同。

【是日】省委常委张昌尔一行,深入三岔乡梨子坝村、莲花池村、大河沟水库等处,就全市抗旱救灾工作进行检查指导。州、市领导张忠凯、李国庆等陪同。

【5月31日】副州长董永祥一行,深入后山湾叶挺路改扩建工程工地,原玻璃厂、火柴厂廉租房小区建设地,山泰公司,柑子槽及火车站还建安置小区建设地,许家坪机场隧道建设工地,就市城市建设重点工程进行检查督办。市领导秦斌、廖泽熙等陪同。

【6月2日】由州政府主办,市政府、州环境保护局承办的纪念第40个"六五"世界环境日文艺展演活动在恩施市举行。州、市领导董永祥、秦斌、李国庆等出席活动。

【是日】为纪念辛亥革命100周年,恩施市举行中小学"首义精神耀千秋"为主题的现场书法比赛活动，来自全市城乡20余所学校的38名选手参赛。市领导王怀东等出席活动。

【6月7日】副州长董永祥一行，深入芭蕉侗族乡戽口村、黄连溪村、高拱桥村、集镇新区、枫香坡侗族风情寨等处，就民居改造、村庄整治等情况调研。市领导李国庆、廖泽熙等陪同。

【是日】恩施市被中国科学技术协会命名为“全国科普示范市”，成为902个“2011—2015年度全国科普示范县（市、区）”之一。

【6月7—10日】恩施市开展副科级以上党员干部反腐倡廉警示教育活动。市领导秦斌、郜志中、刘凡、蔡平等参加教育活动。全市近千余名副科级以上党员干部接受反腐倡廉警示教育。

【6月8—9日】州委常委、副州长瞿赫之一行，深入三岔乡和白杨坪乡，就水利基础设施建设和抗旱防汛工作调研。市领导肖家魁等陪同。

【6月10日】在全省纪念全国第六个“文化遗产日”座谈会上，恩施市被确定为首批省级文化生态保护实验区。

【是日】由州政府主办，市政府、州文体局承办的恩施州2011年“文化遗产日”主题活动在桥西广场启动。州、市领导杨陈清、马春菊、曹毅、杜成明、胡平江、王怀东等出席启动仪式。

【6月11—13日】国家林业局林改领导小组副组长黄建兴一行，深入新塘乡下坝村、华中药用植物园、屯堡乡林业站及望城坡林下养殖业现场，就恩施市集体林权制度改革工作调研。州、市领导谭文骄、秦斌、肖家魁等陪同。

【6月18日】国家发展和改革委员会资源节约和环境保护司节水处处长、北京科技大学钢铁冶金专业和北京理工大学自动控制专业博士学位、北京大学经济学博士后，曾在恩施州挂职副州长的博士杨尚宝至恩施市，为全市广大党员干部进行“仙居恩施”专题讲座，州委常委、市委书记谭文骄主持讲座。市“四大家”领导等以及市直各部门，各乡镇、街道（办事处）负责人到现场聆听专题报告。

【6月19日】州委常委、常务副州长张忠凯，州委常委、恩施军分区司令员赵德利至恩施市人武部，对士官招收体检工作进行检查。市领导肖家魁、黄秀武等陪同。

【6月21日】全国机关事务管理协会秘书长孙千、全国机关事务管理协会副秘书长李芬莉、省机关事务管理局纪检组长杨序谷至恩施市，就机关事务管理工作调研。市领导胡平江等陪同。

【是日】由州、市政府主办，州、市人力资源和社会保障局承办的《中华人民共和国社会保险法》宣传月活动启动仪式在硒都广场举行。州、市领导杨斌、胡平江、洪波等出席仪式。

△恩施市“十大杰出青年”先进事迹报告会举行。市领导李国庆、王怀东等出席。

【6月22日】国务院扶贫开发领导小组办公室开发指导司司长海波，深入芭蕉侗族乡戽口村、灯笼坝村，就恩施市扶贫开发工作情况调研。州、市领导杨劲松、秦斌等陪同。

【是日】省委常委、省委统战部部长、省人大常委会常务副主任苏晓云至恩施市，在中共共产党建党90周年来临之际，看望慰问老党员。州、市领导杨天然、李济、刘艳红、谭文骄、王怀东、王兰英等陪同。

【6月24日】全国人大环境与资源保护委员会副主任委员罗清泉一行，深入芭蕉侗族乡，就新农村建设调研。州、市领导肖旭明、陈亚平、谭文骄、何慧等陪同。

【是日】国务院扶贫开发领导小组办公室开发指导司副司长李越率参加全国“十二五”整村推进村级规划编制交流研讨班的与会代表，到白杨坪乡熊家岩村，就恩施市整村推进情况进行参观考察。州、市领导瞿赫之、秦斌、李国庆等陪同。

△市政府和州国土资源局在屯堡乡，联合开展庆祝“六二五”土地日广场文艺演出、“国土杯”书法作品展览、国土资源政策法规及业务咨询等系列宣传活动，纪念第21个全国“土地日”。州、市领导董永祥、廖泽熙等出席活动。

【6月26日】州、市政府在桥西广场举行“626”国际禁毒日宣传活动。州、市领导张忠凯、胡平江、张孝赤、黄秀武等出席启动仪式。

【6月27日】恩施市庆祝中国共产党成立90周年暨“三万”活动总结表彰大会召开。州委常委、市委书记谭文骄在会上讲话，市委副书记、市长秦斌主持会议，市委副书记李国庆在会上宣读相关表彰决定。市“四大家”领导等出席会议。

【是日】恩施市庆祝中国共产党成立90周年红歌赛举办。州领导谭文骄、市“四大家”领导等出席活动。

【6月28日】州人大常委会常务副主任陈亚平一行，深入华中药用植物园、商家湾厚朴公园等处，就植物园的建设情况进行检查督办。市领导陈江龙、蔡平等陪同。

【6月28—29日】国家林业局副局长张建龙一行，深入新塘乡下坝村、屯堡乡林业站及望城坡林下养殖业现场等处，就恩施市集体林权制度改革等工作调研。省林业厅副厅长刘晓洪，州、市领导谭文骄、秦斌、李国庆、陈江龙、胡平江等陪同。

【6月29日】州委书记、州人大常委会主任肖旭明一行至恩施市，看望慰问老党员、老战士。州、市领导刘艳红、谭文骄、王兰英、何慧等陪同。

【6月30日】州人大常委会副主任罗贤美率州视察组，深入芭蕉侗族乡，就恩施市实施《民族乡行政工作条例》和《湖北省散居少数民族工作条例》进行检查。市领导蔡平、胡平江、邵永政等陪同。

【是日】日本驻华大使馆官员池田千亚纪一行到新塘乡，就2008年援建该乡集镇安全饮水利民工程进行回访考察。市领导陶军等陪同。

【是月】湖北民族学院医学院附属医院更名为湖北民族学院附属民大医院。院址位于恩施市土桥大道五峰山路2号。医院占地面积90余亩，建筑面积6万余平方米，开放床位近1000张，为纳入湖北省卫生厅三级医院管理和建设的恩施州唯一一所集医疗、教学、科研、预防、培训为一体的高校附属医院。医院在册职工800余人，其中高级职称82人，医学博士、硕士88人，海归学者3人。医院设有40余个临床医技科室，有1个州级医疗中心，18个州级重点专科，1个硕士点学科，1个硕士点立项建设学科。

【7月1日】州委常委、恩施军分区司令员赵德利深入龙凤镇吉心村，走访慰问部分老党员。市领导王兰英等陪同。

【是日】芭蕉侗族乡党委获"全国先进基层党组织"称号。为恩施州唯一获此殊荣的单位。

【7月4日】州委副书记、州长杨天然一行，深入六角亭街道谭家坝水厂，就州城饮水环境及居民饮水安全等情况调研。州、市领导瞿赫之、谭文骄、秦斌、肖家魁等陪同。

【7月5—7日】国家肉牛产业技术体系首席专家、中国农业大学饲料营养专家曹兵海，中国农业大学环境设施专家刘继军和中国农科院畜牧所遗传育种专家李俊雅一行，深入盛家坝乡龙洞河村二台坪养牛小区、恩施翔盛牧业公司、湖北思乐集团后山湾屠宰加工基地等处，就恩施市"恩施黄牛"产业发展情况调研，并对如何打造恩施高端牛肉市场进行指导。市领导黄永耀等陪同。

【7月6日】州委副书记、州长杨天然一行，深入硒都茶城、许家坪机场隧道、209绕城线、虎民路、原玻璃厂火柴厂廉租房等城市建设重点工程现场，就州城重点项目建设情况调研。州、市领导董永祥、刘志兵、秦斌、廖泽熙等陪同。

【是日】"中国恩施土家女儿会"官方网站开通。

【7月7日】凌晨0时许，因境内突遭特大暴雨袭击，太阳河乡中心雨量站降雨达193.4毫米，其中最大1小时降雨90.1毫米，导致白奉公路27公里-350米处发生大面积地质滑坡，加油站等建筑被20万立方米的滑坡体掩埋，居民丁前友、刘平华房屋、集镇加油站及加油站右侧煤球厂被全部掩埋，加油站内有地埋式储油罐2个，分别存有汽油15700升、柴油17900升。事发后，房屋垮塌掩埋的4人获救，加油站负责人陈某红(47周岁)、煤球厂老板许某新(48周岁)失踪。

【7月8日】市公安局成功侦破龙马杀人抛尸案，将犯罪嫌疑人陈某某(男，40岁，龙凤坝人)、权某某(女，42岁，龙凤坝人)抓获归案。7月6日17时30分，龙凤坝派出所接到报案，在龙凤坝镇佐家坝村金甲山组发现1具尸体，尸体面部有明显外伤，死者刘某(男，

48岁）系当地村民。

【7月9日】州委书记、州人大常委会主任肖旭明赶赴太阳河乡，查看“七七”特大暴雨滑坡险情，并召开现场办公会指导排险救灾工作。州、市领导孔祥恩、谭文骄、秦斌等陪同。

【7月10日】州委常委、常务副州长张忠凯一行，深入白杨坪乡、龙凤镇等处，就恩施市新农村建设情况调研。市领导李国庆等陪同。

【7月11—13日】全省农村危房改造暨宜居村庄建设现场会在恩施市召开。省住房和城乡建设厅厅长李德炳主持会议。副省长张通出席会议并讲话。州、市领导瞿赫之、杨劲松、廖泽熙等出席会议。会议期间，与会代表深入芭蕉侗族乡戽口村、枫香坡侗族风情寨等处，就恩施市农村危房改造暨宜居村庄建设情况进行实地参观考察。州、市领导瞿赫之、谭文骄、秦斌、刘凡、胡平江等陪同。

【7月15日】市八届人民政府第五次全体（扩大）会议召开。市委副书记、市长秦斌作主题报告，市委常委、常务副市长胡平江主持会议。会议对全市上半年各项工作进行总结，安排部署下半年工作。市“四大家”有关领导列席会议。

【是日】省委组织部副部长胡志强一行，深入舞阳坝街道桂花园社区、六角亭街道头道水村、芭蕉侗族乡高拱桥村和戽口村等处，就恩施市基层组织阵地建设、为民服务以及相关宣教体系建设等情况调研。州、市领导谭文骄，李国庆、陈江龙、王兰英等陪同。

△州政协副主席谭建军率州政协教育调研组至恩施市，深入崔家坝镇民族中学、崔家坝小学及教师安居工程建设现场等处，就恩施市义务教育均衡发展情况进行专题调研。市领导向仕莲、尤连胜等陪同。

【7月18日】副州长吴红娅率全州社区建设推进会与会代表深入舞阳坝街道桂花园社区、小渡船街道民族路社区等处，就恩施市社区建设情况进行参观考察。市领导秦斌、胡平江等陪同。

【7月19日】恩施市一中毕业生周亚飞收到中国民用航空飞行学院录取通知书，专业为飞行技术。为1977年恢复高考以来，恩施州首个通过高考录取的飞行员。

【7月20日】政协恩施市第七届委员会第二十七次常委会议召开。会议听取市政府2011年上半年经济社会发展情况的通报，听取并协商讨论建设武陵山区域性中心城市、解决城区交通拥堵问题、发展恩施富硒养生（养老）产业3个调研报告。市政协副主席向成舟主持会议。市委副书记、市长秦斌代表市政府通报全市上半年经济社会发展情况。市政协主席刘羽就上半年政协工作进行总结，并安排部署下半年政协工作。市领导王怀东、尤连胜、金德钧、赵萍等参加会议。

【是日】国家环保部华南环保督查中心主任刘长根率污染减排督查组，深入恩施首创水务有限公司等处，就恩施市2011年上半年主要污染物总量减排工作进行督查。州、市领导谭文骄、许强、廖泽熙等陪同。

△副州长董永祥一行至恩施市，深入后山湾叶挺路改扩建工地，对该工程建设进度进行督办。市领导廖泽熙等陪同。

【7月22日】恩施市旅游产业大会召开。市委副书记、市长秦斌主持会议。州委常委、市委书记谭文骄讲话。副州长董永祥、州旅游委主任杨跃红应邀出席会议，市"四大家"领导出席会议。

【7月22—23日】广州军区少将牟方本率广东省湖北恩施商会项目考察团一行至恩施市，就旅游资源开发、重点项目投资等情况进行考察。市领导秦斌、陶军等陪同。

【7月23—24日】省水利厅实行最严格水资源管理制度先行先试工作座谈会在恩施市召开。会议提出，全省实行最严格水资源管理制度，按照先行先试全面推进的要求，武汉市、恩施市、荆州市沙市区、竹溪县为先期试点。州水利水产局局长邓升志，市领导肖家魁等出席会议。

【7月25日】恩施市旅游投资有限公司揭牌。州、市领导谭文骄、秦斌、陈江龙等出席揭牌仪式。

【7月26日】省残联党组书记陶慧芬一行，深入州脑瘫儿康复中心、舞阳坝街道残疾人托养中心、康复技术指导中心以及七里坪村残疾人协会等处，就全市残疾人工作情况调研。市领导秦斌、李国庆、向仕莲等陪同。

【7月27日】恩施市邀请国防信息学院军事理论研究室教授李江洲为全市百余名干部进行国防知识讲座。州、市领导谭文骄、秦斌、郜志中、李国庆、蔡平、刘羽等现场聆听讲座。

【7月28日】州委书记、州人大常委会主任肖旭明，州委常委、恩施军分区司令员赵德利，州委常委、州委秘书长孔祥恩，州委常委、市委书记谭文骄，州人大常委会副主任叶太俊一行，深入恩施军分区、武警恩施州支队、恩施市干休所等处，开展"八一"建军节慰问活动。州委副书记、州长杨天然，州委常委、常务副州长张忠凯，州委常委、副州长瞿赫之，州政协副主席黄振益一行，深入广州军区驻红庙通信连、武警恩施州消防支队等处，开展"八一"建军节慰问活动。市领导秦斌、王兰英、洪波、向成舟等陪同。

【是日】州人大常委会副主任马春菊率调研组一行至恩施市，就打黑除恶工作调研。市领导蔡平、胡平江、张孝赤、邵永政等陪同。

△州政协副主席杜成明率部分州政协委员及相关部门负责人至恩施市，就州政协六届五次会议37号提案《关于抢救、保护和开发利用"红三军军部旧址"的紧急提案》办理情况进行督办。市领导胡平江、向仕莲、金德钧等陪同。

【7 月 29 日】市八届人大常委会第三十三次会议召开。会议听取和审议关于 2011 年上半年财政预算执行情况的报告、2011 年上半年国民经济计划执行情况的报告、关于“八大生态走廊”规划建设情况的报告和市政府关于贯彻执行《食品安全法》情况的报告。市人大常委会常务副主任蔡平主持会议。市领导侯萍、黄永耀、许强、邵永政、洪波等参加会议,胡平江等列席会议。

【是日】州委常委、副州长瞿赫之,副州长董永祥率全州新农村建设工作现场会与会代表,深入白杨坪乡洞下槽村、朝阳坡村和崔家坝镇南里渡村等处,对恩施市新农村建设情况进行参观考察。州、市领导谭文骄、秦斌、李国庆、肖家魁等陪同。

【7 月 30 日】国家民族事务委员会项目建设办公室副主任杨帆率少数民族文化产业可持续发展项目调研组一行至恩施市,就少数民族文化产业发展情况调研。省民族宗教委员会副主任胡祥华,副州长陶继东,市领导胡平江等陪同。

【8 月 1 日】鄂西生态文化旅游圈投资有限公司总经理王兴於一行,深入莲花池生态走廊、清江画廊生态走廊等处,就恩施市旅游资源情况进行考察。市领导陈江龙、肖家魁等陪同。

【是日】三岔乡、白杨坪乡、芭蕉侗族乡、红土乡、太阳河乡被省文化厅命名为“2011—2013 年度湖北省民间文化艺术之乡”。

【8 月 4 日】第十四届国际人与动物微量元素大会(TEMA14 大会)组委会第二次筹备会召开。TEMA14 大会组委会主席、美国康奈尔大学教授雷新根,大会组委会副主席、华中科技大学教授黄开勋,大会组委会秘书长、中国疾病预防和控制中心教授高俊全,市领导李国庆、肖家魁、赵萍等出席会议。8 月 2 日,第十四届国际人与动物微量元素大会(TEMA14 大会)组委会主席、美国康奈尔大学教授雷新根,大会组委会秘书长、中国疾病预防和控制中心教授高俊全一行,深入新塘乡双河村渔塘坝组独立硒矿床、华中药用植物园等处,对位于恩施市的“世界第一天然富硒生物核心圈”进行实地考察和调研。

【是日】副州长沙玉山一行,深入恩施大峡谷风景区旅游公路施工现场,对该公路新建段因强降雨造成的灾情进行察看。市领导陶文胜等陪同。

【8 月 6—8 日】国家防汛抗旱总指挥部办公室副主任张旭一行,深入芭蕉侗族乡枫香坡侗族风情寨,对恩施市防汛抗旱工作进行检查指导。市领导李国庆、肖家魁等陪同。

【8 月 7—10 日】清华大学深圳研究生院培训学院常务副院长朱继强率清华学子恩施商务联谊之旅考察团至恩施市,进行大型商务考察活动。其间,考察团深入恩施首创水务有限公司、恩施市第一中学、恩施清江创业园、恩施大峡谷风景区、恩施土司城、芭蕉侗族乡枫香坡侗族风情寨等处,对恩施市经济社会发展情况进行考察。考察团在恩施市第一中学开展“清华学子企业家成长心连心活动暨厚德教育基金发放仪式”;参加广东南华工

商学院院长、广东省总工会干部学校校长、广东省企业文化协会副会长、全国著名经济学家易江教授主讲的“中国智慧与企业管理专题讲座”等活动。州、市领导谭文骄、秦斌、部志中、陈江龙、刘凡、蔡平、刘羽等陪同。

【8月8日】中央民族干部学院培训教研部主任龙琨率中央民族干部学院第8期全国地市州盟民委主任培训班学员，深入芭蕉侗族乡枫香坡侗族风情寨（省级民族团结进步示范村），对该村民族特色文化建设、产业发展等情况进行考察。市领导向成舟等陪同。

【8月9日】省委常委张昌尔一行，深入芭蕉侗族乡天桥村、戽口村、灯笼坝村等处，就恩施市农业生产受灾、特色产业发展、新农村建设等情况调研。州、市领导肖旭明、谭文骄、秦斌等陪同。

【是日】受市委、市政府邀请，广东南华工商学院院长、广东省总工会干部学校校长、广东省企业文化协会副会长、全国著名经济学家易江教授作客恩施，进行题为“中国智慧与企业管理”的专题讲座。市领导部志中、陈江龙、刘凡、蔡平以及清华学子恩施商务联谊之旅考察团、市直各部门相关负责人、部分企业代表等现场聆听讲座。

【8月10日】由中央宣传部、中央精神文明建设指导委员会办公室主办，中央电视台、州委宣传部、市委、市政府承办的“激情广场·爱国歌曲大家唱”恩施篇大型演唱会在许家坪机场停车场上演。州、市领导杨陈清、谭文骄、马春菊、曹毅、李春胜、秦斌、部志中、陈江龙、刘凡、蔡平、刘羽等出席活动。

【8月11日】省人大常委会委员、省城乡建设与环境资源保护委员会副主任委员张小菁率省人大调研组至恩施市，深入“春光家园”经济适用房小区、“和谐家园”廉租房小区、原玻璃厂及火柴厂廉租房建设工地等处，对恩施市保障性住房建设情况调研。市领导许强、廖泽熙等陪同。

【8月11—12日】“2011·恩施土家女儿会”系列活动举行。万余名单身男女以及来自武汉、重庆等处的“相亲团”至恩施市赶赴佳节。州、市领导杨陈清、谭文骄、马春菊、曹毅、董永祥、李春胜、秦斌、部志中、李国庆、陈江龙等出席活动。

【8月12日】省委组织部组织处调研员、副处长张耀明率省委组织部基层党建工作调研督办组一行至恩施市，对村、支两委换届选举、党员群众服务中心建设、发展壮大村级集体经济和加强农村党员远程教育等基层党建工作调研。州、市领导谭文骄、李国庆、王兰英等陪同。

【是日】省食品药品监督管理局食品药品稽查专员李天书率省验收考核组至恩施市，深入富源国宾酒店、华天商贸餐饮店、施州民族小学学生食堂、沿江路食品餐饮消费安全示范街等处，对恩施市“食品餐饮消费安全先进县市”创建工作进行考核验收。市领导向仕莲等陪同。

△省公共机构节能工作考核组组长刘家君率考核组至恩施市，对公共机构节能工作进行检查。市领导陶军等陪同。

【8月14日】国家保障性安居工程湖北巡查组组长屈长乐率巡查组至恩施市，深入"和谐家园"廉租房小区、原玻璃厂及火柴厂廉租房建设工地等处，就保障性住房建设、分配和管理等情况调研。州、市领导董永祥、廖泽熙等陪同。

【8月16日】恩施市佛教协会成立暨第一次代表大会在恩施市举行。会议听取并审议通过《恩施市佛教协会第一次代表大会筹备工作报告》及《恩施市佛教协会章程》，选举产生市佛教协会第一届理事会成员、常务理事成员及领导班子。中国佛教协会副会长、湖北省佛教协会会长正慈法师出席大会并讲话。

【是日】省人力资源和社会保障厅副巡视员吴世林一行至恩施市，对启动城乡居民社会养老保险的前期准备工作调研。市领导胡平江等陪同。

【8月17—18日】全省"1+1"工程联络员会议暨民族乡镇工作会议在恩施市召开。省综治委委员、省民族和宗教委员会主任谭徽在出席会议并讲话，省民族和宗教委员会副巡视员夏胜梅主持会议，12个省民族和宗教委员会委员单位、12个民族乡相关负责人及副州长曹毅，市委副书记、市长秦斌等参加会议。17日，谭徽在一行深入三岔乡综治维稳中心、便民服务站、莲花池村等处，就恩施市综治维稳及社会管理创新工作调研。18日，夏胜梅率与会代表，深入芭蕉侗族乡庠口村、芭蕉新集镇、枫香坡侗族风情寨等处，就该乡新农村建设和旅游资源开发情况进行实地考察。

【8月18日】省环境保护厅厅长李兵一行，深入白杨坪乡熊家岩村、洞下槽村等处，就恩施市农村环境连片整治工作调研。州、市领导陶继东、秦斌、廖泽熙等陪同。

【8月19日】州委书记、州人大常委会主任肖旭明，州委副书记、州长杨天然一行，深入三岔乡、芭蕉侗族乡等处，就新农村建设情况进行专题调研。州、市领导瞿赫之、李云开、谭文骄、沙玉山、秦斌、郜志中、李国庆等陪同。

【是日】州城叶挺路改扩建工程建成通车。州、市领导谭文骄、沙玉山、秦斌、蔡平、刘羽、廖泽熙等出席通车典礼。

【8月20日】恩施市及市司法局被省委、省政府表彰为"2006—2010年度湖北省法制宣传教育和法治建设先进集体"。

【8月22日】华中药用植物园规划和建设情况专题汇报会召开。省农科院院长冯祖强，省农科院党委副书记、纪委书记孙必会，副巡视员汪万清等听取汇报。市领导陈江龙等参加汇报会。

【是日】恩施州户用沼气碳基金首批减排收入发放仪式在三岔乡举行。州、市领导瞿赫之、胡平江，世界银行恩施州户用沼气碳基金项目经理刘谨，项目负责人、中国农科院农业环境与可持续发展研究所所长董红敏，研究员李玉娥及省、州农业部门相关负责人出席发放仪式。

【8月22—23日】省民族和宗教委员会副主任胡祥华一行，深入三岔乡、芭蕉侗族乡及恩施经济开发区等处，就民族地区发展情况调研。州、市领导张忠凯、谭文骄、沙玉山、李国庆等陪同。

【8月23日】中国科学院广州分院院长、广东省人民政府副秘书长陈勇一行至恩施市，对境内垃圾处理工作进行考察。州、市领导谭文骄、秦斌、廖泽熙等陪同。

【8月24日】州政府召开清江源二期开发工程现场办公会。州、市领导瞿赫之、刘志兵、秦斌、李国庆、肖家魁等参加会议。

【8月25日】州人大常委会常务副主任陈亚平一行，深入白杨坪乡、崔家坝镇等处，对新农村建设情况进行视察。州、市领导谭文骄、何慧、侯萍等陪同。

【是日】州委常委、常务副州长张忠凯至恩施市，就实施城镇医疗保险州级统筹情况调研。州、市领导谭文骄、秦斌、胡平江等陪同。

△副州长董永祥一行，深入风雨桥广场、纸厂步行街、航大商城等区域，对州城主次干道、居住小区、背街小巷、特色市场环境整治情况进行检查督办。市领导刘凡、廖泽熙等陪同。

【8月27日】省人口和计划生育委员会巡视员裴大新率省委督查组至恩施市，对乡镇及村级换届选举工作进行检查指导。市领导王兰英等陪同。

【是日】省第二次土地调查领导小组办公室专职副主任王远燃率省第二次城镇土地调查预检组至恩施市，对第二次土地调查成果进行检查。市领导胡平江等参加预检会。

【8月30日】省畜牧兽医局局长万卫东一行至恩施市，对湖北思乐集团“整合资源、打造品牌、退城进园”进展情况调研。州畜牧兽医局局长田凤培，市领导黄永耀等陪同。

【8月30—31日】省委、省政府推进湖北武陵山少数民族经济社会发展试验区建设现场办公会在恩施州召开。省委书记、省人大常委会主任李鸿忠，省委副书记、省长王国生出席会议并讲话。省政协主席杨松，省委常委、常务副省长李宪生，省委常委、省委组织部部长侯长安，省委常委、省委秘书长李春明，省委常委、省委宣传部部长尹汉宁，省人大常委会常务副主任苏晓云，副省长、宜昌市委书记郭有明等出席会议。其间，与会领导和代表深入芭蕉侗族乡戽口村和灯笼坝村、三岔乡三元坝村和莲花池村、湖北中烟工业有限责任公司恩施卷烟厂、恩施经济开发区等处，对恩施市经济社会发展情况进行实地参观考察。州、市领导肖旭明、杨天然、谭文骄、秦斌等陪同。

【9月1日】恩施市在全省精神文明建设总结表彰动员大会上荣获“2008—2010年度省级文明城市”称号。州、市领导谭文骄、王怀东等参加会议。

【是日】浙江中烟工业有限责任公司副总经理许明忠一行，到盛家坝乡对烟叶生长、烘烤及烟叶品质情况进行考察。市领导肖家魁等陪同。

【9月2日】副州长董永祥一行至恩施大峡谷风景区，就景区项目建设及景区规范化管理等情况调研。市领导肖家魁等陪同。

【是日】宜万铁路建设指挥部指挥长邓刚至恩施市，对宜万铁路建设遗留问题调研。市领导陶文胜等陪同。

【9月4日】州委常委、常务副州长张忠凯至恩施市，深入"清江源"科技园建成区、小渡船街道望城坡村、白果乡茅坝槽村和龙潭坝村等拟扩建、改建公路现场，对"清江源"科技园区二期工程建设相关工作调研。市领导秦斌、肖家魁等陪同。

【9月6日】恩施州城乡居民社会养老保险工作启动暨恩施市养老金首发仪式在城区桥西广场举行。州、市领导杨天然、张忠凯、秦斌、蔡平、刘羽、胡平江等出席仪式。

【9月8日】州委书记、州人大常委会主任肖旭明，州人大常委会常务副主任陈亚平，州委常委、州委秘书长孔祥恩，副州长曹毅一行，深入施州民族小学、市第三中学等处，进行教师节慰问活动。市领导秦斌、向仕莲等陪同。

【9月9日】州委副书记、州长杨天然，州政协主席甘方谦，州委常委、州委宣传部部长杨陈清，副州长曹毅一行，深入市特殊教育学校，进行教师节慰问活动。市领导李国庆、向仕莲等陪同。

【9月13日】吉康集团董事局主席唐晖一行至恩施市，就湖北恩施国际养生产业基地建设项目相关合作事宜进行洽谈。州、市领导杨天然、谭文骄、董永祥、秦斌等出席洽谈会议。

【是日】市山寨皮革有限公司退城进园项目开工奠基。州、市领导谭文骄、秦斌、郜志中等出席奠基仪式。

【9月14日】副州长董永祥率全州旅游产业推进会与会代表到盛家坝乡，参观恩咸公路生态旅游公路建设现场。市领导秦斌、肖家魁等陪同。

【9月15日】恩施现代家居城、恩施电子电器城在恩施经济开发区奠基。州、市领导谭文骄、郜志中等出席奠基仪式。

【9月16日】"恩施·中国女儿城"建设项目签约仪式在武汉举行。省政协主席杨松、副主席涂勇，州、市领导肖旭明、甘方谦、李济、秦斌、刘羽等参加签约仪式。

【9月17日】市、乡两级人大代表选举日。全市57万余名选民参加选举，以无记名和差额选举的方式，选出1180名市、乡两级人民代表大会代表。市"四大家"领导与全市选民一起参加投票，行使民主权利。

【9月18日】国家人口计生委直属机关团委副书记刘哲峰率调研组至恩施市，深入舞

阳坝街道周家河村，开展“走出机关、服务基层”活动，对基层人口与计划生育情况调研。市领导李国庆、向仕莲等陪同。

【9月18—19日】省政协人口资源环境委员会主任金义华率省政协调研组，深入高井河垃圾中转站、九岭岗生活垃圾填埋场、生活垃圾综合处理场和恩施土司城、芭蕉侗族乡枫香坡侗族风情寨等处，就生活垃圾处理和旅游产业发展等情况调研。市领导刘羽、廖泽熙、金德钧等陪同。

【9月19日】湖北省与中央企业深化合作会议暨项目签约仪式在武汉举行。恩施市与中国大唐国际发电股份有限公司江西分公司签订煤矸石综合利用电厂项目投资协议。市领导秦斌、黄永耀、陶文胜等出席签约仪式。

【9月19—23日】由TEMA国际学术委员会主办，市政府、华中科技大学、省硒资源开发利用促进会共同承办的“第十四届国际人与动物微量元素大会（TEMA14大会）·仙居恩施国际硒资源开发利用研讨会”在恩施市召开。来自中国、美国、加拿大、英国、德国等29个国家和地区近百名专家参加会议。恩施市被TEMA国际学术委员会授予“世界硒都”称号。州、市领导谭文骄、陶继东、李国庆、蔡平、刘羽等出席研讨会。18日，参加第十四届国际人与动物微量元素大会（TEMA14大会）的15名微量元素专家，到新塘乡双河鱼塘坝世界唯一独立硒矿床实地考察。

【9月19日】州、市警方联合通报，经恩施州中级人民法院一审，以向某华为首的15名被告人获刑，其中向某华被判处有期徒刑20年，团伙主要成员向某因犯故意杀人罪等罪名被判处死刑。审讯查明，该团伙有成员20余名，非法持有枪支和弹药，并统一购置刀具，涉嫌组织领导黑社会性质组织、非法持有枪支、贩卖毒品、寻衅滋事、故意伤害、组织赌博等7宗罪行，致1人死亡、4人轻伤。

【9月20日】《大山回响》创作基地暨“武陵画院”成立仪式在恩施举行。州委副书记、州长杨天然宣布武陵画院成立，并为中国国家画院一级美术师、中国国家画院国画院副院长李宝林颁发名誉院长证书。州、市领导谭文骄、秦斌、李国庆、刘羽等出席活动。

【是日】省工商局总经济师李跃春率省非公有制企业“双强百佳党组织”考核调研组至恩施市，对长源轴承、腾龙水泥2家企业的“双强百佳党组织”创建情况进行考核调研。市领导王兰英、陶文胜等陪同。

△全国第6所中南海爱心学校在沙地乡落户。市领导刘凡、向仕莲等出席落成仪式。

【9月20—24日】国家林业局驻武汉专员办事处处长易正树率考核组至恩施市，对护发展森林资源目标责任制建立和执行情况进行考核。市领导秦斌、李国庆、肖家魁等陪同。

【9月21—22日】省公安厅副巡视员黄树海率省安全生产督查组，深入天彩烟花爆竹

专营有限公司、佳利气体有限公司、联合旅游运输公司、恩施州交运集团航空路车站、恩施锦联华商场等处，对恩施市安全生产情况进行检查。州、市领导沙玉山、陶文胜等陪同。

【9月22日】州人大常委会常务副主任陈亚平，州人大常委会副主任于德海率州人大视察组至恩施市，深入白杨坪乡洞下槽村、朝阳坡村和崔家坝镇南里渡村等处，参观考察特色民居建设。州、市领导谭文骄、董永祥、许强、廖泽熙等陪同。

【9月22—23日】孝感市委常委、市委统战部部长、市对口支援工作领导小组副组长何霞江率队至恩施市，就对口支援工作进行接洽，并先后到小渡船中学、施州民族小学等处，对恩施市教育事业发展状况进行考察。市领导谭文骄、秦斌、刘凡、刘羽等陪同。

【9月23日】州委副书记、州长杨天然一行，深入城区航空路人行天桥、市民族体育场等处，实地调研航空路人行天桥工程建设情况，并对第二届“湖北·恩施生态文化旅游节”的现场筹备工作进行检查。州、市领导杨陈清、李云开、谭文骄、秦斌等陪同。

【是日】副州长董永祥一行，深入盛家坝乡安乐屯、车辽坝烟叶收购组，检查全市烟叶收购工作。市领导李国庆等陪同。

【9月23—24日】国家发改委社会司健康保障处处长周和宇一行，深入屯堡乡卫生院、屯堡乡马者村卫生室、沐抚办事处卫生院、市中心医院、市卫生监督局等处，对农村医疗卫生体系建设项目实施情况调研。州、市领导刘青、向仕莲等陪同。

【9月26日】省政协主席杨松一行至恩施市，对旅游产业发展情况调研。州、市领导甘方谦、谭文骄、李春胜、刘志兵、张宇、李国庆等陪同。

【是日】省委副秘书长张洪一行，深入恩施大峡谷风景区，对旅游资源和旅游产业发展等情况进行考察。市领导秦斌、胡平江等陪同。

【9月29日】州委常委、常务副州长张忠凯一行，深入城区部分超市、酒店及建设工地，对人员密集场所及消防重点单位消防安全工作进行检查。市领导陶文胜等陪同。

【是日】副州长董永祥一行，深入原香精厂公租房、原玻璃厂火柴厂廉租房、耿家坪廉租房、许家坪机场隧道、航空路人行过街天桥等工程建设工地，对恩施市重点工程建设情况调研。市领导廖泽熙等陪同。

△市审计局党组书记、局长杨穆应邀到省审计厅全省审计系统模范人员事迹报告会武汉主会场作先进事迹报告。杨穆在平凡工作岗位上，开拓创新、忠于职守、严格执法、吃苦在前、无私奉献，成为全省审计系统首次命名表彰的四位模范人物之一。州委书记肖旭明批示，要求州审计部门及恩施市委要在全州范围内对杨穆同志的先进事迹进行全面宣传，以表彰先进，弘扬正气，在治庸问责活动中体现出现实意义。

【9月30日】中央专项彩票公益金支持乡村学校少年宫建设项目恩施州启动仪式在恩施市龙凤镇中心小学举行。省委宣传部机关工作处处长李悦，州、市领导杨陈清、王怀

东等出席启动仪式。

【是日】副州长董永祥一行，到恩施大峡谷风景区，对景区项目建设及“十一”旅游黄金周期间的接待准备、景区规范化管理等工作调研。市领导李国庆等陪同。

【10月1—5日】国家人力资源和社会保障部副部长何宪至恩施市，先后深入恩施土司城、芭蕉侗族乡枫香坡侗族风情寨、恩施大峡谷风景区、清江画廊风景区等处进行考察。州、市领导杨天然、谭文骄、秦斌、李国庆等陪同。

【10月4日】省政协副主席陈天会一行赴恩施大峡谷风景区考察。市领导向前进等陪同。

【10月8日】州委副书记、州长杨天然一行到恩施大峡谷风景区，对景区重点建设项目进展情况调研。州、市领导谭文骄、秦斌等陪同。

【10月14日】“东风汽车公司‘616’工程对口支援恩施市环卫设施设备建设项目签约仪式”和“东风汽车公司万亩生态林碳平衡基地项目启动仪式”在恩施市举行。东风汽车公司与恩施市达成《东风汽车公司“616”工程对口支援恩施市环卫设施设备建设项目框架协议》，并签订《万亩生态林碳平衡基地项目协议》。东风汽车公司党委常委周强，东风商用车公司副总经理、深圳东风汽车有限公司董事长徐天胜，东风汽车股份有限公司党委副书记、纪委书记郑加坤，州、市领导谭文骄、沙玉山、秦斌、李国庆、陈江龙、刘羽等出席签约仪式。

【10月15—16日】国务院安全生产委员会办公室副主任、国家安监总局副局长孙华山率安全生产督查组一行至恩施市，检查工业企业、道路交通、旅游景区安全工作。州、市领导沙玉山、秦斌、胡平江、廖泽熙等陪同。

【10月16日】市领导干部大会召开。州委决定向前进任市委委员、常委、书记及恩施经济开发区工委委员、书记；免去谭文骄市委书记、常委、委员及恩施经济开发区工委书记、委员，提名不再担任市人大常委会主任职务；提名李国庆为市长人选；免去秦斌市委副书记、常委、委员及恩施经济开发区第一副主任、工委副书记、委员，提名不再担任市长职务。

【10月16—19日】空军雷达学院政委黄宏一行，深入小渡船街道望城坡村、芭蕉侗族乡枫香坡侗族风情寨、恩施大峡谷风景区等处调研。州、市领导谭文骄、向前进、李国庆、黄秀武、廖泽熙等陪同。

【10月18日】恩施华硒农产品批发交易市场开业暨土家女儿城奠基仪式举行。商务部驻湖北特派员林萱，省商务厅副厅长李为群，州、市领导杨天然、谭文骄、董永祥、陈晓燕、向前进、李国庆等出席开业庆典和奠基仪式。

【是日】州委副书记、州长杨天然，州委常委、常务副州长张忠凯，副州长曹毅一行，深入至恩施市第三中学,调研新校区建设和运转情况。市领导李国庆等陪同。

【10月18—19日】省委第一巡视组至恩施市,对经济社会发展情况进行回访和指导。市领导向前进、部志中、刘凡、刘羽等陪同。

【10月19—21日】省政协常委、省政协港澳台侨和外事委员会副主任、昌化行企业投资有限公司董事长马有恒一行,深入恩施大峡谷风景区、芭蕉侗族乡灯笼坝村茶叶基地和恩施市润邦国际富硒茶业有限公司,旅游资源和茶叶发展等进行考察。州、市领导李春胜、刘志兵、赵萍等陪同。

【10月21日】在全省水利工作会议上,省政府授予恩施市2011年度全省农田水利建设"大江杯"奖。

【是日】省政协副主席、农工党湖北省委主委周宜开率省政协农工党界别调研组至恩施市,对推进全省武陵山少数民族地区经济社会发展相关问题进行专题调研。市领导向仕莲、向成舟等陪同。

【10月21日】荷兰海尔德兰省国际事务部主任杨培德一行,深入恩施润邦国际富硒茶业有限公司、怡茗有机茶叶公司、巨鑫现代农业开发有限公司等处,考察恩施市特色农业发展、产品加工销售等情况。市领导陶军等陪同。

【10月23日】副州长董永祥一行,深入城区亲水走廊、清和园广场、州城规划展览馆、风雨桥、凤凰山森林公园、华硒农产品批发交易市场、州文化中心和硒都茶城建筑工地,进行检查、指导。市领导李国庆、刘凡、万雪峰等陪同。

【10月24日】省住房和城乡建设厅副厅长袁善谋率省城市管理考察组,深入亲水走廊、清和园广场、州城规划展览馆、风雨桥、凤凰山森林公园、华硒农产品批发交易市场、州文化中心和硒都茶城建筑工地等处考察。州、市领导董永祥、李国庆、廖泽熙等陪同。

【10月25日】国家发展和改革委员会社会司副司长刘宇南率调研组一行,深入市中心医院、市福利院、舞阳坝街道社区服务中心、市第二中学等处,就基本服务均等化政策实施情况调研。州、市领导刘青、张渊平等陪同。

【是日】市军休所军休干部胡全治家庭被民政部授予"和谐军休家庭"称号。恩施州仅此一家。

【10月25—26日】省人力资源和社会保障厅厅长邵汉生一行,深入小渡船街道大桥路社区、湖北思乐集团、芭蕉侗族乡人社服务中心等处,就人力资源和社会保障调研。州、市领导张忠凯、沙玉山、李国庆、张渊平等陪同。

【10月25—26日】由中国画报协会、省委宣传部、省文联、省旅游局、州政府主办,州委宣传部、湖北画报社承办的"灵秀湖北——全国百名摄影家走进武陵山"摄影采风活动在恩施市举行。来自人民画报社、解放军画报社、民族画报社等34家全国及各省市和行

业画报社的近百名摄影家，深入芭蕉侗族乡枫香坡侗族风情寨、恩施大峡谷风景区等处，对恩施市风土人情和自然景观等进行采风。市领导向前进、李国庆、郜志中等陪同。

【10月28日】第二届硒与环境和人体健康国际会议·恩施富硒茶与人体健康论坛在恩施市开幕。州、市领导陶继东、向前进、李国庆等应邀参加开幕式。会前，与会中外专家一行25人，到新塘乡深入双河渔塘坝独立硒矿床参观考察。

【10月29日】省民族和宗教委员会主任谭徽在一行，深入芭蕉侗族乡戽口村，考察侗族特色民居建设和产业发展情况。市领导张渊平等陪同。

【是日】重庆市黔江区委副书记、区长吴忠率考察团，深入清和园广场、州城规划展览馆、风雨桥、湖北中烟工业有限责任公司恩施卷烟厂、恩施经济开发区标准厂房、州文化中心和硒都茶城建筑工地等处，就城市规划、建设与管理进行考察。州、市领导杨天然、沙玉山、李国庆、郜志中、等陪同。

【10月31日至11月3日】中共恩施市第八次代表大会在州民族礼堂召开。出席大会的代表应到313人，实到304人。市委书记向前进代表中共恩施市第七届委员会作《统筹城乡发展，推进绿色繁荣，勇当湖北武陵山经济社会发展试验区排头兵》的工作报告。市委副书记、代市长李国庆主持大会。市领导郜志中、刘凡、胡平江、万雪峰、张渊平、王兰英、张孝赤、黄秀武、邹炜等参加会议。市正县级以上离休退休干部代表，不是党代表的市人大、市政府、市政协的领导，乡镇、街道（办事处）、市直一级单位不是党代表的党政主要领导，部分民营企业家代表以及市直各单位副科级以上领导干部列席会议。大会以举手表决的方式，一致通过《中国共产党恩施市第八次代表大会关于中共恩施市第七届委员会工作报告的决议》和《中国共产党恩施市第八次代表大会关于中共恩施市纪律检查委员会工作报告的决议》。大会选出市第八届委员会委员和市纪委委员以及出席州第六次党代会的代表。市领导向前进、李国庆、郜志中、刘凡、胡平江、万雪峰、张渊平、王兰英、张孝赤、黄秀武、邹炜及大会主席团其他成员在主席台就座。市正县级以上离退休干部代表列席会议。州委驻恩施市换届督察组组长刘静和、成员周立春参加会议。

【10月31日】副州长董永祥一行，深入恩施大峡谷风景区，调研景区配套设施建设情况，并出席大峡谷旅游风情小镇建设项目评标会议。市领导张渊平等陪同。

【11月1日】《恩施大峡谷客运索道可行性研究报告》评审会在恩施市召开。州、市领导董永祥、张渊平等出席会议。

【11月2日】省教育厅副厅长黄俭、张金元一行，深入龙凤初中、武商小学、屯堡乡罗针田小学、市第一中学、市第三中学、市职业技术学校、施州民族小学、桂花园小学等处，教学教研工作和学校基础设施建设等情况调研。市领导向前进、李国庆、胡平江、张渊平、张献宏等陪同。

【11月3日】由市政府投资180万元，真维斯服饰有限公司捐资25万元援建的屯堡乡罗针田真维斯希望小学综合楼落成庆典仪式举行。省青少年发展基金会副秘书长张奕、共青团恩施州委书记郭玲，市领导张献宏等出席庆典仪式。

【11月4日】国家4A级景区评定验收组组长、北京佳木青和旅游规划院院长高淑香率验收组一行，到恩施市梭布垭石林风景区，检查验收该景区创建国家4A级旅游景区相关情况。市领导张渊平等陪同。

【11月4—7日】省档案局副局长吴绪成率省档案局、省民政厅、省农业厅组成的全省社会主义新农村建设档案工作示范县（市）验收组一行深入屯堡乡、小渡船街道、三岔乡、龙凤镇、市档案馆等处，就恩施市省级新农村建设档案工作情况进行检查验收。恩施市为全州首个省级新农村建设档案工作示范市。市领导张渊平、黎昔品等陪同。

【11月6—7日】原副省长韩宏树一行至恩施市，深入亲水走廊、清和园广场、州城规划展览馆、华硒农产品批发交易市场和硒都茶城建设现场等处，就城市建设情况考察。市领导陶军等陪同。

【11月7—8日】国家森林防火指挥部办公室副主任、国家森林公安局副局长焦德发一行，深入市森林防火指挥部、市森林公安局、屯堡乡森林派出所和林业站等处，调研恩施市森林防火责任制、林火监测、火险隐患排查、扑救预案准备、防火宣传、物资储备、队伍建设等情况。省林业厅森林公安局局长陈毓安，市领导胡平江等陪同。

【11月8日】省烟草专卖局（公司）局长（总经理）赵全意一行深入舞阳坝街道、白杨坪乡、三岔乡等处，调研城郊基地单元建设、烟叶收购等情况。州、市领导刘志兵、向前进等陪同。

【是日】省移民局副局长林光生率省国土资源厅、省交通运输厅、省卫生厅组成的验收组一行至恩施市，对青龙水电站水库工程建设区和围堰截流628.7米水位线以下的征地移民和库底清理情况进行专项验收。市领导金德钧等陪同。

△省农村饮水安全工程建设管理办公室主任陈楚珍一行，深入白杨坪乡集镇水厂和熊家岩村，检查农村饮水安全工作。市领导胡平江等陪同。

【11月8—10日】东风汽车公司原总经理马跃一行，深入恩施大峡谷风景区、恩施土司城景区等处，就旅游产业情况考察。市领导向前进、李国庆等陪同。

【11月9日】州委常委、州委宣传部部长杨陈清，副州长沙玉山一行，至市民族歌舞团，调研恩施土家风情歌舞诗剧《嗯嘎·女儿会》打造情况。市领导邹炜、张献宏等陪同。

【11月10日】省人大常委会《中华人民共和国民族区域自治法》执法检查组一行至恩施市，就执行《民族区域自治法》情况进行检查调研。州、市领导罗贤美、陈晓燕、蔡平、刘凡、张渊平、邵永政等陪同。

【11月11日】省旅游局局长张达华一行，深入恩施梭布垭风景区，就景区建设情况进行考察。州、市领导董永祥、向前进、张渊平等陪同。

【11月14日】省直单位帮扶助学捐赠仪式暨理想教育报告会在三岔乡召开。省直机关关工委副主任倪祥水代表省直机关关工委、省司法厅、省公安厅、湖北福珍建筑工程公司等单位，为三岔中学、茅坝小学212名贫困学子捐赠16.23万元。市领导王兰英、洪波等出席捐赠仪式。

【是日】恩施市获国家科技部2011年“全国县（市）科技进步考核先进集体”荣誉称号。

【11月14—16日】政协恩施市第八届委员会第一次会议召开。大会应到政协委员260人，实到249人。会议听取《恩施市人民政府关于七届一次会议以来提案办理情况的通报》；审议并通过《政协恩施市第七届委员会常务委员会工作报告》和《政协恩施市第七届委员会常务委员会关于七届一次会议以来提案工作情况的报告》；选举产生新一届市政协主席、副主席、秘书长和常务委员，刘羽当选为政协恩施市第八届委员会主席，金德钧、赵萍、崔显琦、向煦、王国玮当选为副主席，赵树锋当选为秘书长。大会参会人员列席恩施市人大九届一次会议，听取并讨论《政府工作报告》及有关报告。市“四大家”领导向前进、李国庆等参加会议。省委换届督察组组长、省计生委巡视员裴大兴，省委换届督察组成员、省计生委干部姜元亭，州委换届督察组组长、州直机关工委调研员刘静和，州委换届督察组成员、州审计局副局长周立春，州委组织部副县级组织员、干部监督科科长彭立华应邀出席会议。市政协原主要领导甘立友、刘宗烈，在恩施市工作的省、州政协委员应邀参加会议。

【11月15日】省委换届督察组组长、省人口和计划生育委员会巡视员裴大兴一行，在州委换届督察组组长、州直机关工委调研员刘静和陪同下，就换届督察工作与市“四大家”领导举行座谈。市领导向前进、李国庆等参加座谈。

【是日】北京首都航空公司一架空客A319降落在恩施许家坪机场。此举标志着恩施—武汉—海口航线开通。

【11月15—17日】市第九届人民代表大会召开。大会应到代表290人，实到代表277人。会议听取、审查并批准《恩施市人民政府工作报告》；听取、审查并通过《恩施市第八届人民代表大会常务委员会工作报告》《恩施市人民法院工作报告》和《恩施市人民检察院工作报告》以及有关决议；听取《恩施市人民政府关于第八届人民代表大会议案执行情况和代表建议、批评、意见办理情况的报告》；选举产生市第九届人民代表大会常务委员会主任、副主任、委员，刘凡当选为市人大常委会主任，侯萍、黄永耀、许强、邵永政、洪波、余秋红当选为副主任及委员；选举产生市长、副市长，李国庆当选为市长，张渊平、廖泽熙、杨洪

安、张献宏、黄波当选为副市长；选举产生市人民法院院长，王峰当选为市人民法院院长；选举产生市人民检察院检察长，向朝敏当选为市人民检察院检察长（需报州人大常委会批准）；选举出席恩施州第七届人民代表大会代表。市“四大家”领导向前进、李国庆等参加会议。出席市政协八届一次会议的全体委员，不是市九届人大代表的市委、市人大、市政府、市政协、市人武部、恩施经济开发区领导，省下派领导干部，市级调研员、部分市级离退休老领导，市人大机关办委负责人，乡镇、街道（办事处）主任、乡人大主席团副主席，市直单位（含驻市垂直单位）主要负责人，以及部分企业负责人列席会议。

【11 月 20 日】加拿大籍华人、加拿大蒙特利尔市中国和平统一促进会共同主席张琍玲一行，深入芭蕉侗族乡枫香坡侗族风情寨，就新农村建设情况考察。市领导胡平江、刘羽、邹炜等陪同。

【11 月 21 日】省住房和城乡建设厅副厅长袁善谋率省政府城市管理工作检查组一行深入州电力小区、后山湾高井河垃圾中转站、清和园广场、州城规划展览馆、凤凰山森林公园、华硒生态园、恩施民族高中、恩施土司城景区和耿家坪村、玻璃厂、火柴厂等处，进行检查、指导。州、市领导杨天然、董永祥、李国庆等陪同。

【是日】黑龙江省公安厅督察总队副总队长张所立率公安部湖北督察组深入恩施土司城景区、美美百货商场、舞阳坝派出所等处，就恩施市“清剿火患”战役开展情况进行检查、督导。市领导黄波等陪同。

△州、市“万名药（医）师进基层”活动举行。州、市领导曹毅、张献宏等出席活动。

【11 月 22 日】省委高校工委书记、省教育厅副厅长蔡民族一行，深入市施州民族小学，就学校基础设施建设、学习生活环境、校园文化建设等情况调研。州、市领导刘艳红、曹毅、向前进、李国庆、张献宏等陪同。

【11 月 23 日】省交通运输厅巡视员徐健率省综治检查考评组一行，深入市文体局、舞阳坝街道、六角亭街道、屯堡乡、市实验小学等处，就综治维稳及社会管理创新工作进行检查考评。州、市领导李云开、向前进、李国庆、胡平江、张孝赤、邵永政、崔显琦等陪同。

【是日】全州“万名干部进万村挖万塘”活动启动仪式在舞阳坝街道周家河村举行。州、市领导肖旭明、张忠凯、孔祥恩、瞿赫之、向前进、李国庆等出席活动。

【11 月 27 日】零时 49 分，209 国道恩施前往宣恩方向 17 公里处，发生一起交通事故，一辆小轿车撞上道旁绿化树，在空中翻滚后砸至地面，造成车内 2 人死亡、2 人受伤。

【是月】市地税局干部吕金华创作的中篇小说《黑烟》，被当年第 11 期《小说选刊》转载。《小说选刊》系由中国作家出版集团主办的权威文学选刊。

【12 月 2 日】州委副书记、州长杨天然，副州长董永祥一行深入州文化中心、恩施经济开发区农产品加工园、许家坪机场隧道、五指湖酒店等重点项目建设现场，调研州城重点

项目建设情况。市领导向前进、李国庆、郜志中、张渊平、廖泽熙等陪同。

【12月7日】恩施市"616"对口支援工程联络员会议在省住房和城乡建设厅召开。省住房和城乡建设厅副厅长张学峰,市领导陈江龙、杨洪安等出席会议。省住房和城乡建设厅、省公安厅、省工商局等省直10个对口支援单位联络员及恩施市有关市直单位负责人参加会议。

【是日】州委常委、常务副州长、州综治委副主任张忠凯率州综治委综治维稳工作考评组,深入沙地乡黄广田村综治维稳中心、沙地社区、舞阳坝派出所、市第一中学、六角亭街道胜利街社区等处,就恩施市综治维稳及社会管理创新工作进行检查、考评。市领导向前进、胡平江、黎昔品等陪同。

【12月9日】省政府督查专员陈明江率督查组一行至恩施市,深入城区民苑综合楼、锦联华商场等处,就公共场所重大火灾隐患整改情况进行检查。市领导黎昔品、金德钧等陪同。

【是日】首届湖北省少数民族文艺会演在武汉工人剧院举行。恩施市选送的恩施土家风情歌舞诗剧《嗯嘎·女儿会》参演,并以总分第一名获奖。市领导李国庆、邹炜、张献宏等出席活动。

【12月13日】国家烟草专卖局副局长何泽华一行,深入响板水库水源性工程、仙女洞土地治理项目工程、城郊烟草站工程等建设现场,就现代烟草农业基地单元建设和烟叶生产工作等情况调研。州、市领导瞿赫之、杨洪安等陪同。

【12月13—14日】国家农业部发展计划司副司长刘北桦一行,深入屯堡乡、芭蕉侗族乡、思乐牧业集团恩施市凤凰山种猪有限公司等处,就茶叶产业、畜牧业发展等情况调研。州、市领导王志强、王国玮等陪同。

【12月18日】银(川)北(海)高速公路恩建段、利万高速公路湖北段开工仪式在六角亭街道松树坪村举行。省人大常委会副主任任世茂、省政府副秘书长文振富,省交通运输厅厅长尤习贵、省交通运输厅巡视员徐健、省交投公司董事长张嗣义等省直有关部门领导及重庆市来宾,州、市领导杨天然、甘方谦、赵德利、于德海、向前进、李国庆等出席开工仪式。

【12月19日】州委常委周静一行至恩施市,就换届后市级领导班子运行和组织工作等调研。市领导向前进、王兰英、黎昔品等陪同。

【12月20日】恩施市被省政府授予"2010年度保险先进县(市、区)"荣誉称号,为恩施州唯一获此殊荣的县(市)。

【12月23日】市委八届二次全体会议召开。会议应至恩施市委委员39人,实到35人。会议听取市委常委会,乡镇、街道(办事处)党委,市直机关工委,市"两新"组织工委

书记关于履行基层党建责任制情况述职；对市委常委会，乡镇、街道（办事处）党委，市直机关工委、市“两新”组织工委书记抓基层党建工作情况进行测评并提出评价意见。会议还确定中共十八大代表候选人建议名单。市“四大家”领导向前进、李国庆等参加会议。

【是日】省人力资源和社会保障厅副巡视员吴世林率省消防安全检查组一行，深入恩施土司城风景区、六角亭街道胜利街社区和锦联华商场等处，就恩施市2011年度消防工作责任目标落实工作进行考评验收。市领导黄波等陪同。

【12月24日】副州长沙玉山一行至恩施市，就基督教、天主教活动场所建设调研，并走访慰问基督教、天主教代表人士。市领导张渊平、邹炜等陪同。

【12月26日】副州长董永祥一行，深入恩施大峡谷风景区旅游服务中心建筑工地、大峡谷旅游综合服务枢纽中央主干道施工现场、倒灌水生态停车场、云龙河地缝景区等处，就项目建设情况调研。市领导张渊平等陪同。

【12月31日】州城迎新年环凤凰山休闲公园万人长跑暨2012年全民健身活动启动仪式在市第一中学体育场举行。州、市领导瞿赫之、马春菊、李春胜、邹炜、洪波、张献宏、金德钧等出席活动。

【是日】恩施市“2012年深圳招商联谊会”在深圳举行。市领导向前进、李国庆、部志中等出席活动。

△市地质灾害防治中心主任文理被国土资源部表彰为“2011年地质灾害防治优秀群测群防监测员”，并作题为《情系山村千万家》典型发言。全国仅100名、湖北省仅4名获此殊荣。

【是年】恩施市生产总值和财政总收入分别达到105亿元与11.96亿元，在全州率先突破100亿元大关和10亿元大关。

2012年

【1月6日】最高人民检察院副检察长姜建初，省人民检察院副检察长郑青一行，深入市人民检察院，就基层法院业务、队伍和信息化建设等调研，并看望慰问基层检察干警。州、市领导李云开、向前进、李国庆、向朝敏等陪同。

【是日】省社科院党组书记曾成贵率省委考评组至恩施市，就市委中心组学习情况进行检查考评。市领导胡平江、邹炜等陪同。

【1月9日】国家住房和城乡建设部村镇建设司原司长李兵弟一行，深入城区凤凰大桥、亲水走廊、清和园广场、州城规划展览馆、风雨桥、恩施火车站等处，就城市建设工作调研。市领导廖泽熙等陪同。

【1月17日】州、市领导肖旭明、瞿赫之、赵德利、谭文骄、沙玉山、庞红艳、向前进、黎昔品一行到恩施军分区、州武警支队、六角亭街道、州人行宿舍区、州消防支队、施州大道等处,看望慰问武警官兵、部分低保对象、优抚人员及科教人员代表;州、市领导甘方谦、杨陈清、王志强、张宇、李国庆一行到州消防支队,看望慰问消防官兵;州、市领导张忠凯、黄实海、陈晓燕、秦斌、胡平江一行到部分老干部、特困职工家中及州优抚医院等处,看望慰问老干部、特困下岗职工和州优抚医院全体医护人员。

【1月18日】恩施市2012年春节联欢晚会举行。市"四大家"领导向前进、李国庆等出席活动。

【1月31日】州委书记、州人大常委会主任肖旭明,州委副书记、州长杨天然率发改、住建、旅游、经信、农业、国土等州直部门负责人至恩施市,就城市经济发展及建设等调研。市"四大家"领导向前进、李国庆等陪同。

【2月2日】国家烟草专卖局副局长何泽华率2012年全国部分产区基本烟田土地整理座谈会与会代表,深入城郊基地单元阳鹊坝片区,实地参观城郊基本单元土地整理项目。州、市领导张忠凯、瞿赫之、肖作文、向前进、李国庆等陪同。

【2月7—8日】州"三万"活动督查组至恩施市,检查督办全市"三万"活动各项工作部署、工作组进村驻点及资金筹集落实、堰塘整治及小型水利工程项目建设进度等情况。市领导杨洪安等陪同。

【2月9日】16时30分许,一辆载客40余人的大型卧铺客车从重庆奉节开往上海途径恩施市白奉公路(10KM+100M处)时发生侧翻,致2人死亡,11人受伤,多名乘客被困。事发后,当地公安、消防、医疗、交通、保险等部门接到报警后,迅速调集力量相继赶往现场实施救援。经查明,司机在即将没有刹车水的情况下仍坚持行车,且该路段属10公里长下坡,刹车磨损严重而失灵,最终导致悲剧发生。

【2月10日】全市党建暨经济工作会议召开。会议传达贯彻落实中央及省、州经济工作会议和州市党代会、人代会精神,总结2011年工作,科学谋划2012年党建暨经济工作。市委书记向前进发表题为《党员干部要讲规矩》的讲话,市委副书记、市长李国庆作大会主题报告,市委副书记、恩施经济开发区常务副主任部志中主持会议。市"四大家"领导出席会议。各乡镇、街道(办事处)党委书记、乡(镇)长、主任,各村(社区)书记、主任,市直一级单位领导班子成员和部分二级单位主要负责人、恩施经济开发区各部门主要负责人以及相关企业、重点民营企业、大会表彰对象参加会议。

【2月16日】全国政协常委、农业部计划司司长钱克明,农业部计划司副司长刘北桦一行,深入芭蕉侗族乡灯笼坝村,就扶贫工作调研。州、市领导王志强、陈卫平、王国玮等陪同。

【2 月 17 日】恩施市柑子槽经济适用房小区二期建设项目和龙麟宫廉租房建设项目分别举行开工仪式。市领导万雪峰、廖泽熙、许强、金德钧、曹云等出席开工仪式。

【2 月 21 日】省委常委、副省长张岱梨率省民族宗教委员会、省交通运输厅负责人，深入州文化中心建设工地、恩施高中新校区、风水河大桥等处，就项目建设工作调研。州、市领导肖旭明、杨天然、谭文骄、庞红艳、向前进、李国庆、刘羽等陪同。

【2 月 22 日】省人口和计划生育委员会纪检组长陈智斌率省人口计生工作督查组至恩施市，就人口和计划生育工作专题督办。市领导张献宏等陪同。

【是日】州对县市党政领导班子 2011 年度工作目标完成情况考核组，深入市第二实验小学迁建项目建筑工地、金凤大道许家坪机场隧道建筑工地、硒都茶城、六角亭街道胜利街社区、华新水泥、原香料厂保障房建设项目工地，就全市 2011 年度工作目标情况进行考核。市领导胡平江、万雪峰、王兰英、廖泽熙等陪同。

【2 月 24 日】国家林业局林改司司长张蕾一行，深入市林业局林业要素市场、望城坡林下养殖基地、屯堡林业站等处，就集体林权制度改革工作调研。市领导杨洪安等陪同。

【2 月 27 日】恩施市在全国双拥模范城（县）命名暨双拥模范单位和个人表彰大会上第三次荣获“全国双拥模范城”称号。市领导胡平江参加会议。

【2 月 28 日】州城建设与管理动员大会召开。州、市领导肖旭明、杨天然、瞿赫之、秦斌、肖谏诚、向前进、李国庆、郜志中、刘凡、刘羽等出席会议。

【3 月 1 日】省安监局副巡视员程跃祥率省安全生产委员会督查组一行，深入腾龙水泥四方坪采石场、恩施天彩烟花爆竹有限公司等处，就全市安全生产工作检查督办。市领导黄波等陪同。

【3 月 4 日】恩施市以“践行雷锋精神、开展志愿服务、建设仙居恩施”为主题的“学雷锋、讲文明、见行动”活动启动仪式举行。市领导李国庆等出席活动。

【3 月 5 日】州人大常委会常务副主任瞿赫之一行，深入湖北圣峰药业有限公司，就企业发展及规划情况调研。市领导刘凡、洪波等陪同。

【3 月 6 日】恩施市 2012 年庆“三八”国际劳动妇女节暨表彰大会召开。庆祝第 102 个“三八”国际劳动妇女节。市领导胡平江、刘羽、王兰英、张献宏等出席会议。

【是日】常务副州长董永祥率州国土、经信、财政等部门负责人，深入柑子槽安置小区二期建筑工地、农产品加工园进场道路施工现场、金龙大道龙凤坝段、许家坪机场隧道、市第二实验小学和市中心幼儿园迁建项目建筑工地、长源轴承公司、华龙村五星级养生酒店施工现场，就重点项目建设和招商引资工作调研。市领导李国庆、郜志中等陪同。

【3 月 6—7 日】副州长张宇一行，深入湖北圣峰药业生产加工基地、谭家湾煤矿矿井等处，就圣峰药业有限公司发展及规划情况和春节后煤矿复工情况等调研、检查。市领导

黄波等陪同。

【3月9日】州、市领导肖旭明、杨天然、张忠凯、甘方谦、瞿赫之、李云开、谭文骄、周静、黄实海、董永祥、李国庆、胡平江等和州、市机关千余干部及部分市民，深入三岔乡莲花池村、屯堡乡田凤坪村油茶基地等处，开展植树造林活动。

【是日】国家科技部火炬中心、中国技术创业协会留学人员创业园联盟秘书长郎靖，中组部“千人计划”特聘专家、博医药技术开发(上海)有限公司董事长马明一行，深入龙凤镇三河华裕饲料加工厂、湖北思乐集团凤凰山种猪有限公司等处，就全市畜牧业发展情况调研。州、市领导孙宇鹏、王国玮等陪同。

【3月10日】东风“碳平衡”生态经济林产业示范基地建设启动仪式举行。此举标志着全国首家“碳平衡”生态林基地落户恩施市并进入正式实施阶段。东风汽车公司办公室主任赵书良，东风股份公司总经理卢锋，东风汽车股份公司党委副书记、纪委书记郑加坤，州、市领导庞红艳、李国庆、胡平江等出席活动。启动仪式后，东风“碳平衡”生态经济林信托基金理事会召开第一次会议。东风汽车股份有限公司全额捐赠600万元原始基金用于东风“碳平衡”生态经济林建设。东风汽车股份公司总经理卢锋，市领导胡平江、杨洪安等出席会议。

【3月13日】凌晨3时许，崔家坝镇境内滚龙坝通往茅田方向公路5公里处发生一起交通事故，一面包车(鄂QG057)倾覆悬崖，致司乘人员3人死亡。

【是日】国家环境保护部华南督查中心处长施立仁、省环境保护厅自然生态处处长王虚谷一行，深入屯堡乡鸭松溪村、恩施华智有机茶“两清两减”示范基地、马者300吨人工湿地和沐抚办事处营上村200吨人工湿地施工现场等处，就恩施大峡谷风景区连片村庄环境综合整治项目实施情况调研。市领导廖泽熙等陪同。

△省发展和改革委员会服务业处副处长向虹率省级现代服务业示范园区检查考核组，在州人大常委会副主任、州发改委副主任刘青陪同下，深入武陵国际装饰城、中国硒都茶城、恩施九洲通现代医药物流中心、中百仓储农产品精深加工和配送中心、恩施物资铁路专用线等处，就物流产业园项目实施情况调研、检查。市领导陶军、刘恩敏等陪同。

【3月14日】副州长张宇一行，深入恩来恩黔高速公路沿线白果树服务区、罗针田高架互通工程节点等处，就恩来恩黔高速公路恩施段建设情况调研。市领导黄波等陪同。

【3月16日】省社科院副巡视员黄勇率省农村综合改革考核评估组，深入芭蕉侗族乡、龙凤镇等处，就恩施市农村综合改革工作进行考核。市领导胡平江、尹剑、杨洪安等陪同。

【3月17日】国家人力资源和社会保障部劳动关系司副司长赵国君率调研组至恩施市，就非公有制企业如何构建和谐劳动关系调研。市领导陶军等陪同。

【是日】省委委员、省委党校常务副校长马哲军率省委党校调研组一行至恩施市，就县（市）党校改革进行专项调研。市领导胡平江、王兰英等陪同。

【3月19日】副州长肖作文一行，深入至恩施市农产品加工园建设工地，就园区建设情况调研。市领导杨洪安等陪同。

【3月19—20日】团省委纪检组长江浩率新世纪教育基金相关人员一行，深入红土乡、崔家坝镇等处，就希望工程援助项目考察。市领导张献宏等陪同。

【3月22日】州委常委、州纪委书记李云开率州纪委调研组，深入市国土资源局、六角亭街道头道水村等处，就落实党风廉政建设责任制、推进惩防体系建设情况调研。市领导向前进、郜志中、万雪峰、廖泽熙、黎昔品等陪同。

【3月23日】市第二实验小学及市中心幼儿园迁建工程开工仪式举行。孝感市委常委、市委统战部部长彭桃安应邀出席活动。州、市领导谭文骄、向前进、胡平江等出席活动。

【是日】省国土资源厅党组书记、副厅长孙亚率省国土资源厅“双联双促”调研组，深入华硒生态园、三岔乡莲花池村土地整理项目现场、三岔乡国土资源所和金龙大道、五指湖酒店建设现场等处，就土地整理和利用、节约用地和耕地保护、国土资源所建设、城市用地规划等调研。州、市领导秦斌、向前进、张渊平、廖泽熙等陪同。

【3月27日】龙凤镇凉风垭林场护林员吉祖清在国务院全国造林绿化表彰动员大会上，被授予“国土绿化突出贡献人物”称号。

【3月28日】“2012湖北恩施·上海经贸洽谈会”在上海召开。恩施市签订相关合同与协议7个，项目金额123.5亿元。其中签订正式合同2个：蕾笛笙服装加工厂项目，项目总投资1亿元；石煤矿产开发项目，项目总投资约6亿元。签订意向性协议5个，项目总投资116.5亿元。州、市领导杨天然、谭文骄、陈晓燕、王继刚、李国庆、郜志中等出席洽谈会。

【是日】省国家安全厅纪委书记蔡红耘率省委政法委督办检查组，深入白果乡综治维稳中心、市公安局指挥中心、施州民族小学、六角亭街道胜利街社区等处，就全市综治维稳工作和政法综治基层建设情况调研。市领导向前进、张渊平、张孝赤等陪同。

【4月1日】武汉大学副校长、省人民医院院长黄从新教授一行，深入市中心医院、市一中、省农科院中药材研究所等处，就“616”工程武汉大学对口支援情况调研。州、市领导陈学明、陈卫平、向前进、陈江龙、黎昔品、张献宏等陪同。

【4月2日】省委常委、常务副省长王晓东一行，深入恩施卷烟厂、恩施润邦茶业公司、芭蕉侗族乡枫香坡侗族风情寨等处，就特色产业发展和新农村建设等调研。州、市领导肖旭明、杨天然、孔祥恩、董永祥、向前进、李国庆、黎昔品等陪同。

【4月5日】州政协副主席肖谏诚率州政协调研组，深入至恩施市宇宏木业有限公司、七里坪机械制造工业园、宏翔药业有限公司、农产品加工园、长源轴承有限公司、山寨皮革有限公司等处，就全市工业经济工作调研。市领导刘羽、黄波等陪同。

【4月6日】副州长张宇一行，深入恩施汽车客运中心站、许家坪机场快速通道、恩施机场二期改扩建项目工地等处，就州城交通重点项目建设情况调研。市领导黄波等陪同。

【4月8日】州委书记、州人大常委会主任肖旭明，州委常委、州委秘书长孔祥恩一行至恩施市，深入华硒生态农牧业公司、省级农产品加工园建设工地、山寨皮革公司、思乐牧业集团退城进园新址、湖北宜恒植物油公司、信达机械制造有限公司等处，就全市经济发展情况调研。市领导向前进、李国庆、郜志中、黄波等陪同。

【4月9日】省军区副司令员占俊一行，深入六角亭街道头道水村、松树坪村，就基层人民武装工作调研。市领导胡平江、黄秀武等陪同。

【是日】省烟草专卖局（公司）局长（总经理）赵全意一行，深入城郊烟草站工程、响板水库水源性工程、阳鹊坝土地治理项目工程等建设工地，就现代烟草农业城郊基地单元建设情况调研。州、市领导刘志兵、李国庆等陪同。

【4月12日】省军区政治部副主任万幼斌一行至恩施市，就党管武装工作情况调研。市领导李国庆、王兰英、黄秀武等陪同。

【是日】副州长肖作文一行，深入芭蕉侗族乡戽口村、灯笼坝村等处，就该乡新农村建设、茶叶产业龙头企业发展等情况调研。市领导胡平江等陪同。

【4月12—13日】国家肉牛产业技术体系首席专家、中国农业大学饲料营养专家曹兵海一行，深入盛家坝乡桅杆堡村二台坪翔盛牧业黄牛养殖基地，就“恩施黄牛”产业发展情况进行考察。市领导余秋红等陪同。

【4月13日】省公安厅党委副书记、常务副厅长周厚震一行至恩施市，就省厅“616”工程落实情况进行检查。市领导李国庆、胡平江、张孝赤等陪同。

【4月15日】州政协副主席肖谏成率政协调研组至恩施市，就工业经济运行情况调研。市领导刘羽、黄波、向煦等陪同。

【4月17日】国家烟草专卖局总会计师张玉霞一行至恩施市，就现代烟草农业城郊基地单元建设等情况调研。州、市领导刘志兵、王国玮等陪同。

【4月20日】中国社会科学院副院长、中国地方志指导小组原常务副组长朱佳木一行至恩施市，赴后山湾叶挺将军纪念馆参观并向叶挺铜像敬献花篮。市领导黎昔品等陪同。

【4月22日】由市政府、省鄂西生态旅游文化圈投资公司、湖南卫视联合邀请的美国知名冒险家迪恩·波特，在恩施大峡谷海拔1800米双壁悬崖上，在无任何保护措施的情况下，仅靠一指软绳，高空行走41米，挑战无保护高空走扁带获得成功。

【4 月 22—23 日】国家人力资源和社会保障部副部长胡晓义一行至恩施市，深入芭蕉枫香坡侗族风情寨、恩施大峡谷风景区等处，就农家乐项目发展等情况进行考察。市领导向前进、胡平江、张渊平等陪同。

【4 月 24 日】省党政主要负责同志扶贫工作责任制考核组组长、省教育厅副巡视员孙望安率考核组，深入白杨坪乡、湖北思乐集团等处，就恩施市扶贫工作、农村基础设施建设、产业结构调整和农业产业化龙头企业带动等调研和检查指导。州、市领导王志强、肖作文、向前进、胡平江、杨洪安等陪同。

【是日】州委书记肖旭明，州委常委、州委秘书长孔祥恩一行，深入市农副产品加工园、五指湖五星级酒店等建设工地，滨湖印刷、翔奥科技、鸥力服饰、山泰水设等处，就重点工程建设进度、工业企业生产等情况调研。市领导向前进、部志中等陪同。

【4 月 25 日】省老年学学会会长胡永继率省老年学学会、省委政研室、省老龄工作委员会办公室联合调研组至恩施市，深入六角亭街道城乡街社区、市民政福利中心和七里坪福利院等处，调研老龄工作。州、市领导肖作文、邵永政等陪同。

【4 月 26—29 日】清华・恩施产学研合作考察团一行，深入恩施首创水务有限公司、武陵国际建材城、市农副产品加工园、清江创业园、硒都茶城、恩施土司城风景区、恩施大峡谷风景区、芭蕉侗族乡枫香坡侗族风情寨、恩施清江画廊风景区等处考察。4 月 28 日，清华・恩施产学研合作座谈会召开。恩施市被清华大学深圳研究生院确定为教学实践基地，清华大学副秘书长、深圳研究生院院长、教授康飞宇给市委书记向前进授予牌匾；清华大学深圳研究生院党委副书记杨瑞东分别与市长李国庆签订《共建研究生骨干地方短期挂职锻炼湖北恩施基地协议书》，与副市长黄波签订《共建社会实践基地合作协议书》，此举标志着恩施市与清华大学深圳研究生院的合作迈入实质性阶段。市委副书记、恩施经济开发区常务副主任部志中主持座谈会。市领导刘凡、黎昔品等参加会议。

【4 月 27 日】省环境保护厅总工程师周水华一行至恩施市，深入恩施大峡谷黄鹤楼生态走廊沿线、大龙潭饮用水源地水藻分离站、恩施首创水务有限公司、山寨皮革有限公司等处，就恩施市 2012 年转变经济发展方式和环保重点工作检查督办。市领导万雪峰等陪同。

【是日】州委常委黄实海一行，深入新塘乡下坝村，就新农村建设情况调研。市领导王国玮等陪同。

△副州长肖作文一行，深入新塘华中药用植物园、众惠蔬菜专业合作社等处，就农业农村工作调研。市领导杨洪安等陪同。

【4 月 28 日】应市委、市政府邀请，中国公共管理（CPA）和工商管理（MBA）学界著名学者、国家行政学院教授张德信至恩施市，为全市党员干部及企业负责人作题为《创新型

国家和企业的人才资源开发战略》的学术报告。

【是日】市公共汽车公司工人黄光菊（女）、市实验小学教师蔡祖泉被省政府授予“湖北省职工劳动模范”称号；芭蕉侗族乡戽口村党支部书记肖孚云被省人民政府授予“湖北省农业劳动模范”称号。

【4月28—29日】中国投资论坛组织工作委员会专家顾问万淑鹏一行，深入龙麟宫风景区、恩施土司城风景区等处，考察恩施市旅游产业的发展情况。市领导侯萍、张献宏等陪同。

【5月2日】州人大常委会副主任邓正平、副州长秦斌、州政协副主席肖谏诚率全州城镇建设管理工作督办会与会代表，深入市第二实验小学、市中心幼儿园、华龙村大酒店、武陵国际装饰城、省级农产品加工园等建设现场和恩施州高级中学龙凤校区、华硒农产品批发交易市场等处，就州城建设管理现场参观、考察。市领导向前进、李国庆等陪同。

【是日】市公安局政委尤连才被公安部授予“全国优秀人民警察”称号。

【5月6—8日】由州政府主办的“2012年恩施硒茶文化艺术节”在武汉举行。恩施市有14家茶叶企业参展，由恩施玉露集团选送的“0846”牌“恩施玉露”、恩施众森公司选送的恩茶红·功夫茶获得名茶评比金奖。境内参展茶叶企业与北京、四川、湖南、福建和省内客商共签订项目合同9个，项目资金达4.2亿元。

【5月7—9日】省人大常委会副主任刘友凡一行，深入恩施大峡谷风景区、芭蕉侗族乡枫香坡侗族风情寨、恩施烟叶复烤厂、华硒生态园、市劳动就业培训中心等处，就旅游产业发展、新农村建设、特色产业发展、劳动就业培训等调研。州、市领导瞿赫之、吕金施、刘凡、张渊平、邵永政等陪同。

【5月8—10日】省社科院中部发展研究所所长、研究员阳小华率省委省政府领导批示课题调研组，深入白杨坪乡洞下槽村和响板溪现代烟草农业基地、太阳河乡、恩施大峡谷风景区、湖北思乐牧业集团、湖北圣峰药业有限公司等处，就“湖北构建中部崛起战略支点与县域经济发展”课题专题调研。市领导管书华、王国玮等陪同。

【5月10日】国家农业部兽医局局长张仲秋一行，深入舞阳坝街道、龙凤镇、湖北思乐牧业集团等处，就畜牧产业发展和动物疫病防控等情况调研。市领导黄永耀等陪同。

【是日】国务院扶贫开发领导小组办公室行政人事司司长司树杰一行，深入白杨坪乡洞下槽村生态茶园基地、标准示范茶园等处，就扶贫开发、农业产业化建设、新农村建设等调研。州、市领导刘青、王国玮等陪同。

【5月11日】国家农业部总经济师杨绍品率农业部武陵山区定点扶贫暨行业扶贫工作会议与会代表，深入芭蕉侗族乡，就农村建设和扶贫工作情况调研。州、市领导张忠凯、瞿赫之、邓正平、秦斌、陈卫平、胡平江、杨洪安等陪同。

【5月14日】第二届世界低碳城市发展论坛在北京举行，恩施市作为唯一一家被邀请的城市代表出席。市委副书记、市长李国庆应邀参加论坛并在开幕式上致辞。市委副书记、恩施经济开发区常务副主任部志中参加论坛。

【5月15日】国家民委专职委员李文亮率国务院扶贫开发工作督查组，在省民族宗教事务委员会党组书记柳望春的陪同下，深入芭蕉侗族乡、湖北思乐牧业集团等处，就全市扶贫开发工作督查指导。州、市领导段超、朱卫东、杨洪安等陪同。

【是日】省政府督查专员陈明江率省政府保障性安居工程建设督查组，深入旗峰坝、柑子槽、耿家坪、龙麟宫经济适用房、廉租房等工程建设现场，就保障性安居工程建设情况督查、调研。州、市领导秦斌、向前进、万雪峰、廖泽熙等陪同。

△省国土资源厅巡视员李维学率省国土资源厅督查组至恩施市，就2011年度土地卫片执法检查工作督查。市领导廖泽熙等陪同。

【5月15—16日】省爱国卫生运动委员会办公室主任李建率调研组，深入城区部分背街小巷、集贸市场以及公共服务场所，就恩施市省级卫生城市创建工作调研、指导。市领导张献宏等陪同。

【5月17日】州、市政府在桥西广场启动第二十二次"全国助残日"活动。主题为"加强残疾人文化服务、保障残疾人文化权益"。州、市领导张忠凯、万雪峰、尹剑等出席启动仪式。

【5月17—18日】全国人大常委会原副委员长、全国妇联名誉主席彭珮云一行，在省人大常委会副主任蒋大国的陪同下，深入清江画廊风景区、芭蕉侗族乡枫香坡侗族风情寨等处，就恩施市旅游资源开发、产业发展规模等情况考察。州、市领导瞿赫之、吕金施、胡平江、刘凡、余秋红等陪同。

【5月18日】省委原副书记、省慈善总会会长邓国政，在州委原副书记、州慈善总会会长胡毅的陪同下，深入龙凤镇福利院，调研该福利院建设、院办经济等情况。市领导邵永政等陪同。

【5月19日】国家法制办公室副主任甘藏春一行，深入恩施大峡谷风景区、芭蕉枫香坡侗族风情寨等处，就旅游产业发展情况考察。州、市领导董永祥、张渊平、管书华等陪同。

【5月21日】国家土地督察武汉局局长王广华率土地例行督察组，深入州文化中心、华龙村五指湖、旗峰坝还建小区等在建项目现场，利用在线土地督察系统对项目用地情况进行全面检测。州、市领导秦斌、李国庆、廖泽熙等陪同。

【5月22日】全省"三万"活动总结表彰电视电话会议上，恩施市被表彰为先进县市。

【5月30日】省委常委、副省长张岱梨率省直有关部门负责人，深入城区橡胶坝堤、大

龙潭水电站等处,就防汛抗旱工作检查指导。州、市领导肖旭明、杨天然、张忠凯、肖作文、向前进、杨洪安等陪同。

【6 月 1 日】副州长陈晓燕一行,深入恩施国家粮食储备库、湖北宜恒植物油有限公司等处,就全市粮油工作调研。市领导黄波等陪同。

【6 月 2 日】省教育厅厅长陈安丽率调研组,深入市第三中学、龙凤教师安居工程小区、市第二实验小学、恩施孝感幼儿园迁建工程施工现场、市第二中学高考标准化考场、市教育局高考保密室等处,就教育基础设施建设和高考筹备情况调研。州、市领导周静、向前进、李国庆、胡平江、张献宏等陪同。

【是日】市看守所被省政府表彰为"全省模范公安基层单位";市公安局小渡船派出所所长宋庭军被表彰为"全省模范公安民警"。

【6 月 4 日】恩施大峡谷客运索道工程开工。该客运索道集客运、观光于一体。设计线路斜长 2284.28 米,上下站高差 792.5 米,全线设置支架 13 座,设计单向运输量为 2000 人/小时,采用单线循环脱挂抱索器索道,全封闭 8 人车厢,车厢数量 61 个,最高运行速度 6 米/秒,单程运行时间约 7.27 分钟。按工程计划,客运索道于 2013 年 5 月投入营运。省鄂西生态文化旅游圈投资有限公司董事长马清明,州、市领导杨天然、董永祥、李国庆、刘羽、张渊平等出席开工仪式。

【是日】全州环保世纪行活动在屯堡乡启动,庆祝第 41 个世界环境宣传日。主题为"保护生态环境,共建绿色家园"。州、市领导邓正平、秦斌、廖泽熙、邵永政等出席启动仪式。

△州、市领导余德海、董永祥、陈卫平、张献宏等到恩施高中、市第一中学等处,检查高考备考工作。2012 年,全市高考报名人数 4560 人,比上年增加 119 人,增幅 2.68%。

【6 月 4—5 日】国家公务员局副局长杨春光率调研组,深入叶挺将军囚禁旧址纪念馆、恩施土司城风景区、恩施大峡谷风景区、芭蕉侗族乡枫香坡侗族风情寨等处,就土司文化、抗战文化和旅游文化调研。州、市领导董永祥、向前进、张渊平、黎昔品、邵永政等陪同。

【6 月 4—6 日】由省作协、市委、市政府主办,市委宣传部、市文体局、市旅游局承办的"湖北名家看恩施"采风活动在恩施市举办。来自省内外 31 名作家、诗人深入芭蕉侗族乡枫香坡侗族风情寨、白杨坪乡新农村建设示范村、恩施土司城风景区、梭布垭风景区和恩施大峡谷风景区等处开展采风活动。

【6 月 5 日】中国茶叶学会在恩施州实施的武陵山区茶叶产业化和专业化援助试点项目启动。启动式上,中国农业科学院茶叶研究所副所长鲁成银现场为芭蕉侗族乡捐赠价值 40 万元的信息素色板、太阳能杀虫灯、单人修剪机等茶叶产业物资。州、市领导王志

强、王国玮出席启动仪式。

【是日】国家水利部长江委员会副总工程师夏仲平率专家组一行，在省水利厅副厅长周汉奎的陪同下，深入恩施清江干流官坡风雨桥、连珠大桥、施州大桥、红江桥、红旗大桥、三步岩、峡口大桥河段等处，对清江干流重点河段近期防洪治理工程进行现场查勘。州、市领导肖作文、李国庆、杨洪安、金德钧等陪同。

△中国烟叶公司副总经理吴洪田一行，深入舞阳坝街道阳鹊坝村万亩蓄水池、龙凤镇二坡村烟叶种植基地和白杨坪乡响板水库建设工地等处，就城郊现代烟草农业基地单元建设项目进展情况调研。州、市领导肖作文、杨洪安等陪同。

△州城“六城同创”工作动员大会召开。会议对州城深入创建中国优秀旅游城市、国家园林城市、国家卫生城市、国家环保模范城市、全国文明城市、国家森林城市等“六城同创”各项工作进行安排部署。州、市领导秦斌、向前进李国庆、郜志中、刘凡、刘羽、万雪峰、张渊平、邹炜、廖泽熙、黎昔品、张献宏、金德钧等出席会议。

【6月6日】州领导杨天然、杨陈清、秦斌一行，深入许家坪机场隧道、五指湖酒店、州文化中心等重点项目建设工地，就州城重点工程建设情况调研。市领导李国庆、廖泽熙等陪同。

【6月6—7日】州政协副主席刘志兵率督查组，深入崔家坝镇南里渡村和计生服务站、舞阳坝街道周家河村和凤凰路社区，就人口和计生重点工作督查。市领导张献宏、金德钧等陪同。

【6月7日】中央统战部常务副部长朱维群，民盟中央副主席索丽生、徐辉率调研组深入崔家坝镇中心小学、教师安居小区和民族中学及清江外国语学校、施州小学、恩施高中、市第三中学等处，就统筹教育资源配置，促进教育公平发展专题调研。州、市领导张忠凯、陈卫平、李国庆等陪同。

【6月14日】州人大常委会副主任于德海一行，深入耕织源土苗特产超市、旅游综合产业园、土墨苗韵特产总汇店、三月竹林商贸有限公司、湖北金果茶叶有限公司等处，就旅游购物市场建设情况调研。市领导刘凡等陪同。

【6月15日】国家开发银行总行行务委员、专家委员会常务副主任汪子章率考察组，深入金龙大道建设现场、润邦国际富硒茶叶有限公司等处，考察恩施市重点项目建设、企业发展等情况。市领导陶军、詹厚兰等陪同。

【6月16日】州委书记肖旭明一行至恩施市，就城郊现代烟草农业基地单元建设项目进展情况调研。市领导向前进、李国庆等陪同。

【是日】常务副州长董永祥一行，深入新塘长岭岗华中药用植物园调研。市领导杨洪安等陪同。

【6月18日】恩施市传达学习省第十次党代会精神大会召开。会议传达贯彻省第十次党代会有关精神，对恩施市今后五年的工作重点进行安排部署。会上，市委书记向前进传达省第十次党代会精神，市委副书记、市长李国庆主持会议。市领导部志中、胡平江、刘羽等出席会议。

【6月19日】市民族文工团表演的曲艺节目恩施耍耍《担水》，应邀赴法国巴黎参加"第二届巴黎中国曲艺节"演出。该团系6月17日在北京参加完全国少数民族文艺会演之后踏上巴黎之行的。

【6月20日】副州长张宇一行深入城区长源轴承、慧聚太阳能、翔奥电力、欧力服饰、山寨皮革等企业，就工业经济运行情况调研。市领导部志中、黄波、陶军等陪同。

【6月21日】国家税务总局党组成员、中纪委驻国家税务总局纪检组长冯惠敏一行，深入市国税局、市地税局，就全市税收服务及窗口建设调研，并看望慰问基层税务工作人员。州、市领导董永祥、向前进等陪同。

【6月25—26日】内蒙古自治区原党委书记王群一行，深入芭蕉侗族乡枫香坡侗族风情寨、恩施清江画廊风景区等处，就旅游资源开发、产业发展规模等情况考察。州、市领导肖旭明、张忠凯、向前进等陪同。

【6月26日】恩施市庆祝中国共产党成立91周年暨创先争优活动表彰大会召开。市委书记向前进在会上讲话，市委副书记、市长李国庆主持会议，市委副书记、市委政法委书记胡平江宣读相关表彰决定。市领导部志中、刘凡、刘羽、万雪峰、王兰英、邹炜、黎昔品等以及市委老顾问、老领导出席会议，各乡镇、街道(办事处)党委书记、组织委员，市直正科级单位党组织主要负责人，市非公有制经济组织和新社会组织党组织负责人代表，部分受表彰的创先争优先进基层党组织和优秀共产党员代表参加会议。

【6月27日】中国著名经济学家、北京大学党委常委、副校长刘伟教授至恩施"硒都讲坛"作《中国经济面临的机遇、挑战及趋势》专题讲座。市委书记向前进主持讲座。市领导李国庆、部志中、胡平江、刘凡、刘羽等和全市数百名干部现场聆听讲座。

【是日】省政协副主席涂勇一行，深入市城郊现代烟草农业基地单元、硒都茶城、华硒生态园等处，就特色农业发展、龙头企业成长、市场品牌建设等调研。州、市领导甘方谦、向前进、部志中、刘凡、刘羽、杨洪安、王国玮等陪同。

【6月28—29日】全市庆祝中国共产党成立91周年暨第二届山民歌大赛举行。来自全市各乡镇、街道(办事处)和市直部门的50支代表队参赛。市领导胡平江、张渊平、邹炜、邵永政、张献宏等出席活动。

【6月29日】国家烟草专卖局副局长何泽华一行，深入现代烟草农业基地单元，就全国烟叶收购暨现代烟草农业建设现场会有关筹备工作督查指导。州、市领导杨天然、肖作

文、胡平江、杨洪安等陪同。

【是日】州委书记、州人大常委会主任肖旭明一行，深入市政府家属院、六角亭街道胜利街社区和城乡街社区等处，看望慰问基层老党员。市领导李国庆、王兰英等陪同。

【7月3日】州委书记、州人大常委会主任肖旭明，州委常委、州委秘书长孔祥恩一行，深入清河纺织、长源轴承、钜鑫工贸、宇宏木业等企业，就工业企业生产经营发展情况调研。市领导向前进、李国庆、黄波等陪同。

【7月5日】团省委书记朱厚伦一行，深入恩施大峡谷风景区、华智茶叶专业合作社、花枝山茶叶专业合作社、帅巴人酒店发展有限公司等处，就共青团组织格局创新和基层基础建设工作调研。市领导向前进、黎昔品等陪同。

【是日】州人大常委会副主任于德海、邓正平率考察组，深入华龙村五星级大酒店、许家坪机场隧道工程施工现场、恩施汽车客运中心站、省级农产品加工园区、硒都茶城等处，就重点项目建设工作调研。市领导洪波、黄波等陪同。

【7月6日】州委副书记张忠凯一行，深入九鼎联辰科技有限公司、凤凰路社区北路小区等处，就社会管理创新工作调研。市领导向前进、胡平江、张孝赤等陪同。

【7月9日】省委副书记张昌尔一行，深入小渡船街道大龙洞水塘、舞阳坝街道阳鹊坝城郊现代烟草农业基地、华硒农产品批发市场等处，就现代农业发展情况调研。州、市领导肖旭明、张忠凯、孔祥恩、向前进等陪同。

【是日】副省长赵斌一行，深入润邦国际富硒茶业有限公司、"清江源"现代烟草农业科技园区蒲家垭片区等处，就特色产业发展情况调研。州、市领导杨天然、肖作文、李国庆、杨洪安等陪同。

△由市民族文工团、市非物质文化遗产保护传承展演中心表演的歌舞诗剧《嗯嘎·女儿会》荣获第四届全国少数民族文艺会演表演金奖。作为湖北省唯一一台参演剧目，在全国36个代表团、41台参演剧目中，并获最佳节目奖、最佳演员奖、最佳新人奖、导演奖、舞美奖、编剧奖等多个单项大奖。

【7月10日】国家烟草专卖局副局长何泽华、副省长赵斌率2012年全国烟叶收购暨现代烟草农业建设现场会与会代表至恩施市，参观城郊现代烟草农业基地单元、"清江源"科技园区等现场。州、市领导肖旭明、杨天然、张忠凯、瞿赫之、肖作文、刘志兵、向前进、李国庆、杨洪安等陪同。

【7月11日】省委副秘书长、省委财经工作领导小组办公室（农村工作领导小组办公室）主任刘兆麟一行，深入屯堡乡蒲家垭烟叶生产基地，白果乡锦鸡山人工防雹增雨工作站、蔬菜种植大棚和茅坝槽村等处，就烟叶生产和新农村建设情况调研。州、市领导王志强、肖作文、杨洪安等陪同。

【是日】湖北证监局纪委书记金建华一行，深入六角亭街道胜利街社区、二街小区等处，就全市网格化社会服务管理工作检查、督办。市领导胡平江、向朝敏等陪同。

△省国土资源厅土地整治局局长夏早发率检查组，深入盛家坝乡省级投资低丘岗地改造项目实施地，就2011年度耕地保护责任目标落实情况检查、督办。市领导廖泽熙等陪同。

【7月12日】州人大常委会常务副主任瞿赫之、州人大常委会副主任吕金施率州人大视察组，深入市中心医院住院综合楼、女儿寨项目工程、大峡谷索道工程以及云龙河地缝工程等施工现场，就重点项目建设和特色产业发展情况视察。市领导刘凡、廖泽熙、洪波等陪同。

【7月13日】全市半年经济社会发展计划及财政预算执行情况座谈会召开。大会向州人大常委会常务副主任瞿赫之为组长的州人大常委会视察组汇报2012年上半年经济社会发展计划、财政预算执行情况和重点项目实施情况，总结全市半年的经济社会发展状况及各项经济指标完成情况。市领导向前进、刘凡、张渊平、洪波等出席座谈会。

【7月14日】国家林业局中南院党委书记彭长清率考察组一行，深入屯堡乡、沐抚办事处等处，就恩施市退耕还林工作考察。市领导杨洪安等陪同。

【是日】中南民族大学党委书记陈达云一行，深入恩施大峡谷风景区，就民族文化旅游产业发展情况考察。州、市领导张忠凯、段超、朱卫东、张献宏、赵萍等陪同。

【7月15日】全国人大常委、华侨委副主任、致公党中央副主席杨邦杰率致公党中央调研组一行，深入芭蕉侗族乡枫香坡侗族风情寨，就民族地区文化发展情况调研。州、市领导谭文骄、邹炜、张献宏、管书华、金德钧等陪同。

【7月16日】州委副书记、州长杨天然一行，深入市地税局办税服务大厅和局机关大院，就地税工作调研，并看望慰问干部职工。市领导向前进、张渊平等陪同。

【7月19日】州委副书记张忠凯率州农业局、州科技局等有关部门负责人，深入市省级农产品加工园区项目施工工地，就农业产业化发展情况调研。市领导向前进、部志中、黄波等陪同。

【7月22日】市委八届四次全体（扩大）会议在望城坡会议中心召开。会议应到市委委员39人，实到38人，应到候补委员8人，实到8人，符合法定人数。市委书记向前进代表市委向全会作题为《抢抓黄金十年机遇，加快龙凤新区建设，奋力推进全市经济社会跨越式发展》的主题报告，市委副书记、市长李国庆安排部署政府当前重点工作。会议讨论并通过《中共恩施市委、恩施市人民政府关于加快推进龙凤新区建设的决定》。市领导向前进、李国庆、部志中、胡平江、刘凡、刘羽以及应邀参加会议的州直单位相关负责人等在主席台就座。非市委委员和候补委员的市级领导、市委调研员，市委、市政府老顾问，各乡

镇、街道(办事处)党委书记、乡、镇长、街道(办事处)主任,市直正科级单位主要负责人,市人大工委、市政协专委主要负责人,恩施经济开发区一级单位主要负责人,驻外机构负责人,银行、保险、通讯、石油等企业负责人参加会议。

【7月25日】湖北日报传媒集团董事长、湖北日报社社长、党委书记邹贤启一行,深入芭蕉侗族乡戽口村和枫香坡侗族风情寨,对恩施市经济社会发展情况进行考察与交流。州、市领导杨陈清、胡平江、邹炜等陪同。

【7月25—26日】中国城市规划协会会长、中国风景名胜区协会会长、闻一多基金会理事长赵宝江(建设部原副部长、湖北省原副省长、武汉市原市长)率中国城市协会考察组,深入亲水走廊、恩施州城规划展示厅、芭蕉侗族乡等处,就城市规划建设、新农村建设和休闲旅游发展等情况考察、调研。州、市领导沙玉山、胡平江、朱卫东等陪同。

【7月26日】省委原副书记、省纪委原书记黄远志一行,深入芭蕉侗族乡枫香坡侗族风情寨,就新农村建设、特色产业发展等情况调研。市领导万雪峰等陪同。

【7月27日】副省长郭生练一行,深入恩施大峡谷风景区,就旅游发展情况考察。州、市领导董永祥、侯萍、黄波、金德钧等陪同。

【7月28日】首届中国市县投资与项目对接高峰论坛在北京举行。恩施市应邀参加会议,市委书记向前进作为与会100余个市县的唯一代表在开幕式上致辞。市委副书记、恩施经济开发区常务副主任郜志中,市招商局及恩施经济开发区招商局主要负责人参加此次高峰论坛推介活动。

【7月30日】州、市领导肖旭明、瞿赫之、孔祥恩、江明辉、向前进、刘羽、张渊平、张孝赤、黄秀武一行,深入市军休所、武警恩施州支队、恩施军分区等处,开展建军节慰问活动,向驻地部队官兵和老红军、军队离退休干部致以节日的问候。张忠凯、肖作文、胡平江、邵永政、黄波、崔显琦一行,到广州军区驻红庙通信连、武警恩施州消防支队开展建军节慰问活动。市领导向前进、胡平江、刘羽、张渊平、张孝赤、黄秀武、邵永政、黄波、崔显琦还分别至恩施市人武部、武警恩施市中队、市看守所、武警恩施州消防支队特勤中队、市公安消防大队和武警清江消防中队等处,看望慰问驻军官兵,并查看军队营房建设、装备配备等情况。

【8月2日】省委党校工作指导处处长陈祖明一行至恩施市,市委党校工作情况调研。市领导黎昔品等陪同。

【8月3日】州委书记、州人大常委会主任肖旭明,州委常委、州委秘书长孔祥恩率州直有关部门负责人,深入新塘长岭岗华中药用植物园,就如何发挥资源优势,建设好华中药用植物园、做大做强硒产业调研。市领导向前进、黎昔品、赵萍等陪同。

【8月4日】全州农村教师保障性住房建设工作现场会在恩施市召开。常务副州长董

永祥出席会议并讲话，全州8个县市常务副县（市）长、州直相关部门负责人、各县市教育局负责人参加会议。市委常委、常务副市长张渊平代表恩施市作典型发言，副市长张献宏出席会议。是日，与会人员到恩施市崔家坝镇、龙凤镇等处的农村教师安居工程建设地参观。

【8月6日】省环保厅副厅长吕文艳率省农村环境连片整治督查组，深入屯堡乡、沐抚办事处、华智有机茶园"两清两减"示范基地等处，就大峡谷农村环境连片整治示范工作督查。市领导廖泽熙等陪同。

【8月7日】州政协副主席刘志兵率部分州政协委员，深入新塘乡、城郊基地单元等处，就烟叶生产工作调研。市领导杨洪安、金德钧等陪同。

【8月8日】州委副书记张忠凯一行，深入新塘乡、三岔乡，就农业产业化、华中药用植物园发展等调研。市领导李国庆、杨洪安、赵萍等陪同。

【8月9日】省总工会常务副主席黄国庆一行，深入湖北思乐集团、市总工会困难职工帮扶中心等处，就基层工会工作调研。州、市领导董永祥、黎昔品等陪同。

【8月10日】省委组织部组织二处调研员、副处长张耀明率调研组，深入六角亭街道书院社区、芭蕉侗族乡戽口村新农村建设示范点、"恩施玉露"生态走廊党建示范基地、润邦茶叶公司、高拱桥村等处，就基层党建工作调研。市领导王兰英、邵永政等陪同。

【8月14日】省住建厅厅长尹维真率省住建厅调研组一行至恩施市，深入华龙村五星级酒店建设工地、州文化中心施工现场、耿家坪保障性住房小区、金龙大道北段、省级农产品加工园等处，就经济社会发展现状和"616"工程工作进展情况调研。州、市领导秦斌、李国庆、万雪峰、廖泽熙等陪同。

【是日】州委书记、州人大常委会主任肖旭明一行，深入市地税局办税服务大厅，就调研税收征管工作调研，并看望慰问一线税收干部职工。市领导向前进、张渊平等陪同。

【8月16日】市委中心组被省委表彰为"2010—2011年度先进党委（党组）中心组"，这是市委中心组继2009年来再次获此殊荣。

【8月21日】副省长郭有明一行深入华龙村大酒店、州民族文化中心、硒都茶城、华硒生态园、金龙大道、恩施高中等处，就城市规划和重点项目建设调研。州、市领导肖旭明、董永祥、向前进、李国庆、廖泽熙等陪同。

【8月24日】省政府研究室巡视员桂金全率调研组至恩施市，就旅游品牌创建工作调研。州、市领导秦斌、陶军等陪同。

【8月25日】常务副州长董永祥一行至恩施市，就第三届湖北·恩施生态文化旅游节暨2012·恩施"女儿会"开幕式筹备工作督查。市领导胡平江、张孝赤、邹炜、黎昔品、张献宏等陪同。

【8月25—30日】第三届湖北·恩施生态文化旅游节暨2012·恩施"女儿会"举行。活动以"神奇武陵、风情恩施"为主题,主要包括开幕式、《嗯嘎·女儿会》文艺演出、山民歌、民族文化展演,"女儿会"相亲游园,嘉宾、旅行商及媒体记者考察恩施旅游资源,恩施旅游产品推介会等内容。25日,"恩施山民歌汇"在桥西广场上演。台湾少数民族考察团参演。26日,开幕式在州民族礼堂举行。副省长田承忠、省政协副主席仇小乐、省旅游局局长张达华应邀出席开幕式。副省长田承忠宣布开幕,州委书记、州人大常委会主任肖旭明和省旅游局局长张达华在开幕式上致辞,州委副书记、州长杨天然主持开幕式。台湾民意代表、中华海峡两岸少数民族交流协会理事长简东明率台湾少数民族考察团应邀参加开幕式并讲话。26—27日,台湾少数民族考察团一行到恩施土司城风景区、恩施"女儿会"游园相亲会场、恩施大峡谷风景区等处,对恩施民俗风情进行考察。27日,来自北京、上海、重庆、河南等省市的近20余家媒体记者和20多家旅行社负责人,借参加恩施土家"女儿会"之际,对梭布垭风景区进行考察。26—30日,《嗯嘎·女儿会》及社区土家民族文化节目在州民族礼堂和桥西广场展演。

【8月28日】州委副书记张忠凯一行,深入盛家坝乡肉牛养殖基地,就肉牛产业发展情况调研。市领导杨洪安等陪同。

【是日】板桥镇中心小学费国艳被省政府表彰为"湖北省农村优秀教师"。

【8月29日】恩施市被省委、省政府命名表彰为"全省精神文明创建工作先进单位";小渡船街道机场路社区、民族路社区被省委、省政府命名表彰为"2008—2010年度省级文明社区"。

【8月31日】以十堰军分区副政委黄桂林为组长的湖北省国防动员、民兵预备役和兵役工作政策法规落实情况检查组至恩施市,就国防动员、民兵预备役及兵役工作情况检查。市领导李国庆、廖泽熙、黄秀武等陪同。

【是日】州委常委、州委宣传部部长杨陈清一行,深入三岔乡、市施州民族小学、市机关事务管理局、市档案馆和市新闻中心等处,就诗联"两创"工作推进情况调研。市领导邹炜、张献宏等陪同。

【9月1日】省公安厅厅长吴永文、省公安厅副厅长尚武一行,深入市公安局舞阳派出所、市反恐防暴综合楼、市公安局等处,就公安工作调研。市领导向前进、黎昔品、许强等陪同。

【是日】省人大常委会民宗侨外委主任委员朱常渭率省人大调研检查组一行,深入旗峰坝农民安置房小区、市经济适用房小区、市第二实验小学及市中心幼儿园迁建项目建设工地和恩施山寨皮革有限公司新址等处,就湖北武陵山少数民族经济社会发展试验区建设情况和民族区域自治法相关工作情况调研、检查。州、市领导瞿赫之、陈学明、刘凡、邵永政等陪同。

【9月4日】州人大常委会副主任、州深化医药卫生体制改革领导小组办公室主任刘青率州卫生局、州人社局等相关部门负责人，深入崔家坝镇卫生院、斑竹园村卫生室、南泥渡村卫生室等处，就医改工作调研。市领导侯萍陪同。

【9月7日】省林业厅厅长王海涛一行至恩施市，就林业工作和省级森林城市创建等工作检查。市领导向前进、杨洪安等陪同。

【是日】在全国教师工作暨“两基”工作总结表彰大会上，恩施市被国务院表彰为全国“两基”（基本普及九年义务教育、基本扫除青壮年文盲）工作先进地区。全国仅80个县（市、区）、湖北省仅3县（市）获此殊荣。

【9月10日】恩施市城市生活垃圾综合处理厂开工奠基仪式在六角亭街道高桥坝209国道绕城线中段举行。该项目系湖北省恩施城市建设投资公司通过招投标，由香港泰和兴投资有限公司以BOT方式依法取得该项目30年特许经营权。规划用地为40000平方米，建筑占地面积15424.20平方米，建筑面积17000.50平方米，计划投资9428万元，设计日处理生活垃圾450吨。项目包含垃圾分选系统，污水处理系统，废塑料制油系统，可燃类有机杂物处理系统，有机物堆肥系统，供配电系统等该项目全部建成后，预计全年可处理生活垃圾16万吨，取得废旧塑料1万吨，有机营养土2万吨，衍生燃料2万吨。可提供120个就业机会。

【是日】省委组织部市县干部处副处长周华率省县市领导班子建设调研组，深入华硒生态园、金龙大道、华龙村大酒店和市第二实验小学迁建项目等建设工地，就经济社会发展情况和市领导班子建设工作调研。州、市领导周静、向前进、王兰英、廖泽熙、黎昔品等陪同。

△副州长秦斌到209国道绕城线松树坪接口处、虎民路松树坪安置小区建设工地、施州大桥、亲水走廊第五期工程段等处，就重点项目工程进度情况督办、调研。市领导李国庆、廖泽熙等陪同。

【9月11日】副州长秦斌、州政协副主席肖谏诚率州政协常委、委员一行，深入华硒生态农产品批发交易市场、金龙大道、州文化传媒中心、省级农产品加工园、火车站铁路物资专用线综合楼、市行政中心新址及市第二实验小学迁建项目建设工地等处，就州城部分重点项目建设情况视察。市领导李国庆、廖泽熙、金德钧等陪同。

【9月13日】省粮食局局长张忠宝率考察组，深入市茂和食品有限公司等处，就恩施市粮食储备、保障粮食安全和粮食企业转型升级等工作调研。州、市领导陈晓燕、杨洪安、管书华等陪同。

【9月14—15日】全省医疗机构突出问题专项检查组组长刘光峰一行至恩施市，就医

疗机构医药购销和医疗服务等工作检查。市领导万雪峰、张献宏等陪同。

【9月19日】全国人大常委、法律委员会副主任委员张柏林,中央纪委委员杨利民一行,深入恩施华硒生态农牧业公司、州经济开发区金龙大道建设工地、州文化中心建设工地、恩施卷烟厂和恩施高中等处,就经济社会发展情况调研。州、市领导肖旭明、杨天然、向前进、廖泽熙、黎昔品、黄波等陪同。

【是日】清华大学深圳研究生院恩施教学与社会实践基地在恩施清江创业园揭牌。清华大学副秘书长、深圳研究生院院长、教授康飞宇,清华大学深圳研究生院党委书记、副院长赵庆刚,清华大学深圳研究生院培训学院常务副院长朱继强,市领导向前进、郜志中、廖泽熙、黎昔品、陶军、张献宏等出席活动。同日,清华大学深圳研究生院学子恩施厚德教育基金发放仪式暨成长心连心联谊会在市一中举行。清华大学副秘书长、深圳研究生院院长、教授康飞宇和市委书记向前进为学生、教师代表发放厚德基金计89万元。

【9月20日】国家动物疫病预防控制中心主任才学鹏率调研组深入思乐集团种猪基地及养殖基地、白果乡畜牧兽医服务中心和瓦场坝村村级动物防疫室、市动物疫病预防控制中心实验室等处,就动物疫病防控工作调研。州、市领导王志强、肖家魁、杨洪安等陪同。

【9月21日】省公安厅副巡视员鄢阳率省安委会安全生产综合督查组,深入恩施东源锦华苑住宅小区、恩运集团客运公司航空路车站、恩运集团GPS监控中心、四方坪采石厂等处,就安全生产工作督查。市领导黄波陪同。

【是日】清华·恩施产学研合作座谈会在恩施市召开。清华大学港澳研究中心名誉主任、原清华大学教务长、原福州大学校长吴敏生,清华大学副秘书长、深圳研究生院院长、教授康飞宇及清华·恩施产学研合作考察团成员,市领导向前进、郜志中等出席会议。会上举行《世界硒都——恩施硒资源研究概述》一书首发仪式。

【9月21—22日】省深化医药卫生体制改革领导小组办公室督办处处长黄伟率省医改工作督办组,深入白杨坪乡、白果乡卫生院及部分辖区卫生室等处,就恩施市医改工作督办调研。州、市领导刘青、张献宏等陪同。

【9月25日】国家教育部机关党委副书记、纪委书记王家勤率调研组,深入市小渡船中学、施州民族小学等处,就民族地区教育发展情况调研。州、市领导段超、张献宏等陪同。

【9月26日】农工民主党恩施州委、武汉人福药业有限公司联合在市中心医院开展“同心建支点、同行促跨越”赠药活动,为该院捐赠价值80万元的药品。州、市领导刘青、陈卫平、邹炜、张献宏、向煦等出席活动。

【9月29日】州委常委、常务副州长董永祥率州旅游委、州安监局、州公安局交警支队

等单位负责人,深入恩施土司城风景区、恩施大峡谷游客接待中心、云龙河地缝等处,就“双节”期间旅游应急应对工作检查、督办。市领导向前进、张孝赤、廖泽熙、黎昔品等陪同。

【是月】《中国共产党恩施市组织史资料》(2004.01—2008.12)出版。编撰规模为66万字,印数800册。

【10月9日】副州长肖作文一行,深入三岔乡惠泽现代农业精细蔬菜基地、三岔烟草收购站(汾水收购组)、白杨坪乡熊家岩千亩茶园示范基地等处,就农业产业发展情况调研。市领导杨洪安陪同。

【10月11日】州委副书记张忠凯一行,深入市社会管理创新办公室应急调度指挥中心,就社会管理创新工作调研。市领导胡平江、王兰英等陪同。

【10月12—13日】省人大原常委、省文联原主席、省楹联学会会长潘涛率检查组,深入白杨坪乡董家店村和鲁竹坝村、龙凤镇二坡村、三岔乡莲花池村、芭蕉侗族乡戽口村等处,就恩施市创建“湖北省楹联文化之市”工作检查、验收。市领导邹炜、张献宏、王国玮等陪同。

【10月14—15日】科技部火炬中心创新型产业集群处处长张峰海一行至恩施市,深入聚硒康农业科技有限公司、圣峰药业有限公司等处,就科技企业发展情况调研。州、市领导孙宇鹏、尹剑等陪同。

【10月15日】“视力义检赠送眼镜活动”在小渡船中学启动。省关心下一代工作委员会率省教育科学研究所、省眼镜行业协会和部分爱心企业一行为恩施市中学生赠送万副眼镜,并免费为学生检测视力。省关心下一代工作委员会主任张道恒,州人大巡视员、州关心下一代工作委员会主任马春菊,市领导洪波、张献宏等出席活动。

【10月16—17日】省人民政府教育督导室副主任督学邓道玉一行,深入新塘乡、白杨坪乡、崔家坝镇、龙凤镇等乡镇学校及部分市直学校,就义务教育均衡发展工作督导评估。市领导李国庆等陪同。

【10月17日】参加湖北省武陵山试验区现场会的代表,深入华硒农产品批发市场和金龙大道、州文化中心、五指湖酒店、恩施孝感幼儿园等在建项目现场,就省直部门和孝感市对口支援恩施市的项目及恩施市部分在建重点项目参观考察。州、市领导董永祥、李国庆等陪同。

【是日】省政协副主席陈柏槐一行,深入恩施大峡谷风景区考察。州、市领导陈卫平、刘羽、向煦等陪同。

【10月18日】国家教育部党组成员顾海良一行,深入恩施大峡谷风景区考察。州、市领导黄实海、部志中、邹炜等陪同。

【是日】省社会管理综合治理委员会委员、省民族宗教事务委员会主任谭徽在,省民族宗教事务委员会党组书记、副主任柳望春一行至恩施市,深入市社会管理创新办公室应急调度指挥中心、小渡船街道民族路社区、六角亭街道胜利街社区等处,就社会管理综合治理工作调研。州、市领导段超、黄秀武等陪同。

【10 月 19 日】州委、州政府 2012 恩施·广州投资推介会召开。恩施市在该次推介会上共签订招商项目 4 个,分别为硒都大药谷项目、恩施物流港建设项目、大兴庵林场养生之都项目、富硒矿泉水项目,合同总金额 22.5 亿元。

【10 月 20 日】“恩施旅游孝感月”推介会在孝感市举行。市领导张渊平、侯萍等出席会议。

【10 月 21 日】台湾新同盟会会长许历农率台湾退役将领湖北参访团,在省政协副主席、民革湖北省委主委郑心穗的陪同下,至恩施市参观访问。州、市领导杨兵、李国庆、刘羽等陪同。

【10 月 25 日】州政协副主席杨兵率调研组,深入恩施圣峰药业有限公司、弘翔药业有限公司、九州通药业有限公司、恩施和诺生物工程有限责任公司、州农科院清江生物公司等处,就中药材发展情况调研。市领导王国玮陪同。

【10 月 25—26 日】省人大常委会党组副书记、副主任任世茂率调研组至恩施市,就农村道路建设、旅游景区建设等调研。州、市领导瞿赫之、向前进、李国庆、刘凡、洪波、管书华等陪同。

【是日】省诗词学会常务副会长向进青率省检查组,深入市“四大家”机关、市检察院、市审计局、市文体局、施州民族小学、舞阳坝街道、六角亭街道、六角亭街道书院社区、龙凤镇二坡村、芭蕉侗族乡戽口村、亲水走廊等处,对全市创建“荆楚诗词之市”工作进行检查验收。市领导邹炜、朱卫东、张献宏、王国玮等陪同。

【10 月 26 日】湖北银行行长段银弟一行,深入城区时代家居城、思乐集团等处,就恩施市中小企业发展情况调研。市领导李国庆、陶军等陪同。

【10 月 26—27 日】湖北稻花香集团工会副主席、稻花香酒业公司副总经理王心高率考察团至恩施市,就稻花香集团恩施市产业园项目进行实地考察。市领导李国庆、郜志中、黄波等陪同。

【10 月 27 日】省民政厅检查验收组一行至恩施市,就创建“全省模范光荣院”工作进行检查验收。市领导陶军陪同。

【10 月 29 日】国家农业综合开发办公室处长李岩一行至恩施市,就 2011 年农业综合开发项目进行检查。市领导杨洪安陪同。

【是日】国家民委专职委员兼财务司司长葛忠兴率调研组一行,深入六角亭街道胜利街社区、芭蕉侗族乡高拱桥村、施州民族小学等处，就全市基础教育、基层组织建设和民族团结进步等调研。州、市领导刘剑、朱卫东等陪同。

【10月30日】州人大常委会常务副主任瞿赫之带领州人大评议调查组至恩施市，就恩施市“四个年建设”活动开展情况调研。市领导李国庆、胡平江、刘凡、洪波等陪同。

【是月】芭蕉侗族乡被中国茶叶学会评选为“中国名茶之乡”。

【11月1日】《恩施市志》(1983—2003)由市政府首发。该志时间上限为1983年，下限为2003年，系统记载自恩施县、市合并以来21年间自然、政治、经济、文化、社会、人物诸多方面的变化和发展情况。由湖北人民出版社出版发行，志书规模为120万字，历时7年编纂而成。

【是日】电视剧《血誓》开机仪式在恩施土司城风景区举行。州、市领导杨天然、杨陈清、董永祥、李国庆、邹炜出席活动。

【11月2日】湖北广播电视台台长王茂亮一行，深入恩施大峡谷风景区考察。州、市领导杨陈清、邹炜陪同。

【11月3日】国家发改委宏观经济研究院副院长任伟民一行，深入恩施大峡谷风景区考察。市领导廖泽熙陪同。

【11月6日】州委副书记、州长杨天然一行至恩施市，就烟叶收购工作调研。市领导李国庆、杨洪安陪同。

【11月7日】省供销社主任赵东风一行，深入核桃坝村综合服务社、舞阳坝庄稼医院、华硒生态园、宜红茶科技园等处，就供销社改革发展工作调研。州、市领导陈晓燕、李国庆陪同。

【是日】省国家保密局局长李卫斌率检查组至恩施市，就全市保密工作检查、督办。市领导黎昔品陪同。

△市公安局党委委员、经侦大队队长肖建恩被公安部表彰为“全国公安机关严厉打击经济犯罪破案会战先进个人”。湖北省仅1人获此殊荣。

【11月8日】省人力资源和社会保障厅纪检组长易望汉率调研组，深入思乐牧业集团、芭蕉侗族乡等处，就恩施市2012年度人力资源社会保障工作目标任务完成情况调研。市领导陶军陪同。

【是日】副州长肖作文一行，深入思乐牧业集团、白果乡万头生猪养殖场等处，就思乐牧业集团产业发展情况调研。市领导黄永耀、杨洪安陪同。

【11月10日】财政部部长助理余蔚平率调研组一行，深入屯堡乡财经所，就基层规范化财政所创建工作调研。州、市领导董永祥、李国庆陪同。

【11月12—13日】州委常委、副州长段超一行，深入新塘乡、红土乡，就经济社会发展

情况调研。市领导朱卫东陪同。

【11月13日】省纪委检查组至恩施市，就市纪委、监察局“创五好班子、建一流队伍”工作专项检查。州、市领导李云开、向前进、万雪峰、黎昔品陪同。

【11月15日】州委副书记张忠凯一行，深入市社会创新服务管理综合指挥中心，就社会管理创新工作调研。市领导胡平江陪同。

【11月16日】国家民委经济发展司副司长左朝刚率调研组，深入芭蕉侗族乡戽口村，就少数民族特色村寨建设情况调研。市领导朱卫东陪同。

【是日】州委常委、常务副州长董永祥一行，深入山寨皮革公司新厂建设工地、圣峰药业公司、思乐牧业集团等处，就工业经济发展情况调研。市领导李国庆陪同。

【11月17日】省发改委巡视员、省开发区工作领导小组办公室主任黄光耀率调研组，深入恩施经济开发区武陵国际装饰城、农产品加工园、翔奥电气、欧力服饰和硒都茶城等处，就工业园建设、企业服务、招商引资等情况调研。市领导郜志中陪同。

【11月22日】州政协副主席谭建军率督查组至恩施市，就重点建议、提案办理工作检查、督办。市领导陶军、王国玮陪同。

【11月23—25日】中联部副部长陈凤翔率考察组，深入梭布垭风景区、恩施大峡谷风景区和润邦茶叶集团成品展示区和生产加工车间等处，就旅游产业和茶叶产业发展情况考察。州、市领导王志强、邹炜、朱卫东陪同。

【11月24日】非洲法语国家“实现联合国千年发展目标”官员研修班学员，深入芭蕉侗族乡戽口村、灯笼坝村、高拱桥村和白杨坪乡洞下槽村、熊家岩村等处，就新农村建设、产业发展、生态环境、教育卫生、社会保障发展情况考察。该研修班由国家商务部主办、中国国际扶贫中心承办，于2012年11月15日开班，来自刚果(金)、吉布提、几内亚、科摩罗、马达加斯加、马里、尼日尔、塞内加尔、乍得、科特迪瓦、中非11个国家减贫与发展相关政府部门的27名代表参加该项研修。学员赴恩施市实地参观考察是该研修班“专家讲座、国别演讲、案例分析和实地考察”4个环节之一。

【11月26日】州委副书记、州长杨天然，州委副书记张忠凯、州政协副主席刘志兵率州社会管理创新暨网格化服务管理工作现场会与会人员，深入六角亭街道胜利街社区、小渡船街道大桥路社区和市社会管理应急调度指挥中心等处，就恩施市社会管理创新工作参观、考察。市领导向前进、胡平江陪同。

【11月29日】全市学习宣传贯彻中共十八大精神大会召开。市委书记向前进组织学习中共十八大精神，传达中央、省委、州委关于学习宣传贯彻中共十八大精神的有关部署，并就全市学习宣传贯彻相关工作进行安排。李国庆等市“四大家”及恩施经济开发区领导参加会议。

【是月】由恩施市地方志编纂委员会统稿，中共党史出版社出版发行的《恩施市乡镇街道志》丛书一套13部即三岔、新塘、红土、沙地、白杨坪、太阳河、屯堡、白果、盛家坝、芭蕉乡志；崔家坝、板桥镇志及六角亭街道志，与湖北人民出版社出版发行的《舞阳坝街道志》同时公开出版发行。实现恩施市乡镇街道首轮修志目标。

【12月4日】全国第十二个法制宣传日纪念活动暨州、市“12.4”校园法制宣传周启动仪式在小渡船中学举行。州、市领导董永祥、吕金施、孙宇鹏、刘志兵、胡平江等出席活动。

【12月5日】恩施旅游接待中心（奥山世纪城）项目开工奠基仪式在恩施火车站站前广场举行。中心总占地面积约400亩，总建筑面积约60万平方米，项目以恩施土家地域文化为特色，倡导低碳经济，涵盖星级酒店，客栈，餐饮，娱乐，购物等土家风情休闲、文化区。省政协主席杨松、省政协副主席涂勇、省政协秘书长王树华，州、市领导肖旭明、杨天然、甘方谦、孔祥恩、刘志兵、陈卫平、向前进、李国庆等出席奠基仪式。

【是日】龙凤镇店子槽村集体林地林权拍卖现场会上，标的面积约462.15亩林地，流转30年，最终以82.05万元价格成交。在恩施市辖区内村级林场经营权尚属首例。

【12月6日】恩施市在第二届湖北省森林城市创建工作会议上被授予“湖北省森林城市”称号。

【是日】省人大常委会副主任刘友凡至恩施市，就恩施大峡谷风景区生态旅游业发展情况调研。市领导许强陪同。

【12月9日】全市“万名干部进万村洁万家”活动动员会在富源国宾会议大厅召开。会上对全市“三万”活动进行部署。市委书记向前进出席会议并讲话，市委副书记、市长李国庆主持会议，市委副书记胡平江作主题报告。市“四大家”有关领导出席会议。

【12月11日】省民政厅副厅长彭军率省调研组，深入芭蕉侗族乡福利院和高拱桥村、六角亭街道胜利街社区等处，就基层民政工作调研。州、市领导杨天然、肖作文、向前进、李国庆、胡平江、张渊平陪同。

【12月17日】省监察厅副厅长张家洪率省委第十四检查考核组，深入市反腐倡廉预防犯罪警示教育基地、芭蕉侗族乡高拱桥村等处，就恩施市落实党风廉政建设责任制和推进惩防体系建设情况检查考核。州、市领导张忠凯、向前进、万雪峰陪同。

【是日】州委常委、常务副州长董永祥率检查考评组至恩施市，对全市社会管理综合治理工作检查。市领导李国庆、胡平江、张渊平、崔显琦、向朝敏陪同。

【12月18日】省委宣讲团中共十八大精神恩施市报告会在州民族礼堂举行。省委宣讲团特聘教授，经济管理博士，中南民族大学马克思主义学院院长、教授、硕士研究生导师，湖北省高校马克思主义理论教育研究会理事阎占定作中共十八大精神专题宣讲辅导。市“四大家”及恩施经济开发区领导现场聆听报告。

【12 月 19 日】副省长王君正一行，深入恩施大峡谷风景区，就旅游产业发展情况调研。州、市领导董永祥、张渊平陪同。

【12 月 20 日】州委常委、副州长王志强一行，深入华硒生态园，就农产品批发交易市场经营情况调研。市领导陶军陪同。

【12 月 21 日】副省长许克振一行，深入屯堡乡鸭松溪村、恩施大峡谷旅游公路、恩运集团航空路客运站等处，就安全生产工作调研。州、市领导杨天然、张宇、向前进、管书华陪同。

【12 月 23 日】州委副书记张忠凯、副州长肖作文率全州秋冬季农业综合开发现场推进会与会代表至恩施市，就秋冬季农业综合开发工作考察。市领导胡平江、黄永耀、杨洪安、王国玮陪同。

【12 月 24 日】市委八届五次全体(扩大)会议召开。会议应到市委委员 39 人，实到 36 人。会议听取市委常委会履行管党责任制工作情况报告，并就落实情况进行测评。向前进、李国庆等市“四大家”领导，各乡镇、街道(办事处)党委书记、市委市直机关工委、市委“两新”工委、市委办公室、市委组织部相关负责人参加会议。

【12 月 25 日】恩施市在湖北省第二届关注森林活动授牌会上，获得省级“森林城市”称号。

【12 月 28—29 日】中共中央政治局常委、国务院副总理李克强在中共中央书记处书记杨晶及有关部门负责人陪同下至恩施市，深入龙凤镇青堡村茶园沟组、屯堡乡等处，冒雪探访深山农户，进入街边商铺，并召开多个基层座谈会，深入倾听百姓心声，共谋发展之计。

【12 月 29 日】国土资源部部长徐绍史、省国土资源厅厅长孙亚一行，深入市国土资源局，就基层国土资源部门服务地方经济社会发展、服务人民情况调研。市领导向前进、李国庆、廖泽熙陪同。

2013 年

【1 月 12—13 日】政协恩施市第八届委员会第三次会议召开。大会应到市政协委员 271 人，开幕式实到 252 人，闭幕式实到 204 人。大会听取并审议《政协恩施市第八届委员会常务委员会工作报告》《政协恩施市第八届委员会常务委员会关于八届一次会议以来提案工作情况的报告》；听取《恩施市人民政府关于八届一次会议以来提案办理情况的通报》；列席恩施市九届人大三次会议，听取并讨论《政府工作报告》及有关报告；表彰八届一次会议以来提案办理先进单位、提案办理先进个人和优秀提案；增补选举政协恩施市第八

届委员会常务委员;通过《政协恩施市第八届委员会第三次会议政治决议》。市政协主席刘羽代表政协恩施市第八届委员会常务委员会向大会报告工作。市"四大家"领导向前进、李国庆等,曾任市政协主要领导甘立友、刘宗烈等应邀出席会议。在施工作的省、州政协委员、市直有关单位主要负责人应邀列席会议。

【1月13日】国家民委人事司司长杨逢春率调研组一行,深入硒都茶城、芭蕉侗族乡高拱桥村等地,就民族团结进步工作调研。州、市领导段超、朱卫东陪同。

【1月13—14日】恩施市第九届人民代表大会第三次会议召开。大会应到代表288人,开幕式实到278人,闭幕式实到272人。大会审查并通过《政府工作报告》《恩施市人民代表大会常务委员会工作报告》《恩施市人民法院工作报告》《恩施市人民检察院工作报告》《关于市九届人大一次会议以来代表建议、批评、意见办理情况的报告》《恩施市2012年国民经济和社会发展计划执行情况及2013年财政预算(草案)的报告》和《恩施市2012年财政预算执行情况及2013年财政预算(草案)的报告》;审查并通过《议案审查报告》《计划预算审查报告》;表彰人大工作先进单位、人大代表建议意见办理工作先进单位、人大工作先进工作者。非市人大代表的市领导、市级调研员、县级干部,市直单位、乡镇、街道(办事处)有关负责人及部分企业负责人应邀列席会议。

【1月14日】州委副书记张忠凯、副州长肖作文率全州"万名干部进万村洁万户"活动现场推进会与会人员,到屯堡乡鸭松溪村"人工湿地"污水处理现场、白杨坪乡董家店村再生资源回收站及白杨坪乡蓝绿再生资源回收公司等地,考察市"万名干部进万村洁万户"活动开展情况。市领导杨洪安陪同。

【1月16—18日】全国人大常委会副委员长、全国妇联主席陈至立,全国妇联副主席陈秀榕,省人大常委会副主任林志慧,省妇联主席肖菊华、副主席吴红娅一行,开展"送温暖、三下乡"活动并调研基层妇联工作。当日,全国妇联"送温暖、三下乡"活动在三岔乡启动,全国妇联向农村妇女儿童捐赠项目资金和物资。陈至立一行到三岔乡三元坝村,走访慰问妇女和困难家庭。17日、18日,陈至立一行到屯堡乡、芭蕉侗族乡,寻访妇女创业典型及小额贷款财政贴息政策受益户。州、市领导肖旭明、张忠凯、瞿赫之、向前进、胡平江等陪同。

【1月17日】省人口和计划生育委员会副主任李元彪一行,深入舞阳坝街道周家河村,就"双联双促、结对共建"情况及人口和计划生育调研,并走访慰问部分困难群众。市领导朱卫东陪同。

【是日】副州长陈晓燕率州检查组一行,深入华硒生态肉品冻库和农副产品市场、中百仓储恩施航空路店、享买乐恩施广场购物超市、武商量贩恩施航空路店、思乐牧业集团恩施肉品生产车间等地,检查大型商贸企业的食品安全和消防安全,肉品生产企业的安全生产、市场销售和供应等工作。市领导尹剑陪同。

△市领导向前进、李国庆、郜志中、刘凡、万雪峰、张渊平、张孝赤、黄秀武、廖泽熙、黎昔品、邵永政、杨洪安、崔显琦、向煦等,先后到市人武部、市公安局、市供电公司、市公汽公司、城区街道等地,深入基层一线开展走访慰问活动,向基层一线送去新春节日祝福。

△新塘乡双河邮政所乡邮员、"拐杖信使"张美冲获省"2012 楚天人物"称号,并被授予"坚毅人物"奖。

【1 月 28 日】州委常委黄实海到新塘乡走访慰问困难群众。市领导万雪峰陪同。

【是日】州委常委、恩施军分区司令员江明辉到龙凤镇走访慰问困难群众。市领导胡平江、黄秀武陪同。

【1 月 31 日】全州党委(党组)中心组和学习型党组织建设先进单位表彰暨经验交流电视电话会议召开。会上,恩施市委中心组被表彰为"全州先进党委(党组)中心组";市委书记向前进代表市委中心组作典型发言。

【2 月 6 日】州委副书记、代理书记王海涛,州委常委、州委秘书长孔祥恩一行到三岔乡阳天坪村、鸦沐羽村,走访慰问困难党员、困难群众和福利院优抚对象。市领导向前进等陪同。

【2 月 13 日】州委副书记、代理书记王海涛,州委常委、州委秘书长孔祥恩一行,到龙凤镇龙马村、青堡村,看望龚延强、符茂艳,了解其生产生活情况,并进行春节慰问。随后到龙凤镇、金龙大道等地,就龙凤新区建设情况调研。市领导向前进、廖泽熙等陪同。

【2 月 19 日】全省旅游工作会议召开。恩施市被省旅游局表彰为"2012 年度全省旅游发展先进县市"。

【2 月 20—23 日】市领导李国庆、张渊平等率市发改局、财政局、国土资源局、农业局、住房和城乡建设局、规划局等部门负责人,到黄梅县小池镇、襄阳东津新区、荆门"中国农谷"等地,考察学习城镇规划建设与管理、农业现代化建设、体制机制创新等工作。

【2 月 24 日】由市委、市政府主办的"春暖硒都福临万家"恩施市 2013 年元宵晚会在州城民族广场举行。市领导邹炜、赵萍等与市民共庆元宵佳节。

【2 月 26 日】州委副书记、代理书记王海涛,州委常委、州委秘书长孔祥恩一行,到市召开调研座谈会。向前进、李国庆等市"四大家"领导参加会议。

【2 月 27 日】全市党建暨经济工作会议召开,传达贯彻落实中央、省、州经济工作会议精神,总结 2012 年工作,分析当前经济形势,安排部署 2013 年工作。市委书记向前进在会上传达州委副书记、代理书记王海涛在恩施市调研时的讲话精神,并作题为《党员干部要增强执行力》专题讲话;市委副书记、市长李国庆作大会主题报告;市委副书记、恩施经济开发区主任郜志中主持会议,市委副书记胡平江宣读表彰决定。会上,向前进与乡镇、街

道(办事处)党委代表、市直部门党组(委)代表签订党风廉政建设责任书、基层党建工作目标责任书。会议对2012年度综合考评先进单位、工业经济发展工作十佳成长型企业、优秀村(社区)、优秀村(社区)干部等进行表彰。在家的市"四大家"领导、恩施经济开发区班子成员、市人武部政委、市法院院长、市检察院检察长出席会议。

【2月28日】副州长檀坤华带领由省农科院中药材研究所、州科技局、州农科院等单位组成的州调研组一行,到新塘乡双河社区渔塘坝独立硒矿床所在地、华中药用植物园、百里紫油厚朴长廊等地,调研硒资源开发与应用情况。市领导尹剑、赵萍陪同。

【是月】恩施市孝感幼儿园竣工投入使用。该工程概算投资4100万元,其中孝感市援建2000万元,配备规范的幼儿活动室、综合楼、食堂、家长接待室及室外活动场所等,能容纳700名学龄前儿童入园。

【3月5日】湖北省恩施市全国综合扶贫改革试点工作座谈会召开。省社会科学院副院长秦尊文,州、市领导王海涛、张忠凯、董永祥、黄实海、秦斌、向前进、李国庆等出席座谈会。

【是日】全州"巧妇靓家标兵"表彰活动在三岔乡举行。州、市领导张忠凯、胡平江出席活动,并在三岔乡参加义务植树造林活动。

【3月8日】州、市领导王海涛、张忠凯、瞿赫之、甘方谦、孔祥恩、王志强、向前进到龙凤镇双堰塘村,参加义务植树造林活动。

【是日】省农发行行长丁伟一行到恩施市,考察龙凤新区、华硒生态农产品批发市场等地。市领导李国庆等陪同。

【3月12—13日】省住房和城乡建设厅城建处处长曹向东一行至恩施市,就"国家园林城市"创建工作指导。市领导万雪峰、廖泽熙陪同。

【3月13日】副州长檀坤华一行,深入屯堡乡马者村现代农业生产发展项目基地、田凤坪村油茶建设项目基地、恩施花枝茶厂等地,调研恩施市特色产业发展情况。

【3月15日】恩施州重大项目集中开工周启动仪式暨恩施州易事通物流园奠基仪式在恩施市举行。省发展和改革委员会副主任周锋,州、市领导王海涛、张忠凯、甘方谦、瞿赫之、孔祥恩、董永祥、李国庆、张渊平出席活动。

【是日】省发展和改革委员会副主任周锋率调研组一行,深入到市部分重点项目建设工地,调研恩施市重点项目建设情况。市领导部志中、张渊平等陪同。

【3月18日】州领导张忠凯、杨陈清、孔祥恩、张宇、肖谏诚一行,到许家坪机场隧道、华龙村五星级酒店、恩施机场二期扩建项目、州文化中心、州行政服务中心建设现场等地,调研州城重点项目建设情况。市领导李国庆陪同。

【3月21日】省社会治安综合治理办公室副主任万学斌率省检查组一行,检查恩施市

社区网格服务管理平台建设情况。州、市领导沙玉山、胡平江、黎昔品陪同。

【是日】州领导张忠凯、王志强一行,到恩施市新旺家禽养殖专业合作社、白果乡思乐集团万头生猪养殖基地、白果乡瓦场坝村畜牧兽医服务站、华硒正虹饲料新厂等地,调研恩施市畜牧产业发展情况。市领导胡平江陪同。

【3月26日】省财政厅调研组调研湖北省恩施市全国综合扶贫改革试点工作情况。市领导向前进、张渊平、黎昔品、王国玮陪同。

【3月27日】省人大常委会副主任赵斌一行,深入芭蕉侗族乡高拱桥村、枫香坡侗族风情寨等地,就恩施市人口和计划生育工作调研。州、市领导张忠凯、瞿赫之、陈学明、庞红艳、胡平江、刘凡等陪同。

【3月28日】恩施市举行"2013年'春暖花开·走进恩施'——全国千家旅行社恩施旅游线路考察活动"推介会及欢迎晚会。州、市领导秦斌、李国庆、刘羽、张渊平等出席活动。来自全国各地共1108名旅行社负责人参加该次活动,重点考察恩施土司城、恩施大峡谷风景区、恩施龙麟宫、恩施清江旅游风景区、恩施清江闯滩等主要旅游景区景点。

【4月1日】州委书记王海涛一行,到龙凤镇龙马村、渝家河水电站坝址、龙凤初中迁建现场等地,调研湖北省恩施市全国综合扶贫改革试点工作。市领导向前进、胡平江、张渊平等陪同。

【是日】市委副书记、市长李国庆接受省政府门户网站访谈,介绍恩施市经济社会发展情况。

【4月2日】湖北省恩施市全国综合扶贫改革试点工作专题座谈会召开。州、市领导王海涛、张忠凯、孔祥恩、董永祥、向前进、胡平江、张渊平等出席。

【4月6日】州委书记王海涛与湖北省恩施市全国综合扶贫改革试点工作领导小组办公室工作人员座谈,了解试点办组建以来的各项工作情况。州、市领导孔祥恩、向前进、王国玮参加会议。

【4月7日】2013年度"硒都讲坛"首讲——恩施市"增强执行力"主题实践活动专题讲座在州民族礼堂举行。中央党校党建部教授、博士生导师刘玉瑛受邀,作题为《提高执行力确保工作落实》的专题讲座。市委书记向前进主持讲座。市"四大家"领导、恩施经济开发区领导班子成员及全市数百名干部聆听讲座。

【是日】副州长张宇一行,深入209国道恩施龙凤坝至谭家坝改建工程、恩施龙凤坝至龙马二级公路等建设项目拟建现场,就湖北省恩施市全国综合扶贫改革试点交通运输发展规划工作调研。市领导黄波陪同。

【4月8日】省移动公司总经理郭永宏调研湖北省恩施市全国综合扶贫改革试点工作。州、市领导陈晓燕、向前进、李国庆、陶军陪同。

【4月9日】中国建设银行湖北省分行行长任德齐一行，调研湖北省恩施市全国综合扶贫改革试点工作。市领导陶军陪同。

【4月12日】全国部分省（自治区、直辖市）开发区协会座谈会在恩施市召开。来自北京市、上海市、湖北省、江苏省、河北省等14家全国开发区协会、5家国家级开发区、5家主管部门50余名代表齐聚恩施，就开发区发展工作进行交流。国家发改委外资司外资处副处长郭锐，国家统计局贸经司调研员严先溥，中国开发区协会会长师荣耀，州、市领导董永祥、部志中、曹云出席会议。同日，与会代表至恩施土司城风景区和恩施大峡谷风景区考察。市领导部志中、曹云、詹厚兰等陪同。

【是日】州委书记王海涛一行，深入白杨坪乡民族新镇、熊家岩茶叶民俗文化街等城镇化建设项目现场，就新型城镇化工作调研。市领导向前进等陪同。

【4月13日】省财政厅党组成员伍如良率省"三万"活动领导小组办公室检查验收组一行，深入白杨坪乡集镇垃圾处理厂、鲁竹坝村和董家店村垃圾分拣站，龙凤镇二坡村"三万"活动现场，屯堡乡鸭松溪村、花枝山村人工湿地现场等地，检查恩施市"万名干部进万村洁万家"活动开展情况。市领导杨洪安陪同。

【4月15日】中国楹联学会副会长蒋友泉、方留聚率中国楹联学会检查验收组一行，深入白杨坪乡鲁竹坝村、董家店村，龙凤镇二坡村，芭蕉侗族乡戽口村，施州民族小学等对联示范小区，对恩施市"中国楹联文化市"创建工作进行检查验收。市领导邹炜、张献宏陪同。

【4月17日】省交通运输厅厅长尤习贵一行，深入湖北省恩施市全国综合扶贫改革试点水源性工程入口路、恩施龙凤至龙马二级公路建设项目拟建现场、龙凤镇青堡村等地，调研交通运输工作。州、市领导张宇、向前进、李国庆、黄波陪同。

【是日】华中师范大学中国农村研究院教授、博士生导师，国家林业局中国林业改革发展研究基地主任贺东航一行，深入龙凤镇龙马村、青堡村等地，调研湖北省恩施市全国综合扶贫改革试点工作推进情况。市领导张渊平陪同。

【4月18日】省委常委、省委统战部部长张岱梨率省国土、水利、气象等部门负责人一行，深入芭蕉侗族乡高拱桥村、州城亲水走廊五期工程建设现场等地，检查指导防汛抗旱工作。州、市领导王海涛、杨天然、张忠凯、孔祥恩、谭文骄、王志强、李国庆等陪同。

【4月18—19日】副省长、湖北省恩施市全国综合扶贫改革试点工作领导小组常务副组长郭有明一行，深入州城及龙凤镇龙马村和青堡村、州农科院高新科技示范园、华硒生态园等地，调研湖北省恩施市全国综合扶贫改革试点工作。州、市领导王海涛、杨天然、董永祥、王志强、向前进、李国庆等陪同。

【4月20日】国家烟草专卖局局长姜成康、副省长许克振一行，深入"清江源"现代烟

草农业科技园区、湖北中烟恩施卷烟厂、湖北烟草金叶复烤有限公司、龙凤镇青堡村等地，调研恩施烟草产业发展情况，并就如何支持湖北省恩施市全国综合扶贫改革试点建设提出意见。州、市领导王海涛、杨天然、张忠凯、孔祥恩、董永祥、张宇、刘志兵、向前进等陪同。

【4月21—22日】清华大学深圳研究生院培训学院常务副院长朱继强率清华·恩施产学研考察团一行，进行产学研考察，并对相关合作项目进行对接。市领导王兰英陪同。

【4月23日】全省少数民族特色村寨保护与发展试点工作现场经验交流会与会人员一行，深入芭蕉侗族乡戽口村，考察少数民族特色村寨保护与发展工作。市领导朱卫东陪同。

【是日】经省政府批准，民政厅同意，白杨坪乡撤乡建镇。

【4月24日】国家民委经济司巡视员王铁志一行，深入龙凤镇龙马村、青堡村等地，调研湖北省恩施市全国综合扶贫改革试点工作。市领导向前进、朱卫东、王国玮陪同。

【是日】省档案局(馆)局(馆)长熊承家一行，检查恩施市档案管理工作。市领导黎昔品、邵永政、陶军陪同。

△亚洲开发银行鉴别团专家一行，就清江上游环境治理及生态保护项目进行调研。市领导张渊平、尹剑陪同。

△恩施市被全国普及法律常识办公室表彰为“全国法治城市法治县(市、区)创建活动先进单位”。

△市第二实验小学迁入市体育运动中心西侧新校区，定名为恩施市硒都民族实验小学。新校区占地面积9.64万平方米，建筑面积4.16万平方米，总投资1.56亿元。

【4月24—25日】州政协副主席肖谏成一行，深入白杨坪乡民族新镇和熊家岩茶叶民俗文化街、龙凤坝镇龙凤初中迁建现场、金龙大道北端施工现场等地，专题调研恩施市城镇化建设情况。市领导廖泽熙、金德钧陪同。

【4月25日】省政协专职常委、省政协民族和宗教委员会副主任陈新，省政协常委、省政协民族和宗教委员会副主任吴红娅率调研组一行，深入芭蕉侗族乡枫香坡侗族风情寨，调研恩施市生态环境保护工作。州、市领导刘志兵、万雪峰、管书华、赵萍陪同。

【是日】州委常委、州委政法委书记沙玉山到市公安局调研，了解该局打击侵财犯罪专业队伍建设情况，督办“五一”期间州城治安、维稳等工作。市领导胡平江、张孝赤陪同。

△州领导董永祥、汤文江率消防部门负责人一行，到城区恩施商场、网吧、液化气加气站、挂榜岩车站、华硒生态园等地，检查恩施市消防安全工作。市领导黄波陪同。

【4月26日】州、县(市)文化市场集中销毁非法出版物非法卫星电视广播地面接收设施活动现场会在恩施市举行。州、市领导杨陈清、邹炜、邵永政、张献宏、金德钧等出席。

【是日】恩施喻家河水库工程可行性研究报告技术审查会召开。州、市领导董永祥、胡平江出席并陪同省专家审查组现场查勘。

【4 月 27 日】湖北省司法厅副厅长陈文贵率省调研督办组一行，深入市社会管理应急调度指挥中心、市公安局、市司法局、育才幼儿园、施州民族小学、华龙村大酒店、六角亭街道胜利街社区等地，调研恩施市政法工作情况。州、市领导刘志兵、张孝赤陪同。

【是日】芭蕉侗族乡被省委办公厅表彰为首批“湖北省新农村建设示范乡镇”。为全州唯一获此荣誉的乡镇。

△小渡船街道民族路社区在省民政厅举办的“首届荆楚最美社区”推选活动中被评选为“荆楚最美社区”。为恩施州唯一获此殊荣的社区。

【5 月 2 日】湖北恩施全国综合扶贫改革试点规划编制工作汇报会召开。州、市领导王海涛、孔祥恩、董永祥、秦斌、向前进、胡平江、张渊平、廖泽熙、王国玮出席会议。

【5 月 7 日】光彩事业走进武陵山(恩施)启动式暨 2013 恩施州·武汉经贸洽谈旅游推介会在武汉举行。中央统战部光彩事业指导中心副主任魏登田宣布光彩事业走进武陵山(恩施)启动，省委常委、省委统战部部长张岱梨，副省长王君正出席启动式。州委书记、州人大常委会主任王海涛在会上致辞，州委副书记、州长杨天然主持启动式暨洽谈会，省委统战部副部长、省工商联党组书记曹立明在会上讲话，副州长陈晓燕作投资推介，市委书记向前进作湖北恩施全国综合扶贫改革试点建设项目推介。省直及“616”对口支援单位，省金融机构代表，对口支援市嘉宾，光彩事业邀请嘉宾，受邀旅行社、茶叶企业代表及相关嘉宾，州、市领导孔祥恩、谭文骄、段超、黄实海、王继刚等出席会议。是日，市委书记向前进代表恩施市与北京吉康控股(集团)有限公司、恩施众森绿色产业投资发展有限公司等签订总金额 64.33 亿元投资协议。

【是日】省政府第四督查组一行，深入小渡船街道航空路社区老年人日间照料活动中心，六角亭街道书院社区、城乡街社区和解放路社区等地，督查恩施市社区建设管理工作。州、市领导孙宇鹏、杨洪安陪同。

【5 月 7—8 日】州人大常委会常务副主任瞿赫之率检查组一行到恩施宝中国际旅行社有限公司、鄂西之旅国际旅行社有限公司、耕织园土苗特产超市、巴山旅游运输有限责任公司、清江观光船务有限公司、三月竹林商贸有限公司等地，对恩施市贯彻落实《恩施州旅游条例》情况进行视察。市领导刘凡、张渊平、侯萍陪同。

【5 月 9 日】州人大常委会副主任邓正平率视察组一行，到恩施大峡谷旅游公路、大龙潭一级保护区、红庙污水处理厂、华硒生态园等地，对恩施市贯彻落实环境保护法律法规情况进行考察。市领导廖泽熙、许强、邵永政陪同。

【5 月 10 日】州委副书记、州长杨天然，州委常委、副州长王志强一行，到小渡船街道

山溪沟水库自动雨量站、何功伟村雨量站、旗峰社区等地，就防汛抗旱工作调研。市领导李国庆、杨洪安、金德钧陪同。

【5月13日】上海黄浦区委党校教授、东方讲坛讲师杜言敏应邀到恩施市，以《坚持群众路线、争做清正表率》为题，在州民族礼堂进行党风廉政建设专题讲座。市委副书记胡平江主持讲座。市“四大家”领导、恩施经济开发区领导班子成员及全市数百名干部聆听讲座。

【5月13—14日】全国政协副主席、国家民委主任王正伟，副省长郭有明，省政协副主席郭跃进一行，深入芭蕉侗族乡戽口村，实地考察民族工作。州、市领导王海涛、杨天然、甘方谦、杨陈清、孔祥恩、谭文骄、庞红艳、秦斌、向前进陪同。

【5月15日】恩施市被中央综治委命名表彰为“2009—2011年度全国平安铁路示范县市”。

【5月16日】州委书记、州人大常委会主任王海涛一行，到舞阳坝街道官坡社区、舞阳大街社区、市环卫处等，与社区工作者、个体户、一线环卫工人交谈，调研社区工作和城市管理情况。市领导张渊平陪同。王海涛到湖北恩施全国综合扶贫改革试点领导小组办公室，看望慰问工作人员，检查指导、研究部署试点相关工作。市领导胡平江、张渊平等陪同。

【是日】州政协副主席王继刚率部分州政协委员一行，到白杨坪乡鹿子渡村、龙凤镇吉心村等地，调研恩施市扶贫开发工作。市领导刘羽、杨洪安、王国玮陪同。

【5月16—17日】国家民政部副部长戴均良，省民政厅厅长彭军一行，深入沐抚办事处、舞阳坝街道、六角亭街道等地，走访城乡低保家庭、乡镇福利院，调研恩施市经济社会发展、湖北恩施全国综合扶贫改革试点建设和民政工作。州、市领导庞红艳、向前进等陪同。

【5月17日】州城建设管理工作动员大会召开。州委书记、州人大常委会主任王海涛出席会议并讲话，州委副书记、州长杨天然主持会议，市委书记向前进作主题报告。州、市领导瞿赫之、孔祥恩、谭文骄、秦斌、陈卫平等出席会议。

【5月17—18日】农业部发展计划司副司长刘北桦深入湖北思乐牧业集团、华硒生态园、屯堡乡花枝山村等地，调研畜牧产业、生态农业发展情况。州、市领导陈卫平、杨洪安陪同。

【5月20日】省发改委党组成员陈辉率省调研组一行，就湖北恩施全国综合扶贫改革试点建设工作与恩施市进行座谈。市领导张渊平、朱卫东、陈志波出席座谈会。

【5月22日】省国土资源厅副巡视员王友章率省调研组一行，深入龙凤镇龙马村保扎组地质灾害检测点、青堡土地治理项目区等地，调研湖北恩施全国综合扶贫改革试点工

作。市领导张渊平、王国玮陪同。

【5月25日】广西煤监局副局长赖炳瑞率国家煤监局交换检查组一行，深入红土乡平锦煤矿、谭家湾煤矿等地，检查恩施市煤矿安全工作。市领导黄波陪同。

【5月27日】省物价局巡视员吴贤武率省考评组一行，深入芭蕉侗族乡财经所、庠口村和高拱桥村等地，通过现场察看、翻阅资料、听取汇报等方式，考评恩施市农村综合改革工作。市领导张渊平、杨洪安陪同。

【5月29—30日】国务院扶贫开发领导小组办公室主任范小建、政策法规司司长洪天云、副省长郭有明、省政府副秘书长吕江文一行，深入龙凤镇实地调研湖北恩施全国综合扶贫改革试点工作。州、市领导王海涛、孔祥恩、王志强、段超、肖作文、向前进等陪同。

【是日】副省长梁惠玲、省政府副秘书长李元江、省民宗委主任柳望春、省卫生厅厅长杨有旺一行，深入龙凤镇、芭蕉侗族乡、三岔乡等地，调研湖北恩施全国综合扶贫改革试点建设、武陵山试验区建设及基层医疗卫生服务体系建设等工作。州、市领导王海涛、孔祥恩、谭文骄、秦斌、向前进、张渊平等陪同。

【5月31日】州、市妇联，州电视台及恩施义工协会与社会爱心人士一行，到龙凤镇龙马小学，开展“六一童梦微爱传递”大型公益活动，现场捐赠物资50余万元。州、市领导于德海、刘志兵、张献宏、金德钧出席活动。

【6月2日】中华诗词学会顾问秦晓峰、省诗词学会常务副会长向进青率检查验收组一行至恩施市，就“中华诗词之乡”创建工作验收。市领导邹炜、张献宏、王国玮陪同。

【6月4日】恩施州、市“环保世纪行”活动启动仪式暨纪念第42个世界环境日宣传活动在市体育中心举行，并现场开展突发性环境事件应急演练活动。州、市领导瞿赫之、秦斌、刘凡等出席启动仪式。

【是日】州委副书记、州长杨天然一行，深入市第一中学检查高考备考工作，并看望、慰问广大师生。市领导胡平江、张献宏陪同。

【6月8日】省妇联党组书记彭丽敏到市调研“妇女之家”建设情况。州、市领导周静、王兰英陪同。

【6月9日】州人大常委会副主任于德海率检查组一行，到华硒生态园、腾龙水泥、山寨皮革、思乐牧业集团、市行政服务中心、市国土资源局、市依法治市领导小组办公室等地，检查恩施市“六五”普法和法治建设情况和《湖北省优化经济发展环境条例》贯彻落实情况。市领导刘凡、张渊平、邵永政、洪波、陶军陪同。

【6月13日】州委书记、州人大常委会主任王海涛到龙凤镇双堰塘村，就湖北省恩施市龙凤镇综合扶贫改革试点建设调研。州、市领导孔祥恩、向前进、胡平江、黎昔品陪同。同日下午，州委书记、州人大常委会主任王海涛，州委副书记、州长杨天然深入龙凤镇综合

扶贫改革试点领导小组办公室检查指导工作并召开座谈会。州、市领导孔祥恩、董永祥、向前进、李国庆等参加座谈会。

【6月17日】州、市2013年节能宣传周和全国第一个低碳日宣传活动启动仪式在州城民族广场举行。州、市领导董永祥、吕金施、刘志兵、张渊平、赵萍等出席活动。

【6月17—19日】首届深圳国际低碳城论坛暨第四届世界低碳城市联盟大会,在深圳市龙岗区坪地深圳国际低碳会展中心举行。市委副书记、市长李国庆代表恩施市,在会上作题为《坚持低碳发展,建设仙居恩施》的交流发言。市委副书记、恩施经济开发区主任部志中参加论坛。该论坛由国家发改委、住建部和深圳市政府主办,世界低碳城市联盟等单位承办。来自中国、芬兰、美国、荷兰、瑞典、丹麦、日本等国家和地区的政府代表、专家和学者,就城市交通、城市规划、绿色建筑、可再生资源等进行探讨交流。

【6月18日】州委常委、州委统战部部长谭文骄一行,深入爱奔汽车汽配城、中国硒都茶城、山泰汽车城、华硒正虹饲料等企业,调研恩施市非公有制企业和非公有制经济人士理想信念教育实践活动开展情况。市领导邹炜陪同。

【是日】州委常委、州委政法委书记沙玉山至恩施市,看望慰问2012年恩施州见义勇为先进个人林新明,并向其颁发荣誉证书。市领导胡平江陪同。

【6月20—21日】浙江省工商局巡视员、省商标协会会长吴干冰,云电商基金、云文化基金创始管理人王钢,阿里巴巴业务发展部总监李延林一行,深入龙凤镇综合扶贫改革试点规划建设的信息产业园、龙马旅游风情小镇、小龙潭城市综合体、七里坪商贸物流园等地,实地考察电子商务和旅游开发等项目规划建设情况,与恩施市洽谈项目合作相关事宜。州、市领导谭文骄、王继刚、张渊平、王国玮、胡启发出席座谈。

【6月24日】州委书记、州人大常委会主任王海涛一行,深入六角亭街道谭家坝村,看望慰问困难老党员。州、市领导孔祥恩、向前进陪同。

【6月25日】恩施市召开"学习贯彻十八大,争创发展新业绩"离退休干部形势报告会。州委党校原常务副校长、教授李福春应邀为全市270多名离退休干部及50名老干部工作者作主题为《学习贯彻十八大精神,支持龙凤试验区建设》的形势报告。

【是日】副州长檀坤华到屯堡乡,深入湖北仙芝堂生物科技有限公司生产基地,调研该企业生产销售情况。市领导余秋红陪同。

【6月25—26日】省安监局副巡视员郑应国率省安委会督查组一行,深入209国道185KM+500M九道水路段和桥西小商品市场等地,检查督办恩施市重大事故隐患整改落实情况。市领导黄波陪同。

【6月27日】中国楹联学会授予恩施州"中国楹联文化第一州"暨湖北省楹联文化艺术节与会人员一行,赴芭蕉侗族乡戽口村现场参观。州、市领导杨陈清、庞红艳、邹炜等陪

同。

【是日】省政协副主席刘善桥到恩施大峡谷风景区，调研恩施市旅游产业发展情况。州、市领导甘方谦、刘羽、金德钧陪同。

△州委常委、州委统战部部长谭文骄到屯堡乡，看望慰问老党员。市领导刘凡陪同。

【6月28日】《中国共产党恩施市历史》第二卷(1949—1978)在恩施市首发。该书由中共党史出版社出版发行，分5编、12章、42节，计29万字。

【6月30日】全国人大常委会委员、全国人大民委副主任委员艾斯海提·克里木拜一行，深入芭蕉侗族乡戽口村、灯笼坝村、恩施市润邦国际富硒茶叶有限公司等地，调研恩施市《民族区域自治法》实施情况。州、市领导瞿赫之、陈学明、孙宇鹏、刘凡、朱卫东、邵永政陪同。

【7月2日】恩施市城镇建设暨旅游产业发展高级研修班在清华大学深圳研究生院开班。市领导王兰英、金德钧、胡启发、王学渊，各乡镇、街道(办事处)党委书记及住建、旅游、文体等部门负责人共51名学员参加为期7天的培训。

【7月4日】恩施市再次被中央综治委表彰为“全国平安建设先进县市”。

【7月8日】鄂西圈投资公司董事长马清明到恩施大峡谷风景区，调研该景区建设情况。州、市领导秦斌、向前进、李国庆、刘羽、邹炜、陈志波、王学渊陪同。

【7月9日】恩施市被省委、省政府表彰为“2012年度湖北省科技创新进位先进县(市、区)”。

【7月9—11日】省联合发展投资集团有限公司董事长李红云、总经理刘行念一行，考察龙凤镇综合扶贫改革试点的龙马旅游风情小镇、青堡原住民土家山寨项目、恩施华硒集团公司、金龙大道北段工程项目、三龙坝现代物流园项目、209国道恩施龙凤坝至谭家坝段改建工程项目、衣角坝现代农业示范园项目、小龙潭城市综合体等项目，并就如何深化合作、加快推动恩施综合扶贫改革试点建设与恩施州、市进行深入交流。州、市领导王海涛、孔祥恩、向前进、李国庆等陪同。

【7月10日】“中国·恩施土家女儿会”官方网站正式开通。

【7月11日】湖北省武陵山区民族团结进步创建活动现场推进会在恩施市召开。会上，恩施市被国家民委表彰为“全国民族团结进步创建活动先进单位”。省民族宗教委员会副主任蔡德坤，国家民委监督检查司民族团结进步创建活动指导处处长王守利出席会议，并深入施州民族小学、六角亭街道胜利街社区、芭蕉侗族乡戽口村等地，考察民族团结进步创建活动推进情况。州、市领导庞红艳、胡平江等陪同。

【是日】州政协副主席刘志兵率视察组一行到恩施火车站站场，督办州政协七届二次会议提出的《关于加快恩施火车站站场建设、规范和强化管理》提案办理情况。市领导廖泽熙、向煦陪同。

【7月12日】省林业厅厅长刘新池一行，就龙凤镇综合扶贫改革试点工作调研。州、市领导王海涛、孔祥恩、董永祥、向前进、李国庆等陪同。

【7月18日】州委常委、州委组织部部长周静至六角亭街道、芭蕉侗族乡和龙凤镇等地，就党的基层组织建设及龙凤镇综合扶贫改革试点建设情况调研。市领导张渊平、王兰英陪同。

【7月20日】省农村经管局副局长万志一一行受农业部委托到市，授予恩施市“全国农村集体三资管理示范县”荣誉称号。市领导杨洪安出席授牌仪式。

【7月21日】州委常委、常务副州长董永祥至龙凤镇龙马村、青堡村等地，就龙凤镇综合扶贫改革试点建设推进情况调研。市领导张渊平、王国玮陪同。

【7月23日】州委书记、州人大常委会主任王海涛率州领导孔祥恩、董永祥一行至恩施市，就龙凤镇综合扶贫改革试点建设推进情况调研。市领导向前进、张渊平、王国玮陪同。

【7月24日】省烟草专卖局局长赵全意一行至恩施市，深入龙凤镇青堡村、喻家河等地，就龙凤镇综合扶贫改革试点建设推进情况考察。市领导李国庆、杨洪安陪同。

【7月25日】湖北省2013年度中央专项彩票公益金支持乡村学校少年宫建设项目骨干人员培训班在恩施市开班，来自襄阳、十堰、荆州、孝感、黄冈等地有关部门和70个项目学校负责人近200人参加培训。中央精神文明建设指导委员会办公室三局联络处处长张继青，省精神文明建设指导委员会办公室主任胡和平，州、市领导杨陈清、邹炜等出席会议。

【是日】州委副书记、州长杨天然率州领导杨陈清、谭文骄、董永祥、黄实海、邓正平、庞红艳、秦斌一行，至金山大道、金子大道、许家坪机场隧道、土桥大道和后坪山庄道路刷黑工程、三孔桥加宽工程、恩施机场二期扩建工程、恩施机场迎宾路、亲水走廊五期、虎民路、恩施瑞享国际酒店、华龙村大酒店等部分重点项目建设现场，调研建州30周年献礼工程重点项目进展情况。市领导李国庆、万雪峰、廖泽熙、金德钧陪同。

【7月25—26日】国家发改委西开司副司长童章舜一行至恩施市，就龙凤镇综合扶贫改革试点建设推进情况调研。市领导杨洪安陪同。

【7月26日】中央党校研究室副主任、巡视员、博士生导师，“三农”问题研究中心秘书长，区域经济研究专家曾业松受邀到市，为恩施市各级领导干部作题为《新型城镇化发展道路研究》的报告。市领导胡平江、郑晓斌、王兰英等及各乡镇、街道（办事处）、各市直部门（单位）相关负责人聆听报告。

【是日】州、市领导王海涛、杨天然、甘方谦、沙玉山、江明辉、庞红艳、汤文江、李国庆、胡平江分组走进军营、警营、军供站、军休所，开展“八一”建军节走访慰问活动。

△省委党史研究室副主任张帆一行至恩施市，就党史编研工作调研。市领导朱卫东陪同。

【7月29日】“光彩事业走进武陵山（恩施）投资考察活动·恩施州旅游推介会”在北京举行。会上，深圳市盛鹏达投资集团与恩施市签订“恩施万象文化旅游城”投资协议，项目拟投资55亿元。市领导向前进、黄波参加会议。

【7月30日】省委办公厅副巡视员祝晓彬率省督查组一行，深入市住房保障领导小组办公室、社会管理创新应急调度指挥中心、耿家坪保障性住房小区、玻璃厂火柴厂廉租住房小区和仙居花园棚户区改造项目、三立时代广场棚户区改造项目、城市生活垃圾综合处理厂项目施工现场等地，督查恩施市住房保障和城市管理工作情况。

【是日】省商务厅副厅长马大强一行，深入龙凤镇城市商贸综合体选址所在地、华硒生态园等地，就龙凤镇综合扶贫改革试点工作调研。州、市领导陈晓燕、黄波陪同。

【7月31日】省纪委副书记、省监察厅厅长吴琦一行，深入市地税局、市公安局舞阳坝派出所等单位，调研基层执法工作。州、市领导李云开、董永祥、向前进、万雪峰陪同。

【是月】市文化馆副研究馆员周恩高创作的以清江为背景的大型画卷《大美清江》由人民美术出版社出版发行。该作品历时24年完成，全长71.8米。

【8月1日】省粮食局局长张爱国一行，深入华硒生态园、湖北宜恒茶油产业科技有限责任公司等地，调就粮油工调研。州、市领导陈晓燕、黄波陪同。

【8月3日】副省长张通率调研组一行，深入屯堡乡鸭松溪村藻水分离站、人工湿地等现场，调研农村连片环境综合整治工作。州、市领导秦斌、陈卫平、李国庆、廖泽熙陪同。

【是日】省财政厅党组成员伍如良率调研组一行至恩施市，广泛征求党的群众路线教育实践活动意见，调研乡镇财政专管员制度落实情况。市领导张渊平、尹剑、黄国华陪同。

【8月4日】州委书记、州人大常委会主任王海涛一行，到州城东风大道，就“治堵保畅”行动进展情况调研。市领导李国庆、许强陪同。

【8月5日】鄂西生态文化旅游圈投资有限公司董事长马清明、总经理刘俊刚一行至恩施市，就农产品加工园项目考察。市领导向前进、郑晓斌、陈志波、向煦陪同。

【是日】州委副书记、州长杨天然深入长沙河渡口附近清江航道整治疏浚工程现场、省道鸦（鹊）荆（竹泉）线改建工程所在地、石心河大桥、恩施港石心河港区、汾水河港区等地调研。市领导向前进、李国庆、黄波陪同。

【8月6日】省司法厅纪委书记李颂银率省“六五”普法工作检查组一行，深入沙地乡、市司法局、市国土资源局等地，就“六五”普法工作推进情况检查。市领导胡平江、廖泽熙、邵永政、崔显琦等陪同。

【8月8日】省民族宗教事务委员会主任柳望春一行至恩施市，就全面建成小康社会进展情况调研。州、市领导孙宇鹏、李国庆、朱卫东、洪波陪同。

【是日】恩施唯硒全国代理商会议暨硒图有机硒产品商城开通仪式在恩施市举行。该活动由省硒资源开发利用促进会、州唯硒生态农业开发有限公司主办。中国保健协会食物营养与安全专业委员会会长、中国健康教育协会常务理事、联合国绿色工业组织专家委员会委员、营养专家孙树侠应邀出席会议并作报告。州、市领导檀坤华、王继刚、杨洪安、赵萍出席会议。来自全国16省的200名硒产品代理商与20家恩施富硒产品供应商参加会议。

【8月9日】省政协副秘书长熊维明率省政协调研组一行至恩施市，就政协协商民主建设工作调研。市领导刘羽、崔显琦陪同。

【是日】省人力资源和社会保障厅副厅长、省公务员局党组书记温兴生一行，就龙凤镇综合扶贫改革试点人力资源和社会保障工作调研。市领导张渊平陪同。

【8月10日】省政协专职常委、省民族和宗教委员会副主任陈新率调研组一行，深入州文化中心规划展示厅、龙凤镇龙凤初中迁建现场等地，就市城镇化建设情况调研。州、市领导刘志兵、廖泽熙、金德钧陪同。

【是日】孝感市委副书记、常务副市长潘启胜率队一行，深入孝感市对口援建重点项目——恩施孝感幼儿园，专题调研孝感市对口支援恩施市工作情况。市领导胡平江、张献宏、赵萍陪同。

△州委常委、常务副州长董永祥一行至恩施市，就龙凤镇综合扶贫改革试点扶贫搬迁暨移民建镇工作进行座谈。市领导向前进、张渊平参加座谈。

△庆祝建州30周年恩施市群众广场文化展演周活动在州民族广场启动。州、市领导杨陈清、谭文骄、邓正平、李国庆等出席启动仪式。

【8月10—11日】省政协常委、锦兴国际控股有限公司（香港上市公司）行政总裁戴锦文，省政协常委、武汉亚洲实业集团有限公司董事长谢俊明率香港湖北商务访问团一行，就招商项目考察。州、市领导王海涛、黄实海、陈晓燕、王继刚、李国庆、郑晓斌等陪同。

【8月13日】州委书记、州人大常委会主任王海涛深入龙凤镇双堰塘村，与该村村民代表进行座谈。市领导向前进陪同。

【8月17日】省卫生厅厅长杨有旺一行，深入市中心医院、白杨坪镇董家店村、崔家坝镇南里渡村和斑竹园村卫生室、崔家坝镇中心卫生院等医疗机构，调研卫生工作。市领导胡平江、张献宏陪同。

【8月18日】光彩事业走进武陵山区（恩施）、第四届湖北·恩施生态文化旅游节暨2013恩施“女儿会”、鄂台少数民族手牵手活动在州民族广场开幕。中央统战部光彩事业

指导中心副主任魏登田，省委统战部副部长、省工商联党组书记曹立明，台湾民意代表、中华海峡两岸少数民族交流协会理事长简东明等受邀嘉宾，州、市领导王海涛、杨天然、甘方谦、瞿赫之、谭文骄、董永祥、黄实海、陈晓燕、秦斌、王继刚、向前进、李国庆等出席开幕式。州直干部职工代表，恩施市各乡镇、街道(办事处)党政主要负责人，市直一级单位主要负责人等观看开幕式。

【8月19日】恩施土家族苗族自治州成立30周年庆祝大会暨促进民族地区加快发展动员大会在恩施城区隆重召开。中央有关部门祝贺团和湖北省党政军主要领导同各族群众参加当日的活动。

【是日】国家民族事务委员会副主任李昭、省民族宗教事务委员会主任柳望春一行，深入市施州小学、六角亭街道胜利街社区等地，看望慰问民族团结进步模范集体和模范个人。州、市领导王海涛、杨天然、向前进、朱卫东陪同。

△中央有关部门祝贺团部分成员、省民族宗教事务委员会副主任蔡德坤一行，深入芭蕉侗族乡庲口村、枫香坡侗族风情寨等地，考察恩施市民族团结进步示范村建设情况。州、市领导李云开、段超、李国庆、杨洪安陪同。

△省旅游局局长钱远坤一行，深入太阳河乡茶山河村、龙凤镇青堡村和龙马村等地，调研恩施市旅游产业发展开发与景区打造等工作。市领导张渊平陪同。

△孝感市委书记陶宏一行至恩施市，考察孝感市对口援建重点项目——恩施孝感幼儿园。市领导向前进、张献宏陪同。

△省经济和信息化委员会主任欧阳万坤一行，深入湖北思乐牧业集团和山寨皮革等企业生产现场、长源轴承退城进园项目建设现场，调研恩施市工业企业发展情况。市领导黄波陪同。

【8月22日】省文化厅厅长雷文洁一行，就龙凤镇综合扶贫改革试点文化建设情况调研。州、市领导杨陈清、向前进、李国庆、张献宏陪同。

【8月23日】省委统战部副巡视员李东明率省级民主党派代表一行，就龙凤镇综合扶贫改革试点建设情况调研。市领导管书华陪同。

【8月25日】中共恩施市委八届六次全体(扩大)会议在富源国宾酒店会议室召开。会议应到市委委员39人，实到38人；应到候补委员8人，实到8人。市委书记向前进代表市委向全会作题为《抢抓综合扶贫改革试点建设机遇，深入推进全市城乡一体化发展》的主题报告。市委副书记、市长李国庆主持开幕式。会议讨论并通过《中共恩施市委恩施市人民政府关于抢抓综合扶贫改革试点建设机遇，深入推进全市城乡一体化发展的实施意见》。市“四大家”有关领导，市委委员、候补委员，市纪委委员，非市委委员和候补委员的市级领导、市委调研员，市委、市政府老顾问，各乡镇、街道(办事处)党委书记、乡(镇)长、

主任，市直正科级单位和部分副科级单位主要负责人，市人大工委、市政协专委主要负责人，恩施经济开发区一级单位主要负责人，驻外机构负责人，部分企业负责人参加会议。

【8月26日】省人大常委会委员、内司委副主任委员周厚震率调研组一行至恩施市，就残疾人托养、康复、教育等工作调研。州、市领导吕金施、刘凡、黄波陪同。

【8月27日】省交通运输厅副厅长、省高管局局长谢强一行，深入芭蕉侗族乡辖区内209国道九道水危险路段整治项目施工现场，视察调研该项目建设情况。到恩运集团、挂榜岩车站、航空路车站、公汽公司、恒盛运输公司等地，检查调研恩施市交通安全工作和交通运输行业情况。市领导黄波陪同。

【8月28日】省委统战部副部长、省社会主义学院党委书记马萍一行，深入非公企业，就基层统战工作情况调研。州、市领导谭文骄、邹炜陪同。

【8月29日】清华大学建筑学院城市规划系教授张敏受邀至恩施市，作题为《城市特色与城市经营》的城乡规划专题讲座。市委书记向前进主持讲座。市“四大家”领导，恩施经济开发区领导班子成员，州直相关部门年轻干部及全市千余名干部聆听讲座。

【9月1日】州领导王海涛、孔祥恩、王志强、黄实海、肖作文一行，深入湖北思乐牧业集团和华硒正虹饲料公司，就畜牧产业和重点畜牧企业发展情况调研。市领导向前进陪同。

【9月2日】省人大常委会副主任田承忠率省人大视察组一行，深入芭蕉侗族乡润邦国际富硒茶叶有限公司，就“恩施玉露”茶产业发展情况调研。州、市领导瞿赫之、董永祥、于德海、余秋红陪同。

【9月5日】市政务微博发布厅上线仪式在中国电信恩施分公司会议室举行，标志恩施市进入“微博问政”时代。恩施政务微博发布厅借助新浪网搭建而成，全市共97家单位入驻。市领导李国庆、邹炜、黎昔品，新浪湖北总经理张先锋出席仪式。

【9月8日】全国供销总社经济发展和改革部副部长孔培聪、省供销联社副主任杨杰一行，深入六角亭街道头道水村、头道水村综合服务社、头道水庄稼医院、芭蕉侗族乡高拱桥村和高拱桥村综合服务社（网上便民服务中心）等地，就供销网上便民服务平台创建和运行情况调研。市领导黄波陪同。

【9月9日】州委常委、州委政法委书记沙玉山率州政法巡查组一行，深入城区到市社会管理应急调度指挥中心、市司法局法律援助中心和市社区矫正工作领导小组办公室、盛家坝乡等地，就政法综治工作巡查。市领导胡平江参加巡查活动。

【9月10日】太阳河乡梭布垭村小学校长宋功贵被省政府授予“楚天园丁奖”称号。

【9月11日】省安监局党组成员、总工程师刘奇晓率省督查组一行，深入城区桥西车站小商品市场，督办隐患整改情况。市领导黄波陪同。

【9月13日】国家民委教育科技司司长田联刚一行，深入城区小渡船中学、硒都民族实验小学、孝感幼儿园等地，调研教育工作。市领导朱卫东陪同。

【9月13—14日】省人大常委会副主任王玲率调研组一行，深入龙凤镇、白果乡、新塘乡、芭蕉侗族乡、白杨坪镇等地，就扶贫攻坚工作情况调研。州、市领导瞿赫之、段超、李国庆、张渊平等陪同。

【9月14日】省总工会党组成员、纪检组长、机关党委书记张中伟，省总工会总驻点工作队长、松滋市副市长王常华率省总工会松滋市驻点镇、村干部一行，深入华硒生态园、湖北中烟恩施卷烟厂、长友现代农业股份有限公司、芭蕉侗族乡枫香坡侗族风情寨等地，调研恩施市农业经济发展及新农村建设等情况。市领导黎昔品陪同。

【9月14—16日】省交通运输厅安监处副处长李裕民率省督查组一行，深入太阳河乡、红土乡、三岔乡、新塘乡、舞阳坝街道等地，就安全生产工作情况督查。市领导黄波陪同。

【9月16日】副省长郭生练、省政府副秘书长黄国雄、省教育厅厅长刘传铁一行，深入市孝感幼儿园、硒都民族实验小学、特殊教育学校等地，就学前教育、基础教育及特殊教育等发展情况调研。州、市领导王海涛、庞红艳、李国庆陪同。

【是日】州领导王海涛、孔祥恩、沙玉山一行至恩施市，就依法行政、依法办事等法治建设试点工作调研。市领导向前进、胡平江、张孝赤、黎昔品陪同。

【9月17日】省委副书记、省长王国生，副省长郭有明，省政府秘书长王祥喜一行，深入龙凤镇综合扶贫改革试点，就该试点空间人口布局、体制机制创新、社会事业项目建设、产业发展、移民建镇等情况调研。州、市领导王海涛、杨天然、董永祥、向前进、张渊平等陪同。

【是日】省商务厅厅长卢焱群一行，深入城区华硒生态园、土家女儿城等地，就商务经济运行情况调研。副州长陈晓燕及州、市商务局负责人陪同。

【9月18日】省委、省政府在恩施召开龙凤镇综合扶贫改革试点建设现场推进会。省委副书记、省长王国生出席会议并讲话，副省长郭有明主持会议。省政府秘书长王祥喜和省直相关部门负责人，州、市领导王海涛、杨天然、董永祥、张全榜、向前进、李国庆等参加会议。

【9月22日】州委常委、常务副州长董永祥一行，深入盛家坝乡，就烟叶收购工作情况调研。市领导杨洪安陪同。

【9月25—26日】国家督学、厦门市政府教育督导室主任陈江汉率评估组一行，深入市硒都民族实验小学、市实验小学、市第三实验小学、龙凤镇二坡村小学、新塘乡中心小学、舞阳中学、书院中学、新塘乡民族初中、屯堡乡初级中学、板桥镇中心小学等地，督导评

估恩施市推进义务教育均衡发展工作。市领导胡平江、管书华、金德钧陪同。

【9 月 26 日】省社会主义新农村建设领导小组办公室主任贺曙光一行，深入芭蕉侗族乡高拱桥村，就新农村建设发展情况调研。

【是日】州领导王海涛、董永祥、孔祥恩一行，深入龙凤镇综合扶贫改革试点，专题研究部署金龙大道、龙马生态休闲养生项目规划建设。市领导向前进、张渊平等陪同。

【9 月 29 日】全国人大常委会法制工作委员会刑法室副主任雷建斌率调研组一行，深入市司法局、舞阳坝司法所和三岔乡司法所等地，就社区矫正工作调研。市领导邵永政陪同。

【10 月 10 日】国家烟草专卖局副局长赵洪顺，省烟草专卖局局长、总经理赵全意一行，深入恩施现代烟草农业城郊基地单元、龙凤青堡现代烟草农业中心示范区等地，就烟草工作调研。州、市领导董永祥、李国庆、杨洪安陪同。

【是日】副州长秦斌到恩施大峡谷风景区，就"十一"黄金周旅游工作调研。市政府党组成员、恩施大峡谷风景管理处主任王学渊陪同。

【10 月 12 日】省人大农业与农村委员会副主任委员高全明率省行评督查组一行，就人办资源和社会保障系统行评工作情况督办调研。市领导洪波陪同。

【10 月 15 日】省质监局标准处副处长宋军杰率领省考核验收组一行，深入芭蕉侗族乡，就茶叶栽培国家级农业标准化示范区项目考核验收。市领导杨洪安陪同。

【10 月 16—17 日】第四届中国硒资源开发与利用协作组织会议在湖南省桃源县举行，恩施市作为组织成员代表应邀在中国硒资源开发利用协作会议论坛上作交流发言。州、市领导檀坤华、赵萍出席会议。

【10 月 17 日】中华建设党主席、易康富生物科技有限公司董事长、长荣国际游艇有限公司董事长王格琦率台湾经贸考察团一行，深入龙凤镇吉心村，考察农业产业发展情况。市领导王国玮陪同。

【10 月 18 日】省综治委委员、省民族事务委员会主任柳望春一行，深入龙凤镇吉心村和龙凤社区、市公安局等地，就政法综治工作和平安法治建设工作调研。市领导胡平江、张孝赤陪同。

【10 月 19 日】市社会福利院在全国老龄工作委员会办公室主办的首届"敬老文明号"评选活动中，获得全国"敬老文明号"称号。

【是日】21 时 30 分，中央电视台 13 频道《新闻调查》栏目播出题为《整酒》专题片，介绍恩施市狠刹整酒风的做法。9 月下旬，央视新闻调查栏目组一行 4 人先后到红土乡、沐抚办事处、龙凤镇等地走访调查，进行为期半个月的采访拍摄，并制作时长 45 分钟的恩施市禁整无事酒新闻调查专题片。

【10月22日】市委书记向前进主持召开市委常委(扩大)会议,传达学习贯彻州委六届五次全会精神,组织学习州委书记、州人大常委会主任王海涛所作的题为《实施产业化城镇化双轮驱动,努力开创恩施综合扶贫改革发展新局面》的主题报告。市"四大家"领导、恩施经济开发区班子成员、市人武部政委、市法院院长、市检察院检察长参加会议。

【10月23日】州领导杨天然、谭文骄、秦斌一行调研恩施土家女儿城。市领导李国庆、廖泽熙陪同。

【10月25日】省统计局局长李克勤到市深入小渡船街道、恩施土家女儿城、武陵国际装饰城、恩施锦华纸业有限责任公司等地,调研恩施市统计工作。州、市领导秦斌、李国庆、郑晓斌陪同。

【10月27日】州委副书记、常务副州长董永祥到华中药用植物园、龙凤镇综合扶贫改革试点等地,就华中药用植物园园区建设及龙凤试点项目建设情况调研。市领导向前进、洪波、杨洪安陪同。

【10月29日】全国政协教科文卫体委员会副主任、科技部副部长陈小娅率全国政协教科文卫体委员会、中国科协、科技部的专家学者一行,深入龙凤镇龙马村,开展科技下乡活动。州、市领导甘方谦、杨陈清、陈卫平、郑晓斌、刘羽等玮陪同。

【是日】恩施市被省政府授予"金融信用县(市、区)"和"保险先进县(市、区)"称号。

【10月29—30日】省国土资源厅党组成员、国土整治局局长陈新华率队一行,深入龙凤镇双堰塘村及龙马村等地,就龙凤镇综合扶贫改革试点社会经济及农村土地资源管理利用等情况调研。市领导向前进、郑晓斌、廖泽熙、王国玮陪同。

【是日】州人大常委会副主任于德海率州督查组,到城区土家女儿城、奥山世纪城、恩施(万福)国际商贸城、恩施国际服装城、翔奥电器、鸥力服饰、长源轴承等地,就招商引资项目落户工作情况督查。市领导洪波、黄波、管书华陪同。

△国家教育部政策法规司副司长柯春晖一行,深入板桥镇中心小学、屯堡乡初级中学、硒都民族实验小学、施州民族小学等地,就教育教学和学校基础设施建设情况调研。市领导张献宏、林险峰陪同。

【11月5日】深圳市龙岗中学与恩施市沙地中学友好对口支援与合作项目启动仪式在沙地乡举行。州、市领导王继刚、邹炜、廖泽熙、金德钧,广东省恩施商会深圳分会、南方教育时报、英国保城保险公司及市直有关单位负责人、部分企业和爱心人士参加启动仪式。

【是日】省地税局副局长肖厚雄率省调研组一行,深入市地税局,就党的群众路线教育实践活动开展情况及廉政建设工作情况调研。市领导张渊平陪同。

【11月6日】省高级人民法院院长李静一行,深入芭蕉侗族乡法庭、市人民法院等单

位，就基层法院工作情况调研。州、市领导沙玉山、向前进、王峰陪同。

【是日】省农业发展银行行长丁伟一行，深入金龙大道北段项目施工现场、州城规划馆、华硒生态园、土家女儿城等地，就凤镇综合扶贫改革试点项目建设及相关工作情况调研。市领导李国庆、林险峰陪同。

【11月7—8日】恩施市九届人大常委会第十四次会议召开。会议听取和审议市人大常委会任命的24个市政府工作部门局长（主任）落实履职承诺书情况报告，并分别对其进行评议；听取和审议市政府关于提请审议松树坪经济适用房小区一、二、三标段BT项目回购款项纳入年度财政预算的议案。市人大常委会主任刘凡主持会议。副主任侯萍、黄永耀、许强、邵永政、洪波、余秋红出席会议。市委常委、副市长廖泽熙，副市长杨洪安、张献宏、黄波及市法院、检察院主要负责人列席会议。

【11月8日】市委在州文化中心举行学习宣传州委六届五次全会精神报告会，州委党校副校长覃章梁受邀走进“硒都讲坛”，为恩施市千余名党员干部作题为《双轮驱动促跨越，综合扶贫奔小康》的专题报告。

【11月8—9日】省安监局副局长舒永健一行深入思乐牧业集团、福恩砂石料厂、三岔乡小望坡采石场等地，调研恩施市安全生产工作。市领导邵永政、黄波陪同。

【11月10日】州委书记、州人大常委会主任王海涛至恩施市，就学习贯彻州委六届五次全体（扩大）会议精神情况调研。州、市领导孔祥恩、黄实海、秦斌、向前进、李国庆等参加活动。

【11月11日】省扶贫开发领导小组办公室主任杨朝中一行深入金龙大道、龙凤镇龙马村和青堡村等地，就龙凤镇综合扶贫改革试点扶贫工作调研。市领导李国庆陪同。

【11月12日】恩施市获2013年中央财政产油大县奖励资金120万元。该奖励主要用于改造农田水利设施、农产品的精深加工、“绿色”“富硒”食品的种植研发、农业技术推广运用等。

【11月13日】州委副书记、州长杨天然，副州长庞红艳一行到市实验小学、舞阳中学等地，就教育工作调研。市领导向前进、张献宏、张伟陪同。

【是日】州人大常委会副主任陈学明率州人大常委会视察组一行，深入圣峰药业等地，就恩施市科技创新工作情况视察。市领导侯萍、张献宏、张伟陪同。

【11月14日】州委常委、州委政法委书记沙玉山到龙凤镇、市第三中学、恩施孝感幼儿园、硒都民族实验小学、市司法局等地，就平安法治建设情况调研。市领导胡平江、张孝赤陪同。

【11月16日】中国民主同盟恩施市第五届支部委员会盟员大会召开。大会听取、审议并通过《民盟恩施市支部第四届委员会工作报告》；选举产生民盟恩施市支部第五届委

员会;通过《关于民盟恩施市支部第四届委员会工作报告的决议》。民盟恩施州委主委曹毅,市领导许强、金德钧出席会议。

【11月18—19日】省美术院院长董继宁、院党委书记陈周率专家团一行,深入市第三中学、龙凤初中迁建工程施工现场、龙凤镇文体服务中心等地,就龙凤镇综合扶贫改革试点工作进展情况调研,并开展文化扶贫捐赠活动。市领导张渊平、侯萍等出席捐赠仪式。

【11月19日】省农业厅副厅长涂胜华率省考评组一行,深入白杨坪镇麂子渡村,就恩施市2012—2013年度"湖北省新农村示范村"建设情况考评。市领导杨洪安陪同。

【是日】省委老干部局副局长马在学一行,深入市老年大学新址、金龙大道北端、六角亭街道老干部活动中心及市老年大学旧址等地,检查指导恩施市老干部工作及《关于进一步加强老年大学工作的意见》贯彻落实情况。州、市领导周静、向前进、王兰英陪同。

△凌晨1时25分,城区金山大桥东岸厢梁三号块在浇筑过程中,作业面突然发生坍塌,致1人死亡、10人受伤。事故发生后,州、市相关部门连夜赶往事故现场进行处置,所有伤者均在事故发生后第一时间被送往医院接受救治。金山大桥是恩施州城金山大道建设的控制性工程,位于黄泥坝社区付家坡组。工程投资9746万元,于2013年2月开工建设,计划2014年12月建成通车。桥梁总长280米,是湖北省第一座矮塔斜拉桥,路基宽度为28米,行车道23米,双向四车道,设计时速为每小时40公里。发生坍塌的部位在在建大桥的中部,工程名为"金山大道西段S-02标段(金山大桥)工程",由武汉天创市政建设工程有限公司承建。

【11月20日】市中心医院门诊住院综合大楼投入使用。该医院医疗基础建设系市重点民生工程之一,建设面积43700平方米,投资20036万元,病床数为1200张。

【11月21日】龙凤镇综合扶贫改革试点新一轮退耕还林启动仪式在龙凤镇青堡村举行。州、市领导董永祥、李国庆、刘凡、张渊平等出席活动。

【11月22日】州委副书记、常务副州长董永祥一行,深入沙地乡、崔家坝镇、白杨坪镇等地,就秋冬农业开发进展情况和扶贫攻坚工作推进情况调研。市领导李国庆、杨洪安陪同。

【11月27日】省委组织部常务副部长梁伟年一行,深入金龙大道北段、龙凤镇双堰塘村、市委组织部等地,就基层党组织建设、人才工作、经济社会发展及龙凤镇综合扶贫改革试点推进情况调研。州、市领导王海涛、周静、向前进、李国庆、张渊平、王兰英陪同。

【11月28日】恩施市在2013年全国科技进步考核中,再次荣获"全国科技进步先进市(县)"称号。成为全州唯一三度蝉联该称号的市(县)。

【是日】芭蕉侗族乡庳口村获得国家住房和城乡建设部首批公布的"美丽宜居村庄示范"称号。系全省唯一获得该项殊荣的村庄。

△恩施市龙马风情小镇修建性详细规划专题研究会议召开。州、市领导董永祥、秦斌、向前进、李国庆等出席会议。

【11月29日】恩施市“在职党员进社区,做好人办好事”活动启动。市领导王兰英、侯萍、金德钧出席启动仪式。

【12月3日】国家烟草专卖局副局长何泽华一行,深入龙凤镇现代烟草农业中心示范区,就喻家河水源性工程项目建设、基本烟田土地整理、龙凤镇青堡村“四位一体”工作等情况调研。州、市领导秦斌、李国庆、杨洪安陪同。

【是日】国家发改委农经司副司长吴晓松、国家林业局发展规划与资金管理司巡视员刘国强一行,深入沐抚办事处高台村和营上村等地,就石漠化综合治理工程及退耕还林荒山造林项目调研。市领导张渊平、张伟陪同。

【12月4—5日】省政府参事、省商务厅巡视员马大强一行深入湖北萌族电子商务有限公司(淘宝网·恩施馆)、恩施集群电子商务有限公司、恩施唯硒生态农业开发有限公司等企业,就电子商务运行情况调研。州、市领导陈晓燕、黄波、赵萍陪同。

【12月9日】省委统战部常委副部长盛国玉率省督查组一行,就党外代表人士队伍建设工作督查。州、市领导谭文骄、向前进等出席座谈会。

【12月10日】州委副书记、常务副州长董永祥,副州长肖作文率全州畜牧产业链动员会与会代表一行,深入华硒正虹饲料、思乐食品加工园、家琪生态蛋鸡养殖场、思乐集团白果万头养猪场、思乐肉质腌制品加工厂等地,就畜牧产业链条建设推进情况考察。市领导李国庆、杨洪安陪同。

【是日】恩施市非物质文化遗产保护传承展演中心创作表演的恩施扬琴《镇船石》,作为湖北省唯一代表,在来自全国14个省、区、市,18个少数民族,28个曲种,计34个决赛作品中摘得在内蒙古呼和浩特举办的第五届全国少数民族曲艺会演表演、创作两项金奖。

【12月11日】国家教育部教育工作司副司长殷长春、省教育厅副巡视员孙望安一行,深入白果乡中心小学、白果中学、硒都民族实验小学等地,就义务教育均衡发展及农村教师队伍建设情况调研。市领导张伟陪同。

【12月15日】市委、市政府主办,市委宣传部、市文体局、龙凤镇承办的“热爱恩施、发展恩施、维护恩施”2014年元旦春节文体活动启动仪式暨文化、科技、卫生“三下乡”活动启动仪式在龙凤镇龙马便民服务中心广场举行。市领导邹炜、金德钧出席活动。

【12月16日】省统计局副局长叶青率省经济普查督查组一行,就第三次全国经济普查工作情况督查。市领导向前进、李国庆、廖泽熙陪同。

【12月16—17日】省住建厅副巡视员、省住建厅城市管理处处长冯家清率省检查组一行,深入州文化中心、东风大道示范街、六角亭街道胜利街社区等地,就城市管理工作督

查。市领导李国庆、万雪峰、廖泽熙、许强、金德钧陪同。

【12 月 17 日】交通运输部规划司投资处副处长王广民率检查组一行，深入恩施客运中心站项目建设现场、七里坪清江航道整治工程指挥部、芭蕉侗族乡楠木园村和戽口村等地，就交通扶贫项目开展情况督查。市领导黄波陪同。

【是日】崔家坝镇滚龙坝村、白果乡金龙坝村被国家住房城乡建设部、文化部、财政部公布为第一批“中国传统村落名录”。

【12 月 18 日】市科级干部预防渎职侵权违法犯罪暨“三纪四德”教育培训会在州文化中心举行，州人民检察院检察长吴忠良作专题讲座。市委副书记胡平江主持会议，近千名干部参加培训。

【12 月 18—19 日】湖北煤矿安全监察局纪检组长王亚林率省安委会目标考核督查组一行，深入湖北凯龙集团有限公司恩施分公司、三岔乡、航空路车站、恩运集团等地，就安全生产工作考核督查。市领导黄波陪同。

【12 月 19 日】州领导王海涛、董永祥、孔祥恩一行，就龙凤镇综合扶贫改革试点工作调研。市领导向前进、张渊平、向煦、王国玮等陪同。

【是日】中国恩施·韩国首尔旅游文化展演活动在湖北恩施土家女儿城举行。市政府党组成员、恩施大峡谷风景管理处主任王学渊出席活动。

【12 月 21 日】州委副书记、常务副州长董永祥一行，深入龙凤镇综合扶贫改革试点调研，并专题督办试点烟草项目建设工作。市领导向前进、张渊平等陪同。

【12 月 22 日】省委组织部副部长、省人力资源和社会保障厅厅长、省公务员局局长翟天山一行，深入龙凤镇政府、龙马保扎片区、双堰塘村等地，就龙凤镇综合扶贫改革试点工作调研。州、市领导周静、向前进、张渊平等陪同。

【是日】州委副书记、常务副州长董永祥一行至恩施市，就 2013 年度社会管理综合治理和平安建设工作检查督办。市领导李国庆、胡平江、张孝赤、邵永政参加汇报会。

【12 月 23 日】恩施大峡谷梯田被农业部认定为“中国美丽田园”，为全国 108 项农事景观之一。为全州唯一入选景观。

【12 月 23—24 日】国家烟草专卖局局长凌成兴，省政协副主席肖旭明，省烟草专卖局（公司）局长、总经理赵全意，省中烟工业公司总经理彭明权一行，深入龙凤镇现代烟草农业中心示范区，就喻家河水源性工程项目建设、基本烟田土地整理、龙凤镇青堡村“四位一体”等工作情况和烟草产业发展情况考察。州、市领导王海涛、杨天然、董永祥、刘志兵、向前进等陪同。

【12 月 27 日】13 时 15 分，红土乡境内一小轿车（鄂 Q9M250）途径红高公路 9km + 700m 处，坠入垂直高度约 100 米的深沟，致 3 人死亡，1 人重伤。

【12 月 27 日】全市学习宣传中共十八届三中全会精神报告会在州文化中心举行。州委党校教授李玉华对中共十八届三中全会精神进行全方位解读。市“四大家”在家领导，各乡镇、街道(办事处)、市直部门主要负责人及部分工商界人士现场聆听报告。

【12 月 31 日】全市“万名干部进万村惠万民”活动动员会在市行政服务中心视频会议室召开。市委书记向前进讲话，市长李国庆主持会议，副市长杨洪安作主题报告。市领导王兰英、邹炜、黄永耀、向煦出席会议。嗣后，恩施市集中 4 个月时间，分“政策宣传、兴办实事、检查验收”三个阶段，开展“万名干部进万村惠万民”活动。

2014 年

【1 月 2—3 日】北京大学地方政府治理和创新研究中心主任万鹏飞率调研组到恩施，就恩施市“如何完善镇村治理体系与治理能力现代化”开展前期调研。市领导向前进、胡平江、张渊平、王兰英、王国玮等陪同。

【1 月 3 日】州委副书记、常务副州长董永祥率州统计局负责人深入华硒正虹饲料科技有限公司、恩施宏城房地产开发公司、恩施宏城建设公司、美美百货以及部分个体商铺，就第三次全国经济普查工作情况进行检查。市领导张渊平陪同。

【1 月 5 日】市领导向前进、张渊平、洪波、王国玮等深入龙凤镇双堰塘中心社区、龙马九年一贯制学校、龙马产业园等部分项目建设现场，实地查看龙凤镇综合扶贫改革试点项目建设情况。

【1 月 7 日】省纪委党风室副主任李志启率省纪委“五项”考核检查组赴恩施市，深入市审计局、屯堡乡花枝山村、屯堡供电所和屯堡财政所等单位，就党风廉政建设情况进行检查。市领导万雪峰等陪同。

【1 月 7—8 日】政协恩施市第八届委员会第四次会议在富源国宾酒店召开。大会应出席市政协委员 277 人，实到 248 人，符合《政协章程》规定人数。大会听取并审议政协恩施市第八届委员会常务委员会工作报告；审议《政协恩施市第八届委员会常务委员会第三次会议以来提案工作情况报告》；听取《恩施市人民政府关于八届三次会议以来提案办理情况的通报》；选举政协秘书长；增补选举政协恩施市第八届委员会常务委员；表彰八届三次会议以来提案办理先进单位、提案办理先进个人和优秀提案；通过《政协恩施市第八届委员会第四次会议政治决议》。市领导向前进、李国庆等出席会议，在恩施市工作的州政协委员应邀列席会议。

【1 月 8 日】恩施市第九届人民代表大会第四次会议在州民族礼堂召开。大会应到代表 288 名，实到代表 263 名，符合法定人数。大会审议并通过市九届人大四次会议议案审

查委员会所作的《议案审查报告》和市九届人大四次会议计划预算审查委员会所作的《计划预算审查报告》；通过《政府工作报告》《人大常委会工作报告》《人民法院工作报告》《人民检察院工作报告》《恩施市2013年国民经济和社会发展计划执行情况及2014年国民经济和社会发展计划的报告》《恩施市2013年财政预算执行情况及2014年财政预算的报告》等决议；对2013年度人大工作先进单位、人大代表建议意见办理先进单位进行表彰。非市人大代表的其他市"四大家"领导及恩施经济开发区领导班子成员，市人武部政委，出席政协恩施市八届四次会议的政协委员等列席大会。

【是日】省财政厅副巡视员傅光明率省社会管理综合治理工作检查考评组赴恩施市，就社会管理综合治理工作进行检查。州、市领导沙玉山、胡平江等陪同。

△"中国县域网络形象排行榜（2013）暨县（区、市）级政府网络履职绩效排行榜"发布会在北京举行，恩施市入列"中国县域网络形象排行榜百强县市"，是湖北省获此殊荣的3个县市之一（恩施市、仙桃市、宜都市）。该排行榜由新华网联合中国社会科学院城市环境与发展研究所、武汉大学互联网科学研究中心、中国统计信息服务中心共同推出。

【1月9日】中国硒产品博览交易会暨中国恩施·世界硒都硒产品博览交易会在恩施州文化中心开幕。省委常委、省委秘书长傅德辉参观硒博会展区恩施馆。州、市领导王海涛、杨天然、董永祥、孔祥恩、李云开、檀坤华、向前进、李国庆等陪同。

【是日】市领导向前进、李国庆等市"四大家"领导，深入部分困难群众家中和市光荣院、市特殊学校、市中心医院、市军休所等地，开展春节慰问活动。

【1月10日】省农业厅厅长戴贵洲一行赴恩施市，就龙凤镇综合扶贫改革试点农业产业发展情况调研。市领导李国庆、胡平江陪同。

【1月10—18日】中国硒产品博览交易会暨中国恩施·世界硒都硒产品博览交易会在恩施州文化中心举行。来自山西、江苏、湖北、安徽、四川、重庆、广东、贵州、河南、北京、河北、福建、新疆、宁夏等省市的硒产品参展。参展企业365家，参展单个产品5000多个。10日，副省长甘荣坤，中国商业联合会副会长兼秘书长姜明，州、市领导王海涛、杨天然、董永祥、甘方谦、向前进、李国庆、杨洪安、赵萍等出席开幕式。1月13日，中国名优硒产品及中国特色硒产品评选名单揭晓，全国各地选送的30个硒产品获得"中国名优硒产品"称号，51个硒产品获得"中国特色硒产品"称号。其中，恩施市13个硒产品获得"中国名优硒产品"称号，11个硒产品获得"中国特色硒产品"称号。

【1月13日】国家民委机关党委专职副书记金星华率调研组至恩施市，深入硒都民族实验小学、华龙城大酒店、华硒生态园、土家女儿城等地，就民族、经济、文化、教育等发展情况调研。市领导朱卫东陪同。

【1月14日】国土资源部办公厅公布第七批国家地质公园资格名单，其中全国22处国

家地质公园获批,“湖北恩施腾龙洞大峡谷地质公园”获批成为国家地质公园。

【1月20日】省文化厅副厅长徐永胜率省消防安全工作检查组赴恩施市,深入华龙城大酒店建设现场、恩施国际大酒店、六角亭街道办事处、市应急救援指挥中心、小渡船街道航空路社区等地,就恩施市2013年度消防工作进行检查考核。州、市领导汤文江、黄波等陪同。

【是日】全市范围内组织开展春节前社会治安整体防控集中统一行动。仅市公安局出动警力580余人次,警车140余辆,设置盘查卡点24个,检查车辆1890辆,盘查人员931人,检查宾馆、旅社、出租屋178家,加油站16家、民爆仓库25家,烟花爆竹零售点68个,网吧35家,休闲娱乐场所59家。破获刑事案件16起,刑事拘留2人,取保候审3人,抓获网上逃犯5人。查处行政案件9起,行政拘留17人。

【1月23日】州委常委、州委统战部部长谭文骄到屯堡乡,深入部分老党员、困难群众家中及屯堡乡福利院,开展春节慰问活动。市领导邹炜等陪同。

【是日】市公安局禁毒大队副大队长姚曦被国家禁毒委员会评为“全国吸毒人员动态管控信息维护先进个人”。湖北省仅6人,恩施州仅1人获此殊荣。

△副州长张宇率州经信委负责人一行,到长源轴承制造有限公司,就公司生产发展情况调研。市领导黄波等陪同。

【1月23—24日】州委常委马尚云到湖北圣峰药业有限责任公司、湖北思乐牧业集团有限公司、芭蕉侗族乡庠口村、恩施市润邦国际富硒茶叶有限公司等地,就产业发展情况调研。市领导向前进、黄波等陪同。

【1月24日】省财政厅党组成员、省农业综合开发办公室主任周希祥率慰问组一行,赴龙凤镇慰问困难群众。市领导王国玮等陪同。

【1月24—25日】省林业厅副厅长谢思芳率省政府办公厅、省林业厅联合检查组赴恩施市,深入龙凤镇衣角坝松材线虫病除治现场、龙凤镇石田木业公司疫木定点加工企业、六角亭街道谭家坝村大沙坝松材线虫病除治现场及市林业局防火物资库等地,就恩施市2011年至2013年松材线虫病除治和森林防火工作情况检查督办。州、市领导肖作文、杨洪安等陪同。

【1月25日】州领导王海涛、孔祥恩、马尚云一行,深入三岔乡燕子坝村、三岔口社区及舞阳坝街道七里坪村等地,指导“万民干部进万村惠万民”活动。市领导向前进等陪同。

【1月26日】州领导王海涛、秦斌一行就州城渣土整治工作进行调研。市领导李国庆、廖泽熙等陪同。

【是日】国家住房和城乡建设部授予恩施市“国家园林城市”称号。

【1月27日】州领导王海涛、杨天然、董永祥、甘方谦、瞿赫之、杨陈清、孔祥恩、李云

开、沙玉山、江明辉、马尚云等一行至恩施市，对部分老党员、离退休干部、一线劳动者、困难群众、部队官兵及优秀人才看望慰问。市领导向前进、李国庆、廖泽熙等陪同。

【1 月 29 日】州领导王海涛、孔祥恩一行，到龙凤镇双堰塘村、店子槽村及龙凤镇福利院等地，开展春节走访慰问活动。市领导向前进、张渊平、王国玮等陪同。

【2 月 8 日】市委中心组举行专题学习会，集中学习习近平总书记在党的群众路线教育实践活动第一批总结暨第二批部署会议上的重要讲话精神，以及党的群众路线教育实践活动相关会议精神，并通报恩施市党的群众路线教育实践活动的筹备情况。会上，州委党校教授黄元山作题为《固本强基的根本措施——深入开展党的群众路线教育实践活动》的专题辅导报告。市委书记向前进主持会议并讲话。市“四大家”领导，恩施经济开发区领导班子成员，市直相关部门主要负责人，各乡镇、街道（办事处）党委书记、乡（镇）长、主任等参加学习。

【2 月 11 日】市委书记向前进主持召开市委常委会议，研究党的群众路线教育实践活动，学习习近平同志在第十八届中纪委第三次全体会议上的讲话精神。市领导李国庆、郑晓斌、胡平江、万雪峰、张渊平等参加会议，刘凡、刘羽列席会议。

【是日】湖北长友现代农业股份有限公司“长友”及图商标被认定为中国驰名商标，恩施市实现中国驰名商标零的突破。

【2 月 12 日】省委宣传部副部长文成国率省委督导组赴恩施市，深入金龙大道北段建设现场、龙凤初中迁建工程建设现场、市地税局、六角亭街道城乡街社区等地，就党的群众路线教育实践活动开展情况进行督导检查。州、市领导王海涛、李云开、向前进、李国庆、郑晓斌、胡平江、刘凡、刘羽等陪同或参加汇报会。

【是日】州委副书记、常务副州长董永祥一行，到州委党校至金龙大道南段道路改扩建现场、华硒生态产业园建设现场等地，就城市产业园区建设和城市相关基础设施建设情况调研。市领导向前进、李国庆、郑晓斌、廖泽熙等陪同。

【2 月 13 日】州委常委、副州长马尚云一行，至城区农产品加工园区、金龙大道及龙凤镇综合扶贫改革试点领导小组办公室等地，就恩施市综合扶贫开发工作进行调研。市领导胡平江、杨洪安、向煦、王国玮等陪同或参加座谈会。

【2 月 14 日】全市中国共产党的群众路线教育实践活动电视电话会议在市行政服务中心召开。市委书记向前进作动员报告，州委第一督查组组长吴耀先讲话，市委副书记、市长李国庆主持会议。州委第一督导组副组长王新林和督导组全体成员，市“四大家”领导及恩施经济开发区领导班子成员，正县级老干部和近 5 年退出领导岗位的部分副县级老领导，各乡镇、街道（办事处）主要负责人和组织委员，市直各单位主要负责人，市级民主党派和无党派人士代表，部分“两代表一委员”和群众代表在主会场参加会议。各乡镇、街

道(办事处)领导班子成员,直属部门、企事业单位主要负责人,村(社区)书记、主任在各分会场参加会议。

【2月17日】全市党建暨经济工作会议召开。市委书记向前进作题为《党员干部要争当改革创新表率》的讲话;市委副书记、市长李国庆作大会主题报告;市委副书记、恩施经济开发区主任郑晓斌主持会议;市委副书记胡平江宣读表彰决定。会议传达中央、省、州经济工作会及党建工作会和有关会议精神,总结2013年度的工作,安排部署2014年全市党建暨经济工作;向前进与乡镇、街道(办事处)党委代表、市直部门党组(委)代表签订党风廉政建设责任书、基层党建工作责任书;对2013年度综合考评先进单位、"十佳"对象等进行表彰。市"四大家"领导和恩施经济开发区领导班子成员出席会议。各乡镇、街道(办事处)党委书记,乡(镇)长、主任,各村(社区)书记、主任,市直一级单位领导班子成员和部分二级单位主要负责人,恩施经济开发区各部门主要负责人以及相关企业、重点民营企业、大会表彰对象参加会议。

【2月18日】省林业厅副巡视员庹德政率省督查组赴恩施市,深入龙凤镇青堡村新一轮退耕还林造林栽植现场及部分农户家中,督查森林防火、春季植树造林、野生动物保护执法、疫源疫病监测防控和集体林权发证等工作。市领导余秋红等陪同。

【是日】全市组织打击黄赌毒违法犯罪集中统一行动展开。仅市公安局出动警力330余人,清查各类娱乐场所276家,行政拘留卖淫嫖娼违法人员18人、吸毒人员1人、容留、介绍妇女卖淫违法人员4人,捣毁电玩赌博场所24家,收缴赌博机117台,查处涉赌违法人员68人。

【2月18—19日】州委常委、副州长马尚云一行,深入恩施清江风景旅游区、恩施瑞享国际酒店、恩施旅游接待中心、华龙城大酒店、叶挺纪念馆、文昌祠、恩施土家女儿城等地,就旅游产业及旅游配套设施建设情况调研。市政府党组成员、恩施大峡谷风景管理处主任王学渊陪同。

【2月26日】省政协副主席、省委第五督导组第一组长刘善桥率调研组赴恩施市,深入硒都民族实验小学、龙凤镇等地,就党的群众路线教育实践活动推进情况调研。州、市领导甘方谦、李云开、向前进等陪同。

【3月2—3日】鄂西生态文化旅游圈投资有限公司总经理刘俊刚一行赴恩施市,深入农产品加工园区、恩施大峡谷风景区女儿寨、实景剧场等项目建设现场,就恩施市旅游发展情况调研。州、市领导马尚云、刘羽、陈志波、向煦等陪同。

【3月3日】省财政厅副厅长黄明一行赴恩施市,就龙凤镇综合扶贫改革试点体制机制创新工作情况调研,并召开专题座谈会。州、市领导董永祥、张渊平、洪波陪同。

【是日】州委书记、州人大常委会主任王海涛赴龙凤镇龙马村,就龙凤镇综合扶贫改革试点工作进行调研,并走访慰问困难群众。州、市领导孔祥恩、向前进、张渊平等陪同。

△恩施市举行"永远跟党走——深入开展党的群众路线教育实践活动"图片展。市领导李国庆、郑晓斌、万雪峰、张渊平、王兰英、黄秀武、廖泽熙等参观展览。

【3月4日】州人大常委会常务副主任瞿赫之率州执法检查组赴龙凤镇,深入龙凤初中迁建工程施工现场、龙马保扎中低产田改造项目现场、茶园沟组退耕还林现场和青堡村"四位一体"烟叶服务中心等地,就贯彻执行《湖北省农村扶贫条例》情况进行检查督办。市领导张渊平、黄永耀陪同。

【3月5日】省农业厅副厅长焦泰文一行赴恩施市,深入龙凤镇龙马保扎片农业综合开发项目、青堡村现代烟草农业基地单元等地,龙凤镇综合扶贫改革试点建设情况调研。市领导李国庆、胡平江、王国玮陪同。

【是日】副州长张宇赴恩施山寨皮革有限公司、湖北宜恒植物油有限公司、湖北思乐牧业集团有限公司、恩施长源轴承制造有限公司、恩施华硒正虹饲料科技有限公司和恩施烟叶复烤厂等地,就工业经济发展情况调研。市领导向前进、郑晓斌等陪同。

【3月6日】省交通运输厅副厅长马立军赴恩施市,深入龙凤镇三龙坝至龙马公路项目现场,就龙凤镇综合扶贫改革试点道路交通规划与建设工作进行调研。市领导李国庆、王国玮等陪同。

【3月7日】武汉大学质量发展战略研究院院长程虹一行赴恩施市,深入龙凤镇龙马村保扎片区、龙马便民服务中心和部分贫困户家中,就综合扶贫工作进行调研,并召开座谈会。州、市领导王海涛、马尚云、向前进、张渊平、王国玮等陪同或参加座谈。

【3月8日】省人大常委、省人大城乡建设与环境资源保护委员会副主任委员、省委督导组组长文成国率领省督导组一行赴恩施市,深入三岔乡督导恩施市党的群众路线教育实践活动开展情况,走访基层听取群众意见。州、市领导王海涛、董永祥、向前进等参加走访活动。

【3月10日】省国土资源厅厅长孙亚一行赴恩施市,深入龙凤镇龙马保扎片区农业综合开发项目、龙马九年一贯制学校建设现场等地,就恩龙凤镇综合扶贫改革试点体制机制创新工作进行调研,并召开座谈会。州、市领导王海涛、董永祥、秦斌、向前进等陪同或参加座谈。

【是日】新华社播发《正在复苏的土家"西兰卡普"》消息并配图。图片显示在湖北恩施市一家"西兰卡普"生产企业,一名土家族女子把编织好的"西兰卡普"进行折叠。土家织锦,土家语称"西兰卡普",汉语意为"土花铺盖"或"土家铺盖",是湖北西部山区土家人的一种织锦,它是以麻、棉纱为经,以多色彩的粗丝、毛绒线为纬,采用通经断纬的方法编织而成的手工织锦。2006年,土家织锦"西兰卡普"编织技艺被列入国家级非物质文化遗产保护项目,“西兰卡普”开始重获生机。

【3月11日】省民族宗教事务委员会副主任邓汉光一行赴恩施市,深入芭蕉侗族乡戽口村、高拱桥村等地,调研民族宗教工作。州、市领导马尚云、张献宏等陪同。

【3月11—12日】副省长梁惠玲,在省政府副秘书长吕江文、省扶贫主任杨朝中的陪同下赴恩施市,深入白杨坪镇熊家岩村、龙凤镇综合扶贫改革试点等地,就综合扶贫开发工作进行调研,并召开恩龙凤镇综合扶贫改革试点建设专题座谈会。州、市领导王海涛、董永祥、冯泽忠、马尚云、肖作文、庞红艳、向前进、李国庆等陪同或参加座谈。

【3月13—14日】州人大常委会常务副主任瞿赫之、副主任余德海率执法检查组赴市污水处理厂、湖北民族学院排污口、鸭松溪藻类分离站、车坝水库、大龙潭水库、亲水走廊六期工程工地建设现场、屯堡集镇污水收集管网项目建设现场、红庙污水处理厂建设现场、城区垃圾处理厂等地,就《恩施土家族苗族自治州清江保护条例》贯彻执行有关情况进行检查。市领导李国庆、刘凡、廖泽熙、许强等陪同。

【3月18日】全国人大民委副主任委员吴仕民率全国人大民委和国家民委联合调研组,在省人大常委会主任苏晓云的陪同下赴恩施市,深入白杨坪镇熊家岩村、土家女儿城等地,就少数民族特色村寨保护与发展情况调研。州、市领导瞿赫之、马尚云、陈学明、张伟等陪同。

【是日】恩施市创建省级文明城市暨城乡建设管理工作会议在州文化中心召开。州委副书记、州长杨天然出席会议并讲话;副州长秦斌主持会议;市委书记向前进作主题报告;市长李国庆宣读《党员干部践行党的群众路线争做文明恩施人活动方案》。市“四大家”领导、恩施经济开发区领导班子成员出席会议。

△恩施市联合“新浪湖北”推出的2014“中国旅游新发现·恩施洗肺之旅”旅游产品推介会在富源国宾酒店举行。州、市领导肖作文、李国庆等出席活动。

△市公安局党委副书记、政委尤连才被省委、省政府授予“人民满意的公务员”称号。

△市拘留所被公安部评定为“全国一级拘留所”。

【3月19—20日】省经济和信息化委员会副主任王建民赴恩施市,就全省县域经济工作会筹备工作进行检查。州、市领导张宇、向前进、郑晓斌等陪同。

【3月20日】省政府咨询委员、武汉大学博士生导师叶永刚率专家调研组赴恩施市,就“龙凤镇综合扶贫金融工程”座谈研讨。市领导向前进、张渊平等出席座谈会。

【3月22日】省水利厅副巡视员易家庆率省防汛备汛检查组赴恩施市,深入太阳河乡、白杨坪镇和小渡船街道,查看河道治理工程、清江金山大桥建设工地和山洪灾害预警治理现场等,就防汛抗旱工作进行检查。市领导黄永耀陪同。

【3月25日】省住房和城乡建设厅巡视员占世良率督查组赴恩施市,深入红庙污水处

理厂、生活垃圾综合处理厂、九岭岗垃圾填埋场、首创水务污水处理厂等地，就污水处理和垃圾治理情况检查督办。州、市领导秦斌、廖泽熙等陪同。

【是日】市审计局获得湖北省"人民满意公务员集体"称号。

【3月26日】中国农业发展银行湖北省分行行长陈小强赴恩施市，深入金龙大道项目建设现场，州城规划展览馆等地，就龙凤镇综合扶贫改革试点建设情况调研。州、市领导马尚云、李国庆、林险峰等陪同。

【3月27—28日】湖北经济与社会发展研究院院长、教授、博士生导师蒋大国一行赴恩施市，深入金龙大道、龙凤镇二坡村、吉心村、青堡村等地，就龙凤镇综合扶贫改革试点建设及县域经济发展情况调研。州、市领导杨陈清、向前进、张渊平等陪同。

【3月28—29日】省委副书记、省长王国生，省委第五督导组第一组长、省政协副主席刘善桥，省政府秘书长王祥喜，省委组织部副部长刘艳红一行赴恩施市，就第二批党的群众路线教育实践活动开展情况和龙凤镇综合扶贫改革试点工作进展情况调研。并先后召开基层干部群众座谈会和恩施市党政领导班子座谈会，就第二批党的群众路线教育实践活动座谈。29日，省长王国生一行前往华硒产业园、华硒农产品交易市场、州民俗文化城等在建项目现场，检查重点项目建设、农产品销售和文化旅游产业发展情况。州、市领导王海涛、杨天然、董永祥、向前进、李国庆等陪同。

【3月29日】中国农工民主党湖北省委员会经济工作委员会副主任、湖北经济学院教授纪竹荪一行赴恩施市，就"加快我省新型农业科技服务体系建设"专题调研。州、市领导陈卫平、向煦等陪同。

【4月2日】州委常委、副州长马尚云率调研组赴恩施市，深入龙凤镇杉木坝村、双堰塘村、店子槽村、喻家河水库等地，就龙凤镇综合扶贫改革试点建设情况调研。市领导向前进、张渊平、杨洪安、王国玮等陪同。

【4月3日】州委书记、州人大常委会主任王海涛，州委常委、州委秘书长孔祥恩一行，深入屯堡、沐抚、板桥、太阳河等地，调研茶叶产业发展、乡镇集镇建设和旅游产业情况。市领导向前进、李国庆陪同。王海涛主持召开座谈会，就州委常委会及自身建设、全州经济社会发展征求意见和建议。市领导向前进、李国庆等参加座谈。

【4月8日】州委常委、副州长冯忠泽一行，深入芭蕉侗族乡、盛家坝乡等地，就草食畜牧业发展情况调研。市领导杨洪安等陪同。

【是日】州委常委、州委政法委书记沙玉山一行，深入龙凤镇网格物业化管理服务中心、恩施检察院龙凤检察服务站、双堰塘村、青堡村等地，就社会管理创新工作调研。市领导张渊平等陪同。

【4月9日】省社会治安综合治理办公室基层指导处处长汪宗兴率省督查组一行赴恩

施市，深入六角亭街道胜利街社区、小渡船街道航空路社区和市社会管理应急调度指挥中心等地，就综治工作和社区网格化管理工作调研、督查。市领导张渊平等陪同。

【是日】州委常委、副州长马尚云一行，深入屯堡、沐抚等地，就恩施大峡谷旅游公路、旅游购物市场、景区接待中心、客运索道项目、七星寨景区、山水实景剧剧场、女儿寨等建设情况调研。市领导李国庆等陪同。

△副州长秦斌一行，深入州城马鞍山道路整治工程施工现场、华硒物流园、华硒农产品批发市场、土家女儿城等地，就全省县域经济工作会筹备工作及市容市貌整治工作检查督办。市领导廖泽熙等陪同。

【4月14日】中央政治局常委、中央书记处书记刘云山，中央政治局委员、中央书记处书记、中央组织部部长赵乐际，在省委书记、省人大常委会主任李鸿忠，省委副书记、省长王国生的陪同下赴恩施市，深入芭蕉侗族乡高拱桥村、六角亭街道头道水村等地，就第二批党的群众路线教育实践活动开展情况和基层党的建设工作情况调研。州、市领导王海涛、杨天然、向前进等陪同。

【4月15日】省人大常委会法制工作委员会主任委员章新生率调研组赴恩施市，深入三岔乡阳天坪村、莲花池村和六角亭街道谭家坝村、头道水村等地，就《湖北省实施〈中华人民共和国村民委员会组织法〉办法（修订草案）》进行调研。州、市领导瞿赫之、肖作文、刘凡、杨洪安等陪同。

【4月16日】省教育厅信息化发展中心主任范义虎、武汉市三道街小学校长尹慧红赴恩施市，深入龙凤镇部分小学、龙凤初中迁建工程现场等地，调研教育信息化建设工作，衔接三道街小学对口支援龙凤镇基础教育事宜。市领导张献宏陪同。

【4月19日】省级文明城市检查验收组一行赴恩施市，深入小渡船街道民族路社区、白杨坪镇、屯堡乡中心小学等地，对恩施市省级文明城市创建工作进行现场检查验收。市领导向前进、李国庆、万雪峰、邹炜、廖泽熙陪同。

【4月21—22日】中央党建工作领导小组秘书组处长周新群率调研组赴恩施市，深入龙凤镇店子槽村、双堰塘村和六角亭街道头道水村等地，就村医村教进村两委工作、律师顾问进村、农民办事不出村等农村社会综合治理体系机制创新情况等调研。市领导张渊平、王兰英等陪同。

【4月23日】省交通投资有限公司董事长张嗣义、总经理龙传华一行赴恩施市，就松树坪、方家坝旅游度假项目、高旗大道道路工程项目与恩施市签订项目合作协议。州、市领导王海涛、杨天然、董永祥、张宇、向前进、李国庆等陪同或参加座谈。

【4月23—24日】省科学技术厅副巡视员方国强率省考核组赴恩施市，深入龙凤镇龙马中低产田改造现场、茶园沟退耕还林现场、青堡村等地，就地方党政主要负责人扶贫工

作责任制落实情况进行考核。州、市领导董永祥、马尚云、向前进、张渊平等陪同或参加汇报会。

【4月25日】州政协副主席刘晓冰一行，深入施州民族小学等地，就教育信息化建设工作进行调研，并召开座谈会。市领导张献宏、金德钧等陪同。

【4月26日】省农垦农业管理局纪检组长经建新率省农村综合改革考评组赴恩施市，深入龙凤镇、白果乡、市财政局、市林业局等地，就农村综合改革工作考察。市领导张渊平、杨洪安等陪同。

【4月30日】州委书记、州人大常委会主任王海涛一行，深入龙凤镇店子槽村，就村医村教进村"两委"班子工作情况调研。市领导向前进、王兰英、王国玮等陪同。

【5月4日】州、市纪念"五四"运动95周年暨主题为"同饮清江水、共保母亲河"团日活动在桥西广场举行。州、市领导董永祥、吕金施、向宏贵、张渊平等出席活动。

【5月5日】市人民政府政务中心(恩施市民之家)整体搬迁至金桂大道98号，正式对外办理相关业务。

【5月5—6日】全省县域经济工作会议在恩施市召开。省委书记李鸿忠，省委副书记、省长王国生出席会议并讲话。省委常委、常务副省长王晓东主持会议，并宣读省委、省政府关于2013年度全省县域经济工作先进单位的通报。省委常委、省委秘书长傅德辉，副省长许克振，武汉市市长唐良智，省政府秘书长王祥喜等出席会议。州委书记、州人大常委会主任王海涛，州委副书记、州长杨天然及全省各市(县)、直管市、神农架林区党委或政府主要负责人，省直有关部门和金融机构负责人等参加会议。6日，副省长许克振到硒都茶城、华硒产业园等地参观。市领导向前进、李国庆等陪同。

【5月5—6日】省财政厅厅长王文童一行赴恩施市，深入龙凤镇龙马村、青堡村等地，就凤镇综合扶贫改革试点扶贫搬迁、"滴灌式"扶贫、产业结构调整、退耕还林等工作情况调研，并走访慰问困难群众。市领导张渊平、杨局成、王国玮等陪同。

【5月6日】省委宣传部常务副部长杨万贵一行赴恩施市，深入恩施土家女儿城运动健身中心、富硒产品展销区、民俗文化展示区、创业街区等地，就文化体育产业发展情况调研。州、市领导杨陈清、李国庆、邹炜等陪同。

【是日】省住房和城乡建设厅厅长尹维真一行，赴恩施市，深入白杨坪镇、龙凤镇，就乡镇集镇建设工作进行调研。州、市领导秦斌、万雪峰陪同。

【5月7日】省委财经工作领导小组办公室(农村工作领导小组办公室)副主任陈宽宏率调研组赴恩施市，深入恩施经济开发区农产品加工园、崔家坝镇烟水配套工程基地、润邦国际富硒茶业有限公司等地，就特色农业发展情况调研。市领导杨洪安陪同。

【是日】州委常委、副州长冯忠泽一行，到龙凤镇青堡村，就基层党组织建设、村集体经济及特色产业发展等工作调研。市领导张渊平陪同。

△州政协副主席陈卫平率专家组一行，到太阳河乡双河岭村、头茶园村等地，就州政协七届二次会议第34号《关于申报并规划建设太阳河国家级风景名胜区的提案》督办。市政府党组成员、恩施大峡谷风景区管理处主任王学渊陪同。

【5月8—9日】全国人大民族委员会副主任委员孙大发，全国人大常委会委员、全国人大民族委员会委员苏晓云，全国人大常委会委员张永义，在省人大常委会副主任赵斌的陪同下赴恩施市，深入恩施润邦国际富硒茶业有限公司、芭蕉侗族乡高拱桥村等，就城市民族工作和民族地区生态补偿工作情况调研。州、市领导瞿赫之、陈学明、张渊平、刘凡、邵永政等陪同。

【5月9日】省委党校常务副校长陶良虎一行赴恩施市，深入龙凤镇中学、龙马村等，就龙凤镇综合扶贫改革试点的扶贫搬迁、体制机制创新、产业结构调整等工作情况调研。州、市领导乔俊杰、张渊平等陪同。

【是日】由市疾病预防控制中心主任技师彭祚全主持，历时2年编制的《富有机硒食品硒含量要求》列入湖北省食品安全地方标准，经省卫生和计划生育委员会发布，从2014年11月1日实施。该行业标准系首次发布。

【5月13日】省委副书记、省长王国生，省政府秘书长王祥喜赴恩施市，出席市委常委(扩大)会议，对第二批教育实践活动进行指导。州、市领导王海涛、周静、向前进、李国庆、郑晓斌、张渊平、刘凡、刘羽等出席会议。

【5月13—14日】国务院参事刘坚率调研组赴恩施市，深入舞阳坝街道、芭蕉侗族乡、龙凤镇等地，就硒产业发展、生态文化旅游、龙凤镇综合扶贫改革试点建设等情况调研。州、市领导马尚云、张渊平等陪同。

【5月14日】国家教育部民族教育司副司长张强率调研组赴恩施市，深入施州民族小学、市中等职业技术学校、市第二高级中学、市实验小学等地，就民族教育工作情况调研。市领导张献宏等陪同。

【5月17日】州政协副主席、州委第一督导组第一组长向宏贵，州委副秘书长、州委第一督导组组长吴耀先率州委督导组，赴恩施市召开党的群众路线教育实践活动座谈会，传达王国生省长、省委督导组对恩施市的要求及州委督导工作会议精神，并就恩施市开展教育实践活动第二环节进行指导。市领导向前进、王兰英等陪同。

【5月18日】11时15分，祥鹏航空8L9957航班在恩施许家坪机场落地。昆明—武汉—恩施航线首航成功。

【5月20日】全国政协副主席、农工党中央常务副主席刘晓峰赴恩施市，深入芭蕉侗族乡高拱桥村卫生室、芭蕉侗族乡卫生院等地，就基础医疗卫生工作情况调研。州、市领

导刘青、陈卫平、刘羽等陪同。

【是日】省委常委、省委统战部部长张岱梨率检查组赴恩施市，深入六角亭街道观摩防汛及山洪灾害防御演练、实地察看州城亲水走廊六期及金山大桥项目等城市防洪工程建设情况，检查指导防汛抗旱工作。州、市领导王海涛、杨天然、谭文骄、肖作文、向前进、张渊平等陪同。

△州委常委、州委组织部部长周静一行，赴龙凤坝镇杉木坝村生态农庄建设现场，就组织工作情况调研。市领导王兰英、王国玮等陪同。

【5 月 22 日】州政协副主席向宏贵率调研组一行，赴恩施锦华纸业有限公司、湖北宜恒茶油产业科技有限责任公司、湖北思乐牧业集团有限公司等地，就规模以上工业企业经营管理人才队伍建设情况调研。市领导向煦陪同。

【5 月 23 日】州人大常委会副主任于德海一行，到龙凤镇喻家河水库工程现场、龙马村保扎片区、龙马九年一贯制学校建设现场等地，就龙凤镇综合扶贫改革试点规划落实和推动情况进行检查。市领导李国庆、张渊平、刘凡等陪同或参加座谈。

【5 月 26 日】首届国际硒茶文化旅游产品博览会暨湖北省旅游协会自驾游露营房车分会启动仪式在硒都茶城举办。州、市领导肖作文、向前进、李国庆、张渊平等出席活动。

【5 月 27 日】国家民委经济发展司副巡视员李钟协、国家开发银行评审三局副局长梅世文率调研组赴恩施市，深入龙凤初中迁建工程、金龙大道工程、喻家河水库、龙马村保扎片区等地，就开发性金融支持恩施市区域发展与扶贫攻坚工作情况调研。州、市领导马尚云、张渊平、陈峣等陪同。

【5 月 28 日】省委组织部副部长杨汉军一行赴恩施市，就如何开展好党的群众路线教育实践活动进行座谈。州、市领导王海涛、周静、向宏贵、向前进、李国庆等出席座谈。

【5 月 28—29 日】恩施市举办第六届“全国网络媒体湖北行”。新华网、人民网、红网、凤凰网、天涯社区等 60 余家中央重点新闻网站、各省重点新闻网站、知名商业网站及湖北省市州重点新闻网站媒体记者参加活动。市领导邹炜、王国玮等出席活动。

【5 月 31 日】省委原书记、全国人大常委会原委员、全国人大常委会财经委员会原副主任委员贾志杰一行赴恩施市，深入华硒物流园、土家女儿城等地调研。州、市领导王海涛、瞿赫之、向前进、邵永政陪同。

【6 月 5 日】州、市环保世纪行暨第 43 个“世界环境日”广场宣传活动在州城桥西广场举行。州、市领导瞿赫之、邓正平、秦斌、向宏贵、廖泽熙等出席活动。

【是日】州委常委、州委统战部部长谭文骄一行，到屯堡乡马者村，就基层党组织建设及产业发展情况调研。市领导邹炜陪同。

【6 月 6 日】省委第五督导组组长文成国赴恩施市，就党的群众路线教育实践活动专

题民主生活会筹备情况调研。州、市领导周静、向前进、郑晓斌、张渊平、刘凡、刘羽、万雪峰等陪同。

【6月11日】省农业厅副厅长、省畜牧兽医局局长盖卫星一行赴恩施市，深入芭蕉侗族乡金欣农牧专业合作社富尔山养殖基地、明凯农牧业发展有限公司等地，就草食畜牧业发展情况调研。州、市领导冯忠泽、杨洪安等陪同。

【是日】美国科罗拉多西峡谷董事长凯米尔·奈特霍斯率考察团赴恩施市，深入恩施土司城风景区、恩施大峡谷风景区等地，就加强旅游交流与合作进行会谈。州、市领导杨天然、马尚云、李国庆等陪同。

【6月12日】全省推进村级综合服务社提档升级现场会在恩施市召开。省供销联社主任赵东风出席会议并讲话。省供销联社副主任张永红、黄实海，党组成员、纪检组长徐林楚，州、市领导陈晓燕、黄波出席会议。省供销联社有关处室和直属单位负责人、各市（州）供销联社主任、各县（市、区）供销联社主任参加现场会。

【6月13日】省委副书记、省长王国生赴恩施市，与市常委班子成员进行一对一座谈，交心谈心。

【6月14—15日】市委常委班子党的群众路线教育实践活动专题民主生活会在市委四楼会议室召开。会上，市委书记向前进代表市委常委班子作对照检查，率先查摆自身的问题，常委们逐一提出批评意见。随后，市委常委班子成员一一对照检查并相互提出批评意见。省委副书记、省长王国生出席会议并指导，省委组织部副部长、省人力资源和社会保障厅厅长翟天山，恩施州委书记、州人大常委会主任王海涛分别对专题民主生活会进行评价。

【6月19日】国家统计局局长马建堂，在省统计局局长李克勤的陪同下赴恩施市，深入恩施州腾龙水泥有限责任公司、湖北思乐牧业集团有限公司、州民族文化中心等地，就经济运行情况调研。州、市领导杨天然、马尚云、李国庆陪同。

【6月19—20日】国家财政部农业司巡视员卢贵敏，在省财政厅副厅长黄明的陪同下赴恩施市，深入华硒生态物流园、龙凤初中迁建工程建设现场、龙凤镇龙马村保扎片区、龙马村茶园沟组退耕还林项目现场等地，就龙凤镇综合扶贫改革试点工作推进情况调研。州、市领导董永祥、向前进、李国庆等陪同。

【6月27日】全市庆祝建党93周年暨党的群众路线教育实践活动先进典型事迹报告会在富源国宾七楼会议室召开。市委书记向前进主持会议并讲话。市领导李国庆、郑晓斌、张渊平、刘凡、刘羽等出席会议。

【是月】芭蕉侗族乡被国家民委表彰为“全国民族团结进步创建活动示范单位”。

【7月1日】“沪汉蓉”铁路客运专线动车组全线开通。此举意味着恩施正式融入全国

高铁网。

【7月3日】“恩鹤”公路岜山段发生车祸事故，一辆运载货物的大货车下坡时与迎面驶来的单排座货车及摩托车相撞，致2人死亡，6人重伤。

【7月7日】州人大常委会常务副主任瞿赫之率视察组深入市法院、市检察院、市司法局等部门，就公安刑事侦查工作调研。市领导刘凡、黄波、邵永政、范荣陪同。

【是日】中南财经政法大学校长杨灿明一行赴恩施市，与市签订校市战略合作协议，与龙凤镇、市第一中学、市经济和信息化局、市科学技术局分别签订合作备忘录，并为龙凤镇和恩施市第一高级中学授牌。市领导王兰英、张伟、王国玮等出席会议。

【7月8日】州委常委、恩施军分区司令员江明辉到太阳河乡，就该乡经济社会发展、民兵整组及征兵工作情况调研。市领导黄秀武等陪同。

【7月10日】市公安局经侦大队副大队长向忠贻(男，44周岁)因连续值班致突发重度脑溢血，紧急送医院抢救无效，不幸因公牺牲。11日，副省长、省公安厅党委书记、厅长曾欣，州委书记、州人大常委会主任王海涛等先后作出批示，对向忠贻的牺牲表示哀悼，号召向向忠贻学习。同日，湖北日报第二版“要闻时政”版等主流媒体报道向忠贻因公牺牲消息。7月14日，州委政法委作出决定，在全州政法系统开展向向忠贻学习的活动，号召全州政法系统和广大政法干警认真学习向忠贻的先进事迹。

【是日】州委书记、州人大常委会主任王海涛一行，深入小渡船街道民族路社区、市住房和城乡建设局、市国土资源局、市公安局，指导恩施市党的群众路线教育实践活动。市领导向前进、王兰英等陪同。

【7月12日】中央中国共产党的群众路线教育实践活动第一巡回督导组组长周声涛、副组长沈红光，在省委副秘书长姚中凯的陪同下赴恩施市，深入硒都民族实验小学、小渡船街道民族路社区、市国土资源局、市人力资源和社会保障局、华硒产业园等地，就党的群众路线教育实践活动开展情况调研。州、市领导王海涛、向前进、王兰英等陪同。

【是日】中国最大峡谷山水实景剧《龙船调》在恩施大峡谷成功首演。《龙船调》分4场讲述恩施土司时代一对土家少男少女为挣脱封建束缚，追求自由忠贞的爱情故事，以喀斯特山峰地貌为舞台背景，以恩施土家山民歌、“女儿会”等民俗文化为创作源泉，汲取本土极具特色的民族音乐《龙船调》，利用现代高科技舞台特效进行演绎，为游客了呈现气势恢宏磅礴、视觉奇幻绚丽的艺术盛宴。该剧系由曾创作《印象刘三姐》的中国实景演出第一人梅帅元导演，在鄂西生态文化旅游圈投资有限公司的投资下，历时3年打造。

【7月14日】州政协副主席肖谏成一行赴恩施市，深入湖北省思乐牧业集团有限公司七里坪恩施黑猪种猪场和白果品繁基地、禽博士家禽养殖公司、华硒正虹饲料科技有限公司等地，就畜牧产业链建设情况调研。市领导杨洪安、向煦陪同。

【7 月 15 日】省人大常委会党组书记、常务副主任李春明，省人大常委会秘书长乔余堂，省人大代工委主任余幼明一行赴恩施市，深入州民族文化中心、龙凤镇、华硒产业园等地，就基层人大工作情况调研。州、市领导王海涛、瞿赫之、吕金施、向前进、刘凡等陪同。

【7 月 16—18 日】省联合发展投资集团有限公司董事长李红云赴恩施市，深入金龙大道、龙凤福利院片区综合开发项目、原水泥厂片区综合开发项目、小龙潭片区综合开发项目、喻家河水库、龙马风情小镇项目等建设现场，就如何支持恩施市龙镇镇综合扶贫改革试点建设调研。州、市领导王海涛、周静、秦斌、向前进、李国庆等陪同或参加座谈。

【7 月 17 日】《恩施县志》（清嘉庆 · 同治版合卷）勘印本由湖北人民出版社出版、发行，数量为 2000 部，合卷实行常规排版与传统排版两种形式编排，既方便阅读，又保持原貌。

【7 月 18 日】市九届人民政府第三次全体（扩大）会议召开。市长李国庆出席会议并作主题报告。市委常委、常务副市长杨局成通报 2014 年上半年经济运行情况。市委常委、副市长廖泽熙主持会议。市委常委、副市长陈峣，市委政法委书记、副市长黄波，副市长陈志波、周法进、范荣等出席会议。市领导黎昔品、邵永政、崔显琦、曹云应邀列席会议。

【7 月 19 日】恩施大峡谷成功创建国家 5A 级风景区。恩施大峡谷自 2012 年启动创建国家 5A 景区活动以来，先后完成完善游客中心配套工程建设、客运索道、垂直观光电梯等基础设施，开发地缝景区、女儿寨度假酒店等新项目，打造大型山水实景音乐剧《龙船调》，完善景区智慧旅游服务，形成一个集观光度假、文化体验、科考探险等于一体的综合性旅游景区。

【7 月 21 日】副州长肖作文一行，深入盛家坝乡龙洞河村、石兰村、桅杆堡村等地，就黄牛产业发展工作情况调研。市领导李国庆、杨洪安陪同。

【7 月 22 日】华中师范大学校长杨宗凯率调研组赴恩施市，深入硒都民族实验小学、市第一高级中学、青树林金龙教育实验园等地，就教育事业发展情况调研。州、市领导庞红艳、李国庆、邹炜陪同。

【7 月 23 日】国家民族事务委员会副主任罗黎明，省民族宗教事务委员会副主任邓汉光一行赴恩施市，深入龙凤镇龙凤初中迁建工程建设现场、龙马村保扎片区、喻家河水库建设现场、硒都茶城等地，就经济社会发展情况及龙凤镇综合扶贫改革试点建设情况调研。州、市领导谭文骄、向前进、张渊平、陈峣陪同。

【7 月 23—25 日】吉林省卫生计生委副巡视员曲日胜率国家卫生计生委调研组赴恩施市，深入小渡船街道机场路社区、施州民族小学、市地税局、芭蕉侗族乡高拱桥村、市中心医院、市疾控中心、龙凤镇卫生院等地，就慢性病综合防控示范区建设工作情况调研。市领导邹炜、侯萍陪同。

【7月24日】武陵山片区区域发展与扶贫攻坚试点联系工作领导小组全体会议在恩施市召开。国家民族事务委员会副主任罗黎明率重庆、湖南、贵州与会代表，深入硒都民族实验小学、芭蕉侗族乡枫香坡侗族风情寨、华硒物流园、恩施女儿城、州文化中心参观。州、市领导杨天然、董永祥、谭文骄、冯忠泽、张宇、庞红艳、向前进、李国庆等陪同。

【7月25日】国家开发银行副行长袁力，国家开发银行湖北省分行行长林放一行赴恩施市，深入农产品加工园建设现场、市教育局、华硒物流园、华硒正虹饲料科技有限公司、硒都茶城等地，就生源地助学贷款工作及部门项目、企业建设发展情况调研。州、市领导马尚云、黄波、陈志波陪同。

【是日】国务院扶贫开发领导小组办公室党组成员、规划财务司司长蒋晓华一行深入龙凤镇龙凤初中迁建工程现场、双堰塘社区居民点、龙马村保扎片区、龙马风情小镇等地，就龙凤镇综合扶贫改革试点建设推进情况调研。州、市领导肖作文、张渊平陪同。

【7月26日】国家开发投资公司贫困地区产业发展基金管理有限公司总经理张元领率调研组赴恩施市，深入龙凤镇龙马村保扎片区、硒茶产业园和农产品加工园建设现场，就龙凤镇综合扶贫改革试点建设情况调研。州、市领导王金维、李国庆、张渊平、杨洪安陪同或参加座谈。

【是日】省政协主席杨松、省政协副主席肖旭明一行赴恩施市，深入华硒物流园、华硒农产品交易园、土家女儿城等地，就产业发展情况调研。州、市领导王海涛、董永祥、甘方谦、孔祥恩、刘志兵、向前进、李国庆、刘羽等陪同。

【7月27日】中共龙凤镇委班子专题民主生活会召开，市委副书记、龙凤镇委书记张渊平代表镇委班子作对照检查，班子13人逐一进行个人对照检查，并接受班子其他成员的批评帮助。州委书记、州人大常委会主任王海涛出席并指导，州委督导组第一组长向宏贵、市委书记向前进分别对专题民主生活会作点评。市领导王兰英、黄秀武等出席会议。

【7月29日】省纪委调研室主任陈江龙率调研组赴恩施经济开发区，就开发区党风廉政建设专题调研。市领导郑晓斌、万雪峰、胡启发、曹云、詹厚兰等陪同。

【是日】中共恩施市委八届七次全体(扩大)会议在富源国宾酒店七楼会议室召开。会议讨论并通过《中共恩施市委常委会党的群众路线教育实践活动问题整改方案》。市委书记向前进代表市委常委会向全会作题为《深入开展党的群众路线教育实践活动，用整改问题的实际成效加快发展改善民生》的主题报告。

【7月30日】全州特殊困难对象精准扶贫现场推进会在龙凤镇召开。州委常委、副州长马尚云出席会议并讲话，市委副书记、龙凤镇党委书记张渊平代表恩施市作典型发言。

【8月1日】州委书记、州人大常委会主任王海涛，州委常委、州委秘书长孔祥恩赴红土乡调研，并就乡镇党的群众路线教育实践活动进行指导。市领导向前进等陪同。

【是日】在农业部举行的“世界银行贷款中国新农村生态家园富民工程”项目竣工总结会上，龙凤镇农业服务中心沼气工袁亮受邀作典型发言。

【8月3—10日】融节庆、文化、经贸、旅游于一体的综合性民族盛会——恩施土家“女儿会”在土家女儿城举办，来自全国各地数万名群众参会。市领导向前进、李国庆等出席开幕式。

【8月4日】省审计厅副厅长周德刚率省政府投资和统筹使用财政专项资金督查组赴恩施市，深入城区施南古城在建现场，就投资和统筹使用财政专项资金情况督查。市领导杨局成等陪同。

【8月5日】省委副书记、省长王国生，省政府秘书长王祥喜赴恩施市，深入华硒生态物流园、华硒正虹饲料科技有限公司等地，就第二批党的群众路线教育实践活动整改落实工作情况调研。州、市领导王海涛、杨天然、向前进、李国庆等陪同。

【是日】州政协副主席谭建军率州政协视察组一行，深入恩施火车站、恩施广发液化气运输有限公司等地，就恩施市部分提案办理工作情况进行督办。市领导黄波陪同。

【8月7日】省委农村工作领导小组办公室综合改革处处长熊义柏率调研团赴恩施市，深入龙凤镇龙凤中学、龙马村保扎片区、喻家河水库、龙马风情小镇、青堡村“四位一体”烟叶服务中心及金龙大道在建现场等地，就龙凤镇综合扶贫改革试点和“四化同步”(推进“工业化、信息化、城镇化和农业现代化同步”)示范乡镇工作情况调研。市领导张渊平陪同。

【8月8日】省总工会副主席胡碧辉率省调研组赴恩施市，深入三岔乡工会联合会职工维权站、便民服务中心、职工(农民工)书屋、职工活动中心等地，就乡镇工会组织化建设情况调研。市领导万雪峰陪同。

【8月10—13日】武汉大学质量发展战略研究院院长程虹一行赴恩施市，深入龙凤镇凉风垭林场和西流水林场、恩施大峡谷风景区等地，就区域脱贫试点工作进行调研。州、市领导王海涛、向前进、李国庆、张渊平等陪同。

【8月11日】《人民日报·海外版》(第八版)刊发《湖北恩施上演土家“女儿会”》文并图。介绍8月7日，恩施土家“女儿会”在恩施土家族苗族自治州浪漫上演，来自州内外的上万单身男女在土家女儿城、恩施州城亲水走廊游园相亲，参加土家“女儿会”的相亲活动。

【8月12日】全州县(市)人大常委会主任座谈会在恩施市召开。州人大常委会党组书记、常务副主任瞿赫之主持座谈会并讲话。市长李国庆代表恩施市致辞。市人大常委会主任刘凡作交流发言。

【是日】省政府住房保障工作督查专员叶汉增率督查组赴恩施市，深入市玻璃厂、火柴厂廉租房现场、耿家坪公租房建设现场，就住房保障工作情况进行督查。州、市领导秦斌、黄波陪同。

【8月14日】省交通运输厅副厅长马立军一行赴恩施市，深入新塘乡、三岔乡等地，就农村公路示范工程建设及安保项目实施情况调研。市领导李国庆、黄波等陪同。

【8月20日】中央电视台第七频道《乡约》相约“相亲之都”走进恩施，在州城土家女儿城广场进行节目录制。市委副书记张渊平作为访谈嘉宾参加拍摄录制节目，央视著名主持人肖东坡担任节目主持，近5000余观众现场观看。

【8月20—21日】省人大法制委员会主任委员章新生率调研组赴恩施市，深入湖北省思乐牧业集团有限公司白果生猪品繁中心和恩施黑猪基地、湖北禽博士富硒生态农业股份有限公司等地，就《湖北省畜牧条例（草案）》向州市畜牧部门、企业负责人、养殖户代表等征求意见和建议。市领导黄永耀、杨洪安等陪同。

【8月22日】省委政法委副巡视员汪宗兴率省委督查组赴恩施市，就《省委政法委关于政法机关优化法治环境促进经济发展的意见》《省委政法委关于深入贯彻落实〈十六条意见〉进一步做好优化环境、服务发展的通知》及公检法司各部门配套文件贯彻落实情况进行专项督查。市领导黄波等陪同。

【是日】恩施市落实党风廉政建设主体责任和监督责任工作会议召开。会议传达中央、省委、州委有关会议精神，通报全市部分党员干部违反“八项规定”、参与“两违”等典型案例。市“四大家”部分领导及恩施经济开发区领导班子成员出席会议。

【8月22日】省消防总队政委张忠勇、参谋长蒋德友、防火部长朱惠军一行赴恩施市，深入龙凤镇，就专职消防队建设进行调研。州、市领导汤文江、范荣等陪同。

【8月23日】州委副书记、常务副州长董永祥一行，深入盛家坝乡旺源林牧业有限公司、众富肉牛养殖专业合作社等地，就黄牛产业发展情况调研。市领导杨洪安等陪同。

【8月27日】副省长梁惠玲赴恩施市，深入龙凤镇杉木坝村、双堰塘村，就生态农庄、生态科技示范园、龙凤镇初级中学规划、农村信息化运用、网格化管理、“三位一体”基层体制机制创新等情况调研。州、市领导杨天然、董永祥、马尚云、向前进、李国庆等陪同。

【8月27日】省文化厅“2014—2016年度‘湖北民间文化艺术之乡’”公布，三岔乡（傩戏之乡）、红土乡（傩愿戏之乡）获此殊荣。

【8月28日】省委副书记张昌尔赴恩施市，深入龙凤镇初级中学迁建工程现场、双堰塘村等地，就“四化同步”示范镇建设情况调研。州、市领导王海涛、杨天然、马尚云、向前进等陪同。

【8月30日】省军区政委（少将）冯晓林赴恩施市，就人武部建设工作情况调研。州、市领导王海涛、江明辉、李频、向前进、杨局成、黄秀武、董高等陪同。

【9月1—2日】恩施境内连降暴雨(芭蕉点降雨量达到141.3毫米),造成清江水位猛涨、红江点水位高度414米,是2005—2014年最高水位。暴雨洪涝灾害造成3人死亡、1人失踪、2人受伤;公路塌方123公里。倒塌农房16户、29间,转移安置125人;严重损房48户、98间,一般损坏农房41户、86间。农作物受灾14650亩,成灾面积6789亩,绝收面积4395亩。造成直接经济损失4334万元,其中农作物经济损失2500万元、房屋经济损失534万元、基础设施经济损失1300万元。

【9月2日】州委常委、副州长马尚云深入恩施经济开发区,就企业及产业发展态势、经济运行情况调研。市领导郑晓斌等参加座谈。

【9月3日】省委中国共产党的群众路线教育实践活动第五督导组副组长陈邦强一行赴恩施市,深入六角亭街道解放路社区,就恩施市整改落实情况进行检查。市领导向前进、王兰英、黎昔品等陪同。

【9月11日】省政协常委、省政协民族和宗教委员会主任余立国率调研组赴恩施市,深入龙凤初中迁建工程现场、龙马村保扎片区、华硒生态园等地,就民族地区创新发展工作情况调研。州、市领导刘志兵、张渊平、王国玮陪同。

【9月17日】省老年大学协会副会长毕志伦率督查队赴恩施市,深入六角亭街道解放路社区居家养老服务中心、党员群众服务中心、市老干部活动中心、老年大学项目施工现场等地,就市老年大学建设情况检查督办。市领导王兰英陪同。

【9月22—25日】主题为"海峡两岸城市发展:比较、借鉴与合作"的第九届海峡两岸论坛在恩施市开幕。中国社会科学院院长王伟光,省委常委、省委宣传部部长尹汉宁,台湾中华经济研究院院长吴中书,州委书记、州人大常委会主任王海涛出席并致辞。中国社会科学院副院长李扬作主旨演讲。州、市领导杨天然、向前进、李国庆出席开幕式。

【9月24日】州委常委、州委政法委书记沙玉山深入市第一高级中学、土桥坝派出所、市特勤大队等地,就平安建设"百日行动"开展情况进行督办。市领导黄波、范荣陪同。

【是日】恩施市反恐防暴处突综合实战演练在火车站站前广场举行,市公安局反恐特警大队、治安、刑侦等部门的130名民警和铁路公安、卫生部门人员联合参加演练活动,充分展示反恐防暴专业力量建设的最新成果,表达全市公安队伍严厉打击恐怖暴力犯罪,坚决维护人民群众生命财产安全的坚定决心。市领导张渊平、黄波、黎昔品、范荣,州公安局反恐特警支队长夏烈军等现场观摩演练活动。

【9月25日】省人民防空办公室主任杨世友率调研组赴恩施市,深入市矿山救护队、万福国际商贸城、恩施国际汽车城等地,就人民防空工作情况调研。州、市领导秦斌、杨局成、金德钧等陪同。

【9月26日】省关心下一代工作委员会常务副主任周祖元率调研组赴恩施市,深入施

州民族小学、硒都民族实验小学、州中兴民爆总公司等地，就关心下一代工作情况调研。市领导洪波等陪同。

【9月28日】在北京召开的国务院第六次全国民族团结进步表彰大会上，市政府被授予“全国民族团结进步模范集体”称号。

【10月5日】州委书记王海涛在副州长、州公安局局长汤文江、市委书记向前进等领导的陪同下，先后赴恩施市公安局110指挥中心、反恐特警大队，就国庆安保工作检查指导，并看望慰问节日执勤的民警。州公安局副局长、副市长、市公安局局长范荣等参加活动。

【10月13日】恩施市中国共产党群众路线教育实践活动总结大会在市民之家四楼视频会议室召开。省委第五督导组组长文成国，州委书记、州人大常委会主任王海涛，州委第一督导组组长吴耀先到会并讲话。市委书记向前进作总结讲话，市委副书记、市长李国庆主持会议。省委第五督导组副组长陈邦强及督导组其他成员，州委第一督导组副组长王新林及督导组其他成员，市“四大家”领导及恩施经济开发区班子成员，市法院、市检察院主要负责人，各乡镇、街道（办事处）党委书记，市直各部门党组织主要负责人，城区街道主任、纪委书记、组织委员及村（社区）党组织负责人，市委各督导组组长在主会场参加会议。各乡镇、街道（办事处）领导班子成员、村（社区）书记、主任及直属部门、企事业单位主要负责人在分会场参加会议。

【10月16日】省政协副主席陈天会，省政协副秘书长胡礼鸣，省民政厅厅长彭军一行赴恩施市，深入州文化中心、华硒物流园、华硒生态园、龙凤镇爱特家养老院、龙凤镇社会福利院等地，就经济社会发展及养老服务体系建设情况调研。州、市领导王海涛、甘方谦、刘志兵、向前进等陪同。

【10月17日】恩施市举行学习贯彻州委六届七次全会精神暨落实“两个责任”报告会。州委理论宣讲团成员、州环保局副局长秦进对州委六届七次会议精神进行解读；州纪委常委王新林就落实“两个责任”进行专题宣讲。市委书记向前进主持会议。市领导李国庆、郑晓斌、张渊平、万雪峰、杨局成、黄秀武、陈峣，市直正科级单位、城区街道主要负责人和分管负责人在主会场听取报告，其他各乡镇在分会场以视频会形式收听收看报告会。

【10月17日】省武警总队参谋长高仕军、省公安厅监管总队副总队长万相世赴恩施市，就看守所监所安全进行检查。

【10月21日】州委常委、州委组织部部长周静率专家组一行，深入六角亭街道、芭蕉侗族乡等地，就“湖北党建论坛——基层治理现代化与创新基层组织工作制度专题研讨会”恩施市现场点筹备工作情况进行检查。市领导王兰英陪同。

【10月23—24日】省供销社副主任黄实海率调研组赴恩施市，深入龙凤镇杉木坝村

级综合服务社、新旺家禽养殖专业合作社种鸡孵化场，就供销工作情况、再生资源产业园筹建、茶产业园建设和村级电子商务平台等项目建设情况调研。州、市领导陈晓燕、向前进、郑晓斌、张渊平等陪同。

【10月29日】省新闻出版广电局副局长鄢桃生、省政府政务督查室副主任陶军率督查组一行赴恩施市，就恩施“村村响”智能广播网建设情况进行检查。市领导杨洪安陪同。

【10月29—31日】省基层治理现代化与创新基层组织工作制度专题研讨会在恩施州举行，恩施市为活动提供调研参观现场。省委常委、省委组织部部长贺家铁出席会议并讲话。全国党建研究会会长虞云耀应邀参会。省政协原副主席、省党建研究会会长武清海，省委组织部副部长、省委老干部局局长、省党建研究会副会长杨汉军分别主持会议。州委副书记、州长杨天然致辞。会议期间，与会代表赴六角亭街道解放路社区、头道水村，芭蕉侗族乡枫香坡侗族风情寨农民专业合作社、寨湾村等地实地调研。州、市领导杨天然、董永祥、周静、向前进等陪同。

【10月30—31日】省环境科学研究院总工张斌率省“创模”评估组对恩施市创建“省级环境保护模范城市”工作进行中期评估。市领导李国庆等陪同。

【10月31日】中南财经政法大学新闻与文化传播学院党委书记赵楠一行赴恩施市，深入六角亭街道、舞阳坝街道、三岔乡和市文化体育局等，就基层文化阵地建设、非物质文化遗产传承与保护、传统文化挖掘等工作情况调研。市领导张伟等陪同。

【11月3日】州委副书记、常务副州长董永祥一行，深入龙凤镇双堰塘村、龙马村、青堡村等地，就龙凤镇综合扶贫改革试点项目建设情况调研。市领导张渊平等陪同。

【11月4日】省促进中部地区崛起工作办公室主任刘元成一行赴恩施市，深入龙凤镇双堰塘村、龙马村、青堡村等地，就龙凤镇综合扶贫改革试点项目建设情况调研。市领导张渊平等陪同。

【11月4—6日】省扶贫开发领导小组办公室副主任项克强率省调研组赴恩施市，深入龙凤镇杉木坝村、双堰塘村、龙马村、青堡村、吉心村和二坡村等地，就龙凤镇综合扶贫改革试点建设情况调研。市领导向前进、张渊平等陪同或参加座谈。

【11月6日】中国牧工商（集团）总公司董事长张春新率考察团赴恩施市，深入盛家坝乡旺源牧业养牛场和退耕还草现场、芭蕉侗族乡金欣牧业富尔山羊养殖基地等地，就草食畜牧业发展情况实地考察。州、市领导董永祥、冯忠泽、李国庆等陪同。

【是日】省直机关关心下一代工作委员会主任张道恒一行赴恩施市，深入三岔乡初级中学、茅坝小学开展“帮扶助学”爱心捐赠活动。市领导洪波等陪同。

【11月7日】省交通运输厅厅长尤习贵一行赴恩施市，深入龙凤镇龙马村、青堡村、碾盘村，就村村通客车和公路建设工程情况调研。州、市领导张宇、向前进、张渊平、黄波陪

同或参加座谈会。

【11月13日】农业部发展计划司副司长刘北桦、省农业厅副厅长焦泰文一行赴恩施市，深入屯堡乡花枝山生态农业开发有限责任公司及其茶叶基地、花枝山村家庭牧场养殖户等地，就特色产业发展情况调研。州、市领导冯忠泽、张渊平等陪同。

【11月16日】省铁路建设投资集团副总经理董伟率专家组赴恩施市，就利川腾龙洞至恩施大峡谷风景区旅游观光铁路项目建设进行前期调研。市领导黄波陪同。

【11月17日】住建部、文化部、国家文物局、财政部、国土部、国家旅游局等联合公布第三批中国传统村落名录，盛家坝乡二官寨村入选。

【11月20日】州委常委、州委政法委书记沙玉山深入屯堡乡花枝山村、沐抚办事处高台村等地，就普遍建立法律顾问制度工作情况调研。市领导张渊平陪同。

【11月22日】卓达集团副总裁杨新华率考察组赴恩施市，深入龙凤镇农产品加工园、硒茶产业园、西流水林场等地，就恩施市资源环境、产业现状、基础设施建设和招商引资政策等情况考察。市领导向前进、张渊平、詹厚兰陪同。

【11月26日】由州委政法委牵头、各县市政法委书记组成的全州综治维稳工作县市巡查组赴恩施市，深入沐抚办事处高台村、屯堡乡花枝山村、龙凤镇等地，就全市综治维稳工作情况全面巡查。市领导黄波、范荣、向朝敏陪同。

【12月4—5日】省军区副政委刘建新，州委常委、恩施军分区司令员江明辉，恩施军分区政委李频一行赴恩施市，深入市人武部、市人武部新营区等地，就人武部工作情况调研。市领导黄秀武、罗永生，市人武部政委董高陪同。

【12月4—6日】全国旅游扶贫现场会在恩施市举行，国家旅游局局长李金早、国务院扶贫开发领导小组办公室主任刘永富出席会议，省政府副省长甘荣坤到会致辞，全国24个省市区旅游和扶贫部门负责人、国家发改委和国家开发银行代表、有关专家200余人参加会议。6日，刘永富、欧青平、甘荣坤等赴恩施市，深入龙凤镇龙马村黄家大院居民点、龙马村保扎片区、龙马旅游风情小镇、龙马中低产田改造等项目建设现场，就龙凤镇综合扶贫改革试点项目建设、产业发展、移民建镇、社会民生等情况调研。州、市领导王海涛、杨天然、董永祥、马尚云、向前进、李国庆、张渊平等陪同。

【12月5日】省政府法制办公室副主任魏月明率调研组赴恩施市，就依法行政工作情况调研。市领导杨局成、陈峣等陪同。

【是日】中南财经政法大学新闻与文化传播学院院长胡德才一行赴恩施市，深入市非物质文化遗产保护传承展演中心、土家女儿城、三岔乡、沐抚办事处、芭蕉侗族乡等地，就基层文化阵地建设、非物质文化遗产传承与保护、传统文化等工作情况调研，并与市文体局、三岔乡政府签订《合作备忘录》。市领导王兰英、杨局成、杨洪安、张伟陪同或出席签约仪式。

【12 月 8 日】恩施市举行硒都讲坛·学习宣传中共十八届四中全会精神报告会，中央党校政法部教授、博士生导师、法学理论教研室主任封丽霞作《全面推进依法治国——党的十八届四中全会决定解读》专题报告。市委副书记、市长李国庆主持报告会。市“四大家”领导，恩施经济开发区领导班子成员，各乡镇、街道（办事处）负责人，市直正科级单位班子成员及二级单位负责人，市直政法机关干部、各民主党派代表等共 900 余人现场聆听报告。

【12 月 9 日】省统计局贸易外经统计处处长马泽民、省统计局人口和就业统计处处长刘洪赴恩施市，深入恩施国际商贸城、新长城汽车贸易有限公司、时代家居、红星美凯龙、硒都茶城、土家女儿城等地，就大型专业市场建设运营情况调研。市领导杨局成陪同。

【12 月 10 日】副州长陈晓燕一行，深入恩施市创偲诺电气科技股份有限公司、恩施国际商贸城、奥山世纪城、慧聚太阳能电力有限公司、鸥力服饰制造有限公司、时代家居、红星美凯龙等企业，就工业经济及商务经济运行情况调研。市领导黄波陪同。

【12 月 12 日】省环境保护厅副厅长李瑞勤率督查组赴恩施市，深入华新水泥恩施分公司、恩施蓝坤医疗废物处置中心、恩施山寨皮革有限公司、机动车尾气监测站、硒都茶城第二期工程施工现场等地，就恩施市环保重点工作情况进行督查。州、市领导秦斌、罗永生陪同。

【12 月 15 日】省民族宗教事务委员会主任柳望春赴恩施市，深入六角亭街道解放路社区和市老干部活动中心，就社会管理综合治理工作情况调研。市领导黄波陪同。

【是日】市中心医院普外科医师运用胆道镜，完成全市首例“肝内结石取出术”，成功取出患者肝内胆管结石 20 多枚。

【12 月 18 日】州委副书记、州长杨天然深入新塘乡长岭岗华中药用植物园、双河鱼塘坝硒矿床、红花石林等地，就生态旅游产业发展情况专题调研。市领导李国庆等陪同。

【12 月 19 日】省委第三巡回督查组组长陈邦强率督查组赴恩施市，对市委常委会党的群众路线教育实践活动整改落实情况进行督查。市委副书记、市长李国庆通报市委党的群众路线教育实践活动整改落实情况。州委整改督查办公室副主任田景福及市“四大家”领导、恩施经济开发区领导班子成员及市直相关部门、各乡镇、街道（办事处）负责人参加整改落实情况汇报会和测评。

【12 月 23 日】小渡船街道小渡船中学宋光荣、龙凤镇龙凤中学毕文学、市第一中学沈道国被授予“湖北省特级教师”称号（第 9 批）。

【12 月 26—27 日】省法学会秘书长王龙率省综治工作检查组赴恩施市，深入小渡船、舞阳坝、六角亭街道、龙凤镇等地，就社会治安综合治理情况进行检查。州、市领导沙玉

山、黄波陪同。

2015 年

【1 月 6 日】恩施市通过创建成为国家级慢性病综合防控示范区。

【1 月 8 日】恩施州对恩施市 2014 年有关工作督查考评情况反馈会在恩施宾馆三楼会议室召开。州委书记、州人大常委会主任王海涛出席会议并讲话。市委书记向前进向州督查考评组作年度工作汇报，市领导李国庆、郑晓斌、张渊平、刘凡、万雪峰等参加会议。

【1 月 10—11 日】省住房和城乡建设厅副厅长赵俊率省“楚天杯”考评组和城市管理检查组至恩施市，对恩施市“楚天杯”创建活动和 2014 年度城市管理工作情况进行综合考评。州、市领导秦斌、李国庆、罗永生等参加汇报会。

【1 月 13—14 日】政协恩施市第八届委员会第五次会议召开。大会应到市政协委员 280 人，实到 253 人。大会听取并审议《政协恩施市第八届委员会常务委员会工作报告》《政协恩施市第八届委员会常务委员会提案工作情况报告》；听取《恩施市人民政府关于八届四次会议以来提案办理情况的通报》；列席恩施市九届人大五次会议，听取并讨论《政府工作报告》及有关报告；增补蔡万高为政协恩施市第八届委员会副主席；表彰八届四次会议以来提案办理先进单位、提案办理先进个人和优秀提案；通过《政协恩施市第八届委员会第五次会议政治决议》。市“四大家”领导及恩施经济开发区班子成员参加会议。在恩施市工作的州政协委员应邀列席会议。

【1 月 14 日】副省长曹广晶一行至恩施市，深入龙凤镇龙马村保扎片区、龙凤镇丰顺家禽养殖专业合作社、龙马风情小镇、龙马九年一贯制学校建设现场等地，就龙凤镇综合扶贫改革试点工作开展情况调研。州、市领导杨天然、马尚云、秦斌、向前进、张渊平陪同。

【1 月 14—15 日】恩施市第九届人民代表大会第五次会议召开。大会应到代表 284 名，开幕式实到代表 258 名，闭幕式实到代表 242 人。大会审议并通过《政府工作报告》《人大常委会工作报告》《人民法院工作报告》《人民检察院工作报告》《恩施市 2014 年国民经济和社会发展计划执行情况及 2015 年国民经济和社会发展计划的报告》《恩施市 2014 年财政预算执行情况及 2015 年财政预算的报告》；审查并通过《议案审查报告》《计划预算审查报告》；表彰 2014 年度人大工作先进单位、先进个人，人大代表建议意见办理先进单位。市“四大家”领导及恩施经济开发区班子成员参加会议。

【1 月 15—16 日】中国工程院院士、华中农业大学博士生导师陈焕春一行至恩施市，深入市第一高级中学、湖北省思乐牧业集团有限公司、芭蕉侗族乡富尔山金欣农业发展有限公司、盛家坝乡旺源黄牛养殖场和众富专业合作社等地，就畜牧业发展情况调研。州、

市领导冯忠泽、张献宏、张伟陪同。

【1月18日】第二届中国硒产品博览交易会暨中国恩施·世界硒都硒产品博览交易会在恩施市开幕，来自全国各富硒区近500家企业5000余件硒产品参展。本届硒博会共设全国富硒产品、硒资源开发利用、富硒特色产业链、特色农产品4大展区，主题为“绿色富硒·合作发展”。活动由中国商业联合会、恩施土家族苗族自治州政府联合主办。

【1月23日】州委书记、州人大常委会主任王海涛一行，深入龙凤镇双堰塘村调研并开展座谈。王海涛强调，试点不仅要为综合扶贫改革提供示范，也要成为落实党风廉政建设“两个责任”，全面推进从严治党，讲政治、守规矩的标杆。州、市领导陈江龙、向前进、张渊平、万雪峰等陪同。

【1月26日】州委常委、州委宣传部部长杨陈清一行，深入龙凤镇龙马村保扎片区、龙马集镇和双堰塘村等地，就龙凤镇综合扶贫改革试点宣传、思想、文化工作情况调研。市领导杨洪安等陪同。

【1月28日】州委常委、州纪委书记陈江龙一行，深入龙凤镇龙凤初中、双堰塘村居民点、龙马村保扎茶园基地、龙马风情小镇、龙马九年一贯制学校建设现场等地，就龙凤镇综合扶贫改革试点工作情况调研。市领导向前进、万雪峰、黎昔品、蔡万高等陪同。

【2月4日】省国土资源厅副巡视员王世新率省“三万”活动检查督办组至恩施市，深入龙凤镇店子槽村、芭蕉侗族乡黄泥塘村，就“三万”活动开展情况督办检查。市领导黄波等陪同。

【是日】州委副书记、常务副州长董永祥，副州长、州公安局局长汤文江一行，深入市公安局驻恩施火车站警务工作室调研。市委常委、政法委书记、副市长黄波，副市长、市公安局长范荣等陪同。

【2月5日】国务院扶贫开发领导小组办公室规划财务司巡视员徐晖一行至恩施市，深入龙凤镇双堰塘村，就龙凤镇综合扶贫改革试点扶贫工作开展情况调研。州、市领导马尚云、张渊平陪同。

【2月12日】卓达集团与市政府代表签订《卓达·恩施“三产联动”项目开发战略合作协议》。卓达集团华南大区执行总裁杨新华，市领导李国庆、张渊平、罗永生出席等签约仪式。

【是日】副州长陈晓燕率州检查组一行，深入中百超市舞阳坝店、顺丰快递公司、中国石油化工集团油库、华硒批发市场、放心粮油店等地，对大型商贸流通行业安全生产、春节物资供应等工作进行检查。市领导黄波等陪同。

【3月2日】恩施市召开党建暨经济工作会议，贯彻落实中央、省、州经济工作会议精神，总结2014年工作，安排部署2015年全市党建暨经济工作。市委书记向前进在会上作

题为《党员干部要姓“党”》的专题讲话；市委副书记、市长李国庆主持会议并讲话；市委副书记、恩施经济开发区主任郑晓斌宣读表彰决定。会上，向前进与乡镇街道（办事处）党委代表、市直部门党组（委）代表签订党风廉政建设责任书、基层党建工作责任书。会议对2014年度党建暨经济工作先进单位、“十佳”对象和党风廉政建设先进单位进行表彰。市“四大家”领导，恩施经济开发区班子成员，市人武部部长、政委，市法院院长，市检察院检察长出席会议。

【是日】龙凤镇初级中学新校区正式投入使用。该校区于2012年动工建设，投资近2亿元，占地130亩，总建筑面积4.83万平方米，建有教学楼、综合楼、食堂、学生公寓、运动场地等，还设有多媒体报告厅、班班通，规模将达到60个教学班，可容纳在校学生3000人。

【3月4日】恩施市“少出去应酬，多回家吃饭”主题活动在龙凤镇启动。州委常委、州纪委书记陈江龙、市委书记向前进等出席活动仪式。

【3月10日】恩施市举行省委第三巡视组巡视动员大会。省委第三巡视组从即日起进驻恩施，对恩施州经济开发区、恩施市开展巡视工作。省委第三巡视组组长樊仁富作动员讲话，省委第三巡视组副组长张家林、省委第三巡视组副厅级巡视专员胡学全出席会议。州委常委、州委组织部部长周静出席会议，州经济开发区党工委书记、主任杜寿昌主持会议并作表态发言，市委书记向前进作表态发言。省委第三巡视组全体成员，州经济开发区班子成员，市委常委和市人大、市政府、市政协班子成员，市法院院长、市检察院检察长及各乡镇、街道（办事处）、市直部门主要负责人参加会议，有关方面人员列席会议。

【3月17日】全省新一轮退耕还林现场推进会在恩施市召开。省林业厅副厅长谢思芳及全省各县市林业局负责人参加推进会。与会人员前往龙凤镇龙马村油茶基地、青堡村茶园沟组漆树基地、龙马村保扎组茶叶基地等地调研并召开座谈会，对新一轮退耕还林经验及进一步做好退耕还林工作进行交流。州、市领导庞红艳、杨洪安等陪同。

【3月18日】省人大常委会常委、省台盟副主委刘江东一行至恩施市，深入芭蕉侗族乡枫香坡景区、舞阳坝街道土家女儿城等处，就乡村旅游发展情况调研。市领导赵萍等陪同。

【3月18—19日】省发改委副主任、省能源局局长甄建桥率省调研组至恩施市，先后深入龙凤镇、屯堡乡及城区恩施山寨皮革有限公司、中石油西气东输恩施站、恩施卷烟厂、水印郦都小区等处，就“四进两促”（进项目、进企业、进园区、进基层，促增长、促发展）工作开展情况调研。州、市领导董永祥、檀坤华、张渊平、陈峣等陪同。

【3月19日】国家发改委副主任胡祖才，省发改委主任李乐成一行至恩施市，深入龙凤镇双堰塘村、龙马村、青堡村，就龙凤镇综合扶贫改革试点工作开展情况调研。州、市领

导董永祥、张渊平、杨局成等陪同。

【3 月 22 日】州委副书记、常务副州长董永祥深入白杨坪镇、太阳河乡等地，就“绿满荆楚”行动、“村村通客车”及产业发展等工作开展情况调研。市领导张渊平等陪同。

【3 月 24 日】省供销社主任赵东风一行至恩施市，深入龙凤镇龙马村、青堡村、古场坝村、杉木坝村和六角亭街道高桥坝村等地，就供销工作开展情况调研。州、市领导杨天然、马尚云、向前进、黄波等陪同。

【3 月 25 日】省人大城乡建设与环境资源保护委员会主任委员杨三爽率省调研组至恩施市，深入红庙污水处理厂、首创污水处理厂、车坝河库区、七里坪长潭河水体监测站等地，就城区水污染防治及环境保护工作情况调研。州、市领导瞿赫之、涂元玲、刘凡、罗永生、黄永耀、许强等陪同。

【3 月 26 日】德国皮埃尔・图鲁多国际文理中学校董 MarcoL - anghof 带领该校 15 名学生到芭蕉侗族乡枫香坡旅游区参观学习。

【4 月 1 日】省商务厅巡视员马大强一行至恩施市，深入湖北供销裕农电子商务股份有限公司、恩施集群电子商务有限公司、淘宝・恩施馆、湖北中天亿信科技股份有限公司等地，调研电子商务发展推进情况。市领导黄波陪同。

【4 月 2 日】州委常委、恩施军分区司令员江明辉一行至恩施市，视察民兵整组工作。市领导董高，市人武部政委李远斌等陪同。

【4 月 3 日】州政协副主席肖谏诚一行至恩施市，就商业保险工作开展情况调研并召开座谈会。市领导杨局成、向煦等参加座谈会。

【4 月 13 日】全国人大常委、全国人大财经委员会副主任委员、民建中央副主席辜胜阻，民建湖北省委秘书长宋君慧一行至恩施市，深入龙凤镇龙马旅游风情小镇、黄家湾居民点、龙马村保扎片区、龙凤农产品电商交易中心、龙凤“七个中心”建设现场等地，就市龙凤镇综合扶贫改革试点工作开展情况调研。州、市领导谭文骄、庞红艳、谭建军、张渊平、赵萍等陪同。

【是日】省国有资产监督管理委员会监事会主席牟秉夔率省检查督办组至恩施市，深入芭蕉侗族乡黄泥塘村等地，就“万民干部进万村惠万民”活动开展情况检查指导。市领导黄波等陪同。

【4 月 14 日】省政协常委、省政协民族和宗教委员会主任余立国一行至恩施市，深入芭蕉侗族乡庠口村、灯笼坝村、高拱桥村等地，就省政协“十三五期间加快湖北省民族地区经济社会发展的对策建议”及“湖北省武陵山民族地区生态环境保护工作”调研。市领导张渊平、赵萍等陪同。

【4 月 19 日】17 时许，三岔乡境内恩(施)鹤(峰)公路 17 公里处发生车祸，一辆牌照

为豫S08818的载客大巴翻下20米左右高坎，致5人当场死亡、20人受伤。

【4月20日】州政协副主席、州工商业联合会主席、州总商会会长王继刚一行至恩施市，就企业发展环境专题调研。市领导向煦等陪同。

【4月22日】交通运输部副部长冯正霖，省交通运输厅厅长尤习贵一行至恩施市，深入白杨坪镇麂子渡村、白杨坪镇乡村客运站、恩鹤公路改扩建工程现场等地，就农村交通运输工作情况调研。州、市领导马尚云、向前进、黄波陪同。

【是日】副省长郭生练一行至恩施市，深入恩施润邦国际富硒茶叶有限公司、芭蕉侗族乡枫香坡侗族风情寨等处，就旅游文化产业发展工作开展情况调研。州、市领导陈晓燕、杨局成等陪同。

【4月24日】州委书记、州人大常委会主任王海涛一行，深入城区湖北创偲诺电气科技股份有限公司、易事通物流园等地，就企业运行情况调研。州、市领导孔祥恩、刘芳震、向前进、李国庆等陪同。

【是日】州委常委、副州长马尚云一行，深入屯堡等地，就旅游生态公路建设和旅游工作调研。市领导黄波，市政府党组成员、恩施大峡谷风景管理处主任王学渊陪同。

【4月25日】中共中央组织部党建研究所政党室副主任、调研员龚加成一行至恩施市，深入六角亭街道解放路社区、芭蕉侗族乡寨湾村和枫香坡农民专业合作社等地，就“充分发挥基层党组织政治功能”课题实地调研。市领导王兰英等陪同。

【4月29日】在庆祝“五一”国际劳动节暨表彰全国劳动模范和先进工作者大会上，芭蕉侗族乡戽口村村支部书记肖孚云、沙地乡秋木村花栗山组村民蔡秀莲、新塘乡双河邮政分所邮递员张美冲获得“全国劳动模范”称号。其中蔡秀莲由广东省总工会推荐。自2000年开始，蔡长期在广东打工，他始终拥护党的方针政策，遵纪守法，积极支持家乡的各项事业发展，成为当地致富带头人，起到很好的模范带头作用。

【5月5日】州委常委、副州长马尚云一行，至龙凤镇龙马旅游风情小镇、太阳河乡茶山河村等地，就旅游资源开发情况调研。市政府党组成员、恩施大峡谷风景管理处主任王学渊陪同。

【5月7日】州委常委、常务副州长刘芳震一行，至龙凤镇、恩施经济开发区部分重点项目施工现场，就龙凤镇综合扶贫改革试点建设和企业入驻农产品加工园情况调研。市领导向前进、郑晓斌、张渊平、杨局成、陈志波等陪同。

【是日】州委常委、州委组织部部长周静一行，至太阳河乡、白杨坪镇、龙凤镇等地，调研基层党建工作。市领导王兰英等陪同。

【5月14日】恩施市首轮巡查工作正式启动，两个巡查组分别进驻市公安局、市林业局开展巡查工作，时间为1个月。恩施市被湖北省委巡视工作领导小组定为开展巡查工

作试点，重点就聚焦党风廉政建设和反腐败，紧扣“四个着力”等，采取受理信访、个别座谈、查阅资料、明察暗访、边巡边查边整改等方式对严明政治纪律、严守政治规矩情况；落实党风廉政建设“两个责任”和党员干部廉洁自律情况；落实中央八项规定、省委六条意见情况；执行民主集中制情况；省委巡视组发现的问题及其他需要了解的情况等 6 个方面内容进行巡查。

【5 月 18—19 日】中共中央政治局委员、国务院副总理汪洋，国务院办公厅副秘书长江泽林，国家旅游局局长李金早、国务院研究室副主任黄守宏、国务院扶贫开发领导小组办公室主任刘永富一行至恩施市，深入屯堡、沐抚、龙凤、芭蕉、舞阳坝等地，就旅游扶贫工作开展情况调研。汪洋强调，乡村旅游是基层和群众的创造，旅游扶贫是贫困地区扶贫攻坚的有效方式，是贫困群众脱贫致富的重要渠道。要着力推进生态保护、旅游开发、扶贫攻坚有机结合，加大对贫困人口参与旅游经营服务的扶持力度，让他们分享旅游资源开发和旅游产业发展红利，将绿水青山变为群众脱贫致富的金山银山。省委书记李鸿忠，省委副书记、省长王国生，省委常委、常务副省长王晓东，省委常委、省委秘书长傅德辉，省政府秘书长王祥喜及州、市领导王海涛、杨天然、向前进等陪同。

【5 月 25 日】恩施市召开“三严三实”专题教育工作座谈会，深入学习习近平总书记系列重要讲话精神，巩固拓展党的群众路线教育实践活动成果，贯彻落实中央、省委、州委“三严三实”专题教育工作座谈会精神，在全市领导干部中开展“三严三实”专题教育工作。市委书记向前进以“三严三实”为内容在会上讲专题党课。市委副书记、市长李国庆主持会议。市“四大家”领导，恩施经济开发区班子成员及其他县级领导干部出席会议。各乡镇、街道(办事处)党委书记，组织委员，市直部门主要负责人及分管负责人参加会议。

【是日】市中心医院成功实施椎间孔镜下腰椎间盘髓核摘除术，在恩施市尚属首例。

【是月】龙凤镇双堰塘村被国家司法部、民政部表彰为第六批“全国民主法治示范村”。

【6 月 2 日】省高级人民法院副院长田昌兵一行至恩施市，就立案信访、行政审判、诉讼服务中心建设等工作调研。市领导黄波等陪同。

【6 月 4 日】副州长陈晓燕一行深入市第一高级中学、市第二高级中学、市第三高级中学和市民族职业技术学校等处，就高考考点准备情况督查。市领导杨洪安、张献宏等陪同。

【6 月 6 日】恩施市召开领导干部大会，宣布州委关于干部任免事项。苏勇同志任市委委员、常委、副书记，提名为市长候选人；免去李国志市委副书记、常委、委员职务，不再担任市长。州委组织部常务副部长邢祖训出席会议并讲话。市委书记向前进主持会议。市“四大家”领导，恩施经济开发区班子成员参加会议。

【是日】国家农业发展银行行长祝树民、省农业发展银行行长陈小强一行至恩施市，深入龙凤镇双堰塘村、龙马村等地，就龙凤镇综合扶贫改革试点工作情况调研。州、市领导董永祥、马尚云、苏勇、张渊平、林险峰陪同。

【6月9日】省住房和城乡建设厅总规划师童纯跃一行至恩施市，深入白杨坪镇朝阳坡村、鹿子渡村及熊家岩村等地，就“村村通客车”工作情况调研。市领导张伟等陪同。

【6月12日】全州旅游扶贫精准扶贫工作现场推进会在沐抚办事处召开，州委副书记董永祥、州人大常委会副主任邓正平、副州长庞红艳、州政协副主席杨兵出席会议。会议期间，与会代表前往屯堡乡马者村、沐抚小岩阡“绿满荆楚”建设点、营上村女儿湖农家乐、沐抚集镇、大峡谷游客中心等地进行参观考察。各县（市）委副书记，县（市）扶贫办主任、旅游局长、住建局长，州直驻村第一书记参加会议。

【6月17日】州委副书记、州委政法委书记董永祥一行，深入恩施精准扶贫综合服务中心，就精准扶贫、金融扶贫工作开展情况调研。市领导张渊平陪同。

【6月18日】中国社会科学院城市发展与环境研究室主任、副研究员王业强率调研组至恩施市，深入恩施精准扶贫综合服务中心、龙凤初中、红庙污水处理厂、龙凤生态城、州文化中心规划馆、市民之家等地，就“三峡城市群”发展战略进行前期课题调研。市领导张渊平等陪同。

【是日】州委常委、副州长马尚云一行，深入城区湖北创偲诺电气科技股份有限公司、农产品加工园、龙凤生态城等处，就恩施经济开发区发展情况调研。市领导郑晓斌、陈志波等陪同。

△恩施市农村集体土地确权登记发证试点工作暨业务培训会议在龙凤镇吉心村召开。标志着全市农村集体土地确权登记发证试点工作拉开帷幕。

【6月26日】省委副秘书长、省委台湾工作办公室主任刘凯春一行至恩施市，深入市社会管理应急调度指挥中心、六角亭街道解放路社区、芭蕉侗族乡寨湾村等地，就社会综治工作情况调研。州、市领导谭文骄、苏勇、黄波、杨洪安、蔡万高等陪同。

【6月30日】全省律师参与涉法涉诉信访工作现场会在恩施市召开。与会代表赴屯堡花枝山村、沐抚营上村等地现场参观。省委副书记、省委政法委书记张昌尔出席会议并讲话。省委副秘书长刘兆麟，省委政法委常务副书记、省社会治安综合治理办公室主任谭先振，省委政法委副书记胡兴儒，省委政法委副书记杨智出席会议，省委副秘书长王永高主持会议。省直相关部门负责人，各市州政法委书记、常务副书记及相关工作人员出席现场会。

【是日】省委副书记张昌尔率省委副秘书长王永高，省委副秘书长、省财经工作领导小组办公室主任刘兆麟一行，深入喻家河水库建设现场、龙凤镇青堡村和店子槽村、恩施精准扶贫综合服务中心等地，就精准扶贫工作情况调研。张昌尔强调，要深入学习贯彻中央扶贫攻坚贵州现场会和省委常委会会议精神，准确把握扶贫工作新定位、新使命，横下一条心，立下“军令状”，坚决做到精准识别、精准帮扶、精准管理、精准考核，以攻坚之举推动精准扶贫取得更大成效。州、市领导王海涛、向前进、张渊平、蔡万高陪同。

【7月6日】中国扶贫开发协会项目部主任蒋任重一行至恩施市，深入市政务服务中心、龙凤镇双堰塘村等处，就该市农民办事不出村信息化项目建设及精准扶贫工作开展情况调研，并授予恩施市“农民办事不出村信息化扶贫示范县”匾牌。市领导谭也平等陪同。

【7月8日】华中师范大学中国农村研究院执行院长、教授邓大才一行至恩施市，深入市司法局、湖北夷水律师事务所等处，就基层法治与社会治理创新研究工作专题调研。市领导邵永政等陪同。

【7月10日】州人大常委会副主任吕金施一行，深入旗峰坝机动车尾气检测中心、广袤建材有限责任公司大龙潭采石场、施州富苑、湖北民族学院环境空气质量自动检测站等地进行专项视察。市领导刘凡、罗永生、杨洪安、黄永耀、许强等陪同。

【7月10—12日】省政协委员、孝感市政协主席李广波一行至恩施市，深入市孝感幼儿园，屯堡乡马者村、新街村，芭蕉侗族乡戽口村、高拱桥村等地，就孝感市对口支援恩施市的相关情况进行考察。州、市领导甘方谦、陈卫平、向前进、苏勇、张伟、蔡万高等陪同。

【7月15日】省政协常务副主席范兴元一行至恩施市，深入车坝水库、屯堡鸭松溪藻水分离站及人工湿地、大龙潭水质自动监测站等处，就清江水资源保护工作情况调研。州、市领导向宏贵、罗永生、金德钧等陪同。

【7月16日】省委第三巡视组巡视恩施市情况反馈会在富源国宾酒店七楼召开。省委第三巡视组副组长张家林代表巡视组向大会反馈巡视情况。省委第三巡视组巡视员陆凤新、段正平、陈擎国出席情况反馈会。州委常委、州委组织部部长周静出席会议并讲话，市委书记向前进主持会议并在会上作表态发言。市“四大家”领导，恩施经济开发区领导班子成员，市人民法院院长，市人民检察院检察长，其他在职副县级领导干部，市直正科级单位主要负责人，各乡镇、街道(办事处)党政主要负责人，市纪委和市委组织部领导班子成员，部分退休老干部，部分“两代表一委员”和企业家代表等参加会议。

【7月20—21日】省住房和城乡建设厅副厅长赵俊一行至恩施市，深入城区松树坪棚户区改造建设项目工地、市公共租赁房项目工地、蔡家河棚户区改造项目工地和施州大桥东岸片区改造工程项目等地，就住房保障和住房公积金工作专项督查。州、市领导马尚云、罗永生陪同。

【7月28日】省见义勇为基金会、州见义勇为促进会联合召开表彰大会，芭蕉侗族乡兽医站退休职工、共产党员张孝万被授予“2014年度见义勇为先进个人”。2014年1月17

日晚11点50分许,因邻居家失火,张挺身而出,义无反顾救出受灾老人,搬运瓦房周围木柴,控制火情,后昏倒在救灾一线,不幸牺牲,享年64岁。

【8月2日】《人民日报》《光明日报》《美丽乡村建设》栏目分别以《湖北恩施庳口村把美丽变成财富》《茶香飘侗寨——湖北省恩施市芭蕉乡庳口村的“美丽”实践》为题,对芭蕉侗族乡庳口村特色民居建设情况深度报道。

【8月3—6日】中南财经政法大学产业升级与区域金融湖北协同创新中心副主任、金融学院教授、博士生导师黄孝武一行至恩施市,深入花枝山生态农业开发有限责任公司、盛硒生物科技有限公司、恩施市巨鑫现代农业开发有限公司、三岔乡核桃基地和种猪养殖场等处,就该市“十三五”金融扶贫相关规划编制工作调研和指导。市领导杨局成、张伟、林险峰等陪同。

【8月4日】华中师范大学中国农村研究院院长徐勇一行至恩施市,深入沐抚营上村等地,就农村基层法治工作调研。州、市领导陈学明、洪波等陪同。

【8月7日】市委书记向前进主持召开“六城”同创、精细化建设管理、人性化服务活动工作推进会,研究部署相关工作。市领导黎昔品、罗永生、蔡万高等参加会议。

【8月8日】市委书记向前进率罗永生、蔡万高一行,深入城区施州大桥东岸片区棚户改造项目、虎民路棚户区改造项目、高速公路北端绿化亮化、人民路西段道路建设、纸厂沟步行街改造、机场迎宾路绿化等工程施工现场,就推进“六城”同创工作进行调研、督办。

【是日】湖北省恩施州首个村级邮政电商运营中心——龙马村邮政农村电商运营中心开业。

【8月10—12日】香港“同心同根万里行2015”交流团访问恩施市,开展系列交流联谊活动。香港青少年与市第一中学、舞阳中学、小渡船中学部分学生一起开展文艺演出和家访交流等活动。市领导陈峣等出席活动。

【8月11日】省委组织部副部长蔚盛斌一行至恩施市,深入沐抚营上村、屯堡花枝山村等地,就基层党建工作情况调研。州、市领导周静、向前进、王兰英等陪同。

【8月11—13日】省人大民族宗教侨务外事委员会副主任委员陈亚平率“民族团结进步荆楚行”活动记者采访团至恩施市,深入沐抚、芭蕉、舞阳坝等地,开展民族团结进步采访活动。市领导邵永政、陈志波、赵萍、王学渊等陪同。

【8月12日】全市“六城同创、精细化建设管理、人性化服务”工作动员视频会议召开,会议就相关工作进行再动员、再部署。市委书记向前进出席会议并作动员讲话,市委副书记、代理市长苏勇主持会议。市“四大家”领导、恩施经济开发区班子成员在主会场出席会议。市直相关部门及龙凤镇、城区街道负责人在主会场参会,其他乡镇及部门负责人在各分会场参会。

【8 月 12—14 日】全省供销社农村电子商务现场推进会在恩施召开。其间，省供销联社主任赵东风一行至恩施市，深入龙凤镇双龙客运农村电子商务快递中转站、双堰塘村级综合服务社、恩施精准扶贫综合服务中心电商服务中心、马者乡村旅游专业合作社、屯堡农村电子商务服务中心、花枝山茶叶专业合作社等地，就农村电子商务现场进行考察、观摩。州、市领导马尚云、黄波等陪同。

【8 月 13 日】湖北省百名法学专家百场报告会恩施专场暨恩施市“法治讲堂”启动仪式视频会议举行。华中师范大学法学院副教授、宪法学与行政法学教研室主任肖登辉作《领导干部如何做尊法学法守法用法的模范》专题辅导讲座。向前进等市“四大家”领导，恩施经济开发区领导班子成员，市人武部政委，市人民检察院检察长、市直正科级单位主要负责人，市委政法委，市直政法各部门领导班子成员在主会场参加报告会。

【是日】州政协副主席杨兵一行至恩施市，就州政协《关于加大对州城清江河段水生态环境污染治理力度》重点提案办理情况调研督办。市领导罗永生等陪同。

【8 月 14 日】中共恩施市八届第十六次市委常委(扩大)会议召开。市委书记向前进主持会议。会议听取关于市委八届八次全会筹备工作的情况汇报，集中研讨《中共恩施市委、恩施市政府关于精准扶贫、竞进小康的意见(草案)》，研究《恩施市统筹涉农项目推进精准扶贫实施办法(讨论稿)》和《关于进一步动员各方力量参与精准扶贫实施方案(讨论稿)》，传达中央、省委民族工作会议及延边全国民族自治州经验交流现场会精神以及省委关于加强安全生产的具体要求。苏勇等市“四大家”领导及恩施经济开发区在家领导班子成员参加会议。

【8 月 17 日】州委副书记、代州长刘芳震，州人大常委会副主任邓正平，副州长张宇、庞红艳一行深入小渡船街道何功伟村，屯堡乡鸭松溪绿藻分离站、大龙潭取水口、龙凤镇喻家河水库、市三水厂等地，就州人大《加强州城饮用水源保护保障人民安全饮水》重点议案办理工作情况督办。市领导苏勇、罗永生等陪同。

【是日】19 时 38 分，沙地乡境内老渡口电站(调峰电站，属国电长源老渡口水电有限公司管辖)下游大池坝河段流量因发电尾水灌入导致时小时大状况，发生溺水事故。正在该河段的游玩人员向某、刘某兵和电站施工人员赵某军(均为崔家坝镇人)3 人溺水身亡。

【8 月 18 日】农村电子商务专题讲座在州文化中心开课。商务部电子商务进农村推荐评审专家、中国县域电商发展联盟秘书长、浙江大学农业发展研究院中国农村电子商务服务中心特聘专家王盛作主题为《恩施农村电商的行与思》的报告。市委副书记张渊平主持活动。市“四大家”领导等 1000 余人聆听讲座。

【8 月 24 日】州委书记、州人大常委会主任王海涛，州委常委、州委统战部部长谭文骄，州委常委、副州长冯忠泽，州政协副主席王继刚一行至恩施市，调研“开放活州”、精准

扶贫工作。王海涛强调,要运用开放、合作的理念和办法,整合各方面资源,大力推进精准扶贫工作。市领导向前进、张渊平陪同。

【8 月 25 日】恩施土家"女儿会"在恩施大峡谷开幕。东帝汶驻华大使张芬霞(VickyTchong)率东帝汶文化艺术交流团参加。市领导杨洪安、余秋红、张伟、赵萍、徐本禹、王学渊等出席开幕式。

【8 月 26 日】中共恩施市委八届八次全体(扩大)会议召开。会议应到市委委员 33 人、实到29 人,应到候补委员 8 人、实到6 人,符合法定人数。市委书记向前进代表市委向全会作主题报告,并主持当天的闭幕会。市委副书记、代理市长苏勇主持开幕式。会议听取市委书记向前进代表市委常委会所作的题为《强化责任担当,推进精准扶贫,为全面建成小康社会奠定坚实基础》的报告,讨论并通过《中共恩施市委、恩施市人民政府关于聚焦精准扶贫奋力竞进小康的意见》。市"四大家"领导等出席会议。

【是日】12 时 50 分许,沙地乡境内老渡口电站下游尾水处河道再次发生溺水事故。该乡楠木村人向某昌(17 岁,系恩施职业技术学院学生)、李某平(9 岁,系麦淌小学二年级学生)两人溺水身亡。

【8 月 28 日】州政协副主席王继刚一行,深入屯堡乡花枝山村、屯堡社区、屯堡司法所、屯堡人民法庭、六角亭街道解放路社区、市烟草公司、湖北夷水律师事务所等地,视察督办普遍建立法律顾问制度工作开展情况。市领导黄波、崔显琦陪同。

【9 月 1 日】市委书记向前进,市委副书记、代市长苏勇看望慰问抗战老兵张延春、李家斌。

【9 月 2 日】恩施抗战历史陈列馆举行中国人民抗日战争暨世界反法西斯战争胜利 70 周年纪念活动。州、市领导王海涛,刘芳震、孔祥恩、谭文骄、江明辉、邓正平、郑开国、向前进、苏勇等出席活动。

【9 月 6 日】州人大常委会副主任吕金施一行,深入屯堡、沐抚、板桥等地,就"水更绿""土更净"专项工作实施情况督办。市领导刘凡、杨洪安、余秋红等陪同。

【9 月 9 日】州委常委、副州长马尚云深入盛家坝乡二官寨村等地,就乡村休闲旅游发展情况调研。市政府党组成员、恩施大峡谷风景区管理处主任王学渊等陪同。

【9 月 10 日】全省民族团结进步创建工作座谈会暨湖北武陵山民族团结进步创建活动现场推进会在恩施市举行。省民族宗教委员会副主任熊华启出席会议,省委统战部、省民宗委相关处(室)负责人,各地、市、州、林区民宗委(局)分管负责人及湖北武陵山 12 个县(市)民宗局主要负责人参加会议。是日,熊华启一行赴硒都民族实验小学、六角亭街道解放路社区、恩施土家女儿城等地,调研恩施市民族团结进步示范创建工作情况。市领导谭也平等陪同。

【9 月 11 日】全国人大常委会委员、全国人大财经委员会委员、全国人大常委会预算工作委员会副主任姚胜率部分湖北省全国人大代表赴恩施市，深入舞阳坝街道、芭蕉侗族乡等地，就旅游产业、民族文化、生态保护等视察。州、市领导瞿赫之、刘凡陪同。

【是日】恩施市 2015 年第十八次市委常委会议召开。市委书记向前进主持会议。会议集中学习《中共湖北省委关于深入学习贯彻习近平同志在会见全国优秀县委书记时的讲话和刘云山在全国优秀县委书记表彰会议上的讲话精神的通知》《习近平同志在部分省区市扶贫攻坚与“十三五”时期经济社会发展座谈会上的讲话》；传达学习《中共中央转发（中共全国人大常委会党组关于加强县乡人大工作和建设的意见）的通知》《中共湖北省委办公厅关于印发（李鸿忠同志在湖北省委专题学习研讨时发言摘登）的通知》。会议还传达学习省委政协工作会议精神，听取省委第三巡视组反馈意见整改落实工作情况汇报和市第二轮巡查工作情况汇报。苏勇等市“四大家”领导参加会议。

【9 月 12 日】省文史馆文化传播院院长、省人大常委江作苏一行，赴恩施抗战历史陈列馆，为恩施市捐赠抗战纪念钟和抗战书籍。州、市领导陈晓燕、苏勇、张献宏等参加捐赠仪式。

【是日】北京东方红航天生物股份有限公司总裁邱斌一行至恩施市，就硒资源开发利用、工业园区建设及旅游资源等情况考察。市领导郑晓斌、赵萍等陪同。

【9 月 13 日】国务院扶贫开发领导小组办公室副主任欧青平、省扶贫开发领导小组办公室主任杨朝中一行至恩施市，深入市精准扶贫综合服务中心、龙凤镇吉心村等地，就精准扶贫工作调研。州、市领导庞红艳、向前进、张渊平、崔宇辉等陪同。

【9 月 14—17 日】财政部农业司副司长柯凤、省财政厅副厅长黄明一行至恩施市，深入恩施精准扶贫综合服务中心和龙凤镇双堰塘村、龙马村、青堡村、二坡村、吉心村等地，就龙凤镇综合扶贫试点工作、精准扶贫工作、产业扶贫工作进行调研、指导、督办。州、市领导马尚云、陈晓燕、向前进、苏勇、张渊平、崔宇辉等陪同。

【9 月 17 日】省质量监督管理局总工程师朱宝玉一行至恩施市，深入瑞园小区、恩施快意机电设备有限公司、州佳利气体有限公司等企业，对特种设备和危险化学品安全生产专项整治工作进行督导检查。市领导黄波等陪同。

【是日】副州长秦斌深入屯堡乡马者村、花枝山村、市精准扶贫综合服务中心、龙凤镇双堰塘村、龙马村等地，就电子商务发展情况调研。市领导张献宏等陪同。

【9 月 18 日】州政协副主席杨兵、郑开国率州政协调研组至恩施市，就该市贯彻落实 2010 年州委政协工作会议精神情况、政协宣传和反映社情民意信息工作情况专题调研。市领导张渊平、金德钧、崔显琦等出席座谈会。

【9 月 21 日】省食药监局局长李昌海一行至恩施市，深入华硒生态园、恩施土家女儿

城等地，对“食品放心工程”、安全隐患大排查大整治、机构改革后基层乡镇食药监所运行等情况进行督导调研。州、市领导赵晓珊、苏勇、杨洪安等陪同。

【9月22日】省委巡视组巡查试点工作调研组组长刘源超一行至恩施市，就巡查试点工作调研。州、市领导陈江龙、向前进、万雪峰、王兰英、黎昔品等出席会议。

【9月23日】台湾知名人士陈履安先生至恩施市，向恩施抗战历史陈列馆捐赠其父亲陈诚撰写的自传《陈诚回忆录》一书。该书是一部纪实风格自传，其中抗日战争章卷详细记述抗战时期恩施作为湖北省省会、第六战区驻节地指挥中心发生的一系列重大历史事件，对抗日战争、恩施抗战历史研究具有较强的参考价值。州委书记、州人大常委会主任王海涛接受捐赠，向陈履安颁发捐赠证书，并赠送陈诚在恩施的照片。州、市领导刘芳震、谭文骄、向前进、苏勇、杨洪安等出席捐赠仪式。捐赠仪式结束后，陈履安还与州、市领导一起参观恩施抗战历史陈列馆。

【9月25日】州委常委、副州长马尚云一行，至恩施大峡谷风景区，督办检查恩施大峡谷风景区国庆黄金周旅游筹备工作情况。市政府党组成员、恩施大峡谷风景区管理处主任王学渊等陪同。

【9月25—26日】中央统战部二局副局长张天昱，省委统战部副部长、省民族宗教事务委员会主任柳望春率联合督查组至恩施市，深入芭蕉侗族乡高拱桥村、市硒都民族实验小学等地，就该市贯彻落实中央民族工作会议精神情况督查。州、市领导谭文骄、向前进、陈哓、杨洪安等陪同。

【9月29—30日】省委组织部秘书长靳祖春一行至恩施市，深入恩施精准扶贫综合服务中心、龙凤镇双堰塘中心社区、龙马旅游风情小镇等地，调研龙凤镇综合扶贫改革试点工作情况。市领导向前进、苏勇、王兰英等陪同。

【9月29日】州委副书记、代理州长刘芳震，副州长张宇一行，至红庙污水处理厂、城市生活垃圾综合处理厂、中石油昆仑燃气恩施天然气站、恩施土司城风景区等地，就城市污水、垃圾处理项目建设，危化品、旅游景区安全监管等工作情况调研。市领导向前进、苏勇、罗永生等陪同。

【9月30日】副州长秦斌一行，至恩施远奕科技企业孵化器有限公司等地，就创新创业等工作专题调研。市领导郑晓斌等陪同。

【是日】9时28分，恩施七里坪（罗家湾）220千伏变电站一次性送电成功，标志着境内首座220千伏电压等级的GIS智能变电站建成投运。该工程于2014年5月开工，概算总投资1.82亿元，设计容量终期规模3×180兆伏安。

【10月1—7日】国庆黄金周恩施市共接待海内外游客88.4万人次，实现旅游直接收入1.11亿元，同比分别增长27.9%、35.7%。其中恩施大峡谷风景区接待游客8.76万人

次,恩施土司城风景区接待游客5.53万人次,恩施土家女儿城接待游客13万余人。

【10月8—10日】中南民族大学党委书记陈达云一行至恩施市,就精准扶贫工作专题调研。市领导张渊平、陈峣陪同。

【10月9日】副省长任振鹤一行至恩施市,深入市精准扶贫综合服务中心、龙凤镇双堰塘村扶贫搬迁居民点、龙马村保扎片区、龙马风情小镇等地,就精准扶贫工作调研。州、市领导王海涛、刘芳震、孔祥恩、沙玉山、程水源、向前进、苏勇、张渊平等陪同。

【10月10日】州人大常委会副主任陈学明一行至恩施市,就市人大工作开展情况及《中华人民共和国预算法》实施等情况调研。市领导刘凡、王兰英、杨局成、侯萍、余秋红、张献宏等参加会议。

【10月13日】省农科院党委书记刘晓洪一行赴恩施市,深入龙凤镇二坡村山药品种对比试验基地、巨鑫农业设施蔬菜基地、尔军畜牧养殖专业合作社、二坡农业合作社蛋鸡示范场等地,就精准扶贫工作情况调研。市领导张渊平等陪同。

【10月14日】国家民委经济发展司统计监测处处长朱卫东一行赴恩施市,深入屯堡、沐抚、龙凤等地,就民贸民品企业、民族文化、电脑农业、特色村镇等工作情况考察调研。市领导陈峣等陪同。

【10月15日】恩施市精准扶贫工作现场推进会召开。市委书记向前进主持会议。会议要求,全市各乡镇、街道(办事处)要严格落实"四个一批",保持定力、精准发力、持续用力,切实抓好各项工作落实。市领导苏勇、张渊平等出席会议。

【是日】恩施市举行"一起过上好日子"社会扶贫在行动募捐活动,号召企业及社会各界爱心人士帮扶困难群众,共募善款1685.24万元。州委副书记、代州长刘芳震出席并讲话,州政协副主席王继刚出席活动,市委书记向前进致辞。苏勇等市"四大家"领导,恩施经开发区领导班子成员;各乡镇、街道(办事处)党委书记,市直相关单位主要负责人;企业家及社会爱心人士参加活动。

【10月16日】恩施市召开"六城"同创工作推进会,集中传达州"六城"同创现场推进会精神,通报全市"六城"同创"十大工程""十项行动"推进情况及工作中存在的问题,部署下步工作。市委书记向前进主持会议。

【10月19日】市委书记向前进主持召开恩施市2015年第二十次市委常委(扩大)会议,研究部署当前相关工作。会议听取恩施市"十三五"国民经济和社会发展规划基本思路的汇报;听取全市司法体制改革工作汇报;听取全市基层党建有关工作汇报;开展"三严三实"第三次专题研学;学习王岐山在纪检监察干部监督工作座谈会上重要讲话精神和《中纪委关于六起违反中央八项规定精神问题的通报》《省纪委关于四起落实党风廉政建设主体责任不力典型案件的通报》,研究全市第三轮巡查工作相关事宜;研究有关干部处

分事宜;研究干部人事任免。苏勇等市"四大家"领导、恩施经济开发区领导班子成员参加会议。

【是日】州人大常委会副主任、州"六城"同创指挥部副指挥长涂元玲一行,深入松树坪二手车交易市场、六角亭街道龙麟宫路、舞阳坝街道东风大道、小渡船街道机场路社区等地,就"六城"同创工作开展情况进行督查。市领导蔡万高等陪同。

【10月20—23日】省委第三巡视组副组长张家林一行至恩施市,开展督查回访工作,检查巡视反馈意见整改落实情况。市委书记向前进代表市委汇报有关工作情况。市领导苏勇、郑晓斌、张渊平、刘凡、刘羽、王兰英、黎昔品等参加会议。

【10月22日】市人民法院作出判决,香港男子吴某因犯组织、领导传销活动罪,判处有期徒刑4年,并处罚金2万元,依法追缴吴某违法所得180余万元。为恩施市首例网络传销案宣判。

【10月23—26日】市领导杨局成、黄波、谭也平一行前往贵阳市参加首届世界众筹大会。恩施市在世界众筹大赛网上挂牌有33个众筹项目,其中筹资超过1.8万元满标项目17个,并成功进入大赛500强。

【10月27日】省地税局局长杨天然一行至恩施市,深入市地税局、龙凤生态城、好又多华硒物流园等地,就税收征管、纳税服务、地税文化、干部队伍建设等工作情况调研。市领导苏勇、杨局成等陪同。

【10月28日】2015中国恩施大峡谷热气球挑战赛暨热气球旅游节在恩施大峡谷风景区启动。省政协副主席王振有出席活动并宣布2015中国恩施大峡谷热气球挑战赛开幕,州委常委、副州长马尚云致辞,市领导杨洪安、王学渊出席开幕式。

【是日】市委书记向前进主持召开市委常委会(扩大)会议,传达学习州委六届八次全会精神,部署当前重点工作。会议还就贯彻落实州委六届八次全会精神的学习宣传工作进行安排。传达中共中央相关文件通报。集中学习新修订的《中国共产党纪律处分条例》《中国共产党廉洁自律准则》中的重要精神。苏勇等市"四大家"领导,恩施经济开发区班子成员出席会议,各乡镇、街道(办事处)党委书记,市直单位主要负责人参加会议。

【11月1日】从第十二届中国武汉农业博览会上获悉,芭蕉侗族乡和沙地乡荣获"湖北生态农业特色示范品牌乡"称号,沙地乡白岩寨山庄荣获"湖北生态休闲特色山庄"称号,恩施市14个农产品获金奖农产品,2个产品荣获畅销农产品。本届农博会以"品牌创新·绿色发展"为主题,由湖北省政府主办,武汉市政府、湖北省农业厅承办。

【11月2—3日】《法制日报》《经济日报》《中国青年报》等中央新闻媒体采访组一行至恩施市,深入屯堡花枝山村、沐抚营上村等地,就律师参与涉法涉诉信访矛盾化解工作进行专题采访。

【11月3日】省联合发展投资集团有限公司董事长李红云一行至恩施市，深入金龙大道北段施工工地及龙凤镇龙马中学、龙马卫生院、黄家大院居民安置点、龙马风情街、拦河坝蓄水工程项目施工现场等地，就如何支持试点建设进行调研。市领导向前进、张渊平、崔宇辉等陪同。

【11月3—5日】州人大常委会常务副主任瞿赫之率州、市人大常委会联合检查组至恩施市，就贯彻执行《中华人民共和国行政诉讼法》情况进行督查。市领导刘凡、杨局成、邵永政等参加座谈会。

【11月4日】恩施市硒谷产业园企业联合会成立大会暨第一届会员大会举行。州科协主席马天平，市领导郑晓斌、赵萍等出席会议。

【11月4—5日】州委副书记、代理州长刘芳震一行，深入新塘乡下坝村、校场坝村、双河社区，红土乡大河沟村、石灰窑村等地，就高山连片集中贫困区域精准扶贫工作开展专题调研。市领导苏勇等陪同。

【11月6日】市委书记向前进赴孝感市汇报对口支援恩施市工作成果，并就新一轮对口支援工作进行对接。孝感市委书记陶宏，市委副书记、市长滕刚，市委常委、市委秘书长涂明珍，市委常委、常务副市长陈义国出席汇报会，市委常委、市委统战部部长、副市长周先来主持汇报会。市委副书记、代市长苏勇，市委常委、市委办公室主任黎昔品，市委常委、副市长陈峣等出席汇报会。

【11月7日】省委政法委委员、省纪委派驻省委政法委纪检组长刘兴祥一行至恩施市，深入舞阳坝派出所、小渡船司法所等处，就政法系统党建工作情况调研。市领导黄波等陪同。

【是日】州“科学补硒·健康生活”公益宣传活动2015年度颁奖暨“世界硒都·养生恩施”旅游推介大会在恩施市举行。州、市领导程水源、苏勇、刘凡、赵萍出席会议并为获奖代表颁奖。中国保健协会理事长、中国卫生监督协会会长张凤楼，中国保健协会常务副理事长、国务院参事秦小明，中国保健协会副理事长兼秘书长徐华锋，中国保健协会副理事长王钟，中国保健协会科普教育分会会长于菁，中国社会科学院食品药品产业发展与监管研究中心主任张永建，以及硒产业相关科研专家等应邀出席活动。

【11月9日】省精准扶贫建档立卡质量交换检查组一行至恩施市，深入沐抚营上村、龙凤双堰塘村和恩施精准扶贫综合服务中心等处，就恩施市精准扶贫建档立卡工作情况督查。市领导杨局成、谭也平等陪同。

【11月10日】州委书记、州人大常委会主任王海涛一行，深入恩施市润邦富硒茶业有限公司等处，专题研究企业遇到的困难和问题，落实“万名干部进万企”活动要求。市领导向前进等陪同。

【是日】国务院参事室特约研究员、农业部原总经济师张玉香一行至恩施市，深入市精准扶贫综合服务中心、沐抚营上村等地，就精准扶贫工作情况调研。州、市领导冯忠泽、谭也平等陪同。

【11 月 10—11 日】省住建厅副厅长黄祥国一行至恩施市，深入城市综合垃圾处理厂、红庙污水处理厂、龙凤生态城、国际服装城、棚户区改造工程等城市重点项目工地现场，就城乡建设管理工作开展及本年度工作任务完成情况督查。州、市领导张宇、罗永生等陪同。

【11 月 11 日】国家农业部经管司承包合同管理处处长孙邦群，省农村经济经营管理局局长张清林一行至恩施市，深入龙凤镇向家村、龙凤社区，就农村土地确权工作情况调研督导。市领导杨局成等陪同。

【11 月 11—12 日】州人大常委会副主任吕金施一行，深入旗峰坝麻纺厂、屯堡乡污水提升站、屯堡集镇、大岩阡垃圾中转站、沐抚集镇、红庙老街、金龙大道、五峰山隧道、大沙坝污水处理厂等处，就“十三五”规划编制情况和建设美丽恩施“城乡更美”专项工作实施情况调研。市领导刘凡、杨局成、邵永政、洪波、张献宏等陪同或参加座谈会。

【11 月 12 日】省民政厅副巡视员汪虹波率省减轻企业负担专项督查组至恩施市，深入恩施长源轴承制造有限公司、湖北省思乐牧业有限公司、恩施好又多商贸有限公司（恩施土家女儿城）等企业，就减轻企业负担工作情况督查。州、市领导陈卫平、黄波、崔显琦等陪同或参加座谈。

【11 月 13 日】恩施市召开“万名干部进万企、创优服务稳增长”动员会议，部署全市机关干部开展企业排忧解难活动。市委副书记、代市长苏勇出席会议并讲话，市委副书记、恩施经济开发区工委副书记、恩施经济开发区主任郑晓斌主持会议，市委常委、市委办公室主任黎昔品出席会议，市委常委、市委政法委书记、副市长黄波就专项活动作具体安排。市直单位主要负责人，全市规模以上（含拟进规）工业企业、信息企业、物流、电子商务企业、商业综合体的法人代表参加会议。

【是日】韩国忠清北道堤川市副市长金镇炯一行至恩施市，进行友好访问。州、市领导马尚云、张献宏等陪同。

【11 月 14—15 日】中南财经政法大学党委统战部副部长畅安平一行至恩施市，深入龙凤、屯堡、芭蕉等乡镇，就校市合作项目、精准扶贫、人才建设、产业发展、文化传承等方面调研。市领导王兰英、张伟等陪同。

【11 月 17 日】致公党湖北省委员会委员陈平一行至恩施市，深入巨鑫现代农业开发有限公司龙凤镇二坡村基地、中国恩施硒谷富硒产业联盟总部、州硒研究院、国家富硒产品质检中心等地，就“中国硒谷”建设情况调研。州、市领导程水源、谭建军、向煦等陪同。

【11月18日】副州长秦斌一行至龙凤镇，就互联网明星小镇建设情况专题调研。市领导黄波等陪同。

【是日】副州长程水源一行深入新塘乡，就渔塘坝独立硒矿床地质公园和华中药用植物园种质资源库建设情况调研。市领导赵萍等陪同。

【11月25—26日】省环保厅副厅长李国斌率省验收组一行至恩施市，就该市创建湖北省环境保护模范城市工作进行考核验收。州、市领导张宇、苏勇、罗永生、余秋红、赵萍等陪同。

【11月26日】全州农村基层党建工作会议在恩施市召开。州委书记、州人大常委会主任王海涛出席会议并讲话。与会代表先后前往龙凤镇二坡村、双堰塘村和恩施精准扶贫综合服务中心等现场参观。州委常委、利川市委书记沙玉山，州委常委、州委组织部长张建文出席会议。州直相关部门负责人，各县市委书记、组织部长及相关县市直部门负责人参加会议。

【是日】省工商局局长王永高一行至恩施市，深入龙凤镇工商所、恩施精准扶贫综合服务中心、市民之家、恩施市润邦国际富硒茶业有限公司、小渡船工商所、市工商局等处，就恩施市工商系统各项重点工作情况调研。州、市领导陈晓燕、黄波等陪同。

【11月27—28日】国家民族宗教委员会研究室主任石玉钢，省民族宗教委员会副主任邓汉光一行至恩施市，深入芭蕉侗族乡戽口村、高拱桥村，屯堡乡花枝山村、马者村，沐抚营上村等地，就民族工作情况调研。州、市领导谭文骄、苏勇、陈晓等陪同。

【11月30日】州委常委、利川市委书记沙玉山率党政考察团至恩施市，深入龙凤镇二坡村、双堰塘村和市精准扶贫综合服务中心等处，就村级党组织建设和精准扶贫工作情况考察。市领导苏勇、张渊平等陪同。

【是日】州人大常委会副主任、州"六城"同创指挥部副指挥长涂元玲，州政协副主席、州"六城"同创指挥部副指挥长郑开国率调研组至舞阳坝街道辖区，就"六城"同创工作调研与督查。市领导罗永生、余秋红等陪同。

【12月3日】州、市第二个"国家宪法日"暨第十五个全国法制宣传日活动在城区桥西广场举行。市领导刘凡、黄波、邵永政等参加活动。

【12月7日】州委书记、州人大常委会主任王海涛，州委常委、州委秘书长孔祥恩，州委常委、组织部部长张建文一行，深入三岔乡、白果乡等地，就精准扶贫工作情况专题调研。市领导苏勇、张渊平等陪同。

【是日】省农业综合开发领导小组办公室主任周希祥一行至恩施市，就该市2014年农业综合开发项目实施情况调研督办。州、市领导周静、杨局成、赵萍等陪同。

【12月8日】省委副书记、省长王国生，副省长任振鹤率省政府秘书长王祥喜、省财政

厅厅长王文童、省扶贫开发领导小组办公室主任杨朝中一行至恩施市，深入三岔乡、白果乡等地，就脱贫攻坚工作情况专题调研。州、市领导王海涛、刘芳震、孔祥恩、马尚云、向前进、苏勇等陪同调研。

【是日】省旅游局局长钱远坤率调研组至恩施市，深入盛家坝乡二官寨村等地，就旅游产业发展及旅游扶贫工作开展情况调研。市领导郑晓斌、王学渊等陪同。

【12月9日】省公路局局长熊友山一行至恩施市，深入鸦沙公路建设现场和恩鹤公路建设现场，就公路建设工作情况专题调研。市领导黄波等陪同。

【是日】省经济和信息化委员会主任欧阳万坤一行至恩施市，深入创偲诺电气科技股份有限公司、润邦国际富硒茶业有限公司、长源轴承制造有限公司等处，就工业企业发展情况调研。州、市领导赵晓珊、杨局成、黄波等陪同。

【12月10日】国家民族事务委员会监督检查司司长陈乐齐率15个创建全国民族团结进步示范州（地、市、盟）“互观互检”活动代表团到恩施市，深入市硒都民族实验小学、六角亭街道解放路社区、市财政局、华硒文化旅游有限责任公司等民族团结进步示范点，就民族团结进步示范工作参观考察。州、市领导张宇、陈峣等陪同。

【是日】省政府法制办公室主任张绍明率省检查组至恩施市，深入市自来水公司、市国土资源局等处，就“六五”普法工作检查验收。市领导黄波、邵永政、崔显琦等陪同。

△省城市管理工作考评组一行至恩施市，深入航空路车站、市城市生活垃圾综合处理厂、南山小镇、市城管局、小渡船街道机场路社区等地，就该市城市管理工作进行考核验收。市领导罗永生、邵永政、金德钧、余典语等陪同。

△21时15分，春秋航空空客320降落恩施机场，上海直飞恩施首航成功。为恩施州首条连接国内一线城市的航线，直飞上海仅需约1小时40分。

△新塘司法所所长龙兆开被国家司法部评为“全国模范司法所所长”。

【12月11日】市委书记向前进主持召开2015年第24次市委常委（扩大）会议。会议听取市委八届九次（扩大）会议筹备工作情况汇报，讨论《中共恩施市委关于制定国民经济和社会发展情况第十三个五年规划的建议（讨论稿）》，讨论《〈中共恩施市委关于制定国民经济和社会发展第十三个五年规划的建议〉的说明》。苏勇等市“四大家”领导、恩施经济开发区领导参加会议。

【12月12日】中共恩施市委八届九次全体（扩大）会议召开。会议应到市委委员33人、实到31人，应到候补委员8人、实到8人，符合法定人数。市委书记向前进代表市委常委会作《中共恩施市委关于制定国民经济和社会发展第十三个五年规划的建议》说明，并主持当天的闭幕会。市委副书记、代市长苏勇主持开幕式。会议讨论并通过《中共恩施市委关于制定国民经济和社会发展第十三个五年规划的建议》。会议要求，全市上下要牢固

树立“创新、协调、绿色、开放、共享”的发展理念，以科学发展、创新发展为主导，以精准扶贫、竞进小康为主题，以绿色、低碳、高效发展为主线，优化产业结构，转变发展方式，深化各项改革，加快推进新型城镇化、农业现代化、新型工业化和信息化“四化同步”进程，努力建设宜居、宜业、宜旅的“美丽恩施”。市“四大家”领导出席会议。市委委员、候补委员出席会议，非市委委员和候补委员，恩施经济开发区班子成员及市人武部政委、市人民法院院长、市人民检察院检察长，市委调研员，市委、市政府老顾问，市纪委委员，乡镇、街道(办事处)党委书记，乡(镇)长、主任，市直正科级单位主要负责人，市人大工委、市政协专委主要负责人，恩施经济开发区一级单位主要负责人，驻外机构负责人列席会议。

【12月14日】中央电视台著名主持人敬一丹在州文化中心恩施大剧院以《恩施——我遇到你》为题就新媒体运用进行精彩解读。市委常委、宣传部部长、统战部部长杨洪安主持讲座。来自全市干部、教师、学生等1000余人聆听讲座。

【12月15日】中国人民解放军湖北省军区参谋长、少将杨万军一行至恩施市，深入市武装部等处，就基层武装部和民兵连建设工作检查指导。州、市领导江明辉、董高等陪同。

【12月23日】省水利厅巡视员、省政府参事刘烈玉率省督查组至恩施市，深入龙凤镇双堰塘村等处，就“三严三实”专题教育开展情况专项督查。州、市领导张建文、苏勇等陪同。

【是日】从中国美丽乡村建设经验交流会上获悉，盛家坝乡二官寨村荣获“中国最美乡村”提名奖。CCTV7寻找“中国最美乡村”推介活动自2013年始，已成功举办3届。盛家坝乡二官寨村是该次湖北省唯一入选单位。

【12月24日】州委书记、州人大常委会主任王海涛一行，深入舞阳坝街道五峰山村，现场办公部署五峰山环境综合整治工作。王海涛强调，要把五峰山作为“美丽恩施”建设的突破口，着力推进五峰山净化、绿化、美化、现代化建设。州、市领导孔祥恩、涂元玲、张宇、郑开国、苏勇等陪同。

【是日】8时许，209国道恩施绕城线2公里处，一辆货车与摩托车相撞，致摩托车司乘人员2人死亡，1人重伤。死者系父子关系。

【12月25日】州委书记、州人大常委会主任王海涛，州委常委、州委秘书长孔祥恩，州委常委、副州长马尚云一行，深入龙凤镇佐家坝村和市精准扶贫综合服务中心等处，就龙凤镇综合扶贫改革试点推进情况调研。王海涛强调，要以“创新、协调、绿色、开放、共享”五大发展理念为指导，推进试点转型升级，坚决打赢脱贫攻坚战，打造落实“四个全面”战略部署的示范标杆。市领导苏勇、张渊平、杨局成、黄波、崔宇辉陪同。

【12月29日】市委副书记、代市长苏勇参与指导屯堡乡党委班子“三严三实”专题民主生活会。

【是月】天津市精神文明建设指导委员会办公室授予武警天津总队四支队退役军人冯宁“天津好人”称号。12 月 23 日晚,恩施舞阳坝崇文广场 11 楼发生女子坠楼事件。冯宁危急时刻,毫不犹豫地伸出双手接住坠楼女子,却因重力太大,被砸倒在地,导致右肩脱臼,右膝盖骨头错位,右膝盖韧带 3 根断裂,重伤住院治疗。该事迹经央视新闻频道、新华社、湖北日报、湖北卫视刊播后,引起社会广泛关注。12 月 29 日,恩施市综治委授予冯宁“见义勇为先进个人”荣誉称号。冯宁系新塘乡太山庙社区人,2013 年 10 月至 2015 年 9 月服兵役,在籍大学生。

今天的历史

——恩施市大事记

下　部

一 月

1月1日

【民国七年(1918)】市廓里白果乡油竹坪游民田合林率数十人,奔袭见天坝复仇(其父因盗窃被团总童清安处死),杀死见天乡团总童清安,火烧见天坝街。

【民国二十七年(1938)】废专员兼县长制,恩施县政府从第七行政区专署分出,独立办公。余廷襄任恩施县县长。

【民国三十年(1941)】《新湖北日报》于恩施创刊出版,此系陈诚为配合"新湖北建设运动"指示而创办的省政府机关报。

【民国三十三年(1944)】湖北省立教育学院升格为国立湖北师范学院,校址设五峰山。

【1950年】全县禁止银圆及其他金属币和旧币流通,使用中国人民银行发行的人民币,市面流通票面额为壹万元、贰万元、叁万元、伍万元、拾万元;壹仟元、贰仟元、伍仟元、壹佰元、贰佰元、伍佰元。

【1960年】新中国成立后,恩施县城首次开通公共汽车。

【1966年】恩施专区自来水厂(后为县自来水公司)竣工投产,即日起向恩施城区居民供水。

【1991年】中共恩施市委员会二届五次全体(扩大)会议提出"八五"期间经济和社会发展目标,即实现人均粮食400千克(800斤),人均收入1000元,人均创财政收入100元,人口自然增长率控制在9‰以内目标,简称"8119"工程。

【1993年】恩施市经济电视台开播。

【2006年】市新型农村合作医疗工作启动。

【2007年】恩施州人民政府、恩施市人民政府在舞阳坝街道五峰山村举行全国第二次农业普查现场登记启动仪式。即日起,全州万余名普查员、普查指导员开始通过入户走访的形式,对全州农户、农业生产经营单位进行调查登记。现场调查登记的内容主要包括农业生产、农民生活、农村社会保障及农村基础设施建设情况等。现场调查工作于4月底结束。

【2008年】省委副书记、代省长李鸿忠一行先后至宜万铁路恩施火车站及片区建设工

地、恩施经济技术开发区金叶公司、武烟恩施分厂、州博物馆、沪蓉西高速公路谭家坝互通立交建设工地、芭蕉侗族乡枫香坡村、灯笼坝村，就施工进展、企业生产经营、文物保护和新农村建设等情况调研。州委书记肖旭明等陪同。

【2010 年】恩施市、巴东县共同主办的“全国百强旅行社恩施行”考察活动举行，至 3 日结束。考察团对清江画廊、恩施大峡谷、土司城等旅游资源进行考察。其间，恩施、巴东两县市召开“神奇恩施·魅力水布垭”旅游产品推介会，向来自全国百强旅行社的代表推介恩施、长江三峡及神龙溪黄金旅游线路的新通道，展现“生态恩施州·土(家)苗风情园”旅游品牌。

1 月 2 日

【民国二十四年(1935)】西乡区板桥乡新田团首李明楚纠集利川团堡团总冉作霖等，到板桥集镇将团总薛鼎臣家十三口人和让水坝保长李斗才家七口人全部杀害。李明楚之子李永桥夺得板桥团总职位，当上板桥保安大队长。

【1960 年】22 时许，中国台湾国民党飞机侵入光辉(大集)公社所辖老马坪、黄土堡、关口、三县场、安乐屯一带上空投撒传单(内附年片、画片)。传单以旅美国、墨西哥华侨名义“给大陆的信”进行攻心战。县公安局速派员赴现场封存传单。

【2008 年】由省科协纪检组长曾宪计率省科协检查组一行，先后至市实验小学、民族广场、硒都广场、小渡船街道、白杨坪乡董家店村和九根树村、太阳河乡梭步垭村，就恩施市城乡科普工作情况进行检查，至 3 日结束。

【2014 年】北京大学地方政府治理和创新研究中心主任万鹏飞率调研组到恩施，就恩施市“如何完善镇村治理体系与治理能力现代化”开展前期调研，至 3 日结束。市领导向前进、胡平江、张渊平、王兰英、王国玮等陪同。

1 月 3 日

【1957 年】土家族被国家民委确认为单一少数民族。

【2014 年】州委副书记、常务副州长董永祥率州统计局负责人深入华硒正虹饲料科技有限公司、恩施宏城房地产开发公司、恩施宏城建设公司、美美百货以及部分个体商铺，就第三次全国经济普查工作情况进行检查。市领导张渊平陪同。

1月4日

【1984年】中共鄂西土家族苗族自治州委任命市委领导班子。李贵生、吕成宗、武道煊、柳昌权、朱永松、杨家志、胡元春(土家族)、陈沛源(土家族)、夏绪炳、田兴启(土家族)、钟良政为市委常委;李贵生为市委书记;吕成宗、武道煊、柳昌权、朱永松、杨家志为市委副书记;胡元春任市人大常委会主任;吕成宗任代市长;宋金镜任市政协主席;田兴启为市纪律检查委员会书记。恩施市、县合并。

【2004年】政协恩施市第六届委员会第一次会议在市委党校(六角亭)召开,至8日闭幕。会议听取并审议副主席王庭斌代表政协恩施市第五届委员会常务委员会向大会所作的工作报告,审议政协恩施市第五届委员会常务委员会关于提案工作情况的报告。会议期间,全体委员列席市七届人大一次会议,听取《政府工作报告》《计划报告》《财政报告》及其他有关报告。会议选举刘宗烈为政协恩施市第六届委员会主席,向成舟、王庭斌、尤连胜、孟明星、许强为副主席。会议审议通过《政协恩施市第六届委员会第一次会议政治决议》。

【2008年】州委书记肖旭明率州考核组先后通过民意调查、个别座谈及对屯堡乡、市审计局抽查方式,对恩施市贯彻落实党风廉政建设责任制情况进行考核。市委副书记、市长秦斌向州考核组全面汇报该市党风廉政建设责任制的落实情况。

【2008年】在全国"双拥"工作领导小组、民政部、解放军总政治部在北京人民大会堂举行全国"双拥"模范城(县)命名暨"双拥"模范单位和个人表彰大会上,恩施市再次被全国"双拥"工作领导小组、民政部、解放军总政治部授予"全国'双拥'模范城(县)"称号。

1月5日

【2004年】市第七届人民代表大会第一次会议在恩施召开,至9日闭幕,与会代表288人。会议听取和审议代市长程贤文所作的政府工作的报告;听取和审议关于2003年国民经济和社会发展计划执行情况2004年计划草案的报告;审查和批准恩施市2003年国民经济和社会发展执行情况及2004年计划;听取和审议关于恩施市2003年财政预算执行情况和2004年财政预算草案的报告;审查和批准恩施市2003年财政预算执行情况和2004年财政预算;听取和审议市人大常委会副主任王和泉所作的市人大常委会工作报告;听取和审议市人民法院工作报告、市人民检察院工作报告;会议听取市政府副市长秦斌所作的市六届人大二次会议决议执行情况和市六届人大代表建议、批评、意见办理情况的报告。大会收到10人以上联名提出的议案47案、49件。选举吴希宁为市第七届人民代表大会常

务委员会主任，选举郭银龙、王和泉、周德金、黄永耀、刘平富、向仕莲为市第七届人民代表大会常务委员会副主任；选举程贤文为市长，选举秦斌、冯晓骏、刘青、王怀东、肖家魁为副市长；选举刘茂仕为市人民法院院长、肖基年为市人民检察院检察长。

【2007年】清江水布垭库区360～401米线下库底清理工作启动。按照全州统一安排，对水布垭库区360～401米线下进行库底清理，涉及恩施市沙地、红土、三岔、新塘等7个乡镇55个自然村。

【2011年】副州长董永祥一行至恩施市，深入二水厂、三水厂以及湖北水质监测网恩施监测站，对生产安全、水质监测等情况调研。

【2014年】市领导向前进、张渊平、洪波、王国玮等深入龙凤镇双堰塘中心社区、龙马九年一贯制学校、龙马产业园等部分项目建设现场，实地查看龙凤镇综合扶贫改革试点项目建设情况。

1月6日

【1958年】全县整风"反右"运动在机关、厂矿、企业、学校全面展开。

【1973年】新塘区黄村公社青山大队（迎宾村）三生产队社员刘迪彩家发生火灾事故，致5人死亡，7间房屋焚毁。

【1993年】恩施市召开"见义勇为好公民表彰大会"，对敢于同犯罪分子作斗争的34名见义勇为人员予以表彰。

【1999年】中国共产党恩施市第五次代表大会在市文工团礼堂召开，至8日闭幕。曾祥国作题为《迈向新世纪，开创新局面，为恩施市基本实现小康目标而努力奋斗》的报告。大会选出市第五届委员会委员32名、候补委员6名；市第五届纪委委员13名。市五届一次全体会议选举曾祥国、吴希宁（土家族）、吴武元、田凤培（土家族）、胡其龙、田文斌（土家族）、孔祥恩（土家族）、许家兴、郭银龙、刘宗烈（土家族）、熊光祥、赵昌鑫、陈玉明（女）为恩施市第五届委员会常委，曾祥国为市委书记，吴希宁（土家族）、吴武元、田凤培（土家族）为副书记。胡其龙为市第五届纪委书记。

【2006年】沙地乡农民技术员邓祥光被州委、州政府授予首届"杰出人才"称号。

【2009年】政协恩施市第七届委员会第四次会议开幕。大会出席政协委员257人，特邀代表39人，列席9人。市委、市人大、市政府、恩施经济开发区的领导以及市法院、市检察院的主要领导出席开幕式。大会安排部署2009年政协工作，协商、讨论《政府工作报告》及其他报告。

【2010年】州委常委、副州长张忠凯一行，深入煤矸石综合利用项目选址地、宏基建

材、鑫泰纺织、信达机械、五峰建材、九洲牧业等工业企业调研。市领导谭文骄、秦斌等陪同。

【2011 年】由州委、州政府主办的“2011 恩施·东莞投资项目推介会”在广东省东莞市会展国际大酒店举行。会上，恩施市就市情、投资环境及省级农产品加工园基础设施建设、清江画廊旅游开发等 5 个重点招商项目作推介，与湖北奥山集团签订金额达 15 亿元人民币的恩施土苗风情园项目投资协议。州、市领导肖旭明、张忠凯、吴红娅、秦斌等率团参加会议。

【2012 年】最高人民检察院副检察长姜建初，省人民检察院副检察长郑青一行，深入市人民检察院，就基层法院业务、队伍和信息化建设等调研，并看望慰问基层检察干警。州、市领导李云开、向前进、李国庆、向朝敏等陪同。

【2012 年】省社科院党组书记曾成贵率省委考评组至恩施市，就市委中心组学习情况进行检查考评。市领导胡平江、邹炜等陪同。

【2015 年】从国家卫生和计划生育委员会传来消息，恩施市通过创建成为国家级慢性病综合防控示范区。

1 月 7 日

【道光二十一年(1841)】民族英雄陈连升与英军作殊死血战时为国捐躯。后归葬于凤凰山陈氏祖茔之地。

【1959 年】23 时许，光辉人民公社(大集)关口幼儿园发生重大火灾，园内幼儿 13 人(3～6 周岁)和保育员商银兰计 14 人遇难，另 1 保育员受重伤。事发后，恩施行署副专员夏云芳等专、县领导率县公安局干警赶赴现场，调查处理善后。

【1967 年】恩施县支“左”办公室成立。

【1992 年】市委书记吕成宗被中共中央组织部授予“优秀领导干部”称号。

【2009 年】市第八届人民代表大会第四次会议在州民族礼堂开幕，市委书记、市人大常委会主任谭文骄主持会议，市长秦斌作《政府工作报告》。出席市政协七届四次会议的政协委员；市委、市政府、市政协、市人民武装部、恩施经济开发区领导；市级调研员、市人民法院院长、市人民检察院检察长；乡镇、街道党委书记、常务副乡(镇)长，副主任；乡(镇)人大主席团负责人；市直人大联络处主任；市直各单位主要负责人；部分企业负责人列席大会。大会应到代表 284 名，实到 253 名。

【2010 年】州委副书记、州长杨天然一行，深入恩施民族高中建设工地调研，要求工程相关单位增强紧迫感、责任感，保质量、保安全、保进度，确保恩施民族高中在 2011 年秋季

按时开学。州、市领导柳望春、刘顺辉、吕金施、谭文骄、秦斌等陪同。

【2011年】恩施市“616”工程工作汇报会在省住建厅召开。省住建厅厅长李德炳主持会议。会上，李德炳等10个部门相关负责人承诺，将在城区应急供水管网延伸工程、农村危房改造项目、“宜居村庄”示范项目、棚户区改造及廉租房、“恩施玉露”争创中国驰名商标、反恐特警大队集中住宿训练大楼和驾驶员考试办证综合服务楼项目、“恩施大峡谷黄鹤楼生态走廊”建设、恩施大峡谷旅游综合服务枢纽建设等10个项目上，给予资金、人力、政策等各方面的支持。鄂西生态文化旅游圈投资有限公司承诺，计划投入2.48亿元支持恩施市旅游产业的发展。省、州、市领导刘田喜、杨天然、陈江龙、蔡平等参加汇报会。

【2014年】省纪委党风室副主任李志启率省纪委“五项”考核检查组赴恩施市，深入市审计局、屯堡乡花枝山村、屯堡供电所和屯堡财政所等单位，就党风廉政建设情况进行检查。市领导万雪峰等陪同。

【2014年】中国人民政治协商会议恩施市第八届委员会第四次会议在富源国宾酒店召开，至8日闭幕。大会应出席市政协委员277人，实到248人，符合《政协章程》规定人数。大会听取并审议政协恩施市第八届委员会常务委员会工作报告；审议《政协恩施市第八届委员会常务委员会第三次会议以来提案工作情况报告》；听取《恩施市人民政府关于八届三次会议以来提案办理情况的通报》；选举政协秘书长；增补选举政协恩施市第八届委员会常务委员；表彰八届三次会议以来提案办理先进单位、提案办理先进个人和优秀提案；通过《政协恩施市第八届委员会第四次会议政治决议》。市领导向前进、李国庆等出席会议，在恩施市工作的州政协委员应邀列席会议。

1月8日

【民国七年(1918)】鄂西靖国军总司令蔡济民部攻占恩施，为筹集粮饷，强迫农民种植鸦片，征收窝捐以充军饷，境内烟毒泛滥。

【1962年】恩施县第四届人民代表大会第一次会议召开，至13日闭幕。出席代表320名，列席代表55名，县政协委员76名列席会议。会议选举高兴利为县长，吴保忠、李嘉诲、归天麟为副县长，宫敏为人民法院院长。

【1962年】政协恩施县第三届委员会全委会一次会议召开，至12日闭幕。到会委员76名。会议选举杨艺为第三届委员会主席，贾长庚、高兴利、李富云、李嘉诲、刘厚章、李巩一为副主席。

【1976年】国务院总理周恩来逝世，举国悲痛，全县人民自发佩戴黑纱，设置灵堂悼念。

【1990 年】市委二届三次全会通过《关于进一步加强党的建设和思想政治工作的决定》《关于贯彻执行〈中共中央关于进一步治理整顿和深化改革的决定〉实施方案》《关于进一步强化农业基础增强农业后劲有关问题的决定》和《关于组建农村工作队到区乡帮助工作的决定》。

【1998 年】市委、市政府作出《关于加快脱贫步伐的决定》。

【2011 年】州委常委、副州长瞿赫之率州直相关部门冒着风雪深入龙凤镇青堡村，走访慰问当地困难群众并就该村新农村建设情况调研。市领导肖家魁、向成舟等陪同。

【2014 年】恩施市第九届人民代表大会第四次会议在州民族礼堂召开。大会应到代表 288 名，实到代表 263 名，符合法定人数。大会审议并通过市九届人大四次会议议案审查委员会所作的《议案审查报告》和市九届人大四次会议计划预算审查委员会所作的《计划预算审查报告》；通过《政府工作报告》《人大常委会工作报告》《人民法院工作报告》《人民检察院工作报告》《恩施市 2013 年国民经济和社会发展计划执行情况及 2014 年国民经济和社会发展计划的报告》《恩施市 2013 年财政预算执行情况及 2014 年财政预算的报告》等决议；对 2013 年度人大工作先进单位、人大代表建议意见办理先进单位进行表彰。非市人大代表的其他市“四大家”领导及恩施经济开发区班子成员，市人武部政委，出席政协恩施市八届四次会议的政协委员等列席大会。

【2014 年】省财政厅副巡视员傅光明率省社会管理综合治理工作检查考评组赴恩施市，就社会管理综合治理工作进行检查。州、市领导沙玉山、胡平江等陪同。

【2014 年】“中国县域网络形象排行榜（2013）暨县（区、市）级政府网络履职绩效排行榜”发布会在北京举行，恩施市入列“中国县域网络形象排行榜百强县市”，是湖北省获此殊荣的 3 个县市之一（恩施市、仙桃市、宜都市）。该排行榜由新华网联合中国社会科学院城市环境与发展研究所、武汉大学互联网科学研究中心、中国统计信息服务中心共同推出。

【2015 年】恩施州对恩施市 2014 年有关工作督查考评情况反馈会在恩施宾馆三楼会议室召开。州委书记、州人大常委会主任王海涛出席会议并讲话。市委书记向前进向州督查考评组作年度工作汇报，市领导李国庆、郑晓斌、张渊平、刘凡、万雪峰等参加会议。

1 月 9 日

【民国十九年（1930）】贺龙率红四军主力在鹤峰中营游击队配合下，攻克恩施红土溪，歼灭团防武装，击毙团总赵金轩，缴枪近一百支。为石灰窑、八角庙（红土）、白岩溪农民协会的建立创造条件。

【1994年】政协恩施市第四届委员会第一次会议在市委会议室召开，至12日闭幕。会议选举刘诗伟为政协恩施市第四届委员会主席，高开群、谭明煊、王家声、龙昌亮、于德安、肖金玉、郑世孝为副主席。

【2005年】8时20分许，恩施市境内318国道1539公里+60米处发生严重交通事故，一辆车号为川M06137（临时牌照）的红色农用车与1辆载有15人的无牌红色货三轮车相撞，导致2人死亡、13人受伤。

【2010年】省林业局副局长董祚华率省检查组一行，深入三岔乡莲花池村、白杨坪乡熊家岩村、龙凤镇大转拐村，就全市扶贫开发整村推进、产业化扶贫、农村劳动力转移培训和扶贫搬迁工作进行检查，至10日结束。州、市领导董永祥、谭文骄、李国庆等陪同。

【2012年】国家住房和城乡建设部村镇建设司原司长李兵弟一行，深入城区凤凰大桥、亲水走廊、清和园广场、州城规划展览馆、风雨桥、恩施火车站等处，就城市建设工作调研。市领导廖泽熙等陪同。

【2014年】中国硒产品博览交易会暨中国恩施·世界硒都硒产品博览交易会在恩施州文化中心开幕。省委常委、省委秘书长傅德辉参观硒博会展区恩施馆。州、市领导王海涛、杨天然、董永祥、孔祥恩、李云开、檀坤华、向前进、李国庆等陪同。

【2014年】市领导向前进、李国庆等市“四大家”领导，深入部分困难群众家中和市光荣院、市特殊学校、市中心医院、市军休所等地，开展春节慰问活动。

1月10日

【1994年】恩施市第五届人民代表大会第一次会议召开，至13日闭幕。大会选举向诗才为第五届人大常委会主任，何孝政（土家族）、李必敬（土家族）、向海滨（土家族）、李明柱（土家族）、谭儒全、章曼云（女，不驻会）为五届人大常委会副主任；黄振益（土家族）为市政府市长，吕金施、吴武元（土家族）、谭大自（土家族）、李俊林（土家族）、温庆煜、杜寿昌、陈玉明（女）、邬本超、何东平为副市长；周美华为市人民法院院长；吴国钤为市人民检察院检察长。

【2011年】州党风廉政建设责任制检查考核小组深入恩施市直各单位、各乡镇、街道（办事处），就党风廉政建设责任制落实情况进行检查考核。市领导刘凡、蔡平陪同。

【2014年】省农业厅厅长戴贵洲一行赴恩施市，就龙凤镇综合扶贫改革试点农业产业发展情况调研。市领导李国庆、胡平江陪同。

【2014年】中国硒产品博览交易会暨中国恩施·世界硒都硒产品博览交易会在恩施州文化中心举行，至18日结束。来自山西、江苏、湖北、安徽、四川、重庆、广东、贵州、河

南、北京、河北、福建、新疆、宁夏等省市的硒产品参展。参展企业365家,参展单个产品5000多个。10日,副省长甘荣坤,中国商业联合会副会长兼秘书长姜明,州、市领导王海涛、杨天然、董永祥、甘方谦、向前进、李国庆、杨洪安、赵萍等出席开幕式。1月13日,中国名优硒产品及中国特色硒产品评选名单揭晓,全国各地选送的30个硒产品获得"中国名优硒产品"称号,51个硒产品获得"中国特色硒产品"称号。其中,恩施市13个硒产品获得"中国名优硒产品"称号,11个硒产品获得"中国特色硒产品"称号。

【2015年】省住房和城乡建设厅副厅长赵俊率省"楚天杯"考评组和城市管理检查组至恩施市,对恩施市"楚天杯"创建活动和2014年度城市管理工作情况进行综合考评,至11日结束。州、市领导秦斌、李国庆、罗永生等参加汇报会。

1月11日

【1962年】县委第一书记徐谦、县长高兴利在北京出席中共中央举行的中央扩大工作会议(即七千人大会)。至2月7日结束。

【2008年】恩施市慰问"两路"(铁路、高速公路)建设者暨春节文体活动启动仪式在恩施市白果乡集镇广场举行。市长秦斌、副书记李国庆等出席仪式。

【2010年】市长秦斌作为全国科技进步先进县(市、区)的代表,出席在京召开的全国科学技术奖励大会。恩施市被表彰为全国"科技进步先进市",恩施经济开发区主任、市委书记谭文骄、市长秦斌、市科技局党组副书记覃德林被表彰为"全国科技进步先进个人"。

1月12日

【民国十六年(1927)】省立十三中、恩施高等小学、乙种农业学校及九福堂、路德、文德小学高年级学生,在施鹤学生联合会基础上,联合成立恩施青年学会。

【1979年】全县组织专班,对新中国成立后拘留、劳教、收审、戴帽等案件复查甄别。至年末,复查443件(其中"文化大革命"前案件49件),纠正冤、错案件90件,占复查总数的20.32%。

【2011年】恩施市党风廉政建设述职述廉大会召开。由州检查考核组对全市落实党风廉政建设责任制情况进行集中测评。市领导秦斌、李国庆、刘羽、刘凡等及市直各单位、各乡镇、街道(办事处)负责人参加会议。

【2013年】政协恩施市第八届委员会第三次会议召开,至13日闭幕。大会应到市政协委员271人,开幕式实到252人,闭幕式实到204人。大会听取并审议《政协恩施市第八

届委员会常务委员会工作报告》《政协恩施市第八届委员会常务委员会关于八届一次会议以来提案工作情况的报告》；听取《恩施市人民政府关于八届一次会议以来提案办理情况的通报》；列席恩施市九届人大三次会议，听取并讨论《政府工作报告》及有关报告；表彰八届一次会议以来提案办理先进单位、提案办理先进个人和优秀提案；增补选举政协恩施市第八届委员会常务委员；通过《政协恩施市第八届委员会第三次会议政治决议》。市政协主席刘羽代表政协恩施市第八届委员会常务委员会向大会报告工作。市"四大家"领导向前进、李国庆等，曾任市政协主要领导甘立友、刘宗烈等应邀出席会议。在施工作的省、州政协委员、市直有关单位主要负责人应邀列席会议。

1 月 13 日

【民国三十三年(1944)】新四军军长叶挺被国民党特务从桂林复押至恩施囚禁。其子华明、正明和女儿扬眉随至。

【1950 年】恩施县首届各界人民代表会议第一次会议召开，至 18 日结束，出席会议代表 280 人。会议作出在全县开展清匪反霸、减租减息、征收公粮、加强生产、渡过灾荒的决议。

【1975 年】县委副书记刘元香(女、土家族)出席第四届全国人民代表大会。

【2013 年】国家民委人事司司长杨逢春率调研组一行，深入硒都茶城、芭蕉侗族乡高拱桥村等地，就民族团结进步工作调研。州、市领导段超、朱卫东陪同。

【2013 年】恩施市第九届人民代表大会第三次会议召开，至 14 日闭幕。大会应到代表 288 人，开幕式实到 278 人，闭幕式实到 272 人。大会审查并通过《政府工作报告》《恩施市人民代表大会常务委员会工作报告》《恩施市人民法院工作报告》《恩施市人民检察院工作报告》《关于市九届人大一次会议以来代表建议、批评、意见办理情况的报告》《恩施市 2012 年国民经济和社会发展计划执行情况及 2013 年财政预算(草案)的报告》和《恩施市 2012 年财政预算执行情况及 2013 年财政预算(草案)的报告》；审查并通过《议案审查报告》《计划预算审查报告》；表彰人大工作先进单位、人大代表建议意见办理工作先进单位、人大工作先进工作者。非市人大代表的市领导、市级调研员、县级干部，市直单位、乡镇、街道(办事处)有关负责人及部分企业负责人应邀列席会议。

【2014 年】国家民委机关党委专职副书记金星华率调研组至恩施市，深入硒都民族实验小学、华龙城大酒店、华硒生态园、土家女儿城等地，就民族、经济、文化、教育等发展情况调研。市领导朱卫东陪同。

【2015 年】政协恩施市第八届委员会第五次会议召开，至 14 日闭幕。大会应到市政

协委员 280 人,实到 253 人。大会听取并审议《政协恩施市第八届委员会常务委员会工作报告》《政协恩施市第八届委员会常务委员会提案工作情况报告》;听取《恩施市人民政府关于八届四次会议以来提案办理情况的通报》;列席恩施市九届人大五次会议,听取并讨论《政府工作报告》及有关报告;增补蔡万高为政协恩施市第八届委员会副主席;表彰八届四次会议以来提案办理先进单位、提案办理先进个人和优秀提案;通过《政协恩施市第八届委员会第五次会议政治决议》。市"四大家"领导及恩施经济开发区班子成员参加会议。在恩施市工作的州政协委员应邀列席会议。

1 月 14 日

【民国二十五年(1936)】十区专员、保安司令傅恒伯兼任恩施县县长。范熙绩离任。

【2013 年】州委副书记张忠凯、副州长肖作文率全州"万名干部进万村洁万户"活动现场推进会与会人员,到屯堡乡鸭松溪村"人工湿地"污水处理现场、白杨坪乡董家店村再生资源回收站及白杨坪乡蓝绿再生资源回收公司等地,考察市"万名干部进万村洁万户"活动开展情况。市领导杨洪安陪同。

【2014 年】国土资源部办公厅公布第七批国家地质公园资格名单,其中全国 22 处国家地质公园获批,"湖北恩施腾龙洞大峡谷地质公园"获批成为国家地质公园。

【2015 年】副省长曹广晶一行至恩施市,深入龙凤镇龙马村保扎片区、龙凤镇丰顺家禽养殖专业合作社、龙马风情小镇、龙马九年一贯制学校建设现场等地,就龙凤镇综合扶贫改革试点工作开展情况调研。州、市领导杨天然、马尚云、秦斌、向前进、张渊平陪同。

【2015 年】恩施市第九届人民代表大会第五次会议召开,至 15 日闭幕。大会应到代表 284 名,开幕式实到代表 258 名,闭幕式实到代表 242 人。大会审议并通过《政府工作报告》《人大常委会工作报告》《人民法院工作报告》《人民检察院工作报告》《恩施市 2014 年国民经济和社会发展计划执行情况及 2015 年国民经济和社会发展计划的报告》《恩施市 2014 年财政预算执行情况及 2015 年财政预算的报告》;审查并通过《议案审查报告》《计划预算审查报告》;表彰 2014 年度人大工作先进单位、先进个人,人大代表建议意见办理先进单位。市"四大家"领导及恩施经济开发区班子成员参加会议。

1 月 15 日

【1954 年】十三区(白果)高桥乡外坝村 3 个互助组经过半个月的酝酿协商,在地委工作组指导下,成立红旗农业生产合作社,选出委员 7 人,朱大宪为社长,张才万为副社长,

45 户入社。为恩施县第一个农业生产合作社。

【1971 年】位于屯堡境内清江支流的恩施车坝水电站建成发电，装机总容量 3960 千瓦，3 台机组组成。

【1987 年】市政府被国家民政部授予“1986 年度全国扶贫扶优工作先进单位”称号。

【1989 年】崔家坝镇铺子房乡芭蕉园小学发生一起楼房坍塌事故，致 1 名学生死亡、9 名学生负伤。经查明，系因教室楼上存放实物超重，大梁、楼枕断裂所致。

【2000 年】市委五届三次全会通过《关于加强技术创新加快科技成果转化的决定》和《关于深化教育改革全面推进素质教育的决定》。

【2009 年】恩施市获得国家旅游局“中国优秀旅游城市”称号。

【2010 年】州委副书记、州长杨天然率全州特色农业建设推进会与会人员，到白杨坪乡熊家岩村三丘田茶叶基地、羊角坝茶叶苗圃基地及新农村建设特色民居进行考察。州、市领导谭先振、冯国亮、董永祥、张龙光、谭文骄、李国庆等陪同。

【2011 年】17 时许，恩施州富矿工贸公司芭蕉乡干溪村水泥配料用碳质页岩矿山发生一起气体中毒事故，致 2 名工人死亡。

【2015 年】中国工程院院士、华中农业大学博士生导师陈焕春一行至恩施市，深入市第一高级中学、湖北省思乐牧业集团有限公司、芭蕉侗族乡富尔山金欣农业发展有限公司、盛家坝乡旺源黄牛养殖场和众富专业合作社等地，就畜牧业发展情况调研，至 16 日结束。州、市领导冯忠泽、张献宏、张伟陪同。

1 月 16 日

【光绪二十九年(1903)】新疆巡抚饶应祺赴任安徽巡抚途中，病故于新疆哈密，灵柩运回恩施，葬于黄泥坝清江东岸，后俗称饶家坟。

【1950 年】县公安局组织力量逮捕全县最大的封建把头、反共纵队司令、中统特务廖洪举，从其住宅搜出钢笔手枪 1 支、子弹 3 发、手枪 1 支。是年 8 月 8 日，廖及济安、桅杆的反革命暴乱匪首冯玉墀、钟介卿被处决。

【1984 年】市人武部被省政府、省军区授予“民兵武器管理先进单位”“百日无事故活动先进单位”称号。

【1990 年】州、市公安局、检察院、法院联合在东方红电影院召开大会，依法惩处一批拐卖人口的刑事犯罪分子。被告人向洪贵被宣布判处死刑，立即执行；李某某等 30 名涉嫌拐卖人口被告人和 5 名其他被告人判处有期徒刑。

【1999 年】政协恩施市第五届委员会第一次会议在市文工团礼堂召开，至 19 日闭幕。

会议选举甘立友为政协恩施市第五届委员会主席，崔登甲、伍蔚森、龙昌亮、于德安、王庭斌为副主席。

【2010 年】省委第一巡回检查组组长毕志伦一行，深入舞阳坝街道官坡社区、三岔乡天池岭村和莲花池村、白杨坪乡熊家岩村等处，对全市第二批深入学习实践科学发展观活动开展情况进行检查，至 17 日结束。市领导刘羽等陪同。

【2013 年】全国人大常委会副委员长、全国妇联主席陈至立，全国妇联副主席陈秀榕，省人大常委会副主任林志慧，省妇联主席肖菊华、副主席吴红娅一行，开展“送温暖、三下乡”活动并调研基层妇联工作，至 18 日结束。当日，全国妇联“送温暖、三下乡”活动在三岔乡启动，全国妇联向农村妇女儿童捐赠项目资金和物资。陈至立一行到三岔乡三元坝村，走访慰问妇女和困难家庭。17 日、18 日，陈至立一行到屯堡乡、芭蕉侗族乡，寻访妇女创业典型及小额贷款财政贴息政策受益户。州、市领导肖旭明、张忠凯、瞿赫之、向前进、胡平江等陪同。

1 月 17 日

【1996 年】市委四届五次全会审议通过《中共恩施市委关于制定全市国民经济和社会发展“九五”计划和 2010 年远景目标的建议》。

【1999 年】市第六届人民代表大会第一次会议在市文工团礼堂召开，至 21 日闭幕。大会选举伍绍春为市第六届人大常委会主任，何孝政（土家族）、李俊林（土家族）、王和泉、肖文必、蒲元忠（土家族）为常委会副主任；吴希宁（土家族）为市政府市长，孔祥恩（土家族）、胡永进、李明东（土家族）、雷继优（土家族）、陈晓燕（女，土家族）、陈运中（省下派干部）为副市长；黄丹亦为市人民法院院长；杨辉（苗族）为市人民检察院检察长。

【2008 年】省交通厅副厅长、湖北沪蓉西高速公路建设指挥部常务副指挥长徐健一行，到恩施市就沪蓉西高速公路征迁工作召开协调会议。市领导谭文骄、秦斌等出席会议。恩施市境内沪蓉西高速公路有 114.034 千米，途经 4 个乡镇 30 个村(社区)。自 2004 年 3 月征迁工作开始以来，已征迁房屋 1271 户 36 万多平方米，征用土地 10583 亩，完成红线拆迁工作量 1600 万元，累计兑现补偿资金 1.74 亿元。

【2012 年】州、市领导肖旭明、瞿赫之、赵德利、谭文骄、沙玉山、庞红艳、向前进、黎昔品一行到恩施军分区、州武警支队、六角亭街道、州人行宿舍区、州消防支队、施州大道等处，看望慰问武警官兵、部分低保对象、优抚人员及科教人员代表；州、市领导甘方谦、杨陈清、王志强、张宇、李国庆一行到州消防支队，看望慰问消防官兵；州、市领导张忠凯、黄实海、陈晓燕、秦斌、胡平江一行到部分老干部、特困职工家中及州优抚医院等处，看望慰问

老干部、特困下岗职工和州优抚医院全体医护人员。

【2013年】省人口和计划生育委员会副主任李元彪一行，深入舞阳坝街道周家河村，就“双联双促、结对共建”情况及人口和计划生育调研，并走访慰问部分困难群众。市领导朱卫东陪同。

【2013年】副州长陈晓燕率州检查组一行，深入华硒生态肉品冻库和农副产品市场、中百仓储恩施航空路店、享买乐恩施广场购物超市、武商量贩恩施航空路店、思乐牧业集团恩施肉品生产车间等地，检查大型商贸企业的食品安全和消防安全，肉品生产企业的安全生产、市场销售和供应等工作。市领导尹剑陪同。

【2013年】市领导向前进、李国庆、部志中、刘凡、万雪峰、张渊平、张孝赤、黄秀武、廖泽熙、黎昔品、邵永政、杨洪安、崔显琦、向煦等，先后到市人武部、市公安局、市供电公司、市公汽公司、城区街道等地，深入基层一线开展走访慰问活动，向基层一线送去新春节日祝福。

【2013年】新塘乡双河邮政所乡邮员、“拐杖信使”张美冲获省“2012楚天人物”称号，并被授予“坚毅人物”奖。

1月18日

【1972年】新塘区保水公社高潮大队（新塘）一施工队，承包区供销社中西药批发部修建工程，开挖地基土石方发生塌方事故，致3名施工人员死亡。

【2011年】州政府教育目标责任考核组至恩施市，通过座谈听取汇报、查阅档案资料，检查考核全市2010年度教育目标责任完成情况。市领导向仕莲以及市教育局、市财政局、市地税局、市卫生局等相关单位负责人参加座谈会。

【2011年】政协恩施市第七届委员会第六次会议召开，至20日闭幕。来自全市各族各界的政协委员，认真履行政治协商、民主监督、参政议政的职能，为全市经济社会发展建言献策。大会执行主席刘羽、向成舟、尤连胜、孟明星、金德钧、赵萍以及秘书长崔显琦在主席台前排就座。会议通过《政协恩施市第七届委员会第六次会议关于常务委员会工作报告的决议》;《政协恩施市第七届委员会第六次会议关于提案工作情况报告的决议》;《政协恩施市第七届委员会第六次会议政治决议》。州、市领导谭文骄、秦斌、部志中、李国庆、陈江龙、刘凡、蔡平等出席会议，在市工作的省、州政协委员、各民主党派知名人士应邀参加会议。

【2012年】恩施市2012年春节联欢晚会举行。市“四大家”领导向前进、李国庆等出席活动。

【2015 年】第二届中国硒产品博览交易会暨中国恩施·世界硒都硒产品博览交易会在恩施市开幕，来自全国各富硒区近 500 家企业 5000 余件硒产品参展。本届硒博会共设全国富硒产品、硒资源开发利用、富硒特色产业链、特色农产品 4 大展区，主题为“绿色富硒·合作发展”。活动由中国商业联合会、恩施土家族苗族自治州政府联合主办。

1 月 19 日

【1981 年】恩施汽车客运班车从恩施开往武汉，恩（施）汉（口）客运正式通班。客运班车每日 1 班，分别从恩施、汉口两地始发，次日到达对方车站，全程 684 公里，经过 3 个地区 10 个县市，沿途停靠 14 个站点。

【1981 年】县毛巾厂生产的双虎牌印花毛巾，获全国毛巾设计“百花奖”。

【1985 年】市人武部被武汉军区授予“民兵工作安全单位”称号。是月，恩施市民兵武器管理和民兵训练工作，也受到武汉军区表彰。

【2007 年】位于盛家坝乡境内的罗坡坝水电站开工仪式举行。系冷水河流域开发的第二级，设计总装机 3 万千瓦，年发电量 0.78 亿千瓦时，工程概算总投资 2.4 亿元。

【2008 年】政协恩施市第七届委员会第三次会议开幕。大会出席政协委员 257 人，特邀代表 41 人，列席 9 人。大会部署 2008 年政协工作，讨论《政府工作报告》及其他报告，同时补选市政协领导班子成员。

【2010 年】政协恩施市第七届委员会第五次会议召开，至 21 日闭幕。市委书记谭文骄致辞。市领导郜志中、李国庆等出席会议。在市工作的省、州政协委员、各民主党派知名人士应邀参加会议。会议补选市政协主席、秘书长和常务委员各 1 名，刘羽当选为市政协主席。会议通过《政协恩施市第七届委员会第五次会议关于常务委员会工作报告的决议》《政协恩施市第七届委员会第五次会议关于提案工作情况报告的决议》《政协恩施市第七届委员会第五次会议政治决议》。参会人员列席市人大八届五次会议，听取并讨论《政府工作报告》和其他报告。

【2011 年】中国硒都国际茶城开工奠基仪式在城区金桂大道举行。州、市领导杨天然、瞿赫之、谭文骄、秦斌、郜志中等出席奠基仪式。

【2011 年】市第八届人民代表大会第六次会议在州民族礼堂召开，至 21 日闭幕。州委常委、市委书记、市人大常委会主任谭文骄主持会议。市长秦斌代表市政府向大会作《政府工作报告》、市人大常委会副主任侯萍代表市八届人大常委会作《恩施市人民代表大会常务委员会工作报告》、市人民法院院长王峰代表市人民法院作《恩施市人民法院工作报告》。市人民检察院检察长刘全生代表市人民检察院作《恩施市人民检察院工作报告》。

常务副市长胡平江代表市政府作《市八届人大五次会议以来代表建议办理情况的报告》。会议表决通过关于市政府工作报告的决议、“十二五”规划纲要的决议、恩施市2010年经济和社会发展计划执行情况及2011年计划报告的决议、恩施市2010年财政预算执行情况及2011年财政预算的决议、市人大常委会工作报告的决议、市人民法院工作报告的决议、市人民检察院工作报告的决议。州委常委、市委书记、市人大常委会主任、大会执行主席谭文骄主持会议并致开幕辞。大会执行主席谭文骄、秦斌等出席会议。

1月20日

【民国三十年(1941)】中共鄂西特委书记何功伟、妇女部部长刘惠馨、特委地下交通员张翼洲、金振霞被国民党特务密捕入狱。嗣后,特务机关在恩施城乡发动大搜查,逮捕中共党员、进步青年和爱国人士四百余人。是年十一月十七日,军统特务奉令杀害何功伟、刘惠馨于方家坝。相继被杀害的中共党员还有张家祥、董童刚、李子云、李绍先、朱子贞等。

【1969年】恩施城首批300余名知识青年启程奔赴农村插队落户,从事农业生产。地、县在恩施地区体育场举行欢送大会,军分区司令员汪立进代表地革委会和恩施驻军致欢送词。至1976年末,恩施县先后动员6580余名城镇知识青年上山下乡。

【1988年】市委一届四次全体(扩大)会议,至24日结束。讨论通过关于《城市经济体制改革》《深化农村经济体制改革》《各行各业为农村经济体制改革综合服务》等方案。

【1989年】中国共产党恩施市第二次代表大会在清江电影院召开,至24日闭幕。大会选举产生中共恩施市第二届委员会委员31名、候补委员4名、市第二届纪委委员15名。市委二届一次会议选举产生吕成宗、易英仲、蔡万顺(土家族)、刘诗伟、杜成明、冯国亮、陈永富、张恒昌为市第二届委员会常务委员。吕成宗为市委书记,易英仲、蔡万顺(土家族)、刘诗伟为市委副书记,张恒昌为市第二届纪委书记。

【1999年】市公路段职工张顺桃(女)、简中恩、孙传国、魏清萍(女)、雷淑芬(女)被国家档案局授予“国家级档案管理工作突出贡献者”称号。

【2008年】市第八届人民代表大会第三次会议第一次全体会议在州民族礼堂幕,市委书记、市人大常委会主任谭文骄主持会议,市长秦斌作《政府工作报告》。市“四大家”领导、恩施经济开发区领导出席会议。大会应到代表287名,实到280名。秦斌代表市八届人民政府向大会报告政府工作。

【2008年】市委、市政府在州民族礼堂举行2008年春节联欢晚会,谭文骄、秦斌等市“四大家”领导、恩施经济开发区领导,与正在参加两会的人大代表、政协委员,离退休老同

志代表，各级劳动模范代表，至恩施市投资创业的企业家代表，部分市民一起观看春节联欢晚会。

【2010 年】市第八届人民代表大会第五次会议在州民族礼堂召开，至 22 日闭幕。开幕式由市委书记、市人大常委会主任谭文骄主持，市长秦斌作《政府工作报告》。大会执行主席谭文骄、秦斌、部志中、李国庆、李明东、刘宗烈、刘凡、刘羽、侯萍、周德金、黄永耀、许强、刘少华在主席台前排就座。会议补选张开忠为市第八届人民代表大会常务委员会委员。会议通过《政府工作报告》决议、《2009 年经济和社会发展计划执行情况及 2010 年计划报告》决议、《恩施市 2009 年财政预算执行情况及 2010 年财政预算报告》决议、《市人大常委会工作报告》决议、《市人民法院工作报告》决议、《市人民检察院工作报告》决议。

【2014 年】省文化厅副厅长徐永胜率省消防安全工作检查组赴恩施市，深入华龙城大酒店建设现场、恩施国际大酒店、六角亭街道办事处、市应急救援指挥中心、小渡船街道航空路社区等地，就恩施市 2013 年度消防工作进行检查考核。州、市领导汤文江、黄波等陪同。

【2014 年】全市范围内组织开展春节前社会治安整体防控集中统一行动。仅市公安局出动警力 580 余人次，警车 140 余辆，设置盘查卡点 24 个，检查车辆 1890 辆，盘查人员 931 人，检查宾馆、旅社、出租屋 178 家，加油站 16 家、民爆仓库 25 家，烟花爆竹零售点 68 个，网吧 35 家，休闲娱乐场所 59 家。破获刑事案件 16 起，刑事拘留 2 人，取保候审 3 人，抓获网上在逃人员 5 人。查处行政案件 9 起，行政拘留 17 人。

1 月 21 日

【1968 年】恩施县各革命组织代表会议召开，至 22 日闭幕。会议经酝酿、讨论、协商，达成县革命委员会组成人员的协议，由 7 名军代表、11 名领导干部、42 名群众代表，74 人组成县革委，其中设常委 17 名。1 月 22 日县革委会成立。县人民武装部政委王承铎任县革委会主任，县人武部部长胡庆龙、副县长吴保忠任副主任，常委 11 名（缺 6 名），委员 22 名（缺 5 名）。

【1986 年】中共湖北省委授予恩施市轴承厂磨工车间党支部书记万坚（女）、红土区大河沟乡长树湾村五组组长陈全如“优秀共产党员”称号。市委作出《关于广泛开展向万坚、陈全如同志学习的决定》。

1 月 22 日

【2006 年】南航湖北分公司一架波音 737－800 型客机降落在恩施机场候机楼前。该次首航，结束恩施只能飞小型客机的历史。

【2011 年】副州长董永祥一行，赴恩施大峡谷旅游公路施工现场调研。市领导陈江龙、肖家魁等陪同。

1 月 23 日

【民国三十年（1941）】特务组织在七里坪逮捕“恩施第十救济队”中共地下党支部书记陈沐潮及队员七人。

【2014 年】州委常委、州委统战部部长谭文骄到屯堡乡，深入部分老党员、困难群众家中及屯堡乡福利院，开展春节慰问活动。市领导邹炜等陪同。

【2014 年】市公安局禁毒大队副大队长姚曦被国家禁毒委员会评为“全国吸毒人员动态管控信息维护先进个人”。湖北省仅 6 人，恩施州仅 1 人获此殊荣。

【2014 年】副州长张宇率州经信委负责人一行，到长源轴承制造有限公司，就公司生产发展情况调研。市领导黄波等陪同。

【2014 年】州委常委马尚云到湖北圣峰药业有限责任公司、湖北思乐牧业集团有限公司、芭蕉侗族乡戽口村、恩施市润邦国际富硒茶叶有限公司等地，就产业发展情况调研，至 24 日结束。市领导向前进、黄波等陪同。

【2015 年】州委书记、州人大常委会主任王海涛一行，深入龙凤镇双堰塘村调研并开展座谈。王海涛强调，试点不仅要为综合扶贫改革提供示范，也要成为落实党风廉政建设“两个责任”，全面推进从严治党，讲政治、守规矩的标杆。州、市领导陈江龙、向前进、张渊平、万雪峰等陪同。

1 月 24 日

【2010 年】全市“616”工程工作座谈会在省住房和城乡建设厅召开。省住房和城乡建设厅厅长李德炳主持座谈会，省委副秘书长刘田喜、省民委副主任胡祥华出席座谈会。会上，市委书记谭文骄代表市委、市政府汇报全市经济社会发展情况、2009 年“616”工程项目实施情况。东风汽车公司、省工商局、武汉大学、省公安厅、武汉市第十一中学的领导及

市领导李敏、市“616”工程对口受援单位负责人参加座谈会。

【2011 年】中共中央组织部转发中共湖北省纪委省委组织部《关于对张某等人在干部选拔任用工作中行贿问题处理情况的通报》的通知。该文称，湖北省查处恩施州委原常委、宣传部原部长吴某某违纪违法案件，对案件中涉及的张某等行贿买官人员进行严肃处理并在全省范围内进行通报。要求各级组织人事部门认真贯彻《关于严厉整治干部选拔任用工作中行贿受贿行为的通知》。《关于严肃换届纪律保证换届风清气正的通知》和中央纪委、中央组织部严肃换届纪律保证换届风清气正视频会议精神，将严厉整治买官卖官问题与严肃换届纪律工作紧密结合起来，同用人上不正之风作坚决斗争，以铁的纪律保证换届风清气正。

【2011 年】副州长董永祥一行，深入后山湾叶挺路改造工程、许家坪隧道建设工程、红旗大桥及接线建设工程等重点项目工程进行检查督办。市领导秦斌陪同。

【2014 年】省财政厅党组成员、省农业综合开发办公室主任周希祥率慰问组一行赴龙凤镇，慰问困难群众。市领导王国玮等陪同。

【2014 年】省林业厅副厅长谢思芳率省政府办公厅、省林业厅联合检查组赴恩施市，深入龙凤镇衣角坝松材线虫病除治现场、龙凤镇石田木业公司疫木定点加工企业、六角亭街道谭家坝村大沙坝松材线虫病除治现场及市林业局防火物资库等地，就恩施市 2011 年至 2013 年松材线虫病除治和森林防火工作情况检查督办，至 25 日结束。州、市领导肖作文、杨洪安等陪同。

1 月 25 日

【2014 年】州领导王海涛、孔祥恩、马尚云一行，深入三岔乡燕子坝村、三岔口社区及舞阳坝街道七里坪村等地，指导“万民干部进万村惠万民”活动。市领导向前进等陪同。

1 月 26 日

【1977 年】全县普降大雪，低山积雪厚达 80 厘米，城区道路冰封，持续至 30 日，同时遇寒流过境，气温剧降，城关镇气温 -12.3℃，为有记录以来最低值。境内柑橘树冻死近 70 万株；桐子、乌柏、棕树、竹子均遭受严重冻害。

【1980 年】县委落实国民党起义投诚人员政策领导小组成立，下设办公室，开展调查、复查认定等工作。对境内 366 名国民党投诚起义人员（将级 3 人，校级 13 人，尉级 53 人，

士兵297人;起义324人,投诚42人),基本落实政策,颁发身份证书。对其中32名错杀、错判人员全部撤判,分别补发相应费用。

【1991年】全市开展“追逃犯,打流窜,破大案,挖团伙”统一行动,至28日,抓获违法犯罪嫌疑人87名,其中批捕在逃人员5名,流窜犯罪嫌疑人13名,摧毁犯罪团伙8个(成员25名),侦破案件76起。

【2010年】州委常委、州委秘书长瞿赫之带领州直帮扶单位负责人一行,深入三岔乡莲花池村、龙凤镇青堡村慰问困难群众。市领导李敏、向成舟等陪同。

【2010年】州委常委、州委宣传部部长孔祥恩,深入恩施大峡谷景区,对景区建设和沿线新农村建设情况调研。市领导何慧等陪同。

【2011年】省交通运输厅副厅长田文彪率省综合检查组至恩施市,就消防、食品安全工作检查。州、市领导沙玉山、陶文胜陪同。

【2014年】州领导王海涛、秦斌一行就州城渣土整治工作进行调研。市领导李国庆、廖泽熙等陪同。

【2014年】国家住房和城乡建设部授予恩施市“国家园林城市”称号。

【2015年】州委常委、州委宣传部部长杨陈清一行,深入龙凤镇龙马村保扎片区、龙马集镇和双堰塘村等地,就龙凤镇综合扶贫改革试点宣传、思想、文化工作情况调研。市领导杨洪安等陪同。

1月27日

【1964年】在北京举行的1963年国家轻工业部全国火柴质量鉴定评比会上,恩施炎柴全部达到国家规定的5项主要指标,火柴厂被列为15个优质单位之一。

【1986年】舞阳坝街道舞阳小学代表出席在北京召开的全国语言文字工作会议载誉归来,成为全国58个文字改革和推广普通话先进集体之一。

【1990年】市委二届五次全会通过《中共恩施市委关于制定恩施市国民经济和社会发展十年规划和“八五”计划的建议》。

【2007年】州委、州政府与市委、市政府联合召开2007年州城建设与管理动员大会。会上,恩施市就过去4年州城建设与管理工作取得的成绩进行通报,对2007年州城建设与管理工作目标和任务进行部署和安排。同时,进一步加大力度争创全国卫生城市、国家园林城市、全国历史文化名城、中国优秀旅游城市。会议表彰州城建设与管理先进单位和先进工作者,并听取恩施城市建设投资有限公司、州电力总公司、市政建设拆迁户代表、环卫工人代表的典型发言。

【2010 年】州委常委、州委组织部部长刘艳红，深入小渡船街道何功伟村，走访慰问大学生村干部。市领导谭文骄等陪同。

【2010 年】副州长杨尚宝一行深入绿源污水处理公司、蕾康乐塑料制品有限公司、生活垃圾填埋场等处，对全市经济社会发展、节能减排工作等调研。市领导肖家魁等陪同。

【2010 年】由市、州宣传部报送的文艺活动项目“恩施土家女儿会”获得湖北省第七届“屈原文艺奖”文艺活动品牌奖。

【2011 年】州委书记肖旭明率陈亚平、赵德利、孔祥恩、谭文骄等州领导，先后到恩施军分区、六角亭街道解放路社区、武警恩施州支队等处，看望慰问驻军干部、武警官兵、困难群众等，向他们致以节日的问候和祝福。州、市领导杨天然、甘方谦、杨陈清、瞿赫之、秦斌一行到州消防支队，亲切看望和慰问长期坚守奋战在防火、灭火和抢险救援一线的消防官兵，给官兵们送去新春的问候和祝福。州、市领导张忠凯、刘艳红、李云开、李国庆率慰问组深入州城老干部、特困职工家中进行慰问。董永祥、廖泽熙率慰问组深入恩施市环卫处、市自来水公司二水厂、民生天然气公司、亿利达、昆仑燃气，慰问春节前夕仍在一线工作的部分企业员工。

【2011 年】州委常委、常务副州长张忠凯一行，到城区公共场所、生产企业等，就消防安全工作进行检查。市领导胡平江、陶文胜陪同。

【2014 年】州领导王海涛、杨天然、董永祥、甘方谦、瞿赫之、杨陈清、孔祥恩、李云开、沙玉山、江明辉、马尚云等一行至恩施市，对部分老党员、离退休干部、一线劳动者、困难群众、部队官兵及优秀人才看望慰问。市领导向前进、李国庆、廖泽熙等陪同。

1 月 28 日

【1951 年】清江河唯一的桥梁——位于恩施城关的清江大桥，在被国民党军队逃窜时炸毁 4 个月后得到修复。500 余人参加竣工通车庆典。

【1961 年】白(杨)奉(节)公路竣工通车。境内白杨公社石桥子至太阳公社石乳关里程 45.4 公里。

【1991 年】市人民广播电台开播，发射频率 102 兆赫，呼号“恩施市人民广播电台”。

【1991 年】政协恩施市第三届委员会第一次会议在市委会议室召开，至 2 月 3 日结束。会议选举谭世湘为政协恩施市第三届委员会主席，高开群、刘石林、王建军、王家声、刘义琦、彭应国、谭明煊为政协恩施市第三届委员会副主席。

【2008 年】板桥镇穿洞村发生一起二氧化碳中毒事故，新婚夫妇唐某两人深夜用木炭取暖，中毒死亡。洞房内明显有挣扎痕迹，疑挣扎时接触到火源，衣物和沙发均着火。

【2009年】市委常委、常务副市长蔡平率团赴澳门参加中国地方民俗文化表演。其间，恩施市派出的民俗文化表演团5天时间共演出8场，观众总人数超过10万人，当地报纸、电视媒体连续跟踪报道。

【2010年】州委常委、州委秘书长瞿赫之一行，深入舞阳坝街道慰问困难群众。市领导谭文骄、李敏等陪同。

【2013年】州委常委黄实海到新塘乡走访慰问困难群众。市领导万雪峰陪同。

【2013年】州委常委、恩施军分区司令员江明辉到龙凤镇走访慰问困难群众。市领导胡平江、黄秀武陪同。

【2015年】州委常委、州纪委书记陈江龙一行，深入龙凤镇龙凤初中、双堰塘村居民点、龙马村保扎茶园基地、龙马风情小镇、龙马九年一贯制学校建设现场等地，就龙凤镇综合扶贫改革试点工作情况调研。市领导向前进、万雪峰、黎昔品、蔡万高等陪同。

1月29日

【1991年】恩施市第四届人民代表大会第一次会议在清江电影院召开，至2月3日闭幕。大会选举向诗才为恩施市第四届人民代表大会常务委员会主任，李必敬（土家族）、杜庆余（不驻会）、何孝政（土家族）、陈行高为常委会副主任；选举商金平为市人民政府市长，徐恩平、向金阶（土家族）、向海滨（土家族）、谭儒全、雷昌桃（女）、李俊林（土家族）、邬本超为副市长；选举于秉寿为市人民法院院长；李美堂（土家族）为市人民检察院检察长。

【2010年】由中国科学院举办的“2010年中国科学院旅游学术研讨会”在京举行。市委书记谭文骄作为研讨会唯一的特邀代表出席会议，并在会上就全市发展旅游产业、打造“三张名片”的情况进行专题发言。

【2014年】州领导王海涛、孔祥恩一行，到龙凤镇双堰塘村、店子槽村及龙凤镇福利院等地，开展春节走访慰问活动。市领导向前进、张渊平、王国玮等陪同。

1月30日

【1992年】市委、市政府作出《关于加快教育事业发展的决定》。

【2011年】州领导肖旭明、杨天然、陈亚平、孔祥恩，先后深入州电力总公司、市自来水公司、市环卫处、小渡船交警中队执勤点、恩施火车站，慰问一线干部职工。市领导谭文骄、秦斌陪同。

1 月 31 日

【2012 年】州委书记、州人大常委会主任肖旭明，州委副书记、州长杨天然率发改、住建、旅游、经信、农业、国土等州直部门负责人至恩施市，就城市经济发展及建设等调研。市“四大家”领导向前进、李国庆等陪同。

【2013 年】全州党委（党组）中心组和学习型党组织建设先进单位表彰暨经验交流电视电话会议召开。会上，恩施市委中心组被表彰为“全州先进党委（党组）中心组”；市委书记向前进代表市委中心组作典型发言。

二　月

2 月 1 日

【1961 年】县公安局破获屯堡区大树公社会道门“大刀会”复辟活动案。是日晚，与当地干部、民兵配合，逮捕刘西尧等骨干 13 名，缴获经书等 91 件。查明该会发展成员 205 人、活动 3 年零 4 个月的犯罪事实。

【1988 年】恩施州最大的综合性商业大楼——恩施市舞阳商场开业。州长李辉轩参加开业仪式，副州长熊顺奇和市长吕成宗为大楼开业剪彩。

【1997 年】《恩施信息》第一期出刊。报纸为市委机关报，每月 1 日、15 日出版，每期四开四版，每期发行量为 7000 份。

【2003 年】三岔乡农民演员演出的傩戏《扎土地》，在中央电视台西部频道（即 12 频道）春节联欢晚会播出。

【2007 年】省科技厅副厅长毛凤藻带领省高磷赤铁矿开发实验调研组至恩施市，深入板桥镇铁厂坝矿区进行现场踏勘，并听取市长秦斌就铁厂坝赤铁矿冶炼脱磷工业化实验工作的汇报。州、市领导赵宏中、秦斌等陪同。

【2009 年】恩施土司城景区被国家旅游局评定为国家 4A 级旅游景区。该景区位于市区，是鄂西生态文化旅游圈民俗风情板块重要景区。其主体建筑墨冲楼、九进堂、廪君祠、吊脚楼、风雨桥等建筑雕刻艺术精湛，极具民族特色，集中展示巴土建筑的工艺神韵。

【2010 年】全市各基层医疗机构开始实施国家基本药物制度，307 种目录内药品全部实行零差价销售。

2月2日

【1962年】晚,白杨区集镇中街发生火灾,焚毁房屋27间,致6户、36人受灾,涂某珍一家4人死亡。

【1985年】市供销合作联社食品加工厂因一临时工违章用火引发火灾,致85间房屋焚毁,直接经济损失26.99万元。

【2012年】国家烟草专卖局副局长何泽华率2012年全国部分产区基本烟田土地整理座谈会与会代表,深入城郊基地单元阳鹊坝片区,实地参观城郊基本单元土地整理项目。州、市领导张忠凯、瞿赫之、肖作文、向前进、李国庆等陪同。

2月3日

【2009年】全市党建暨经济工作会议召开。

2月4日

【1983年】恩施县体委以湖北省农村体育先进单位身份出席国家体委、文化部、团中央召开的全国农村体育工作会议。

【2001年】市委五届五次全会讨论通过《关于制定国民经济和社会发展第十个五年计划的建议》。

【2009年】8时许,湖北沪蓉西高速公路开始执行省政府批准的新的收费标准。

【2010年】州委常委、副州长张忠凯一行深入恩运集团、民生天然气集团、恩施供电公司、华新水泥、九洲牧业、长源轴承、恩施卷烟厂等企业,就春节期间供电、供气等民生保障工作以及企业安全生产情况调研。州、市领导陈晓燕、陶军等陪同。

【2015年】省国土资源厅副巡视员王世新率省“三万”活动检查督办组至恩施市,深入龙凤镇店子槽村、芭蕉侗族乡黄泥塘村,就“三万”活动开展情况督办检查。市领导黄波等陪同。

【2015年】州委副书记、常务副州长董永祥,副州长、州公安局局长汤文江一行,深入市公安局驻恩施火车站警务工作室调研。市委常委、政法委书记、副市长黄波,副市长、市公安局长范荣等陪同。

2月5日

【1992年】鄂西、台北海峡两岸书法作品邀请赛在恩施市赏心亭举行。

【2007年】由市委组织部、市委宣传部、市人事局、团市委等单位联合主办的第五届“恩施市十大杰出青年”评选活动揭晓。邓敬婷、邓顺权、尹应雄、肖忠友、汪平、范荣、郭俊、康峰、彭松、董祖斌等10人当选“恩施市十大杰出青年”。同时,评出全市第二届“十佳进城务工青年”和第三届“十佳青年再就业明星”。

【2010年】州委书记肖旭明一行深入州委大院、恩施军分区、市民政福利印刷厂、武警恩施州支队、市军休所、州中心医院、市环卫处,看望慰问老干部、老党员、驻军干部、武警官兵、企业军转干部、医疗专家、特困户等。州、市领导陈亚平、瞿赫之、赵德利、张忠凯、谭文骄等陪同。

【2010年】州委副书记、州长杨天然深入下岗职工、低保户、困难党员、消防官兵、劳动模范、老红军家中,为他们送去新春的祝福。州、市领导甘方谦、李济、孔祥恩、秦斌等陪同。

【2010年】州领导谭先振、柳望春、刘艳红、杨陈清、王建民一行,看望慰问州城困难党员、特困职工、专家学者等。市领导李国庆等陪同。

【2011年】23时许,在市政府旁一道路上,一辆宝马轿车将一对夫妇(邹某某,57周岁,恩施麻纺厂下岗职工;女陈某某,红江小学数学教师)撞倒,致当场死亡。经查明,该肇事车辆为恩施某房地产公司总经理所有,肇事者为车辆所有人的侄子,事发双方达成赔偿协议。

【2015年】国务院扶贫开发领导小组办公室规划财务司巡视员徐晖一行至恩施市,深入龙凤镇双堰塘村,就龙凤镇综合扶贫改革试点扶贫工作开展情况调研。州、市领导马尚云、张渊平陪同。

2月6日

【2013年】州委副书记、代理书记王海涛,州委常委、州委秘书长孔祥恩一行到三岔乡阳天坪村、鸦沐羽村,走访慰问困难党员、困难群众和福利院优抚对象。市领导向前进等陪同。

2月7日

【1987年】市委常委(扩大)会议决定,对全市预算内国营企业开始实行“核定基数,利税统算,基数包干,照章纳税,财政返还”经济责任承包制。

【2012年】州“三万”活动督查组至恩施市,检查督办全市“三万”活动各项工作部署、工作组进村驻点及资金筹集落实、堰塘整治及小型水利工程项目建设进度等情况,至8日结束。市领导杨洪安等陪同。

2月8日

【1979年】根据《中共中央关于地主、富农分子摘帽问题和地、富子女成分问题的决定》,县委组织专班,在城关镇飞机大队办试点,对地主、富农分子摘帽,地主、富农子女成分重新认定。嗣后全县全面铺开,至6月底基本结束,境内8481名“四类”分子摘帽7982名,纠正错划错戴314名,需继续监督改造185名,其二代、三代子女成分、出身全部评定为社员。

【1990年】市人武部被省政府、省军区授予“培养和开发使用军地两用人才先进单位”称号。

【1995年】市政府作出《关于加强农村卫生工作的决定》。

【2007年】恩施市2007年春节联欢晚会在天籁大剧院举行。州领导陈亚平、甘方谦、王月圣与谭文骄、秦斌等在家的市“四大家”领导、恩施经济技术开发区的领导、市直各部门及各乡镇、街道的主要负责人等欢聚一堂共迎新春。市委书记谭文骄代表市“四大家”向全市各族人民拜年。市民族文工团、市第一实验小学、市乐老艺术团的演员、学生、老同志们献上一台精彩的文艺节目。

【2011年】鄂西生态文化旅游圈投资有限公司党委书记、董事长马清明一行深入恩施大峡谷,对景区开发与建设情况进行实地调研。州、市领导吴红娅、陈江龙、肖家魁等陪同。

【2014年】市委中心组举行专题学习会,集中学习习近平总书记在党的群众路线教育实践活动第一批总结暨第二批部署会议上的重要讲话精神,以及党的群众路线教育实践活动相关会议精神,并通报恩施市党的群众路线教育实践活动的筹备情况。会上,州委党校教授黄元山作题为《固本强基的根本措施——深入开展党的群众路线教育实践活动》的专题辅导报告。市委书记向前进主持会议并讲话。市“四大家”领导,恩施经济开发区领

导班子成员，市直相关部门主要负责人，各乡镇、街道（办事处）党委书记、乡（镇）长、主任等参加学习。

2 月 9 日

【1982 年】省政府批准舞阳小学语文教师曾碧莹、恩施二中教师杨本泰为湖北省特级教师。

【1986 年】恩施市被中国烟草总公司确定为“全国白肋烟生产出口基地县（市）”。

【2009 年】沙地乡被省委、省政府表彰为村级组织换届选举工作先进单位。

【2012 年】16 时 30 分许，一辆载客 40 余人的大型卧铺客车从重庆奉节开往上海途径恩施市白奉公路（10KM + 100M 处）时发生侧翻，致 2 人死亡，11 人受伤，多名乘客被困。事发后，当地公安、消防、医疗、交通、保险等部门接到报警后，迅速调集力量相继赶往现场实施救援。经查明，司机在即将没有刹车水的情况下仍坚持行车，且该路段属 10 公里长下坡，刹车磨损严重而失灵，最终导致悲剧发生。

2 月 10 日

【民国十六年（1927）】董必武以国民党省党部名义派恩施籍中共党员朱光钦、共青团员徐伯坚返恩，重组恩施县党部筹备处（林家巷劝学所），使之成为国共合作的统一战线组织。朱光钦任筹备处主任，徐伯坚任宣传部部长，廖生明任组织部部长，金裕汉任秘书，谭大荣负责总务。

【2012 年】全市党建暨经济工作会议召开。会议传达贯彻落实中央及省、州经济工作会议和州市党代会、人代会精神，总结 2011 年工作，科学谋划 2012 年党建暨经济工作。市委书记向前进发表题为《党员干部要讲规矩》的讲话，市委副书记、市长李国庆作大会主题报告，市委副书记、恩施经济开发区常务副主任郜志中主持会议。市“四大家”领导出席会议。各乡镇、街道（办事处）党委书记、乡（镇）长、主任，各村（社区）书记、主任，市直一级单位领导班子成员和部分二级单位主要负责人、恩施经济开发区各部门主要负责人以及相关企业、重点民营企业、大会表彰对象参加会议。

2 月 11 日

【民国元年（1912）】恩施县人唐燊，字杰三，被推举为湖北省临时议会成员。

【1959 年】全县分三片(龙凤、芭蕉、沙地)集中农村党员及生产队长以上干部,进行以反瞒产为中心内容的整党整风运动。

【1970 年】县革委会召开紧急会议,贯彻中共中央指示精神。会后全县开展“一打三反”运动(打击现行反革命分子的破坏活动、反贪污盗窃、反投机倒把、反铺张浪费)。至年末,举办各种类型学习班 5307 期,参加学习 30. 57 万人次,召开集训会 190 场次,集训 1222 人。

【2009 年】全省农村经济工作会议表彰的 30 个农业专业大县中,恩施市跻身全省茶叶大县行列。省政府还决定由省财政单列安排 3000 万元专款对受表彰的 30 个大县进行奖励,每个大县 100 万元,以进一步巩固大县成果。

【2010 年】州委常委、州委政法委书记、州公安局局长李云开,深入市消防大队、舞阳交警中队、市第一看守所、武警恩施市中队,看望慰问消防武警官兵和公安民警。市领导谭文骄、张孝赤等陪同。

【2011 年】全市党建暨经济工作会议召开。市委副书记、恩施经济开发区常务副主任郜志中主持会议,州委常委、市委书记谭文骄、市委副书记、市长秦斌在会上发表讲话。会议明确全市 2011 年经济社会发展总体要求和主要经济目标,并对如何建设“仙居恩施”,搞好“十二五”开局提出要求。会议对 2010 年度工作先进单位、党风廉政建设先进单位、全民创业突出贡献单位、招商引资先进单位和个人代表进行表彰。会上,谭文骄与乡镇、街道(办事处)党委、市直机关工委签订党风廉政建设责任书、党建工作责任书。市领导谭文骄、秦斌、郜志中、李国庆、陈江龙、刘凡等出席会议。各乡镇、街道(办事处)党委书记、常务副乡(镇)长、常务副主任、各村(社区)书记、主任、市直一级单位领导班子成员和二级单位主要负责人、恩施经济开发区各部门主要负责人以及相关企业、重点民营企业、大会表彰对象参加会议。

【2014 年】市委书记向前进主持召开市委常委会议,研究党的群众路线教育实践活动,学习习近平同志在第十八届中央纪委第三次全体会议上的讲话精神。市领导李国庆、郑晓斌、胡平江、万雪峰、张渊平等参加会议,刘凡、刘羽列席会议。

【2014 年】湖北长友现代农业股份有限公司“长友”及图商标被认定为中国驰名商标,恩施市实现中国驰名商标零的突破。

2 月 12 日

【1959 年】在轻工业部召开的全国第三届酿酒会议上,恩施县被评为“全国酿酒先进单位”。

【1960 年】灯塔公社民兵师建立，为恩施专区首个公社民兵师。

【1962 年】恩施行署公安处指挥，恩施县公安局与宣恩县公安局联合侦破刘忠藻、张子柏为首的“中国民主党”反革命集团案。查明该集团自 1960 年始，以新塘为中心，涉跨川、鄂两省 6 县，发展成员 261 人，企图暴乱、颠覆人民政权的事实。逮捕主犯 8 名，缴获反革命纲领 1 份、符号 141 张、其他物证 45 件。1964 年 2 月 27 日，刘、张于恩施专区体育场宣判大会后被执行枪决。

【2007 年】州政府召开州城建设现场办公会，研究如何对恩施市 2007 年州城建设工作进行支持。会议提出，要转变城市发展理念，统筹协调州市力量，保质保速有序推进，确保总投资 12 亿多元的“15658”州城建设项目顺利完成和启动。是年，州城建设计划完成和启动 15 个重点项目建设、实施 6 大片区开发改造、启动 5 项重点工程建设、完成 8 项市政配套工程，即“15658”建设项目任务。州委书记汤涛，州委副书记、州长周先旺，州委常委、常务副州长彭军，州委常委、副州长杨天然，州人大常委会副主任于德海，州政协副主席刘青，恩施市委书记谭文骄、市长秦斌及州直相关部门负责人出席会议。

【2014 年】省委宣传部副部长文成国率省委督导组赴恩施市，深入金龙大道北段建设现场、龙凤初中迁建工程建设现场、市地税局、六角亭街道城乡街社区等地，就党的群众路线教育实践活动开展情况进行督导检查。州、市领导王海涛、李云开、向前进、李国庆、郑晓斌、胡平江、刘凡、刘羽等陪同或参加汇报会。

【2014 年】州委副书记、常务副州长董永祥一行，到州委党校至金龙大道南段道路改扩建现场、华硒生态产业园建设现场等地，就城市产业园区建设和城市相关基础设施建设情况调研。市领导向前进、李国庆、郑晓斌、廖泽熙等陪同。

【2015 年】卓达集团与市政府代表签订《卓达·恩施“三产联动”项目开发战略合作协议》。卓达集团华南大区执行总裁杨新华，市领导李国庆、张渊平、罗永生出席等签约仪式。

【2015 年】副州长陈晓燕率州检查组一行，深入中百超市舞阳坝店、顺丰快递公司、中国石油化工集团油库、华硒批发市场、放心粮油店等地，对大型商贸流通行业安全生产、春节物资供应等工作进行检查。市领导黄波等陪同。

2 月 13 日

【民国十九年(1930)】中共鹤峰中心县委特派员杨英和红四军一团党代表龙在前至头棚黄昌朋家召开积极分子秘密会，研究筹建白岩溪农民协会。四月十九日，白岩溪农民协会成立，陶东祥任主任，黄昌明任副主任，杨清轩任书记。

【民国二十四年(1935)】十区专员、保安司令范熙绩兼任恩施县县长。袁济安离任。

【1950 年】屯堡区杉木乡土匪熊天昌等 5 人在恩建交界处,将韩某一家 4 口杀害,藏匿苕窖,用石磨封口,并将其财产洗劫一空。县公安机关接报后,依靠群众将匪徒全部抓获。

【2007 年】州委书记汤涛,州委常委、副州长杨天然先后深入人民路廉租房、施州大桥、凤凰大桥、土桥坝广场、土桥坝经济适用房和金桂大道等市政建设重点工程进行调研。市委书记谭文骄、市长秦斌等陪同。

【2013 年】州委副书记、代理书记王海涛,州委常委、州委秘书长孔祥恩一行,到龙凤镇龙马村、青堡村,看望龚延强、符茂艳,了解其生产生活情况,并进行春节慰问。随后到龙凤镇、金龙大道等地,就龙凤新区建设情况调研。市领导向前进、廖泽熙等陪同。

【2014 年】州委常委、副州长马尚云一行,至城区农产品加工园区、金龙大道及龙凤镇综合扶贫改革试点领导小组办公室等地,就恩施市综合扶贫开发工作进行调研。市领导胡平江、杨洪安、向煦、王国玮等陪同或参加座谈会。

2 月 14 日

【民国二十二年(1933)】红三军七师师长叶光吉、政委盛联钧率兵攻克新塘、红土溪、甘坪、粟谷湾、白岩溪、椿木营等地,挫败傅卫风、冯玉墀(又称冯玉池)统领的团防武装。

【1998 年】市委第四届九次全体(扩大)会议通过《关于进一步深化企业改革的决定》,其基本原则为以产权制度改革为突破口,以民营化为基本取向,以出售为主要形式,对所有制结构实施战略性调整。

【2014 年】全市中国共产党的群众路线教育实践活动电视电话会议在市行政服务中心召开。市委书记向前进作动员报告,州委第一督查组组长吴耀先讲话,市委副书记、市长李国庆主持会议。州委第一督导组副组长王新林和督导组全体成员,市"四大家"领导及恩施经济开发区领导班子成员,正县级老干部和近 5 年退出领导岗位的部分副县级老领导,各乡镇、街道(办事处)主要负责人和组织委员,市直各单位主要负责人,市级民主党派和无党派人士代表,部分"两代表一委员"和群众代表在主会场参加会议。各乡镇、街道(办事处)领导班子成员,直属部门、企事业单位主要负责人,村(社区)书记、主任在各分会场参加会议。

2 月 15 日

【1990 年】市委、市政府作出《关于贯彻全省山区工作会议精神,进一步加强经济开发

工作有关问题的决定》。

【2008 年】市党建暨经济工作会议在州民族礼堂召开，会议回顾和总结2007 年的党建暨经济工作，安排部署 2008 年的党建暨经济工作，强调要进一步解放思想，抢抓机遇，真抓实干，在新的起点上实现“工业发展有新突破、旅游产业有新突破、城市建设有新突破、新农村建设有新突破、优化发展环境有新突破”。市领导谭文骄、秦斌等领导出席会议。各乡镇、街道党委书记，常务副乡(镇)长、副主任，市直一级单位领导班子成员和二级单位主要负责人，开发区各部门主要负责人、企业代表、大会表彰对象参加会议。

【2008 年】省民宗委主任谭徽在一行，先后深入白杨坪乡九根树村、石桥子村和龙凤镇小龙潭村等处，现场查看当地因灾损失情况和抗灾救灾情况。州委常委、副州长杨天然等陪同。

【2009 年】省旅游局局长张达华一行，到恩城郊生态休闲旅游景区——芭蕉枫香坡侗族风情寨，实地了解开发改造情况。市委书记谭文骄、市长秦斌等陪同。

【2011 年】省扶贫开发领导小组办公室主任杨朝中一行，深入芭蕉侗族乡庠口村，就全市扶贫开发工作调研。州、市领导瞿赫之、秦斌等陪同。

2 月 16 日

【2008 年】州委书记肖旭明在州委常委、州委秘书长瞿赫之，副州长朱惠民的陪同下，带领州农业局、民政局负责人，到宣恩县、鹤峰县、恩施市的 10 多个村组，调研抗灾救灾和恢复生产工作，至 18 日结束。

【2011 年】恩施机场二期扩建工程开工奠基，标志着湖北省武陵山少数民族经济社会发展实验区建设启动。省委、省政府领导李鸿忠、王国生、赵学义、李钟协、苏晓云、李春明、周坚卫、陈春林等出席开工仪式。参加湖北省“武陵山少数民族经济社会发展实验区建设”启动仪式的省直各部门领导，民航、首都机场集团、湖北机场集团领导，州、市相关领导参加开工仪式。

【2012 年】全国政协常委、农业部计划司司长钱克明，农业部计划司副司长刘北桦一行，深入芭蕉侗族乡灯笼坝村，就扶贫工作调研。州、市领导王志强、陈卫平、王国玮等陪同。

2 月 17 日

【2011 年】省国税局局长刘勇一行至恩施市，对市国税系统运行、税源专业化管理等

情况进行检查指导。州、市领导张忠凯、胡平江等陪同。

【2012年】恩施市柑子槽经济适用房小区二期建设项目和龙麟宫廉租房建设项目分别举行开工仪式。市领导万雪峰、廖泽熙、许强、金德钧、曹云等出席开工仪式。

【2014年】全市党建暨经济工作会议召开。市委书记向前进作题为《党员干部要争当改革创新表率》的讲话;市委副书记、市长李国庆作大会主题报告;市委副书记、恩施经济开发区主任郑晓斌主持会议;市委副书记胡平江宣读表彰决定。会议传达中央、省、州经济工作会及党建工作会和有关会议精神,总结2013年度的工作,安排部署2014年全市党建暨经济工作;向前进与乡镇、街道(办事处)党委代表、市直部门党组(委)代表签订党风廉政建设责任书、基层党建工作责任书;对2013年度综合考评先进单位、"十佳"对象等进行表彰。市"四大家"领导和恩施经济开发区领导班子成员出席会议。各乡镇、街道(办事处)党委书记,乡(镇)长、主任,各村(社区)书记、主任,市直一级单位领导班子成员和部分二级单位主要负责人,恩施经济开发区各部门主要负责人以及相关企业、重点民营企业、大会表彰对象参加会议。

2月18日

【1960年】屯堡公社清江渡口因超载,渡船断索,过渡的两部汽车沉入河底。

【1963年】中国共产党恩施县第三次代表大会在清江电影院召开,至3月2日闭幕。到会代表526人。会议选举产生中共恩施县第三届委员会委员19人,候补委员4人。三届一次全委会议选出常委9人,杨艺任书记,刘新顺、贾长庚任副书记。

【2014年】省林业厅副巡视员庹德政率省督查组赴恩施市,深入龙凤镇青堡村新一轮退耕还林造林栽植现场及部分农户家中,督查森林防火、春季植树造林、野生动物保护执法、疫源疫病监测防控和集体林权发证等工作。市领导余秋红等陪同。

【2014年】全市组织打击黄赌毒违法犯罪集中统一行动展开。仅市公安局出动警力330余人,清查各类娱乐场所276家,行政拘留卖淫嫖娼违法人员18人、吸毒人员1人、容留、介绍妇女卖淫违法人员4人,捣毁电玩赌博场所24家,收缴赌博机117台,查处涉赌违法人员68人。

【2014年】州委常委、副州长马尚云一行,深入恩施清江风景旅游区、恩施瑞享国际酒店、恩施旅游接待中心、华龙城大酒店、叶挺纪念馆、文昌祠、恩施土家女儿城等地,就旅游产业及旅游配套设施建设情况调研,至19日结束。市政府党组成员、恩施大峡谷风景管理处主任王学渊陪同。

2 月 19 日

【1983 年】恩施县大山顶纳入国家草地畜牧业工程项目建设计划，国家农牧渔业部畜牧局、湖北省农牧厅畜牧局与县政府签订《大山顶草地建设与发展畜牧业项目协议书》。协议确定由中央和省两级投资 450 万元，县投资 100 万元，从 1983—1985 年 3 年内建设高标准草场 6 万亩，发展畜牧业。县长胡元春在协议书上签字。

【2009 年】州委、州政府与市委、市政府联合召开 2009 年州城建设管理大会。州委书记肖旭明，州委副书记、州长杨天然到会讲话，副州长刘顺辉主持会议，州委副书记谭先振、州人大常委会副主任陈亚平、州政协主席甘方谦、州政协副主席张龙光以及恩施市委书记谭文骄、市长秦斌等出席会议。州直单位有关负责人，恩施市直各部门、街道、社区负责人及部分市民代表参加会议。

【2013 年】全省旅游工作会议召开。恩施市被省旅游局表彰为“2012 年度全省旅游发展先进县市”。

2 月 20 日

【2009 年】市城市规划管理局被省政府表彰为“全省测量标志普查维护工作先进集体”，市城市规划管理局张梁、市城市规划勘测设计室舒涛被表彰为“全省测量标志普查维护工作先进个人”。

【2013 年】市领导李国庆、张渊平等率市发改局、财政局、国土资源局、农业局、住房和城乡建设局、规划局等部门负责人，到黄梅县小池镇、襄阳东津新区、荆门“中国农谷”等地，考察学习城镇规划建设与管理、农业现代化建设、体制机制创新等工作，至 23 日结束。

2 月 21 日

【2012 年】省委常委、副省长张岱梨率省民族宗教委员会、省交通运输厅负责人，深入州文化中心建设工地、恩施高中新校区、风水河大桥等处，就项目建设工作调研。州、市领导肖旭明、杨天然、谭文骄、庞红艳、向前进、李国庆、刘羽等陪同。

2 月 22 日

【民国三十八年（1949）】中共云（云阳）奉（奉节）南岸工委及川东民主联军下川东纵

队第四支队（后改为七南支队）政委李君明、党代表彭树诚率领两个大队袭击板桥乡公所，击毙乡长田希明，缴获短枪四支、步枪八十余支。

【1957年】龙凤区五峰乡灯塔农业社主任史代富、白杨区麂子渡乡鸿建大队党支部书记袁传炳出席全国首届劳模大会。是日正午，在北京怀仁堂受到毛泽东及周恩来、陈云、邓小平、邓子恢、彭德怀等中央领导人的接见并合影。

【1962年】恩施城区半自动化电话工程竣工投入使用。

【1999年】州、市公安机关经过缜密侦查，成功告破恩施"二一九"特大杀人案（死者尹某山，男，71周岁，住红土乡湖坪村九组；王某姐，女，73周岁，住址同前，两人系夫妻关系）。犯罪嫌疑人李某安在建始县景阳镇被缉拿归案。经查，该案系因高利贷引发的血案。

【2010年】全市党建暨经济工作会议在州民族礼堂召开。市委副书记、恩施经济开发区常务副主任郜志中主持会议，市委书记谭文骄讲话，市长秦斌安排部署2010年的各项工作。会议传达中央、省、州经济工作会议精神；全面分析总结2009年工作，表彰2009年先进单位和个人；谭文骄与各乡镇、街道以及市直相关部门签订《党建工作责任书》《党风廉政建设责任书》。市"四大家"领导出席会议。

【2012年】省人口和计划生育委员会纪检组长陈智斌率省人口计生工作督查组至恩施市，就人口和计划生育工作专题督办。市领导张献宏等陪同。

【2012年】州对县市党政领导班子2011年度工作目标完成情况考核组，深入市第二实验小学迁建项目建筑工地、金凤大道许家坪机场隧道建筑工地、硒都茶城、六角亭街道胜利街社区、华新水泥、原香料厂保障房建设项目工地，就全市2011年度工作目标情况进行考核。市领导胡平江、万雪峰、王兰英、廖泽熙等陪同。

2月23日

【1999年】州政府决定，将境内州财校、州工校、州林校、州供销学校合并，组建恩施职业技术学校，为建立恩施职业技术学院做准备。

【2006年】崔家坝镇鸦鹊水村朱以菊被全国妇联、全国农村妇女"双学双比"活动领导小组授予"全国农村妇女'双学双比'活动能手"称号。

2月24日

【1955年】恩（施）利（川）公路全线建成通车，公路以城西麟溪书院为起点，至白果长

岩屋入利川,境内全长 54 公里。该公路于 1950 年 5 月 1 日动工,1953 年 3 月 5 日停工,1954 年 10 月 29 日复工,历时 5 年建成。

【2004 年】屯堡人民法庭被最高人民法院和司法部联合表彰为“全国人民调解工作模范法庭”。

【2009 年】州委书记肖旭明一行,深入三岔乡、太阳河乡,就基层落实科学发展观的情况进行专题调研。州委常委、州委秘书长瞿赫之,市委书记谭文骄、市长秦斌等陪同。

【2010 年】市政府、市民族宗教事务局、白杨坪乡被省委、省政府表彰为“全省民族团结进步模范集体”。市委常委、常务副市长蔡平,市教育局局长陈斌(土家族)、龙凤镇大转拐村委会主任李昌明(土家族)被表彰为“全省民族团结进步模范个人”。

【2011 年】国务院安全生产委员会办公室调研督查组一行在国家煤矿安全监察局副局长王树鹤的带领下,深入恩施大峡谷风景区、腾龙水泥公司四方坪采石场、恩施土司城等处,就全市安全生产工作调研,至 25 日结束。州、市领导沙玉山、陶文胜等陪同。

【2012 年】国家林业局林改司司长张蕾一行,深入市林业局林业要素市场、望城坡林下养殖基地、屯堡林业站等处,就集体林权制度改革工作调研。市领导杨洪安等陪同。

【2013 年】由市委、市政府主办的“春暖硒都福临万家”恩施市 2013 年元宵晚会在州城民族广场举行。市领导邹炜、赵萍等与市民共庆元宵佳节。

2 月 25 日

【1954 年】恩施县在区、乡行政建设中,实行第一次基层普选。

【2008 年】省建设厅厅长杨晓波一行,先后到州城施州大道、亲水走廊、清和园风雨桥、恩施土司城、凤凰山森林公园、州博物馆、金桂大道施工现场等处,对州城建设进行实地调研,至 26 日结束。全州城市建设在建项目 270 个,累计完成投资近 26 亿元,新建城市道路 24 条,新建城市桥梁 4 座,新增黑色化道路面积 32 万平方米,新增绿化面积 1 万多平方米,行道树总量达到 2 万多株,新建绿化走廊、广场 10 余个,城市功能较完善,城市形象明显提升。州委书记肖旭明等陪同。

2 月 26 日

【1953 年】城关镇 6 对青年在县文化馆举行集体婚礼,各界代表近千人前往贺喜。

【1967 年】县人武部抓革命促生产办公室成立,部长冯元成任主任。

【1973 年】白果区两河公社阳昌隆大队青年杨秀杰(女),赴武汉出席全省第三次贫下

中农代表大会,在武昌洪山礼堂受到国务院副总理陈永贵接见。

【1983年】市工具厂生产的5000套英制直柄麻花钻头启运香港出口。

【2007年】州委书记汤涛到州城长源轴承、九洲牧业、华新水泥、圣峰药业等工业企业调研,了解企业生产销售情况及企业发展中需要帮助解决的困难和问题。市委书记谭文骄等陪同。

【2007年】市党建暨经济工作会议在州民族礼堂召开。会议分析全市当前的经济形势,总结2006年的经济工作,安排部署经济工作。州委书记汤涛、市领导谭文骄、秦斌、李国庆等出席会议。会议由市委书记谭文骄主持。州委书记汤涛讲话。大会对2006年各项工作的先进单位及个人、"十大杰出青年"、优秀民营企业等进行表彰。市委书记谭文骄与各乡镇、街道,市委市直机关工委签订党风廉政建设责任书。

【2013年】州委副书记、代理书记王海涛,州委常委、州委秘书长孔祥恩一行,到市召开调研座谈会。向前进、李国庆等市"四大家"领导参加会议。

【2014年】省政协副主席、省委第五督导组第一组长刘善桥率调研组赴恩施市,深入硒都民族实验小学、龙凤镇等地,就党的群众路线教育实践活动推进情况调研。州、市领导甘方谦、李云开、向前进等陪同。

2月27日

【嘉庆七年(1802)】邑人王大伦,破贼给八品顶带,邑人王友贵,在巴东长岭杀贼有功,赏给外委,与向廷芳同日阵亡。

【2011年】三岔乡莲花池村委会、白杨坪乡石桥子村委会被省政府表彰为全省"百佳村民委员会",小渡船街道民族路社区居委会被表彰为全省"百佳社区居民委员会"。

【2012年】恩施市在全国"双拥"模范城(县)命名暨"双拥"模范单位和个人表彰大会上第三次荣获"全国双拥模范城"称号。市领导胡平江参加会议。

【2013年】全市党建暨经济工作会议召开,传达贯彻落实中央、省、州经济工作会议精神,总结2012年工作,分析当前经济形势,安排部署2013年工作。市委书记向前进在会上传达州委副书记、代理书记王海涛在恩施市调研时的讲话精神,并作题为《党员干部要增强执行力》专题讲话;市委副书记、市长李国庆作大会主题报告;市委副书记、恩施经济开发区主任部志中主持会议,市委副书记胡平江宣读表彰决定。会上,向前进与乡镇、街道(办事处)党委代表、市直部门党组(委)代表签订党风廉政建设责任书、基层党建工作目标责任书。会议对2012年度综合考评先进单位、工业经济发展工作十佳成长型企业、优秀村(社区)、优秀村(社区)干部等进行表彰。在家的市"四大家"领导、恩施经济开发区

班子成员、市人武部政委、市法院院长、市检察院检察长出席会议。

2 月 28 日

【嘉庆元年(1796)】施南协步兵,以功擢把总滕美贵剿贼于来凤阵亡。

【道光六年(1826)】申刻,有星如月,自南流西,有声。

【1954 年】一区(龙凤)五峰乡 9 个农业互助组 63 户农民,在乡农会主席史代富带领下,组成全县第一个高级农业生产合作社——灯塔集体农庄。

【1966 年】省人民委员会决定,自即日起,武汉—宜昌—恩施航线正式复航,办理客货运输业务,星期一、星期五飞机由武汉出发,当天往返。

【2006 年】国家教育部基础教育司副司长李天顺、省教育厅副厅长郑年春一行,深入恩施市部分农村中小学,就现代远程教育工程实施情况进行专题调研。恩施市在全州最早实施农村中小学现代远程教育,2004 年被纳入国家发改委、教育部、财政部启动的部分省市农村中小学现代远程教育工程实施方案,成为全国远程教育试点市。全市 28 所初中、234 所小学、124 个教学点均拥有 1 套远程教育设备和专业人员管理,其光盘播放点、卫星收视点两种模式的远程教育覆盖所有的农村中小学。

【2012 年】州城建设与管理动员大会召开。州、市领导肖旭明、杨天然、瞿赫之、秦斌、肖涑诚、向前进、李国庆、郜志中、刘凡、刘羽等出席会议。

【2013 年】副州长檀坤华带领由省农科院中药材研究所、州科技局、州农科院等单位组成的州调研组一行,到新塘乡双河社区渔塘坝独立硒矿床所在地、华中药用植物园、百里紫油厚朴长廊等地,调研硒资源开发与应用情况。市领导尹剑、赵萍陪同。

三　月

3 月 1 日

【1955 年】境内开始使用中国人民银行发行的新人民币,实行新币与旧币兑换,新币 1 元兑换旧币 10000 元。

【1957 年】在省第二届农业劳动模范代表大会上,龙凤区灯塔社(全面丰收)、芭蕉区寨湾乡金星社(茶叶)、白果区见天乡红星社(林业)获“省特等劳模单位”称号。

【2005 年】中共中央政治局委员、中央书记处书记、国务委员兼公安部部长周永康作出批示，要求认真总结恩施市农村地区推行治安中心户的经验，并在全国推广。"治安中心户"防控机制的主要内容为根据农村地区村民居住特点，按照村民彼此间的地域关系、经济关系、亲情关系和邻里关系等合理划分治安区域，以群众选举、民主推荐、组织认定等方式确定治安中心户长，通过明确责任和激励措施等一系列制度，以专门工作与群众工作互动结合为动力，在农村乡镇建立起以派出所为龙头、治保会为桥梁、治安中心户为载体的新型农村治安防控体系。它是由党委政府主导、综治委组织协调、社会整体联动、公安机关全力主抓的社会治安防控网络，实质是发动农民自己处理自己的事务，是村民自治在农村社会生活中的具体体现，是农村社会治安群防群治模式的改革创新。

【2011 年】在浙江省奉化市召开的全国休闲农业与乡村旅游经验交流会上，恩施市获得"全国休闲农业与乡村旅游示范县"荣誉称号。该殊荣是被农业部和国家旅游局联合认定的，全国仅 32 个，恩施市是湖北省唯一获示范县的县(市)。市委常委、副市长肖家魁等参加会议。

【2012 年】省安监局副巡视员程跃祥率省安全生产委员会督查组一行，深入腾龙水泥四方坪采石场、恩施天彩烟花爆竹有限公司等处，就全市安全生产工作检查督办。市领导黄波等陪同。

3 月 2 日

【1950 年】中国新民主主义青年团恩施县工作委员会成立。霍震、袁英先后兼任书记。

【2010 年】州委、州政府与市委、市政府联合召开 2010 年州城建设与管理大会。副州长刘顺辉主持会议，州委书记肖旭明，州委副书记、州长杨天然到会讲话。州、市领导陈亚平、甘方谦、柳望春、谭文骄、秦斌出席会议。

【2010 年】恩施市被省政府评为"2009 年度全省旅游发展先进县市"。这在恩施市及恩施州旅游产业发展史上尚属首次。

【2011 年】恩施市"万名干部进万村入万户"活动启动，由 39 名市级领导带队，从 84 个市直单位抽调的 300 余名干部组成的近 200 个工作组，即日起与全市 17 个乡镇、街道(办事处)，192 个村(社区)的干部一起，进村入户开展"万名干部进万村入万户"活动。市领导谭文骄、郜志中、李国庆、陈江龙、刘凡等出席活动。3 月 6 日，市委常委(扩大)会议召开，专题部署"万名干部进万村入万户"活动。

【2014 年】鄂西生态文化旅游圈投资有限公司总经理刘俊刚一行赴恩施市，深入农产

品加工园区、恩施大峡谷风景区女儿寨、实景剧场等项目建设现场，就恩施市旅游发展情况调研，至3日结束。州、市领导马尚云、刘羽、陈志波、向煦等陪同。

【2015年】恩施市召开党建暨经济工作会议，贯彻落实中央、省、州经济工作会议精神，总结2014年工作，安排部署2015年全市党建暨经济工作。市委书记向前进在会上作题为《党员干部要姓"党"》的专题讲话；市委副书记、市长李国庆主持会议并讲话；市委副书记、恩施经济开发区主任郑晓斌宣读表彰决定。会上，向前进与乡镇街道（办事处）党委代表、市直部门党组（委）代表签订党风廉政建设责任书、基层党建工作责任书。会议对2014年度党建暨经济工作先进单位、"十佳"对象和党风廉政建设先进单位进行表彰。市"四大家"领导，恩施经济开发区班子成员，市人武部部长、政委，市法院院长，市检察院检察长出席会议。

【2015年】龙凤镇初级中学新校区正式投入使用。该校区于2012年动工建设，投资近2亿元，占地130亩，总建筑面积4.83万平方米，建有教学楼、综合楼、食堂、学生公寓、运动场地等，还设有多媒体报告厅、班班通，规模将达到60个教学班，可容纳在校学生3000人。

3月3日

【民国十九年（1930）】东乡区石灰窑乡农民协会成立。

【民国三十六年（1947）】中国人民解放军江南游击纵队司令员李人林率部经恩施县石灰窑入湖南进军湘西，张才千率警卫部队和第四支队经恩施奔赴来凤。

【1950年】中国茶叶公司汉口分公司在芭蕉、五峰山等产茶区发放无息贷款，扶持茶叶生产。

【1950年】四川奉节土匪王福初、冉子蚁等于境内让水坝袭击屯堡区板桥乡政府，3名解放军战士在战斗中牺牲。

【2005年】恩施市大龙潭电站"五二七"围堰溃决事故处理结果公布：经省纪委常委会、省监察厅厅长办公会研究决定，给予市长程某某党内警告、行政警告处分，副市长肖某某党内严重警告、行政记大过处分，市水利局局长、党组书记姜某撤职处分。2004年5月27日，大龙潭电站围堰突然溃决，12名幼儿、1名幼师、1名司机和4名民工被洪水卷走，造成15人死亡，3人失踪。省联合调查组对事故的原因进行详细调查，并对责任进行划分，依法对有关责任人实行责任追究。

【2008年】恩施市生物综合体科学技术研究中心、湖北民院与俄罗斯生物工业科研生物联合体有限公司就中草药研究合作事宜进行洽谈。继上年三方签订合作意向书之后，

俄方代表此次对恩施州进行深入考察，并签订具体合作协议，三方科研人员共同研究提取中药中的有效成分，并出版一本相关的科技论文书籍，有效促进恩施州中草药研究。

【2010年】省住房和城乡建设厅厅长李德炳率省“616”工程对口帮扶恩施市的省公安厅、省工商局、中国人民银行武汉分行、武汉大学、省中山医院等部门负责人，对全市“616”工程实施情况调研。州、市领导刘顺辉、谭文骄、秦斌等陪同。

【2010年】州委常委、州委政法委书记、州公安局局长李云开，就州城道路交通管理工作进行座谈。市领导秦斌、蔡平、张孝赤等参加座谈。

【2011年】州领导杨天然、陈亚平、甘方谦、谭文骄、马春菊、沙玉山、董永祥、杜成明等率州发改、住建、国土等相关部门负责人一行，先后到民族高中、金凤大道许家坪机场隧道、红旗大桥等建设工地及州文化中心规划选址处，调研州城重点工程建设。市领导秦斌、蔡平、刘羽、廖泽熙等陪同。

【2011年】州委常委、副州长瞿赫之一行至盛家坝乡，对该乡烟叶产业发展情况调研，并对烟叶育苗等具体工作进行督办。市领导李国庆以及州、市烟草部门负责人陪同。

【2014年】省财政厅副厅长黄明一行赴恩施市，就龙凤镇综合扶贫改革试点体制机制创新工作情况调研，并召开专题座谈会。州、市领导董永祥、张渊平、洪波陪同。

【2014年】州委书记、州人大常委会主任王海涛赴龙凤镇龙马村，就龙凤镇综合扶贫改革试点工作进行调研，并走访慰问困难群众。州、市领导孔祥恩、向前进、张渊平等陪同。

【2014年】恩施市举行“永远跟党走——深入开展党的群众路线教育实践活动”图片展。市领导李国庆、郑晓斌、万雪峰、张渊平、王兰英、黄秀武、廖泽熙等参观展览。

3月4日

【1989年】红庙区枫香坪村农民陈自强，被共青团中央和国家农牧渔业部授予“全国青年科技示范户标兵”称号。

【2008年】省委副书记杨松率省委农村工作领导小组办公室、省民政厅、省农业厅、省林业局、省烟草专卖局相关负责人及省农业厅、省畜牧兽医局专家一行先后至国有富尔山林场、芭蕉侗族乡白岩村、高拱桥村枫香坡茶园，板桥镇大山顶村、穿洞村漂浮式烟叶育苗大棚，屯堡乡沐抚福利院、马者茶园等处，检查指导恢复生产保目标和灾后重建工作，至5日结束。州委书记肖旭明等陪同。

【2010年】全市公安系统工作大会在州民族礼堂举行。市委常委、市委政法委书记、市公安局局长张孝赤总结2009年的工作，对2010年的公安工作进行全面部署。州、市领

导李云开、谭文骄、秦斌等出席会议并发表讲话。

【2010 年】红土乡大河沟村发生一起杀死 3 人、自杀 1 人的重大刑事案件,犯罪嫌疑人彭某将与其姘居的妇女杜某杀死,同时将传闻与杜某有男女关系的郝某、郑某杀害,后自杀身亡。

【2010 年】州人大常委会副主任马春菊率视察组一行,深入市中心医院、芭蕉侗族乡卫生院、沐抚办事处卫生院等,对全市新型农村合作医疗工作的经办机构建设、专项基金监管及支出、定点医疗机构建设、群众满意度等情况进行视察,至 5 日结束。市领导侯萍、向仕莲等陪同。

【2012 年】恩施市以"践行雷锋精神、开展志愿服务、建设仙居恩施"为主题的"学雷锋、讲文明、见行动"活动启动仪式举行。市领导李国庆等出席活动。

【2014 年】州人大常委会常务副主任瞿赫之率州执法检查组赴龙凤镇,深入龙凤初中迁建工程施工现场、龙马保扎中低产田改造项目现场、茶园沟组退耕还林现场和青堡村"四位一体"烟叶服务中心等地,就贯彻执行《湖北省农村扶贫条例》情况进行检查督办。市领导张渊平、黄永耀陪同。

【2015 年】恩施市"少出去应酬,多回家吃饭"主题活动在龙凤镇启动。州委常委、州纪委书记陈江龙、市委书记向前进等出席活动仪式。

3 月 5 日

【1951 年】境内反革命首要分子刘蔓萍被县公安局逮捕。刘曾为国民党军统特务、首任国民党第六战区党政工作总队中校督导员、恩施县参议长。1950 年 4 月,刘与其兄刘及红等人纠集 400 余人密谋暴动,并与湖南反共救国军联络。该案破获后,刘逃往宜昌,后潜回恩施沙地乡一岩洞内,被县公安局和当地民兵捕获归案。是年 8 月 17 日,刘被依法处决。

【1969 年】城关镇举行万人集会、游行,声讨苏联侵犯我国领土珍宝岛。地区革委会副主任王珏在会上讲话。

【1999 年】市政府作出《关于加快畜牧产业化建设的决定》。

【2003 年】零时 30 分,万州客运公司一辆渝 A－F0053 号普通客车,由重庆万州开往武汉,行至 318 国道 1607 千米＋950 米处,发生特大交通事故,客车翻入左侧垂直高度 27 米、斜面坡度 45 米坎下,致 16 人死亡、36 人受伤。经查明,系因天黑冰雪路滑,坡陡弯急,驾驶员陈某某操作不当所致。

【2011 年】恩施大峡谷旅游接待中心、旅游客运站破土动工。副州长董永祥宣布工程

开工,市长秦斌致辞,市委副书记陈江龙主持开工奠基仪式。市领导肖家魁、侯萍、尤连胜等出席仪式。

【2012 年】州人大常委会常务副主任瞿赫之一行,深入湖北圣峰药业有限公司,就企业发展及规划情况调研。市领导刘凡、洪波等陪同。

【2013 年】湖北省恩施市全国综合扶贫改革试点工作座谈会召开。省社会科学院副院长秦尊文,州、市领导王海涛、张忠凯、董永祥、黄实海、秦斌、向前进、李国庆等出席座谈会。

【2013 年】全州"巧妇靓家标兵"表彰活动在三岔乡举行。州、市领导张忠凯、胡平江出席活动,并在三岔乡参加义务植树造林活动。

【2014 年】省农业厅副厅长焦泰文一行赴恩施市,深入龙凤镇龙马保扎片农业综合开发项目、青堡村现代烟草农业基地单元等地,龙凤镇综合扶贫改革试点建设情况调研。市领导李国庆、胡平江、王国玮陪同。

【2014 年】副州长张宇赴恩施山寨皮革有限公司、湖北宜恒植物油有限公司、湖北思乐牧业集团有限公司、恩施长源轴承制造有限公司、恩施华硒正虹饲料科技有限公司和恩施烟叶复烤厂等地,就工业经济发展情况调研。市领导向前进、郑晓斌等陪同。

3 月 6 日

【1997 年】市农委被省委、省政府授予"全省农委系统先进单位"称号。

【1999 年】全市城市经济工作会议召开,标志着恩施市实现由农业县域经济向工业城市经济战略转移。

【2004 年】"恩施油栗"品牌通过湖北省林木良种审定委员会审定,获"省级林木良种优质品种"称号。

【2012 年】恩施市 2012 年庆"三八"国际劳动妇女节暨表彰大会召开。庆祝第 102 个"三八"国际劳动妇女节。市领导胡平江、刘羽、王兰英、张献宏等出席会议。

【2012 年】常务副州长董永祥率州国土、经信、财政等部门负责人,深入柑子槽安置小区二期建筑工地、农产品加工园进场道路施工现场、金龙大道龙凤坝段、许家坪机场隧道、市第二实验小学和市中心幼儿园迁建项目建筑工地、长源轴承公司、华龙村五星级养生酒店施工现场,就重点项目建设和招商引资工作调研。市领导李国庆、部志中等陪同。

【2012 年】副州长张宇一行,深入湖北圣峰药业生产加工基地、谭家湾煤矿矿井等处,就圣峰药业有限公司发展及规划情况和春节后煤矿复工情况等调研、检查,至 7 日结束。市领导黄波等陪同。

【2014 年】省交通运输厅副厅长马立军赴恩施市,深入龙凤镇三龙坝至龙马公路项目现场,就龙凤镇综合扶贫改革试点道路交通规划与建设工作进行调研。市领导李国庆、王国玮等陪同。

3 月 7 日

【1981 年】县化工厂发生重大盗窃案件,3 万发雷管被盗。11 日,地、县公安机关侦破该案。

【1994 年】恩施市被国家烟草专卖局、中国烟草总公司授予“1993 年度全国烟叶生产收购工作先进县(市)”称号;市烟叶产销公司被授予“1993 年度全国烟叶生产收购先进单位”称号。

【2014 年】武汉大学质量发展战略研究院院长程虹一行赴恩施市,深入龙凤镇龙马村保扎片区、龙马便民服务中心和部分贫困户家中,就综合扶贫工作进行调研,并召开座谈会。州、市领导王海涛、马尚云、向前进、张渊平、王国玮等陪同或参加座谈。

3 月 8 日

【1984 年】恩施市个体劳动者代表大会召开。大会成立市首个个体劳动者协会,通过《个体劳动者协会章程》和《会员守则》。

【1998 年】凌晨 3 时许,白杨坪乡九根树村民于长久屋后山坡一块巨石滑落,砸毁房屋,致 4 人当场死亡。市委副书记伍绍春、副市长吴武元等领导及市公安局干警 10 余人赶赴现场,处理善后工作。

【2005 年】全市全面推行“1 +4 + X”村务公开工作,形成以公开栏为主要平台,以 3 月 8 日“村务公开日”为载体,以广播电视、互联网、登门走访、印发宣传资料等为辅的动态与静态结合、平面和立体互补、灵活多样、实用便利的村务公开网络,进一步落实村民的知情权、决策权、参与权、监督权。6 月,全国村务公开协调小组办公室《村务公开》第 27 期刊文推介该模式;9 月,在省反腐败抓源头工作经验交流会上,“1 +4 + X”模式受到省委、省政府肯定。《人民日报》《湖北日报》《中国纪检监察报》等新闻媒体均作报道。

【2007 年】恩施市“村务公开日”,2000 名市乡干部分别下到 207 个村、社区参与村务公开日活动。副州长吴红娅,州民政局、州纪委监察局、州经管局负责人,市领导谭文骄、秦斌、李国庆、蔡平等分别深入芭蕉侗族乡灯笼坝村、龙凤镇三河村、吉星村,白杨坪乡石桥子村参与“村务公开日”活动。

【2007年】恩施市农特产品推介会在恩施宾馆举办，向专程至施考察的武汉市商业总会客人推介富硒农特产品。市领导秦斌、李国庆等参加活动。武汉市商业总会会长王炳炎、副会长吴玉梅、江汉仁等一行8人还到九洲牧业、润邦茶叶、长友公司等企业进行实地考察。

【2008年】全市207个建制村（社区）统一开展“村务公开日”活动。恩施市对“村务公开日”活动提出新的更高的要求：在村民代表大会上，各村（社区）主职干部（即书记和主任）必须就履行党风廉政建设职责的情况进行述职述廉，并现场接受参会人员的质询、提问和民主测评。凡测评不称职达30%的村（社区）主职干部，一律接受诫勉谈话；对存在严重违法、违规、违纪问题的，由有关单位追究其法律、纪律或者效能责任。全市400余名村干部在村民代表大会上作述职述廉报告。

【2009年】恩施市被全国村务公开协调小组表彰为“全国村务公开民主管理示范单位”。

【2010年】全市第六个“村务公开日”活动开展。市“四大家”领导分别到所联系的乡镇（街道）、村（社区）参加村务公开活动。

【2013年】州、市领导王海涛、张忠凯、瞿赫之、甘方谦、孔祥恩、王志强、向前进到龙凤镇双堰塘村，参加义务植树造林活动。

【2013年】省农发行行长丁伟一行到恩施市，考察龙凤新区、华硒生态农产品批发市场等地。市领导李国庆等陪同。

【2014年】省人大常委、省人大城乡建设与环境资源保护委员会副主任委员、省委督导组组长文成国率领省督导组一行赴恩施市，深入三岔乡督导恩施市党的群众路线教育实践活动开展情况，走访基层听取群众意见。州、市领导王海涛、董永祥、向前进等参加走访活动。

3月9日

【2010年】州委深入学习实践科学发展观活动第一巡回检查组，就全市第二批学习实践活动整改落实阶段各项工作进行检查验收，至11日结束。市领导王兰英等陪同。

【2011年】省政协副主席涂勇一行至恩施市，就如何加快推进武陵山少数民族经济社会发展试验区的相关情况调研。州、市领导甘方谦、刘凡、刘羽、廖泽熙等陪同。

【2011年】州委书记肖旭明一行至位于恩施大峡谷黄鹤楼生态走廊的屯堡乡马者村，和部分州、市机关干部一起开展义务植树造林活动。

【2012年】州、市领导肖旭明、杨天然、张忠凯、甘方谦、瞿赫之、李云开、谭文骄、周静、

黄实海、董永祥、李国庆、胡平江等和州、市机关千余干部及部分市民，深入三岔乡莲花池村、屯堡乡田凤坪村油茶基地等处，开展植树造林活动。

【2012 年】国家科技部火炬中心、中国技术创业协会留学人员创业园联盟秘书长郎靖，中组部“千人计划”特聘专家、博医药技术开发（上海）有限公司董事长马明一行，深入龙凤镇三河华裕饲料加工厂、湖北思乐集团凤凰山种猪有限公司等处，就全市畜牧业发展情况调研。州、市领导孙宇鹏、王国玮等陪同。

3 月 10 日

【1954 年】恩施前进缝纫业生产合作社、曙光藤椅业生产合作社成立，为境内首家手工业社。

【1982 年】欧洲经济共同体援助恩施县救灾菜油 8 万公斤，免费发给受灾困难户。

【2011 年】由共青团中央、东风汽车公司、中国青年创业就业基金会共同设立的东风帮扶大学生村干部专项基金在恩施市启动。团中央农村青年工作部部长郭祥玉，东风汽车公司党委常委周强，中国青年创业就业基金会秘书长王庆，共青团湖北省委副书记陈正祥，州委常委、组织部部长刘艳红，副州长沙玉山以及市领导秦斌、李国庆、陈江龙等出席启动仪式。

【2011 年】东风公司对口支援恩施市“616”工程调研座谈会在市召开。东风汽车公司党委常委周强、市领导秦斌、陈江龙、何慧等出席座谈会。

【2011 年】州人大常委会副主任冯国亮带领调研组至恩施市召开座谈会，就制定《恩施州人大常委会监督司法工作办法》征求意见。市领导蔡平、邵永政等参加座谈会。

【2012 年】东风“碳平衡”生态经济林产业示范基地建设启动仪式举行。此举标志着全国首家“碳平衡”生态林基地落户恩施市并进入正式实施阶段。东风汽车公司办公室主任赵书良，东风股份公司总经理卢锋，东风汽车股份公司党委副书记、纪委书记郑加坤，州、市领导庞红艳、李国庆、胡平江等出席活动。启动仪式后，东风“碳平衡”生态经济林信托基金理事会召开第一次会议。东风汽车股份有限公司全额捐赠 600 万元原始基金用于东风“碳平衡”生态经济林建设。东风汽车股份公司总经理卢锋，市领导胡平江、杨洪安等出席会议。

【2014 年】省国土资源厅厅长孙亚一行赴恩施市，深入龙凤镇龙马保扎片区农业综合开发项目、龙马九年一贯制学校建设现场等地，就恩龙凤镇综合扶贫改革试点体制机制创新工作进行调研，并召开座谈会。州、市领导王海涛、董永祥、秦斌、向前进等陪同或参加座谈。

【2014 年】新华社播发《正在复苏的土家"西兰卡普"》消息并配图。图片显示在湖北恩施市一家"西兰卡普"生产企业，一名土家族女子把编织好的"西兰卡普"进行折叠。土家织锦，土家语称"西兰卡普"，汉语意为"土花铺盖"或"土家铺盖"，是湖北西部山区土家人的一种织锦，它是以麻、棉纱为经，以多色彩的粗丝、毛绒线为纬，采用通经断纬的方法编织而成的手工织锦。2006 年，土家织锦"西兰卡普"编织技艺被列入国家级非物质文化遗产保护项目，"西兰卡普"开始重获生机。

【2015 年】恩施市举行省委第三巡视组巡视动员大会。省委第三巡视组从即日起进驻恩施，对恩施州经济开发区、恩施市开展巡视工作。省委第三巡视组组长樊仁富作动员讲话，省委第三巡视组副组长张家林、省委第三巡视组副厅级巡视专员胡学全出席会议。州委常委、州委组织部部长周静出席会议，州经济开发区党工委书记、主任杜寿昌主持会议并作表态发言，市委书记向前进作表态发言。省委第三巡视组全体成员，州经济开发区班子成员，市委常委和市人大、市政府、市政协班子成员，市法院院长、市检察院检察长及各乡镇、街道（办事处）、市直部门主要负责人参加会议，有关方面人员列席会议。

3 月 11 日

【2011 年】共青团中央农村青年工作部部长郭祥玉、中国青年创业就业基金会秘书长王庆等一行，至芭蕉侗族乡就农村共青团工作调研。州委常委、市委书记谭文骄，市委副书记李国庆等陪同。

【2011 年】18 时 50 分许，舞阳坝街道五峰山村一民房屋因液化气泄漏发生爆炸，导致 1 栋 100 平方米砖混结构房屋和 3 间土木结构房屋被摧毁，紧邻爆炸现场的 1 栋房屋严重受损，另周边部分居民房屋以及距爆炸现场 200 米左右的建筑物不同程度受损，无人员伤亡。经查明，居民梁某某家租住户谭某某在使用液化气时，钢瓶接头与软管连接不到位，导致液化气严重渗漏，致使房间内迅速充满高浓度液化气；加之房内放有正在燃烧的蜂窝煤炉，引起液化气爆炸。

【2014 年】省民族宗教事务委员会副主任邓汉光一行赴恩施市，深入芭蕉侗族乡戽口村、高拱桥村等地，调研民族宗教工作。州、市领导马尚云、张献宏等陪同。

【2014 年】副省长梁惠玲，在省政府副秘书长吕江文、省扶贫主任杨朝中的陪同下赴恩施市，深入白杨坪镇熊家岩村、龙凤镇综合扶贫改革试点等地，就综合扶贫开发工作进行调研，并召开恩龙凤镇综合扶贫改革试点建设专题座谈会，至 12 日结束。州、市领导王海涛、董永祥、冯泽忠、马尚云、肖作文、庞红艳、向前进、李国庆等陪同或参加座谈。

3月12日

【民国三十六年(1947)】川鄂边界匪首周庆波与恩施白杨坪刘天培勾结,将白杨坪市场掳掠一空,所有商户关门歇业。

【1987年】湖北省计委转发国家计委燃字〔1986〕2642号文件,批准天楼地枕水电站设计任务书。该电站装机2.52万千瓦,年发电量1.3亿千瓦时。

【1992年】板桥区被州委、州政府列为全州10个农业综合开发试验区之一。

【1998年】市政协办公室报送省政协的《关于改善我州交通条件》信息,被省委办公厅《要情专报》刊用。省委秘书长赵文源,副省长周坚卫阅后作出批示。

【2007年】州、市领导汤涛、谭先振、谭文骄等与1000余名州、市机关干部职工一起,到芭蕉侗族乡甘溪村义务植树示范基地参加义务植树。

【2008年】17时30分许,龙凤镇大转拐村发生一起因石山滑坡房屋垮塌事故。房主沈某松(男,34周岁)家6间房屋被摧毁,其妻李某某(38周岁)当场死亡,沈及其女沈某某受伤,送往医院救治。

【2010年】州委、州政府在恩施大峡谷风景区开展植树活动,并召开现场办公会专题研究恩施大峡谷风景区建设与管理问题。州、市领导肖旭明、杨天然、陈亚平、甘方谦、柳望春、瞿赫之、张忠凯、董永祥、谭文骄、秦斌等参加植树活动并出席会议。

【2011年】省工商局局长刘源超带领省工商局"万名干部进万村入万户"活动工作组,至芭蕉侗族乡,通过召开村民代表座谈会以及入户调查的方式,倾听百姓心声,了解百姓疾苦,至13日结束。州、市领导谭文骄、秦斌、何慧等陪同。

【2013年】省住房和城乡建设厅城建处处长曹向东一行至恩施市,就"国家园林城市"创建工作指导,至13日结束。市领导万雪峰、廖泽熙陪同。

3月13日

【1973年】10时许,城关镇东方红公社高兴大队二生产队民兵排长黄之清家,因翻炒炸药发生爆炸事故,致4人死亡、1人受伤。

【1993年】恩施市政府与清江开发总公司、省水利厅、鄂西自治州政府四方代表,在联合兴建姚家坪水电站协议书上签字。姚家坪水电站横跨利川、恩施两市,坝址位于恩施市屯堡区马者乡境内,设计装机容量18万千瓦,水库库容6亿立方米,计划总投资10亿元。

【2007年】由省"村务公开、民主管理"协调小组组成的考核验收组,先后深入芭蕉侗族乡灯笼坝村、舞阳坝街道耿家坪村、龙凤镇吉星村,对恩施市"村务公开、民主管理"示范

县市、示范村创建工作进行考核验收,至14日结束。

【2008年】由市政府主办、市工商局及消费者协会承办的“3·15消费与责任”主题活动在州城桥西广场举行。州、市工商部门执法人员现场接受咨询,并向广大消费者介绍各类商品的真伪辨别方法,部分企业现场开展咨询服务活动。

【2012年】凌晨3时许,崔家坝镇境内滚龙坝通往茅田方向公路5公里处发生一起交通事故,一面包车(鄂QG057)倾覆悬崖,致司乘人员3人死亡。

【2012年】国家环境保护部华南督查中心处长施立仁、省环境保护厅自然生态处处长王虚谷一行,深入屯堡乡鸭松溪村、恩施华智有机茶“两清两减”示范基地、马者300吨人工湿地和沐抚办事处营上村200吨人工湿地施工现场等处,就恩施大峡谷风景区连片村庄环境综合整治项目实施情况调研。市领导廖泽熙等陪同。

【2012年】省发展和改革委员会服务业处副处长向虹率省级现代服务业示范园区检查考核组,在州人大常委会副主任、州发改委副主任刘青陪同下,深入武陵国际装饰城、中国硒都茶城、恩施九洲通现代医药物流中心、中百仓储农产品精深加工和配送中心、恩施物资铁路专用线等处,就物流产业园项目实施情况调研、检查。市领导陶军、刘恩敏等陪同。

【2013年】副州长檀坤华一行,深入屯堡乡马者村现代农业生产发展项目基地、田凤坪村油茶建设项目基地、恩施花枝茶厂等地,调研恩施市特色产业发展情况。

【2014年】州人大常委会常务副主任瞿赫之、副主任余德海率执法检查组赴市污水处理厂、湖北民族学院排污口、鸭松溪藻类分离站、车坝水库、大龙潭水库、亲水走廊六期工程工地建设现场、屯堡集镇污水收集管网项目建设现场、红庙污水处理厂建设现场、城区垃圾处理厂等地,就《恩施土家族苗族自治州清江保护条例》贯彻执行有关情况进行检查,至14日结束。市领导李国庆、刘凡、廖泽熙、许强等陪同。

3月14日

【2008年】省农村综合改革考评组先后到盛家坝、芭蕉、舞阳坝、白杨坪、太阳河等处,通过查看原始资料、听取工作汇报、走访干群代表等方式就农村综合改革进行考评,至15日结束。2007年,恩施市按照省、州农村综合改革政策要求,积极完善农村公益性服务“以钱养事”新机制,推行“乡财市管”和“校财局管”,规范部门涉农收费行为,落实各项惠农补贴资金,清理乡村债务并开展化解工作,杜绝新债务的产生。市委常委、市常务副市长蔡平等陪同。

【2011年】副州长董永祥至恩施市调研恩施大峡谷项目工程建设情况,实地察看恩施

大峡谷旅游公路施工现场、木槽岩隧洞施工现场、马鞍龙停车场等处，详细了解施工进度和安全生产情况。市领导陈江龙、肖家魁等陪同。

【2012 年】副州长张宇一行，深入恩来恩黔高速公路沿线白果树服务区、罗针田高架互通工程节点等处，就恩来恩黔高速公路恩施段建设情况调研。市领导黄波等陪同。

3 月 15 日

【1983 年】恩施县崔家坝公社中村大队党支部书记张兆桃、龙凤公社供销社营业员袁先昌、红旗橡胶厂工人刘永秀、沐抚公社龙潭大队一生产队社员宋菊芳、恩施市装卸公司工人邱玉莲被评为“全国三八红旗手”；恩施县七里公社天池五生产队社员刘文玉、干溪公社二峰岩八生产队社员吴金兰、县人民医院医师谢月珍、沙地公社黄广田八生产队社员李卓秀、恩施市土桥大队农会副主席谭世英、舞阳小学教师曾碧莹及邱玉莲被评为全国“五好家庭”代表。

【2000 年】市工商局建成“12315”投诉举报指挥中心，开通“12315”特服电话。全市形成覆盖城乡维权有效的“12315”网络和“一个中心，三级执法”消费者权益保护体系。

【2005 年】越南社会主义共和国卫生部生殖保健司官员阮维俊率该国中央保健院官员及医务人员一行 5 人，到盛家坝乡卫生院考察农村妇幼保健工作。

【2008 年】恩施市扩大开放工作会议召开，州、市领导李济、谭文骄、秦斌等市“四大家”领导、恩施经济开发区领导出席会议。会议就如何落实全州对外开放工作会议精神，分析恩施市面临的形势，并对 2008 年对外开放招商引资工作进行安排部署，提出全年实现招商引资内资到位资金 5.5 亿元以上、直接利用外资 240 万美元、新引进单个项目投资规模 5000 万元以上项目 3 个、完成外贸出口创汇 450 万美元的目标。市发展改革局、市商务局、恒信德隆汽车销售公司的负责人分别作典型发言。市直相关部门班子成员，16 个乡镇、街道的主要负责人参加会议。

【2010 年】省军区副政委张仲会，对全市民兵预备役工作进行检查指导。州、市领导赵德利、朱志行、李国庆、刘海波等陪同。

【2013 年】恩施州重大项目集中开工周启动仪式暨恩施州易事通物流园奠基仪式在恩施市举行。省发展和改革委员会副主任周锋，州、市领导王海涛、张忠凯、甘方谦、瞿赫之、孔祥恩、董永祥、李国庆、张渊平出席活动。

【2013 年】省发展和改革委员会副主任周锋率调研组一行，深入到市部分重点项目建设工地，调研恩施市重点项目建设情况。市领导郜志中、张渊平等陪同。

3 月 16 日

【2010 年】国家开发银行湖北省分行融资平台建设调研组，就进一步加强金融合作进行座谈。州、市领导余晓晨、蔡平、陶军等出席会议。

【2011 年】“万名干部进万村入万户”活动省委第三督查组先后深入芭蕉侗族乡寨湾村、灯笼坝村，通过座谈、走访农户、查阅资料等方式，对全市“三万”活动开展情况进行检查督办。市领导李国庆等陪同。

【2011 年】州委书记肖旭明一行深入乡镇、街道调研，至 17 日结束。强调恩施市要抢抓湖北武陵山少数民族经济社会发展试验区建设的机遇，争当全州排头兵，并在全省争先晋位。州、市领导孔祥恩、谭文骄、秦斌、郜志中等陪同。

【2012 年】省社科院副巡视员黄勇率省农村综合改革考核评估组，深入芭蕉侗族乡、龙凤镇等处，就恩施市农村综合改革工作进行考核。市领导胡平江、尹剑、杨洪安等陪同。

3 月 17 日

【2000 年】市第六届人民代表大会第二次会议通过《关于市乡公路改造升级黑色化的决定》，号召全市人民以改造升级，硬化、油化市乡公路为重点，奋战 4 年时间，改造 400 千米四级或等外级泥土碎石路面公路，全市公路基本实现路面化、过境乡镇街道水泥化，达到山岭重丘三级标准。

【2009 年】省军区政委彭水生少将带领省军区工作组到恩施市，就民兵预备役建设情况调研。州委常委、恩施军分区司令员赵德利、政委朱志行、参谋长陈守忠、市委副书记李国庆等陪同。

【2010 年】省政协原副主席程运铁、胡永继一行，深入全市城乡实地调研，至 20 日结束。州、市领导吴红娅、李春胜、杜成明、陶文胜、向成舟等陪同。

【2012 年】国家人力资源和社会保障部劳动关系司副司长赵国君率调研组至恩施市，就非公有制企业如何构建和谐劳动关系调研。市领导陶军等陪同。

【2012 年】省委委员、省委党校常务副校长马哲军率省委党校调研组一行至恩施市，就县（市）党校改革进行专项调研。市领导胡平江、王兰英等陪同。

【2015 年】全省新一轮退耕还林现场推进会在恩施市召开。省林业厅副厅长谢思芳及全省各县市林业局负责人参加推进会。与会人员前往龙凤镇龙马村油茶基地、青堡村茶园沟组漆树基地、龙马村保扎组茶叶基地等地调研并召开座谈会，对新一轮退耕还林经验及进一步做好退耕还林工作进行交流。州、市领导庞红艳、杨洪安等陪同。

3 月 18 日

【1960 年】全县开展土地勘察规划工作，县、区、社 3903 名工作人员参加，5 月底结束。全县土地资源情况初步掌握。

【1992 年】“楚运杯”全国女子甲级篮球邀请赛在恩施市举行。

【2007 年】州委书记汤涛，州委常委、秘书长瞿赫之，副州长朱惠民到恩施大峡谷风景区调研。市委书记谭文骄、市长秦斌等陪同。

【2010 年】位于市民族体育运动中心的恩施茶市开市。州、市领导冯国亮、董永祥、张龙光、谭文骄、李国庆、李明东、王怀东、黄永耀、陶文胜、孟明星等出席庆典。

【2013 年】州领导张忠凯、杨陈清、孔祥恩、张宇、肖谏诚一行，到许家坪机场隧道、华龙村五星级酒店、恩施机场二期扩建项目、州文化中心、州行政服务中心建设现场等地，调研州城重点项目建设情况。市领导李国庆陪同。

【2014 年】全国人大民委副主任委员吴仕民率全国人大民委和国家民委联合调研组，在省人大常委会主任苏晓云的陪同下赴恩施市，深入白杨坪镇熊家岩村、土家女儿城等地，就少数民族特色村寨保护与发展情况调研。州、市领导瞿赫之、马尚云、陈学明、张伟等陪同。

【2014 年】恩施市创建省级文明城市暨城乡建设管理工作会议在州文化中心召开。州委副书记、州长杨天然出席会议并讲话；副州长秦斌主持会议；市委书记向前进作主题报告；市长李国庆宣读《党员干部践行党的群众路线争做文明恩施人活动方案》。市“四大家”领导、恩施经济开发区领导班子成员出席会议。

【2014 年】恩施市联合“新浪湖北”推出的 2014“中国旅游新发现 · 恩施洗肺之旅”旅游产品推介会在富源国宾酒店举行。州、市领导肖作文、李国庆等出席活动。

【2014 年】市公安局党委副书记、政委尤连才被省委、省政府授予“人民满意的公务员”称号。

【2014 年】市拘留所被公安部评定为“全国一级拘留所”。

【2015 年】省人大常委会常委、省台盟副主委刘江东一行至恩施市，深入芭蕉侗族乡枫香坡景区、舞阳坝街道土家女儿城等处，就乡村旅游发展情况调研。市领导赵萍等陪同。

【2015 年】省发改委副主任、省能源局局长甄建桥率省调研组至恩施市，先后深入龙凤镇、屯堡乡及城区恩施山寨皮革有限公司、中石油西气东输恩施站、恩施卷烟厂、水印郦都小区等处，就“四进两促”（进项目、进企业、进园区、进基层，促增长、促发展）工作开展情况调研，至 19 日结束。州、市领导董永祥、檀坤华、张渊平、陈峣等陪同。

3 月 19 日

【1950 年】中国人民解放军恩施县大队、恩施县公安中队破获以龙凤区向家乡恶霸彭遂三为首的全县性反革命暴乱案。查明首犯彭遂三、向天降、彭明若等勾结四川省王学初、湖北省来凤县瞿波平匪部预谋是年 4 月 10 日实施全县性武装暴乱，企图颠覆新生人民政权的事实。经突袭戡剿，案犯陆续被擒。逮捕预谋暴乱分子 22 人，首犯彭遂三、向天降于是年 7 月 15 日被处决。

【1956 年】恩施县金子坝建立恩施地区第一个新式农具站，培训农民使用新式农具和进行制新式农具实验。

【1959 年】全县建立义务消防队 114 支，配备义务消防员 1.40 万人，添置消防器材一批。

【1993 年】恩施市政府五届二次常务会议审议通过《恩施市推行股份制、股份合作制试行办法》和《恩施市工商企业租赁、拍卖实施意见》。

【2000 年】318 国道南里渡大桥工程建设合同协议书签字仪式在州交通局举行，州交通局法定代表人的代理人沈波与铁道部工程局法定代表人的代理人邱国平在合同协议书上签字。是年 6 月 13 日，工程动工，2002 年 10 月 1 日，建成通车。该桥全长 334.16 米，高 166 米，宽 13 米，桥下净空 160 米，桥孔净跨 220 米，投资 2409 万元。该桥是恩施州第一座特大钢管混凝土拱桥，建成后缩短里程 5 千米。

【2010 年】国家农业综合开发办公室主任王建国率国家农业综合开发政策创新实验区项目检查组一行，就全市农综项目实施情况进行检查验收。省人大常委会副主任刘友凡，州、市领导肖旭明、柳望春、冯国亮、董永祥、谭文骄、秦斌等陪同。

【2010 年】省政协民族和宗教委员会主任李传锋率调研组一行，就“十二五”期间民族地区发展问题调研。州、市领导刘志兵、李国庆等陪同。

【2011 年】国家质量技术监督检验检疫总局副局长魏传忠率考察组，至恩施市考察旅游资源开发情况。州、市领导谭文骄、吴红娅、何慧、陶军等陪同。

【2011 年】恩施市“恩施号”旅游专列欢迎仪式启动。“恩施号”旅游专列是全省首次开通的省内旅游专列。副州长曹毅宣布“恩施号”旅游专列启动，市长秦斌在欢迎仪式上致辞。

【2012 年】副州长肖作文一行，深入至恩施市农产品加工园建设工地，就园区建设情况调研。市领导杨洪安等陪同。

【2012 年】团省委纪检组长江浩率新世纪教育基金相关人员一行，深入红土乡、崔家坝镇等处，就希望工程援助项目考察，至 20 日结束。市领导张献宏等陪同。

【2014 年】省经济和信息化委员会副主任王建民赴恩施市，就全省县域经济工作会筹备工作进行检查，至 20 日结束。州、市领导张宇、向前进、郑晓斌等陪同。

【2015 年】国家发改委副主任胡祖才，省发改委主任李乐成一行至恩施市，深入龙凤镇双堰塘村、龙马村、青堡村，就龙凤镇综合扶贫改革试点工作开展情况调研。州、市领导董永祥、张渊平、杨局成等陪同。

3 月 20 日

【1952 年】中国人民志愿军归国代表团代表郑媚高、李文兵、田静（女）、连福荣为恩施县工人、农民、学生、城市居民 2 万余人作报告。

【1991 年】联合国儿童基金会官员哈德费尔一行到恩施市对计划免疫第二个 85% 目标进行审批。

【2014 年】省政府咨询委员、武汉大学博士生导师叶永刚率专家调研组赴恩施市，就“龙凤镇综合扶贫金融工程”座谈研讨。市领导向前进、张渊平等出席座谈会。

3 月 21 日

【民国十年（1921）】市廓里芭蕉贫苦农民深受团总吕廷献、保董吕廷森、团防大队长吕泽之的残酷压迫剥削，难以生存，邀约数十人冲进吕家杀死三人。三月二十三日，又将吕廷献、吕廷森两栋房屋焚毁。三月二十四日，吕氏三人逃至恩施城，勾结驻军直系军阀，带领北洋军一百余人，搜捕、杀害贫苦农民三十余人，抢走财物和粮食，焚毁九家农民房屋七十四间。

【1951 年】县公安局侦查员傅德明到大集执行任务，行至盛家坝被反革命分子杨巧云、杨宗孔、杨宗可等杀害。是月 28 日，杨巧云等 9 主犯被处决。

【1983 年】恩施市第一届人民代表大会第一次会议在市文工团礼堂召开，至 25 日闭幕。大会选举武道煊为恩施市第一届人民代表大会常务委员会主任，邓相臣（土家族）、曾碧莹（女，不驻会）为常务委员会副主任；选举彭焕章为市政府市长，龚征、汪汉臣、向远福（土家族）、夏绪炳为副市长；选举焦登发为市人民法院院长，汪精雅为市人民检察院检察长。

【1994 年】市委四届二次全体（扩大）会议通过《关于进一步加快商贸企业改革的决定》《关于深化工业企业改革，加快工业发展的决定》《关于深化农村改革，振兴农村经济的决定》《关于加快发展个体私营经济的决定》《关于进一步加快发展乡镇企业的决定》。

【2003 年】州委、州政府决定，湖北恩施经济技术开发区实行“州市共建共管，以市管

理为主”体制,市长兼开发区主任。

【2009 年】州委副书记、州长杨天然率州人大常委会副主任于德海、副州长刘顺辉,州政协副主席张龙光及州财政、规划、交通、电力等相关部门负责人一行先后到连珠大桥、金桂大道、火车站片区,红旗大桥等建设工地,就工程建设进度进行查看、督办。市领导谭文骄、秦斌等陪同。

【2011 年】州人大常委会常务副主任陈亚平赴新塘乡,就城乡学校发展共同体试点建设的基本概况、主要做法、经验成果、发展规划等情况调研。市领导陈江龙、蔡平等陪同。

【2013 年】省社会治安综合治理办公室副主任万学斌率省检查组一行,检查恩施市社区网格服务管理平台建设情况。州、市领导沙玉山、胡平江、黎昔品陪同。

【2013 年】州领导张忠凯、王志强一行,到恩施市新旺家禽养殖专业合作社、白果乡思乐集团万头生猪养殖基地、白果乡瓦场坝村畜牧兽医服务站、华硒正虹饲料新厂等地,调研恩施市畜牧产业发展情况。市领导胡平江陪同。

3 月 22 日

【1961 年】新塘公社与清江(沙地)公社接界的中间河渡口渡船超载翻沉,致 13 人死亡。

【2004 年】全省首家大篷流动影院在恩施市诞生。

【2011 年】市纪委七届六次全体(扩大)会议召开。州委常委、市委书记谭文骄出席会议并讲话。市委副书记李国庆主持会议,市委副书记、市纪委书记刘凡回顾总结全市 2010 年党风廉政建设和反腐败工作的基本情况,安排部署 2011 年党风廉政建设和反腐败工作的主要任务。会议传达中央、省、州纪委全会精神,对 2010 年度全省基层纪检组织建设示范单位、全市党风廉政建设先进个人、“四个一”负责制先进工作组、“创建满意工程、优化发展环境”工作先进单位、为民服务全程代理示范单位进行表彰。市“四大家”领导等出席会议。

【2012 年】州委常委、州纪委书记李云开率州纪委调研组,深入市国土资源局、六角亭街道头道水村等处,就落实党风廉政建设责任制、推进惩防体系建设情况调研。市领导向前进、部志中、万雪峰、廖泽熙、黎昔品等陪同。

【2014 年】省水利厅副巡视员易家庆率省防汛备汛检查组赴恩施市,深入太阳河乡、白杨坪镇和小渡船街道,查看河道治理工程、清江金山大桥建设工地和山洪灾害预警治理现场等,就防汛抗旱工作进行检查。市领导黄永耀陪同。

【2015 年】州委副书记、常务副州长董永祥深入白杨坪镇、太阳河乡等地,就“绿满荆

楚”行动、“村村通客车”及产业发展等工作开展情况调研。市领导张渊平等陪同。

3月23日

【民国十六年(1927)】县党部筹备处制定《取缔妇女缠足条例》。是日起,开展放足运动,至六月底,城乡妇女裹足者全部解放。

【民国二十年(1931)】东乡区济安乡粟谷湾团防冯玉墀带领团丁数百人进犯白岩溪。农民协会创始人之一,边防游击队干部汤文采、熊烈凤被杀害。杨清轩率领红军和游击队员奋勇反击,冯部团丁几近被全歼,冯部逃至新塘。

【2011年】市委2011年政协工作会议召开。市委副书记、市长秦斌主持会议。州委常委、市委书记谭文骄出席会议并讲话。市政协主席刘羽在会上部署2011年政协工作。市领导部志中、蔡平、王怀东、许强、向仕莲、向成舟、尤连胜、孟明星、金德钧、赵萍等出席会议。

【2011年】副省长赵斌一行至芭蕉侗族乡,就新农村建设情况调研。州、市领导肖旭明、瞿赫之、谭文骄、秦斌、肖家魁等陪同。

【2011年】由湖北省教育厅巡视员郑年春为组长的省农村综合改革考核评估组,对全市农村综合改革工作进行考核评估。市委副书记李国庆、市委常委、常务副市长胡平江汇报。市领导肖家魁、尹剑等参加汇报会。

【2012年】市第二实验小学及市中心幼儿园迁建工程开工仪式举行。孝感市委常委、市委统战部部长彭桃安应邀出席活动。州、市领导谭文骄、向前进、胡平江等出席活动。

【2012年】省国土资源厅党组书记、副厅长孙亚率省国土资源厅“双联双促”调研组,深入华硒生态园、三岔乡莲花池村土地整理项目现场、三岔乡国土资源所和金龙大道、五指湖酒店建设现场等处,就土地整理和利用、节约用地和耕地保护、国土资源所建设、城市用地规划等调研。州、市领导秦斌、向前进、张渊平、廖泽熙等陪同。

3月24日

【1950年】恩施县大队在四川奉节三角坝击溃拥有400余人、由匪特操纵的封建组织“大刀会”,击毙总头目郑左龙等9人,活捉120人。

【1995年】恩施市叶挺将军囚居旧址,被省政府命名为全省首批“爱国主义教育基地”。

【2011年】州委常委、常务副州长张忠凯一行至恩施市,就固定资产投资、项目建设及

财政工作调研。市领导秦斌、部志中、胡平江等陪同。

【2011 年】国家统计局湖北调查总队总队长李晓超一行至恩施市，就全市统计调查工作调研。市领导秦斌、陶军等陪同。

【2015 年】省供销社主任赵东风一行至恩施市，深入龙凤镇龙马村、青堡村、古场坝村、杉木坝村和六角亭街道高桥坝村等地，就供销工作开展情况调研。州、市领导杨天然、马尚云、向前进、黄波等陪同。

3 月 25 日

【1957 年】芭蕉红茶初制厂兴建，为全省首家机械化茶叶加工企业。

【1986 年】在对越自卫反击战中，全国“两山”战斗英雄报告团西北分团成员、一等功臣聂义丹向恩施市 800 多名干部职工和学生作英模事迹演讲。

【1995 年】市委、市政府作出《关于教育改革与发展的决定》。

【2010 年】民盟湖北省委副主委、省政协副秘书长王耀辉，深入舞阳坝街道七里坪小学，就该校校舍及教学情况进行考察。市领导向仕莲等陪同。

【2014 年】省住房和城乡建设厅巡视员占世良率督查组赴恩施市，深入红庙污水处理厂、生活垃圾综合处理厂、九岭岗垃圾填埋场、首创水务污水处理厂等地，就污水处理和垃圾治理情况检查督办。州、市领导秦斌、廖泽熙等陪同。

【2014 年】市审计局获得湖北省“人民满意公务员集体”称号。

【2015 年】省人大城乡建设与环境资源保护委员会主任委员杨三爽率省调研组至恩施市，深入红庙污水处理厂、首创污水处理厂、车坝河库区、七里坪长潭河水体监测站等地，就城区水污染防治及环境保护工作情况调研。州、市领导瞿赫之、涂元玲、刘凡、罗永生、黄永耀、许强等陪同。

3 月 26 日

【嘉庆三年(1798)】邑人，由行伍历官把总李盛敏以剿湖北教匪，阵亡。

【1959 年】县委召开五级干部会议纠正“右倾”错误，到会 7190 人，其中中共党员 1354 人。至 4 月 18 日，会议采取大鸣、大放、大字报形式对领导干部的思想作风进行批判，贴出大字报 6445 张，征求群众意见 1 万余条。

【1967 年】恩施县组织恩施驻军、厂矿企业、机关学校和街道居民 7076 人，高举毛主席画像和语录牌，敲锣打鼓，开展送肥下乡活动，为五峰山、永红、红旗、东方红、金子坝等人

民公社送肥料 359 吨,支援春耕生产。

【2007 年】由沪蓉西高速公路建设指挥部投资 150 万元的位于龙凤镇二坡村的沪蓉西高速公路希望小学开工奠基。新校舍占地 10 亩,建筑面积为 1500 平方米,主要建筑包括教学楼、住宿楼、餐厅、厕所与标准双篮球场等。

【2009 年】全市深入学习实践科学发展观活动动员大会召开。市委书记、市委深入学习实践科学发展观活动领导小组组长谭文骄在会上发表讲话;州委深入学习实践科学发展观活动指导检查组组长乐金斗出席会议并提出要求;市委副书记、市委深入学习实践科学发展观活动领导小组副组长李国庆主持会议。出席会议有市委、市人大、市政府、市政协及恩施经济开发区的市级党员领导干部。

【2009 年】市长秦斌率领恩施市代表团,参加 2009 鄂京(环渤海地区)经商合作洽谈会及"光彩事业走进恩施州"北京投资恳谈会。在会上,市长秦斌与大唐国际发电有限公司湖北办事处主任杨宝林签订总投资 28 亿元的恩施煤矸石火力发电项目协议。

【2013 年】省财政厅调研组调研湖北省恩施市全国综合扶贫改革试点工作情况。市领导向前进、张渊平、黎昔品、王国玮陪同。

【2014 年】中国农业发展银行湖北省分行行长陈小强赴恩施市,深入金龙大道项目建设现场,州城规划展览馆等地,就龙凤镇综合扶贫改革试点建设情况调研。州、市领导马尚云、李国庆、林险峰等陪同。

【2015 年】德国皮埃尔·图鲁多国际文理中学校董 MarcoL – Anghof 带领该校 15 名学生到芭蕉侗族乡枫香坡旅游区参观学习。

3 月 27 日

【1998 年】市委、市政府颁布《关于加快教育改革和发展若干问题的决议》。

【2009 年】"恩施玉露"由国家质监总局批准实施地理标志产品保护,为全省首个获得地理标志保护的茶叶产品。国家质监总局召开的恩施玉露地理标志产品保护审查会的专家认为,"恩施玉露"具有明显的地域特色和较高知名度,符合《地理标志产品保护规定》,予以审查通过;同时,芭蕉侗族乡、舞阳坝街道现辖行政区域被确定为保护范围。

【2010 年】由国家环保部环境监察局局长邹首民率重点流域国家考核组一行,就重点企业环保工作进行检查。州、市领导张忠凯、秦斌、何慧等陪同。

【2012 年】龙凤镇凉风垭林场护林员吉祖清在国务院全国造林绿化表彰动员大会上,被授予"国土绿化突出贡献人物"称号。

【2013 年】省人大常委会副主任赵斌一行,深入芭蕉侗族乡高拱桥村、枫香坡侗族风

情寨等地，就恩施市人口和计划生育工作调研。州、市领导张忠凯、瞿赫之、陈学明、庞红艳、胡平江、刘凡等陪同。

【2014 年】湖北经济与社会发展研究院院长、教授、博士生导师蒋大国一行赴恩施市，深入金龙大道、龙凤镇二坡村、吉心村、青堡村等地，就龙凤镇综合扶贫改革试点建设及县域经济发展情况调研，至 28 日结束。州、市领导杨陈清、向前进、张渊平等陪同。

3 月 28 日

【1987 年】凌晨 4 时 30 时，六角亭街道胜利街发生一起重大火灾事故，致 5 人死亡、122 人受灾，54 户计 3114 平方米民房焚毁、直接经济损失 120 余万元。经查明，系一居民使用电炉不当所致。火灾发生后，州、市领导等赶赴现场组织救火，经过消防、居民和市一中学生 2 小时的奋力抢救方被扑灭。

【2006 年】市委、市政府在恩施宾馆三楼会议室召开会议，就全市乡镇综合配套改革工作作出部署。

【2008 年】红土乡被省委、省政府表彰为“全省抗雪救灾先进集体”。

【2009 年】由省农业厅、州政府主办，市政府承办的湖北第一历史名茶“恩施玉露”授牌仪式暨新闻发布会在省城武汉成功举行。省委常委、副省长汤涛，省人大常委会副主任罗辉，省政协副主席陈柏槐，省政府副秘书长梅祖恩等领导出席授牌仪式。授牌仪式由省农业厅副厅长徐能海主持，州委副书记、州长杨天然致辞，市委书记谭文骄介绍恩施市茶叶产业建设情况，鲁成银、李传友、宋庆波、倪德江、龚自明等 5 位茶叶专家被聘为恩施市茶叶顾问。人民日报等 15 家新闻媒体出席该次新闻发布会。

【2010 年】省环保厅厅长李兵一行，深入州城污水管理收集系统屯堡段、蓝坤医疗废物处置有限公司、芭蕉侗族乡，就全市环保工作调研。市领导秦斌等陪同。

【2010 年】严帼实业集团董事长严军一行，就休闲体育主题公园项目进行考察。市领导秦斌、陶文胜等陪同。

【2012 年】“2012 湖北恩施 · 上海经贸洽谈会”在上海召开。恩施市签订相关合同与协议 7 个，项目金额 123.5 亿元。其中签订正式合同 2 个：蕾笛笙服装加工厂项目，项目总投资 1 亿元；石煤矿产开发项目，项目总投资约 6 亿元。签订意向性协议 5 个，项目总投资 116.5 亿元。州、市领导杨天然、谭文骄、陈晓燕、王继刚、李国庆、郜志中等出席洽谈会。

【2012 年】省国家安全厅纪委书记蔡红耘率省委政法委督办检查组，深入白果乡综治维稳中心、市公安局指挥中心、施州民族小学、六角亭街道胜利街社区等处，就全市综治维稳工作和政法综治基层建设情况调研。市领导向前进、张渊平、张孝赤等陪同。

【2013 年】恩施市举行“2013 年‘春暖花开 · 走进恩施’——全国千家旅行社恩施旅游线路考察活动”推介会及欢迎晚会。州、市领导秦斌、李国庆、刘羽、张渊平等出席活动。来自全国各地共 1108 名旅行社负责人参加该次活动,重点考察恩施土司城、恩施大峡谷风景区、恩施龙麟宫、恩施清江旅游风景区、恩施清江闯滩等主要旅游景区景点。

【2014 年】省委副书记、省长王国生,省委第五督导组第一组长、省政协副主席刘善桥,省政府秘书长王祥喜,省委组织部副部长刘艳红一行赴恩施市,就第二批党的群众路线教育实践活动开展情况和龙凤镇综合扶贫改革试点工作进展情况调研。并先后召开基层干部群众座谈会和恩施市党政领导班子座谈会,就第二批党的群众路线教育实践活动座谈。29 日,省长王国生一行前往华硒产业园、华硒农产品交易市场、州民俗文化城等在建项目现场,检查重点项目建设、农产品销售和文化旅游产业发展情况。州、市领导王海涛、杨天然、董永祥、向前进、李国庆等陪同。

3 月 29 日

【1951 年】杀害著名民主人士闻一多、李公朴的主犯之一黎俊和,曾监视叶挺。新中国成立后继续从事特务活动的国民党军统特务余翔,被恩施专署在境内处决。

【2003 年】9 时 40 分,白杨坪乡境内一农用三轮车行至“白(杨坪)奉(节)”公路 10 千米 +600 米处翻覆,发生特大交通事故,致 5 人死亡。

【2006 年】联合国世界卫生组织 HPSP 项目国家顾问汤胜蓝博士、世界卫生组织短期顾问 Melanie · Walker(玛 · 沃克)女士一行到市中心医院、芭蕉侗族乡白岩村卫生室、盛家坝乡石门村卫生室考察新型农村合作医疗工作。

【2007 年】恩施中油天然气利用工程(“忠武”天然气输气管道在恩施开口供气工程)通气点火。州委常委、副州长杨天然,中国石油天然气管道局党委常委、中石油天然气管道燃气投资有限公司董事长、总经理姜银涛,中国石油华中输气分公司总经理李伟林等出席通气点火庆典仪式。州城在全州率先实现天然气双气源供气。该项目总投资 5920 万元,供气规模为 6086 万立方米。首期工程从 2005 年 11 月 20 日开工,2007 年 3 月 16 日完工,共投入资金 1500 万元,包括一座恩施分输站、城区中压管网铺设 9.1 千米,由分输站至施州新区、CNG 加气站、法院路至恩施经济开发区金叶烟草公司等处。

【2008 年】由五指湖世外桃园投资置业有限公司投资的五指湖五星级酒店在恩施经济开发区奠基,州、市及恩施经济开发区领导甘方谦、谭文骄、部志忠等出席奠基仪式。

【2011 年】市民族文工团被省政府表彰为湖北省参与 2010 年上海世博会先进集体。

【2011 年】中国地方病预防控制中心主任孙殿军带领考评组一行,对恩施市落实《全

国重点地方病防治规划》(2004—2010)工作进展情况进行终期考核评估,至30日结束。市领导陈江龙、向仕莲等陪同。

【2014年】中国农工民主党湖北省委员会经济工作委员会副主任、湖北经济学院教授纪竹荪一行赴恩施市,就“加快我省新型农业科技服务体系建设”专题调研。州、市领导陈卫平、向煦等陪同。

3月30日

【1985年】双河区校场坝乡农民张洪义、张洪兵、张洪州、张洪楚和张洪玉5兄弟,个人合资兴建万塘湾电站落成,装机容量33.5千瓦,为境内首家私人电站。

【1995年】市政府作出《关于深化城市卫生改革的决定》。

【2010年】国家发展和改革委员会农村经济司综合处处长席公会一行,就全市沼气生态能源建设情况调研。市领导朱保华、向成舟等陪同。

【2010年】省第四督导组组长梁一新一行,深入市生活垃圾处理场、市污水处理公司及凤凰山森林公园,就生态文明建设情况调研。州、市领导杨尚宝、何慧等陪同。

【2010年】省畜牧兽医局局长万卫东,深入九洲牧业有限公司调研。市领导殷晓东等陪同。

3月31日

【1996年】市人武部改为军队编制,恩施市军、地双方领导人在交接文书上签字。

四　月

4月1日

【民国三十年(1941)】第六战区于恩施方家坝设立青年训导队,关押中共党员和进步人士。

【1951年】县公安局取缔反动会道门“皇极道”,逮捕首犯李吉庭及以下罪犯35名。缴获“精神牌”等罪证20余种。

【1951 年】县大队三连一班押解死刑人犯 16 名，途经屯堡区夜宿，18 时，犯人在狱中咬断绳索，将查监战士胡德胜勒死，企图脱逃。被解放军战士及时察觉，当场将监内犯人全部击毙。

【1980 年】《人民日报》发表“编者按”文章，向全国推广恩施县开办农校、培训农技员工作经验。

【1997 年】州委、州政府决定，湖北恩施红庙经济技术开发区范围内的社区管理移交恩施市。

【2008 年】省委常委、副省长汤涛率省政府副秘书长梅祖恩、省林业局局长祝金水、省扶贫办主任许业富、省农业厅副厅长徐能海一行，先后深入盛家坝乡、芭蕉侗族乡就灾后重建与恢复生产情况调研。州委书记肖旭明等陪同。

【2010 年】中国农业发展银行湖北省分行行长丁伟，深入华硒生态园、209 国道绕城线（虎民路段）、农副产品加工园片区、火车站片区等处，就全市基础设施建设、农业产业化发展情况进行考察。市领导谭文骄、秦斌等陪同。

【2010 年】恩施市应急救援大队成立。市领导秦斌、蔡平、张孝赤等参加揭牌仪式。

【2012 年】武汉大学副校长、省人民医院院长黄从新教授一行，深入市中心医院、市一中、省农科院中药材研究所等处，就“616”工程武汉大学对口支援情况调研。州、市领导陈学明、陈卫平、向前进、陈江龙、黎昔品、张献宏等陪同。

【2013 年】州委书记王海涛一行，到龙凤镇龙马村、渝家河水电站坝址、龙凤初中迁建现场等地，调研湖北省恩施市全国综合扶贫改革试点工作。市领导向前进、胡平江、张渊平等陪同。

【2013 年】市委副书记、市长李国庆接受省政府门户网站访谈，介绍恩施市经济社会发展情况。

【2015 年】省商务厅巡视员马大强一行至恩施市，深入湖北供销裕农电子商务股份有限公司、恩施集群电子商务有限公司、淘宝・恩施馆、湖北中天亿信科技股份有限公司等地，调研电子商务发展推进情况。市领导黄波陪同。

4 月 2 日

【1957 年】恩施县被湖北省农业评奖委员会评定为“1956 年度粮食丰产县”称号，并获得奖金 5000 元。五峰灯塔社等 32 个单位获得奖金 3380 元。

【1999 年】恩施电信局开通国际互联网，标志着恩施州通信事业已与国际接轨。

【2011 年】州人大常委会副主任罗贤美率州民委、州农行等州直单位负责人，出席白

杨坪乡2011年新农村建设座谈会，就新农村建设进行专题研究。市领导王兰英、邵永政等出席会议。

【2011年】恩施市侗族文化馆在芭蕉侗族乡枫香坡开馆。该馆旨在展示土家族、侗族传统生产生活实物用品，欣赏土家族、侗族民间文艺、品饮特色“恩施玉露”为主要内容。

【2012年】省委常委、常务副省长王晓东一行，深入恩施卷烟厂、恩施润邦茶业公司、芭蕉侗族乡枫香坡侗族风情寨等处，就特色产业发展和新农村建设等调研。州、市领导肖旭明、杨天然、孔祥恩、董永祥、向前进、李国庆、黎昔品等陪同。

【2013年】湖北省恩施市全国综合扶贫改革试点工作专题座谈会召开。州、市领导王海涛、张忠凯、孔祥恩、董永祥、向前进、胡平江、张渊平等出席。

【2014年】州委常委、副州长马尚云率调研组赴恩施市，深入龙凤镇杉木坝村、双堰塘村、店子槽村、喻家河水库等地，就龙凤镇综合扶贫改革试点建设情况调研。市领导向前进、张渊平、杨洪安、王国玮等陪同。

【2015年】州委常委、恩施军分区司令员江明辉一行至恩施市，视察民兵整组工作。市领导董高，市人武部政委李远斌等陪同。

4月3日

【2011年】恩施本草药业有限公司在恩施市板桥镇举行奠基仪式。同仁堂首席专家夏俊贤、美国惠庭外贸总公司副总裁丹里士、深圳本草皇科技有限责任公司财务总监杨友君等应邀为厂房培土奠基。州、领导陶继东、王怀东参加上述活动。

【2014年】州委书记、州人大常委会主任王海涛，州委常委、州委秘书长孔祥恩一行，深入屯堡、沐抚、板桥、太阳河等地，调研茶叶产业发展、乡镇集镇建设和旅游产业情况。市领导向前进、李国庆陪同。王海涛主持召开座谈会，就州委常委会及自身建设、全州经济社会发展征求意见和建议。市领导向前进、李国庆等参加座谈。

【2015年】州政协副主席肖谏诚一行至恩施市，就商业保险工作开展情况调研并召开座谈会。市领导杨局成、向煦等参加座谈会。

4月4日

【1993年】国务院以国函〔1993〕36号文批复，同意将鄂西土家族苗族自治州更名为恩施土家族苗族自治州。所辖区域未调整。

【2000年】何功伟烈士夫人许云女士携儿子、儿媳和何功伟烈士的两个弟弟，专程从

北京到恩施市吊唁烈士英灵。许云给何功伟小学赠送书籍、文具,并题写“何功伟小学”校名。

【2003 年】新塘乡下塘坝村李家台组发现清代进士廖崇铨墓,该墓碑由石灰岩造就,主碑和左右副碑保存完好,镌刻碑文数百字,有较高研究价值。

4 月 5 日

【1969 年】县贫下中农宣传队进驻县直部分企事业单位和城关镇各街道,领导“斗、批、改”工作。

【1984 年】中共中央总书记胡耀邦由中央书记处候补书记乔石、共青团中央书记处书记胡锦涛、中共湖北省委书记关广富、副书记钱运录陪同,到恩施市大山顶考察,亲切接见恩施市党政负责干部和科技工作者。

【2008 年】央视新闻联播播报,芭蕉侗族乡枫香坡村农民大胆开拓,探索出以生态家园建设为载体、具有鲜明民族地域特色的生态型新农村建设模式。枫香坡村以茶产业为契机,将全部山、水田改种茶叶,56 户茶农种下 300 亩茶,每年可获得 120 万元的现金收入。恩施市把枫香坡打造成集休闲、娱乐、乡村体验于一体的侗乡风情山寨,使该村新农村建设走上旅游经济发展之路。

【2009 年】省商务厅厅长周先旺一行到柳州城,就新农村建设和旅游开发调研。省交通厅副厅长徐健、州委常委杨陈清、州政府秘书长吕金施、市委书记谭文骄等陪同。

【2011 年】市委、市政府组织的何功伟、刘惠馨烈士英勇就义 70 周年纪念活动在革命烈士陵园举行。州、市领导谭文骄、秦斌、李国庆以及何功伟、刘惠馨烈士的亲属——四川省人大常委会原副主任马识途、国家航天高级专家何继伟等出席纪念活动。

【2011 年】何功伟烈士遗属何继伟夫妇一行,至小渡船街道何功伟小学,看望该校师生,并再次捐出 12 万元支持学校建设。自 2000 年以来,何功伟烈士的家属先后为何功伟小学捐资近 30 万元,帮助该校改善办学条件。市领导李国庆、王兰英、向仕莲等陪同。

【2012 年】州政协副主席肖谏诚率州政协调研组,深入至恩施市宇宏木业有限公司、七里坪机械制造工业园、宏翔药业有限公司、农产品加工园、长源轴承有限公司、山寨皮革有限公司等处,就全市工业经济工作调研。市领导刘羽、黄波等陪同。

4 月 6 日

【1985 年】境内国营 711 厂基干民兵连被武汉军区授予“带头建设文明先进集体”称

号。

【1994 年】市政府作出《关于进一步建设和完善社会保障体系的决定》。

【2007 年】团省委副书记丁小强带领省农村基层组织阵地建设检查组一行,到六角亭街道头道水村,芭蕉侗族乡寨湾村、灯笼坝村、天桥村,对农村基层组织建设进行检查。州、市领导刘艳红、谭文骄等陪同。

【2008 年】中共中央政治局常委、国务院副总理李克强一行,到恩施视察调研。在湖北省委书记、省人大常委会主任罗清泉,省委副书记、省长李鸿忠,省委常委、省委秘书长李明波和州委书记、州人大常委会主任肖旭明等领导的陪同下,李克强先后视察宣恩县椒园镇黄坪村、沪蓉西高速公路控制性项目清江大桥、恩施市龙凤镇龙马村等,就新农村建设、粮食直补、农资综合直补和新型合作医疗等话题,与基层干部和农民群众亲切交谈。李克强对恩施州经济社会发展所取得的成就、各项支农惠农政策落实情况和干部群众的精神面貌予以充分肯定。他强调,要注重发展特色产业,保护好生态环境,落实好支农惠农政策,关心群众生产生活,着力保障和改善民生,推动经济社会又好又快发展。在繁忙的考察过程中,李克强在车上就省委、省政府和州委、州政府领导提出的相关问题现场办公。他还再三嘱咐州委、州政府领导,作为少数民族地区,恩施州要注重发展特色产业,保护良好的生态环境,要十分重视关心群众生产生活,加强农村基础设施建设和基层组织建设,大力发展民族经济,进一步促进各民族的团结与和谐。

【2012 年】副州长张宇一行,深入恩施汽车客运中心站、许家坪机场快速通道、恩施机场二期改扩建项目工地等处,就州城交通重点项目建设情况调研。市领导黄波等陪同。

【2013 年】州委书记王海涛与湖北省恩施市全国综合扶贫改革试点工作领导小组办公室工作人员座谈,了解试点办组建以来的各项工作情况。州、市领导孔祥恩、向前进、王国玮参加会议。

4 月 7 日

【嘉庆五年(1800)】邑武生曹绪德、邑人郑绍举,以剿贼功给六品顶带,在兴山县阵亡。

【1992 年】市人民法院就市民族毛巾厂申请破产一案作出裁定,宣告市民族毛巾厂从即日起破产。这是全州首家由人民法院依法裁定破产的国营企业。

【2007 年】市第八届人民代表大会第二次会议在民族礼堂召开。会议由大会执行主席、市委书记、市人大常委会主任谭文骄主持。会议听取和审议《恩施市 2006 年国民经济

和社会发展执行情况和2007年国民经济社会发展计划(草案)的报告》《恩施市2006年财政预算执行情况及2007年财政预案(草案)的报告》;会议通过《关于恩施市2006年国民经济和社会发展计划执行情况和2007年国民经济和社会发展计划的决议》《关于恩施市2006年财政预案执行情况和2007年财政预案的决议》。大会执行主席谭文骄、秦斌、李国庆、李明东、侯萍、周德金、黄永耀、许强、刘少华等出席会议。列席开幕式的有出席市政府七届二次会议的全体委员,市委、市人民政府、市人民法院、市人民检察院负责人员,市级调研员,部分乡镇、街道负责人,市直各部门及人民团体的主要负责人及驻恩施市垂直单位负责人。

【2009年】市委七届七次全体(扩大)会议召开,讨论并通过《关于大力推进全民创业的决定》。市委书记谭文骄主持会议并讲话,市委副书记、市长秦斌宣读《关于大力推进全民创业的决定(讨论稿)》。市委委员、候补委员,市纪委委员,市直有关部门及乡镇、街道(办事处)主要负责同志参加会议。

【2010年】省纪委常委、秘书长李昌海率省委转变经济发展方式调研组一行,深入长友公司、火车站片区、湖北中烟集团恩施卷烟厂、柳州城、华硒生态园进行实地调研。州、市领导王建民、孔祥恩、秦斌等陪同。

【2010年】全国政协民族宗教委员会副主任周明甫率调研组,就制定"十二五"规划,推动民族地区经济社会发展等专题调研。州、市领导刘志兵、刘羽、赵萍等陪同。

【2010年】全国政协民族和宗教委员会副主任周明甫率调研组,就制定"十二五"规划和推动民族地区经济社会发展有关问题进行专题调研,至8日结束。州、市领导刘志兵、刘羽等陪同。

【2010年】全国人大代表、州政协副主席、州工商联主席陈晓燕,深入沙地乡黄广田千头生猪养殖场、恩施飞创淀粉有限公司、花被村小寨特种养殖场,白杨坪乡熊家岩、石桥子村、硒多多生物科技开发有限公司、明杨木业公司,就全市乡、镇基层工商联分会建设情况调研。市领导向成舟等陪同。

【2013年】2013年度"硒都讲坛"首讲——恩施市"增强执行力"主题实践活动专题讲座在州民族礼堂举行。中央党校党建部教授、博士生导师刘玉瑛受邀,作题为《提高执行力确保工作落实》的专题讲座。市委书记向前进主持讲座。市"四大家"领导、恩施经济开发区领导班子成员及全市数百名干部聆听讲座。

【2013年】副州长张宇一行,深入209国道恩施龙凤坝至谭家坝改建工程、恩施龙凤坝至龙马二级公路等建设项目拟建现场,就湖北省恩施市全国综合扶贫改革试点交通运输发展规划工作调研。市领导黄波陪同。

4月8日

【1984年】恩施市叶挺纪念馆建成,对外开放。

【2005年】在广东佛山召开的全国人民法庭工作会议上,市人民法院屯堡人民法庭被授予"全国优秀人民法庭"称号。全国仅100家、湖北省仅6家人民法庭获此殊荣。此前2月,该法庭在"中国十佳法庭"评选活动中曾荣获"金天平"奖。

【2011年】省委组织部组织处副调研员甘仁进率省"党建工作先进单位"考核组,深入恩施市小渡船街道大桥路社区,就该社区党建工作进行检查考核。市领导李国庆、王兰英等陪同。

【2011年】中科院昆明植物研究所所长、云南省植物学会理事长李德铢率云南省植物学会、云南省农科院药用植物研究所33位药用植物专家至恩施市,就药用植物资源保护和利用同湖北省农科院中药材研究所专家开展学术研讨,至9日结束。双方就武陵山区药用植物资源保护与利用研究达成协议,结成紧密的平等合作关系,以项目为载体,共同争取承担国家及省市重大、重点科研项目,并在药用植物(特别是珍稀濒危药用植物)种质资源的保育研究、武陵山区药用植物资源调查、土苗民族药物发掘与开发利用、药用植物规范化种植与优质高效栽培技术研究、药用植物基础理论研究、药用植物产业化开发、科技平台共享、学术交流与人才培养等8个方面开展全面合作。州、市领导柳望春、瞿赫之、陈江龙、刘凡等出席签约仪式。

【2012年】州委书记、州人大常委会主任肖旭明,州委常委、州委秘书长孔祥恩一行至恩施市,深入华硒生态农牧业公司、省级农产品加工园建设工地、山寨皮革公司、思乐牧业集团退城进园新址、湖北宜恒植物油公司、信达机械制造有限公司等处,就全市经济发展情况调研。市领导向前进、李国庆、部志中、黄波等陪同。

【2013年】省移动公司总经理郭永宏调研湖北省恩施市全国综合扶贫改革试点工作。州、市领导陈晓燕、向前进、李国庆、陶军陪同。

【2014年】州委常委、副州长冯忠泽一行,深入芭蕉侗族乡、盛家坝乡等地,就草食畜牧业发展情况调研。市领导杨洪安等陪同。

【2014年】州委常委、州委政法委书记沙玉山一行,深入龙凤镇网格物业化管理服务中心、恩施检察院龙凤检察服务站、双堰塘村、青堡村等地,就社会管理创新工作调研。市领导张渊平等陪同。

4月9日

【民国二十七年(1938)】中共湖北省委委员、工运部长雍文涛等三十九人(其中中共党员十一人)奉中共湖北省临时省委常委、宣传部长陶铸委派,赴恩施发展合作事业,成立恩施县合作事业办事处,并以此为掩护,发展共产党地下组织。

【2008年】全省林业灾后恢复重建现场会在恩施市召开。州、市领导肖旭明、谭文骄、秦斌等参加会议。会议提出坚持科学规划、突出重点、着眼长远、稳步推进的方针,做到林木清理与科学经营、自然恢复与人工恢复、科技救灾与政策扶持、灾后重建与改善民生、清理迹地造林与"双低"(产量低、效益低)改造相结合,着力抓好生产自救、科学清理、森林经营、森林防火、基础设施建设,全面推进灾后恢复重建工作顺利有序开展。会上,恩施市等4个单位进行经验交流。与会者还赴国有富尔山林场就林业受损与恢复重建工作进行参观了解,各地、市林业局局长在富尔山林场种下灾后重建纪念树。

【2011年】市委、市政府、恩施经济开发区组建招商团赴深圳举行"恩施市2011年春季深圳招商联谊会"。联谊会上,招商团与来自深圳、广州、惠州等处及全国各地近300位企业家进行项目推介和现场对接,签订投资项目4个,投资金额总计达98亿元,另外对6个招商项目进行推介。清华大学深圳研究生院培训学院常务副院长朱继强、市领导秦斌、郜志中、刘恩敏等出席。

【2011年】省财政厅副厅长王华新一行,深入芭蕉侗族乡,就新农村建设、产业发展情况调研。州委常委、市委书记谭文骄等陪同。

【2012年】省军区副司令员占俊一行,深入六角亭街道头道水村、松树坪村,就基层人民武装工作调研。市领导胡平江、黄秀武等陪同。

【2012年】省烟草专卖局(公司)局长(总经理)赵全意一行,深入城郊烟草站工程、响板水库水源性工程、阳鹊坝土地治理项目工程等建设工地,就现代烟草农业城郊基地单元建设情况调研。州、市领导刘志兵、李国庆等陪同。

【2013年】中国建设银行湖北省分行行长任德齐一行,调研湖北省恩施市全国综合扶贫改革试点工作。市领导陶军陪同。

【2014年】省社会治安综合治理办公室基层指导处处长汪宗兴率省督查组一行赴恩施市,深入六角亭街道胜利街社区、小渡船街道航空路社区和市社会管理应急调度指挥中心等地,就综治工作和社区网格化管理工作调研、督查。市领导张渊平等陪同。

【2014年】州委常委、副州长马尚云一行,深入屯堡、沐抚等地,就恩施大峡谷旅游公路、旅游购物市场、景区接待中心、客运索道项目、七星寨景区、山水实景剧剧场、女儿寨等

建设情况调研。市领导李国庆等陪同。

【2014 年】副州长秦斌一行,深入州城马鞍山道路整治工程施工现场、华硒物流园、华硒农产品批发市场、土家女儿城等地,就全省县域经济工作会筹备工作及市容市貌整治工作检查督办。市领导廖泽熙等陪同。

4 月 10 日

【1950 年】椛杆区车蓼坝土匪头目吴三纲纠集匪徒 83 人,携长枪 9 支、短枪 1 支、手榴弹 8 枚以及刀矛等,聚集于天上坪策划反革命暴乱。是日拂晓,袭击区工作队驻地,工作队员邱英杰、陈发扬、康纪纯、安福九、安宾九、邓殿山被杀害,刘永扬负伤。县大队暨军分区部队闻讯赶赴现场,追捕匪徒,在宣恩境内擒获匪首吴三钢及其子吴圣华、杀人凶手刘定钟等 20 余人。是年 5 月 4 日,吴三纲、刘定钟被处决。

【1980 年】县公安局、县工商行政管理局、县文化局首次联手开展查禁取缔行动,没收迷信、淫秽图书 140 种、195 本,照片 120 种、2212 张。

【1992 年】市政府作出《关于压缩财政支出增加财源减轻财政负担的决定》。

【1994 年】联合国人口基金会 P35 项目组组长琼·哈菲女士在国家计划生育委员会宣传司司长江亦曼陪同下考察恩施市计划生育服务中心和龙凤镇计划生育 P35 项目。

【1994 年】省委副书记、省政协主席回良玉一行至恩施市视察。州委书记朱纯煊、市委书记胡荫安等陪同。

【1996 年】省政府通报表彰恩施市计划委员会和市计划委员会主任吕世洪为全省"八五"八五期间计划系统"先进单位"和"先进工作者"。

【1999 年】市政府作出《关于加强财源建设的决定》。

【2010 年】国家民委副主任罗黎明、副省长张岱梨、省民宗委主任谭徽在一行,深入芭蕉侗族乡高拱桥村、九洲牧业肉制品深加工基地、湖北中烟恩施卷烟厂、施州民族小学,就全市民族工作调研。州、市领导杨天然、柳望春、瞿赫之、曹毅、秦斌等陪同。

【2010 年】省卫生厅厅长焦红一行,深入市中心医院、舞阳坝街道卫生院,就全市国家基本药物制度试点工作调研。市领导李国庆、向仕莲等陪同。

【2011 年】财政部农业司副司长褚利明、国家林业局计财司副司长刘金富、国务院扶贫办开发办公室规划财务司副司长张广平一行,深入三岔乡万山红农业开发公司油茶基地、莲花池蔬菜大棚基地等处,就武陵山片区财政扶贫、财政支持木本油料产业发展和林权制度改革实施情况调研。州、市领导张忠凯、谭文骄、李国庆等陪同。

4月11日

【民国二十二年(1933)】贺龙从鹤峰至石灰窑,在朱家湾红三军政治部停留三天。

【1981年】芭蕉茶厂制作的“红碎茶”启运美国俄亥俄州展销。

【1986年】市文化馆干部杨官汉所作的中国画《绣荷图》,在《人民日报》第八版发表。

【2008年】17时许,位于屯堡乡的宜万铁路马鹿箐隧道进口发生突水事故,致1人死亡,4人失踪。

【2011年】由中国茶叶流通协会、中国茶叶学会、中国国际茶文化研究会主办,浙江大学CARD农业品牌研究中心、浙江省新昌县政府联合承办的首届中国茶叶区域公用品牌建设县市长高峰论坛在浙江新昌县召开。“恩施玉露”获评“2011年中国茶叶区域公用品牌三个最具发展力品牌之一”,为湖北省唯一获评茶叶品牌。经浙江大学CARD农业品牌研究中心和《中国茶叶》杂志共同组成的课题组评估研究,“恩施玉露”“恩施富硒茶”品牌价值被认定分别达到4.06亿元、1.22亿元。

4月12日

【1959年】县委制定《关于处理人民公社若干具体政策问题的初步意见》,包括大办钢铁、大办交通的账目问题,粮食问题,1958年财政包干问题,贷款问题,耕牛、骡马、车、船、大型工具处理问题,占用民房和借用家具问题,食堂粮食问题,个人捐款处理问题,社员发展牲畜问题。该类意见初步解决平均主义、集中过多、权力下放和体制问题,确定四级核算、队为基础的分配制度。

【1969年】鸦鹊区集镇居民刘家东用火不慎,酿成重大火灾,造成供销社、粮油加工厂等单位和104户居民受灾,焚毁房屋325间、粮食7500公斤,直接经济损失150余万元。

【2010年】州委常委、副州长瞿赫之一行,深入市水质检测站、旗峰社区卫生院、劳动技能培训学校、209国道绕城线,就全市“616”工程实施情况进行专题调研。市领导李国庆等陪同。

【2012年】省军区政治部副主任万幼斌一行至恩施市,就党管武装工作情况调研。市领导李国庆、王兰英、黄秀武等陪同。

【2012年】副州长肖作文一行,深入芭蕉侗族乡戽口村、灯笼坝村等处,就该乡新农村建设、茶叶产业龙头企业发展等情况调研。市领导胡平江等陪同。

【2012年】国家肉牛产业技术体系首席专家、中国农业大学饲料营养专家曹兵海一

行,深入盛家坝乡桅杆堡村二台坪翔盛牧业黄牛养殖基地,就"恩施黄牛"产业发展情况进行考察,至13日结束。市领导余秋红等陪同。

【2013年】全国部分省(自治区、直辖市)开发区协会座谈会在恩施市召开。来自北京市、上海市、湖北省、江苏省、河北省等14家全国开发区协会、5家国家级开发区、5家主管部门50余名代表齐聚恩施,就开发区发展工作进行交流。国家发改委外资司外资处副处长郭锐,国家统计局贸经司调研员严先溥,中国开发区协会会长师荣耀,州、市领导董永祥、郜志中、曹云出席会议。同日,与会代表至恩施土司城风景区和恩施大峡谷风景区考察。市领导郜志中、曹云、詹厚兰等陪同。

【2013年】州委书记王海涛一行,深入白杨坪乡民族新镇、熊家岩茶叶民俗文化街等城镇化建设项目现场,就新型城镇化工作调研。市领导向前进等陪同。

4月13日

【1986年】湖北省第一届少数民族传统体育运动会在恩施市举行,至15日闭幕。

【2011年】省委书记、省人大常委会主任李鸿忠,省委常委张昌尔,省委常委、秘书长李春明等一行,深入新塘乡长岭岗华中药用植物园调研。州领导肖旭明、杨天然等陪同。

【2011年】副州长董永祥一行,深入恩施大峡谷景区建设工地,就在建项目工程、景区绿化、景区环境卫生整治、景区设施安全等相关工作进行检查督办。市领导肖家魁等陪同。

【2011年】省军队离退休干部安置管理办公室主任何联义率省扩大内需、工程专项治理和强农惠农政策情况检查组一行,深入市原玻璃厂、火柴厂廉租房小区项目工地、红旗大桥建筑工地、流浪未成年人救助保护设施项目拟建地段等处,就全市扩大内需、工程专项治理和强农惠农政策落实情况进行综合检查。市领导刘凡、胡平江等陪同。

【2012年】省公安厅党委副书记、常务副厅长周厚震一行至恩施市,就省厅"616"工程落实情况进行检查。市领导李国庆、胡平江、张孝赤等陪同。

【2013年】省财政厅党组成员伍如良率省"三万"活动领导小组办公室检查验收组一行,深入白杨坪乡集镇垃圾处理厂、鲁竹坝村和董家店村垃圾分拣站,龙凤镇二坡村"三万"活动现场,屯堡乡鸭松溪村、花枝山村人工湿地现场等地,检查恩施市"万名干部进万村洁万家"活动开展情况。市领导杨洪安陪同。

【2015年】全国人大常委、全国人大财经委员会副主任委员、民建中央副主席辜胜阻,民建湖北省委秘书长宋君慧一行至恩施市,深入龙凤镇龙马旅游风情小镇、黄家湾居民

点、龙马村保扎片区、龙凤农产品电商交易中心、龙凤“七个中心”建设现场等地，就市龙凤镇综合扶贫改革试点工作开展情况调研。州、市领导谭文骄、庞红艳、谭建军、张渊平、赵萍等陪同。

【2015 年】省国有资产监督管理委员会监事会主席牟秉夔率省检查督办组至恩施市，深入芭蕉侗族乡黄泥塘村等地，就“万民干部进万村惠万民”活动开展情况检查指导。市领导黄波等陪同。

4 月 14 日

【2010 年】省水利厅副厅长金正鉴率省防汛抗旱工作检查组一行，深入沙地乡、老渡口水电工程建设现场等处，就全市备汛、新增水利项目、小型水库除险加固和水利工程建设领域突出问题治理工作进行检查。州、市领导杨劲松、李国庆等陪同。

【2014 年】中央政治局常委、中央书记处书记刘云山，中央政治局委员、中央书记处书记、中央组织部部长赵乐际，在省委书记、省人大常委会主任李鸿忠，省委副书记、省长王国生的陪同下赴恩施市，深入芭蕉侗族乡高拱桥村、六角亭街道头道水村等地，就第二批党的群众路线教育实践活动开展情况和基层党的建设工作情况调研。州、市领导王海涛、杨天然、向前进等陪同。

【2015 年】省政协常委、省政协民族和宗教委员会主任余立国一行至恩施市，深入芭蕉侗族乡戽口村、灯笼坝村、高拱桥村等地，就省政协“‘十三五’期间加快湖北省民族地区经济社会发展的对策建议”及“湖北省武陵山民族地区生态环境保护工作”调研。市领导张渊平、赵萍等陪同。

4 月 15 日

【1984 年】中国预防医学中心卫生研究所教授杨光圻至恩施市，就硒中毒防治工作调研。

【1992 年】《香港经济导报》以“世界最大硒资源地——中国鄂西自治州”为题，用 14 个版面，2 万余字，中英文对照，全面介绍恩施硒资源。

【2005 年】州政协副主席张龙光一行赴屯堡乡，就矿产资源情况和建材工业现状专题调研。市领导尤连胜等陪同。

【2008 年】国家农业综合开发办公室主任王建国一行，至恩施市就贯彻落实中共中央

政治局常委、国务院副总理李克强在恩施视察时的指示精神实地考察调研。省人大常委会副主任刘友凡等陪同。

【2011年】副州长董永祥一行至恩施市，深入连珠大桥安置小区、瑞园商品房小区、红旗大桥、武陵国际装饰城等施工现场，就城市建设重点工程项目建设进展情况、城市绿化工程、功能设施建设情况调研。市领导廖泽熙等陪同。

【2012年】州政协副主席肖谏成率政协调研组至恩施市，就工业经济运行情况调研。市领导刘羽、黄波、向煦等陪同。

【2013年】中国楹联学会副会长蒋友泉、方留聚率中国楹联学会检查验收组一行，深入白杨坪乡鲁竹坝村、董家店村，龙凤镇二坡村，芭蕉侗族乡戽口村，施州民族小学等对联示范小区，对恩施市"中国楹联文化市"创建工作进行检查验收。市领导邹炜、张献宏陪同。

【2014年】省人大常委会法制工作委员会主任委员章新生率调研组赴恩施市，深入三岔乡阳天坪村、莲花池村和六角亭街道谭家坝村、头道水村等地，就《湖北省实施〈中华人民共和国村民委员会组织法〉办法(修订草案)》进行调研。州、市领导瞿赫之、肖作文、刘凡、杨洪安等陪同。

4月16日

【嘉庆十三年(1808)】县治西乡(芭蕉)燕子岩山石崩塌周围四里许，击碎韩宗圣、张天凤宅，压毙男妇大小二十一口。

【1991年】石灰窑区大河沟乡大河沟村党支部书记李平安参加全国个体劳动者第二次代表大会暨第二次全国先进个体劳动者表彰大会，在人民大会堂与国务院总理李鹏、副总理田纪云合影留念。

【2003年】恩施统计信息网向社会开通。

【2003年】三岔乡茴坝村村民谭世怀开挖屋基，掘出一件完好青铜甬钟，通高61厘米。经鉴定为汉代军乐器。

【2006年】由省茶叶协会，州政府共同举办，市政府、州农业局、州商务局、州工商局、州质量技术监督局共同承办的2006中国富硒绿茶交易会开幕式在州城清和园举行。省政协副主席蒙美路、省委统战部副部长、省民宗委主任郭大孝、州委书记汤涛、州长周先旺、全国人大服务管理中心主任何森、中国茶叶研究所副所长、茶叶协会秘书长红用文等参加开幕式。其间，由中国农科院茶叶研究所、省茶叶协会等相关单位的专家组成的评委

会,对 49 支茶样、40 样茶叶包装进行品评,恩施玉露、“长友”牌鹤峰毛尖、硒露茶获得金奖,茶样分别被浙江、南京客商以 5 万元、4.6 万元、4.8 万元高价买走。

【2014 年】省教育厅信息化发展中心主任范义虎、武汉市三道街小学校长尹慧红赴恩施市,深入龙凤镇部分小学、龙凤初中迁建工程现场等地,调研教育信息化建设工作,衔接三道街小学对口支援龙凤镇基础教育事宜。市领导张献宏陪同。

4 月 17 日

【1991 年】新华社播发《恩施硒资源富集世界罕见》通讯稿。

【2010 年】省人大常委会党组副书记、副主任任世茂一行至恩施市,就旅游产业发展现状调研。州、市领导于德海、董永祥、李明东、许强、陶文胜等陪同。

【2011 年】小渡船街道辖区新建街 53 号一家 3 口在自家卫生间死亡。经查明,男子方某,39 岁;儿子方某某,11 岁,被发现时全身赤裸。方某妻杜某某身穿睡衣躺在卫生间门口,尸体已开始腐烂。经法医鉴定系一氧化碳中毒,死亡时间大概为 13 日晚。

【2012 年】国家烟草专卖局总会计师张玉霞一行至恩施市,就现代烟草农业城郊基地单元建设等情况调研。州、市领导刘志兵、王国玮等陪同。

【2013 年】省交通运输厅厅长尤习贵一行,深入湖北省恩施市全国综合扶贫改革试点水源性工程入口路、恩施龙凤至龙马二级公路建设项目拟建现场、龙凤镇青堡村等地,调研交通运输工作。州、市领导张宇、向前进、李国庆、黄波陪同。

【2013 年】华中师范大学中国农村研究院教授、博士生导师,国家林业局中国林业改革发展研究基地主任贺东航一行,深入龙凤镇龙马村、青堡村等地,调研湖北省恩施市全国综合扶贫改革试点工作推进情况。市领导张渊平陪同。

4 月 18 日

【1980 年】龙凤公社胜利(鹿池塘)大队加工制作 250 公斤“恩施玉露”茶,运往美国俄亥俄州展销。

【1998 年】省委书记贾志杰至恩施市,考察白果乡油竹坪村。

【2000 年】城区舞阳坝人行天桥工程开工。该工程由中国水利第三工程局铸造厂承建,投资 350 万元。

【2002 年】省政协副主席蒙美路一行至恩施市,就全省政协工作会议贯彻落实情况进

行检查。

【2007 年】州委书记汤涛，州委常委、常务副州长彭军，州委常委、州委秘书长瞿赫之，州人大常委会副主任罗贤美等，专程到恩施经济开发区调研。

【2007 年】州政协副主席刘志兵、王继刚一行 6 人赴恩施市城区，就网吧经营管理情况视察。市领导何慧、尤连胜等陪同。

【2010 年】省委常委、省委统战部部长苏晓云、省民委副主任胡祥华一行，深入恩施大峡谷、芭蕉侗族乡高拱桥村、施州民族小学及小渡船街道望城坡村等处，就全市旅游资源开发及旅游产业发展、民族地区发展等情况进行考察，至 19 日结束。州、市领导杨天然、柳望春、李济、甘方谦、孔祥恩、秦斌、刘羽等陪同。

【2010 年】州政协副主席王继刚等一行，深入芭蕉侗族乡，对侗族乡民族工作进行视察。市领导赵萍等陪同。

【2011 年】国家烟草专卖局纪检组长潘家华、省烟草专卖局局长赵全意一行，深入盛家坝乡，就恩施市现代烟草农业建设情况调研。州、市领导叶太俊、秦斌、肖家魁等陪同。

【2011 年】州《全民科学素质行动计划纲要》实施情况督查组在恩施市举办"恩施州科技州长科普报告恩施行"科普报告会。副州长陶继东作题为《浅谈气候变化与低碳经济》的科普报告。副市长尹剑主持报告会。

【2013 年】省委常委、省委统战部部长张岱梨率省国土、水利、气象等部门负责人一行，深入芭蕉侗族乡高拱桥村、州城亲水走廊五期工程建设现场等地，检查指导防汛抗旱工作。州、市领导王海涛、杨天然、张忠凯、孔祥恩、谭文骄、王志强、李国庆等陪同。

【2013 年】副省长、湖北省恩施市全国综合扶贫改革试点工作领导小组常务副组长郭有明一行，深入州城及龙凤镇龙马村和青堡村、州农科院高新科技示范园、华硒生态园等地，调研湖北省恩施市全国综合扶贫改革试点工作，至 19 日结束。州、市领导王海涛、杨天然、董永祥、王志强、向前进、李国庆等陪同。

4 月 19 日

【2010 年】省政协副主席周宜开、省委统战部副部长黄波一行，就恩施山泰水电设备有限公司进行的移民搬迁与新农村建设、柳州城休闲生态旅游开发项目等情况调研。州、市领导甘方谦、王怀东等陪同。

【2014 年】省级文明城市检查验收组一行赴恩施市，深入小渡船街道民族路社区、白杨坪镇、屯堡乡中心小学等地，对恩施市省级文明城市创建工作进行现场检查验收。市领导向前进、李国庆、万雪峰、邹炜、廖泽熙陪同。

【2015 年】17 时许，三岔乡境内恩（施）鹤（峰）公路 17 公里处发生车祸，一辆牌照为豫 S08818 的载客大巴翻下 20 米左右高坎，致 5 人当场死亡、20 人受伤。

4 月 20 日

【民国二十九年（1940）】首本《农民抗战读本》在向家村刊印。

【1970 年】省革命委员会任命曾茂廷为县革命委员会主任，刘双亭、张怀友、刘振民、苏大章为副主任。原主任王承铎调离。

【1990 年】市人武部被省委、省政府、省军区授予“先进人民武装部”称号。

【2003 年】恩施市紧急部署防控“非典型性肺炎”，市委、市政府成立防治“非典”指挥部，建立市、乡、村、组四级疫情监测网络。全市设立非典疫情监测点 436 个，累计监测返乡流动人员 1.22 万人，检查 1.06 万人。设立崔家坝、板桥、太阳河 3 个交通入口监测点，检查过境车辆 5212 台，检疫旅客 3.21 万人。省、市两级投入资金 130 万元，建立市、乡两级发热门诊，建定点医院和隔离区。全市实现“非典”零发病和零感染目标。

【2007 年】市工商联主席向开艳与武汉市东西湖区工商联主席陈三发就缔结为友好商会在备忘录上签字。市委常委、宣传部部长、统战部部长王怀东，武汉市东西湖区政协主席李正东，副主席、统战部部长李春生出席签字仪式。

【2011 年】省文化厅厅长杜建国一行，深入市民族文工团、文化摩尔城、市文体局、金三角社区文化活动室、六角亭文化活动中心等处，就文体基础设施建设及社区、街道文化活动开展情况等调研。州、市领导曹毅、秦斌、李国庆、向仕莲等陪同。

【2011 年】州政协副主席张龙光率调研组一行，深入白杨坪乡熊家岩村、洞下槽村、民政壶宝茶厂、丰茗圆茶厂、芭蕉侗族乡戽口村、润邦茶叶公司、巴山茶叶公司等处，就全市茶叶产业发展情况调研，至 21 日结束。市领导肖家魁、孟明星等陪同。

【2012 年】中国社会科学院副院长、中国地方志指导小组原常务副组长朱佳木一行至恩施市，赴后山湾叶挺将军纪念馆参观并向叶挺铜像敬献花篮。市领导黎昔品等陪同。

【2013 年】国家烟草专卖局局长姜成康、副省长许克振一行，深入“清江源”现代烟草农业科技园区、湖北中烟恩施卷烟厂、湖北烟草金叶复烤有限公司、龙凤镇青堡村等地，调研恩施烟草产业发展情况，并就如何支持湖北省恩施市全国综合扶贫改革试点建设提出意见。州、市领导王海涛、杨天然、张忠凯、孔祥恩、董永祥、张宇、刘志兵、向前进等陪同。

【2015 年】州政协副主席、州工商业联合会主席、州总商会会长王继刚一行至恩施市，就企业发展环境专题调研。市领导向煦等陪同。

4 月 21 日

【1957 年】省委书记处书记、省长张体学率领省联合工作团到达恩施。5 月 14 日，张体学邀请恩施一中、恩施二中、恩施五中、恩施农校、恩施师范和恩师附小的学生教师代表 40 余人召开座谈会，征求对党和政府的意见和要求。省委副秘书长史林峰、恩施专署副专员石源以及各学校校长参加座谈。

【1992 年】州汽车客运公司一客车在恩施市“双龙”公路龙马区境内倾覆，致 11 人死亡，34 人受伤。

【1993 年】恩施市人民警察首次授衔仪式在市公安局举行，州委副书记兼市委书记杨家志、市长胡荫安、市委副书记刘诗伟、冯国亮、何德金及州公安局局长尚武等领导参加授衔仪式。公安部授予一级警督 5 人，二级警督 42 名，三级警督 64 名；省公安厅授予一级警司 70 名，二级警司 42 名，三级警司 24 名，授予一级警员 15 名，二级警员 5 名。全市 300 余名公安干警参加授衔仪式。

【2000 年】市政府发出《〈关于大力发展草食动物的决定〉的通知》。

【2008 年】市长秦斌主持召开恩施市应对三岔乡风水河汤家湾滑坡体异动情况紧急备战现场会。会议要求，新塘、三岔、沙地等乡将沿河警戒范围内群众撤离到水布垭库区淹没线界桩 30 米以上的安全地带；舞阳坝街道、芭蕉侗族乡将沿河警戒范围内群众撤离到水布垭库区淹没线界桩 20 米以上的安全地带；六角亭街道将沿河警戒范围内群众撤离到水布垭库区淹没线界桩以上的安全地带。并组建工作专班，对警戒范围内群众进行疏散撤离，公安、安监、交通、国土、民政、交警、运管等部门明确专人值守，警报解除前任何人不得进入警戒范围。市政法委书记、公安局局长谭志国及市政府办、国土资源局、移民局、公安局、水利水产局、交通局、三岔乡政府、新塘乡政府等单位负责人参加会议。

【2010 年】8 时 30 分，恩施市悼念玉树地震遇难同胞活动在政府广场举行。市委副书记、市长秦斌等市领导，恩施经济开发区领导，全市各级各部门有关人员齐聚广场，沉痛悼念玉树地震遇难同胞。

【2010 年】省林业局局长王海涛至恩施市，就林业工作调研。市领导秦斌等陪同。

【2011 年】副州长董永祥深入龙凤高中改扩建工程现场，对该工程建设进展情况进行督办。市领导李国庆、向仕莲等陪同。

【2013 年】清华大学深圳研究生院培训学院常务副院长朱继强率清华·恩施产学研考察团一行，进行产学研考察，并对相关合作项目进行对接，至 22 日结束。市领导王兰英陪同。

【2014 年】中央党建工作领导小组秘书组处长周新群率调研组赴恩施市，深入龙凤镇

店子槽村、双堰塘村和六角亭街道头道水村等地，就村医村教进村两委工作、律师顾问进村、农民办事不出村等农村社会综合治理体系机制创新情况等调研，至 22 日结束。市领导张渊平、王兰英等陪同。

4 月 22 日

【1991 年】市政府在北京亚运村国际会议中心，举行开发恩施富硒茶新闻发布会，市长商金平，副市长邬本超、向金阶参加会议，陈丕显、王平、陈锡联等中央领导出席。恩施富硒茶被列入湖北省星火计划。

【2012 年】由市政府、省鄂西生态旅游文化圈投资公司、湖南卫视联合邀请的美国知名冒险家迪恩·波特，在恩施大峡谷海拔 1800 米双壁悬崖上，在无任何保护措施的情况下，仅靠一指软绳，高空行走 41 米，挑战无保护高空走扁带获得成功。

【2012 年】国家人力资源和社会保障部副部长胡晓义一行至恩施市，深入芭蕉枫香坡侗族风情寨、恩施大峡谷风景区等处，就农家乐项目发展等情况进行考察，至 23 日结束。市领导向前进、胡平江、张渊平等陪同。

【2015 年】交通运输部副部长冯正霖，省交通运输厅厅长尤习贵一行至恩施市，深入白杨坪镇鹿子渡村、白杨坪镇乡村客运站、恩鹤公路改扩建工程现场等地，就农村交通运输工作情况调研。州、市领导马尚云、向前进、黄波陪同。

【2015 年】副省长郭生练一行至恩施市，深入恩施润邦国际富硒茶叶有限公司、芭蕉侗族乡枫香坡侗族风情寨等处，就旅游文化产业发展工作开展情况调研。州、市领导陈晓燕、杨局成等陪同。

4 月 23 日

【2001 年】14 时许，舞阳坝街道枫香坪村一地下鞭炮作坊突然爆炸，致作坊主侯某妻潘某和 6 岁女儿当场死亡，同村 2 名女孩受伤，作坊 3 间两层楼房炸塌。

【2003 年】首届“中国硒都·芭蕉茶叶文化节”在芭蕉侗族乡举行，中国工程院院士、中国茶叶学会名誉理事长、博士生导师陈宗懋参加活动并题词。

【2007 年】9 时 30 分许，恩施凤凰大桥建成通车。州委副书记、州长周先旺，州委常委、常务副州长彭军，州委常委、副州长杨天然，州政协副主席张龙光，以及市委书记谭文骄、市长秦斌等州、市领导出席典礼仪式并为大桥通车剪彩。该大桥于 2005 年开工，建设总投资 3440 万元，是一座集公路交通和城市景观于一体的标志性工程。工程由南昌有色

冶金设计院设计,中南勘察设计院勘察,设计技术标准为城市主干道二级标准,主桥为中承式钢筋混凝土拱桥,桥梁全长188.74米,单孔净跨112米,桥宽26.1米,双向四车道,行车速度为每小时40千米。

【2010年】省委常委张昌尔一行至恩施市,就恩施大峡谷旅游开发工作进行考察。州、市领导肖旭明、孔祥恩、秦斌等陪同。

【2010年】全省粮食质量工作会议在恩施市召开。其间,省粮食局副局长马木炎率出席会议的代表,参观市粮油质量检测站。

【2010年】共青团恩施市第九次代表大会召开,至24日闭幕。市领导李明东、蔡平、王怀东、李敏等出席开幕式。团州委副书记邹伟到会祝贺。会议审议通过共青团恩施市第八届委员会工作报告,来自全市各行业的136名代表选举产生团市委新一届领导机构、新一届团市委委员会委员、候补委员。

【2011年】省工商局局长刘源超一行,深入芭蕉侗族乡寨湾村马宝园桥建设现场、润邦茶叶公司等处调研。市领导秦斌、陶军等陪同。

【2013年】全省少数民族特色村寨保护与发展试点工作现场经验交流会与会人员一行,深入芭蕉侗族乡戽口村,考察少数民族特色村寨保护与发展工作。市领导朱卫东陪同。

【2013年】经省政府批准,民政厅同意,白杨坪乡撤乡建镇。

【2014年】省交通投资有限公司董事长张嗣义、总经理龙传华一行赴恩施市,就松树坪、方家坝旅游度假项目、高旗大道道路工程项目与恩施市签订项目合作协议。州、市领导王海涛、杨天然、董永祥、张宇、向前进、李国庆等陪同或参加座谈。

【2014年】省科学技术厅副巡视员方国强率省考核组赴恩施市,深入龙凤镇龙马中低产田改造现场、茶园沟退耕还林现场、青堡村等地,就地方党政主要负责人扶贫工作责任制落实情况进行考核,至24日结束。州、市领导董永祥、马尚云、向前进、张渊平等陪同或参加汇报会。

4月24日

【1986年】中央政治局常委、国务院总理赵紫阳、全国人大常委会副委员长王任重一行,赴大山顶牧场考察。省委书记关广富、省长郭振乾陪同。

【1992年】市化肥厂黄家海被省委、省政府授予“湖北省省劳动模范”称号。

【1994年】恩施市被确定为全国7个NPA项目,即《90年代中国儿童发展规划纲要》试点县(市)之一。

【2003 年】湖北鄂西经济技术开发区更名为湖北恩施经济技术开发区。

【2007 年】新塘乡河溪村公路建成通车。至此，恩施市 176 个行政村实现公路“村村通”。

【2008 年】州委书记肖旭明一行，先后深入沙地乡黄广田村、神堂村，崔家坝镇水淌村、滚龙坝村、南里渡村就生猪养殖、魔芋、烟叶、蔬菜、水果等特色产业发展情况实地调研。

【2011 年】恩施市“迎五一·话发展”城区民间演艺团队喜剧小品大赛在小渡船街道会议中心举行。州、市领导王月圣、王怀东等出席。

【2011 年】湖北省人民防空“楚越－11”演练活动在恩施市启动，至 25 日结束。来自宜昌、襄阳、十堰、荆州、恩施、潜江等 52 名演练队员、14 台通讯指挥车组成演练车队，沿凤凰大桥、施州大道、航空大道、清江桥舞阳大道、土桥坝、金桂大道绕城一周，在城区内进行半小时的防空警报试鸣。此次演练活动途经重庆、广安等处，总行程约 1150 公里，旨在进一步加强规范化训练，加大《中华人民共和国人民防空法》宣传教育力度，增强市民忧患意识，为机动指挥车和通信电台车建设、跨区域应急通信保障行动积累宝贵经验。省人民防空办公室副主任王纪三，副巡视员华凯旋，州人大常委会副主任于德海，恩施军分区副政委高绪芳，市委副书记、市纪委书记刘凡，市委常委、市人武部部长黄秀武等出席活动。

【2012 年】省党政主要负责同志扶贫工作责任制考核组组长、省教育厅副巡视员孙望安率考核组，深入白杨坪乡、湖北思乐集团等处，就恩施市扶贫工作、农村基础设施建设、产业结构调整和农业产业化龙头企业带动等调研和检查指导。州、市领导王志强、肖作文、向前进、胡平江、杨洪安等陪同。

【2012 年】州委书记肖旭明，州委常委、州委秘书长孔祥恩一行，深入市农副产品加工园、五指湖五星级酒店等建设工地，滨湖印刷、翔奥科技、鸥力服饰、山泰水设等处，就重点工程建设进度、工业企业生产等情况调研。市领导向前进、郜志中等陪同。

【2013 年】国家民委经济司巡视员王铁志一行，深入龙凤镇龙马村、青堡村等地，调研湖北省恩施市全国综合扶贫改革试点工作。市领导向前进、朱卫东、王国玮陪同。

【2013 年】省档案局（馆）局（馆）长熊承家一行，检查恩施市档案管理工作。市领导黎昔品、邵永政、陶军陪同。

【2013 年】亚洲开发银行鉴别团专家一行，就清江上游环境治理及生态保护项目进行调研。市领导张渊平、尹剑陪同。

【2013 年】恩施市被全国普及法律常识办公室表彰为“全国法治城市法治县（市、区）创建活动先进单位”。

【2013 年】市第二实验小学迁入市体育运动中心西侧新校区，定名为恩施市硒都民族

实验小学。新校区占地面积9.64万平方米,建筑面积4.16万平方米,总投资1.56亿元。

【2013年】州政协副主席肖谏成一行,深入白杨坪乡民族新镇和熊家岩茶叶民俗文化街、龙凤坝镇龙凤初中迁建现场、金龙大道北端施工现场等地,专题调研恩施市城镇化建设情况,至25日结束。市领导廖泽熙、金德钧陪同。

【2015年】州委书记、州人大常委会主任王海涛一行,深入城区湖北创偲诺电气科技股份有限公司、易事通物流园等地,就企业运行情况调研。州、市领导孔祥恩、刘芳震、向前进、李国庆等陪同。

【2015年】州委常委、副州长马尚云一行,深入屯堡等地,就旅游生态公路建设和旅游工作调研。市领导黄波,市政府党组成员、恩施大峡谷风景管理处主任王学渊陪同。

4月25日

【1983年】全县20个公社遭两次冰雹和大风袭击,至26日,致2人死亡,26人重伤,2.12万间房屋垮塌,1407间牛圈坍塌。红土、新塘公社倒塌高压电杆113根、高压线路7千米、低压电路40千米、电话线路10千米。

【1991年】省政协主席沈因洛至恩施市,深入卷烟纸厂、轴承厂、芭蕉区茶场及金星村级茶场视察,至27日结束。

【2004年】恩施市组织代表团,参加2004年中国北京国际合作社贸易洽谈会,至28日结束。全市9家企业26个产品进入展览大厅参展。

【2010年】副州长董永祥到恩施大峡谷景区,就"五一"国际劳动节小长假组织接待、安全生产及景区内农民建房等问题进行专题调研。市领导肖家魁、陶文胜等陪同。

【2010年】州委书记肖旭明率州委常委、州委秘书长孔祥恩,州政协副主席、州发改委副主任刘青及州委政研室、州发改委、州统计局等州直相关部门负责人,就如何转变发展方式、提高发展水平、加快市域经济发展步伐调研,至26日结束。市领导秦斌、郜志中、李明东、刘羽、刘凡等陪同。

【2011年】《恩施市城市总体规划(2010—2030)》专家评审会在武汉召开。省住房和城乡建设厅副厅长占世良主持会议。来自省直有关部门、规划设计机构和大专院校的7位专家组成的专家组,认为《总体规划》符合恩施经济社会发展的实际需要,体现恩施"山水园林城、民族风情城、生态旅游城"的特点,达到《城市规划编制办法》的要求,同意通过《总体规划》。州、市领导董永祥、秦斌、廖泽熙等出席评审会。

【2011年】由荆楚网、市委、市政府共同主办的"全国重点网络媒体走进'仙居恩施'活动"举行,至28日结束。来自人民网、央视网、中国网、中国广播网、新浪网、搜狐网、凤凰

网、东方网、红网、大河网、北方网、华龙网、中国江西网、山西新闻网等 14 家全国重点网络媒体的记者深入市新闻中心、“恩施玉露”茶叶基地、戽口村、枫香坡侗族风情寨、恩施大峡谷、洞下槽新农村、南里渡村、清江画廊等线路和景区进行采访，实地感受“仙居恩施”的美丽风光与恩施市经济和社会发展进程，并在互联网上掀起“仙居恩施”的宣传热潮。

【2012 年】省老年学学会会长胡永继率省老年学学会、省委政研室、省老龄工作委员会办公室联合调研组至恩施市，深入六角亭街道城乡街社区、市民政福利中心和七里坪福利院等处，调研老龄工作。州、市领导肖作文、邵永政等陪同。

【2013 年】省政协专职常委、省政协民族和宗教委员会副主任陈新，省政协常委、省政协民族和宗教委员会副主任吴红娅率调研组一行，深入芭蕉侗族乡枫香坡侗族风情寨，调研恩施市生态环境保护工作。州、市领导刘志兵、万雪峰、管书华、赵萍陪同。

【2013 年】州委常委、州委政法委书记沙玉山到市公安局调研，了解该局打击侵财犯罪专业队伍建设情况，督办“五一”期间州城治安、维稳等工作。市领导胡平江、张孝赤陪同。

【2013 年】州领导董永祥、汤文江率消防部门负责人一行，到城区恩施商场、网吧、液化气加气站、挂榜岩车站、华硒生态园等地，检查恩施市消防安全工作。市领导黄波陪同。

【2014 年】州政协副主席刘晓冰一行，深入施州民族小学等地，就教育信息化建设工作进行调研，并召开座谈会。市领导张献宏、金德钧等陪同。

【2015 年】中央组织部党建研究所政党室副主任、调研员龚加成一行至恩施市，深入六角亭街道解放路社区、芭蕉侗族乡寨湾村和枫香坡农民专业合作社等地，就“充分发挥基层党组织政治功能”课题实地调研。市领导王兰英等陪同。

4 月 26 日

【2008 年】20 时 04 分，恩（施）大（集）公路盛家坝乡路段发生一起重大交通事故，致 3 人死亡，1 人受伤。经查明，系该乡安乐屯村村民杨某驾驶面包车在返回途中，与一辆对向行驶的重型水泥罐车相撞，驾驶员及乘车人田某某、朱某某当场死亡，乘车人杨某某在医院抢救中死亡，另 1 人受伤。

【2009 年】市公安局综合大楼投入使用。市局机关内设机构和部分二级单位从六角亭街道城乡街 39 号办公地搬入黄泥坝综合大楼办公。

【2010 年】渝、鄂、湘、黔四省边区殡葬工作联席会第一届第四次会议在恩施市召开。四省边区 32 个理事成员单位、7 个常务理事单位参加会议，就边区殡葬改革工作交流经验，共谋发展与合作事宜。

【2010 年】省精神文明建设指导委员会办公室主任蒋南平一行,深入芭蕉侗族乡、市检察院、大峡谷景区等处,就全市文明创建工作调研,至 27 日结束。市领导王怀东等陪同。

【2010 年】由法制日报、湖北日报、楚天都市报等 7 家媒体记者组成的“平安湖北”采访团,在省委政法委政治部宣传教育处调研员曾繁江率领下至恩施市,对全市城乡综治维稳工作进行实地采访。市领导张孝赤接受媒体采访。

【2011 年】国家民委委员李文亮深入芭蕉侗族乡,就该乡特色产业发展、特色民居改造等新农村建设情况调研。市领导秦斌等陪同。

【2012 年】清华·恩施产学研合作考察团一行,深入恩施首创水务有限公司、武陵国际建材城、市农副产品加工园、清江创业园、硒都茶城、恩施土司城风景区、恩施大峡谷风景区、芭蕉侗族乡枫香坡侗族风情寨、恩施清江画廊风景区等处考察。4 月 28 日,清华·恩施产学研合作座谈会召开。恩施市被清华大学深圳研究生院确定为教学实践基地,清华大学副秘书长、深圳研究生院院长、教授康飞宇给市委书记向前进授予牌匾;清华大学深圳研究生院党委副书记杨瑞东分别与市长李国庆签订《共建研究生骨干地方短期挂职锻炼湖北恩施基地协议书》,与副市长黄波签订《共建社会实践基地合作协议书》,此举标志着恩施市与清华大学深圳研究生院的合作迈入实质性阶段。市委副书记、恩施经济开发区常务副主任郜志中主持座谈会。市领导刘凡、黎昔品等参加会议。

【2013 年】州、县(市)文化市场集中销毁非法出版物非法卫星电视广播地面接收设施活动现场会在恩施市举行。州、市领导杨陈清、邹炜、邵永政、张献宏、金德钧等出席。

【2013 年】恩施喻家河水库工程可行性研究报告技术审查会召开。州、市领导董永祥、胡平江出席并陪同省专家审查组现场查勘。

【2014 年】省农垦农业管理局纪检组长经建新率省农村综合改革考评组赴恩施市,深入龙凤镇、白果乡、市财政局、市林业局等地,就农村综合改革工作考察。市领导张渊平、杨洪安等陪同。

4 月 27 日

【1956 年】公安机关组织破获十三区(白果)会道门“皇极道”复辟活动案,缉拿主犯邓子彦、田元香等 4 人。随后,县政府印发《关于取缔十三区反动会道门“皇极道”的布告》。

【1991 年】市民族橡胶厂厂长马桂松被省政府授予“湖北省劳动模范”称号。

【2005 年】全市政府机构改革动员会议在恩施宾馆召开。

【2011 年】许家坪隧道工程开工。许家坪隧道工程是金凤大道的重要组成部分,自许

家坪机场底层贯穿连接施州大道与金桂大道,并通过红旗大桥连接至旗峰大道,是恩施城区连接旗峰坝、红庙及金子坝的一条东西向主要通道。州、市领导杨天然、柳望春、谭文骄、于德海、董永祥、张龙光、秦斌等出席庆典活动。

【2011 年】恩施城区红旗大桥建成通车。大桥位于市区北侧清江上游红庙下官田,东接恩施经济开发区,西接旗峰坝村旗峰大道。大桥及接线全长 906.49 米,其中主桥长 146.56 米,桥宽 26 米。州、市领导杨天然、柳望春、谭文骄、于德海、董永祥、张龙光、秦斌等出席庆典活动。

【2011 年】恩施市第六届“恩施市十大杰出青年”表彰大会举行,纪念“五四”运动 92 周年,袁敏、覃涛等来自不同战线的 10 位杰出青年受到表彰。团州委书记郭玲,市“四大家”有关领导等出席会议并为十大杰出青年颁奖。

【2011 年】中央财经工作领导小组办公室主任、国家发展改革委副主任朱之鑫一行至恩施市,就全市经济社会发展情况走访调研,至 28 日结束。副省长赵斌及州、市领导杨天然、柳望春、张忠凯、孔祥恩、谭文骄、秦斌等陪同。

【2012 年】省环境保护厅总工程师周水华一行至恩施市,深入恩施大峡谷黄鹤楼生态走廊沿线、大龙潭饮用水源地水藻分离站、恩施首创水务有限公司、山寨皮革有限公司等处,就恩施市 2012 年转变经济发展方式和环保重点工作检查督办。市领导万雪峰等陪同。

【2012 年】州委常委黄实海一行,深入新塘乡下坝村,就新农村建设情况调研。市领导王国玮等陪同。

【2012 年】副州长肖作文一行,深入新塘华中药用植物园、众惠蔬菜专业合作社等处,就农业农村工作调研。市领导杨洪安等陪同。

【2013 年】湖北省司法厅副厅长陈文贵率省调研督办组一行,深入市社会管理应急调度指挥中心、市公安局、市司法局、育才幼儿园、施州民族小学、华龙村大酒店、六角亭街道胜利街社区等地,调研恩施市政法工作情况。州、市领导刘志兵、张孝赤陪同。

【2013 年】芭蕉侗族乡被省委办公厅表彰为首批“湖北省新农村建设示范乡镇”。为全州唯一获此荣誉的乡镇。

【2013 年】小渡船街道民族路社区在省民政厅举办的“首届荆楚最美社区”推选活动中被评选为“荆楚最美社区”。为恩施州惟一获此殊荣的社区。

4 月 28 日

【1983 年】大集(盛家)公社葫芦滩石拱桥发生垮塌事故,致 3 人死亡,2 人轻伤。经查

明,系因该工程设计、施工不符合规定,拱架拆除时发生意外。

【1993 年】市一塑料厂职工龚泽柱被中共湖北省委、省政府授予“湖北省劳动模范”称号。

【2005 年】州委常委、宣传部部长程远斌一行至恩施市,对清末新疆巡抚,恩施籍饶应祺墓址被毁情况实地调查。市领导刘宗烈、向成舟等陪同。

【2008 年】恩施大峡谷风景区试营业庆典举行。该核心景区由云龙河地缝、大龙门、中龙门、小龙门及绝壁组成,包括地缝、绝壁、奇峰、峡谷等处质景观,是整个清江大断裂景观的精华,总面积 23.9 平方千米,公司完成 3000 万元的投资,建成一条长 7.5 千米的游步道,一条长 488 米的空中“绝壁栈道”等。州领导瞿赫之等与市委书记谭文骄、市长秦斌等在家的市“四大家”领导与恩施经济开发区领导及香港驰生集团相关负责人出席庆典。

【2009 年】以省政协常委、省政协民族和宗教委员会主任李传锋为组长的省政协《中华人民共和国民族区域自治法》调研组一行,到恩施市开展“贯彻《民族区域自治法》,加快民族地区经济社会发展”专题调研活动。州、市领导王继刚、刘宗烈、向仕莲、尤连胜等陪同。

【2010 年】参加 2010 年全国劳动模范和先进工作者表彰大会的全国劳动模范、沙地乡农民技术员邓祥光载誉归来。市领导李敏、侯萍、陶军、向成舟等专程到机场迎接。

【2010 年】州委副书记柳望春率全州城乡建设代表团,参观白杨坪乡熊家岩村新农村建设。

【2010 年】州人大常委会副主任杨兵率视察组,就全市社会保险工作进行专题调研。市领导蔡平、刘少华等陪同。

【2011 年】东风汽车公司高级技工学校与恩施市中等职业技术学校签署《联合办学框架协议书》。此举标志着“616”工程对口支援单位东风汽车公司对恩施市的对口援助延伸到中等职业教育。东风高级技校校长沈炳生、党委书记李富安,市委领导陈江龙、侯萍、向仕莲等出席签约仪式。

【2012 年】应市委、市政府邀请,中国公共管理(CPA)和工商管理(MBA)学界著名学者、国家行政学院教授张德信至恩施市,为全市党员干部及企业负责人作题为《创新型国家和企业的人才资源开发战略》的学术报告。

【2012 年】市公共汽车公司工人黄光菊(女)、市实验小学教师蔡祖泉被省政府授予“湖北省职工劳动模范”称号;芭蕉侗族乡戽口村党支部书记肖孚云被省政府授予“湖北省农业劳动模范”称号。

【2012 年】中国投资论坛组织工作委员会专家顾问万淑鹏一行,深入龙麟宫风景区、恩施土司城风景区等处,考察恩施市旅游产业的发展情况,至 29 日结束。市领导侯萍、张

献宏等陪同。

4 月 29 日

【民国三十年(1941)】日军飞机九架轰炸恩施城。致六十三人死亡、四十三人重伤、三十六人轻伤。

【1951 年】县法院在城关召开公审大会，对“中庸天道教”（前身为“北方一贯道”）特务头目进行公审。该教为美蒋特务机关直接指挥，于民国三十七年(1948)潜入恩施。公审大会为期两天，1000 余人参加，陈东楹等 4 名主犯被判处死刑。

【2001 年】市公安局破获公安部督办的非法买卖爆炸物品案，10 名犯罪嫌疑人落网。

【2009 年】市人民法院执行庭法官周巍、屯堡乡马者村农民向修凤（女）被省委、省政府分别授予“湖北省职工劳动模范”“湖北省农民劳动模范”称号。

【2010 年】全国政协副主席白立忱、省政协副主席郑心穗一行至恩施市考察。州、市领导甘方谦、李济、刘志兵、李国庆、刘羽等陪同。

【2011 年】恩施市 2011 年劳动模范表彰大会召开。刘世春、李长寿、刘小琼、何璐等 20 名劳动模范获得表彰。州委常委、市委书记谭文骄在会上讲话。市长秦斌主持会议。市领导部志中、李国庆等出席会议。

【2011 年】中央联席会议办公室副主任、国家信访局党组成员、副局长张彭发、省信访局副局长王昌友一行，深入恩施大峡谷，就旅游资源开发情况进行考察。市领导胡平江等陪同。

【2015 年】在庆祝“五一”国际劳动节暨表彰全国劳动模范和先进工作者大会上，芭蕉侗族乡戽口村村支部书记肖孚云、沙地乡秋木村花栗山组村民蔡秀莲、新塘乡双河邮政分所邮递员张美冲获得“全国劳动模范”称号。其中蔡秀莲由广东省总工会推荐。自 2000 年开始，蔡长期在广东打工，他始终拥护党的方针政策，遵纪守法，积极支持家乡的各项事业发展，成为当地致富带头人，起到很好的模范带头作用。

4 月 30 日

【1959 年】11 时许，屯堡街发生火灾，供销社库存的 400 公斤黑炸药爆炸。1000 余人参加抢救，致 4 人死亡、13 人重伤、38 户受灾，焚毁房屋 117 间，损失 10 余万元。恩施四中 13 周岁初一年级女生谭珍菊（少先队员）在烈火中抢救财产被严重烧伤，送县医院医治无效牺牲。

【1982 年】恩施市成立庆祝大会在东方红电影院举行。徐国钦任中共恩施市委书记，彭焕章、武道煊、田期玉任副书记。

【2004 年】恩施市政府网站——“中国硒都”网经过改版开通。网站着力向广大网民展示“美丽硒都、魅力硒都、激情硒都”，目前开设“政务在线”“首府新闻”“市长信箱”等 10 多个栏目。

【2004 年】市公路段养护分公司经理邓慎明(土家族)，被省政府授予“湖北省劳动模范”称号。

【2007 年】恩施市和谐城乡游暨枫香坡侗族风情寨首游式启动。州人大常委会副主任罗贤美、副州长朱惠民以及市委书记谭文骄、市长秦斌等首游式。枫香坡侗族风情寨位于芭蕉侗族乡高拱桥村，距州城 10 千米，景区面积 1.5 平方千米。风情寨为侗族人聚居地，侗族风情浓郁，寨内有游客体验休闲景点 20 多处。

【2010 年】副州长董永祥至恩施市，就企业发展情况调研。市领导谭文骄、郜志中、陶文胜等陪同。

【2014 年】州委书记、州人大常委会主任王海涛一行，深入龙凤镇店子槽村，就村医村教进村“两委”班子工作情况调研。市领导向前进、王兰英、王国玮等陪同。

五 月

5 月 1 日

【嘉庆元年(1796)】奉上谕:因“恩施县有贼屯聚，经知县尹英图等率领乡勇分路擒捕，歼毙多贼，洗荡贼巢。”“知县尹英图着即以同知升补，其经历蒋遇春及把总、外委等俱着酌升用，以示奖励。”并将“应征钱粮再行蠲免一年，以示奖义。”

【民国十六年(1927)】朱光钦、徐伯坚于恩施体育场主持声势浩大的“讨蒋大会”，并游行示威，声讨蒋介石“四一二”反革命政变罪行。

【民国二十八年(1939)】中共芭蕉地下党组织芭蕉制茶厂工人举行反剥削罢工，取得“增加工资、改善生活和实行八小时工作制”胜利。

【1951 年】恩施城乡 10 万军民举行盛大示威游行，反对美帝侵略朝鲜，反对美帝武装日本，响应中共中央关于抗美援朝保家卫国的号召，1629 人参加和平签字，捐款 5598 元(折现币值，下同)购买飞机大炮。

【1986 年】国务院农村研究中心组织武陵山区考察团到大山顶牧场考察。

【1987 年】恩施风(浑)水河大桥建成通车。大桥位于恩施市三岔与新塘两区交界的峡谷地带,于 1984 年 6 月开工建设,于 1987 年 4 月完成主体工程,全长 172.5 米,主跨 120 米,桥面行车道宽 7 米,总造价 222 万元。为湖北省第一座预应力钢筋混凝土桁架拱桥。

【1987 年】鄂西州政府决定,位于恩、利、咸交界之星斗山自然保护区,由恩施、利川、咸丰三县(市)实行联合保护。

【1994 年】恩施市发生一起绑架人质案件。屯堡区李某军、熊某、新塘区廖某兰 3 人在城区航空路将新塘区人龚某挟持到六角亭四海酒家处捆绑殴打,令其父、兄送钱赎人。市公安局接到报警后,及时开展侦破,于 5 月 5 日 18 时抓获犯罪分子,解救人质。

【2006 年】14 时 20 分许,舞阳坝街道枫香坪村贺家榜组一采砂场发生山体坍塌事故,致 2 民工因山石掩埋死亡。经查明,事故系因开山采砂所致。

【2009 年】清华大学深圳研究生院副院长马辉率清华学子广东百名企业家考察团抵达恩施进行相关考察活动。恩施市在富源国宾馆酒店举行“清华学子广东百名企业家恩施考察团情况介绍会”。市委书记、市人大常委会主任、恩施经济开发区主任谭文骄介绍市情并推荐相关项目,市委副书记、市长、恩施经济开发区第一副主任秦斌主持会议,市“四大家”领导及恩施经济开发区领导出席情况介绍会。

【2010 年】应市委、市政府邀请,解放军总医院外科临床部政治委员、党委书记、大校王同亮率解放军总医院专家团一行,为市民开展义诊活动,至 3 日结束。29 位专家分组分别在州城桥西广场和市中心医院,开展义诊和教学查房活动。市领导谭文骄、郜志中、李国庆等陪同。

5 月 2 日

【1971 年】中国共产党恩施县第四次代表大会于清江电影院召开,至 7 日闭幕。到会代表 485 人,特邀代表 2 人。大会审议通过曾茂廷代表县革委会党的核心小组所作的《沿着毛泽东主席革命路线胜利前进,为进一步加强无产阶级专政而斗争》的工作报告,作出相应决议。会议选举产生中共恩施县第四届委员会委员 25 人。第一次全委会议选出县委常委 5 人,曾茂廷任书记,及树华、刘双亭任副书记。

【2010 年】恩施市清江创业园项目开工奠基仪式举行。该园计划建筑面积 5 万平方米,项目总投资 8000 万元,拟建成集智能化办公、产品研发、企业教育培训中心、产品展示、商务会议以及企业总裁 VIP 交流中心等多项功能于一体的综合建筑。市领导谭文骄、郜志中、李明东、刘羽、蔡平、王怀东及州规划局负责人、广东省湖北商会惠州分会秘书长

胡新民、清华大学深圳研究生院相关项目负责人等特邀嘉宾出席奠基仪式。

【2011 年】省委原书记贾志杰、蒋祝平，省人大常委会原副主任贾天增一行，深入“恩施玉露”茶叶基地、芭蕉侗族乡枫香坡侗族风情寨、州博物馆等处，就恩施市新农村建设、特色农业发展、民族文化保护、旅游资源开发等情况进行考察。州、市领导肖旭明、谭文骄、蔡平等陪同。

【2012 年】州人大常委会副主任邓正平、副州长秦斌、州政协副主席肖谏诚率全州城镇建设管理工作督办会与会代表，深入市第二实验小学、市中心幼儿园、华龙村大酒店、武陵国际装饰城、省级农产品加工园等建设现场和恩施州高级中学龙凤校区、华硒农产品批发交易市场等处，就州城建设管理现场参观、考察。市领导向前进、李国庆等陪同。

【2012 年】市公安局政委尤连才被公安部授予“全国优秀人民警察”称号。

【2013 年】湖北恩施全国综合扶贫改革试点规划编制工作汇报会召开。州、市领导王海涛、孔祥恩、董永祥、秦斌、向前进、胡平江、张渊平、廖泽熙、王国玮出席会议。

5 月 3 日

【1982 年】湖北省少数民族传统体育表演赛于恩施地区体育场(栖凤桥)举行。

【1983 年】六角亭街道和平街小学教师曾祝祥被授予“全国青少年科技辅导员奖”称号。

【1988 年】中共中央委员、广播电影电视部长艾知生至恩施市调研，对广播电视事业的发展提出具体意见和要求。

【2011 年】中共第十七届中央委员、十一届全国政协常委张左己，国务院三峡工程建设委员会办公室党组成员张宝欣一行，深入恩施大峡谷进行实地考察。州、市领导张龙光、孟明星等陪同。

【2011 年】市公汽公司 6 路线车组被中华全国总工会授予“全国工人先锋号”荣誉称号。州、市领导杨陈清、何慧等出席授牌仪式。

5 月 4 日

【2008 年】“恩施杯”《百姓生活》全国摄影大赛百名优秀摄影师看恩施活动启动仪式在恩施土司城举行。嗣后，来自北京、广东、福建等全国 18 个省(市、自治区)首批 30 余名摄影师在恩施市及利川市部分旅游景点创作采风。值《大众摄影》杂志创刊 50 周年，该杂志子栏目《百姓生活》以“恩施杯”命名，用纪实手法反映 2007 年以来全国老百姓的衣食住

行等风貌。

【2010 年】清华大学深圳研究生院领导及部分广东企业家代表至市第一中学，为全市 128 名学子发放奖学金 12.8 万元。市领导郜志中、向仕莲等参加发放仪式。

【2011 年】恩施州首个国家级乡镇农民体育健身中心在新塘乡挂牌。市领导陈江龙、王怀东等出席挂牌仪式。

【2011 年】省委原书记贾志杰、蒋祝平一行，深入恩施经济开发区、旗峰大道、红旗大桥、金桂大道、恩施火车站、亲水走廊、恩施州城规划展厅等处，对市政建设及部分工业企业进行考察。州、市领导李云开、秦斌、郜志中等陪同。

【2014 年】州、市纪念“五四”运动 95 周年暨主题为“同饮清江水、共保母亲河”团日活动在桥西广场举行。州、市领导董永祥、吕金施、向宏贵、张渊平等出席活动。

5 月 5 日

【1956 年】恩施县有线广播站成立，城关等 4 个区安装喇叭。10 月 1 日，县广播站开始播音。

【1984 年】恩施市在州体育场召开宣判大会，对龙凤镇轮奸妇女的流氓犯罪团伙头目卢宗祥、康纪雄和沐抚拐卖妇女犯罪团伙头目刘洪玖依法判处死刑并立即执行，对 25 名罪犯分别判处死缓、无期徒刑和有期徒刑。

【2007 年】国家体育总局水上运动管理中心三部副部长李欣等一行 5 人到芭蕉侗族乡芭蕉河高拱桥村铁耙沟段，对该河段地理位置、水流、落差等情况进行考察。考察组认为，该河段基础较好，是国内开展皮划艇激流回旋训练比赛运动的理想场地。

【2010 年】州人大常委会副主任马春菊，州政协副主席、州人口计生委副主任王继刚率调研组一行，就《恩施州人口与计划生育条例》的修改进行立法调研。市领导侯萍、陶军等陪同。

【2011 年】省农科院党委副书记、纪委书记孙必会，州委常委、副州长、州支持华中药用植物园建设领导小组副组长瞿赫之，深入华中药用植物园、商家湾厚朴公园、大宝山、红花淌石林、清江画廊等处，就把华中药用植物园建成集资源保存、科技示范、旅游观光于一体的多功能植物园调研。市领导陈江龙等陪同。

【2014 年】市政府政务中心（恩施市民之家）整体搬迁至金桂大道 98 号，正式对外办理相关业务。

【2014 年】全省县域经济工作会议在恩施市召开，至 6 日结束。省委书记李鸿忠，省委副书记、省长王国生出席会议并讲话。省委常委、常务副省长王晓东主持会议，并宣读

省委、省政府关于2013年度全省县域经济工作先进单位的通报。省委常委、省委秘书长傅德辉，副省长许克振，武汉市市长唐良智，省政府秘书长王祥喜等出席会议。州委书记、州人大常委会主任王海涛，州委副书记、州长杨天然及全省各市(县)、直管市、神农架林区党委或政府主要负责人，省直有关部门和金融机构负责人等参加会议。6日，副省长许克振到硒都茶城、华硒产业园等地参观。市领导向前进、李国庆等陪同。

【2014年】省财政厅厅长王文童一行赴恩施市，深入龙凤镇龙马村、青堡村等地，就凤镇综合扶贫改革试点扶贫搬迁、"滴灌式"扶贫、产业结构调整、退耕还林等工作情况调研，并走访慰问困难群众，至6日结束。市领导张渊平、杨局成、王国玮等陪同。

【2015年】州委常委、副州长马尚云一行，至龙凤镇龙马旅游风情小镇、太阳河乡茶山河村等地，就旅游资源开发情况调研。市政府党组成员、恩施大峡谷风景管理处主任王学渊陪同。

5月6日

【1996年】恩施市中等城市建设研讨会召开，至9日结束。省、州有关部门领导、专家和论文作者300余人参会。省委原秘书长、省发展研究中心总干事吕乃强，省政府发展研究中心副主任冀学金，省国家安全厅厅长邓凡金等领导莅临会议。市委书记胡荫安发表《抓住机遇，加快发展，尽快把恩施建设成为中等城市》的讲话。会议收到论文58篇，宣读12篇，书面交流46篇。

【2011年】湖北武陵山少数民族经济社会发展试验区建设协商推进会在恩施市举行。省委副书记、省政协主席杨松出席会议并讲话。省直有关部门领导及长阳县、五峰县、恩施州8个县、市有关领导参加本次会议。恩施市与湖北奥山集团、随州香江商贸有限公司、中华龙投资开发有限公司、武汉博海生物医药公司签订湖北奥山·楼外楼——恩施游客接待中心、恩施·中国女儿城等4个项目的投资协议，签约金额达52.5亿元。

【2012年】由州政府主办的"2012年恩施硒茶文化艺术节"在武汉举行，至8日结束。恩施市有14家茶叶企业参展，由恩施玉露集团选送的"0846"牌"恩施玉露"、恩施众森公司选送的恩茶红·功夫茶获得名茶评比金奖。境内参展茶叶企业与北京、四川、湖南、福建和省内客商共签订项目合同9个，项目资金达4.2亿元。

【2014年】省委宣传部常务副部长杨万贵一行赴恩施市，深入恩施土家女儿城运动健身中心、富硒产品展销区、民俗文化展示区、创业街区等地，就文化体育产业发展情况调研。州、市领导杨陈清、李国庆、邹炜等陪同。

【2014年】省住房和城乡建设厅厅长尹维真一行赴恩施市，深入白杨坪镇、龙凤镇，就乡镇集镇建设工作进行调研。州、市领导秦斌、万雪峰陪同。

5 月 7 日

【1984 年】六角亭街道和平街小学少先队大队部荣获“全国红旗大队”称号。

【1996 年】恩施市实施“幸福工程”试点，该项目由中国人口福利基金会筹资、中国计划生育协会负责实施，以救助贫困母亲为目的。

【1997 年】恩施市被省委、省政府授予“1996 年度计划生育先进单位”称号。

【2009 年】恩施大峡谷建设现场会在大峡谷风景区管理处召开。州委书记肖旭明，州委副书记、州长杨天然要求，要借全省打造鄂西生态文化旅游圈的机遇，举全州之力建设恩施大峡谷。州、市领导陈亚平、甘方谦、孔祥恩、于德海、张龙光、谭文骄、秦斌等出席会议。市委书记谭文骄、市长秦斌介绍恩施大峡谷开发建设情况；14 个州直部门在会上作支持恩施大峡谷景区建设的表态发言；相关市直部门主要负责人参加会议。参会人员还对云龙河大桥等建设工地进行考察。

【2010 年】省文化厅巡视员、省文联主席、著名剧作家沈虹光至市民族文工团调研。市领导秦斌等陪同。

【2011 年】武船重型工程有限公司恩施山泰钢结构及桥梁生产基地揭牌。省政协副主席涂勇，州、市领导肖旭明、杨天然、甘方谦、谭文骄、秦斌、部志中、蔡平，武汉企业家协会会长赵零，武昌船舶重工有限责任公司副总经理、武船重型工程有限公司总经理杨少稀等出席揭牌仪式。

【2012 年】省人大常委会副主任刘友凡一行，深入恩施大峡谷风景区、芭蕉侗族乡枫香坡侗族风情寨、恩施烟叶复烤厂、华硒生态园、市劳动就业培训中心等处，就旅游产业发展、新农村建设、特色产业发展、劳动就业培训等调研，至 9 日结束。州、市领导瞿赫之、吕金施、刘凡、张渊平、邵永政等陪同。

【2013 年】光彩事业走进武陵山（恩施）启动式暨 2013 恩施州 · 武汉经贸洽谈旅游推介会在武汉举行。中央统战部光彩事业指导中心副主任魏登田宣布光彩事业走进武陵山（恩施）启动，省委常委、省委统战部部长张岱梨，副省长王君正出席启动式。州委书记、州人大常委会主任王海涛在会上致辞，州委副书记、州长杨天然主持启动式暨洽谈会，省委统战部副部长、省工商联党组书记曹立明在会上讲话，副州长陈晓燕作投资推介，市委书记向前进作湖北恩施全国综合扶贫改革试点建设项目推介。省直及“616”对口支援单位，省金融机构代表，对口支援市嘉宾，光彩事业邀请嘉宾，受邀旅行社、茶叶企业代表及相关嘉宾，州、市领导孔祥恩、谭文骄、段超、黄实海、王继刚等出席会议。是日，市委书记向前进代表恩施市与北京吉康控股（集团）有限公司、恩施众森绿色产业投资发展有限公司等

签订总金额64.33亿元投资协议。

【2013年】省政府第四督查组一行，深入小渡船街道航空路社区老年人日间照料活动中心，六角亭街道书院社区、城乡街社区和解放路社区等地，督查社区建设管理工作。州、市领导孙宇鹏、杨洪安陪同。

【2013年】州人大常委会常务副主任瞿赫之率检查组一行，到恩施宝中国际旅行社有限公司、鄂西之旅国际旅行社有限公司、耕织园土苗特产超市、巴山旅游运输有限责任公司、清江观光船务有限公司、三月竹林商贸有限公司等地，对恩施市贯彻落实《恩施州旅游条例》情况进行视察，至8日结束。市领导刘凡、张渊平、侯萍陪同。

【2014年】省委财经工作领导小组办公室（农村工作领导小组办公室）副主任陈宽宏率调研组赴恩施市，深入恩施经济开发区农产品加工园、崔家坝镇烟水配套工程基地、润邦国际富硒茶业有限公司等地，就特色农业发展情况调研。市领导杨洪安陪同。

【2014年】州委常委、副州长冯忠泽一行，到龙凤镇青堡村，就基层党组织建设、村集体经济及特色产业发展等工作调研。市领导张渊平陪同。

【2014年】州政协副主席陈卫平率专家组一行，到太阳河乡双河岭村、头茶园村等地，就州政协七届二次会议第34号《关于申报并规划建设太阳河国家级风景名胜区的提案》督办。市政府党组成员、恩施大峡谷风景区管理处主任王学渊陪同。

【2015年】州委常委、常务副州长刘芳震一行，至龙凤镇、恩施经济开发区部分重点项目施工现场，就龙凤镇综合扶贫改革试点建设和企业入驻农产品加工园情况调研。市领导向前进、郑晓斌、张渊平、杨局成、陈志波等陪同。

【2015年】州委常委、州委组织部部长周静一行，至太阳河乡、白杨坪镇、龙凤镇等地，调研基层党建工作。市领导王兰英等陪同。

5月8日

【2010年】国家信访局来访接待司司长刘克强一行，到恩施大峡谷考察调研。市领导蔡平等陪同。

【2011年】由市妇联发起的巾帼志愿者行动启动。州政协副主席、州计生委副主任王继刚，州妇联主席陈华，市领导王怀东、向仕莲等出席启动仪式。

【2012年】省社科院中部发展研究所所长、研究员阳小华率省委省政府领导批示课题调研组，深入白杨坪乡洞下槽村和响板溪现代烟草农业基地、太阳河乡、恩施大峡谷风景区、湖北思乐牧业集团、湖北圣峰药业有限公司等处，就“湖北构建中部崛起战略支点与县域经济发展”课题专题调研，至10日结束。市领导管书华、王国玮等陪同。

【2014 年】全国人大民族委员会副主任委员孙大发，全国人大常委会委员、全国人大民族委员会委员苏晓云，全国人大常委会委员张永义，在省人大常委会副主任赵斌的陪同下赴恩施市，深入恩施润邦国际富硒茶业有限公司、芭蕉侗族乡高拱桥村等，就城市民族工作和民族地区生态补偿工作情况调研，至 9 日结束。州、市领导瞿赫之、陈学明、张渊平、刘凡、邵永政等陪同。

5 月 9 日

【2008 年】17 时许，六角亭街道后山湾加油站对面发生一起山体滑坡事故，造成 2 人死亡，1 人受伤。经查明，死者陈某某和刘某某，均系恩施市人。事发地属红色石英砂质岩，由于连日大雨形成滑坡灾害。

【2013 年】州人大常委会副主任邓正平率视察组一行，到恩施大峡谷旅游公路、大龙潭一级保护区、红庙污水处理厂、华硒生态园等地，对恩施市贯彻落实环境保护法律法规情况进行考察。市领导廖泽熙、许强、邵永政陪同。

【2014 年】省委党校常务副校长陶良虎一行赴恩施市，深入龙凤镇中学、龙马村等，就龙凤镇综合扶贫改革试点的扶贫搬迁、体制机制创新、产业结构调整等工作情况调研。州、市领导乔俊杰、张渊平等陪同。

【2014 年】由市疾病预防控制中心主任技师彭祚全主持，历时 2 年编制的《富有机硒食品硒含量要求》列入湖北省食品安全地方标准，经省卫生和计划生育委员会发布，从 2014 年 11 月 1 日实施。该行业标准系首次发布。

5 月 10 日

【1950 年】恩施县第二届各界人民代表会议第一次会议召开，至 13 日闭幕。大会通过《贯彻春耕生产十大政策，坚决完成税收任务》的决议。

【1997 年】市公安局 110 报警服务台开通。

【2007 年】省侨联主席李磐一行至恩施市，就实施“校园侨心工程”，对白杨坪乡中心小学的教学条件及新建校楼选址等进行实地考察。州、市领导童章舜、刘少华等陪同。

【2007 年】省委常委、省委统战部部长苏晓云一行，深入城区长友公司、金叶公司、恩施火车站片区建设现场、金桂大道建设工地及恩施土司城进行考察、参观，至 11 日结束。州、市领导汤涛、周先旺、谭先振、李济、谭文娇、秦斌等陪同。

【2007 年】省乡镇综合配套改革验收检查组深入盛家坝、芭蕉、太阳河、白杨坪等乡，

对农村综合配套改革工作检查、验收，至 12 日结束。市领导谭文骄、蔡平、刘羽等陪同。

【2012 年】国家农业部兽医局局长张仲秋一行，深入舞阳坝街道、龙凤镇、湖北思乐牧业集团等处，就畜牧产业发展和动物疫病防控等情况调研。市领导黄永耀等陪同。

【2012 年】国务院扶贫开发领导小组办公室行政人事司司长司树杰一行，深入白杨坪乡洞下槽村生态茶园基地、标准示范茶园等处，就扶贫开发、农业产业化建设、新农村建设等调研。州、市领导刘青、王国玮等陪同。

【2013 年】州委副书记、州长杨天然，州委常委、副州长王志强一行，到小渡船街道山溪沟水库自动雨量站、何功伟村雨量站、旗峰社区等地，就防汛抗旱工作调研。市领导李国庆、杨洪安、金德钧陪同。

5 月 11 日

【民国二十二年(1933)】在红军代表郭廷卿、余绍全领导下，恩施县苏维埃政府于济晏（双河）上坝黄敬堂家成立（后迁粟谷湾卢仕敏家），主席张家振、副主席康先成，文书唐方善、委员向国登、陈显著（后任）、姚海堂，经济委员尹德清。下辖十个区苏维埃、六十个乡苏维埃政府。

【1958 年】恩施县第三届人民代表大会第一次会议召开，至 16 日闭幕。应到代表 375 名，实到代表 288 人。大会选举尚怀庆为县长，高兴利、李嘉诲、刘永扬、王明玉为副县长，宫敏为县人民法院院长。选出高兴利、李嘉诲、温洁萍（女）、李巩一、朱大宪、彭天琦、张达亮为湖北省第三届人民代表大会代表。

【1959 年】芭蕉区芭蕉茶厂保卫干事唐元登因自制竹质灭火器功效显著，出席全国公检法先进工作者大会。

【2005 年】中央政治局委员、省委书记俞正声至恩施市财政局与机关干部职工就保持共产党员先进性教育与财政改革工作进行座谈。

【2008 年】全国人大常委、民盟中央副主席索丽生率由农业部、水利部及民盟中央相关部门领导、专家组成的调研组到恩施州，就水利建设、地质灾害治理、农村饮水安全、清江水资源保护、扶贫开发和旅游发展等方面调研，至 12 日结束。其间，索丽生一行实地考察旅游开发和景区建设、民族历史文化、农村寄宿制学校建设及人畜饮水、城市污水处理、扶贫开发及新农村建设等情况。民盟中央经济委员会副主任、清华大学人文学院教授何茂春以《恩施旅游经济规模化国际化的思路和途径》为题进行讲座。州领导谭先振、李济等陪同。

【2010 年】州委副书记、州长杨天然一行，深入恩施火车站片区建设工地，就片区各项

工程建设进度进行现场督办。州、市领导张忠凯、罗贤美、刘顺辉、张龙光、秦斌等陪同。

【2011 年】由市委、市政府和中央电视台音乐频道“民歌中国”栏目组共同打造的《仙居恩施》音乐专题片在恩施梭布垭风景区开机。市领导胡平江、王怀东等出席开机仪式。

【2011 年】中国人民解放军空军指挥学院政治部主任王健民少将一行至恩施市,就旅游资源进行考察,至 12 日结束。州、市领导谭文骄、秦斌、陈江龙、刘凡、黄秀武等陪同。

【2012 年】国家农业部总经济师杨绍品率农业部武陵山区定点扶贫暨行业扶贫工作会议与会代表,深入芭蕉侗族乡,就农村建设和扶贫工作情况调研。州、市领导张忠凯、瞿赫之、邓正平、秦斌、陈卫平、胡平江、杨洪安等陪同。

5 月 12 日

【2007 年】恩施州“迎奥运首届中国人寿保险杯”中学生篮球运动会在恩施市举办,此举标志全州“阳光体育运动”正式启动。州领导吴希宁、马春菊、曹毅出席启动仪式。

【2011 年】省交通投资有限公司党委书记、董事长张嗣义至恩施市,就恩奉高速公路、城区道路建设的规划情况进行实地考察。市领导秦斌、廖泽熙等陪同。

【2011 年】州人大常委会副主任冯国亮率州人大常委会执法检查组,到白杨坪乡、太阳河乡、板桥镇、屯堡乡等处,就恩施市贯彻执行《湖北省农村扶贫条例》情况进行检查,至 13 日结束。市领导胡平江、黄永耀等陪同。

【2011 年】深圳市盛鹏达投资集团董事长徐钧率考察团一行至恩施市,就恩施大型主题公园项目进行考察。州、市领导谭文骄、郜志中等陪同。

5 月 13 日

【乾隆四十四年(1779)】清江水溢。

【1950 年】恩施县人民法庭成立。县长为庭长,县公安局长为副庭长兼审判长。恩施专署任命县公安局长曹辉兼审判长。

【1952 年】县委、县政府提拔一批从土改运动中涌现出来的农民积极分子担任干部。经过几批土改运动,全县共提拔农民干部 400 名,其中 12 人被提拔为副区级干部。

【2010 年】副省长张岱梨率省直相关部门负责人一行,深入芭蕉侗族乡灯笼坝村和枫香坡侗族风情寨、旗峰社区卫生室、香城现代烟草农业基地、施州民族小学、清江卷烟厂、七里坪福利院等处,实地了解部分“616”工程的实施情况,就进一步做好对口支援工作调研。州、市领导谭文骄、秦斌、蔡平等陪同。

【2010 年】省政协老干处调研员郑瑅率省政协离(退)休老干部一行 20 余人,至恩施市参观考察。市领导刘羽等陪同。

【2011 年】湖北高路鄂西高速公路建设指挥部和湖北高路鄂西高速公路有限公司揭牌。州、市领导肖旭明、杨天然、孔祥恩、叶太俊、董永祥、张龙光、秦斌、廖泽熙以及省交通投资有限公司党委书记、董事长张嗣义和总经理龙传华出席揭牌仪式。

【2011 年】州委副书记、州长杨天然一行深入三岔乡,就抗旱工作调研。州、市领导谭文骄、秦斌等陪同。

【2013 年】上海黄浦区委党校教授、东方讲坛讲师杜言敏应邀到恩施市,以《坚持群众路线、争做清正表率》为题,在州民族礼堂进行党风廉政建设专题讲座。市委副书记胡平江主持讲座。市"四大家"领导、恩施经济开发区领导班子成员及全市数百名干部聆听讲座。

【2013 年】全国政协副主席、国家民委主任王正伟,副省长郭有明,省政协副主席郭跃进一行,深入芭蕉侗族乡戽口村,实地考察民族工作,至 14 日结束。州、市领导王海涛、杨天然、甘方谦、杨陈清、孔祥恩、谭文骄、庞红艳、秦斌、向前进陪同。

【2014 年】省委副书记、省长王国生,省政府秘书长王祥喜赴恩施市,出席市委常委(扩大)会议,对第二批教育实践活动进行指导。州、市领导王海涛、周静、向前进、李国庆、郑晓斌、张渊平、刘凡、刘羽等出席会议。

【2014 年】国务院参事刘坚率调研组赴恩施市,深入舞阳坝街道、芭蕉侗族乡、龙凤镇等地,就硒产业发展、生态文化旅游、龙凤镇综合扶贫改革试点建设等情况调研,至 14 日结束。州、市领导马尚云、张渊平等陪同。

5 月 14 日

【2010 年】省民族宗教委员会主任谭徽在,深入舞阳坝街道耿家坪村、六角亭街道综治维稳办公室等处,就全市基层综治维稳工作调研。市领导张孝赤等陪同。

【2010 年】副州长董永祥至恩施大峡谷风景区,就景区配套建设工作进行现场督办。市领导肖家魁等陪同。

【2012 年】第二届世界低碳城市发展论坛在北京举行,恩施市作为唯一一家被邀请的城市代表出席。市委副书记、市长李国庆应邀参加论坛并在开幕式上致辞。市委副书记、恩施经济开发区常务副主任郜志中参加论坛。

【2014 年】国家教育部民族教育司副司长张强率调研组赴恩施市,深入施州民族小学、市中等职业技术学校、市第二高级中学、市实验小学等地,就民族教育工作情况调研。

市领导张献宏等陪同。

【2015 年】恩施市首轮巡查工作正式启动，两个巡查组分别进驻市公安局、市林业局开展巡查工作，时间为 1 个月。恩施市被湖北省委巡视工作领导小组定为开展巡查工作试点，重点就聚焦党风廉政建设和反腐败，紧扣“四个着力”等，采取受理信访、个别座谈、查阅资料、明察暗访、边巡边查边整改等方式对严明政治纪律、严守政治规矩情况；落实党风廉政建设“两个责任”和党员干部廉洁自律情况；落实中央八项规定、省委六条意见情况；执行民主集中制情况；省委巡视组发现的问题及其他需要了解的情况等 6 个方面内容进行巡查。

5 月 15 日

【1970 年】经湖北省革委会党的核心小组批准，县革委会党的核心小组成立，临时履行县委职能。党的核心小组由曾茂廷、刘双亭、王保之、苏大章、尤福如、张怀友、李怀生 7 人组成，曾茂廷任组长，刘双亭、王保之任副组长。下设办公室，负责处理日常工作。

【2010 年】省老区促进会会长、理事长、省人大常委会原副主任吴华品一行，就全市“思源工程”建设、新农村建设、民族文化旅游等情况调研，至 16 日结束。市领导肖家魁、孟明星等陪同。

【2012 年】国家民委专职委员李文亮率国务院扶贫开发工作督查组，在省民族宗教事务委员会党组书记柳望春的陪同下，深入芭蕉侗族乡、湖北思乐牧业集团等处，就全市扶贫开发工作督查指导。州、市领导段超、朱卫东、杨洪安等陪同。

【2012 年】省政府督查专员陈明江率省政府保障性安居工程建设督查组，深入旗峰坝、柑子槽、耿家坪、龙麟宫经济适用房、廉租房等工程建设现场，就保障性安居工程建设情况督查、调研。州、市领导秦斌、向前进、万雪峰、廖泽熙等陪同。

【2012 年】省国土资源厅巡视员李维学率省国土资源厅督查组至恩施市，就 2011 年度土地卫片执法检查工作督查。市领导廖泽熙等陪同。

【2012 年】省爱国卫生运动委员会办公室主任李建率调研组，深入城区部分背街小巷、集贸市场以及公共服务场所，就恩施市省级卫生城市创建工作调研、指导，至 16 日结束。市领导张献宏等陪同。

【2013 年】恩施市被中央综治委命名表彰为“2009—2011 年度全国平安铁路示范县市”。

5月16日

【1956年】中国共产党恩施县第一次代表大会在县工人俱乐部召开，至21日闭幕。到会代表374人，其中正式代表359人。会议选举产生中共恩施县第一届委员会委员18人，候补委员3人和出席中共湖北省第一次代表大会代表。一届一次全委会议选出县委常委9人，杨艺任书记，王敏先、刘新顺任副书记。

【1994年】恩施市启动清江水布垭枢纽工程库区前期移民实物指标调查登记工作。

【2005年】市委副书记、市纪委书记邓升志与州委副书记、州纪委书记胡毅一道赴省纪委、省监察厅、省民政厅和中共中央纪委、国家民政部，专题汇报恩施市开展“1+4+X”村务公开工作情况。

【2006年】州城金桂大道首期5800米建设工程第一、第二、第三标段全线开工。金桂大道南起原州饲料厂与学院路平交路口，经恩施经济开发区硒都工业园，北接恩施火车站站前广场。从金子坝至桂花树，全长6115米，总宽70米，其中车行道、双向6车道，管线全部采用综合管线沟方式铺设，工程预计总投资1.47亿元。

【2007年】全州工业园区建设座谈会在恩施市召开，州领导汤涛、彭军、瞿赫之、于德海、吴红娅、王建民、刘青等出席会议，各县、市委书记，各工业园区主要负责人以及州直相关部门负责人参加会议。

【2007年】9时许，省高级人民法院刑庭合议庭组成人员在市人民法院公开开庭审理上诉人(一审被告人)罗某国故意杀人一案。这是自最高人民法院作出二审死刑案件一律开庭审理决定后，省高院首次在恩施市开庭审理二审死刑案件。上诉人罗云国与同村妇女官某趁官的丈夫外出打工期间通奸。2004年8月，官的丈夫打工回家后，官某遂提出分手，罗认为自己被欺骗心存不满，于8月29日上午趁官某夫妇外出之机将其子杀害。州中级人民法院于2006年3月20日对该案作出一审判决，认定罗云国犯故意杀人罪，判处死刑，剥夺政治权利终身。罗不服判决，提出上诉。

【2011年】省农业厅厅长祝金水率省农业厅抗旱督导组至恩施市，深入三岔乡梨子坝村、莲花池村等处，检查指导抗旱救灾工作。州、市领导谭文骄、肖家魁、何慧等陪同。

【2013年】州委书记、州人大常委会主任王海涛一行，到舞阳坝街道官坡社区、舞阳大街社区、市环卫等，与社区工作者、个体户、一线环卫工人交谈，调研社区工作和城市管理情况。市领导张渊平陪同。王海涛到湖北恩施全国综合扶贫改革试点领导小组办公室，看望慰问工作人员，检查指导、研究部署试点相关工作。市领导胡平江、张渊平等陪同。

【2013年】州政协副主席王继刚率部分州政协委员一行，到白杨坪乡鹿子渡村、龙凤镇吉心村等地，调研恩施市扶贫开发工作。市领导刘羽、杨洪安、王国玮陪同。

【2013年】国家民政部副部长戴均良，省民政厅厅长彭军一行，深入沐抚办事处、舞阳坝街道、六角亭街道等地，走访城乡低保家庭、乡镇福利院，调研恩施市经济社会发展、湖北恩施全国综合扶贫改革试点建设和民政工作，至17日结束。州、市领导庞红艳、向前进等陪同。

5月17日

【1995年】市人民检察院被最高人民检察院记“集体一等功”。

【2000年】黄泥塘侗族乡残疾运动员田龙兵，在第五届全国残疾人运动会中获得柔道金牌、标枪银牌。市政府奖励现金1000元。

【2009年】中央第二巡回检查组副组长、全国政协常委、全国工商联原副主席、党组副书记张龙之带领巡回检查组一行莅临恩施市，对学习实践科学发展观活动进行检查指导，还实地考察“恩施大峡谷”旅游资源开发、“恩施玉露”生产基地、枫香坡新农村建设情况。州委副书记、州长杨天然、州委组织部长刘艳红、市委书记谭文骄等陪同。

【2010年】恩施玉露茶业集团和恩施玉露茶叶集团有限公司成立。此举标志着全市在打造“恩施玉露”这一品牌上迈出新步伐。省农业厅副巡视员徐泽清，州、市领导董永祥、陈晓燕、谭文骄、秦斌、李国庆、李明东、刘羽、肖家魁等出席揭牌仪式。

【2010年】国家环境保护部副部长吴晓青率省直相关部门负责人一行，深入屯堡鸭松溪藻水分离站、污水处理厂等处，就全市生态环境保护工作调研。州、市领导刘顺辉、谭文骄、秦斌等陪同。

【2012年】州、市政府在桥西广场启动第二十二次“全国助残日”活动。主题为“加强残疾人文化服务、保障残疾人文化权益”。州、市领导张忠凯、万雪峰、尹剑等出席启动仪式。

【2012年】全国人大常委会原副委员长、全国妇联名誉主席彭珮云一行，在省人大常委会副主任蒋大国的陪同下，深入清江画廊风景区、芭蕉侗族乡枫香坡侗族风情寨等处，就恩施市旅游资源开发、产业发展规模等情况考察，至18日结束。州、市领导瞿赫之、吕金施、胡平江、刘凡、余秋红等陪同。

【2013年】州城建设管理工作动员大会召开。州委书记、州人大常委会主任王海涛出席会议并讲话，州委副书记、州长杨天然主持会议，市委书记向前进作主题报告。州、市领导瞿赫之、孔祥恩、谭文骄、秦斌、陈卫平等出席会议。

【2013年】农业部发展计划司副司长刘北桦深入湖北思乐牧业集团、华硒生态园、屯堡乡花枝山村等地，调研畜牧产业、生态农业发展情况，至18日结束。州、市领导陈卫平、

杨洪安陪同。

【2014 年】州政协副主席、州委第一督导组第一组长向宏贵,州委副秘书长、州委第一督导组组长吴耀先率州委督导组,赴恩施市召开党的群众路线教育实践活动座谈会,传达王国生省长、省委督导组对恩施市的要求及州委督导工作会议精神,并就恩施市开展教育实践活动第二环节进行指导。市领导向前进、王兰英等陪同。

5 月 18 日

【1959 年】恩施县社会福利院党支部书记龙国军出席全国烈军属和残废、复员、退伍、转业军人社会主义积极分子代表大会。

【2009 年】在全国社会治理表彰大会上,恩施市作为全州唯一、全省 5 个县市之一被中央综治委表彰为“全国平安先进县(市、区)”。恩施市在全市范围内广泛开展“平安乡镇”“平安社区”“平安大院”“平安校园”等基层创建活动,通过平安创建活动,进一步健全社会治安综合治理齐抓共管目标责任管理体系,完善综合治理运行机制,深化农村社会治安网络体系建设,首创的“农村治安中心户”得到中央领导的肯定,并在全国推广。

【2010 年】国家林业局造林司巡视员丁付林率调研组一行,深入市林业要素市场、屯堡乡林业站等处,对全市的集体林权制度改革工作调研。州、市领导瞿赫之、谭文骄、秦斌、李国庆等陪同。

【2011 年】副州长董永祥一行,深入恩施大峡谷风景区,就景区旅游公路建设、马鞍龙游客换乘中心大楼建设、游步道建设等情况调研。市领导肖家魁等陪同。

【2012 年】省委原副书记、省慈善总会会长邓国政,在州委原副书记、州慈善总会会长胡毅的陪同下,深入龙凤镇福利院,调研该福利院建设、院办经济等情况。市领导邵永政等陪同。

【2014 年】11 时 15 分,祥鹏航空 8L9957 航班在恩施许家坪机场落地。昆明—武汉—恩施航线首航成功。

【2015 年】中共中央政治局委员、国务院副总理汪洋,国务院办公厅副秘书长江泽林,国家旅游局局长李金早、国务院研究室副主任黄守宏、国务院扶贫开发领导小组办公室主任刘永富一行至恩施市,深入屯堡、沐抚、龙凤、芭蕉、舞阳坝等地,就旅游扶贫工作开展情况调研,至 19 日结束。汪洋强调,乡村旅游是基层和群众的创造,旅游扶贫是贫困地区扶贫攻坚的有效方式,是贫困群众脱贫致富的重要渠道。要着力推进生态保护、旅游开发、扶贫攻坚有机结合,加大对贫困人口参与旅游经营服务的扶持力度,让他们分享旅游资源开发和旅游产业发展红利,将绿水青山变为群众脱贫致富的金山银山。省委书记李鸿忠,

省委副书记、省长王国生，省委常委、常务副省长王晓东，省委常委、省委秘书长傅德辉，省政府秘书长王祥喜及州、市领导王海涛、杨天然、向前进等陪同。

5 月 19 日

【1969 年】屯堡区清江拖泥溪渡口，社员半夜乘船过河扯水稻秧苗，行至河中触礁翻沉，致 21 人死亡。

【2000 年】市出租汽车管理办公室拍卖出租车经营权，首拍经营权 20 台，收入 94.2 万元。

【2000 年】省政协副主席杨斌庆率省直部门负责人至恩施市，就西部开发与提案办理等调研，并对梭布垭石林实地考察。

【2007 年】由州、市科学技术局，州、市委宣传部，州、市科学技术协会主办的“2007 年科技活动周”在州城硒都广场启动。州领导汤涛、马春菊、赵宏中、谭建军等州领导参加启动仪式。

【2011 年】恩施市被省委组织部、省委宣传部等 11 个单位联合评为“全省生育文明建设先进县（市）”。

【2011 年】国务院参事、国务院扶贫开发领导小组办公室原主任，国务院参事、农业部农村经济研究中心研究员刘志仁一行深入芭蕉侗族乡米田村的源发茶叶专业合作社、龙凤镇三河村幸福工程禽业专业合作社等处，就提高农民组织化程度、进一步发展农民专业合作社等问题调研。市领导肖家魁等陪同。

【2011 年】省委督查室主任杨邦国一行至恩施市，就抗旱工作进行督查指导。市领导尹剑等陪同。

【2011 年】州政协副主席谭建军率州政协教育调研组至恩施市，就师资队伍建设情况进行专题调研。市领导向仕莲、尤连胜等陪同。

【2012 年】国家法制办公室副主任甘藏春一行，深入恩施大峡谷风景区、芭蕉枫香坡侗族风情寨等处，就旅游产业发展情况考察。州、市领导董永祥、张渊平、管书华等陪同。

5 月 20 日

【1966 年】龙凤区召开学习毛泽东著作积极分子集训会议，至 6 月 10 日。会议运用活学活用毛主席著作的典型启发和教育参会者。五峰公社回乡知识青年刘元香（女、土家族）、太阳区毛湖公社贫农社员王康桃（女）等，在大会上作典型发言。

【1970年】中共中央委员、湖北省革委会副主任张体学至恩施考察、调研，出席在专区体育场举行的群众大会，并发表讲话。

【1987年】恩施市召开大会，颁发居民身份证。此系全州首次。

【1989年】市公安局破获一起文物编钟走私案，抓获3名案犯，缴获编钟1具。

【2001年】10时，沪蓉国道主干线替代方案宜恩到利川段改扩建二级公路子项目——朝东岩隧道成功对接贯通，比计划贯通时间提前4个月。

【2007年】中央民族大学常务副校长陈理一行，至芭蕉侗族乡枫香坡侗族风情寨，就乡村休闲体验游进行考察。州、市领导杨天然、杨陈清、谭文骄、秦斌等陪同。

【2011年】州政协副主席、州旅游餐饮业建设领导小组组长杜成明一行，就旅游要素建设情况调研。市领导肖家魁、尤连胜等陪同。

【2013年】省发改委党组成员陈辉率省调研组一行，就湖北恩施全国综合扶贫改革试点建设工作与恩施市进行座谈。市领导张渊平、朱卫东、陈志波出席座谈会。

【2014年】省委常委、省委统战部部长张岱梨率检查组赴恩施市，深入六角亭街道观摩防汛及山洪灾害防御演练、实地察看州城亲水走廊六期及金山大桥项目等城市防洪工程建设情况，检查指导防汛抗旱工作。州、市领导王海涛、杨天然、谭文骄、肖作文、向前进、张渊平等陪同。

【2014年】州委常委、州委组织部部长周静一行，赴龙凤坝镇杉木坝村生态农庄建设现场，就组织工作情况调研。市领导王兰英、王国玮等陪同。

【2014年】全国政协副主席、农工党中央常务副主席刘晓峰赴恩施市，深入芭蕉侗族乡高拱桥村卫生室、芭蕉侗族乡卫生院等地，就基础医疗卫生工作情况调研。州、市领导刘青、陈卫平、刘羽等陪同。

5月21日

【2010年】鄂西生态文化旅游圈投资有限公司副总经理刘俊刚，深入恩施大峡谷风景区换乘中心选址处、游客接待中心、干堰塘停车场建设工地及女儿湖、日天笋等暂未开发的景点等处，就景区景点开发、配套设施建设等项目进行实地考察。市领导秦斌、肖家魁等陪同。

【2010年】“2010年中国（上海）国际茶业博览会”在上海国际展览中心拉开帷幕，茶叶品牌“恩施玉露”参展上海茶博会。市领导李国庆等参加茶博会。

【2010年】龙凤镇小龙潭村人民调解委员会被司法部授予“全国模范人民调解委员会”称号。

【2011 年】省文化厅社文与非遗保护处处长徐永胜一行至恩施市，深入小渡船街道大桥路金三角花园社区文化活动室、舞阳坝街道官坡金阳社区文化活动室、六角亭街道星光剧社及社区文化活动中心，就恩施市社区文化活动中心及非物质文化遗产保护、传承及利用情况调研。市领导向仕莲等陪同。

【2012 年】国家土地督察武汉局局长王广华率土地例行督察组，深入州文化中心、华龙村五指湖、旗峰坝还建小区等在建项目现场，利用在线土地督察系统对项目用地情况进行全面检测。州、市领导秦斌、李国庆、廖泽熙等陪同。

5 月 22 日

【1976 年】白杨公社鸿建大队（鹿子渡）梯耳岩发生石壁裂崩，致 3 人死亡、5 栋民房损毁、50 余亩耕地受损。

【2007 年】由省政府新闻办公室主办，国务院新闻办五洲中心承办的"相约湖北——国际著名摄影师湖北采风行 · 恩施采风线"采风活动在恩施市举行。中外摄影师先后到朝东岩、大水井古建筑群、腾龙洞、梭布垭石林、芭蕉侗乡风情寨、恩施土司城仿古建筑群等处进行拍摄。

【2011 年】由中国少数民族体育协会、省民族宗教事务委员会共同主办，省少数民族体育协会、市政府承办的 2011 年高脚竞速全国邀请赛在市民族体育中心举行。国家体育总局群体司处长姚爱萍、湖北省民宗委副主任胡祥华在开幕式上致辞，州政府副州长曹毅宣布开幕，市长秦斌致欢迎词。

【2012 年】全省"三万"活动总结表彰电视电话会议上，恩施市被表彰为先进县市。

【2013 年】省国土资源厅副巡视员王友章率省调研组一行，深入龙凤镇龙马村保扎组地质灾害检测点、青堡土地治理项目区等地，调研湖北恩施全国综合扶贫改革试点工作。市领导张渊平、王国玮陪同。

【2014 年】州政协副主席向宏贵率调研组一行，赴恩施锦华纸业有限公司、湖北宜恒茶油产业科技有限责任公司、湖北思乐牧业集团有限公司等地，就规模以上工业企业经营管理人才队伍建设情况调研。市领导向煦陪同。

5 月 23 日

【2002 年】市反腐倡廉和预防犯罪警示教育基地在市公安局第一看守所挂牌成立。为全省第一个在看守所建立的反腐倡廉、预防犯罪警示教育基地。

【2010 年】副省长赵斌深入大龙潭水库，就全市防汛工作进行检查。州、市领导杨天然、瞿赫之、谭文骄、秦斌、肖家魁等陪同。

【2010 年】国家粮食局标准质量中心标准处处长朱之光一行，深入市国家粮食质量监测站，就粮油质量检测工作调研。

【2014 年】州人大常委会副主任于德海一行，到龙凤镇喻家河水库工程现场、龙马村保扎片区、龙马九年一贯制学校建设现场等地，就龙凤镇综合扶贫改革试点规划落实和推动情况进行检查。市领导李国庆、张渊平、刘凡等陪同或参加座谈。

5 月 24 日

【1996 年】恩施市体育运动员田龙兵在全国残疾人运动会上夺得盲人柔道金牌、铁饼和标枪银牌。

【2011 年】全州“616”工程工作联络员座谈会在恩施市召开。州委常委、市委书记谭文骄在座谈会上介绍恩施市“616”工程实施的情况并作表态发言，副州长董永祥在会上就如何加强与“616”工程省对口帮扶单位的联系、加强相关项目的实施提出要求，市长秦斌在座谈会上汇报恩施市 2011 年“616”工程项目实施情况。市领导陈江龙、胡平江、何慧等出席会议。

【2011 年】省民宗委主任谭徽在一行，深入白杨坪乡朝阳坡村、芭蕉侗族乡富尔山林场、太阳河乡茶山河村等处，就贫困村发展情况调研，至 25 日结束。州委常委、州委秘书长孔祥恩，州政府秘书长吕金施，市领导秦斌等陪同。

5 月 25 日

【1974 年】县公安局和县人民法院在专区体育场联合召开公捕公判大会，地、县领导和群众 1.5 万人参加会议，逮捕和公判现行反革命犯、流氓犯 16 名。

【2006 年】国务院公布施州城址（施州城墙旧址、柳州城遗址、西瓜碑、通天洞石刻）为第六批全国重点文物保护单位。

【2007 年】市公安局舞阳坝派出所所长刘建林被公安部、人事部授予“2005—2006 年度全国优秀人民警察”称号。

【2008 年】中共中央组织部原部长张全景一行，深入芭蕉侗族乡灯笼坝村，就新农村建设、中共基层组织引导地方经济发展等调研。州委书记肖旭明、市长秦斌等陪同。

【2009 年】副省长张岱梨带领省民宗委副主任胡祥华一行至恩施市，就旅游产业发展情况调研。市委书记谭文骄，市委常委、市委办公室主任李敏，副市长向仕莲等陪同。

【2010 年】市政府机构改革动员大会召开，政府机构改革工作启动。经过调整和整合，市政府共设置工作部门 24 个，部门管理机构 2 个，直属事业单位 6 个。市领导谭文骄、秦斌等出席会议。新组建机构于 6 月 15 日前挂牌并以新机构名义对外开展工作。

【2010 年】州委副书记柳望春一行，深入芭蕉侗族乡枫香坡侗族风情寨和"恩施玉露"茶业集团有限公司、舞阳坝街道七里坪福利院以及市体育运动中心等处，就全市"616"工程实施情况调研。市领导秦斌、李国庆等陪同。

【2010 年】恩施市人民警察训练基地揭牌仪式举行。标志着恩施州公安机关第一个民警训练基地正式成立。

【2011 年】省委常委、副省长张岱梨一行，深入大龙潭水电站和北门河坝城市防洪工程等处，就全市防汛抗旱工作进行检查。州、市领导张忠凯、谭文骄、肖家魁、何慧等陪同。

【2013 年】广西煤监局副局长赖炳瑞率国家煤监局交换检查组一行，深入红土乡平锦煤矿、谭家湾煤矿等地，检查恩施市煤矿安全工作。市领导黄波陪同。

【2015 年】恩施市召开"三严三实"专题教育工作座谈会，深入学习习近平总书记系列重要讲话精神，巩固拓展党的群众路线教育实践活动成果，贯彻落实中央、省委、州委"三严三实"专题教育工作座谈会精神，在全市领导干部中开展"三严三实"专题教育工作。市委书记向前进以"三严三实"为内容在会上讲专题党课。市委副书记、市长李国庆主持会议。市"四大家"领导，恩施经济开发区班子成员及其他县级领导干部出席会议。各乡镇、街道（办事处）党委书记，组织委员，市直部门主要负责人及分管负责人参加会议。

【2015 年】市中心医院成功实施椎间孔镜下腰椎间盘髓核摘除术，在恩施市尚属首例。

5 月 26 日

【1988 年】市委、市政府通报表彰小渡船建筑公司职工胡世全舍己救人的英勇事迹。4 月 28 日傍晚，市二中两名女学生不慎落入清江，前来救援的一名男学生也被卷入激流。危急时刻，胡世全奋不顾身扑入江中，就近将男生救起，然后急追 300 多米，将一名女生送至岸边，使 2 人生命得救，接着再次潜入水中，将另一遇难女生拉上河岸。而胡因溺水牺牲。

【1993 年】白果区龙谭坝乡唐家院子村、龙潭坝村部分村民不支持当地政府水田放水种植烟叶，唐家院子村盘古庙一带聚集上千人，造成恩（施）利（川）公路 26～28 千米路段

交通中断 1 天时间。

【1995 年】市农业局被国家农业部授予“温饱工程先进单位”称号，谭正耀、彭应国被授予“温饱工程先进个人”称号。

【1996 年】市委、市政府作出《关于加快恩施市中等城市建设的决定》。

【2009 年】省民政厅厅长谢松保一行至恩施市，就基层民政工作调研。实地检查社会救助工作、民政基础设施建设、养老服务社会化工作进展情况。副州长赵川、市委书记谭文骄等陪同。

【2009 年】中国新闻社湖北分社社长章敦华一行至恩施市，就新农村建设情况进行实地采访，并对市委书记谭文骄进行专访。

【2010 年】州委常委、副州长瞿赫之一行，深入望城坡现代烟草农业科技园区建设基地，全面了解工程的进展情况。市领导蔡平等陪同。

【2011 年】州委书记肖旭明，州委常委、州委秘书长孔祥恩一行深入白杨坪乡，就恩施市农村发展情况调研。州、市领导谭文骄、秦斌、何慧等陪同。

【2011 年】州人大常委会副主任罗贤美率州民委、州人社局、国家统计局恩施州调查队、州农行负责人一行，深入白杨坪乡，就该乡朝阳坡村帮扶方案进行研究。市领导王兰英等陪同。

【2011 年】第五届中国国际有机食品博览会（BioFach China 2011）在上海国际会展中心举行，至 28 日结束。恩施市选送的龙头湫绿茶喜获博览会金奖，成为全省获此殊荣的三个品牌之一。

【2014 年】首届国际硒茶文化旅游产品博览会暨湖北省旅游协会自驾游露营房车分会启动仪式在硒都茶城举办。州、市领导肖作文、向前进、李国庆、张渊平等出席活动。

5 月 27 日

【1958 年】龙凤区红旗社打麻能手方登成通过劳动竞赛，每小时双手扯麻皮 32.6 公斤，每天打干麻 16 公斤，创全国人工打麻记录。

【1978 年】省委第一书记陈丕显至恩施考察。清华大学教授张光斗等陪同。

【1993 年】省委书记关广富至恩施市视察。

【2004 年】17 时 49 分，清江大龙潭水利枢纽工程大坝发生基坑洪水漫顶，电站上游堰体被突发洪峰冲垮，导致 15 人死亡 3 人失踪。事故发生后，市委、市政府组织 8000 多名干部群众、武警官兵、公安干警对出事地点下游的水域 200 余公里河道开展全面搜救，并安排工作专班对死者家属进行安抚慰问。28 日，国务院总理温家宝、副总理回良玉分别对恩

施市“五二七”灾害事件作指示，要求全力组织搜救，查明事故原因，做好善后工作，并进一步要求做好水利设施的防汛工作。省委副书记、省长罗清泉到恩施传达总理温家宝关于“五二七”灾害的重要批示，并查看灾情，指挥施救，慰问部分遇难者家属。副省长刘友凡连夜赶到恩施坐镇指挥灾害后的搜救、善后等工作。29日，国家防汛抗旱总指挥部办公室副主任程殿龙率工作组到恩施市，协助指导湖北省进行“五二七”灾害事件的善后处理与原因调查。

【2008年】省人口与计划生育委员会党组书记胡菊萍、主任杨云彦一行，到屯堡乡罗针田村、市计生服务站，就基层人口与计划生育调研，至29日结束。

【2010年】第四届中国国际有机食品博览会（BioFach China 2010）在上海国际会展中心举行，至29日结束。恩施市选送的花枝绿茶获博览会金奖，成为湖北省获此殊荣的4个品牌之一。

【2011年】恩施州文化中心在舞阳坝街道金子坝村开工奠基。该项目为全州较大公益设施项目和“十二五”重点项目，亦为建州30周年献礼工程。

【2013年】省物价局巡视员吴贤武率省考评组一行，深入芭蕉侗族乡财经所、戽口村和高拱桥村等地，通过现场察看、翻阅资料、听取汇报等方式，考评恩施市农村综合改革工作。市领导张渊平、杨洪安陪同。

【2014年】国家民委经济发展司副巡视员李钟协、国家开发银行评审三局副局长梅世文率调研组赴恩施市，深入龙凤初中迁建工程、金龙大道工程、喻家河水库、龙马村保扎片区等地，就开发性金融支持恩施市区域发展与扶贫攻坚工作情况调研。州、市领导马尚云、张渊平、陈崂等陪同。

5月28日

【嘉庆元年（1796）】邑人，施南协把总黄国珍，从剿白莲教，于旗鼓寨阵亡。世袭云骑尉。

【民国十九年（1930）】中共鹤峰中心县委特派员杨英在白岩溪召开农民协会干部会议，宣布恩（施）、宣（恩）、鹤（峰）三县边防司令部成立。杨清轩任边防司令部司令，王殿安任副司令，杜恩波任参谋长。下辖三个团，其中第二团团长覃海清，领导白岩溪农民协会六个农协大队的地方武装，驻守白岩溪、粟谷湾。

【2010年】农业部第八批扶贫联络组深入芭蕉侗族乡，就全市新农村建设及特色产业发展情况进行考察。州、市领导杨劲松、谭祖明等陪同。

【2010年】州委常委、副州长瞿赫之一行，深入三岔乡莲花池村，实地调研大棚蔬菜基

地建设情况。市领导谭文骄等陪同。

【2011 年】省委原副书记、省人大常委会原常务副主任邓道坤，省委宣传部原常务副部长毕志伦，省社科院原党委书记刘宗发一行，深入施州民族小学、恩施火车站、沪蓉西高速公路展示馆以及芭蕉侗族乡枫香坡侗族风情寨等处，就城乡发展情况进行考察。市领导秦斌、洪波、胡启发等陪同。

【2014 年】省委组织部副部长杨汉军一行赴恩施市，就如何开展好党的群众路线教育实践活动进行座谈。州、市领导王海涛、周静、向宏贵、向前进、李国庆等出席座谈。

【2014 年】恩施市举办第六届“全国网络媒体湖北行”。新华网、人民网、红网、凤凰网、天涯社区等 60 余家中央重点新闻网站、各省重点新闻网站、知名商业网站及湖北省市州重点新闻网站媒体记者参加活动，至 29 日结束。市领导邹炜、王国玮等出席活动。

5 月 29 日

【1996 年】市委、市政府作出《关于争创全省科学技术工作先进市的决定》。

【2003 年】市六届人大常委会第 32 次会议通过市检察院《关于预防职务犯罪工作实施方案的报告》，并作出《关于加强预防职务犯罪工作的决定》。

【2007 年】全省农村中小学现代远程教育工程应用现场会暨第三期工程建设工作会在恩施市召开，至 30 日结束。300 余名与会代表到龙凤镇、白杨坪乡、三岔乡部分学校参观。会上，恩施市、洪湖市、远安县、郧县、麻城市、荆门市东宝区在会上介绍开展现代远程教育的经验和做法。州领导吴希宁、曹毅到会祝贺。

【2011 年】省委原书记罗清泉一行，深入屯堡乡鸭松溪村和花枝山村、大峡谷旅游公路屯堡大块至马者段施工现场等处，就经济社会发展情况调研。州、市领导肖旭明、孔祥恩、秦斌、肖家魁等陪同。

【2011 年】省委常委张昌尔一行，深入三岔乡梨子坝村、莲花池村、大河沟水库等处，就全市抗旱救灾工作进行检查指导。州、市领导张忠凯、李国庆等陪同。

【2013 年】国务院扶贫开发领导小组办公室主任范小建、政策法规司司长洪天云、副省长郭有明、省政府副秘书长吕江文一行，深入龙凤镇实地调研湖北恩施全国综合扶贫改革试点工作，至 30 日结束。州、市领导王海涛、孔祥恩、王志强、段超、肖作文、向前进等陪同。

【2013 年】副省长梁惠玲、省政府副秘书长李元江、省民宗委主任柳望春、省卫生厅厅长杨有旺一行，深入龙凤镇、芭蕉侗族乡、三岔乡等地，调研湖北恩施全国综合扶贫改革试点建设、武陵山试验区建设及基层医疗卫生服务体系建设等工作。州、市领导王海涛、孔

祥恩、谭文骄、秦斌、向前进、张渊平等陪同。

5 月 30 日

【民国二十四年(1935)】巴东至恩施长途通讯电话线架通。

【1957 年】县委遵照中共中央《关于整风运动的指示》,向全县各级党组织发出《关于开展整风运动的工作计划》。整风运动开始。

【1984 年】芭蕉区芭蕉小学教师袁凤鸣(女)、舞阳坝街道舞阳中学教师徐兴康荣获“全国优秀班主任”称号。

【2010 年】州委常委、副州长瞿赫之一行,深入龙凤镇青堡村,就该村新农村建设调研。市领导李国庆等陪同。

【2012 年】省委常委、副省长张岱梨率省直有关部门负责人,深入城区橡胶坝堤、大龙潭水电站等处,就防汛抗旱工作检查指导。州、市领导肖旭明、杨天然、张忠凯、肖作文、向前进、杨洪安等陪同。

5 月 31 日

【民国三十七年(1948)】青年党恩施县党部于北门外万寿宫举行成立大会,时有党员二十三人。

【1957 年】国家卫生部通报县卫生院老中医胡某波自杀事件。1956 年 11 月 13 日,因县卫生院某领导犯官僚主义,致胡投河自杀,行政副院长被撤职。

【2002 年】太阳河乡茶山河村一间歇泉(俗名马屙尿)山洪瞬间爆发,致途经该路段的行人刘某某、唐某某、袁某某(女)3 人被冲至茶山河深沟溺亡。至此,该间歇泉已先后发生类似事故 4 起,致 8 人死亡。嗣后,市委书记吴希宁率国土、城建和太阳河乡有关方面负责人现场办公,决定对间歇泉实行封闭处理。

【2007 年】崔家坝镇滚龙坝村被国家建设部、国家文物局评选为“第三批中国历史文化名村”,该村离恩施城区 60 公里,居住着以土家族为主的农户 200 余户 800 余人,聚合式农舍均为明清古建筑,是恩施州最大切保存较好的古建筑群。

【2011 年】副州长董永祥一行,深入后山湾叶挺路改扩建工程工地,原玻璃厂、火柴厂廉租房小区建设地,山泰公司,柑子槽及火车站还建安置小区建设地,许家坪机场隧道建设工地,就市城市建设重点工程进行检查督办。市领导秦斌、廖泽熙等陪同。

【2013 年】州、市妇联,州电视台及恩施义工协会与社会爱心人士一行,到龙凤镇龙马

小学，开展“六一童梦微爱传递”大型公益活动，现场捐赠物资50余万元。州、市领导于德海、刘志兵、张献宏、金德钧出席活动。

【2014年】省委原书记、全国人大常委会原委员、全国人大常委会财经委员会原副主任委员贾志杰一行赴恩施市，深入华硒物流园、土家女儿城等地调研。州、市领导王海涛、瞿赫之、向前进、邵永政陪同。

六 月

6月1日

【1960年】城关镇柿子坝民办小学先进集体代表赖昌社和全国劳模、妇幼保健工作者王佩芳，沐抚新田优秀民办教师李绍南出席全国文教群英会。受到毛泽东、刘少奇、周恩来等中央领导接见。

【1983年】恩施市对预算内国营企业推行第一步利改税制度，自即日起，市域企业由上缴利润改为缴纳所得税。

【2012年】副州长陈晓燕一行，深入恩施国家粮食储备库、湖北宜恒植物油有限公司等处，就全市粮油工作调研。市领导黄波等陪同。

6月2日

【1983年】恩施市东风旅社被省政府表彰为“爱国卫生先进单位”。

【2004年】“恩施紫油厚朴”由湖北省质量技术监督局发布为湖北省强制性地方标准。5月30日，市政府组织科技局、药监局、药业产业化领导小组办公室、质量技术监督局等部门起草《恩施紫油厚朴湖北省地方标准》，由湖北省质量技术监督局在武汉组织中国科学院武汉植物研究所首席研究员王有为、湖北省中医药研究院副研究员王立群、华中农业大学教授王沫等专家评审。

【2006年】省委副书记、省长罗清泉一行至恩施市，对恩施大峡谷实地考察。州委书记汤涛，州委副书记、州长周先旺等陪同。

【2009年】省民族宗教事务委员会主任谭徽在一行至恩施市，就综合治理工作调研。市委书记谭文骄，市委常委、市政法委书记谭志国等陪同。

【2010 年】副州长刘顺辉一行，深入连珠大桥北端还建房建设、叶挺路道路改造拆迁、旗峰大道安置小区建设等工程现场，就全市城市建设工作调研。市领导何慧等陪同。

【2011 年】由州政府主办，市政府、州环境保护局承办的纪念第 40 个“六五”世界环境日文艺展演活动在恩施市举行。州、市领导董永祥、秦斌、李国庆等出席活动。

【2011 年】为纪念辛亥革命 100 周年，恩施市举行中小学“首义精神耀千秋”为主题的现场书法比赛活动，来自全市城乡 20 余所学校的 38 名选手参赛。市领导王怀东等出席活动。

【2012 年】省教育厅厅长陈安丽率调研组，深入市第三中学、龙凤教师安居工程小区、市第二实验小学、恩施孝感幼儿园迁建工程施工现场、市第二中学高考标准化考场、市教育局高考保密室等处，就教育基础设施建设和高考筹备情况调研。州、市领导周静、向前进、李国庆、胡平江、张献宏等陪同。

【2012 年】市看守所被省政府表彰为“全省模范公安基层单位”；市公安局小渡船派出所所长宋庭军被表彰为“全省模范公安民警”。

【2013 年】中华诗词学会顾问秦晓峰、省诗词学会常务副会长向进青率检查验收组一行至恩施市，就“中华诗词之乡”创建工作验收。市领导邹炜、张献宏、王国玮陪同。

【2015 年】省高级人民法院副院长田昌兵一行至恩施市，就立案信访、行政审判、诉讼服务中心建设等工作调研。市领导黄波等陪同。

6 月 3 日

【1958 年】农业部、商业部、轻工业部组织的全国甜菜生产会议在恩施县召开，至 9 日结束。参加会议的有四川、云南、上海、内蒙古等 14 个省、市、区及恩施专区各县代表。会议听取各地甜菜种植及加工情况，制定发展生产计划。

【1975 年】恩施县首次派出县医院护士万云秀（女），参加省卫生厅组织的援藏医疗队，开展医疗援助工作。于 1978 年 6 月结束。

【2003 年】州政协副主席张龙光一行至恩施市，就清江流域经济发展与环境保护等调研。

【2007 年】高考前夕，州委书记汤涛至市一中，看望慰问高三年级师生。

【2007 年】省人大常委会副主任纪玲芝率省人大环资委、省农业厅、省农村能源办等部门相关人员深入芭蕉乡灯笼坝村、高拱桥村等处，对生态家园建设现场考察，至 6 日结束。

6月4日

【民国三十五年(1946)】恩施县于北门外清江码头举行抗日战争胜利后首次龙舟竞赛。

【2001年】州政协副主席刘元香率州政协硒资源开发与利用课题组，赴新塘乡渔塘坝村实地调查。市领导崔登甲等陪同。

【2008年】省民族宗教事务委员会主任谭徽在到龙凤镇、白杨坪乡等处，就农村新型合作医疗实施情况和农民生产生活情况调研。州委常委、常务副州长柳望春等陪同。

【2008年】市植保站被省政府表彰为“2007年度全省稻飞虱防控工作先进单位”。

【2009年】省委常委、副省长汤涛率省政府办公厅、省水利厅、省国土资源厅、省林业局等省直部门负责人一行至恩施市，就新农村建设、集体林权制度改革和防汛工作调研。州、市领导杨天然、甘方谦、董永祥、黄振益、谭文骄等陪同。

【2012年】恩施大峡谷客运索道工程开工。该客运索道集客运、观光于一体。设计线路斜长2284.28米，上下站高差792.5米，全线设置支架13座，设计单向运输量为2000人/小时，采用单线循环脱挂抱索器索道，全封闭8人车厢，车厢数量61个，最高运行速度6米/秒，单程运行时间约7.27分钟。按工程计划，客运索道于2013年5月投入营运。省鄂西生态文化旅游圈投资有限公司董事长马清明，州、市领导杨天然、董永祥、李国庆、刘羽、张渊平等出席开工仪式。

【2012年】全州环保世纪行活动在屯堡乡启动，庆祝第41个世界环境宣传日。主题为“保护生态环境，共建绿色家园”。州、市领导邓正平、秦斌、廖泽熙、邵永政等出席启动仪式。

【2012年】州、市领导余德海、董永祥、陈卫平、张献宏等到恩施高中、市第一中学等处，检查高考备考工作。2012年，全市高考报名人数4560人，比上年增加119人，增幅2.68%。

【2012年】国家公务员局副局长杨春光率调研组，深入叶挺将军囚禁旧址纪念馆、恩施土司城风景区、恩施大峡谷风景区、芭蕉侗族乡枫香坡侗族风情寨等处，就土司文化、抗战文化和旅游文化调研，至5日结束。州、市领导董永祥、向前进、张渊平、黎昔品、邵永政等陪同。

【2012年】由省作协、市委、市政府主办，市委宣传部、市文体局、市旅游局承办的“湖北名家看恩施”采风活动在恩施市举办，至6日结束。来自省内外31名作家、诗人深入芭蕉侗族乡枫香坡侗族风情寨、白杨坪乡新农村建设示范村、恩施土司城风景区、梭布垭风景区和恩施大峡谷风景区等处开展采风活动。

【2013 年】州、市“环保世纪行”活动启动仪式暨纪念第 42 个世界环境日宣传活动在市体育中心举行，并现场开展突发性环境事件应急演练活动。州、市领导瞿赫之、秦斌、刘凡等出席启动仪式。

【2013 年】州委副书记、州长杨天然一行，到市第一中学检查高考备考工作，并看望、慰问广大师生。市领导胡平江、张献宏陪同。

【2015 年】副州长陈晓燕一行深入市第一高级中学、市第二高级中学、市第三高级中学和市民族职业技术学校等处，就高考考点准备情况督查。市领导杨洪安、张献宏等陪同。

6 月 5 日

【1980 年】红庙公社土桥大队社员金万毕向县政府献出民国十一年（1922）二月十四日孙中山写给朱和中的一封亲笔信（现存州博物馆）。

【1992 年】市委、市政府颁布《关于加快发展农村支柱产业若干问题的决定》。

【2000 年】州政协主席李正双一行至恩施市，就旅游业发展情况调研。

【2008 年】省创建优秀旅游城市办公室指导组组长、省旅游局质量规范与管理处处长李伟一行到恩施市就“创建中国优秀旅游城市”工作，进行为期 5 天的检查指导。市长秦斌等陪同。

【2008 年】沙地乡天主教堂和向燮堂墓分别被省政府公布为第五批湖北省文物保护单位。该次公布内容主要以古遗址、古墓葬、古建筑、石窟寺及石刻、近现代重要史迹等不可移动文物。

【2012 年】中国茶叶学会在恩施州实施的武陵山区茶叶产业化和专业化援助试点项目启动。启动式上，中国农业科学院茶叶研究所副所长鲁成银现场为芭蕉侗族乡捐赠价值 40 万元的信息素色板、太阳能杀虫灯、单人修剪机等茶叶产业物资。州、市领导王志强、王国玮出席启动仪式。

【2012 年】国家水利部长江委员会副总工程师夏仲平率专家组一行，在省水利厅副厅长周汉奎的陪同下，深入恩施清江干流官坡风雨桥、连珠大桥、施州大桥、红江桥、红旗大桥、三步岩、峡口大桥河段等处，对清江干流重点河段近期防洪治理工程进行现场查勘。州、市领导肖作文、李国庆、杨洪安、金德钧等陪同。

【2012 年】中国烟叶公司副总经理吴洪田一行，深入舞阳坝街道阳鹊坝村万亩蓄水池、龙凤镇二坡村烟叶种植基地和白杨坪乡响板水库建设工地等处，就城郊现代烟草农业基地单元建设项目进展情况调研。州、市领导肖作文、杨洪安等陪同。

【2012 年】州城“六城同创”工作动员大会召开。会议对州城深入创建中国优秀旅游城市、国家园林城市、国家卫生城市、国家环保模范城市、全国文明城市、国家森林城市等“六城同创”各项工作进行安排部署。州、市领导秦斌、向前进李国庆、郜志中、刘凡、刘羽、万雪峰、张渊平、邹炜、廖泽熙、黎昔品、张献宏、金德钧等出席会议。

【2014 年】州、市环保世纪行暨第 43 个“世界环境日”广场宣传活动在州城桥西广场举行。州、市领导瞿赫之、邓正平、秦斌、向宏贵、廖泽熙等出席活动。

【2014 年】州委常委、州委统战部部长谭文骄一行到屯堡乡马者村，就基层党组织建设及产业发展情况调研。市领导邹炜陪同。

6 月 6 日

【民国三十二年(1943)】日军飞机七架窜犯恩施，国民党空军以七架战斗机升空迎击，至新塘上空激战十五分钟，击落日轰炸机一架。

【1983 年】恩施县医院中医科主治医师向极昌(土家族)、恩施市舞阳小学特级教师曾碧莹(女)，出席在北京召开的全国第六届人民代表大会第一次会议。

【1988 年】恩施“龙井”“玉露”“珍眉”绿茶产品，被国家民委选送参加在南斯拉夫举办的 1988 年度国际博览会。

【1992 年】恩施名茶“恩施玉露”被国家民委选定为在南斯拉夫举行的国际博览会上的展品。是月 10—13 日，该品牌在省农牧厅举办的 1992 年湖北名茶暨优质茶评选活动中，被评为“湖北名茶”。

【1996 年】恩施清江煤炭有限公司成立，该公司以红土煤炭总厂为核心，联合区、乡、村集体煤厂，改制成为集约化经营型的乡镇工业企业，具有年产原煤 5 万吨规模。

【2007 年】恩施市被列入国家交通部颁布《国家公路运输枢纽布局规划》所确定的 179 个国家公路运输枢纽。在国家交通部科学研究院专家的指导下，市政府启动《恩施市国家公路运输枢纽布局规划》编制工作。

【2007 年】市政府门户网站—中国硒都网(http://www.hbenshi.gov.cn)全新改版后开通，从内容、功能、界面、形象等方面进行全新设计。同时，市新闻中心湖北民族学院艺术学院实习基地授牌仪式举行。

【2008 年】州委副书记、州长杨天然一行，先后到恩鹤公路土桥坝至沪蓉西高速公路七里坪互通段、清江工业城片区、火车站片区、施州大道北端(红庙老街至桂花树)、黄泥坝小学、施州大桥等州城建设施工现场调研。

【2010 年】州委书记、州人大常委会主任肖旭明，州委常委、州委秘书长孔祥恩率州委

政研室、州国土资源局、团州委、州移动公驻莲花池村扶贫工作组组成单位主要负责人深入三岔乡莲花池村天池岭、龙潭坝蔬菜基地、莲花池小区等处调研。市领导谭文骄、李敏等陪同。

【2012 年】州领导杨天然、杨陈清、秦斌一行，深入许家坪机场隧道、五指湖酒店、州文化中心等重点项目建设工地，就州城重点工程建设情况调研。市领导李国庆、廖泽熙等陪同。

【2012 年】州政协副主席刘志兵率督查组，深入崔家坝镇南里渡村和计生服务站、舞阳坝街道周家河村和凤凰路社区，就人口和计生重点工作督查，至 7 日结束。市领导张献宏、金德钧等陪同。

【2014 年】省委第五督导组组长文成国赴恩施市，就党的群众路线教育实践活动专题民主生活会筹备情况调研。州、市领导周静、向前进、郑晓斌、张渊平、刘凡、刘羽、万雪峰等陪同。

【2015 年】恩施市召开领导干部大会，宣布州委关于干部任免事项。苏勇同志任市委委员、常委、副书记，提名为市长候选人；免去李国庆市委副书记、常委、委员职务，不再担任市长。州委组织部常务副部长邢祖训出席会议并讲话。市委书记向前进主持会议。市"四大家"领导，恩施经济开发区班子成员参加会议。

【2015 年】国家农业发展银行行长祝树民、省农业发展银行行长陈小强一行至恩施市，深入龙凤镇双堰塘村、龙马村等地，就龙凤镇综合扶贫改革试点工作情况调研。州、市领导董永祥、马尚云、苏勇、张渊平、林险峰陪同。

6 月 7 日

【1991 年】市税务局板桥税务所职工向阳，被共青团中央授予"全国税务系统青年标兵"称号。

【1991 年】副州长刘建武至恩施市政协天桥生态农业点上检查指导工作。

【2011 年】副州长董永祥一行，深入芭蕉侗族乡庠口村、黄连溪村、高拱桥村、集镇新区、枫香坡侗族风情寨等处，就民居改造、村庄整治等情况调研。市领导李国庆、廖泽熙等陪同。

【2011 年】恩施市被中国科学技术协会命名为"全国科普示范市"，成为 902 个"2011—2015 年度全国科普示范县(市、区)"之一。

【2011 年】恩施市开展副科级以上党员干部反腐倡廉警示教育活动，至 10 日结束。市领导秦斌、郜志中、刘凡、蔡平等参加教育活动。全市近千余名副科级以上党员干部接

受反腐倡廉警示教育。

【2012 年】中央统战部常务副部长朱维群，民盟中央副主席索丽生、徐辉率调研组深入崔家坝镇中心小学、教师安居小区和民族中学及清江外国语学校、施州小学、恩施高中、市第三中学等处，就统筹教育资源配置，促进教育公平发展专题调研。州、市领导张忠凯、陈卫平、李国庆等陪同。

6 月 8 日

【成化六年(1470)】重修施州卫学，十月十一日告竣。自大成殿，以达东西两庑、戟门、棂星门。学自明伦堂，以及志道、据德、依仁、游艺四斋，会馔之室、休息之庐、宾客之位，悉撤旧更新、瓦甓墁甃，丹漆黝垩之饰，加于旧规。又饬先师及配飨之仪，增制簠、簋、笾、豆、罍、爵之属，以严祀事。百宪咸备，制度森如，焕然壮观。

【1989 年】经国家教育委员会批准，在境内筹建鄂西大学的基础上建立湖北民族学院，明确学院由湖北省领导，以专科为主。

【1991 年】贵州铜仁市政协副主席覃业精一行至恩施市，就湘鄂川黔边区县(市)政协联谊会第四届年会有关事宜进行协商。

【2005 年】由中国茶叶学会、湖北省茶叶学会、恩施州农业局、市政府主办的“2005 年中国富硒茶文化节”在恩施市举行，至 10 日结束。其间，开展经贸洽谈签约 12 项，合同金额 2.55 亿元；42 家 203 个茶叶品种参加茶叶展销会；举办硒茶与人体健康论坛专题学术讲座。中国茶叶学会理事长杨亚军、副理事长施兆鹏、农业部茶叶质检中心副主任刘新、省茶叶学会副理事长宗庆波等专家学者和全国知名企业人士及新华社、人民日报社、中央电视台等 21 家新闻媒体记者出席。

【2007 年】省发改委副主任刘兆麟至恩施市，先后到长友现代农业、长源轴承、金叶烟草以及工业园区参观，就开发区建设与企业发展情况调研。州领导杨天然、童章舜等陪同。

【2007 年】以“综合治理、保障平安”为主题的 2007 年州暨恩施市安全生产月活动启动仪式在硒都广场举行。

【2010 年】州政协副主席李春胜率部分州政协委员以及相关部门负责人一行，就重点提案《关于迅速停止“见喜门业”污染旗峰小区居民环境的提案》的办理情况进行督办视察。市领导何慧等陪同。

【2010 年】经最高人民法院核准并下达执行死刑命令，州中级人民法院在恩施市将犯故意杀人罪的唐某采用注射方式执行死刑。在恩施州尚属首次。

【2011 年】州委常委、副州长瞿赫之一行,深入三岔乡和白杨坪乡,就水利基础设施建设和抗旱防汛工作调研,至9日结束。市领导肖家魁等陪同。

【2013 年】省妇联党组书记彭丽敏到市调研“妇女之家”建设情况。州、市领导周静、王兰英陪同。

6月9日

【2000 年】国务院西部地区开发领导小组第一次会议召开,将恩施州纳入国家西部开发范围。恩施市享受西部开发优惠政策。

【2007 年】省科技厅副厅长郑春白率省科技进步考核组一行,先后到芭蕉侗族乡灯笼坝村、润邦国际彩页有限公司,对恩施市2005—2006年科技进步工作进行考核。州、市领导赵宏中、李国庆等陪同。

【2010 年】省质监局局长王泽洪一行,深入恩施山泰水电设备有限公司、湖北中烟集团恩施卷烟厂、长友现代农业股份有限公司等企业,就全市质监工作进行检查指导。市领导陶文胜等陪同。

【2013 年】州人大常委会副主任于德海率检查组一行,到华硒生态园、腾龙水泥、山寨皮革、思乐牧业集团、市行政服务中心、市国土资源局、市依法治市领导小组办公室等地,检查恩施市“六五”普法和法治建设情况和《湖北省优化经济发展环境条例》贯彻落实情况。市领导刘凡、张渊平、邵永政、洪波、陶军陪同。

【2015 年】省住房和城乡建设厅总规划师童纯跃一行至恩施市,深入白杨坪镇朝阳坡村、鹿子渡村及熊家岩村等地,就“村村通客车”工作情况调研。市领导张伟等陪同。

6月10日

【民国二十八年(1939)】第七行政区行政督察区区署及恩施县政府迁芭蕉朱砂溪(又名硃砂溪)办公。翌年十二月,迁回火神庙县政府办公地。

【民国二十九年(1940)】中共南方局决定撤销中共湘鄂西区委,派区委书记何功伟(何彬)至恩施指导鄂西特委工作。

【1960 年】湖北省政府副省长孟夫唐率全省麻风病防治现场会代表,到县麻风病院参观和检查指导工作。

【2007 年】国家水利部水土保持司司长刘震一行至恩施市,就水土保持工作调研。州、市领导朱惠明、谭文骄、秦斌等陪同。

【2010 年】省“616”工程帮扶单位武汉大学校长顾海良与市委书记谭文骄在市中心医院、市第一中学为“武汉大学中南医院技术协作单位”“武汉大学优质生源基地”揭牌。州、市领导陶继东、谭文骄、秦斌等出席汇报会。

【2010 年】省粮食局局长孙永平率调研组深入茂和食品有限公司等处，就全市粮食部门贯彻落实全省农产品加工“四个一批”工程建设情况调研。市领导陶文胜等陪同。

【2010 年】省司法厅副厅长陈文贵率全省社区矫正帮教安置工作现场会议代表 50 余人，到三岔乡司法所，学习交流社区帮教安置工作经验。市领导张孝赤、周德金、殷晓东等陪同。

【2011 年】在全省纪念全国第六个“文化遗产日”座谈会会上，恩施市被确定为首批省级文化生态保护实验区。

【2011 年】由州政府主办，市政府、州文体局承办的恩施州 2011 年“文化遗产日”主题活动在桥西广场启动。州、市领导杨陈清、马春菊、曹毅、杜成明、胡平江、王怀东等出席启动仪式。

6 月 11 日

【民国二十二年(1933)】十区专员、保安司令袁济安兼任恩施县县长。蔡继伦离任。

【1984 年】市委、市政府宣布对市外贸局、市供销联社和市粮食局实行政企分开，政府不再干涉企业和经营活动，同时宣布全市所有企业一律由厂长、经理“组阁”。

【2002 年】参加鄂豫陕川黔渝湘毗邻地区第 13 届流动人口计划生育协作会议的代表，赴恩施市就计划生育工作考察。

【2010 年】国家发改委环资司副司长王善成，深入市生活垃圾综合处理厂项目选址处，就全市生活垃圾综合处理厂项目进展情况进行考察调研。州、市领导杨尚宝、郜志中、殷晓东等陪同。

【2010 年】省委第一巡视组组长陈水国率巡视组一行，到小渡船街道望城坡村，就望城坡正在建设的现代烟草农业科技示范园调研。

【2010 年】武汉大学校长顾海良到沐抚办事处梨树小学，看望武汉大学西部计划志愿者，并考察志愿者在该校创办的“大山里的魔法教室”项目。州、市领导陶继东、秦斌、向仕莲、尤连胜等陪同。

【2010 年】省统计局局长毛凤藻至恩施市调研。市领导谭文骄、蔡平、李敏等出席汇报会。

【2010 年】副州长董永祥到恩施大峡谷风景区，深入景区旅游公路建设各标段工地，

检查督办该公路工程建设。市领导肖家魁等陪同。

【2011 年】国家林业局林改领导小组副组长黄建兴一行，深入新塘乡下坝村、华中药用植物园、屯堡乡林业站及望城坡林下养殖业现场，就恩施市集体林权制度改革工作调研，至 13 日结束。州、市领导谭文骄、秦斌、肖家魁等陪同。

【2014 年】省农业厅副厅长、省畜牧兽医局局长盖卫星一行赴恩施市，深入芭蕉侗族乡金欣农牧专业合作社富尔山养殖基地、明凯农牧业发展有限公司等地，就草食畜牧业发展情况调研。州、市领导冯忠泽、杨洪安等陪同。

【2014 年】美国科罗拉多西峡谷董事长凯米尔·奈特霍斯率考察团赴恩施市，深入恩施土司城风景区、恩施大峡谷风景区等地，就加强旅游交流与合作进行会谈。州、市领导杨天然、马尚云、李国庆等陪同。

6 月 12 日

【1950 年】恩施县工商业联合会第一届会员代表大会召开，县工商业联合会成立，会址林家巷 9 号。

【1963 年】全国红茶初制现场会在恩施召开。参加现场会的有广东、广西、贵州、浙江、上海等 13 个省市的 38 位代表，会议期间代表们到芭蕉茶厂进行操作试制。

【1984 年】全市完成区、乡行政体制改革。废止人民公社，恢复区、乡建制，全市设 17 个区、2 个市辖镇、3 个城区街道。

【2008 年】17 时许，红土乡老村村马某某驾驶一辆时风农用车违章载客，行至建始县景阳镇高燎村弯道处时，撞至公路右侧的防护墙，车上乘客被抛至路边约 5 米深的坎下，15 名司乘人员当场 5 人死亡，另 2 名乘客在送往医院途中死亡，其余 8 人受伤。

【2010 年】省工商局局长刘源超一行，深入白果乡瓦场坝村、市工商局六角亭分局等处，就全市新农村建设、基层工商监管执法等工作情况调研。州、市领导陶继东、陶文胜、朱保华等陪同。

【2010 年】鄂西生态文化旅游圈投资有限公司党委书记马清明，深入恩施大峡谷风景区进行实地考察。州、市领导董永祥、肖家魁等陪同。

【2014 年】全省推进村级综合服务社提档升级现场会在恩施市召开。省供销联社主任赵东风出席会议并讲话。省供销联社副主任张永红、黄实海，党组成员、纪检组长徐林楚，州、市领导陈晓燕、黄波出席会议。省供销联社有关处室和直属单位负责人、各市（州）供销联社主任、各县（市、区）供销联社主任参加现场会。

【2015 年】全州旅游扶贫精准扶贫工作现场推进会在市沐抚办事处召开，州委副书记

董永祥、州人大常委会副主任邓正平、副州长庞红艳、州政协副主席杨兵出席会议。会议期间,与会代表前往屯堡乡马者村、沐抚小岩阡“绿满荆楚”建设点、营上村女儿湖农家乐、沐抚集镇、大峡谷游客中心等地进行参观考察。各县(市)委副书记,县(市)扶贫办主任、旅游局长、住建局长,州直驻村第一书记参加会议。

6月13日

【民国七年(1918)】孙中山派大元帅府秘书章太炎至恩施巡视,协调唐克明与蔡济民之间矛盾,同时于各军间作护法宣传鼓动和组织工作,历时两月之久。

【民国十九年(1930)】红军第四十团团长程海波(红土天落水人)于建始双土地一带,遭团防埋伏,壮烈牺牲。

【1952年】县政府在城区召开大会,当场焚毁5200多两鸦片、7000多两吗啡,并逮捕拒不坦白的烟毒犯82名,处决贩毒集团首犯2名。禁烟运动至9月底结束。

【1990年】《简明大不列颠百科全书》第二卷载文介绍恩施市六角亭老城情况。

【2007年】国家民委教育科技司科技处副处长王守利一行,至芭蕉侗族乡灯笼坝村、润邦国际茶业有限公司,就恩施市电脑农业推广应用情况调研。

【2008年】省委常委、副省长汤涛率省政府副秘书长梅祖恩,省移民局局长汪元良,省教育厅副厅长黄利鸣,省民政厅副厅长文增显,省地质灾害防治工作领导小组办公室专职副主任徐振坤,省能源集团董事长、党委书记肖宏江,清江公司党委书记孙贵平一行,到新塘乡风水河汤家湾南滑坡体地带,就地质灾害防治情况调研,至14日结束。州领导杨天然等陪同。

【2010年】省委书记、省人大常委会主任罗清泉,调研“616”工程工作并召开汇报会。州、市领导肖旭明、杨天然、张忠凯、瞿赫之、孔祥恩、谭文骄、秦斌等参加汇报会。

【2013年】州委书记、州人大常委会主任王海涛到龙凤镇双堰塘村,就湖北省恩施市龙凤镇综合扶贫改革试点建设调研。州、市领导孔祥恩、向前进、胡平江、黎昔品陪同。同日下午,州委书记、州人大常委会主任王海涛,州委副书记、州长杨天然深入龙凤镇综合扶贫改革试点领导小组办公室检查指导工作并召开座谈会。州、市领导孔祥恩、董永祥、向前进、李国庆等参加座谈会。

【2014年】省委副书记、省长王国生赴恩施市,与市委常委班子成员进行一对一座谈,交心谈心。

6 月 14 日

【1986 年】恩施市举行市人武部由军队建制改为地方建制交接仪式。

【2010 年】省民族宗教事务委员会主任谭徽在一行，深入湖北民族学院、小渡船街道旗峰社区卫生服务站等处，就全市民族地区发展工作调研。州、市领导瞿赫之、秦斌等陪同。

【2012 年】州人大常委会副主任于德海一行，深入耕织源土苗特产超市、旅游综合产业园、土墨苗韵特产总汇店、三月竹林商贸有限公司、湖北金果茶叶有限公司等处，就旅游购物市场建设情况调研。市领导刘凡等陪同。

【2014 年】市委常委班子党的群众路线教育实践活动专题民主生活会在市委四楼会议室召开，至 15 日结束。会上，市委书记向前进代表市委常委班子作对照检查，率先查摆自身的问题，常委们逐一提出批评意见。随后，市委常委班子成员一一对照检查并相互提出批评意见。省委副书记、省长王国生出席会议并指导，省委组织部副部长、省人力资源和社会保障厅厅长翟天山，恩施州委书记、州人大常委会主任王海涛分别对专题民主生活会进行评价。

6 月 15 日

【1991 年】屯堡区罗针田车坝一级水库竣工，总库容 6200 万立方米，属于恩施市境内唯一中型水库。

【2001 年】省委原副书记、省政协原常务副主席、省科学技术促进会会长钟书樵一行至恩施市，就经济建设和社会发展等调研。

【2008 年】副省长赵斌一行，至恩施市城市污水处理厂现场查看污水进口、氧化沟工艺、隔栅、沉池等污水处理的运行流程。市污水日处理能力达到 4.27 万吨，污水经处理排放达到国家规定的相关标准。共建成污水收集管道 37 千米。州领导杨天然等陪同。

【2008 年】中央社会治安综合治理委员会副主任、中央政法委副秘书长、中央社会治安综合治理委员会办公室主任陈冀平一行至六角亭街道，通过实地察看和听取汇报等方式，就社会治安综合治理工作调研。州、市领导谭先振、谭文骄、秦斌等陪同。

【2012 年】国家开发银行总行行务委员、专家委员会常务副主任汪子章率考察组，深入金龙大道建设现场、润邦国际富硒茶叶有限公司等处，考察恩施市重点项目建设、企业发展等情况。市领导陶军、詹厚兰等陪同。

6月16日

【民国三年(1914)】都亭里孢头山发生地震,半小时山崩陷,低于地面九尺,震区内房屋、坟墓同遭倾塌,致三百余人死亡。

【1975年】沐抚区滥池公社星火大队十一小队农民刘光海,窜入陈某某家中,将熟睡的陈某某及其子女共5人杀害。县公安局组织刑警赴奉节县三角坝将其抓捕。1976年1月3日,刘被依法处决。

【1980年】境内突降暴雨,龙凤公社前进(店子槽)大队八生产队队长胡良玉察看灾情、掏沟排水时不幸被洪水冲走,以身殉职,时年34岁。8月9日,县委、县革委授予胡良玉“模范干部”称号。

【2005年】“恩施紫油厚朴”原产地域产品保护通过国家级审查。恩施紫油厚朴地理标志产品保护范围以市政府《关于界定恩施紫油厚朴地理标志保护范围的建议函》提出的范围为准,为恩施市辖行政区域的崔家坝镇、沙地乡、太阳河乡、红土乡、新塘乡、白果乡、板桥镇、盛家坝乡等现辖行政区域。质量技术要求按照种名、栽培技术、采收与加工和质量特色。恩施紫油厚朴地理标志产品保护范围内的生产者,可向恩施市质量技术监督局提出使用“地理标志产品专用标志”的申请,国家质检总局自公告发布之日起,各地质检测部门开始对恩施紫油厚朴实施地理标志产品保护措施。8月,国家质检总局发布公告,批准对恩施紫油厚朴实施地理标志产品保护。

【2012年】州委书记肖旭明一行至恩施市,就城郊现代烟草农业基地单元建设项目进展情况调研。市领导向前进、李国庆等陪同。

【2012年】常务副州长董永祥一行,深入新塘长岭岗华中药用植物园调研。市领导杨洪安等陪同。

6月17日

【民国二十九年(1940)】国民政府军事委员会决定组设第六战区长官司令部于恩施。七月初,司令长官陈诚抵施,主持六战区军务并兼任湖北省政府主席。

【民国三十年(1941)】陈诚在湖北省政府委员会二百六十二次会议上,痛斥保安十一团驻新塘时奸淫勒索的罪行,责令撤去吴中相团长职务,判处营长吴相凡及属下官兵十一人死刑。是月下旬,吴等于恩施三孔桥被执行枪决。

【1951年】恩施县清案委员会成立,由县委委员、县大队长等6人组成。开展镇反案

件清理,至9月底结束,清理案犯819名。

【1953年】县委第一次互助组代表大会召开,总结交流经验,部署农村互助合作运动。至年末,全县建立农业互助组1552个。

【2008年】全州社区党建工作会议在恩施市召开。州、市领导刘艳红、谭文骄等出席会议,全州八县市的部分组工干部和受到表彰的社区党建工作先进单位和个人参加会议。会议表彰全州社区党建工作示范街道(乡镇)、示范社区和十佳社区党组织书记。舞阳坝街道在大会上做经验交流。与会人员还参观桂花园社区、舞阳大街社区、大观园社区、解放路社区、机场路社区的党建工作。

【2010年】"恩施号"彩绘飞机从武汉起航,首飞恩施。"恩施号"是州政府与中国东方航空集团公司共同命名的大型客机,副省长田承忠宣布"恩施号"彩绘飞机首飞起航,并为"恩施号"授牌。

【2013年】州、市2013年节能宣传周和全国第一个低碳日宣传活动启动仪式在州城民族广场举行。州、市领导董永祥、吕金施、刘志兵、张渊平、赵萍等出席活动。

【2013年】首届深圳国际低碳城论坛暨第四届世界低碳城市联盟大会,在深圳市龙岗区坪地深圳国际低碳会展中心举行,至19日结束。市委副书记、市长李国庆代表恩施市,在会上作题为《坚持低碳发展,建设仙居恩施》的交流发言。市委副书记、恩施经济开发区主任部志中参加论坛。该论坛由国家发改委、住建部和深圳市政府主办,世界低碳城市联盟等单位承办。来自中国、芬兰、美国、荷兰、瑞典、丹麦、日本等国家和地区的政府代表、专家和学者,就城市交通、城市规划、绿色建筑、可再生资源等进行探讨交流。

【2015年】州委副书记、州委政法委书记董永祥一行,深入恩施精准扶贫综合服务中心,就精准扶贫、金融扶贫工作开展情况调研。市领导张渊平陪同。

6月18日

【2007年】州委书记汤涛,州委常委、副州长杨天然一行先后至施州大道、施州大桥、整治"牛皮癣"疏导措施的公共信息栏、清江防洪库岸整治(第四期)、凤凰广场等州城重点工程建设现场调研。

【2008年】湖北恩施·深圳经贸恳谈会在深圳五洲宾馆举行。市领导秦斌、部志中等以及随团参会的市直相关部门主要负责人参加恳谈会。市长秦斌向各位客商介绍恩施市发展情况,就客商关注的投资环境问题作详细介绍,并热忱邀请各位客商到恩施市观光旅游或投资兴业。

【2008年】沪蓉西高速公路高坪至吉心段通车试运行。结束恩施州没有高速公路的

历史。

【2008 年】国家农业部规划设计研究院院长朱明一行，至白杨坪乡石桥子村新农村建设示范小区和九根树村小学，就新农村建设及生态校园建设调研，至 19 日结束。州、市领导崔军、李明东等陪同。

【2009 年】第二届华中茶叶博览会在武汉会展中心开幕，副市长何慧率恩施市团参加此次茶博会，润邦公司代表“恩施玉露”、乌云冠茶叶公司代表“恩施富硒茶”、怡茗代表欧盟认证有机茶、宜红公司代表红茶、清江茶业公司和岸云溪茶叶公司代表恩施有机绿茶参加会展。

【2011 年】国家发展和改革委员会资源节约和环境保护司节水处处长、北京科技大学钢铁冶金专业和北京理工大学自动控制专业博士学位、北京大学经济学博士后，曾在恩施州挂职副州长的博士杨尚宝至恩施市，为全市广大党员干部进行“仙居恩施”专题讲座，州委常委、市委书记谭文骄主持讲座。市“四大家”领导等以及市直各部门，各乡镇、街道(办事处)负责人到现场聆听专题报告。

【2012 年】恩施市传达学习省第十次党代会精神大会召开。会议传达贯彻省第十次党代会有关精神，对恩施市今后五年的工作重点进行安排部署。会上，市委书记向前进传达省第十次党代会精神，市委副书记、市长李国庆主持会议。市领导部志中、胡平江、刘羽等出席会议。

【2013 年】州委常委、州委统战部部长谭文骄一行，深入爱奔汽车汽配城、中国硒都茶城、山泰汽车城、华硒正虹饲料等企业，调研恩施市非公有制企业和非公有制经济人士理想信念教育实践活动开展情况。市领导邹炜陪同。

【2013 年】州委常委、州委政法委书记沙玉山至恩施市，看望慰问 2012 年恩施州见义勇为先进个人林新明，并向其颁发荣誉证书。市领导胡平江陪同。

【2015 年】中国社会科学院城市发展与环境研究室主任、副研究员王业强率调研组至恩施市，深入恩施精准扶贫综合服务中心、龙凤初中、红庙污水处理厂、龙凤生态城、州文化中心规划馆、市民之家等地，就“三峡城市群”发展战略进行前期课题调研。市领导张渊平等陪同。

【2015 年】州委常委、副州长马尚云一行，深入城区湖北创偲诺电气科技股份有限公司、农产品加工园、龙凤生态城等处，就恩施经济开发区发展情况调研。市领导郑晓斌、陈志波等陪同。

【2015 年】恩施市农村集体土地确权登记发证试点工作暨业务培训会议在龙凤镇吉心村召开。标志着全市农村集体土地确权登记发证试点工作拉开帷幕。

6月19日

【1992年】屯堡区马者乡党委、红土区帅家垭乡党委被州委授予“全州乡镇党委十面红旗”称号。

【1996年】龙凤镇福利院被国家民政部授予“全国模范敬老院”称号。

【2009年】东方航空公司特邀韩国幸福旅行社、韩国大韩通运、上海合庆工业集团、中国民航报、北京北辰旅游集团、桂林环球国旅等企业组成考察团,对恩施龙洞河休闲度假村、清江流域旅游资源、恩施大峡谷及梭布垭石林等进行实地考察。

【2011年】州委常委、常务副州长张忠凯,州委常委、恩施军分区司令员赵德利至恩施市人武部,对士官招收体检工作进行检查。市领导肖家魁、黄秀武等陪同。

【2012年】市民族文工团表演的曲艺节目恩施要耍《担水》,应邀赴法国巴黎参加“第二届巴黎中国曲艺节”演出。该团系6月17日在北京参加完全国少数民族文艺会演之后踏上巴黎之行的。

【2014年】国家统计局局长马建堂,在省统计局局长李克勤的陪同下赴恩施市,深入恩施腾龙水泥有限责任公司、湖北思乐牧业集团有限公司、州民族文化中心等地,就经济运行情况调研。州、市领导杨天然、马尚云、李国庆陪同。

【2014年】国家财政部农业司巡视员卢贵敏,在省财政厅副厅长黄明的陪同下赴恩施市,深入华硒生态物流园、龙凤初中迁建工程建设现场、龙凤镇龙马村保扎片区、龙马村茶园沟组退耕还林项目现场等地,就龙凤镇综合扶贫改革试点工作推进情况调研,至20日结束。州、市领导董永祥、向前进、李国庆等陪同。

6月20日

【1955年】10时至13时30分,境内可观日食。

【1959年】根据《省人民政府关于全面发展生产,提高人民生活水平布告》精神,恩施县恢复农业自留地,全县退还和重新拨给社员自留地1万多亩。

【1963年】恩施县第五届人民代表大会第一次会议召开,至26日闭幕。出席会议代表344人。大会听取县长高兴利作《恩施县人民委员会工作报告》,财政局局长张玉山作《关于1962年财政决算及1963年财政预算(草案)的报告》。县人民法院院长宫敏作《法院工作报告》,县人民检察院检察长金忠诚作《加强阶级斗争,进一步巩固人民民主专政》的报告,会议作出相应决议。会议选举高兴利为县长,吴保忠、归天麟、李嘉海为副县长,宫敏为人民法院院长。选出史代富、李嘉海、李巩一、陈炳炎、吴保忠、曾广泰、徐伯坚、黄

伟来、雷华英(女)为湖北省第四届人民代表大会代表。

【1963年】政协恩施县第四届委员会第一次全委会于工人俱乐部召开,至25日闭幕。到会委员71名。会议听取和讨论县长高兴利作的《恩施县人民委员会工作报告》、县委书记杨艺作的《关于进一步开展社会主义教育运动》的报告,政协副主席李巩一作的《县政协第三届常务委员会工作报告》。选举杨艺为政协四届委员会主席,贾长庚、高兴利、李嘉诲、王明玉、李巩一、刘厚章为副主席。

【1985年】川、鄂边界万余群众聚集大山顶牧场,参加农历五月初三"女儿会"活动。

【2005年】全国政协常委、副秘书长、台盟中央副主席李宽敏,在省政协副主席、台盟湖北省委主委张荣国等陪同下,至恩施市调研民营企业及农业产业化工作,至23日结束。市领导刘宗烈等陪同。

【2007年】市"四大家"领导,深入各乡镇、街道开展防汛抗灾巡查,进行防汛指挥调度,对防汛办的快速反应和指挥调度能力给予充分肯定。连日的强降雨,导致全市部分乡镇、街道山洪暴发,山溪、河流水位上涨,防洪形势严峻。全市70%乡镇不同程度受灾,农田受灾面积占全市的45%,倒塌房屋数千间,山体大小滑坡2000余处,经济损失达6000多万元。

【2009年】美国ABP公司代表高寒女士、海伦先生(美籍华人)以及中方代表金伟女士到恩施市白杨坪实地考察有机茶叶基地、公司拟建厂址。双方还就在北京签订的《茶叶基地建设及加工出口项目协议》进行实质性洽谈。

【2012年】副州长张宇一行深入城区长源轴承、慧聚太阳能、翔奥电力、欧力服饰、山寨皮革等企业,就工业经济运行情况调研。市领导郜志中、黄波、陶军等陪同。

【2013年】浙江省工商局巡视员、省商标协会会长吴干冰,云电商基金、云文化基金创始管理人王钢,阿里巴巴业务发展部总监李延林一行,深入龙凤镇综合扶贫改革试点规划建设的信息产业园、龙马旅游风情小镇、小龙潭城市综合体、七里坪商贸物流园等地,实地考察电子商务和旅游开发等项目规划建设情况,与恩施市洽谈项目合作相关事宜,至21日结束。州、市领导谭文骄、王继刚、张渊平、王国玮、胡启发出席座谈。

6月21日

【民国七年(1918)】北洋政府军攻占恩施城。

【1989年】恩施市被列入国家"长江防护林"建设重点县(市)之一。

【2001年】全国人大常委会副委员长成思危一行考察恩施市方家坝生态家园文明新村建设。

【2003 年】15 时 20 分，利川市南坪粮油公司经理吴汝贵驾驶“富奇”吉普小客车，行驶至 318 国道恩施市境内 1599 千米 +600 米处翻下陡坡，发生特大交通事故，致 6 人当场死亡，1 人因抢救无效死亡，1 人重伤。

【2006 年】崔家坝镇被省政府表彰为全省农村五保“福星工程”建设先进单位。崔家坝镇委书记黄贵森，市民政局工作员张国强被表彰为全省农村五保“福星工程”建设先进个人。

【2011 年】全国机关事务管理协会秘书长孙千、全国机关事务管理协会副秘书长李芬莉、省机关事务管理局纪检组长杨序谷至恩施市，就机关事务管理工作调研。市领导胡平江等陪同。

【2011 年】由州、市政府主办，州、市人力资源和社会保障局承办的《中共人民共和国社会保险法》宣传月活动启动仪式在硒都广场举行。州、市领导杨斌、胡平江、洪波等出席仪式。

【2011 年】恩施市“十大杰出青年”先进事迹报告会举行。市领导李国庆、王怀东等出席。

【2012 年】国家税务总局党组成员、中纪委驻国家税务总局纪检组长冯惠敏一行，深入市国税局、市地税局，就全市税收服务及窗口建设调研，并看望慰问基层税务工作人员。州、市领导董永祥、向前进等陪同。

6 月 22 日

【2000 年】武汉航空公司一架运七客机，从恩施机场飞往武汉王家墩机场途中，不幸坠毁于武汉汉阳区永丰乡四台村附近汉江黄金口堤岸，乘客及机组人员 42 人全部遇难。该次空难事故，系当时武汉恶劣天气及机组处置不当。恩施机场因武汉航空公司开展安全整顿、王家墩机场向天河机场转场等原因停航 23 天。

【2010 年】国家烟草专卖局人事司司长邢万里、省烟草专卖局局长赵全意、湖北中烟工业公司总经理彭明权等一行，深入望城坡现代烟草农业科技示范园调研。市领导谭文骄、李国庆等陪同。

【2011 年】国务院扶贫开发领导小组办公室开发指导司司长海波，深入芭蕉侗族乡扉口村、灯笼坝村，就恩施市扶贫开发工作情况调研。州、市领导杨劲松、秦斌等陪同。

【2011 年】省委常委、省委统战部部长、省人大常委会常务副主任苏晓云至恩施市，在中国共产党建党 90 周年来临之际，看望慰问老党员。州、市领导杨天然、李济、刘艳红、谭文骄、王怀东、王兰英等陪同。

6月23日

【1974年】鸦鹊区云台公社红旗(新淌坪)大队向国家出售菜油5126公斤,被誉为“万斤油”大队。

【1987年】龙凤镇八龙坪村党支部被中共湖北省委授予“先进党支部”称号;盛家坝区大茅坡村农民安凯被授予“优秀共产党员”称号。

【2006年】市委六届六次全体(扩大)会议在小渡船街道办事处会议室举行,至25日闭幕。会议听取市委书记吴希宁代表市委常委会所作的《抢抓机遇,加快开发区建设和发展,突出特色,努力增强市域经济竞争力》的主题报告。会议讨论并原则通过《关于加快恩施经济开发区建设和发展的决定》。会议就恩施经济开发区今后的建设和发展作出总体部署。

【2007年】中国残联派员专程到恩施市,就实施贫困肢体残疾儿童矫治手术项目执行情况进行检查。州委常委杨陈清、市长秦斌、市委副书记李国庆等陪同。

6月24日

【2011年】全国人大环境与资源保护委员会副主任委员罗清泉一行,深入芭蕉侗族乡,就新农村建设调研。州、市领导肖旭明、陈亚平、谭文骄、何慧等陪同。

【2011年】国务院扶贫开发领导小组办公室开发指导司副司长李越率参加全国“十二五”整村推进村级规划编制交流研讨班的与会代表,到白杨坪乡熊家岩村,就恩施市整村推进情况进行参观考察。州、市领导瞿赫之、秦斌、李国庆等陪同。

【2011年】市政府和州国土资源局在屯堡乡,联合开展庆祝“六二五”土地日广场文艺演出、“国土杯”书法作品展览、国土资源政策法规及业务咨询等系列宣传活动,纪念第21个全国“土地日”。州、市领导董永祥、廖泽熙等出席活动。

【2013年】州委书记、州人大常委会主任王海涛一行,深入六角亭街道谭家坝村,看望慰问困难老党员。州、市领导孔祥恩、向前进陪同。

6月25日

【1984年】恩施市开通市内自动电话2000门,安装话机956门。为鄂西自治州首家。

【2007年】州、市政府在白杨坪初中举行纪念第17个“全国土地日”大型宣传活动。

【2008 年】州城第一家以茶艺为主题的茶坊——清和茶坊在清和园广场举行开业庆典。茶坊面积约为 1600 平方米，位于州城清和园风景区，同时兼中国传统茶坊与西餐、娱乐休闲于一体，实施多层次消费。州、市领导陈晓燕、周德金等出席开业庆典。

【2009 年】由中纪委驻国家民委纪检监察局综合室主任赵运奎带队的国家民委调研检查组，对恩施市 2004—2006 年中央少数民族发展资金管理及使用情况调研检查。全市中央少数民族发展资金共 1072 万元，其中道路桥梁修建与维护资金 303 万元，兴修水利工程资金 107 万元，新农村建设等其他专项资金 662 万元，实施项目 116 个。省、州民委及市领导陪同。

【2010 年】宁波湖北商会为恩施市召开招商引资推介会。恩施市与宁波领航集团签订富硒农副产品加工及农产品打包销售项目合同，与湖北蓑布雅服饰公司签订年出口 100 万美元的民族服饰出口合同。

【2012 年】内蒙古自治区原党委书记王群一行，深入芭蕉侗族乡枫香坡侗族风情寨、恩施清江画廊风景区等处，就旅游资源开发、产业发展规模等情况考察，至 26 日结束。州、市领导肖旭明、张忠凯、向前进等陪同。

【2013 年】恩施市召开"学习贯彻十八大，争创发展新业绩"离退休干部形势报告会。州委党校原常务副校长、教授李福春应邀为全市 270 多名离退休干部及 50 名老干部工作者作主题为《学习贯彻十八大精神，支持龙凤试验区建设》的形势报告。

【2013 年】副州长檀坤华到屯堡乡，深入湖北仙芝堂生物科技有限公司生产基地，调研该企业生产销售情况。市领导余秋红陪同。

【2013 年】省安监局副巡视员郑应国率省安委会督查组一行，深入 209 国道 185KM + 500M 九道水路段和桥西小商品市场等地，检查督办恩施市重大事故隐患整改落实情况，至 26 日结束。市领导黄波陪同。

6 月 26 日

【2011 年】州、市政府在桥西广场举行"626"国际禁毒日宣传活动。州、市领导张忠凯、胡平江、张孝赤、黄秀武等出席启动仪式。

【2012 年】恩施市庆祝中国共产党成立 91 周年暨创先争优活动表彰大会召开。市委书记向前进在会上讲话，市委副书记、市长李国庆主持会议，市委副书记、市委政法委书记胡平江宣读相关表彰决定。市领导部志中、刘凡、刘羽、万雪峰、王兰英、邹炜、黎昔品等以及市委老顾问、老领导出席会议，各乡镇、街道（办事处）党委书记、组织委员，市直正科级单位党组织主要负责人，市非公有制经济组织和新社会组织党组织负责人代表，部分受表

彰的创先争优先进基层党组织和优秀共产党员代表参加会议。

【2015年】省委副秘书长、省委台湾工作办公室主任刘凯春一行至恩施市，深入市社会管理应急调度指挥中心、六角亭街道解放路社区、芭蕉侗族乡寨湾村等地，就社会综治工作情况调研。州、市领导谭文骄、苏勇、黄波、杨洪安、蔡万高等陪同。

6月27日

【1975年】城关镇第三小学校舍因大雨山体滑坡泥石流冲垮教室，致31名小学生遇难、7人受伤。事故发生后，地、县党政领导亲临现场指挥抢救，处理善后。省革委会派专机运送药品急救伤员。

【1984年】政协恩施市第一届委员会第一次会议召开，至7月1日闭幕。会议选举宋金镜为政协恩施市第一届委员会主席，归天麟、杜庆余、王启彦、黄鹤皋、张廷钦、李明柱、李淑恒（女）、田兴启、高开群、覃继章、刘义琦为政协恩施市第一届委员会副主席。

【1990年】市公安局与州人民法院、市人民法院在州体育场再次召开公捕公判大会，连同6月2日，被告人陈泽轩、吴世超被判处死刑立即执行，对45名犯罪嫌疑人依法判处有期徒刑、无期徒刑，93名刑事犯罪嫌疑人依法逮捕。近4万名群众参加大会。

【1992年】10时许，龙凤坝境内州化工厂包装车间，引发特大爆炸事故，致22人死亡、3人受伤，5号车间及周边10栋厂房计688平方米夷为平地，厂房中3000平方米以内工业设施被炸毁，直接经济损失250万元。

【2007年】19时许，龙凤镇佐家坝村发生一起在粪坑吸入混合性气体而引起的急性全身性中毒事故。该村村民王某某，请同村刘某某帮忙清理粪坑废渣，刘在粪坑晕倒。王及其妻、子见状，随即先后下坑救人，也晕倒，另1名村民李某在随后救人过程中又熏倒。由于中毒时间过久，5人均不治身亡。

【2008年】州委书记肖旭明，州委副书记、州长杨天然率州发改委、建委、国土资源局、商务局、规划局等相关部门负责人到恩施经济开发区工业园区、山泰公司、开发区标准厂房以及广州本田汽车恒龙特约销售维修站等处调研。

【2010年】全市举办首届山地自行车爬坡挑战赛。147名来自全国各地的山地车选手参赛。州委常委、州委宣传部部长杨陈清，市领导秦斌、陶军等出席开幕式。

【2011年】恩施市庆祝中国共产党成立90周年暨“三万”活动总结表彰大会召开。州委常委、市委书记谭文骄在会上讲话，市委副书记、市长秦斌主持会议，市委副书记李国庆在会上宣读相关表彰决定。市“四大家”领导等出席会议。

【2011年】恩施市庆祝中国共产党成立90周年红歌赛举办。州领导谭文骄、市“四大

家”领导等出席活动。

【2012 年】中国著名经济学家、北京大学党委常委、副校长刘伟教授至恩施“硒都讲坛”作《中国经济面临的机遇、挑战及趋势》专题讲座。市委书记向前进主持讲座。市领导李国庆、郜志中、胡平江、刘凡、刘羽等和全市数百名干部现场聆听讲座。

【2012 年】省政协副主席涂勇一行，深入市城郊现代烟草农业基地单元、硒都茶城、华硒生态园等处，就特色农业发展、龙头企业成长、市场品牌建设等调研。州、市领导甘方谦、向前进、郜志中、刘凡、刘羽、杨洪安、王国玮等陪同。

【2013 年】中国楹联学会授予恩施州“中国楹联文化第一州”暨湖北省楹联文化艺术节与会人员一行，赴芭蕉侗族乡戽口村现场参观。州、市领导杨陈清、庞红艳、邹炜等陪同。

【2013 年】省政协副主席刘善桥到恩施大峡谷风景区，调研恩施市旅游产业发展情况。州、市领导甘方谦、刘羽、金德钧陪同。

【2013 年】州委常委、州委统战部部长谭文骄到屯堡乡，看望慰问老党员。市领导刘凡陪同。

【2014 年】全市庆祝建党 93 周年暨党的群众路线教育实践活动先进典型事迹报告会在富源国宾七楼会议室召开。市委书记向前进主持会议并讲话。市领导李国庆、郑晓斌、张渊平、刘凡、刘羽等出席会议。

6 月 28 日

【1970 年】恩施县首批干部 222 人、家属及子女 327 人，编成 5 个连队，分别下到屯堡区大树公社、新塘区黄村公社、太阳区太阳公社、鸦鹊区滚龙公社、沐抚区木贡公社所在的 15 个大队、89 个小队插队落户，至 7 月 1 日安置结束。

【2007 年】市委在小渡船街道会议中心举行纪念中国共产党成立 86 周年暨农村党的建设“三级联创”活动表彰大会。

【2011 年】州人大常委会常务副主任陈亚平一行，深入华中药用植物园、商家湾厚朴公园等处，就植物园的建设情况进行检查督办。市领导陈江龙、蔡平等陪同。

【2011 年】国家林业局副局长张建龙一行，深入新塘乡下坝村、屯堡乡林业站及望城坡林下养殖业现场等处，就恩施市集体林权制度改革等工作调研，至 29 日结束。省林业厅副厅长刘晓洪，州、市领导谭文骄、秦斌、李国庆、陈江龙、胡平江等陪同。

【2012 年】全市庆祝中国共产党成立 91 周年暨第二届山民歌大赛举行。来自全市各乡镇、街道（办事处）和市直部门的 50 支代表队参赛，至 29 日结束。市领导胡平江、张渊

平、邹炜、邵永政、张献宏等出席活动。

【2013 年】《中国共产党恩施市历史》第二卷(1949—1978)在恩施市首发。该书由中共党史出版社出版发行,分 5 编、12 章、42 节,计 29 万字。

6 月 29 日

【民国三十二年(1943)】蒋介石由重庆飞抵恩施,驻龙洞主席官邸(陈诚为迎蒋专建)。翌日,在城内省干训团“中正堂”出席国民政府成立纪念周暨中正堂落成纪念大会。七月一日,召集六战区军政要员会议,检讨战况,讲述鄂西大捷意义;七月二日,接见湖北省知名人士。三日下午五时,乘飞机离恩施返重庆。

【1956 年】恩施城区昼夜暴雨,清江洪水漫岸,危及古城低洼处民居。

【1999 年】全市企业改革情况汇报统计,全市基本完成改制企业 318 家。其中国有企业 62 家,集体企业 26 家,乡镇企业 230 家。通过改革,盘活资金 4.2 亿元,落实债务 2 亿元,分流职工 3200 余人。

【2006 年】凌晨 2 时,全市普降大雨,其中板桥镇、龙凤镇出现暴雨,农作物受灾面积 14240 亩,其中绝收面积 7900 亩,烟叶受灾 600 亩,水毁农田 3160 亩,冲毁乡村公路 85 公里,公路垮塌 135 处,垮塌房屋 14 间,损毁房屋 108 间,冲走牲畜 8 头。

【2007 年】省民委主任谭徽在一行,深入芭蕉枫香坡侗族风情寨、柳州城旅游开发项目调研。州委常委、副州长杨天然,市委书记谭文骄,市长秦斌、市委副书记李国庆等陪同。

【2010 年】全市党建“三级联创”表彰暨“创先争优”活动动员大会召开。会议庆祝中国共产党建党 89 周年,总结表彰党的基层组织建设“三级联创”工作,安排部署党的建设“创先争优”活动。市委书记谭文骄在会上讲话。市委副书记、市长秦斌主持会议。会上,对全市农村党建“三级联创”活动先进单位、先进个人、2010 年度先进基层党组织、优秀共产党员、优秀党务工作者进行表彰。市“四大家”领导等出席会议。

【2011 年】州委书记、州人大常委会主任肖旭明一行至恩施市,看望慰问老党员、老战士。州、市领导刘艳红、谭文骄、王兰英、何慧等陪同。

【2012 年】国家烟草专卖局副局长何泽华一行,深入现代烟草农业基地单元,就全国烟叶收购暨现代烟草农业建设现场会有关筹备工作督查指导。州、市领导杨天然、肖作文、胡平江、杨洪安等陪同。

【2012 年】州委书记、州人大常委会主任肖旭明一行,深入市政府家属院、六角亭街道胜利街社区和城乡街社区等处,看望慰问基层老党员。市领导李国庆、王兰英等陪同。

6 月 30 日

【1951 年】恶霸王献谷(伪国大代表)、邓濂溪(伪县参议会副会长)、林人俊和张笃周4名犯罪分子,于县体育场公审后被执行枪决。

【1954 年】恩施县第一届人民代表大会第一次会议在恩施专区京剧院召开,至7月4日结束,出席会议代表330人。大会作出开展以互助合作为中心的农、林、牧、特增产运动,完成生产计划,支援国家工业建设;发动群众做好粮食统购统销工作,以满足国家建设和广大人民生活日益增长的需要;做好财经工作,保证市场供应,为国家工业化积累资金;加强政治工作,巩固人民民主专政;发动群众做好文教卫生工作;广泛开展总路线的宣传运动和拥护学习《中华人民共和国宪法(草案)》等7个决议。会议通过无记名投票选出李嘉诲、陈沛书、朱大宪、李巩一、周南(女)为湖北省第一届人民代表大会代表。

【1992 年】市政府被国家民委授予“全国少数民族计划生育工作先进集体”称号。

【2008 年】恩施市庆祝中国共产党成立87周年表彰大会在恩施宾馆召开。谭文骄、郜志中等在家的市“四大家”领导和恩施经济开发区的领导出席会议。会议授予舞阳坝街道官坡社区党委等30个党组织为先进基层党组织,对史光珍等49名优秀共产党员,詹厚兰等10名优秀党务工作者予以表彰。市委常委、纪委书记刘凡传达中央、省、州领导干部大会会议精神,市委常委、政法委书记、公安局长谭志国通报市委、市政府关于对的士车司机罢工处理的有关情况。市委常委、组织部部长刘羽宣读市委表彰决定。市直部门,各乡镇党委书记,受表彰的先进基层组织、优秀党务工作者、优秀共产党员代表参加会议。

【2011 年】州人大常委会副主任罗贤美率州视察组,深入芭蕉侗族乡,就恩施市实施《民族乡行政工作条例》和《湖北省散居少数民族工作条例》进行检查。市领导蔡平、胡平江、邵永政等陪同。

【2011 年】日本驻华大使馆官员池田千亚纪一行到新塘乡,就2008年援建该乡集镇安全饮水利民工程进行回访考察。市领导陶军等陪同。

【2013 年】全国人大常委会委员、全国人大民委副主任委员艾斯海提·克里木拜一行,深入芭蕉侗族乡戽口村、灯笼坝村、恩施市润邦国际富硒茶叶有限公司等地,调研恩施市《民族区域自治法》实施情况。州、市领导瞿赫之、陈学明、孙宇鹏、刘凡、朱卫东、邵永政陪同。

【2015 年】全省律师参与涉法涉诉信访工作现场会在恩施市召开。与会代表赴屯堡花枝山村、沐抚营上村等地现场参观。省委副书记、省委政法委书记张昌尔出席会议并讲话。省委副秘书长刘兆麟,省委政法委常务副书记、省社会治安综合治理办公室主任谭先

振，省委政法委副书记胡兴儒，省委政法委副书记杨智出席会议，省委副秘书长王永高主持会议。省直相关部门负责人，各市州政法委书记、常务副书记及相关工作人员出席现场会。

【2015 年】省委副书记张昌尔率省委副秘书长王永高，省委副秘书长、省财经工作领导小组办公室主任刘兆麟一行，深入喻家河水库建设现场、龙凤镇青堡村和店子槽村、恩施精准扶贫综合服务中心等地，就精准扶贫工作情况调研。张昌尔强调，要深入学习贯彻中央扶贫攻坚贵州现场会和省委常委会会议精神，准确把握扶贫工作新定位、新使命，横下一条心，立下"军令状"，坚决做到精准识别、精准帮扶、精准管理、精准考核，以攻坚之举推动精准扶贫取得更大成效。州、市领导王海涛、向前进、张渊平、蔡万高陪同。

七　月

7月1日

【1953 年】恩施县统一开展全国第一次人口普查。全县总人口为 38.42 万人，其中男 20.19 万人，占总人口的 52.55%；女 18.23 万人，占总人口的 47.45%。

【1959 年】城关贸易市场开张。是日，经营总金额 7 万余元，比平日上升 2.6 倍，其中销售上升 1.13 倍，收购上升 4.6 倍。

【1960 年】灯塔公社红五月大队社员杨荣林（女）被授予"全国三八红旗手"称号。

【1964 年】恩施县统一开展全国第二次人口普查。全县户籍人口为 44.89 万人，其中男 23.32 万人，占总人口的 51.95%；女 21.57 万人，占总人口的 48.05%。

【1969 年】位于城关镇八街的小渡船大桥竣工通车。该桥单拱跨江，净跨 100 米，全长 150 米，桥面宽 10 米，为湖北省第一座大跨径石拱桥。

【1970 年】县龙王塘水电站、县化肥厂、县水泥厂破土动工。

【1970 年】恩施清江大桥、南门大桥建成通车。清江大桥全长 215 米，为双曲拱桥，为连接南北交通的要道。南门大桥长 70 米，为石拱桥。地区革委会主任汪立进、副主任王珏、军分区副政委郭全参加通车典礼。

【1970 年】恩施县革委党的核心小组安排整党建党工作。全县 678 个基层党组织分三批进行，批一批 257 个，第二批 333 个，第三批 88 个，至年末全部结束。

【1976 年】恩施地区中波转播台建成，境内第一次播出湖北人民广播电台和中央人民

广播电台节目。

【1982 年】恩施县(市)开展全国第三次人口普查。全县人口 55.95 万人,全市人口 9.87 万人,合计 65.82 万人。其中男 34.25 万人,占总人口的 52.04%;女 31.57 万人,占总人口的 47.96%。

【1992 年】全市粮食销售和食用植物油经营全部放开,粮油统销制度取消。

【1993 年】板桥区委书记李青山被省委表彰为“全国省优秀共产党员”。

【1995 年】市委、市政府作出《关于进一步加快农村脱贫致富奔小康步伐的决定》。

【2010 年】在团省委和省旅游局联合举行的“中国电信天翼杯·2010 青年最喜爱的鄂西旅游景区”评选活动中,恩施大峡谷风景区在进入十强,获得“2010 青年最喜爱的鄂西旅游景区”称号。

【2010 年】恩施市体育运动中心投入使用。该中心系省“616”工程省体育局重点援建项目,占地 150 亩,建筑面积 4.4 万平方米,其中赛场面积 2 万平方米,综合健身馆面积 0.21 万平方米,集体育场、综合健身馆、健身休闲广场功能于一体,能承办国家级足球、田径比赛和举办各类大型文艺演出及会展。

【2011 年】州委常委、恩施军分区司令员赵德利一行深入龙凤镇吉心村,走访慰问部分老党员。市领导王兰英等陪同。

【2011 年】芭蕉侗族乡党委获“全国先进基层党组织”称号。为恩施州唯一获此殊荣的单位。

【2014 年】“沪汉蓉”铁路客运专线动车组全线开通。此举意味着恩施正式融入全国高铁网。

7 月 2 日

【民国二十九年(1940)年】县政府在栖凤桥装设筒车,作提水灌溉示范。

【1959 年】县委、县人民委员会动员机关干部、工人、学生,组织 10 万人下乡抗旱,至 9 月 20 日结束,历时 81 天(史称“81 天大旱”)。

【1984 年】市委、市政府决定改革国营企业人事劳动制度,扩大厂长(经理)人事权和奖惩权。

【1992 年】恩施生物硒资源开发利用项目鉴定会在恩施市举行,至 5 日结束。中国科学院院士徐冠仁、中国工程院院士卢良恕分别发来贺信。于若木、杨光圻、顾景范、陆启清、陈启坤等 13 位专家莅临大会。

【1995 年】市委、市政府作出《关于加速财源建设尽快摆脱财政困境的决定》。

【2010 年】市政府、大唐国际发电股份有限公司江西分公司风电项目合作开发签约仪式举行。市长秦斌与大唐国际发电股份有限公司江西分公司副总经理杨宝林签订有关投资开发风电和其他能源项目协议,标志着全市开始向新型能源开发迈出新步伐。大唐国际发电股份有限公司江西分公司总经理张洪在签约仪式上发言。市领导谭文骄、秦斌、部志中等出席签约仪式。

【2010 年】由北京必和世嘉文化传播公司与世代风范影视公司、电影频道联合投资拍摄的电影《大花》在盛家坝小溪村胡家大院开机拍摄。州、市领导杨陈清、刘凡、王怀东、向仕莲等出席开机仪式。

【2010 年】州委常委、副州长余晓晨,深入城市建设投资有限公司,就全市融资平台建设情况调研。市领导蔡平、陶军等陪同。

【2013 年】恩施市城镇建设暨旅游产业发展高级研修班在清华大学深圳研究生院开班。市领导王兰英、金德钧、胡启发、王学渊,各乡镇、街道(办事处)党委书记及住建、旅游、文体等部门负责人共 51 名学员参加为期 7 天的培训。

7 月 3 日

【1972 年】位于太阳区的县属太阳煤矿 3 号井发生瓦斯爆炸事故,致 5 人死亡、60 人中毒。

【1986 年】鄂西州、恩施市公安机关及时侦破新塘区前坪乡一起杀害岳父、岳母、妻嫂、侄子和侄女一家 6 口并纵火焚毁房屋案件,犯罪嫌疑人张某林系当地农民。

【2008 年】清江流域上游过程降雨量达到 177.5 毫米,至 7 月 4 日 5 时 10 分,恩施城区突破警戒水位 411.5 米。截至 7 时,城区水位达到 413.7 米,清江河流量达到 2910 立方米/秒。市委、市政府召开防汛紧抢险急会议,对抗洪抢险工作进行安排和部署。市人武部、市旅游局组织人员和冲锋舟,对在南门外巴公溪被洪水阻隔的 120 位村民实施紧急营救。

【2008 年】全省生猪良种补贴项目工作会议在恩施市召开,至 4 日结束。会议总结省实施生猪良种补贴项目以来的工作成绩,进一步明确今后全省生猪生产的发展方向。省畜牧兽医局副局长陈红颂等出席会议。恩施、京山、松滋等 9 个县市的畜牧兽医局有关负责人 40 余人参加会议。会议要求,各地要继续高度重视生猪品改,切实做好生猪良种补贴工作。要选好建好标准化生猪人工授精站点,配备必要的仪器设施,建立完备的良种公猪档案,进一步规范工作规程,完善实施方案,落实好补贴政策,做到专款专用。与会人员参观崔家坝镇标准化生猪人工授精站、崔家坝定点屠宰场以及三岔乡大旺牧业养殖场。

【2009 年】国家烟草专卖局副局长张保振一行对正在建设中的香城现代烟草农业示范区进行考察。通过实地察看,张保振建议,要通过制定科学的规划,在抓好现代烟草农业产业的基础上,把恩施市的烟草发展历史、烟草文化等方面同示范区的观赏性、游玩性有机结合起来,将其打造成恩施市城郊休闲旅游胜地。副州长董永祥、市委书记谭文骄等陪同。

【2012 年】州委书记、州人大常委会主任肖旭明,州委常委、州委秘书长孔祥恩一行,深入清河纺织、长源轴承、钜鑫工贸、宇宏木业等企业,就工业企业生产经营发展情况调研。市领导向前进、李国庆、黄波等陪同。

【2014 年】“恩鹤”公路峁山段发生车祸事故,一辆运载货物的大货车下坡时与迎面驶来的单排座货车及摩托车相撞,致 2 人死亡,6 人重伤。

7 月 4 日

【2011 年】州委副书记、州长杨天然一行,深入六角亭街道谭家坝水厂,就州城饮水环境及居民饮水安全等情况调研。州、市领导瞿赫之、谭文骄、秦斌、肖家魁等陪同。

【2013 年】恩施市再次被中央综治委表彰为“全国平安建设先进县市”。

7 月 5 日

【1970 年】恩施县直 590 名干部及家属至屯堡、新塘、太阳、鸦鹊、沐抚农村插队落户,住“五七干校”处。

【2008 年】17 时许,六角亭街道头道水村马尾井组垭口坡发生山体滑坡,致使途经该处的 3 名 4 ~6 周岁儿童因泥石流掩埋而死亡。灾情发生后,市委、市政府及民政部门领导紧急赶赴现场,查看滑坡灾情,慰问安抚死者家属,处理善后事宜。

【2010 年】鄂西生态文化旅游圈投资有限公司总经理王兴於率考察组一行,对恩施大峡谷风景区综合服务枢纽项目进行考察。州、市领导董永祥、谭文骄、肖家魁等陪同。

【2011 年】国家肉牛产业技术体系首席专家、中国农业大学饲料营养专家曹兵海,中国农业大学环境设施专家刘继军和中国农科院畜牧所遗传育种专家李俊雅一行,深入盛家坝乡龙洞河村二台坪养牛小区、恩施翔盛牧业公司、湖北思乐集团后山湾屠宰加工基地等处,就恩施市“恩施黄牛”产业发展情况调研,并对如何打造恩施高端牛肉市场进行指导,至 7 日结束。市领导黄永耀等陪同。

【2012 年】团省委书记朱厚伦一行，深入恩施大峡谷风景区、华智茶叶专业合作社、花枝山茶叶专业合作社、帅巴人酒店发展有限公司等处，就共青团组织格局创新和基层基础建设工作调研。市领导向前进、黎昔品等陪同。

【2012 年】州人大常委会副主任于德海、邓正平率考察组，深入华龙村五星级大酒店、许家坪机场隧道工程施工现场、恩施汽车客运中心站、省级农产品加工园区、硒都茶城等处，就重点项目建设工作调研。市领导洪波、黄波等陪同。

7 月 6 日

【1954 年】夜晚，境内大部分地区突降暴雨，洪水横溢，致 41 人死亡，其中溺水 24 人，泥石掩埋 17 人。嗣后，连绵阴雨延续 3 个月之久，降雨量 1066.9 毫米。

【1976 年】全国人民代表大会常务委员会委员长朱德逝世，全县人民自发开展悼念活动。

【2002 年】芭蕉侗族乡黄泥塘中学一年级学生乔秋为救落水同学英勇献身，时年 13 岁。

【2007 年】全国园艺作物科技入户暨促进武陵山区农民增收现场交流会在恩施市召开，并现场到芭蕉侗族乡、六角亭街道参观。会上，江苏省农业厅与恩施市农业局等 4 个单位作典型发言。州、市领导魏启文、谭文骄、秦斌等出席。

【2007 年】国家烟草专卖局监察处组织的验收组对恩施市烟叶基础设施建设项目进行验收。验收组先后深入盛家坝乡车辽坝村、三岔乡鸦沐羽村“烟水配套”蓄水池建设、提灌站建设、供水情况、取水口、田间输水管网和密集式烤房建设等烟叶基础设施工程等实地抽查。市委副书记李国庆、市政协副主席孟明星等陪同。

【2008 年】由江苏常熟农村商业银行等 20 家股东出资的恩施常农商村镇银行挂牌营业，这是恩施市第一家村镇银行。该行总资本额为人民币 3000 万元，以支持“三农”为宗旨，以社区为依托，面向农村、农户和农业经济组织，大力支持中小企业、个体工商户的发展，主要经营吸收公众存款，发放短、中、长期贷款，办理国内结算等其他银行业务。湖北银监、常熟农村商业银行、常熟市政府有关负责人与州、市领导陈晓燕、秦斌等出席开业典礼。

【2011 年】州委副书记、州长杨天然一行，深入硒都茶城、许家坪机场隧道、209 绕城线、虎民路、原玻璃厂火柴厂廉租房等城市建设重点工程现场，就州城重点项目建设情况调研。州、市领导董永祥、刘志兵、秦斌、廖泽熙等陪同。

【2011 年】“中国恩施土家女儿会”官方网站开通。

【2012 年】州委副书记张忠凯一行，深入九鼎联辰科技有限公司、凤凰路社区北路小区等处，就社会管理创新工作调研。市领导向前进、胡平江、张孝赤等陪同。

【2015 年】中国扶贫开发协会项目部主任蒋任重一行至恩施市，深入市政务服务中心、龙凤镇双堰塘村等处，就该市农民办事不出村信息化项目建设及精准扶贫工作开展情况调研，并授予恩施市"农民办事不出村信息化扶贫示范县"匾牌。市领导谭也平等陪同。

7 月 7 日

【1992 年】市委、市政府作出《关于加强农村重点财源乡镇建设的决定》。

【2007 年】应市委、市政府的邀请，中国农业科学院茶叶研究所科研处处长、研究员、博士生导师、教授鲁成银在恩施市进行茶叶专题讲座。谭文骄、秦斌等在家的市"四大家"领导，各乡镇、街道和市直相关单位主要负责人以及全市部分茶叶骨干企业负责人聆听讲座。

【2009 年】省委书记、省人大常委会主任罗清泉就鄂西生态文化旅游圈建设和恩施市"616"工程实施情况进行视察。省委常委、常务副省长李宪生，省委常委、省委秘书长李明波，副省长张岱梨随同视察。州委书记肖旭明，州委副书记、州长杨天然，州委常委、宣传部长孔祥恩，市委书记谭文骄、市长秦斌等陪同。罗清泉强调，提高认识、科学规划、整合资源、加快恩施大峡谷等核心景区的建设，认真总结"616"工程的帮扶经验，坚持工业兴市，推动恩施经济社会又好又快发展。

【2011 年】凌晨 0 时许，因境内突遭特大暴雨袭击，太阳河乡中心雨量站降雨达 193.4 毫米，其中最大 1 小时降雨 90.1 毫米，导致白奉公路 27 公里 -350 米处发生大面积地质滑坡，加油站等建筑被 20 万立方米的滑坡体掩埋，居民丁前友、刘平华房屋、集镇加油站及加油站右侧煤球厂被全部掩埋，加油站内有地埋式储油罐 2 个，分别存有汽油 15700 升、柴油 17900 升。事发后，房屋垮塌掩埋的 4 人获救，加油站负责人陈某红(47 周岁)、煤球厂老板许某新(48 周岁)失踪。

【2014 年】州人大常委会常务副主任瞿赫之率视察组深入市法院、市检察院、市司法局等部门，就公安刑事侦查工作调研。市领导刘凡、黄波、邵永政、范荣陪同。

【2014 年】中南财经政法大学校长杨灿明一行赴恩施市，与市签订校市战略合作协议，与龙凤镇、市第一中学、市经济和信息化局、市科学技术局分别签订合作备忘录，并为龙凤镇和恩施市第一高级中学授牌。市领导王兰英、张伟、王国玮等出席会议。

7月8日

【1950年】清江河洪水越过清江桥面，桥孔被冲毁，沿江居民数十人遇难。

【1989年】恩施市境内遭受洪涝灾害，至11日，致11人死亡、17人重伤、2人失踪，造成经济损失4495万元。11日17时，恩施城区水位420.78米，流量4100立方米/秒，超警戒水位5.63米，是1896年以来最高水位。

【1994年】州政协副主席李家友、刘元香率州、市部分政协委员，联合调查城区文化市场管理情况。市领导高开群等陪同。

【2004年】恩施清江流域姚家坪水能资源50年开发使用权，以320万元价格，由北京九龙国际投资有限公司取得。此举标志着恩施市水能资源开发，开始由无偿无期使用转为有偿有期使用。北京九龙国际有限公司计划兴建姚家坪水利枢纽工程，该项目已被列入全省水电基地14个重点项目之一，预计投资19亿元人民币，总装机容量18千瓦。

【2009年】18时许，恩施城区高速公路连接线发生车祸，造成42人不同程度受伤，其中2人在医院救治过程中死亡。经查明，龙某驾驶重型自卸货车（鄂Q12397）自七里坪向金桂大道方向行驶，在金桂大道至沪蓉西高速公路连接线3公里处（七里坪高速公路连接线路段），与东升客运有限公司黄某驾驶的中巴车（鄂Q12933）相撞。

【2010年】全州工商联组织建设工作现场经验交流会在恩施市召开。与会人员先后至长源轴承制造公司、小渡船工商联分会、芭蕉侗族乡工商联分会、润邦茶业公司等处参观，实地了解全市工商联组织建设情况。州、市领导李济、丁德海、董永祥、李春胜、陈晓燕、李国庆等出席会议。

【2010年】副州长董永祥一行至恩施市，深入土家山寨西兰卡普经销店、恩施茶市购物点等，就全市旅游产品销售开发工作进行专题调研。

【2011年】市公安局成功侦破龙马杀人抛尸案，将犯罪嫌疑人陈某某（男，40岁，龙凤坝人）、权某某（女，42岁，龙凤坝人）抓获归案。7月6日17时30分，龙凤坝派出所接到报案，在龙凤坝镇佐家坝村金甲山组发现1具尸体，尸体面部有明显外伤，死者刘某（男，48岁）系当地村民。

【2013年】鄂西圈投资公司董事长马清明到恩施大峡谷风景区，调研该景区建设情况。州、市领导秦斌、向前进、李国庆、刘羽、邹炜、陈志波、王学渊陪同。

【2014年】州委常委、恩施军分区司令员江明辉到太阳河乡，就该乡经济社会发展、民兵整组及征兵工作情况调研。市领导黄秀武等陪同。

【2015年】华中师范大学中国农村研究院执行院长、教授邓大才一行至恩施市，深入市司法局、湖北夷水律师事务所等处，就基层法治与社会治理创新研究工作专题调研。市

领导邵永政等陪同。

7月9日

【1988年】大山顶药材场被省政府授予“最佳经济效益场圃”称号。

【2008年】省委常委、组织部部长潘立刚一行，深入六角亭街道头道水村，就村阵地建设、党务公开、村级经济发展等情况调研。州、市领导刘艳红、刘羽等陪同。

【2008年】省委常委、统战部部长苏晓云一行到恩施市梭布垭石林景区就旅游产业调研。州、市领导甘方谦、刘宗烈等陪同。

【2009年】省人力资源和社会保障厅厅长邵汉生一行至恩施市，就职业教育、返乡失业人员技能培训、社会保障等调研。市长秦斌等陪同。

【2011年】州委书记、州人大常委会主任肖旭明赶赴太阳河乡，查看“七七”特大暴雨滑坡险情，并召开现场办公会指导排险救灾工作。州、市领导孔祥恩、谭文骄、秦斌等陪同。

【2012年】省委副书记张昌尔一行，深入小渡船街道大龙洞水塘、舞阳坝街道阳鹊坝城郊现代烟草农业基地、华硒农产品批发市场等处，就现代农业发展情况调研。州、市领导肖旭明、张忠凯、孔祥恩、向前进等陪同。

【2012年】副省长赵斌一行，深入润邦国际富硒茶业有限公司、“清江源”现代烟草农业科技园区蒲家垭片区等处，就特色产业发展情况调研。州、市领导杨天然、肖作文、李国庆、杨洪安等陪同。

【2012年】由市民族文工团、市非物质文化遗产保护传承展演中心表演的歌舞诗剧《嗯嘎·女儿会》荣获第四届全国少数民族文艺会演表演金奖。作为湖北省唯一一台参演剧目，在全国36个代表团、41台参演剧目中，并获最佳节目奖、最佳演员奖、最佳新人奖、导演奖、舞美奖、编剧奖等多个单项大奖。

【2013年】恩施市被省委、省政府表彰为“2012年度湖北省科技创新进位先进县（市、区）”。

【2013年】省联合发展投资集团有限公司董事长李红云、总经理刘行念一行，考察龙凤镇综合扶贫改革试点的龙马旅游风情小镇、青堡原住民土家山寨项目、恩施华硒集团公司、金龙大道北段工程项目、三龙坝现代物流园项目、209国道恩施龙凤坝至谭家坝段改建工程项目、衣角坝现代农业示范园项目、小龙潭城市综合体等项目，并就如何深化合作、加快推动恩施综合扶贫改革试点建设与恩施州、市进行深入交流，至11日结束。州、市领导王海涛、孔祥恩、向前进、李国庆等陪同。

7 月 10 日

【1999 年】11 时许，恩施城区因开展取消人力车（含电动人力车，俗称电麻木）行动，致人力车司机约 500 余人围堵城管大队机关，并用木棒、砖头、石块打砸城管大队办公楼玻璃、大门，砸毁城管大队标致轿车 1 辆。冲突中致城管人员 3 人轻微伤，人力车司机 3 人受伤。16 时 30 分，经公安人员劝解，事态平息。

【2007 年】省委书记、省人大常委会主任罗清泉，省委副书记、省长李鸿忠一行，对恩施火车站和片区开发建设情况进行考察。州、市领导肖旭明、杨天然、谭文骄、秦斌等陪同。

【2008 年】省支持民族地区加快经济社会发展现场办公会在恩施州召开。省委书记罗清泉、省长李鸿忠等省领导和省直部相关部门领导先后到龙凤镇大转拐村就新农村建设、粮食直补和新型合作医疗等调研。随后到恩施火车站开发片区、湖北中烟工业有限公司恩施卷烟厂进行考察。州、市领导肖旭明、杨天然、谭文骄、秦斌等陪同。

【2010 年】省审计厅对州委常委、市委书记谭文骄，市长秦斌经济责任审计进点会议召开。省审计厅厅长张永祥主持会议，并就相关审计工作进行安排部署。本次审计工作负责人、省审计厅经济责任审计办公室处长刘永庆就相关审计内容进行通报。州委常委、市委书记谭文骄、市长秦斌分别向审计组作履责报告。州委常委、市委书记谭文骄，市长秦斌在恩施市任职近 4 年，重点审计主要审计两人 2006—2009 年以来经济运行情况、社会发展情况及财政收支、项目建设等情况。州审计局局长张安俊，市“四大家”领导、恩施经济开发区领导，各乡镇、街道（办事处）党委书记，市直一级单位主要负责人参加会议。

【2010 年】省审计厅厅长张永祥一行，深入市审计局、芭蕉侗族乡等处，对市审计工作和芭蕉侗族乡茶叶产业、旅游产业发展情况调研。州委常委、常务副州长张忠凯，州委常委、市委书记谭文骄，市领导秦斌、蔡平、李敏等陪同。

【2010 年】省委副秘书长姚中凯率检查组，深入市国土局、市地税局、书院中学、芭蕉侗族乡戽口村等处，就全市“五五”普法开展、新农村建设及茶叶基地建设等情况进行检查与调研。州、市领导李云开、秦斌、陈江龙等陪同。

【2010 年】省扶贫开发领导小组办公室整村推进“三个确保”工作调研座谈会在恩施市举行。市领导肖家魁等出席座谈会。

【2011 年】州委常委、常务副州长张忠凯一行，深入白杨坪乡、龙凤镇等处，就恩施市新农村建设情况调研。市领导李国庆等陪同。

【2012 年】国家烟草专卖局副局长何泽华、副省长赵斌率 2012 年全国烟叶收购暨现代

烟草农业建设现场会与会代表至恩施市，参观城郊现代烟草农业基地单元、“清江源”科技园区等现场。州、市领导肖旭明、杨天然、张忠凯、瞿赫之、肖作文、刘志兵、向前进、李国庆、杨洪安等陪同。

【2013 年】“中国·恩施土家女儿会”官方网站正式开通。

【2014 年】市公安局经侦大队副大队长向忠贻（男，44 周岁）因连续值班致突发重度脑溢血，紧急送医院抢救无效，不幸因公牺牲。11 日，副省长、省公安厅党委书记、厅长曾欣，州委书记、州人大常委会主任王海涛等先后作出批示，对向忠贻的牺牲表示哀悼，号召向向忠贻学习。同日，湖北日报第二版“要闻时政”版等主流媒体报道向忠贻因公牺牲消息。7 月 14 日，州委政法委作出决定，在全州政法系统开展向向忠贻学习的活动，号召全州政法系统和广大政法干警认真学习向忠贻的先进事迹。

【2014 年】州委书记、州人大常委会主任王海涛一行，深入小渡船街道民族路社区、市住房和城乡建设局、市国土资源局、市公安局，指导恩施市党的群众路线教育实践活动。市领导向前进、王兰英等陪同。

【2015 年】州人大常委会副主任吕金施一行，深入旗峰坝机动车尾气检测中心、广袤建材有限责任公司大龙潭采石场、施州富苑、湖北民族学院环境空气质量自动检测站等地进行专项视察。市领导刘凡、罗永生、杨洪安、黄永耀、许强等陪同。

【2015 年】省政协委员、孝感市政协主席李广波一行至恩施市，深入市孝感幼儿园，屯堡乡马者村、新街村，芭蕉侗族乡戽口村、高拱桥村等地，就孝感市对口支援恩施市的相关情况进行考察，至 12 日结束。州、市领导甘方谦、陈卫平、向前进、苏勇、张伟、蔡万高等陪同。

7 月 11 日

【道光十八年（1838）】东乡下塘坝稻地忽作裂帛声，居民尽移他处。越三日，夜，山崩。时邑令王公，为之正经界，免赋税焉。

【1960 年】武汉电影制片厂至恩施拍摄《恩施好地方》专题纪录片，于翌年 1 月 28 日在县城公演。

【1969 年】境内暴雨，城区清江水位至 419 米，清江大桥（木桁桥）被洪水冲走，老城到舞阳坝交通被隔断，车辆绕小渡船大桥过江。农村大面积农田被淹，城乡部分房屋被冲垮，城区部分企业、商店被淹。

【1979 年】中国共产党恩施县第五次代表大会在清江电影院召开，至 14 日闭幕。出席会议代表 479 人。会议选举产生中共恩施县第五届委员会委员 32 人，候补委员 2 人。

五届一次全委会议选出县委常委12人,郭同新任书记,徐国钦、胡元春(土家族)、柳昌权、武道煊、宋光红(土家族)、刘元香(女、土家族)任副书记。

【1980年】恩施县地名普查工作领导小组及办公室成立。全县地名普查和《恩施县地名志》编纂工作启动。

【2007年】市"四大家"领导、州直部门相关领导、市人大代表、政协委员、离退休干部、企业代表、个体工商户、机关干部、工人代表、村(社区)民代表、行评代表300余人,对全市16个乡镇、街道和67个市直单位创建"满意工程"情况进行集中评议。

【2011年】全省农村危房改造暨宜居村庄建设现场会在恩施市召开,至13日结束。省住房和城乡建设厅厅长李德炳主持会议。副省长张通出席会议并讲话。州、市领导瞿赫之、杨劲松、廖泽熙等出席会议。会议期间,与会代表深入芭蕉侗族乡戽口村、枫香坡侗族风情寨等处,就恩施市农村危房改造暨宜居村庄建设情况进行实地参观考察。州、市领导瞿赫之、谭文骄、秦斌、刘凡、胡平江等陪同。

【2012年】省委副秘书长、省委财经工作领导小组办公室(农村工作领导小组办公室)主任刘兆麟一行,深入屯堡乡蒲家垭烟叶生产基地,白果乡锦鸡山人工防雹增雨工作站、蔬菜种植大棚和茅坝槽村等处,就烟叶生产和新农村建设情况调研。州、市领导王志强、肖作文、杨洪安等陪同。

【2012年】湖北证监局纪委书记金建华一行,深入六角亭街道胜利街社区、二街小区等处,就全市网格化社会服务管理工作检查、督办。市领导胡平江、向朝敏等陪同。

【2012年】省国土资源厅土地整治局局长夏早发率检查组,深入盛家坝乡省级投资低丘岗地改造项目实施地,就2011年度耕地保护责任目标落实情况检查、督办。市领导廖泽熙等陪同。

【2013年】湖北省武陵山区民族团结进步创建活动现场推进会在恩施市召开。会上,恩施市被国家民委表彰为"全国民族团结进步创建活动先进单位"。省民族宗教委员会副主任蔡德坤,国家民委监督检查司民族团结进步创建活动指导处处长王守利出席会议,并深入施州民族小学、六角亭街道胜利街社区、芭蕉侗族乡戽口村等地,考察市民族团结进步创建活动推进情况。州、市领导庞红艳、胡平江等陪同。

【2013年】州政协副主席刘志兵率视察组一行到恩施火车站站场,督办州政协七届二次会议提出的《关于加快恩施火车站站场建设、规范和强化管理》提案办理情况。市领导廖泽熙、向煦陪同。

7月12日

【1985年】暴雨造成境内18个区、镇、街道受灾，严重的35个乡、132个村、1588个村民小组、2.32万户受灾，致44人死亡（其中房屋倒塌死亡31人，洪水淹灭死亡7人，雷击死亡6人），22人重伤。19日晚，红庙、七里、龙马、龙凤等区、镇及恩施城区遭暴风雨、雷电、冰雹袭击。红庙、龙凤一带，6个半小时降雨331毫米，占年平均降雨量的23.64%。灾情发生后，市委、市人大、市政府与有关单位负责人和工作人员组成12个工作组，赶赴现场，会同区、乡、村干部开展救死扶伤，抢险救灾活动。市政府拨给供应粮12.5万千克，救灾款29.2万元，安葬费5000元。市直机关干部职工捐粮油1433千克、现金1.39万元、衣服8291件，救助灾民。

【2007年】市委在小渡船街道会议中心举行七届三次全体会议，会议深入贯彻落实全州县域经济工作暨"三大战役"动员会议和市第七次党代会精神，并就如何发展大旅游，培植大产业，奋力把旅游产业建成全市跨越式发展新支柱进行全面深入地研究、动员和部署。市委书记谭文骄作题为《发展大旅游培植大产业奋力把旅游产业建成跨越式发展新支柱》的主题讲话。会议提出恩施市今后一个时期旅游产业发展的总体要求与目标。

【2010年】省审计厅厅长张永祥一行，深入三岔乡莲花池村，就全市新农村建设工作调研。市领导秦斌等陪同。

【2010年】市民族文工团选送的恩施竹琴《女人不讲理》在由中国文联、国家民委、贵州省人民政府、中国曲艺家协会联合主办的第四届全国少数民族曲艺展演中获得金奖，并被本届评委会提名参加中国曲艺最高奖项"牡丹奖"比赛。系恩施州自参加曲艺奖项比赛以来得到的最高荣誉。

【2012年】州人大常委会常务副主任瞿赫之、州人大常委会副主任吕金施率州人大视察组，深入市中心医院住院综合楼、女儿寨项目工程、大峡谷索道工程以及云龙河地缝工程等施工现场，就重点项目建设和特色产业发展情况视察。市领导刘凡、廖泽熙、洪波等陪同。

【2013年】省林业厅厅长刘新池一行，就龙凤镇综合扶贫改革试点工作调研。州、市领导王海涛、孔祥恩、董永祥、向前进、李国庆等陪同。

【2014年】中央中国共产党的群众路线教育实践活动第一巡回督导组组长周声涛、副组长沈红光，在省委副秘书长姚中凯的陪同下赴恩施市，深入硒都民族实验小学、小渡船街道民族路社区、市国土资源局、市人力资源和社会保障局、华硒产业园等地，就党的群众路线教育实践活动开展情况调研。州、市领导王海涛、向前进、王兰英等陪同。

【2014年】中国最大峡谷山水实景剧《龙船调》在恩施大峡谷成功首演。《龙船调》分

4 场讲述恩施土司时代一对土家少男少女为挣脱封建束缚，追求自由忠贞的爱情故事，以喀斯特山峰地貌为舞台背景，以恩施土家山民歌、“女儿会”等民俗文化为创作源泉，汲取本土极具特色的民族音乐《龙船调》，利用现代高科技舞台特效进行演绎，为游客了呈现气势恢宏磅礴、视觉奇幻绚丽的艺术盛宴。该剧系由曾创作《印象刘三姐》的中国实景演出第一人梅帅元导演，在鄂西生态文化旅游圈投资有限公司的投资下，历时 3 年打造。

7 月 13 日

【1997 年】全市暴雨诱发地质灾害造成山体移位、滑坡，至 16 日，发生泥石流 278 处，22 个乡镇、街道，206 个村，1564 个组，3.03 万户，6.44 万人受灾，计 5924 间房屋倒塌，7.05 万亩农田损毁，致 19 人死亡，391 人受伤，634 头大牲畜死亡，1862 处公路垮塌，造成直接经济损失 2.95 亿元。灾情发生后，市委书记曾祥国等及时赶赴重点地段察看险情，组织抢险，嗣后连夜召开紧急动员会，组织干部、职工、武警官兵、公安干警 3000 余人奔赴抗洪抢险第一线，帮助 420 米水位线以下的单位和居民转移人员和财物，转移群众近万人，抢运物资折币 1000 万元。

【2009 年】全州新农村建设现场会在恩施市召开。州委书记肖旭明，州委副书记、州长杨天然在会上充分肯定恩施市在新农村建设上取得的成绩和经验，要求在全州推广恩施市新农村建设经验，巩固、提高和创新新农村建设的“恩施模式”。来自全州 8 县市的主要负责人员等先后到望城坡现代烟草农业示范区、柳州城、华硒生态园参观恩施的新农村建设。

【2010 年】省委巡视组一行至恩施市，就基层党建、新农村建设、全民创业、旅游产业开发及民生工作进行为期一周时间的巡视。州、市领导刘艳红、谭文骄、秦斌、李国庆、陈江龙、刘凡等陪同。

【2012 年】全市半年经济社会发展计划及财政预算执行情况座谈会召开。大会向州人大常委会常务副主任瞿赫之为组长的州人大常委会视察组汇报 2012 年上半年经济社会发展计划、财政预算执行情况和重点项目实施情况，总结全市半年的经济社会发展状况及各项经济指标完成情况。市领导向前进、刘凡、张渊平、洪波等出席座谈会。

7 月 14 日

【1962 年】恩施专署公安处劳改科某司机驾驶一辆 63 型嘎斯车，车载 20 人，在飞机场行驶，行至机场中段，司机追赶野兔，急速转弯导致翻车。致 2 人当场死亡、1 人重伤，事后

责任人被追究法律责任。

【1984 年】市二中高二学生徐芳在湖北省伤残人田径运动会上以女子截肢 A 型二级跳远 2.12 米的成绩，打破全国纪录（1.89 米）。

【2005 年】市委六届三次全体（扩大）会议在恩施军分区招待所举行，至 16 日结束。会议听取市委书记吴希宁代表市委常委会所作的报告，讨论并原则通过《关于抢抓“两路”建设和开通机遇，加快现代工业特色板块农业和旅游业发展的决定》。

【2010 年】省质量协会会长赵文源一行，深入湖北恩施思乐集团九州牧业公司、“恩施玉露”国家级农业标准化示范乡镇、“恩施玉露”集团等处，就全市“质量兴市”“质量兴企”和农业标准化示范区建设工作调研，至 15 日结束。州质监局局长孙必发，市领导刘少华、陶文胜等陪同。

【2012 年】国家林业局中南院党委书记彭长清率考察组一行，深入屯堡乡、沐抚办事处等处，就恩施市退耕还林工作考察。市领导杨洪安等陪同。

【2012 年】中南民族大学党委书记陈达云一行，深入恩施大峡谷风景区，就民族文化旅游产业发展情况考察。州、市领导张忠凯、段超、朱卫东、张献宏、赵萍等陪同。

【2014 年】州政协副主席肖谏成一行赴恩施市，深入湖北省思乐牧业集团有限公司七里坪恩施黑猪种猪场和白果品繁基地、禽博士家禽养殖公司、华硒正虹饲料科技有限公司等地，就畜牧产业链建设情况调研。市领导杨洪安、向煦陪同。

7 月 15 日

【1958 年】芭蕉区芭蕉茶厂试制成功高级红碎茶，经著名茶叶专家冯绍裘鉴定，内质和外形均接近世界驰名的印度、锡兰产品。

【1959 年】政协恩施县第二届委员会第一次全委会召开，至 17 日闭幕。到会委员 59 人，列席人员 9 人。会议选举杨艺为第二届委员会主席，李富云、贾长庚、高兴利、李嘉诲、刘厚章、李巩一为副主席。

【1982 年】全县落实原国民党县团级以下党政军特人员政策，对服刑人员实行宽大释放，安置回家。

【2006 年】美国白肋烟协会首席执行官丹尼·麦克查尼和协会顾问兼技术专家托马斯·沃尔特、哈臣斯一行到恩施市考察白肋烟生产情况。

【2007 年】省委常委、州委书记汤涛专程到恩施市，看望市“四大家”领导和恩施经济开发区领导。

【2008 年】由国家烟草专卖局组织的全国 31 名烟草专家组成的验收组，深入盛家坝

乡优质烟叶生产科技示范基地、望城坡现代烟草农业示范基地进行检查验收。全市烟叶生产基础设施建设遍及63个村,投入资金9946.28万元,烟叶计划种植面积12.23万亩,计划收入够量31.2万担。州政协副主席刘志兵、副市长何慧等陪同。

【2010年】省档案局局长石山率调研组一行,深入舞阳坝街道黄泥坝社区、市公安局、市民政局、市档案局等处,就全市档案工作进行专题调研。市领导李敏等陪同。

【2011年】市八届人民政府第五次全体(扩大)会议召开。市委副书记、市长秦斌作主题报告,市委常委、常务副市长胡平江主持会议。会议对全市上半年各项工作进行总结,安排部署下半年工作。市"四大家"有关领导列席会议。

【2011年】省委组织部副部长胡志强一行,深入舞阳坝街道桂花园社区、六角亭街道头道水村、芭蕉侗族乡高拱桥村和庰口村等处,就恩施市基层组织阵地建设、为民服务以及相关宣教体系建设等情况调研。州、市领导谭文骄,李国庆、陈江龙、王兰英等陪同。

【2011年】州政协副主席谭建军率州政协教育调研组至恩施市,深入崔家坝镇民族中学、崔家坝小学及教师安居工程建设现场等处,就恩施市义务教育均衡发展情况进行专题调研。市领导向仕莲、尤连胜等陪同。

【2012年】全国人大常委、华侨委副主任、致公党中央副主席杨邦杰率致公党中央调研组一行,深入芭蕉侗族乡枫香坡侗族风情寨,就民族地区文化发展情况调研。州、市领导谭文骄、邹炜、张献宏、管书华、金德钧等陪同。

【2014年】省人大常委会党组书记、常务副主任李春明,省人大常委会秘书长乔余堂,省人大代工委主任余幼明一行赴恩施市,深入州民族文化中心、龙凤镇、华硒产业园等地,就基层人大工作情况调研。州、市领导王海涛、瞿赫之、吕金施、向前进、刘凡等陪同。

【2015年】省政协常务副主席范兴元一行至恩施市,深入车坝水库、屯堡鸭松溪藻水分离站及人工湿地、大龙潭水质自动监测站等处,就清江水资源保护工作情况调研。州、市领导向宏贵、罗永生、金德钧等陪同。

7月16日

【1960年】恩施县财贸战线开展"新三反"运动即反官僚主义、反违法乱纪、反贪污盗窃,至8月20日结束,揭露和处理严重官僚主义者7人、违法乱纪者121人、贪污盗窃分子47人。

【1991年】中共恩施市第三次代表大会在清江电影院召开,至20日闭幕。杨家志作题为《振奋精神,扎实工作,为实现"八五"计划而奋斗》的报告。大会选举产生中共恩施市第三届委员会委员31名、候补委员4名,市第三届纪委委员15名。中共恩施市三届一

次全体会议选举杨家志、商金平、赵世玉、黄振益(土家族)、刘诗伟、冯国亮、张恒昌、杜成明、向诗才、伍绍春为市第三届常务委员,杨家志为市委书记,商金平、刘诗伟、赵世玉、黄振益(土家族)为市委副书记,张恒昌为市第三届纪委书记。

【1994 年】武陵山区鄂西科技扶贫开发团副团长王长清一行,至七里坪区旱地“双千工程”样板田实地考察。市领导谭明煊等陪同。

【1995 年】国家地矿部矿床地质研究所专家和英国地调局官员,赴恩施市考察双河区硒矿床,参观市防疫站硒检测中心,与相关部门洽谈合作研究缺硒疾病防治问题。是年 11 月 13 日,再次专程到新塘、双河、芭蕉提取硒资源样品。

【1996 年】市委四届六次全会讨论通过《关于切实加大生产性投入的意见》。

【2002 年】全省农村能源项目管理经验交流现场会在恩施市召开,至 18 日结束。会议期间,32 个县市及神农架林区的代表参观白杨坪乡石桥子村等农村能源建设示范点。21—27 日,省委宣传部根据省委书记俞正声“要把恩施市‘五改三建两提高’的精神文明创建活动经验总结好、宣传好,在全省生根开花结果,并推向全国”的指示精神,组织调研组到恩施市进行生态家园文明新村建设的专题调研。

【2005 年】15 时 40 分许,一辆由四川开县开往龙岗卧铺客车(车号渝 AN1029)行驶到 318 国道 1528KM＋30MT 处(白杨坪乡张家槽村),翻下 100 米高的深沟,造成 16 人死亡、38 人受伤的特大交通事故。

【2007 年】“2007 湖北省音乐创作研讨会”在太阳河乡梭布垭石林风景区召开,至 19 日结束。省文联党组书记、常务副主席刘永泽,中国音协《人民音乐》编辑部主任、著名乐评人金兆钧及来自省音协、武汉音乐学院、省歌舞剧院、州音协、恩施市音协等近 20 个单位的 30 多名专家,就旅游歌曲、新农村歌曲、乡村音乐创作、演唱、推广等进行研讨交流。州、市领导吴希宁、王怀东出席研讨会。

【2010 年】原副省长韩南鹏一行,深入恩施大峡谷风景区,对全市旅游资源进行实地考察。市领导殷晓东等陪同。

【2010 年】省残联党组书记曾玉兰,看望慰问市城区部分居家托养对象,就全市“阳光家园计划”残疾人托养工作进行专题调研。州、市领导杨陈清、向仕莲等陪同。

【2010 年】台湾中央研究院院士、台湾大学医学院生化研究所荣誉教授林仁混一行,深入芭蕉侗族乡灯笼坝茶叶基地、润邦国际富硒茶业有限公司等处,就全市茶叶产业发展情况进行考察。市领导李明东等陪同。

【2012 年】州委副书记、州长杨天然一行,深入市地税局办税服务大厅和局机关大院,就地税工作调研,并看望慰问干部职工。市领导向前进、张渊平等陪同。

【2014 年】省联合发展投资集团有限公司董事长李红云赴恩施市,深入金龙大道、龙

凤福利院片区综合开发项目、原水泥厂片区综合开发项目、小龙潭片区综合开发项目、喻家河水库、龙马风情小镇项目等建设现场，就如何支持恩施市龙镇镇综合扶贫改革试点建设调研，至 18 日结束。州、市领导王海涛、周静、秦斌、向前进、李国庆等陪同或参加座谈。

【2015 年】省委第三巡视组巡视恩施市情况反馈会在富源国宾酒店七楼召开。省委第三巡视组副组长张家林代表巡视组向大会反馈巡视情况。省委第三巡视组巡视员陆凤新、段正平、陈擎国出席情况反馈会。州委常委、州委组织部部长周静出席会议并讲话，市委书记向前进主持会议并在会上作表态发言。市"四大家"领导，恩施经济开发区领导班子成员，市人民法院院长，市人民检察院检察长，其他在职副县级领导干部，市直正科级单位主要负责人，各乡镇、街道（办事处）党政主要负责人，市纪委和市委组织部领导班子成员，部分退休老干部，部分"两代表一委员"和企业家代表等参加会议。

7 月 17 日

【光绪三十年（1904）】法国天主教主教德希圣偕司铎德希贤、董明德等七人"巡视"沙子地教区。行至花被，农民向元新回避未及，德主教借故寻衅滋事，激怒民心，农民向燮堂（土家族）率众将其一并杀毙。府、县衙门秉承洋人旨意开庭，教士听审。是年九月十五日将向等十义士斩首示众，自杀者崔春生被戳尸示众，其余被捕者皆科重刑。清政府被迫签订"赔偿白银一十四点五万两，割地建教堂"丧权辱国条约。

【2014 年】《恩施县志》（清嘉庆·同治版合卷）勘印本由湖北人民出版社出版、发行，数量为 2000 部，合卷实行常规排版与传统排版两种形式编排，既方便阅读，又保持原貌。

7 月 18 日

【2000 年】省政协副主席、省委统战部长纪玲芝，全国政协常委、省工商会会长宋德福率考察团至恩施市，就旅游业资源和民营企业等调研。

【2004 年】市委六届二次全体（扩大）会议在铜盆水林场召开，至 20 日结束。全会听取市委书记吴希宁代表市委常委会所作的工作报告，讨论《关于大力实施人才强市战略的决定》，通过《中共恩施市委六届二次全体会议决议》，明确提出恩施市实施人才战略的总体要求、目标任务和工作措施。

【2010 年】省委副秘书长、省委政研室主任吕东升一行到恩施梭布垭风景区，实地考察景区开发情况。州、市领导孔祥恩、陈江龙等陪同。

【2011 年】副州长吴红娅率全州社区建设推进会与会代表深入舞阳坝街道桂花园社

区、小渡船街道民族路社区等处，就恩施市社区建设情况进行参观考察。市领导秦斌、胡平江等陪同。

【2013年】州委常委、州委组织部部长周静至六角亭街道、芭蕉侗族乡和龙凤镇等地，就党的基层组织建设及龙凤镇综合扶贫改革试点建设情况调研。市领导张渊平、王兰英陪同。

【2014年】市九届人民政府第三次全体(扩大)会议召开。市长李国庆出席会议并作主题报告。市委常委、常务副市长杨局成通报2014年上半年经济运行情况。市委常委、副市长廖泽熙主持会议。市委常委、副市长陈峣，市委政法委书记、副市长黄波，副市长陈志波、周法进、范荣等出席会议。市领导黎昔品、邵永政、崔显琦、曹云应邀列席会议。

7月19日

【民国二十八年(1939)】中心县委委员肖忆文严重泄密，县委成员受到国民党特务监视而被迫停止活动。

【1960年】龙凤公社保扎管理区发生大面积滑坡，至23日，约3000亩地层滑坡100米。因早有地面裂缝先兆，人员已撤离，仅有畜禽和财产损失折币25万元。

【1960年】第一个城市人民公社——灯塔公社(后改名城市人民公社)成立。该公社6.2万人，划分21个管理区，其中8个在郊区。公社内有56个街道工厂，3300名工人，33个公共食堂，58个幼儿园和托儿所、60个服务站，还办有敬老院、妇产院、医疗保健站等。

【1985年】红庙区小龙潭乡三合村，因暴雨造成山体滑坡，死亡24人，其中卢昌学一家5口全部遇难。另倒塌房屋67户107间，其中8户34间无家可归;400亩水田、520亩玉米绝收。

【1996年】恩施市WFP3779项目工程，经国家农业部、林业部、水利部联合评选为“优秀项目”，恩施市WFP3779办公室被评为“先进项目单位”。

【2010年】州委常委、副州长瞿赫之一行，到芭蕉侗族乡，对该乡新农村建设工作检查督办。市领导李国庆、肖家魁等陪同。

【2011年】恩施市一中毕业生周亚飞收到中国民用航空飞行学院录取通知书，专业为飞行技术。为1977年恢复高考以来，恩施州首个通过高考录取的飞行员。

【2012年】州委副书记张忠凯率州农业局、州科技局等有关部门负责人，深入市省级农产品加工园区项目施工工地，就农业产业化发展情况调研。市领导向前进、部志中、黄波等陪同。

【2014年】恩施大峡谷成功创建国家5A级风景区。恩施大峡谷自2012年启动创建

国家5A景区活动以来,先后完成完善游客中心配套工程建设、客运索道、垂直观光电梯等基础设施,开发地缝景区、女儿寨度假酒店等新项目,打造大型山水实景音乐剧《龙船调》,完善景区智慧旅游服务,形成一个集观光度假、文化体验、科考探险等于一体的综合性旅游景区。

7月20日

【2011年】政协恩施市第七届委员会第二十七次常委会议召开。会议听取市政府2011年上半年经济社会发展情况的通报,听取并协商讨论建设武陵山区域性中心城市、解决城区交通拥堵问题、发展恩施富硒养生(养老)产业3个调研报告。市政协副主席向成舟主持会议。市委副书记、市长秦斌代表市政府通报全市上半年经济社会发展情况。市政协主席刘羽就上半年政协工作进行总结,并安排部署下半年政协工作。市领导王怀东、尤连胜、金德钧、赵萍等参加会议。

【2011年】国家环保部华南环保督查中心主任刘长根率污染减排督查组,深入恩施首创水务有限公司等处,就恩施市2011年上半年主要污染物总量减排工作进行督查。州、市领导谭文骄、许强、廖泽熙等陪同。

【2011年】副州长董永祥一行至恩施市,深入后山湾叶挺路改扩建工地,对该工程建设进度进行督办。市领导廖泽熙等陪同。

【2013年】省农村经管局副局长万志一一行受农业部委托到市,授予恩施市"全国农村集体三资管理示范县"荣誉称号。市领导杨洪安出席授牌仪式。

【2015年】省住房和城乡建设厅副厅长赵俊一行至恩施市,深入城区松树坪棚户区改造建设项目工地、市公共租赁房项目工地、蔡家河棚户区改造项目工地和施州大桥东岸片区改造工程项目等地,就住房保障和住房公积金工作专项督查,至21日结束。州、市领导马尚云、罗永生陪同。

7月21日

【2007年】新任州委书记肖旭明率州委副书记、州长周先旺,州委常委、副州长杨天然,州委常委、州委秘书长瞿赫之等一行,到州城各重点工程建设工地就州城城市规划与建设调研。市领导谭文骄、秦斌、郜志中、李国庆等陪同。

【2008年】省档案局局长石山一行深入六角亭街道、市民政局和市档案馆,就档案管理与利用、档案馆建设等调研。副州长曹毅,市委常委、市委办公室主任李敏等陪同。

【2013 年】州委常委、常务副州长董永祥至龙凤镇龙马村、青堡村等地，就龙凤镇综合扶贫改革试点建设推进情况调研。市领导张渊平、王国玮陪同。

【2014 年】副州长肖作文一行，深入盛家坝乡龙洞河村、石兰村、桅杆堡村等地，就黄牛产业发展工作情况调研。市领导李国庆、杨洪安陪同。

7 月 22 日

【1987 年】市公安局与市人民法院联合在东方红电影院门前召开公捕公判大会，宣布对 18 名流氓、盗窃等现行犯罪分子的逮捕决定和对 6 名刑事犯罪分子的判决。

【1989 年】恩施市大部分地区持续干旱 52 天，至 9 月 13 日结束。全市粮食作物受旱灾面积 52 万亩，经济作物损失 1807 万元；致 33.7 万人、33.4 万头牲畜饮水困难；18 所中小学、5000 余师生因缺水停课。

【1991 年】省政府公布湖北省第一批历史文化名城名单，恩施市为全省九个历史文化名城之一。

【2008 年】州政协主席甘方谦、副主席张龙光、刘青一行至恩施市，就林业产业实地考察。市领导刘宗烈、金德钧等陪同。

【2009 年】境内市民自发观看日全食天文奇观。8 时 10 分，太阳圆面的西边缘开始出现初亏，9 时 16 分，出现食既，天空开始暗淡，2 分半钟之后达到食甚，9 时 21 分，太阳生光，日全食结束。

【2010 年】省级园林城市复查考核组一行，就全市 2008 年获得“省级园林城市”称号以来的城市园林建设进行实地复查，至 23 日结束。通过复查，恩施市总体符合《湖北省园林城市标准》要求，部分指标高于或优于《湖北省园林城市标准》。市领导何慧等出席汇报会。

【2011 年】恩施市旅游产业大会召开。市委副书记、市长秦斌主持会议。州委常委、市委书记谭文骄讲话。副州长董永祥、州旅游委主任杨跃红应邀出席会议，市“四大家”领导出席会议。

【2011 年】广州军区少将牟方本率广东省湖北恩施商会项目考察团一行至恩施市，就旅游资源开发、重点项目投资等情况进行考察，至 23 日结束。市领导秦斌、陶军等陪同。

【2012 年】市委八届四次全体(扩大)会议在望城坡会议中心召开。会议应到市委委员 39 人，实到 38 人，应到候补委员 8 人，实到 8 人，符合法定人数。市委书记向前进代表市委向全会作题为《抢抓黄金十年机遇，加快龙凤新区建设，奋力推进全市经济社会跨越式发展》的主题报告，市委副书记、市长李国庆安排部署政府当前重点工作。会议讨论并

通过《中共恩施市委、恩施市人民政府关于加快推进龙凤新区建设的决定》。市领导向前进、李国庆、郜志中、胡平江、刘凡、刘羽以及应邀参加会议的州直单位相关负责人等在主席台就座。非市委委员和候补委员的市级领导、市委调研员，市委、市政府老顾问，各乡镇、街道(办事处)党委书记、乡、镇长、街道(办事处)主任，市直正科级单位主要负责人，市人大工委、市政协专委主要负责人，恩施经济开发区一级单位主要负责人，驻外机构负责人，银行、保险、通讯、石油等企业负责人参加会议。

【2014 年】华中师范大学校长杨宗凯率调研组赴恩施市，深入硒都民族实验小学、市第一高级中学、青树林金龙教育实验园等地，就教育事业发展情况调研。州、市领导庞红艳、李国庆、邹炜陪同。

7 月 23 日

【1988 年】省政协副主席林少南至恩施视察。州政协主席杨久富与市委书记吕成宗、副书记刘诗伟、蔡万顺、赵世玉及市政协主席宋金镜等陪同或汇报。

【2010 年】全市深入开展创先争优活动推进会召开。学习传达省、州深入开展创先争优活动推进会精神，全面深入推进全市创先争优活动。州、市领导谭文骄、秦斌、郜志中、李国庆、陈江龙等出席会议。

【2011 年】省水利厅实行最严格水资源管理制度先行先试工作座谈会在恩施市召开，至 24 日结束。会议提出，全省实行最严格水资源管理制度，按照先行先试全面推进的要求，武汉市、恩施市、荆州市沙市区、竹溪县为先期试点。州水利水产局局长邓升志，市领导肖家魁等出席会议。

【2013 年】州委书记、州人大常委会主任王海涛率州领导孔祥恩、董永祥一行至恩施市，就龙凤镇综合扶贫改革试点建设推进情况调研。市领导向前进、张渊平、王国玮陪同。

【2014 年】国家民委副主任罗黎明，省民族宗教事务委员会副主任邓汉光一行赴恩施市，深入龙凤镇龙凤初中迁建工程建设现场、龙马村保扎片区、喻家河水库建设现场、硒都茶城等地，就经济社会发展情况及龙凤镇综合扶贫改革试点建设情况调研。州、市领导谭文骄、向前进、张渊平、陈峣陪同。

【2014 年】吉林省卫生计生委副巡视员曲日胜率国家卫生计生委调研组赴恩施市，深入小渡船街道机场路社区、施州民族小学、市地税局、芭蕉侗族乡高拱桥村、市中心医院、市疾控中心、龙凤镇卫生院等地，就慢性病综合防控示范区建设工作情况调研，至 25 日结束。市领导邹炜、侯萍陪同。

7 月 24 日

【民国十九年(1930)】宣恩县县长李培南乘红四军主力东下洪湖之机,纠集地方团防傅卫风、冯玉池、覃福斋、陆明清等部一千余人进犯白岩溪农民协会。农民协会主任陶东祥及其成员覃海清、熊信柱、肖顶山(肖三娃)、杨明力、余开恩等九人惨遭杀害。

【民国二十二年(1933)】国民革命军新三旅和恩施团防傅卫风部侵占恩施苏区。

【1999 年】市委五届二次全会通过《关于加快小城镇建设的决定》《关于加强预算外资金管理实施综合财政预算的决定》。

【2000 年】23 时许,沐抚乡搬木村七渡河下游 1.5 公里处发生突然性山体滑坡,致 2 人死亡,1 人失踪,清江断流 18 小时。事发时,5 名渔民正在当地捕鱼。另 2 人重伤,已脱离危险。

【2008 年】恩施市"喜迎奥运、放歌清江"原生态山民歌大赛在州城民族广场拉开序幕。24 日晚与 25 日晚,来自各乡镇、街道和市直部门的 47 支参赛代表队,参加一、二、三等奖角逐。州政协副主席王月圣、市长秦斌等出席活动。

【2010 年】副州长董永祥一行,深入恩施大峡谷风景区,对景区重点工程建设进行检查督办。

【2013 年】省烟草专卖局局长赵全意一行至恩施市,深入龙凤镇青堡村、喻家河等地,就龙凤镇综合扶贫改革试点建设推进情况考察。市领导李国庆、杨洪安陪同。

【2014 年】武陵山片区区域发展与扶贫攻坚试点联系工作领导小组全体会议在恩施市召开。国家民族事务委员会副主任罗黎明率重庆、湖南、贵州与会代表,深入硒都民族实验小学、芭蕉侗族乡枫香坡侗族风情寨、华硒物流园、恩施女儿城、州文化中心参观。州、市领导杨天然、董永祥、谭文骄、冯忠泽、张宇、庞红艳、向前进、李国庆等陪同。

7 月 25 日

【1984 年】市一中初二学生王亮出席全国少先队员和辅导员代表大会,当选为大会主席团执行主席。会议期间,受到胡耀邦、李先念、邓颖超等党和国家领导人接见。

【2008 年】中百仓储舞阳坝店开业。恩施中百仓储是恩施市通过招商引资方式,新引进和落户的规模大、实力强、层次高的商贸企业,其母公司——中百集团是中国企业 500 强之一。州、市领导李济、秦斌等出席开业庆典。

【2010 年】省民族宗教事务委员会主任谭徽在一行,深入三岔乡莲花池村,就全市新

农村建设调研。州、市领导谭文骄、李敏等陪同。

【2010 年】世界珠算心算联合会会长、中国珠算心算协会会长丁先觉一行，深入芭蕉侗族乡戽口村、灯笼坝村、高拱桥村等处，就全市新农村建设进行考察。市领导秦斌、蔡平等陪同。

【2011 年】恩施市旅游投资有限公司揭牌。州、市领导谭文骄、秦斌、陈江龙等出席揭牌仪式。

【2012 年】湖北日报传媒集团董事长、湖北日报社社长、党委书记邹贤启一行，深入芭蕉侗族乡戽口村和枫香坡侗族风情寨，对恩施市经济社会发展情况进行考察与交流。州、市领导杨陈清、胡平江、邹炜等陪同。

【2012 年】中国城市规划协会会长、中国风景名胜区协会会长、闻一多基金会理事长赵宝江（建设部原副部长、湖北省原副省长、武汉市原市长）率中国城市协会考察组，深入亲水走廊、恩施州城规划展示厅、芭蕉侗族乡等处，就城市规划建设、新农村建设和休闲旅游发展等情况考察、调研，至 26 日结束。州、市领导沙玉山、胡平江、朱卫东等陪同。

【2013 年】湖北省 2013 年度中央专项彩票公益金支持乡村学校少年宫建设项目骨干人员培训班在恩施市开班，来自襄阳、十堰、荆州、孝感、黄冈等地有关部门和 70 个项目学校负责人近 200 人参加培训。中央精神文明建设指导委员会办公室三局联络处处长张继青，省精神文明建设指导委员会办公室主任胡和平，州、市领导杨陈清、邹炜等出席会议。

【2013 年】州委副书记、州长杨天然率州领导杨陈清、谭文骄、董永祥、黄实海、邓正平、庞红艳、秦斌一行，到金山大道、金子大道、许家坪机场隧道、土桥大道和后坪山庄道路刷黑工程、三孔桥加宽工程、恩施机场二期扩建工程、恩施机场迎宾路、亲水走廊五期、虎民路、恩施瑞享国际酒店、华龙村大酒店等部分重点项目建设现场，调研建州 30 周年献礼工程重点项目进展情况。市领导李国庆、万雪峰、廖泽熙、金德钧陪同。

【2013 年】国家发改委西开司副司长童章舜一行至恩施市，就龙凤镇综合扶贫改革试点建设推进情况调研，至 26 日结束。市领导杨洪安陪同。

【2014 年】国家开发银行副行长袁力，国家开发银行湖北省分行行长林放一行赴恩施市，深入农产品加工园建设现场、市教育局、华硒物流园、华硒正虹饲料科技有限公司、硒都茶城等地，就生源地助学贷款工作及部门项目、企业建设发展情况调研。州、市领导马尚云、黄波、陈志波陪同。

【2014 年】国务院扶贫开发领导小组办公室党组成员、规划财务司司长蒋晓华一行深入龙凤镇龙凤初中迁建工程现场、双堰塘社区居民点、龙马村保扎片区、龙马风情小镇等地，就龙凤镇综合扶贫改革试点建设推进情况调研。州、市领导肖作文、张渊平陪同。

7月26日

【2010年】省委常委、省军区司令员、少将汪金玉一行，深入太阳河乡，走访调研恩施军分区“131”扶贫工程、民兵预备役工作等情况。州、市领导赵德利、陈江龙、黄秀武等陪同。

【2010年】湖北中烟工业有限责任公司总经理彭明权一行至恩施市，就拟打造“恩施大峡谷——黄鹤楼生态走廊”项目进行前期考察与调研。州、市领导杨天然、谭文骄、董永祥、秦斌等陪同。

【2010年】州委副书记柳望春，深入芭蕉侗族乡，对全市新农村建设工作进行检查督办。

【2011年】省残联党组书记陶慧芬一行，深入州脑瘫儿康复中心、舞阳坝街道残疾人托养中心、康复技术指导中心以及七里坪村残疾人协会等处，就全市残疾人工作情况调研。市领导秦斌、李国庆、向仕莲等陪同。

【2012年】省委原副书记、省纪委原书记黄远志一行，深入芭蕉侗族乡枫香坡侗族风情寨，就新农村建设、特色产业发展等情况调研。市领导万雪峰等陪同。

【2013年】中央党校研究室副主任、巡视员、博士生导师，“三农”问题研究中心秘书长，区域经济研究专家曾业松受邀到市，为恩施市各级领导干部作题为《新型城镇化发展道路研究》的报告。市领导胡平江、郑晓斌、王兰英等及各乡镇、街道（办事处）、各市直部门（单位）相关负责人聆听报告。

【2013年】州、市领导王海涛、杨天然、甘方谦、沙玉山、江明辉、庞红艳、汤文江、李国庆、胡平江分组走进军营、警营、军供站、军休所，开展“八一”建军节走访慰问活动。

【2013年】省委党史研究室副主任张帆一行至恩施市，就党史编研工作调研。市领导朱卫东陪同。

【2014年】国家开发投资公司贫困地区产业发展基金管理有限公司总经理张元领率调研组赴恩施市，深入龙凤镇龙马村保扎片区、硒茶产业园和农产品加工园建设现场，就龙凤镇综合扶贫改革试点建设情况调研。州、市领导王金维、李国庆、张渊平、杨洪安陪同或参加座谈。

【2014年】省政协主席杨松、省政协副主席肖旭明一行赴恩施市，深入华硒物流园、华硒农产品交易园、土家女儿城等地，就产业发展情况调研。州、市领导王海涛、董永祥、甘方谦、孔祥恩、刘志兵、向前进、李国庆、刘羽等陪同。

7 月 27 日

【1995 年】恩施电视台试播。恩施经济电视台停播。

【2007 年】由农业部发展计划司副司长李伟方带队的国务院扶贫联合调研组一行，深入芭蕉侗族乡，就扶贫开发工作调研。省扶贫办主任许业富及州、市领导肖旭明、周先旺、谭先振、朱惠民、谭文骄、秦斌等陪同。

【2010 年】中科院院士、中科院武汉分院研究员、博士生导师、省高级专家协会会长叶朝辉率院士(专家)考察团一行，深入芭蕉侗族乡灯笼坝村茶叶基地、枫香坡侗族风情寨等处，实地考察全市旅游产业发展情况。市领导王兰英等陪同。

【2011 年】恩施市邀请国防信息学院军事理论研究室教授李江洲为全市百余名干部进行国防知识讲座。州、市领导谭文骄、秦斌、郜志中、李国庆、蔡平、刘羽等现场聆听讲座。

【2012 年】副省长郭生练一行，深入恩施大峡谷风景区，就旅游发展情况考察。州、市领导董永祥、侯萍、黄波、金德钧等陪同。

【2014 年】中共龙凤镇委班子专题民主生活会召开。市委副书记、龙凤镇委书记张渊平代表镇委班子作对照检查，班子 13 人逐一进行个人对照检查，并接受班子其他成员的批评帮助。州委书记、州人大常委会主任王海涛出席并指导，州委督导组第一组长向宏贵、市委书记向前进分别对专题民主生活会作点评。市领导王兰英、黄秀武等出席会议。

7 月 28 日

【1980 年】恩施城关镇给 58 户个体工商业者分发营业执照。个体户主要从事饮食、修补、加工、理发、照相、百杂以及手工艺行业。

【1997 年】州、市邮电机构合并，恩施市境内邮电业务始划入州邮电局经营管理。

【1998 年】市委、市政府作出《关于加快林业发展与改革的决定》。

【2004 年】省政协主席王生铁至恩施市，就民营经济及政协工作调研，至 29 日结束。州领导周先旺、戴贵洲等陪同。

【2009 年】州城 2009 年重点工程之一的连珠大桥混凝土拱转体成功合龙。连珠大桥及接线工程是恩施市为配合旧城改造，恢复并保护六角亭老城区面貌，解决城市中心区过境交通和车辆向西快速出城问题而修建的。该工程沿清江东岸五峰山连珠塔山脚直通 209 国道，全长 1086. 49 米，其中接线道路长 939. 93 米，桥梁长 146. 56 米。整个工程建设概算投资 5000 万元。连珠大桥于 2008 年 11 月破土动工，2010 年 4 月建成通车。

【2010 年】全市领导干部国防教育暨乡镇、街道党管武装述职大会召开。会上，武汉空军雷达学院蔡梓良教授受邀作题为《国防观念的历史作用和现实意义》的国防教育讲座。全市 100 多名领导干部参加会议。

【2011 年】州委书记、州人大常委会主任肖旭明，州委常委、恩施军分区司令员赵德利，州委常委、州委秘书长孔祥恩，州委常委、市委书记谭文骄，州人大常委会副主任叶太俊一行，深入恩施军分区、武警恩施州支队、恩施市干休所等处，开展"八一"建军节慰问活动。州委副书记、州长杨天然，州委常委、常务副州长张忠凯，州委常委、副州长瞿赫之，州政协副主席黄振益一行，深入广州军区驻红庙通信连、武警恩施州消防支队等处，开展"八一"建军节慰问活动。市领导秦斌、王兰英、洪波、向成舟等陪同。

【2011 年】州人大常委会副主任马春菊率调研组一行至恩施市，就"打黑除恶"工作调研。市领导蔡平、胡平江、张孝赤、邵永政等陪同。

【2011 年】州政协副主席杜成明率部分州政协委员及相关部门负责人至恩施市，就州政协六届五次会议 37 号提案《关于抢救、保护和开发利用"红三军军部旧址"的紧急提案》办理情况进行督办。市领导胡平江、向仕莲、金德钧等陪同。

【2012 年】首届中国市县投资与项目对接高峰论坛在北京举行。恩施市应邀参加会议，市委书记向前进作为与会 100 余个市县的唯一代表在开幕式上致辞。市委副书记、恩施经济开发区常务副主任郜志中，市招商局及恩施经济开发区招商局主要负责人参加此次高峰论坛推介活动。

【2015 年】省见义勇为基金会、州见义勇为促进会联合召开表彰大会，芭蕉侗族乡兽医站退休职工、共产党员张孝万被授予"2014 年度见义勇为先进个人"。2014 年 1 月 17 日晚 11 点 50 分许，因邻居家失火，张挺身而出，义无反顾救出受灾老人，搬运瓦房周围木柴，控制火情，后昏倒在救灾一线，不幸牺牲，享年 64 岁。

7 月 29 日

【1955 年】省电影教育工作队 21 队交县管理，恩施县电影放映队成立。恩施县始有自属电影放映机构。

【2008 年】澳门特别行政区"内地春节习俗展"考察团在恩施市进行考察。澳门特别行政区康体部部长吴卫鸣，国家文化部民族民间文艺发展中心主任李松，省文化厅副厅长、省文联主席沈虹光等参加考察活动，至 30 日结束。市领导秦斌、李国庆等陪同。

【2010 年】湖北日报传媒集团总编辑唐源涛一行，深入九洲通医药公司、恩施山泰水电设备有限公司、滨湖印刷厂、湖北中烟恩施卷烟厂等企业，就全市企业发展情况进行考

察。州、市领导杨陈清、部志中等陪同。

【2011 年】市八届人大常委会第三十三次会议召开。会议听取和审议关于 2011 年上半年财政预算执行情况的报告、2011 年上半年国民经济计划执行情况的报告、关于“八大生态走廊”规划建设情况的报告和市政府关于贯彻执行《食品安全法》情况的报告。市人大常委会常务副主任蔡平主持会议。市领导侯萍、黄永耀、许强、邵永政、洪波等参加会议,胡平江等列席会议。

【2011 年】州委常委、副州长瞿赫之,副州长董永祥率全州新农村建设工作现场会与会代表,深入白杨坪乡洞下槽村、朝阳坡村和崔家坝镇南里渡村等处,对恩施市新农村建设情况进行参观考察。州、市领导谭文骄、秦斌、李国庆、肖家魁等陪同。

【2013 年】“光彩事业走进武陵山(恩施)投资考察活动·恩施州旅游推介会”在北京举行。会上,深圳市盛鹏达投资集团与恩施市签订“恩施万象文化旅游城”投资协议,项目拟投资 55 亿元。市领导向前进、黄波参加会议。

【2014 年】省纪委调研室主任陈江龙率调研组赴恩施经济开发区,就开发区党风廉政建设专题调研。市领导郑晓斌、万雪峰、胡启发、曹云、詹厚兰等陪同。

【2014 年】中共恩施市委八届七次全体(扩大)会议在富源国宾酒店七楼会议室召开。会议讨论并通过《中共恩施市委常委会党的群众路线教育实践活动问题整改方案》。市委书记向前进代表市委常委会向全会作题为《深入开展党的群众路线教育实践活动,用整改问题的实际成效加快发展改善民生》的主题报告。

7 月 30 日

【1950 年】恩施专署直属单位首届运动会在恩施体育场举行,专直机关、军队、学校 554 名运动员参赛。8 月 1 日运动会闭幕。

【2009 年】由中国农业科学院党组书记、研究员薛亮带队的调研组一行,深入芭蕉侗族乡灯笼坝茶叶示范基地、润邦茶叶公司生产车间等实地考察、调研。州、市领导杨陈清、张华荣、李敏等陪同。

【2009 年】全省现代烟草农业建设工作现场会在恩施市召开。省委常委张昌尔、省委副秘书长、省委财经工作领导小组办公室(省委农村工作领导小组办公室)主任刘田喜,国家烟草专卖局纪检组长潘家华等,在州、市领导肖旭明、叶太俊、董永祥、刘志兵、谭文骄、李国庆等陪同下,参观白果乡茅坝槽村、小渡船街道望城坡村现代烟草农业示范基地的建设情况。省直有关部门负责人,全省烟叶生产区的地市州、县市有关负责人及省、州烟草公司负责人参加现场会。

【2010 年】湖北省推进学习型党组织建设暨党委(党组)中心组学习经验交流电视电话会议召开。省领导罗清泉、杨松、黄先耀、李春明出席会议并为全省先进党组织颁奖。市委中心组荣获“湖北省先进党委(党组)中心组”称号。州委常委、市委书记谭文骄参加会议并接受“湖北省先进党委(党组)中心组”授牌。

【2010 年】州、市领导杨天然、陈亚平、甘方谦、张忠凯、瞿赫之、秦斌等,先后到武警恩施州支队、恩施军分区、广州军区驻恩施某通信连、武警恩施州消防支队、市军休所、老红军郑大荣家等,进行“八一”建军节走访慰问。

【2011 年】国家民委项目建设办公室副主任杨帆率少数民族文化产业可持续发展项目调研组一行至恩施市,就少数民族文化产业发展情况调研。省民族宗教委员会副主任胡祥华,副州长陶继东,市领导胡平江等陪同。

【2012 年】州、市领导肖旭明、瞿赫之、孔祥恩、江明辉、向前进、刘羽、张渊平、张孝赤、黄秀武一行,深入市军休所、武警恩施州支队、恩施军分区等处,开展建军节慰问活动,向驻地部队官兵和老红军、军队离退休干部致以节日的问候。张忠凯、肖作文、胡平江、邵永政、黄波、崔显琦一行,到广州军区驻红庙通信连、武警恩施州消防支队开展建军节慰问活动。市领导向前进、胡平江、刘羽、张渊平、张孝赤、黄秀武、邵永政、黄波、崔显琦还分别至恩施市人武部、武警恩施市中队、市看守所、武警恩施州消防支队特勤中队、市公安消防大队和武警清江消防中队等处,看望慰问驻军官兵,并查看军队营房建设、装备配备等情况。

【2013 年】省委办公厅副巡视员祝晓彬率省督查组一行,深入市住房保障领导小组办公室、社会管理创新应急调度指挥中心、耿家坪保障性住房小区、玻璃厂火柴厂廉租住房小区和仙居花园棚户区改造项目、三立时代广场棚户区改造项目、城市生活垃圾综合处理厂项目施工现场等地,督查恩施市住房保障和城市管理工作情况。

【2013 年】省商务厅副厅长马大强一行,深入龙凤镇城市商贸综合体选址所在地、华硒生态园等地,就龙凤镇综合扶贫改革试点工作调研。州、市领导陈晓燕、黄波陪同。

【2014 年】全州特殊困难对象精准扶贫现场推进会在龙凤镇召开。州委常委、副州长马尚云出席会议并讲话,市委副书记、龙凤镇党委书记张渊平代表恩施市作典型发言。

7 月 31 日

【2000 年】城市西区开发规划通过专家评审委员会评审。该规划由省规划设计院设计,综合体现恩施市“山水园林城”“生态旅游城”和“民俗风情城”的基本特点,整个西区开发建设计划用 15 年时间完成。

【2003 年】市公安局小渡船派出所被公安部授予“全国一级公安派出所”称号。

【2013年】省纪委副书记、省监察厅厅长吴琦一行，深入市地税局、市公安局舞阳坝派出所等单位，调研基层执法工作。州、市领导李云开、董永祥、向前进、万雪峰陪同。

八　月

8月1日

【1951年】恩施县召开万人大会，庆祝“八一”建军节暨烈士纪念塔落成仪式。烈士塔坐落在恩施老城象牙山。

【1955年】县公安部队改编为人民武装警察，仍为公安机关建制。

【1986年】美国烟叶专家左天觉·琼斯到三岔乡考察。

【1997年】市人民医院首次成功实施2例“心脏介入治疗二尖瓣狭窄”手术、1例“病理性窦性心率过缓安装起搏器”手术。

【2007年】州政协副主席杜成明一行至恩施市，就城镇和谐社区建设情况调研。市领导向成舟、尤连胜陪同。

【2011年】鄂西生态文化旅游圈投资有限公司总经理王兴於一行，深入莲花池生态走廊、清江画廊生态走廊等处，就恩施市旅游资源情况进行考察。市领导陈江龙、肖家魁等陪同。

【2011年】三岔乡、白杨坪乡、芭蕉侗族乡、红土乡、太阳河乡被省文化厅命名为“2011—2013年度湖北省民间文化艺术之乡”。

【2013年】省粮食局局长张爱国一行，深入华硒生态园、湖北宜恒茶油产业科技有限责任公司等地，调就粮油工调研。州、市领导陈晓燕、黄波陪同。

【2014年】州委书记、州人大常委会主任王海涛，州委常委、州委秘书长孔祥恩赴恩施市红土乡调研，并就乡镇党的群众路线教育实践活动进行指导。市领导向前进等陪同。

【2014年】在农业部举行的“世界银行贷款中国新农村生态家园富民工程”项目竣工总结会上，龙凤镇农业服务中心沼气工袁亮受邀作典型发言。

8月2日

【2008年】州委书记肖旭明，州委副书记、州长杨天然率州“四大家”领导，到恩施市就

城市发展空间问题调研。市领导谭文骄、秦斌等陪同。

【2010 年】副州长董永祥一行深入连珠大桥、209 绕城线、后山湾、旗峰大道、施州大桥东片区、机场路入口等处,对州城规划情况、路网街道骨架建设、功能设施建设调研。市领导秦斌、何慧等陪同。

【2012 年】省委党校工作指导处处长陈祖明一行至恩施市,市委党校工作情况调研。市领导黎昔品等陪同。

【2015 年】《人民日报》《光明日报》《美丽乡村建设》栏目分别以《湖北恩施戽口村把美丽变成财富》《茶香飘侗寨——湖北省恩施市芭蕉乡戽口村的“美丽”实践》为题,对芭蕉侗族乡戽口村特色民居建设情况深度报道。

8 月 3 日

【1980 年】龙马公社遭受特大洪水灾害,142 个生产队、1576 户、6990 人受灾;因灾死亡 26 人,受伤 13 人,266 户倒塌房屋、畜圈,死亡牲畜 132 头(只),冲毁农田 5274 亩,受灾农田 9277 亩,粮食损失约 127.25 万公斤,直接经济损失 40.77 万元。

【2002 年】市委五届七次全体(扩大)会议在铜盆水森林公园举行,会议提出全面实施由农业县域经济向工业城市经济战略重点转移,并通过《市委市政府关于加快城市经济发展的决定》。

【2005 年】省政协常务副主席丁凤英至恩施市调研。州、市领导李正双、刘元香、刘宗烈等陪同。

【2010 年】国家商标局地理证明商标处处长姚坤一行,深入芭蕉侗族乡茶原材料基地和现代化的生产加工龙头企业,就“恩施玉露”茶申报地理证明商标事宜进行实地调研和指导。

【2012 年】州委书记、州人大常委会主任肖旭明,州委常委、州委秘书长孔祥恩率州直有关部门负责人,深入新塘长岭岗华中药用植物园,就如何发挥资源优势,建设好华中药用植物园、做大做强硒产业调研。市领导向前进、黎昔品、赵萍等陪同。

【2013 年】副省长张通率调研组一行,深入屯堡乡鸭松溪村藻水分离站、人工湿地等现场,调研农村连片环境综合整治工作。州、市领导秦斌、陈卫平、李国庆、廖泽熙陪同。

【2013 年】省财政厅党组成员伍如良率调研组一行至恩施市,广泛征求党的群众路线教育实践活动意见,调研乡镇财政专管员制度落实情况。市领导张渊平、尹剑、黄国华陪同。

【2014 年】融节庆、文化、经贸、旅游于一体的综合性民族盛会——恩施土家“女儿会”

在土家女儿城举办,至10日结束。来自全国各地数万名群众参会。市领导向前进、李国庆等出席开幕式。

【2015年】中南财经政法大学产业升级与区域金融湖北协同创新中心副主任、金融学院教授、博士生导师黄孝武一行至恩施市,深入花枝山生态农业开发有限责任公司、盛硒生物科技有限公司、恩施市巨鑫现代农业开发有限公司、三岔乡核桃基地和种猪养殖场等处,就该市"十三五"金融扶贫相关规划编制工作调研和指导,至6日结束。市领导杨局成、张伟、林险峰等陪同。

8月4日

【1980年】境内洪水满溢,县城清江水位上升至420.19米。

【1980年】屯堡公社红卫(杨家山)大队约1平方公里面积山体滑坡,毁坏耕地724亩,倒塌房屋92栋。

【1994年】市计划生育委员会主任伍蔚森荣获全国计划生育"主任百杰"称号。

【2007年】省医学伦理学第九次学术年会在恩施市举行。来自全省各地约130位医学伦理学专家、医务人员及管理人士参加该次会议。市长秦斌代表市委、市政府到会祝贺,并向参加会议的嘉宾介绍恩施市近年来的发展情况。会议收到医学伦理论文76篇。盛家坝乡卫生院医生李兴梅在会上作题为《当前农村医疗卫生体制改革的伦理学分析》的发言。

【2011年】第十四届国际人与动物微量元素大会(TEMA14大会)组委会第二次筹备会召开。TEMA14大会组委会主席、美国康奈尔大学教授雷新根,大会组委会副主席、华中科技大学教授黄开勋,大会组委会秘书长、中国疾病预防和控制中心教授高俊全,市领导李国庆、肖家魁、赵萍等出席会议。8月2日,第十四届国际人与动物微量元素大会(TEMA14大会)组委会主席、美国康奈尔大学教授雷新根,大会组委会秘书长、中国疾病预防和控制中心教授高俊全一行,深入新塘乡双河村渔塘坝组独立硒矿床、华中药用植物园等处,对位于恩施市的"世界第一天然富硒生物核心圈"进行实地考察和调研。

【2011年】副州长沙玉山一行,深入恩施大峡谷风景区旅游公路施工现场,对该公路新建段因强降雨造成的灾情进行察看。市领导陶文胜等陪同。

【2012年】全州农村教师保障性住房建设工作现场会在恩施市召开。常务副州长董永祥出席会议并讲话,全州8个县市常务副县(市)长、州直相关部门负责人、各县市教育局负责人参加会议。市委常委、常务副市长张渊平代表恩施市作典型发言,副市长张献宏出席会议。是日,与会人员到恩施市崔家坝镇、龙凤镇等处的农村教师安居工程建设地参

观。

【2013 年】州委书记、州人大常委会主任王海涛一行，到州城东风大道，就“治堵保畅”行动进展情况调研。市领导李国庆、许强陪同。

【2014 年】省审计厅副厅长周德刚率省政府投资和统筹使用财政专项资金督查组赴恩施市，深入城区施南古城在建现场，就投资和统筹使用财政专项资金情况督查。市领导杨局成等陪同。

【2015 年】华中师范大学中国农村研究院院长徐勇一行至恩施市，深入沐抚营上村等地，就农村基层法治工作调研。州、市领导陈学明、洪波等陪同。

8 月 5 日

【1977 年】恩施县被省林业厅、省财政厅列为全省发展油桐基地县。是年，全县油桐林 7000 余亩，油桐籽产量 1310 吨。

【2005 年】省委副书记陈训秋至恩施市，就农业产业化建设工作调研。州委书记汤涛，州委副书记、州长周先旺陪同。

【2010 年】副省长张通率省住建厅、省环保厅、省文化厅等省直部门负责人一行，深入大龙潭鸭松溪藻水分离站、市体育运动中心、市民族文工团、市污水处理厂、恩施火车站片区等处，就全市城市建设与管理、环境保护、文化体育等工作进行视察。州、市领导谭文骄、董永祥、秦斌、何慧、向仕莲等陪同。

【2010 年】北京市地税局局长王晓明一行，深入恩施梭布垭风景区，就全市旅游资源开发情况进行考察。市领导陈江龙等陪同。

【2010 年】州委常委、常务副州长张忠凯，就全市基本药物制度实施情况和农村医疗卫生服务机制体制改革工作推进情况进行专题调研。市领导蔡平、向仕莲等陪同。

【2013 年】鄂西生态文化旅游圈投资有限公司董事长马清明、总经理刘俊刚一行至恩施市，就农产品加工园项目考察。市领导向前进、郑晓斌、陈志波、向煦陪同。

【2013 年】州委副书记、州长杨天然深入长沙河渡口附近清江航道整治疏浚工程现场、省道鸦（鹊）荆（竹泉）线改建工程所在地、石心河大桥、恩施港石心河港区、汾水河港区等地调研。市领导向前进、李国庆、黄波陪同。

【2014 年】省委副书记、省长王国生，省政府秘书长王祥喜赴恩施市，深入华硒生态物流园、华硒正虹饲料科技有限公司等地，就第二批党的群众路线教育实践活动整改落实工作情况调研。州、市领导王海涛、杨天然、向前进、李国庆等陪同。

【2014 年】州政协副主席谭建军率州政协视察组一行，深入恩施火车站、恩施广发液

化气运输有限公司等地,就恩施市部分提案办理工作情况进行督办。市领导黄波陪同。

8 月 6 日

【1952 年】2 时 33 分至 3 时 47 分,境内可观月偏食。

【1996 年】市委、市政府作出《关于加强供销合作社改革与发展的决定》。

【2008 年】省委常委、省委政法委书记、省公安厅厅长吴永文一行到屯堡乡,就道路交通、村组治安社会化管理调研。州、市领导肖旭明、谭文骄等陪同。

【2009 年】鄂渝边区牲畜交易大市场在板桥镇让水坝奠基。该大市场投资 150 万元,占地面积7000 平方米,建筑面积2500 平方米,分为办公综合服务区、定点屠宰区、交易区、示范养殖区。集牲畜交易、储运、观察、消毒、防疫、屠宰等功能于一体,是鄂渝边区最大的牲畜交易市场,预计交易量年 10 万头以上。州、市领导董永祥、李国庆、黄永耀、何慧等出席奠基仪式。

【2011 年】国家防汛抗旱总指挥部办公室副主任张旭一行,深入芭蕉侗族乡枫香坡侗族风情寨,对恩施市防汛抗旱工作进行检查指导,至 8 日结束。市领导李国庆、肖家魁等陪同。

【2012 年】省环保厅副厅长吕文艳率省农村环境连片整治督查组,深入屯堡乡、沐抚办事处、华智有机茶园"两清两减"示范基地等处,就大峡谷农村环境连片整治示范工作督查。市领导廖泽熙等陪同。

【2013 年】省司法厅纪委书记李颂银率省"六五"普法工作检查组一行,深入沙地乡、市司法局、市国土资源局等地,就"六五"普法工作推进情况检查。市领导胡平江、廖泽熙、邵永政、崔显琦等陪同。

8 月 7 日

【1995 年】"1995 中国民俗风情游"大型活动在恩施市举办。来自省、州各有关部门负责人和友邻地区的代表以及中央、省内外新闻工作者、各旅游观光团参加活动,近 3 万人观看"女儿会"节目表演。

【2003 年】市委五届八次全会讨论通过《关于加快发展工业经济的决定》。

【2008 年】副省长田承忠一行,先后到恩施大峡谷、枫香坡侗族风情寨、恩施土司城和恩施火车站等处旅游产业调研,至 8 日结束。州、市领导肖旭明、杨天然、谭文骄、秦斌等陪同。

【2011 年】清华大学深圳研究生院培训学院常务副院长朱继强率清华学子恩施商务联谊之旅考察团至恩施市，进行大型商务考察活动，至 10 日结束。其间，考察团深入恩施首创水务有限公司、恩施市第一中学、恩施清江创业园、恩施大峡谷风景区、恩施土司城、芭蕉侗族乡枫香坡侗族风情寨等处，对恩施市经济社会发展情况进行考察。考察团在恩施市第一中学开展“清华学子企业家成长心连心活动暨厚德教育基金发放仪式”；参加广东南华工商学院院长、广东省总工会干部学校校长、广东省企业文化协会副会长、全国著名经济学家易江教授主讲的“中国智慧与企业管理专题讲座”等活动。州、市领导谭文骄、秦斌、郜志中、陈江龙、刘凡、蔡平、刘羽等陪同。

【2012 年】州政协副主席刘志兵率部分州政协委员，深入新塘乡、城郊基地单元等处，就烟叶生产工作调研。市领导杨洪安、金德钧等陪同。

【2014 年】省委农村工作领导小组办公室综合改革处处长熊义柏率调研团赴恩施市，深入龙凤镇龙凤中学、龙马村保扎片区、喻家河水库、龙马风情小镇、青堡村“四位一体”烟叶服务中心及金龙大道在建现场等地，就龙凤镇综合扶贫改革试点和“四化同步”（推进“工业化、信息化、城镇化和农业现代化同步”）示范乡镇工作情况调研。市领导张渊平陪同。

【2015 年】市委书记向前进主持召开“六城”同创、精细化建设管理、人性化服务活动工作推进会，研究部署相关工作。市领导黎昔品、罗永生、蔡万高等参加会议。

8 月 8 日

【1984 年】红土区委、区公所在石灰窑举办农历七月十二“女儿会”活动。鄂西土家族苗族自治州州长李辉轩（土家族，石灰窑人）前往庆贺。“女儿会”这一具有悠久历史的民俗节庆，第一次由官方组织举行。嗣后，“女儿会”每年举行一届，成为土家族传统固定节日。

【2003 年】湖北华新水泥公司年产 100 万吨高品质水泥工程项目，在六角亭街道高桥坝村破土动工。该工程总投资 2.60 亿元。

【2011 年】中央民族干部学院培训教研部主任龙琨率中央民族干部学院第 8 期全国地市州盟民委主任培训班学员，深入芭蕉侗族乡枫香坡侗族风情寨（省级民族团结进步示范村），对该村民族特色文化建设、产业发展等情况进行考察。市领导向成舟等陪同。

【2012 年】州委副书记张忠凯一行，深入新塘乡、三岔乡，就农业产业化、华中药用植物园发展等调研。市领导李国庆、杨洪安、赵萍等陪同。

【2013 年】省民族宗教事务委员会主任柳望春一行至恩施市，就全面建成小康社会进

展情况调研。州、市领导孙宇鹏、李国庆、朱卫东、洪波陪同。

【2013年】恩施唯硒全国代理商会议暨硒图有机硒产品商城开通仪式在恩施市举行。该活动由省硒资源开发利用促进会、州唯硒生态农业开发有限公司主办。中国保健协会食物营养与安全专业委员会会长、中国健康教育协会常务理事、联合国绿色工业组织专家委员会委员、营养专家孙树侠应邀出席会议并作报告。州、市领导檀坤华、王继刚、杨洪安、赵萍出席会议。来自全国16省的200名硒产品代理商与20家恩施富硒产品供应商参加会议。

【2014年】省总工会副主席胡碧辉率省调研组赴恩施市，深入三岔乡工会联合会职工维权站、便民服务中心、职工（农民工）书屋、职工活动中心等地，就乡镇工会组织化建设情况调研。市领导万雪峰陪同。

【2015年】市委书记向前进率罗永生、蔡万高一行，深入城区施州大桥东岸片区棚户改造项目、虎民路棚户区改造项目、高速公路北端绿化亮化、人民路西段道路建设、纸厂沟步行街改造、机场迎宾路绿化等工程施工现场，就推进“六城”同创工作进行调研、督办。

【2015年】湖北省恩施州首个村级邮政电商运营中心——龙马村邮政农村电商运营中心开业。

8月9日

【1994年】州政协副主席李家友率州、市部分委员，对一皮鞋厂、水电设备厂企业转换经营机制进行联合调研。市领导高开群等陪同。

【2000年】市委五届四次全会讨论通过《关于进一步巩固“三讲”教育成果的意见》《关于高举西部大开发旗帜推动全市经济大发展的意见》。

【2004年】州政协副主席蔡万顺、陈晓燕一行至恩施市，就“双百”授信活动调研。

【2010年】国际人与动物微量元素学会主席玛丽·艾伯（MaryR. L' Abbe）教授一行，就全市城乡经济社会发展情况进行考察，并就TEMA14大会的相关筹备情况进行座谈。玛丽·艾伯（MaryR. L' Abbe）教授与市长秦斌签署由恩施市承办“第十四届国际人与动物微量元素大会”（14th Trace Elementsin Manand Animals，TEMA14）的协议书，决定2011年9月19—24日在恩施召开TEMA14大会，至12日结束。市领导秦斌、李国庆等陪同。

【2011年】省委常委张昌尔一行，深入芭蕉侗族乡天桥村、戽口村、灯笼坝村等处，就恩施市农业生产受灾、特色产业发展、新农村建设等情况调研。州、市领导肖旭明、谭文骄、秦斌等陪同。

【2011年】受市委、市政府邀请，广东南华工商学院院长、广东省总工会干部学校校

长、广东省企业文化协会副会长、全国著名经济学家易江教授作客恩施，进行题为“中国智慧与企业管理”的专题讲座。市领导郜志中、陈江龙、刘凡、蔡平以及清华学子恩施商务联谊之旅考察团、市直各部门相关负责人、部分企业代表等现场聆听讲座。

【2012 年】省总工会常务副主席黄国庆一行，深入湖北思乐集团、市总工会困难职工帮扶中心等处，就基层工会工作调研。州、市领导董永祥、黎昔品等陪同。

【2013 年】省政协副秘书长熊维明率省政协调研组一行至恩施市，就政协协商民主建设工作调研。市领导刘羽、崔显琦陪同。

【2013 年】省人力资源和社会保障厅副厅长、省公务员局党组书记温兴生一行至恩施市，就龙凤镇综合扶贫改革试点人力资源和社会保障工作调研。市领导张渊平陪同。

8 月 10 日

【1956 年】组织宣传贯彻《全国农业发展纲要》第四条、第五条有关精神，至 10 月 15 日，完成全县 14779 名地主、富农、反革命分子规划入社工作，其中一类（社员）占 24.36%，二类（后补社员）占 58.11%，三类（监督改造）占 14.81%，依法管制占 2.72%。翌年，全县地主、富农、反革命分子摘帽比例达 35% ~40%。

【1963 年】县公安局依法逮捕黄贵武、唐春纯等反革命罪犯。1962 年，“中国民主党”反革命集团案被宽大处理后，黄等不思悔改，趁蒋介石叫嚣“反攻大陆”之机，重组“中国民主党”，发展成员 18 名，继续进行反动活动。

【1981 年】县地方志编纂委员会成立，《恩施县志》编纂工作启动。

【1985 年】恩施生产的 650 吨硫磺从巴东启运，出口泰国。

【2005 年】恩施市东门橡胶坝充水调试成功。东门橡胶坝综合指数名列亚洲同类第一，是中国橡胶第一高坝，坝底长 64 米，坝顶长 96 米，坝高 6 米，蓄水水域长度 4.2 公里。

【2007 年】州长周先旺主持召开州政府常务会议，就恩施火车站建设的有关问题进行专题研究。

【2011 年】由中央宣传部、中央精神文明建设指导委员会办公室主办，中央电视台、州委宣传部、市委、市政府承办的“激情广场·爱国歌曲大家唱”恩施篇大型演唱会在许家坪机场停车场上演。州、市领导杨陈清、谭文骄、马春菊、曹毅、李春胜、秦斌、郜志中、陈江龙、刘凡、蔡平、刘羽等出席活动。

【2012 年】省委组织部组织二处调研员、副处长张耀明率调研组，深入六角亭街道书院社区、芭蕉侗族乡庳口村新农村建设示范点、“恩施玉露”生态走廊党建示范基地、润邦茶叶公司、高拱桥村等处，就基层党建工作调研。市领导王兰英、邵永政等陪同。

【2013 年】省政协专职常委、省民族和宗教委员会副主任陈新率调研组一行，深入州文化中心规划展示厅、龙凤镇龙凤初中迁建现场等地，就市城镇化建设情况调研。州、市领导刘志兵、廖泽熙、金德钧陪同。

【2013 年】孝感市委副书记、常务副市长潘启胜率队一行，深入孝感市对口援建重点项目——恩施孝感幼儿园，专题调研孝感市对口支援恩施市工作情况。市领导胡平江、张献宏、赵萍陪同。

【2013 年】州委常委、常务副州长董永祥一行至恩施市，就龙凤镇综合扶贫改革试点扶贫搬迁暨移民建镇工作进行座谈。市领导向前进、张渊平参加座谈。

【2013 年】庆祝建州 30 周年恩施市群众广场文化展演周活动在州民族广场启动。州、市领导杨陈清、谭文骄、邓正平、李国庆等出席启动仪式。

【2013 年】省政协常委、锦兴国际控股有限公司（香港上市公司）行政总裁戴锦文，省政协常委、武汉亚洲实业集团有限公司董事长谢俊明率香港湖北商务访问团一行，就招商项目考察，至 11 日结束。州、市领导王海涛、黄实海、陈晓燕、王继刚、李国庆、郑晓斌等陪同。

【2014 年】武汉大学质量发展战略研究院院长程虹一行赴恩施市，深入龙凤镇凉风垭林场和西流水林场、恩施大峡谷风景区等地，就区域脱贫试点工作进行调研，至 13 日结束。州、市领导王海涛、向前进、李国庆、张渊平等陪同。

【2015 年】香港“同心同根万里行 2015”交流团访问恩施市，开展系列交流联谊活动。香港青少年与恩施市一中、舞阳中学、小渡船中学部分学生一起开展文艺演出和家访交流等活动，至 12 日结束。市领导陈峣等出席活动。

8 月 11 日

【1958 年】一架由我国制造的安 2 型飞机从武汉飞抵恩施北门外机场，搭载乘客 12 人，5000 余人在机场举行欢迎仪式。武汉至恩施航线正式通航，航班为每周一、三、五和周日 4 班，当日往返。

【1986 年】恩施市被国家民委、国家体委授予“全国少数民族体育先进单位”称号。

【2000 年】“梭布垭石林首游式”一年一度的土家“女儿会”活动在新开发的旅游景点太阳河乡梭布垭石林景区举行，副省长张洪祥等省、州领导和中、外嘉宾参加首游式。

【2008 年】位于恩施市境内的沪蓉西高速公路马水河大桥合龙。马水河特大桥全长 99.4 米，主跨达 200 米，最高桥墩为 142 米。6 个百米以上的高墩形成世界梁式桥梁的第一高墩群。

【2011 年】省人大常委会委员、省城乡建设与环境资源保护委员会副主任委员张小菁率省人大调研组至恩施市，深入“春光家园”经济适用房小区、“和谐家园”廉租房小区、原玻璃厂及火柴厂廉租房建设工地等处，对恩施市保障性住房建设情况调研。市领导许强、廖泽熙等陪同。

【2011 年】“2011 · 恩施土家女儿会”系列活动举行，至 12 日结束。万余名单身男女以及来自武汉、重庆等处的“相亲团”至恩施市赶赴佳节。州、市领导杨陈清、谭文骄、马春菊、曹毅、董永祥、李春胜、秦斌、郜志中、李国庆、陈江龙等出席活动。

【2014 年】《人民日报 · 海外版》（第八版）刊发《湖北恩施上演土家“女儿会”》文并图。介绍 8 月 7 日，恩施土家“女儿会”在恩施土家族苗族自治州浪漫上演，来自州内外的上万单身男女在土家女儿城、恩施州城亲水走廊游园相亲，参加土家“女儿会”的相亲活动。

【2015 年】省委组织部副部长蔚盛斌一行至恩施市，深入沐抚营上村、屯堡花枝山村等地，就基层党建工作情况调研。州、市领导周静、向前进、王兰英等陪同。

【2015 年】省人大民族宗教侨务外事委员会副主任委员陈亚平率“民族团结进步荆楚行”活动记者采访团至恩施市，深入沐抚、芭蕉、舞阳坝等地，开展民族团结进步采访活动，至 13 日结束。市领导邵永政、陈志波、赵萍、王学渊等陪同。

8 月 12 日

【2008 年】恩施市土家“女儿会”在清和园广场举行开幕式。州城 2000 多名青年男女相约“女儿会”，活动由开幕式、集体婚礼、恩施“女儿会”研讨会和游园相亲等 4 部分组成，以“弘扬优秀民族文化、打造旅游文化名城”为主题，再现土家原始赶场相亲场面。新华社、人民日报、香港大公报、湖北日报、湖北电视台、荆楚网、楚天都市报、今日湖北杂志社、中国新闻社、楚天声屏报等境外媒体竞相报道盛况。

【2009 年】2009 国际旅游小姐巡游中国恩施站活动启动仪式在城区土司城举行。41 名佳丽在“向世界推介恩施”代言板上签名，随后巡游恩施大峡谷。州、市领导杨天然、刘顺辉、郜志中、李国庆、刘宗烈、蔡平等出席启动仪式。

【2010 年】国家民委副主任罗黎明一行，深入芭蕉侗族乡高拱桥村和枫香坡侗族风情寨、施州小学、中烟恩施分公司、湖北民族学院等处，对恩施民族地区发展工作调研。州、市领导杨天然、柳望春、瞿赫之、谭文骄、吕金施、蔡平等陪同。

【2011 年】省委组织部组织处调研员、副处长张耀明率省委组织部基层党建工作调研督办组一行至恩施市，对村、支两委换届选举、党员群众服务中心建设、发展壮大村级集体

经济和加强农村党员远程教育等基层党建工作调研。州、市领导谭文骄、李国庆、王兰英等陪同。

【2011 年】省食品药品监督管理局食品药品稽查专员李天书率省验收考核组至恩施市，深入富源国宾酒店、华天商贸餐饮店、施州民族小学学生食堂、沿江路食品餐饮消费安全示范街等处，对恩施市“食品餐饮消费安全先进县市”创建工作进行考核验收。市领导向仕莲等陪同。

【2011 年】省公共机构节能工作考核组组长刘家君率考核组至恩施市，对公共机构节能工作进行检查。市领导陶军等陪同。

【2014 年】全州县(市)人大常委会主任座谈会在恩施市召开。州人大常委会党组书记、常务副主任瞿赫之主持座谈会并讲话。市长李国庆代表恩施市致辞。市人大常委会主任刘凡作交流发言。

【2014 年】省政府住房保障工作督查专员叶汉增率督查组赴恩施市，深入市玻璃厂、火柴厂廉租房现场、耿家坪公租房建设现场，就住房保障工作情况进行督查。州、市领导秦斌、黄波陪同。

【2015 年】全市“六城同创、精细化建设管理、人性化服务”工作动员视频会议召开，会议就相关工作进行再动员、再部署。市委书记向前进出席会议并作动员讲话，市委副书记、代理市长苏勇主持会议。市“四大家”领导、恩施经济开发区班子成员在主会场出席会议。市直相关部门及龙凤镇、城区街道负责人在主会场参会，其他乡镇及部门负责人在各分会场参会。

【2015 年】全省供销社农村电子商务现场推进会在恩施召开。其间，省供销联社主任赵东风一行至恩施市，深入龙凤镇双龙客运农村电子商务快递中转站、双堰塘村级综合服务社、恩施精准扶贫综合服务中心电商服务中心、马者乡村旅游专业合作社、屯堡农村电子商务服务中心、花枝山茶叶专业合作社等地，就农村电子商务现场进行考察、观摩，至 14 日结束。州、市领导马尚云、黄波等陪同。

8 月 13 日

【1995 年】龙马区撒谷坝村一间歇泉(俗名马屙尿)突发山洪，致途经该段的行人王某某、李某某、李某 3 人被冲至茶山河深沟溺亡。

【2008 年】国家农业部副部长陈晓华一行到恩施大峡谷，就旅游产业调研。州、市领导谭先振、崔军、李国庆等陪同。

【2008 年】省综治委委员、省民宗委主任谭徽在一行，先后至市职业技术学院、龙凤镇

小龙潭村、龙凤镇派出所，就社会治安综合治理调研。州、市领导朱惠民、吴红娅、谭文骄、谭志国等陪同。

【2010 年】江西省副省长熊盛文一行，就恩施大峡谷风景区开发情况进行实地考察。州安监局局长李波林，市领导陶文胜等陪同。

【2013 年】州委书记、州人大常委会主任王海涛深入龙凤镇双堰塘村，与该村村民代表进行座谈。市领导向前进陪同。

【2015 年】湖北省百名法学专家百场报告会恩施专场暨恩施市“法治讲堂”启动仪式视频会议举行。华中师范大学法学院副教授、宪法学与行政法学教研室主任肖登辉作《领导干部如何做尊法学法守法用法的模范》专题辅导讲座。向前进等市“四大家”领导，恩施经济开发区领导班子成员，市人武部政委，市人民检察院检察长、市直正科级单位主要负责人，市委政法委，市直政法各部门领导班子成员在主会场参加报告会。

【2015 年】州政协副主席杨兵一行至恩施市，就州政协《关于加大对州城清江河段水生态环境污染治理力度》重点提案办理情况调研督办。市领导罗永生等陪同。

8 月 14 日

【1990 年】省政协副主席董玉森至恩施市视察。州政协副主席余建芳、市委书记吕成宗、市政协副主席陈沛源等陪同或汇报。

【1997 年】市委、市政府作出《关于加快农业产业化的决定》。

【2006 年】MTV 叙事片《土家“女儿会”》在州电力宾馆迎宾苑举行首映式。该片被评为 2005 年度“全国百家电视台电视文艺金奖”。

【2010 年】全国推广湖北省“616”工程对口支援民族地区发展经验交流现场会在恩施市召开。在国家民委主任杨晶的带领下，国家民委副主任罗黎明、党组成员兼办公厅主任陈改户，北京市委常委、市委统战部部长牛有成，天津市政协副主席、市委统战部部长刘长喜，河北省人民政府副省长孙士彬，山西省委常委、市委统战部部长李政文，辽宁省人民政府副省长赵化明、省政协副主席高鹏，黑龙江省人民政府副省长孙永波，上海市委常委、市委统战部部长杨晓渡，福建省人民政府副省长洪捷序，江西省人民政府副省长熊盛文，山东省人民政府副省长黄胜，湖南省人民政府副省长刘力伟，广东省人民政府副省长雷于蓝，海南省人民政府副省长符跃兰等省、市、自治区领导和国务院办公厅、中央统战部、国家发改委、教育部、国务院扶贫办、国家税务总局等部委办局相关负责人参加实地参观考察。省、州、市领导罗清泉、李鸿忠、杨松、苏晓云、李春明、张岱梨、傅德辉、甘方谦、张忠凯、谭文骄、秦斌等陪同。

【2010年】省人大常委会副主任罗辉一行，深入芭蕉侗族乡高拱桥村、三岔乡莲花池村等处，就全市村镇建设及管理工作情况进行专题视察。州、市领导谭文骄、董永祥、陈治斌、秦斌、李明东、何慧等陪同。

【2011年】国家保障性安居工程湖北巡查组组长屈长乐率巡查组至恩施市，深入"和谐家园"廉租房小区、原玻璃厂及火柴厂廉租房建设工地等处，就保障性住房建设、分配和管理等情况调研。州、市领导董永祥、廖泽熙等陪同。

【2012年】省住建厅厅长尹维真率省住建厅调研组一行到恩施市，深入华龙村五星级酒店建设工地、州文化中心施工现场、耿家坪保障性住房小区、金龙大道北段、省级农产品加工园等处，就经济社会发展现状和"616"工程工作进展情况调研。州、市领导秦斌、李国庆、万雪峰、廖泽熙等陪同。

【2012年】州委书记、州人大常委会主任肖旭明一行，深入市地税局办税服务大厅，就调研税收征管工作调研，并看望慰问一线税收干部职工。市领导向前进、张渊平等陪同。

【2014年】省交通运输厅副厅长马立军一行赴恩施市，深入新塘乡、三岔乡等地，就农村公路示范工程建设及安保项目实施情况调研。市领导李国庆、黄波等陪同。

【2015年】中共恩施市八届第十六次市委常委（扩大）会议召开。市委书记向前进主持会议。会议听取关于市委八届八次全会筹备工作的情况汇报，集中研讨《中共恩施市委、恩施市政府关于精准扶贫、竞进小康的意见（草案）》，研究《恩施市统筹涉农项目推进精准扶贫实施办法（讨论稿）》和《关于进一步动员各方力量参与精准扶贫实施方案（讨论稿）》，传达中央、省委民族工作会议及延边全国民族自治州经验交流现场会精神以及省委关于加强安全生产的具体要求。苏勇等市"四大家"领导及恩施经济开发区在家领导班子成员参加会议。

8月15日

【民国三十四年（1945）】日本天皇接受《中美英三国促令日本投降之波茨坦公告》（简称波茨坦）公告，宣布无条件投降。国民党中央通讯社恩施分社发出《号外，日寇投降》消息。驻恩施的国民党中央机关、湖北省及各区的党政军机关要员，在空军五十七站中美合作所聚会，欢庆抗日战争胜利。恩施山城人民欢欣鼓舞，燃放鞭炮。

【1950年】恩施军分区向全区部队发布剿匪动员令，同时调整兵力部署。

【1984年】全国人大常委会委员、省人大常委会副主任张秀龙率工作组到恩施大山顶、车坝、铜盆水等地考察畜牧业、林业、水电事来发展情况。

【1988年】省政协主席沈因洛至恩施考察。州政协副主席余建芳、市委书记吕成宗、

市政协主席宋金镜等陪同或汇报。

【1993年】恩施市境内天楼地枕水电站并网发电成功,6300千瓦的发电量输入华中电网。该站装机容量为2.52万千瓦(4×6300千瓦),第二、第三台机组也在9月1日投入运行,为恩施州水电部门自行设计、自行施工工程。

【1994年】市委、市政府作出《关于突破性发展多种经营的决定》。

【1995年】叶挺将军铜像在恩施市叶挺将军囚居旧址揭幕。叶挺之子、深圳市政协副主席、先科集团董事长叶华明偕夫人和州、市党政军负责人参加揭幕仪式。中央军委副主席张震和老将军肖克等为铜像题词。

【2001年】市委、市政府作出《关于生态家园文明新村建设的决定》。

【2008年】应市政府邀请,韩国大路旅行社社长李弘基率韩国旅游考察团一行25人,先后到恩施龙麟宫、土司城、恩施大峡谷景区及恩施城区观光考察,至17日结束。恩施楚天国际旅行社、绿色硒都旅行社、春秋旅行社等旅行社团联合部分景区与韩国大路旅行社达成协议,对韩国旅行社组团至恩施的韩国游客给予优惠。市政府举办迎宾晚宴,市领导谭文骄、秦斌、蔡平等出席。

【2009年】州中心医院综合业务大楼落成庆典举行。该大楼系2006年州委、州政府重点建设项目之一,以层高33层,高度130米,建筑面积7万平方米成为恩施州乃至全省医院中最高和单体建筑面积最大的业务大楼。大楼按现代化医院标准设计,集门诊、急诊、住院为一体,是一幢高智能化医疗业务大楼。

【2010年】副州长董永祥一行,深入恩施大峡谷风景区,就马鞍龙生态停车场建设工程、干堰塘旅游观光扶手电梯建设工程等项目进行现场督办。市领导肖家魁等陪同。

8月16日

【民国二十九年(1940)】中共中央南方局派巡视员钱瑛至恩施,于五峰山红岩狮唐清洪家主持召开湘鄂西区党委扩大会议,传达党中央关于“隐蔽精干,长期埋伏,积蓄力量,以待时机”的指示,宣布撤销湘鄂西区委及所属施巴特委,成立中共鄂西特委,特委机关设在唐清洪家。何功伟任特委书记(省委书记),王栋任组织部部长,马识途(又名马千木)任宣传部部长,何功楷任青年部部长,刘惠馨(又名刘一清)任妇女部部长。下辖巴归兴宜工委,来咸宣中心县委,建巴中心县委,恩施、建始、利川三个县委和湘鄂边部分党的组织。同时,为应对突发事变,缩小领导机关目标,决定以恩施为中心,将工作区域分为南北两路,马千木负责南路,王栋负责北路,刘一清负责机关工作兼与南方局交通联系,许云担任特委驻重庆南方局联络员,张翼洲继续将官坡农场作为地下交通站,负责与南路联系。

【民国三十四年(1945)】各界政要、工商要员、学校师生代表四千余人,参加省政府主席王东原在干训团操场主持的万人大会,庆祝抗日战争胜利。

【1973年】9时,县石油公司小渡船加油站违规操作,致汽油从螺栓喷出,射击电闸起火,3个油桶接连爆炸,附近驻军和工人奋战2小时扑灭大火。火灾焚毁油库1栋、石油5吨,损失1万元。救灾中重伤2人,轻伤30余人。

【1979年】9时7分,县石油煤建公司土桥石油仓库发生特大火灾事故,大火持续5小时45分钟,致1人死亡,12人受伤,428.2吨石油燃烧,直接经济损失45万元。地、县公安干警、消防中队及干部群众1000余人实施抢救,省公安厅副厅长张兴元率省和武汉市消防处负责人,是日乘飞机抵施,指导抢救和善后处理。

【1981年】四川省人大常委会副主任马识途(1939年,任中共施巴特委书记),专程到恩施凭吊何功伟、刘惠馨(女)烈士。

【1996年】市政府制定《恩施市鼓励市外客商投资的优惠办法(试行)》。

【2002年】恩施市被省委、省政府授予"省级文明城市"称号,小渡船街道民族路社区被授予"省级文明社区"称号,芭蕉侗族乡灯笼坝村被授予"省级文明村"称号。

【2005年】恩施市"女儿会"暨特色农产品展销会红土乡石灰窑开幕。来自恩施、鹤峰、宣恩、建始近两万名土家族、苗族群众进行物资交流。每年农历七月十二的恩施土家族"女儿会",在民间流传大约300年,被人们称为"东方情人节"。

【2007年】省安监局副局长刘旭辉率省检查组,先后深入白杨坪乡境内的宜万铁路马口河特大桥建设工地,宜万铁路鲁竹坝隧道建设工地、鲁竹坝采石场、火车站建设工地、金叶公司、长源轴承公司,就安全生产隐患排查治理专项行动进行检查。市领导蔡平等陪同。

【2010年】州城重点建设工程——连珠大桥建成通车。大桥全长146.56米,桥面宽21.5米,总投资约6500万元。州、市领导柳望春、于德海、董永祥、张龙光、秦斌等出席通车典礼。

【2011年】恩施市佛教协会成立暨第一次代表大会在恩施市举行。会议听取并审议通过《恩施市佛教协会第一次代表大会筹备工作报告》及《恩施市佛教协会章程》,选举产生市佛教协会第一届理事会成员、常务理事成员及领导班子。中国佛教协会副会长、湖北省佛教协会会长正慈法师出席大会并讲话。

【2011年】省人力资源和社会保障厅副巡视员吴世林一行至恩施市,对启动城乡居民社会养老保险的前期准备工作调研。市领导胡平江等陪同。

【2012年】市委中心组被省委表彰为"2010—2011年度先进党委(党组)中心组",这是市委中心组继2009年来再次获此殊荣。

8 月 17 日

【1996 年】市公安机关阻止并及时处理澳大利亚 4 名女青年散发非法宣传单一案。

【2002 年】国家交通部部长黄镇东到恩施市考察交通工作。

【2010 年】省人大常委会委员、省民族宗教侨务外事委员会主任委员杨德怀一行，深入盛家坝乡小溪村，就全市资源开发、民族文化发展情况考察。市领导陈江龙、刘凡、周德金等陪同。

【2010 年】湖北省青少年男子篮球 2010 年锦标赛在州民族体育馆开赛。市领导李国庆、向仕莲等出席开幕式。

【2011 年】全省“1 + 1”工程联络员会议暨民族乡镇工作会议在恩施市召开，至 18 日结束。省综治委委员、省民族和宗教委员会主任谭徽在出席会议并讲话，省民族和宗教委员会副巡视员夏胜梅主持会议，12 个省民族和宗教委员会委员单位、12 个民族乡相关负责人及副州长曹毅，市委副书记、市长秦斌等参加会议。17 日，谭徽在一行深入三岔乡综治维稳中心、便民服务站、莲花池村等处，就恩施市综治维稳及社会管理创新工作调研。18 日，夏胜梅率与会代表，深入芭蕉侗族乡戽口村、芭蕉新集镇、枫香坡侗族风情寨等处，就该乡新农村建设和旅游资源开发情况进行实地考察。

【2013 年】省卫生厅厅长杨有旺一行，深入市中心医院、白杨坪镇董家店村、崔家坝镇南里渡村和斑竹园村卫生室、崔家坝镇中心卫生院等医疗机构，调研卫生工作。市领导胡平江、张献宏陪同。

【2015 年】州委副书记、代州长刘芳震，州人大常委会副主任邓正平，副州长张宇、庞红艳一行深入小渡船街道何功伟村，屯堡乡鸭松溪绿藻分离站、大龙潭取水口、龙凤镇喻家河水库、市三水厂等地，就州人大《加强州城饮用水源保护保障人民安全饮水》重点议案办理工作情况督办。市领导苏勇、罗永生等陪同。

【2015 年】19 时 38 分，沙地乡境内老渡口电站（调峰电站，属国电长源老渡口水电有限公司管辖）下游大池坝河段流量因发电尾水灌入导致时小时大状况，发生溺水事故。正在该河段的游玩人员向某、刘某兵和电站施工人员赵某军（均为崔家坝镇人）3 人溺水身亡。

8 月 18 日

【1959 年】全县党员干部开展“反右倾”运动。9 月下旬，运动扩大到县直、社直机关、

团体和企事业单位。

【1994 年】省政协副主席、省委统战部长蒙美路至恩施市，就政协及统战工作调研。

【2007 年】“走进恩施市、相约女儿会”重庆百辆自驾游车队 109 辆车、272 人抵达恩施市，开始为期两天的恩施之旅。市委、市政府在怡和国际大酒店举行重庆百辆自驾车游恩施招待晚宴。市领导谭文骄、秦斌、章言、尤连胜及州旅游局的相关负责人等出席。

【2008 年】州城重点建设工程——施州大桥建成通车。施州大桥是一座集公路交通和城市景观于一体的标志性工程，由同济大学建筑设计研究院设计，中南勘察设计院勘察，设计技术标准为城市主干道二级标准，主桥为独塔单索面斜拉桥，桥梁全长 765.6 米，主桥长 365 米，主塔高 66.66 米，主跨长度 145 米，边跨长度 100 米，桥宽 21.5 米，双向四车道，行车速度为每小时 40 千米。工程总投资 8630 万元，其中桥梁建设投资 3533 万元。大桥自 2006 年 1 月开工建设，由中铁七局集团有限公司建设，武汉飞虹道桥监理有限责任公司监理，恩施市建筑工程质量监督站进行质量监督，重庆交通大学负责技术监控。施州大桥主桥经荷载试验及相关检测，结构安全性满足设计要求，符合运行标准。州、市领导肖旭明、杨天然、谭文骄、秦斌等出席通车典礼。

【2009 年】中央电视台大型综艺节目——《欢乐中国行·走进恩施》至恩施演出。同时，光彩事业走进恩施州、2009 恩施生态文化旅游节开幕。副省长田承忠，州委书记肖旭明，州委副书记、州长杨天然参加上述活动。

【2011 年】省环境保护厅厅长李兵一行，深入白杨坪乡熊家岩村、洞下槽村等处，就恩施市农村环境连片整治工作调研。州、市领导陶继东、秦斌、廖泽熙等陪同。

【2013 年】光彩事业走进武陵山区(恩施)、第四届湖北·恩施生态文化旅游节暨 2013 恩施“女儿会”、鄂台少数民族手牵手活动在州民族广场开幕。中央统战部光彩事业指导中心副主任魏登田，省委统战部副部长、省工商联党组书记曹立明，台湾民意代表、中华海峡两岸少数民族交流协会理事长简东明等受邀嘉宾，州、市领导王海涛、杨天然、甘方谦、瞿赫之、谭文骄、董永祥、黄实海、陈晓燕、秦斌、王继刚、向前进、李国庆等出席开幕式。州直干部职工代表，恩施市各乡镇、街道(办事处)党政主要负责人，市直一级单位主要负责人等观看开幕式。

【2015 年】农村电子商务专题讲座在州文化中心开课。商务部电子商务进农村推荐评审专家、中国县域电商发展联盟秘书长、浙江大学农业发展研究院中国农村电子商务服务中心特聘专家王盛作主题为《恩施农村电商的行与思》的报告。市委副书记张渊平主持活动。市“四大家”领导等 1000 余人聆听讲座。

8 月 19 日

【民国三十七年(1948)】县政府奉令使用金圆券,每元金圆券兑换法币三百万元。公职人员薪金改发粮食。

【1959 年】高桥坝水电站投产发电,通过 3 条支线将电力输送到厂矿、街道。该工程 1953 年开始勘测、设计,1957 年 7 月动工兴建,耗工 5.36 万个,开石方 6.45 万立方米,挖土方 1.01 万立方米。

【1983 年】国务院作出《关于同意湖北省地市行政体制改革方案给湖北省人民政府的批复》,批准撤销恩施地区,设立鄂西土家族苗族自治州。撤销恩施县,将恩施县行政区域并入恩施市。

【2003 年】全国魔芋种植基地建设经验交流暨经贸洽谈会在恩施市举行,中国魔芋协会会长刘佩瑛到会讲话。来自 13 个省(市)、35 个县(市)的 183 名代表出席会议,其中包括日本客商在内的 130 人在会上发言。

【2005 年】庆祝建州 22 周年暨首届药交会在恩施市开幕,至 21 日结束。省政府副省长任世茂宣布药交会开幕。国家农业部、国家林业局和省委副书记陈训秋,省政府副省长刘友凡,省政协常务副主席邓道坤、副主席丁凤英和湖北中医学院、省农科院等单位发来贺电。30 多位专家学者和 200 多名来自澳大利亚、西班牙、英国、韩国、日本等国家及香港、台湾地区及全国各地的医药企业代表与会。其间,签订各类合同及协议 48 个,总金额达 23 亿多元,其中合同金额 56968 万元。

【2009 年】位于恩施市和利川市交界的恩施大峡谷大桥通车。该大桥横跨清江,是连接恩施大峡谷和利川腾龙洞两个著名风景区公路的控制性工程,总投资 3500 万元,全长 348 米,于 2006 年 11 月 15 日开工建设。大桥建成后,缩短两大景区之间公路里程 89 千米。

【2009 年】中共中央统战部副部长、全国工商联党组书记、中国光彩事业促进会会长金哲洙,省委常委、统战部长苏晓云一行,先后深入长友食品有限公司、恩施火车站片区、湖北中烟有限责任公司恩施卷烟厂进行考察。州、市领导肖旭明、陈晓燕、谭文骄、郜志中等陪同。

【2011 年】州委书记、州人大常委会主任肖旭明,州委副书记、州长杨天然一行,深入三岔乡、芭蕉侗族乡等处,就新农村建设情况进行专题调研。州、市领导瞿赫之、李云开、谭文骄、沙玉山、秦斌、郜志中、李国庆等陪同。

【2011 年】州城叶挺路改扩建工程建成通车。州、市领导谭文骄、沙玉山、秦斌、蔡平、

刘羽、廖泽熙等出席通车典礼。

【2013 年】恩施土家族苗族自治州成立 30 周年庆祝大会暨促进民族地区加快发展动员大会在恩施城区隆重召开。中央有关部门祝贺团和湖北省党政军主要领导同各族群众参加当日的活动。

【2013 年】国家民族事务委员会副主任李昭、省民族宗教事务委员会主任柳望春一行，深入市施州小学、六角亭街道胜利街社区等地，看望慰问民族团结进步模范集体和模范个人。州、市领导王海涛、杨天然、向前进、朱卫东陪同。

【2013 年】中央有关部门祝贺团部分成员、省民族宗教事务委员会副主任蔡德坤一行，深入芭蕉侗族乡戽口村、枫香坡侗族风情寨等地，考察恩施市民族团结进步示范村建设情况。州、市领导李云开、段超、李国庆、杨洪安陪同。

【2013 年】省旅游局局长钱远坤一行，深入太阳河乡茶山河村、龙凤镇青堡村和龙马村等地，调研恩施市旅游产业发展开发与景区打造等工作。市领导张渊平陪同。

【2013 年】孝感市委书记陶宏一行至恩施市，考察孝感市对口援建重点项目——恩施孝感幼儿园。市领导向前进、张献宏陪同。

【2013 年】省经济和信息化委员会主任欧阳万坤一行，深入湖北思乐牧业集团和山寨皮革等企业生产现场、长源轴承退城进园项目建设现场，调研恩施市工业企业发展情况。市领导黄波陪同。

8 月 20 日

【民国三十四年(1945)】何应钦代表国民党中央统帅部抵恩施，与第六战区司令长官孙蔚如、副司令长官兼参谋长郭忏秘密会谈，部署六战区和湖北省受降事宜。

【1956 年】中国人民政治协商会议恩施县委员会第一届第一次全委会于恩施城关工人俱乐部召开，至 23 日闭幕，应到委员 92 人，实到 72 人。会议听取《政协性质和任务的说明报告》，并通过有关决议。会议选举杨艺为第一届委员会主席，贾长庚、李巩一、刘厚章、李嘉诲为副主席。

【1963 年】境内大部地区夜降大雨，持续至翌日上午达 10 余小时，河水暴涨、泛滥成灾，城关北门外胜利街、清江桥被淹。沐抚、芭蕉、太阳、沙地、白杨、鸦鹊、三岔等区成重灾区。21 日上午，县直机关、团体干部职工集中板车 100 余辆、木船 17 只，急赴北门外、清江桥，与群众一同抢险救灾。

【1968 年】境内 10 个小时连续暴雨，9 个区受灾，冲毁房屋 2206 间、小桥 9 座，死亡 7

人、伤6人。

【1983年】恩施县、市根据中共中央和全国人大常委会关于严厉打击刑事犯罪活动的命令和相关指示,全面开展严厉打击刑事犯罪分子斗争。至12月底,收捕各类涉案人员1086名。

【1991年】市委、市政府作出《关于四年消灭荒山八年绿化恩施的决定》。

【1998年】恩施市颁布《驻恩部队拥政爱民公约》。

【2001年】人民网消息,恩施市近日破获一起专抢情侣并强奸特大系列恶性抢劫案,犯罪团伙7人有5人落网。经查明,该团伙从1月至8月上旬,共作案20余起,已报案的受害者中,一名女子被轮奸。该市警方巧妙装扮成情侣,使犯罪分子主动现形,全部被捉拿归案。

【2004年】沪蓉西高速公路宜昌至恩施段工程,在白杨坪乡张家槽村奠基开工。

【2007年】在建州24周年之际,被誉为东方情人节的恩施市土家“女儿会”在民族广场开幕。州、市领导杨陈清、吴希宁、曹毅、李春胜、谭文骄、秦斌等出席。来自台湾经贸考察团和两岸记者采风团的成员参加开幕式。

【2009年】市政府与东航旅业投资(集团)有限公司签订《旅游发展合作意向协议书》《韩语导游培训协议书》,还就《恩施走进世博会》的拍摄工作、航空摄影大赛的组织事宜进行商讨。东航旅业分别于6月中旬、8月中旬三次率东航韩国办事处、韩国旅游企业、国内旅游企业、国内旅游业策划及设计企业、传媒策划专业人士和部分意向投资者等人士至恩施考察。

【2010年】由武汉楚天激光集团举办的“2010国际医学激光峰会”在恩施市召开。来自美国、德国、日本和北京、上海、天津、广东等20个省、市、自治区从事医学激光技术领域研究、开发和应用的知名专家学者、生产厂商代表出席会议。市领导秦斌在峰会上致辞。

【2011年】恩施市及市司法局被省委、省政府表彰为“2006—2010年度湖北省法制宣传教育和法治建设先进集体”。

【2014年】中央电视台第七频道《乡约》相约“相亲之都”走进恩施,在州城土家女儿城广场进行节目录制。市委副书记张渊平作为访谈嘉宾参加拍摄录制节目,央视著名主持人肖东坡担任节目主持,近5000余观众现场观看。

【2014年】省人大法制委员会主任委员章新生率调研组赴恩施市,深入湖北省思乐牧业集团有限公司白果生猪品繁中心和恩施黑猪基地、湖北禽博士富硒生态农业股份有限公司等地,就《湖北省畜牧条例(草案)》向州市畜牧部门、企业负责人、养殖户代表等征求意见和建议,至21日结束。市领导黄永耀、杨洪安等陪同。

8 月 21 日

【2008 年】白杨坪乡、芭蕉侗族乡灯笼坝村被省委、省政府表彰为“2005—2007 年度省级文明村镇”、小渡船街道机场路社区被表彰为“2005—2007 年度省级文明社区”。

【2010 年】“2010·恩施土家女儿会”举行，至 23 日结束。来自武汉、重庆、湖南、贵州、北京、上海等处以及州内各县市的 1.5 万名男女青年参加赶场相亲。全市 17 个乡镇、街道(办事处)和部分市内企业组织各具特色的名优产品及民间工艺品展销。开幕式由凤凰卫视著名主持人吴小莉主持。第十四届 CCTV 全国青年歌手电视大奖赛原生态唱法金奖撒叶儿嗬组合带来的《石工号子》《薅草锣鼓》等节目亮相开幕式文艺演出。新华社、人民日报、中国新闻社、湖北日报、湖北电视台、重庆电视台、荆楚网等 20 余家新闻媒体进行报道。州、市领导杨天然、杨陈清、谭文骄、秦斌、郜志中、李国庆、陈江龙等参加开幕式。

【2012 年】副省长郭有明一行深入华龙村大酒店、州民族文化中心、硒都茶城、华硒生态园、金龙大道、恩施高中等处，就城市规划和重点项目建设调研。州、市领导肖旭明、董永祥、向前进、李国庆、廖泽熙等陪同。

8 月 22 日

【1991 年】省政协副主席曾重郎一行至恩施市轴承厂、烟叶复烤厂、盘纸厂、化肥厂、和市麻茶公司等视察，至 24 日结束。

【2008 年】省委常委、省纪委书记黄先耀一行，先后到恩施经济开发区工业园区、火车站开发片区及沪蓉西高速公路指挥部调研。州、市领导肖旭明、柳望春、谭文骄、秦斌等陪同。

【2011 年】华中药用植物园规划和建设情况专题汇报会召开。省农科院院长冯祖强，省农科院党委副书记、纪委书记孙必会，副巡视员汪万清等听取汇报。市领导陈江龙等参加汇报会。

【2011 年】恩施州户用沼气碳基金首批减排收入发放仪式在三岔乡举行。州、市领导瞿赫之、胡平江，世界银行恩施州户用沼气碳基金项目经理刘谨，项目负责人、中国农科院农业环境与可持续发展研究所所长董红敏，研究员李玉娥及省、州农业部门相关负责人出席发放仪式。

【2011 年】省民族和宗教委员会副主任胡祥华一行，深入三岔乡、芭蕉侗族乡及恩施经济开发区等处，就民族地区发展情况调研，至 23 日结束。州、市领导张忠凯、谭文骄、沙玉山、李国庆等陪同。

【2013 年】省文化厅厅长雷文洁一行,就龙凤镇综合扶贫改革试点文化建设情况调研。州、市领导杨陈清、向前进、李国庆、张献宏陪同。

【2014 年】省委政法委副巡视员汪宗兴率省委督查组赴恩施市,就《省委政法委关于政法机关优化法治环境促进经济发展的意见》《省委政法委关于深入贯彻落实〈十六条意见〉进一步做好优化环境、服务发展的通知》及公检法司各部门配套文件贯彻落实情况进行专项督查。市领导黄波等陪同。

【2014 年】恩施市落实党风廉政建设主体责任和监督责任工作会议召开。会议传达中央、省委、州委有关会议精神,通报全市部分党员干部违反"八项规定"、参与"两违"等典型案例。市"四大家"部分领导及恩施经济开发区领导班子成员出席会议。

【2014 年】省消防总队政委张忠勇、参谋长蒋德友、防火部长朱惠军一行赴恩施市,深入龙凤镇,就专职消防队建设进行调研。州、市领导汤文江、范荣等陪同。

8 月 23 日

【1952 年】县政府在体育场举办物资交流大会,恩施县各区、专区各县及外地组团参加。是日,市场交易额达 110 多万元。

【1957 年】县委三级干部会议召开,部署整风"反右"运动。

【1976 年】23 时 20 分,崔坝小学教员杜某某烟熏蚊虫引发火灾,殃及街内 94 户 383 人受灾,焚毁房屋 243 间,损失 17.9 万元;救灾中重伤 1 人、轻伤 90 人。消防中队成功扑救。

【1991 年】市档案局(馆)长段远恒被国家档案局(馆)、国家劳动人事部授予"全国档案系统先进工作者"称号。

【2003 年】《人民日报·海外版》第 15 版旅游天地栏目以《恩施大峡谷令人心醉》为题,用图片形式,介绍恩施大峡谷。

【2004 年】省委组织部常务副部长武清海一行,深入恩施市部分社区,就党建工作进行专题调研。州委书记汤涛,州委副书记、州长周先旺,州委副书记戴贵洲等陪同。

【2007 年】州人大常委会组织驻施省人大代表深入恩施市,就基础设施建设项目的配套资金和通达通畅工程等进行专题调研。州、市领导叶太俊、蔡平等陪同。

【2010 年】9 时许,一辆河南牌照的重型半挂型牵引车满载稀硫酸和其他杂物,经沪渝高速从重庆往武汉方向行驶,在利川至恩施段的薛湾隧道内,与隧道内的紧急停车带墙体相撞,造成 2 人死亡。

【2011 年】中国科学院广州分院院长、广东省政府副秘书长陈勇一行至恩施市,对境

内垃圾处理工作进行考察。州、市领导谭文骄、秦斌、廖泽熙等陪同。

【2013 年】省委统战部副巡视员李东明率省级民主党派代表一行，就龙凤镇综合扶贫改革试点建设情况调研。市领导管书华陪同。

【2014 年】州委副书记、常务副州长董永祥深一行，入盛家坝乡旺源林牧业有限公司、众富肉牛养殖专业合作社等地，就黄牛产业发展情况调研。市领导杨洪安等陪同。

8 月 24 日

【1950 年】恩施县大队破获境内“救民党”反革命组织案。是年 12 月 25 日，李吉云、党子和等 5 名主犯被处决，余党 7 名被判处有期徒刑。

【1995 年】沐抚区安坪村被国家绿化委员会授予“造林绿化千家村”称号。

【1998 年】恩施市被国家民委、省政府授予“民族团结进步先进集体”称号，市委书记曾祥国被授予“民族团结进步先进个人”称号。

【2004 年】日本国周东町议会议长吉田辉雄一行访问恩施市，就恩施中药材、绿茶基地和中药材、绿茶、山野菜生产企业及中药材信息展示中心进行考察，至 27 日结束。

【2009 年】州委书记肖旭明率州委政研室、州国土资源局、团州委、州移动公司等驻莲花池村扶贫工作组成员单位主要负责人，先后深入三岔乡莲花池村天池岭、莲花池小区、国家农业综合开发区项目实验区以及农民教育培训基地调研。市领导谭文骄、秦斌、李敏陪同。

【2011 年】州政府召开清江源二期开发工程现场办公会。州、市领导瞿赫之、刘志兵、秦斌、李国庆、肖家魁等参加会议。

【2012 年】省政府研究室巡视员桂金全率调研组至恩施市，就旅游品牌创建工作调研。州、市领导秦斌、陶军等陪同。

【2015 年】州委书记、州人大常委会主任王海涛，州委常委、州委统战部部长谭文骄，州委常委、副州长冯忠泽，州政协副主席王继刚一行至恩施市，调研“开放活州”、精准扶贫工作。王海涛强调，要运用开放、合作的理念和办法，整合各方面资源，大力推进精准扶贫工作。市领导向前进、张渊平陪同。

8 月 25 日

【1982 年】县政府颁发《关于大力发展多种经济作物的布告》，鼓励社员在自留地、自留山、房前屋后及部分责任田发展多种经济作物，实行谁发展、谁管理、谁受益，长期不变，

其子女享有继承经营和受益权利。

【1994 年】省长贾志杰率相关部门负责人到恩施市现场办公，解决尿素工程、大龙潭水利枢纽工程、卷烟厂、水泥厂等建设与生产中的具体问题，至 26 日结束。

【2003 年】省军区司令员贾富坤到恩施市检查工作。

【2007 年】全民健身与奥运同行——2007 年湖北省“村村乐农民篮球联赛”暨恩施市首届农民篮球运动会在白杨坪乡举办。14 个乡镇、街道组织新农村示范村的 14 支代表队参加比赛。

【2009 年】7 时许，境内发生 9 级强风，持续时间 7 分钟，大风致 2.2 万人受灾、677 间房屋受损、724 公顷农作物受灾（其中 85 公顷绝收），造成直接经济损失 412 万元。因灾受伤住院 1 人，紧急转移安置 86 人。

【2009 年】由中央人民广播电台、湖北楚天新闻台等 10 家媒体组成的“华彩中国——少数民族自治地区采风”采访团到芭蕉侗族乡采访。来自西藏、内蒙古、广西、宁夏等民族地区媒体记者参加该项活动。

【2010 年】鄂西生态文化旅游圈投资有限公司副总经理刘俊刚一行，对恩施大峡谷旅游综合服务枢纽项目一期工程——马鞍龙生态停车场进行督查。州、市领导董永祥、肖家魁等陪同。

【2011 年】州人大常委会常务副主任陈亚平一行，深入白杨坪乡、崔家坝镇等处，对新农村建设情况进行视察。州、市领导谭文骄、何慧、侯萍等陪同。

【2011 年】州委常委、常务副州长张忠凯至恩施市，就实施城镇医疗保险州级统筹情况调研。州、市领导谭文骄、秦斌、胡平江等陪同。

【2011 年】副州长董永祥一行，深入风雨桥广场、纸厂步行街、航大商城等区域，对州城主次干道、居住小区、背街小巷、特色市场环境整治情况进行检查督办。市领导刘凡、廖泽熙等陪同。

【2012 年】常务副州长董永祥一行至恩施市，就第三届湖北·恩施生态文化旅游节暨 2012·恩施“女儿会”开幕式筹备工作督查。市领导胡平江、张孝赤、邹炜、黎昔品、张献宏等陪同。

【2012 年】第三届湖北·恩施生态文化旅游节暨 2012·恩施“女儿会”举行，至 30 日结束。活动以“神奇武陵、风情恩施”为主题，主要包括开幕式、《嗯嘎·女儿会》文艺演出、山民歌、民族文化展演，“女儿会”相亲游园，嘉宾、旅行商及媒体记者考察恩施旅游资源，恩施旅游产品推介会等内容。25 日，“恩施山民歌汇”在桥西广场上演。台湾少数民族考察团参演。26 日，开幕式在州民族礼堂举行。副省长田承忠、省政协副主席仇小乐、省旅游局局长张达华应邀出席开幕式。副省长田承忠宣布开幕，州委书记、州人大常委会

主任肖旭明和省旅游局局长张达华在开幕式上致辞，州委副书记、州长杨天然主持开幕式。台湾民意代表、中华海峡两岸少数民族交流协会理事长简东明率台湾少数民族考察团应邀参加开幕式并讲话。26—27日，台湾少数民族考察团一行到恩施土司城风景区、恩施“女儿会”游园相亲会场、恩施大峡谷风景区等处，对恩施民俗风情进行考察。27日，来自北京、上海、重庆、河南等省市的近20余家媒体记者和20多家旅行社负责人，借参加恩施土家“女儿会”之际，对梭布垭风景区进行考察。26—30日，《嗯嘎·女儿会》及社区土家民族文化节目在州民族礼堂和桥西广场展演。

【2013年】中共恩施市委八届六次全体(扩大)会议在富源国宾酒店会议室召开。会议应到市委委员39人，实到38人；应到候补委员8人，实到8人。市委书记向前进代表市委向全会作题为《抢抓综合扶贫改革试点建设机遇，深入推进全市城乡一体化发展》的主题报告。市委副书记、市长李国庆主持开幕式。会议讨论并通过《中共恩施市委恩施市人民政府关于抢抓综合扶贫改革试点建设机遇，深入推进全市城乡一体化发展的实施意见》。市“四大家”有关领导，市委委员、候补委员，市纪委委员，非市委委员和候补委员的市级领导、市委调研员，市委、市政府老顾问，各乡镇、街道(办事处)党委书记、乡(镇)长、主任，市直正科级单位和部分副科级单位主要负责人，市人大工委、市政协专委主要负责人，恩施经济开发区一级单位主要负责人，驻外机构负责人，部分企业负责人参加会议。

【2015年】恩施土家“女儿会”在恩施大峡谷开幕。东帝汶驻华大使张芬霞(Vicky Tchong)率东帝汶文化艺术交流团参加。市领导杨洪安、余秋红、张伟、赵萍、徐本禹、王学渊等出席开幕式。

8月26日

【1969年】县军管小组组织力量摧毁以周某敏为首的8人盗窃团伙。该团伙1967年起，流窜9个省10个地县，作案40余次，盗得现金15000余元、粮票4850公斤、布票330余米、收音机19台等。1972年2月5日，首犯周被依法处决。

【1991年】省政府确定恩施市民族前进服装厂为鄂西州国旗定点制作厂。

【2004年】由中国魔芋协会、市委、市政府主办的首届中国魔芋节暨2004年恩施“女儿会”在恩施市召开。中国魔芋协会名誉会长刘佩瑛教授向恩施市授予“中国魔芋综合实力第一市”奖牌。经贸洽谈会上，日本原田食品株式会社、中国冠城国际科技集团分别与恩施宏业魔芋有限公司签订联合建立有机魔芋基地、魔芋产品购销项目投资协议，协议金额分别为2000万元、5000万元。

【2013年】省人大常委会委员、内司委副主任委员周厚震率调研组一行至恩施市，就

残疾人托养、康复、教育等工作调研。州、市领导吕金施、刘凡、黄波陪同。

【2015 年】中共恩施市委八届八次全体(扩大)会议召开。会议应到市委委员 33 人、实到 29 人,应到候补委员 8 人、实到 6 人,符合法定人数。市委书记向前进代表市委向全会作主题报告,并主持当天的闭幕会。市委副书记、代理市长苏勇主持开幕式。会议听取市委书记向前进代表市委常委会所作的题为《强化责任担当,推进精准扶贫,为全面建成小康社会奠定坚实基础》的报告,讨论并通过《中共恩施市委、恩施市人民政府关于聚焦精准扶贫奋力竞进小康的意见》。市"四大家"领导等出席会议。

【2015 年】12 时 50 分许,沙地乡境内老渡口电站下游尾水处河道再次发生溺水事故。该乡楠木村人向某昌(17 岁,系恩施职业技术学院学生)、李某平(9 岁,系麦淌小学二年级学生)两人溺水身亡。

8 月 27 日

【宣统三年(1911)】由上海东亚同文书院(位于日本爱知县)学生今井美代吉、小岛利一郎一行六人组成的"楚蜀队",经建始红岩寺到恩施崔家坝、鸦雀水至施南府,进行实地考察,历时五天,于三十一日离境赴宣恩,至咸丰,入四川。其沿途见闻记录于《孤帆双蹄》(中文译名《入蜀纪行》)。

【1958 年】省交通厅投资 60 万元,整治清江恩施县城至盐池段河道。清江三号木帆船载重 5.5 吨,于是日 11 时 30 分从县城开航,历时 5 小时,航程 50 公里,沿途穿过 41 座险滩,顺利到达沙地区土地堂。

【1984 年】市人大、市政府治所由六角亭迁至小渡船广兴路(今市府路)。

【2003 年】省政协副主席翁行德一行至恩施市,就经济和社会发展情况视察。州、市领导李正双、甘立友等陪同。

【2006 年】省人大常委会副主任朱纯宣率部分全国、省人大代表视察恩施市天保工程。全市通过实施天保工程,森林面积已达 363.91 万亩,森林覆盖率达 58.89%,活立木蓄积量达到 378.5 万立方米。州领导杨俊发、冯国亮等陪同。

【2010 年】州住房公积金管理中心恩施市办事处成立。恩施市公积金的管理权移交州政府。

【2011 年】省人口和计划生育委员会巡视员裴大新率省委督查组至恩施市,对乡镇及村级换届选举工作进行检查指导。市领导王兰英等陪同。

【2011 年】省第二次土地调查领导小组办公室专职副主任王远燃率省第二次城镇土地调查预检组至恩施市,对第二次土地调查成果进行检查。市领导胡平江等参加预检会。

【2013 年】省交通运输厅副厅长、省高管局局长谢强一行,深入芭蕉侗族乡辖区内 209 国道九道水危险路段整治项目施工现场,视察调研该项目建设情况。到恩运集团、挂榜岩车站、航空路车站、公汽公司、恒盛运输公司等地,检查调研恩施市交通安全工作和交通运输行业情况。市领导黄波陪同。

【2014 年】副省长梁惠玲赴恩施市,深入龙凤镇杉木坝村、双堰塘村,就生态农庄、生态科技示范园、龙凤镇初级中学规划、农村信息化运用、网格化管理、"三位一体"基层体制机制创新等情况调研。州、市领导杨天然、董永祥、马尚云、向前进、李国庆等陪同。

【2014 年】省文化厅"2014—2016 年度'湖北民间文化艺术之乡'"公布,三岔乡(傩戏之乡)、红土乡(傩愿戏之乡)获此殊荣。

8 月 28 日

【1966 年】毛泽东主席在首都与百万群众共庆"文化大革命"的消息传来,专署和县直属机关、学校、工厂、商店、街道群众 2 万人于飞机场集会、欢庆。

【1989 年】恩施市组织市、区、乡干部 2124 人深入 613 个村贯彻《中华人民共和国村民委员会组织法》,同时在 837 个党支部(其中村支部 611 个)开展民主评议党员活动,至 9 月 23 日结束。参加选举的选民 38.25 万人,参加评议的党员 1.39 万人。

【1996 年】市公安局红土派出所所长卢在武在与歹徒搏斗时英勇牺牲。翌年 3 月 21 日,省政府批准卢在武为革命烈士;8 月 28 日,公安部追授卢为"全国公安系统二级英雄模范"。

【1996 年】世界粮食计划署项目顾问文尼·杰和项目官员刘学荣、黄可灵及中国农业部项目专家屈四喜至恩施市,对 3779 项目作年度检查。

【1998 年】市五届人大常委会第 36 次会议审议通过《关于在恩施市城区禁止燃放烟花爆竹的决定》,从翌年一月起执行。

【2009 年】中国驻巴基斯坦大使罗照辉一行至恩施市,就生态文化旅游资源进行考察。

【2010 年】州委书记、州人大常委会主任肖旭明,深入重点景区建设工地、基层党组织、乡村农户,就加快转变经济发展方式、加快旅游产业发展、推进新农村建设、进一步保障和改善民生调研,至 29 日结束。州、市领导余晓晨、谭文骄、董永祥、秦斌、李国庆、肖家魁等陪同。

【2012 年】州委副书记张忠凯一行,深入盛家坝乡肉牛养殖基地,就肉牛产业发展情况调研。市领导杨洪安等陪同。

【2012 年】板桥镇中心小学费国艳被省政府表彰为“湖北省农村优秀教师”。

【2013 年】省委统战部副部长、省社会主义学院党委书记马萍一行，深入非公企业，就基层统战工作情况调研。州、市领导谭文骄、邹炜陪同。

【2014 年】省委副书记张昌尔赴恩施市，深入龙凤镇初级中学迁建工程现场、双堰塘村等地，就“四化同步”示范镇建设情况调研。州、市领导王海涛、杨天然、马尚云、向前进等陪同。

【2015 年】州政协副主席王继刚一行，深入屯堡乡花枝山村、屯堡社区、屯堡司法所、屯堡人民法庭、六角亭街道解放路社区、市烟草公司、湖北夷水律师事务所等地，视察督办普遍建立法律顾问制度工作开展情况。市领导黄波、崔显琦陪同。

8 月 29 日

【2012 年】恩施市被省委、省政府命名表彰为“全省精神文明创建工作先进单位”；小渡船街道机场路社区、民族路社区被省委、省政府命名表彰为“2008—2010 年度省级文明社区”。

【2013 年】清华大学建筑学院城市规划系教授张敏受邀至恩施市，作题为《城市特色与城市经营》的城乡规划专题讲座。市委书记向前进主持讲座。市“四大家”领导，恩施经济开发区领导班子成员，州直相关部门年轻干部及全市千余名干部聆听讲座。

8 月 30 日

【1987 年】恩施市航空路建成通车。该路于 1985 年 3 月破土动工，全长 3.1 千米，路面宽 30 米，为全州第一条规模较大、标准较高的城市道路。

【1994 年】省水利厅在武昌召开《恩施市大龙潭水利水电枢纽工程可行性研究报告》评审会议，与会专家及省有关部门负责人经过评审，通过工程报告。省计委于 9 月 26 日下达《关于恩施大龙潭水利枢纽工程项目建议书的批复》。该项目装机 3 万千瓦，总投资 2.3 亿元。

【2010 年】省妇联主席梁惠玲率参加全省“鄂西生态文化旅游圈”妇女工作促进会的 20 余名妇联干部，深入芭蕉侗族乡，就全市新农村建设进行考察。州、市领导柳望春、李国庆等陪同。

【2011 年】省畜牧兽医局局长万卫东一行至恩施市，对湖北思乐集团“整合资源、打造

品牌、退城进园”进展情况调研。州畜牧兽医局局长田凤培，市领导黄永耀等陪同。

【2011 年】省委、省政府推进湖北武陵山少数民族经济社会发展试验区建设现场办公会在恩施州召开，至 31 日结束。省委书记、省人大常委会主任李鸿忠，省委副书记、省长王国生出席会议并讲话。省政协主席杨松，省委常委、常务副省长李宪生，省委常委、省委组织部部长侯长安，省委常委、省委秘书长李春明，省委常委、省委宣传部部长尹汉宁，省人大常委会常务副主任苏晓云，副省长、宜昌市委书记郭有明等出席会议。其间，与会领导和代表深入芭蕉侗族乡岸口村和灯笼坝村、三岔乡三元坝村和莲花池村、湖北中烟工业有限责任公司恩施卷烟厂、恩施经济开发区等处，对恩施市经济社会发展情况进行实地参观考察。州、市领导肖旭明、杨天然、谭文骄、秦斌等陪同。

【2014 年】省军区政委(少将)冯晓林赴恩施市，就人武部建设工作情况调研。州、市领导王海涛、江明辉、李频、向前进、杨局成、黄秀武、董高等陪同。

8 月 31 日

【2009 年】一年一度的恩施市地域性民族节日——恩施土家“女儿会”如期举行。来自国内黑龙江、吉林、内蒙古等 8 个省、自治区的 8000 名青年男女及部分国外游客，齐聚州城凤凰山广场，“相约恩施土家女儿会，梦圆土家情人节”，在“女儿会”上寻找心仪的人，渴望缔造浪漫与佳话。2 万余名市民聚集在一起，在风雨桥头恩施土特产品市场，赶传统“女儿会”节日。

【2010 年】副州长沙玉山一行，深入城区信达机械、华新水泥、思乐集团、恩施山泰水电设备有限公司等企业，对全市工业经济发展情况进行全面调研。市领导秦斌、郜志中等陪同。

【2012 年】以十堰军分区副政委黄桂林为组长的湖北省国防动员、民兵预备役和兵役工作政策法规落实情况检查组至恩施市，就国防动员、民兵预备役及兵役工作情况检查。市领导李国庆、廖泽熙、黄秀武等陪同。

【2012 年】州委常委、州委宣传部部长杨陈清一行，深入三岔乡、市施州民族小学、市机关事务管理局、市档案馆和市新闻中心等处，就诗联“两创”工作推进情况调研。市领导邹炜、张献宏等陪同。

九　月

9月1日

【1978年】大集公社妇联主任向碧梅(女)出席全国妇女代表大会。

【1981年】地区行署行文批复:鸦鹊人民公社更名为崔家坝人民公社、大集人民公社更名为盛家坝人民公社、白杨人民公社更名为白杨坪人民公社、城关镇更名为施南镇。

【1988年】六角亭街道民族前进服装厂厂长刘德珍(女)赴京出席中国妇女第六次全国代表大会。

【2004年】白果乡初级中学冯梅、龙凤镇中心小学张平荣、新塘乡河溪小学田育才被省政府表彰为"全省农村优秀教师",三岔乡初级中学罗彦昌被表彰为"全省农村优秀教育工作者"。

【2010年】州委常委、副州长瞿赫之至恩施市,就9月13日即将召开的"全国突发重大动物疫情应急演练"各项准备工作现场督办。市领导李国庆、黄永耀等陪同。

【2011年】恩施市在全省精神文明建设总结表彰动员大会上荣获"2008—2010年度省级文明城市"称号。州、市领导谭文骄、王怀东等参加会议。

【2011年】浙江中烟工业有限责任公司副总经理许明忠一行,到盛家坝乡对烟叶生长、烘烤及烟叶品质情况进行考察。市领导肖家魁等陪同。

【2012年】省公安厅厅长吴永文、省公安厅副厅长尚武一行,深入市公安局舞阳派出所、市反恐防暴综合楼、市公安局等处,就公安工作调研。市领导向前进、黎昔品、许强等陪同。

【2012年】省人大常委会民宗侨外委主任委员朱常渭率省人大调研检查组一行,深入旗峰坝农民安置房小区、市经济适用房小区、市第二实验小学及市中心幼儿园迁建项目建设工地和恩施山寨皮革有限公司新址等处,就湖北武陵山少数民族经济社会发展试验区建设情况和民族区域自治法相关工作情况调研、检查。州、市领导瞿赫之、陈学明、刘凡、邵永政等陪同。

【2013年】州领导王海涛、孔祥恩、王志强、黄实海、肖作文一行,深入湖北思乐牧业集团和华硒正虹饲料公司,就畜牧产业和重点畜牧企业发展情况调研。市领导向前进陪同。

【2014年】恩施境内连降暴雨(芭蕉点降雨量达到141.3毫米),造成清江水位猛涨、

红江点水位高度414米,是2005—2014年来最高水位。至2日17时,暴雨洪涝灾害造成3人死亡、1人失踪、2人受伤;公路塌方123公里。倒塌农房16户29间,转移安置125人;严重损房48户、98间,一般损坏农房41户、86间。农作物受灾14650亩,成灾面积6789亩,绝收面积4395亩。造成直接经济损失4334万元,其中农作物经济损失2500万元、房屋经济损失534万元、基础设施经济损失1300万元。

【2015年】市委书记向前进,市委副书记、代市长苏勇看望慰问抗战老兵张延春、李家斌。

9月2日

【1982年】恩施县(市)土家族运动员黄气祥、谭永洁、向爱平(女)被选为湖北省代表团运动员,参加全国第二届少数民族体育运动会。

【2008年】副州长曹毅一行到施州民族小学,就开学情况进行检查。施州民族小学建设系省"616"工程省教育厅、省财政厅重点帮扶项目。是由省直机关部门投资500万元,恩施市委市政府投资6500万元,全力打造的一所标准化建设示范学校。校园占地面积36635平方米,建筑面积23942平方米,11月工程全面竣工。

【2011年】副州长董永祥一行至恩施大峡谷风景区,就景区项目建设及景区规范化管理等情况调研。市领导肖家魁等陪同。

【2011年】宜万铁路建设指挥部指挥长邓刚至恩施市,对宜万铁路建设遗留问题调研。市领导陶文胜等陪同。

【2013年】省人大常委会副主任田承忠率省人大视察组一行,深入芭蕉侗族乡润邦国际富硒茶叶有限公司,就"恩施玉露"茶产业发展情况调研。州、市领导瞿赫之、董永祥、于德海、余秋红陪同。

【2014年】州委常委、副州长马尚云深入恩施经济开发区,就企业及产业发展态势、经济运行情况调研。市领导郑晓斌等参加座谈。

【2015年】恩施抗战历史陈列馆举行中国人民抗日战争暨世界反法西斯战争胜利70周年纪念活动。州、市领导王海涛,刘芳震、孔祥恩、谭文骄、江明辉、邓正平、郑开国、向前进、苏勇等出席活动。

9月3日

【1954年】三区(三岔)阳河乡李某凤因受互助组长等批评怀恨在心,将有毒"马桑树

细末”投入开水中,至1人死亡、18人中毒。李犯被判处无期徒刑。

【2008年】省委常委、省委宣传部部长李春明率省委组织部部副部长、省委老干部局局长翟天山、省委宣传部副部长李子林一行,至屯堡乡高台村、大峡谷风景区、恩施经济开发区红庙火车站、清江卷烟厂、金桂大道建设等处就学习和实践科学发展观、加强领导班子思想政治建设等调研,至4日结束。州、市领导肖旭明、杨天然、谭文骄、刘羽等陪同。

【2010年】省旅游局局长张达华一行,深入芭蕉侗族乡庠口村调研。州、市领导张忠凯、肖家魁等陪同。

【2010年】州政协副主席杜成明、谭建军率40多名政协委员一行,就全市扶贫开发工作进行视察。

【2014年】省委中国共产党的群众路线教育实践活动第五督导组副组长陈邦强一行赴恩施市,深入六角亭街道解放路社区,就恩施市整改落实情况进行检查。市领导向前进、王兰英、黎昔品等陪同。

9月4日

【1978年】省委第一书记陈丕显第二次至恩施检查指导工作。

【2011年】州委常委、常务副州长张忠凯至恩施市,深入“清江源”科技园建成区、小渡船街道望城坡村、白果乡茅坝槽村和龙潭坝村等拟扩建、改建公路现场,对“清江源”科技园区二期工程建设相关工作调研。市领导秦斌、肖家魁等陪同。

【2012年】州人大常委会副主任、州深化医药卫生体制改革领导小组办公室主任刘青率州卫生局、州人社局等相关部门负责人,深入崔家坝镇卫生院、斑竹园村卫生室、南泥渡村卫生室等处,就医改工作调研。市领导侯萍陪同。

9月5日

【1990年】日本茶叶文化振兴会董事长松下智到恩施市,考察“恩施玉露”传入日本的800年渊源。

【1994年】9时许,沙地区中间河渡口发生一起铁板渡船翻沉事故,致5人失踪。

【2000年】白(杨坪)奉(节)省际公路改造工程15KM+500M处(太阳河乡境内)因实施爆破作业时,炮震泥土松动,巨石下滑发生意外事故,致陈某、李某某、肖某某3人死亡。

【2003年】全国儿童青少年铅危害防治工作组专家季成叶、惠存浩到恩施市考察。

【2013年】市政务微博发布厅上线仪式在中国电信恩施分公司会议室举行,标志恩施

市进入“微博问政”时代。恩施政务微博发布厅借助新浪网搭建而成，全市共97家单位入驻。市领导李国庆、邹炜、黎昔品，新浪湖北总经理张先锋出席仪式。

9月6日

【民国三十年(1941)】吉安乡(大集场)四渡河一带爆发反对国民党暴政的武装斗争。翌年三月，领头人熊双廷(土家族)被国民党杀害。

【2011年】恩施州城乡居民社会养老保险工作启动暨恩施市养老金首发仪式在城区桥西广场举行。州、市领导杨天然、张忠凯、秦斌、蔡平、刘羽、胡平江等出席仪式。

【2015年】州人大常委会副主任吕金施一行，深入屯堡、沐抚、板桥等地，就“水更绿”“土更净”专项工作实施情况督办。市领导刘凡、杨洪安、余秋红等陪同。

9月7日

【1973年】全县组织县、区、社工作专班，对地、富、反、坏、右“五类分子”实施纠错查漏工作。至年末，查纠错误管制641人、漏管26名，建立监改小组4120个，整顿治保组织557个。

【2012年】省林业厅厅长王海涛一行至恩施市，就林业工作和省级森林城市创建等工作检查。市领导向前进、杨洪安等陪同。

【2012年】在全国教师工作暨“两基”工作总结表彰大会上，恩施市被国务院表彰为全国“两基”(基本普及九年义务教育、基本扫除青壮年文盲)工作先进地区。全国仅80个县(市、区)、湖北省仅3县(市)获此殊荣。

9月8日

【1984年】六角亭街道和平街小学少先队五(1)中队荣获全国“快乐的中队”奖。

【2007年】2007年中国板党节开幕式在板桥镇政府广场举行。市长秦斌、市委副书记李国庆、市政协副主席尤连胜等出席开幕式。是日，有100吨农特产品从板桥起运。与板桥镇毗邻的重庆市龙桥、云雾、吐祥等乡镇应邀请出席本届中国板党节开幕式。湖北日报、湖北人民广播电台、楚天都市报、中国新西部杂志社以及州、市各大新闻媒体记者参加开幕式。

【2010年】州委副书记柳望春，州委常委、副州长杨劲松至恩施市，就9月13日即将召

开的“全国突发重大动物疫情应急演练”各项准备工作进行检查督办。州、市领导谭文骄、李国庆、黄永耀等陪同。

【2010 年】鄂西生态文化旅游圈投资有限公司副总经理周富贵一行，深入恩施大峡谷风景区，就全市旅游产业发展和鄂西生态文化旅游圈建设项目进行考察。市领导尤连胜等陪同。

【2010 年】《荆楚文坛作家文库 · 红土作家文丛》在州城首发。该文丛由长江文艺出版社出版，收录邓斌、杨秀武、吕金华等多位红土乡土作家的作品，分为《家事马拉松》《杨秀武诗选》《与诉讼无关》《巴地荡千觞》《乡歌，梦里的老家》《一地风情》《乡土恋歌》《萧斋吟韵》《若到江南赶上春》《红土文学作品选》10 卷，涵盖小说、散文、诗词等文学作品。省作协副主席、《长江文艺》杂志社社长、主编刘益善盛赞该丛书是“湖北省近 10 年来所出从书中质量最高的一套”。《文艺报》《湖北日报》《楚天都市报》《恩施日报》《中国作家网》《新华社湖北频道湖北省人民政府门户网》《网易新闻中心》《湖北作家网》等公众媒介分别报道。湖北省作家协会、《长江文艺》杂志社、《散文选刊》、香港当代文学研究会等发来贺词。州、市领导王月圣、李国庆等出席首发仪式。

【2010 年】受市委、市政府邀请，北京师范大学艺术与传媒学院副院长、影视传媒系主任、著名电视策划人、著名教授于丹做客恩施，并到恩施大峡谷、芭蕉侗族乡枫香坡侗族风情寨等处进行考察。9 日在州民族礼堂进行“感悟中国智慧”的专题讲座，从文化角度阐述人生价值，品位生活真谛，与恩施人民聊古论今、共析“仙居恩施”神仙生活，品恩施土家族苗族文化，共同感悟中国智慧。州、市领导谭文骄、秦斌、郜志中等陪同。

【2011 年】州委书记、州人大常委会主任肖旭明，州人大常委会常务副主任陈亚平，州委常委、州委秘书长孔祥恩，副州长曹毅一行，深入施州民族小学、市第三中学等处，进行教师节慰问活动。市领导秦斌、向仕莲等陪同。

【2013 年】全国供销总社经济发展和改革部副部长孔培聪、省供销联社副主任杨杰一行，深入六角亭街道头道水村、头道水村综合服务社、头道水庄稼医院、芭蕉侗族乡高拱桥村和高拱桥村综合服务社（网上便民服务中心）等地，就供销网上便民服务平台创建和运行情况调研。市领导黄波陪同。

9月9日

【1952 年】全县开始组织查田定产工作。

【1976 年】中共中央委员会主席毛泽东逝世，全县人民万分悲痛，城乡各机关、团体、企事业单位、学校、街道等皆设置灵堂悼念。9 月 18 日 15 时整，地县机关和城关镇 3 万余

人在地区体育场,参加毛泽东主席追悼大会。

【1976 年】省广播事业局局长张献庆带领工程技术人员赴双河公社太山庙(海拔 1891 米)林场测试电视传播讯号。

【1998 年】恩施市少数民族传统体育运动代表队,在利川市举办的湖北省第四届少数民族传统体育运动会上,取得 6 金、5 银、10 铜好成绩,荣获团体总分第一名。

【2000 年】首届“中国板党节”在板桥镇开幕,州委副书记、副州长张喜武,州委常委、秘书长胡荫安,州政协主席李政双等出席开幕式。来自国内外 200 多位客商参加经贸洽谈会,签订意向性投资合同 2000 多万元。

【2002 年】“2002 年中国板党节”在板桥镇举行,来自海内外 60 多家客商以及利川、重庆市毗邻乡镇近万人参加活动。是日,实现物资交流额 500 万元以上,销售板党 30 余吨。

【2010 年】在第 26 个教师节来临之际,州、市领导柳望春、甘方谦、余晓晨、李国庆、向仕莲等到七里坪初级中学、三岔乡初级中学,看望慰问一线教师,并向辛勤工作在教育战线的广大教职员工表示衷心的感谢和节日的问候。

【2011 年】州委副书记、州长杨天然,州政协主席甘方谦,州委常委、州委宣传部部长杨陈清,副州长曹毅一行,深入市特殊教育学校,进行教师节慰问活动。市领导李国庆、向仕莲等陪同。

【2013 年】州委常委、州委政法委书记沙玉山率州政法巡查组一行,深入到市社会管理应急调度指挥中心、市司法局法律援助中心和市社区矫正工作领导小组办公室、盛家坝乡等地,就政法综治工作巡查。市领导胡平江参加巡查活动。

【2015 年】州委常委、副州长马尚云深入盛家坝乡二官寨村等地,就乡村休闲旅游发展情况调研。市政府党组成员、恩施大峡谷风景区管理处主任王学渊等陪同。

9 月 10 日

【2007 年】省政协委员、省政协民族和宗教委员会主任李云广一行至芭蕉侗族乡枫香坡,就农村旅游工作情况调研。州政协主席甘方谦、副主席刘志兵、市委书记谭文骄、市政协主席刘宗烈等州、市领导陪同。

【2010 年】省政协副主席陈春林一行至恩施市,就扶贫开发工作进行专题调研。市领导刘羽、肖家魁、向成舟等陪同。

【2012 年】恩施市城市生活垃圾综合处理厂开工奠基仪式在六角亭街道高桥坝 209 国道绕城线中段举行。该项目系湖北省恩施城市建设投资公司通过招投标,由香港泰和兴投资有限公司以 BOT 方式依法取得该项目 30 年特许经营权。规划用地为 40000 平方

米，建筑占地面积 15424.20 平方米，建筑面积 17000.5 平方米，计划投资 9428 万元，设计日处理生活垃圾 450 吨。项目包含垃圾分选系统，污水处理系统，废塑料制油系统，可燃类有机杂物处理系统，有机物堆肥系统，供配电系统等该项目全部建成后，预计全年可处理生活垃圾 16 万吨，取得废旧塑料 1 万吨，有机营养土 2 万吨，衍生燃料 2 万吨。可提供 120 个就业机会。

【2012 年】省委组织部市县干部处副处长周华率省县市领导班子建设调研组，深入华硒生态园、金龙大道、华龙村大酒店和市第二实验小学迁建项目等建设工地，就经济社会发展情况和市领导班子建设工作调研。州、市领导周静、向前进、王兰英、廖泽熙、黎昔品等陪同。

【2012 年】副州长秦斌到 209 国道绕城线松树坪接口处、虎民路松树坪安置小区建设工地、施州大桥、亲水走廊第五期工程段等处，就重点项目工程进度情况督办、调研。市领导李国庆、廖泽熙等陪同。

【2013 年】太阳河乡梭布垭村小学校长宋功贵被省政府授予"楚天园丁奖"称号。

【2015 年】全省民族团结进步创建工作座谈会暨湖北武陵山民族团结进步创建活动现场推进会在恩施市举行。省民族宗教委员会副主任熊华启出席会议，省委统战部、省民宗委相关处（室）负责人，各地、市、州、林区民宗委（局）分管负责人及湖北武陵山 12 个县（市）民宗局主要负责人参加会议。是日，熊华启一行赴硒都民族实验小学、六角亭街道解放路社区、恩施土家女儿城等地，调研恩施市民族团结进步示范创建工作情况。市领导谭也平等陪同。

9 月 11 日

【民国二十八年（1939）】中共七区特委成立。特委机关设下官坡。

【民国三十四年（1945）】第六战区长官司令部撤离恩施。

【2007 年】第三届全国少数民族曲艺展演在宁夏回族自治区银川市开幕。恩施市参演的恩施耍耍《担水》获表演一等奖，恩施扬琴《爱的火花》获创作一等奖、表演二等奖。在随后举行的全国第八届艺术节参演节目选拔赛决赛中，市文工团参演的三才板《取名》成功进入"八艺节"。

【2009 年】吉尔吉斯斯坦"光明道路"人民党干部考察团在该党中央执委会组织书记·洽纳切夫的率领下，先后到小渡船街道大桥路社区、机场路社区，芭蕉侗族乡高拱桥村及侗族风情寨，湖北民族学院，长友现代农业公司、山泰公司、恩施卷烟厂等企业，恩施大峡谷、土司城等风景区，分别就社区、农村、学校、民营企业、国有企业党建，民族政策及民

族地区的经济社会发展，旅游资源及开发等进行考察。州领导刘艳红等陪同。

【2012年】副州长秦斌、州政协副主席肖谏诚率州政协常委、委员一行，深入城区华硒生态农产品批发交易市场、金龙大道、州文化传媒中心、省级农产品加工园、火车站铁路物资专用线综合楼、市行政中心新址及市第二实验小学迁建项目建设工地等处，就州城部分重点项目建设情况视察。市领导李国庆、廖泽熙、金德钧等陪同。

【2013年】省安监局党组成员、总工程师刘奇晓率省督查组一行，深入城区桥西车站小商品市场，督办隐患整改情况。市领导黄波陪同。

【2014年】省政协常委、省政协民族和宗教委员会主任余立国率调研组赴恩施市，深入龙凤初中迁建工程现场、龙马村保扎片区、华硒生态园等地，就民族地区创新发展工作情况调研。州、市领导刘志兵、张渊平、王国玮陪同。

【2015年】全国人大常委会委员、全国人大财经委员会委员、全国人大常委会预算工作委员会副主任姚胜率部分湖北省全国人大代表赴恩施市，深入舞阳坝街道、芭蕉侗族乡等地，就旅游产业、民族文化、生态保护等视察。州、市领导瞿赫之、刘凡陪同。

【2015年】恩施市2015年第十八次市委常委会议召开。市委书记向前进主持会议。会议集中学习《中共湖北省委关于深入学习贯彻习近平同志在会见全国优秀县委书记时的讲话和刘云山在全国优秀县委书记表彰会议上的讲话精神的通知》《习近平同志在部分省区市扶贫攻坚与“十三五”时期经济社会发展座谈会上的讲话》；传达学习《中共中央转发（中共全国人大常委会党组关于加强县乡人大工作和建设的意见）的通知》《中共湖北省委办公厅关于印发（李鸿忠同志在湖北省委专题学习研讨时发言摘登）的通知》。会议还传达学习省委政协工作会议精神，听取省委第三巡视组反馈意见整改落实工作情况汇报和市第二轮巡查工作情况汇报。苏勇等市“四大家”领导参加会议。

9月12日

【民国二十八年(1939)】日军飞机二十七架分批轰炸恩施飞机场及县城。

【1990年】第十一届亚运会火炬递交仪式在恩施市举行，市长商金平主持大会，州委书记朱纯宣向市委书记吕成宗递交亚运圣火。十万名群众伫立街头，观看由1500人组成的24个方队火炬接力长跑。

【1996年】省委书记贾志杰、省长蒋祝平视察恩施市化肥厂尿素工程。

【2010年】副省长赵斌一行至恩施市，就农村信用社和村镇银行建设调研，至13日结束。州、市领导柳望春、余晓晨、张忠凯、瞿赫之、谭文骄、李国庆、蔡平等陪同。

【2015年】省文史馆文化传播院院长、省人大常委江作苏一行，赴恩施抗战历史陈列

馆，为恩施市捐赠抗战纪念钟和抗战书籍。州、市领导陈晓燕、苏勇、张献宏等参加捐赠仪式。

【2015 年】北京东方红航天生物股份有限公司总裁邱斌一行至恩施市，就硒资源开发利用、工业园区建设及旅游资源等情况考察。市领导郑晓斌、赵萍等陪同。

9 月 13 日

【1989 年】市一中教师杨宝坚、太阳区头茶园村小学民办教师宋功贵分别被国家教委、国家人事部和教育工会全国委员会授予“全国教育系统劳动模范”“全国优秀教师”称号。

【1991 年】由州委、州政府主办的“硒资源综合开发研讨会”在恩施市举行，至 17 日结束。200 多位代表与会。会议提出富硒烟叶基地、富硒茶叶基地、富硒药材基地、富硒原粮（包括食品、饲料及添加剂）基地建设和硒矿综合开发 5 大任务。

【1993 年】恩施市被列入“全国计划生育百强县（市）”之一。市委书记胡荫安赴北京参加全国计划生育百强县市经验交流和表彰大会。1983 年始连续 10 年时间，境内人口出生率控制在 17.5‰，计划生育率达 97.5‰，先后四次被评为全国、全省计划生育先进集体和少数民族地区计划生育工作先进县市。

【1996 年】市委、市政府作出《关于进一步深化企业改革的决定》。

【2006 年】美国北玛里亚纳群岛联邦自治政府罗塔市市长约瑟夫・S・伊那斯（JOSEPHS. INONS）先生率罗塔市代表团一行 10 人对恩施市进行友好访问，至 15 日结束。市委书记吴希宁、市长程贤文等会见。

【2007 年】在上海市政府驻湖北办事处主任石克强带领下，由 10 多家上海知名企业组成的上海经贸考察团到恩施经济开发区，先后参观金叶烟草公司、长源轴承公司和长友公司参观考察。州、市领导王建民、谭文骄等陪同。

【2009 年】13 时 30 分，318 国道龙凤镇富民水泥厂处发生交通安全事故，1 辆农用车与面包车相撞，导致 3 人当场死亡，10 人受伤。2 名重伤者因抢救无效，在医院死亡。

【2010 年】由国家农业部突发重大动物疫情应急指挥中心和湖北省重大动物疫病防控指挥部主办，中国动物疫病预防控制中心、湖北省畜牧兽医局、恩施州畜牧兽医局和恩施市政府承办的 2010 年全国突发重大动物疫情应急演练在州城举行。国家农业部副部长高鸿宾，湖北省政府副省长赵斌，国家首席兽医师于康震，农业部兽医局局长李金祥，省政府副秘书长梅祖恩，州、市领导肖旭明、柳望春、瞿赫之、杨劲松、谭文骄、李国庆、肖家魁等出席演练活动。

【2011 年】吉康集团董事局主席唐晖一行至恩施市,就湖北恩施国际养生产业基地建设项目相关合作事宜进行洽谈。州、市领导杨天然、谭文骄、董永祥、秦斌等出席洽谈会议。

【2011 年】市山寨皮革有限公司退城进园项目开工奠基。州、市领导谭文骄、秦斌、部志中等出席奠基仪式。

【2012 年】省粮食局局长张忠宝率考察组,深入市茂和食品有限公司等处,就恩施市粮食储备、保障粮食安全和粮食企业转型升级等工作调研。州、市领导陈晓燕、杨洪安、管书华等陪同。

【2013 年】国家民委教育科技司司长田联刚一行,深入城区小渡船中学、硒都民族实验小学、孝感幼儿园等地,调研教育工作。市领导朱卫东陪同。

【2013 年】省人大常委会副主任王玲率调研组一行,深入龙凤镇、白果乡、新塘乡、芭蕉侗族乡、白杨坪镇等地,就扶贫攻坚工作情况调研,至 14 日结束。州、市领导瞿赫之、段超、李国庆、张渊平等陪同。

【2015 年】国务院扶贫开发领导小组办公室副主任欧青平、省扶贫开发领导小组办公室主任杨朝中一行至恩施市,深入市精准扶贫综合服务中心、龙凤镇吉心村等地,就精准扶贫工作调研。州、市领导庞红艳、向前进、张渊平、崔宇辉等陪同。

9 月 14 日

【1970 年】恩施县组建三线建设民兵团,参加宜昌鸦雀岭至葛洲坝官庄铁路(简称“鸦官”铁路)工程建设。团长李怀生、政委尤福如,设 7 个营、29 个连、110 个排、347 个班,抽调民兵 4270 人,配备团、营、连干部 264 人。任务为修筑长 1 公里、宽 108.7 米的基础工程;修筑长 111.75 米、宽 3 米、高 3 米的方涵工程;修筑长 30.28 米,内空直径 1.5 米的圆涵工程,需搬走 7 座山,填平 7 个湾,挖、填土方 44.72 万立方米。至 1971 年 7 月中旬完成任务,4 位民兵为此献出宝贵生命。

【2009 年】中国营养学会第十届微量元素营养学术会议暨第五届微量元素营养分会会员大会在恩施市开幕。会议旨在通过学术交流,为我国微量元素营养研究的深入和研究成果的推广起到引导作用。该次会议对硒资源研究和开发最新学术进展进行交流和探讨。同时,中国营养学会与恩施华硒资源科技开发公司、恩施圣峰药业公司等签订技术合作协议书。

【2009 年】市军队离、退休干部休养所被国家民政部、解放军总政治部表彰为全国军休工作先进单位。

【2011 年】副州长董永祥率全州旅游产业推进会与会代表到盛家坝乡，参观恩咸公路生态旅游公路建设现场。市领导秦斌、肖家魁等陪同。

【2012 年】全省医疗机构突出问题专项检查组组长刘光峰一行至恩施市，就医疗机构医药购销和医疗服务等工作检查，至 15 日结束。市领导万雪峰、张献宏等陪同。

【2013 年】省总工会党组成员、纪检组长、机关党委书记张中伟，省总工会总驻点工作队长、松滋市副市长王常华率省总工会松滋市驻点镇、村干部一行，深入华硒生态园、湖北中烟恩施卷烟厂、长友现代农业股份有限公司、芭蕉侗族乡枫香坡侗族风情寨等地，调研恩施市农业经济发展及新农村建设等情况。市领导黎昔品陪同。

【2013 年】省交通运输厅安监处副处长李裕民率省督查组一行，深入太阳河乡、红土乡、三岔乡、新塘乡、舞阳坝街道等地，就安全生产工作情况督查，至 16 日结束。市领导黄波陪同。

【2015 年】财政部农业司副司长柯凤、省财政厅副厅长黄明一行至恩施市，深入恩施精准扶贫综合服务中心和龙凤镇双堰塘村、龙马村、青堡村、二坡村、吉心村等地，就龙凤镇综合扶贫试点工作、精准扶贫工作、产业扶贫工作进行调研、指导、督办，至 17 日结束。州、市领导马尚云、陈晓燕、向前进、苏勇、张渊平、崔宇辉等陪同。

9 月 15 日

【1975 年】县委书记及树华出席第一次全国农业学大寨会议。

【1992 年】省委社教工作队到恩施市龙凤镇开展社教工作，该队来自省直 21 个厅局级单位共 102 人，其中厅级干部 4 名，处级干部 38 名。4 个多月工作，扶持龙凤镇兴办企业、修建人畜饮水池、维修中小学宿舍项目总计 105 个，总投资 271 万元。

【2004 年】恩施市山里星经贸有限公司董事长付星娥、和声走广告公司总经理张恩碧两民营企业家，应邀赴北京参加第十一届全球女企业家会议，与来自 25 个国家和地区的 500 多名企业家代表们共聚人民大会堂，进行为期 4 天的学习和交流。张恩碧就“女性创业与国际合作”这一主题代表湖北区发言。

【2007 年】省委常委、省纪委书记宋育英一行到恩施市，就村（社区）务公开、新型农村合作医疗及旅游开发调研。州、市领导肖旭明、陈亚平、柳望春、谭文骄等陪同。

【2010 年】中共中央委员、全国政协港澳台侨委员会副主任、全国“扫黄打非”工作小组专职副组长李长江一行，深入芭蕉侗族乡枫香坡侗族风情寨考察。州、市领导甘方谦、余晓晨、刘羽、陶文胜等陪同。

【2011 年】恩施现代家居城、恩施电子电器城在恩施经济开发区奠基。州、市领导谭

文骄、部志中等出席奠基仪式。

9月16日

【民国十八年(1929)】贺龙、周逸群领导的工农红军攻克桑植县城,鹤峰、桑植两县苏维埃政权建立,标志着以鹤峰为中心,包括清江以南石灰窑、双河桥一带湘鄂川黔革命根据地形成。贺龙领导红军部队在石灰窑一带开展武装斗争,同时发展苏区商业,允许自由贸易,保护正当经营,取消苛捐杂税,促进商品流通。

【2006年】由中国中医药管理局、省政府主办,州政府承办的中国中医药民族医药发展论坛中国暨中国恩施第二届药交会在恩施市举办,至17日结束。

【2010年】州委副书记柳望春、州政协副主席张龙光率全州秋冬季农业综合开发工作会议的代表到芭蕉侗族乡,就民居改建、产业发展、村镇建设等情况进行参观考察。州、市领导谭文骄、李国庆、肖家魁等陪同。

【2011年】"恩施·中国女儿城"建设项目签约仪式在武汉举行。省政协主席杨松、副主席涂勇,州、市领导肖旭明、甘方谦、李济、秦斌、刘羽等参加签约仪式。

【2013年】副省长郭生练、省政府副秘书长黄国雄、省教育厅厅长刘传铁一行,深入市孝感幼儿园、硒都民族实验小学、特殊教育学校等地,就学前教育、基础教育及特殊教育等发展情况调研。州、市领导王海涛、庞红艳、李国庆陪同。

【2013年】州领导王海涛、孔祥恩、沙玉山一行至恩施市,就依法行政、依法办事等法治建设试点工作调研。市领导向前进、胡平江、张孝赤、黎昔品陪同。

9月17日

【2006年】国家中医药管理局副局长李大宁、省政府副秘书长邹贤启、省卫生厅副厅长胡菊萍到龙凤镇小龙潭村卫生室考察新型农村合作医疗和村卫生室规范化建设工作。

【2007年】省委、省政府派出的2005年重点贫困村整村推进工作验收组至恩施市,开始对省定20个贫困村整村推进工作进行实地验收。恩施市是年启动盛家坝乡大茅坡村、三岔乡兴隆槽村等省定重点贫困村整村推进扶贫工作。通过集中扶持,重点贫困村经济社会事业取得长足发展,贫困人口大幅减少,基础设施明显改善,产业发展各具特色,村容村貌改变。市委副书记李国庆、副市长何慧等参加汇报。

【2007年】国家发改委副主任、国家西部开发办副主任王金祥、副省长李春明一行至长友现代农业公司、金叶烟草公司,就工业、农村经济发展情况调研,至18日结束。州委

书记肖旭明，州委常委、常务副州长彭军，副州长童章舜，市委书记谭文骄，市委常委、常务副市长蔡平等陪同。

【2011 年】市、乡两级人大代表选举日。全市 57 万余名选民参加选举，以无记名和差额选举的方式，选出 1180 名市、乡两级人民代表大会代表。市“四大家”领导与全市选民一起参加投票，行使民主权利。

【2013 年】省委副书记、省长王国生，副省长郭有明，省政府秘书长王祥喜一行，深入龙凤镇综合扶贫改革试点，就该试点空间人口布局、体制机制创新、社会事业项目建设、产业发展、移民建镇等情况调研。州、市领导王海涛、杨天然、董永祥、向前进、张渊平等陪同。

【2013 年】省商务厅厅长卢焱群一行，深入城区华硒生态园、土家女儿城等地，就商务经济运行情况调研。副州长陈晓燕及州、市商务局负责人陪同。

【2014 年】省老年大学协会副会长毕志伦率督查队赴恩施市，深入六角亭街道解放路社区居家养老服务中心、党员群众服务中心、市老干部活动中心、老年大学项目施工现场等地，就市老年大学建设情况检查督办。市领导王兰英陪同。

【2015 年】省质量监督管理局总工程师朱宝玉一行至恩施市，深入瑞园小区、恩施快意机电设备有限公司、州佳利气体有限公司等企业，对特种设备和危险化学品安全生产专项整治工作进行督导检查。市领导黄波等陪同。

【2015 年】副州长秦斌深入屯堡乡马者村、花枝山村、市精准扶贫综合服务中心、龙凤镇双堰塘村、龙马村等地，就电子商务发展情况调研。市领导张献宏等陪同。

9 月 18 日

【1997 年】市委、市政府出台《关于加快发展个体私营经济的若干规定》。

【2011 年】国家人口计生委直属机关团委副书记刘哲峰率调研组至恩施市，深入舞阳坝街道周家河村，开展“走出机关、服务基层”活动，对基层人口与计划生育情况调研。市领导李国庆、向仕莲等陪同。

【2011 年】省政协人口资源环境委员会主任金义华率省政协调研组，深入高井河垃圾中转站、九岭岗生活垃圾填埋场、生活垃圾综合处理场和恩施土司城、芭蕉侗族乡枫香坡侗族风情寨等处，就生活垃圾处理和旅游产业发展等情况调研，至 19 日结束。市领导刘羽、廖泽熙、金德钧等陪同。

【2013 年】省委、省政府在恩施召开龙凤镇综合扶贫改革试点建设现场推进会。省委副书记、省长王国生出席会议并讲话，副省长郭有明主持会议。省政府秘书长王祥喜和省

直相关部门负责人，州、市领导王海涛、杨天然、董永祥、张全榜、向前进、李国庆等参加会议。

【2015 年】州政协副主席杨兵、郑开国率州政协调研组至恩施市，就该市贯彻落实 2010 年州委政协工作会议精神情况、政协宣传和反映社情民意信息工作情况专题调研。市领导张渊平、金德钧、崔显琦等出席座谈会。

9 月 19 日

【民国三十二年(1943)】中国国民党恩施县第一次党员代表大会召开，出席会议代表二十三人。

【1985 年】市政府召开解放战争时期起义投诚人员座谈会，向 366 名国民党起义投诚人员颁发证书。

【1998 年】境内州人民医院与州民族医院合并成立恩施州中心医院。

【2002 年】由国家农业部、人民日报社、中央人民广播电视台、经济日报社、中国政协报社组成的采访团对恩施市生态家园文明新村建设作专题采访，至 21 日结束。

【2009 年】恩施物资铁路专用线暨中石化湖北恩施铁路油库项目奠基仪式在恩施火车站举行。该项目总投资 2.5 亿元，由恩施州铁路有限公司、中石化恩施分公司和恩施州恒通工贸公司共同投资兴建。州、市领导谭先振、谭文骄以及省铁路建设办公室、中石化湖北分公司、武汉铁路局等有关负责人参加奠基仪式。

【2011 年】湖北省与中央企业深化合作会议暨项目签约仪式在武汉举行。恩施市与中国大唐国际发电股份有限公司江西分公司签订煤矸石综合利用电厂项目投资协议。市领导秦斌、黄永耀、陶文胜等出席签约仪式。

【2011 年】由 TEMA 国际学术委员会主办，市政府、华中科技大学、省硒资源开发利用促进会共同承办的“第十四届国际人与动物微量元素大会(TEMA14 大会)·仙居恩施国际硒资源开发利用研讨会”在恩施市召开，至 23 日结束。来自中国、美国、加拿大、英国、德国等 29 个国家和地区近百名专家参加会议。恩施市被 TEMA 国际学术委员会授予“世界硒都”称号。州、市领导谭文骄、陶继东、李国庆、蔡平、刘羽等出席研讨会。18 日，参加第十四届国际人与动物微量元素大会(TEMA14 大会)的 15 名微量元素专家，到新塘乡双河鱼塘坝世界唯一独立硒矿床实地考察。

【2011 年】州、市警方联合通报，经恩施州中级人民法院一审，以向某华为首的 15 名被告人获刑，其中向某华被判处有期徒刑 20 年，团伙主要成员向某因犯故意杀人罪等罪名被判处死刑。审讯查明，该团伙有成员 20 余名，非法持有枪支和弹药，并统一购置刀

具，涉嫌组织领导黑社会性质组织、非法持有枪支、贩卖毒品、寻衅滋事、故意伤害、组织赌博等 7 宗罪行，致 1 人死亡、4 人轻伤。

【2012 年】全国人大常委、法律委员会副主任委员张柏林，中央纪委委员杨利民一行，深入恩施华硒生态农牧业公司、州经济开发区金龙大道建设工地、州文化中心建设工地、恩施卷烟厂和恩施高中等处，就经济社会发展情况调研。州、市领导肖旭明、杨天然、向前进、廖泽熙、黎昔品、黄波等陪同。

【2012 年】清华大学深圳研究生院恩施教学与社会实践基地在恩施清江创业园揭牌。清华大学副秘书长、深圳研究生院院长、教授康飞宇，清华大学深圳研究生院党委书记、副院长赵庆刚，清华大学深圳研究生院培训学院常务副院长朱继强，市领导向前进、郜志中、廖泽熙、黎昔品、陶军、张献宏等出席活动。同日，清华大学深圳研究生院学子恩施厚德教育基金发放仪式暨成长心连心联谊会在市一中举行。清华大学副秘书长、深圳研究生院院长、教授康飞宇和市委书记向前进为学生、教师代表发放厚德基金计 89 万元。

9 月 20 日

【1999 年】恩施市广播电台、电视台机构上划恩施自治州广播电视局。

【2010 年】州委书记肖旭明，州委副书记、州长杨天然，深入土桥坝至州委党校道路改造路段、金凤大道建设工地、金龙大道建设工地、红旗大桥建设工地、后山湾叶挺路道路改造路段、209 国道绕城线民族路至松树坪段等处，就州城建设中存在的一些突出问题调研。州、市领导张忠凯、孔祥恩、谭文骄、董永祥、秦斌等陪同。

【2010 年】沃尔玛公司与恩施“大山鼎”蔬菜基地对接揭牌仪式在硒都广场举行。州委常委、副州长瞿赫之，沃尔玛亚洲高级采购总监黄志平，市领导蔡平、向成舟等出席揭牌仪式。

【2011 年】《大山回响》创作基地暨“武陵画院”成立仪式在恩施举行。州委副书记、州长杨天然宣布武陵画院成立，并为中国国家画院一级美术师、中国国家画院国画院副院长李宝林颁发名誉院长证书。州、市领导谭文骄、秦斌、李国庆、刘羽等出席活动。

【2011 年】省工商局总经济师李跃春率省非公有制企业“双强百佳党组织”考核调研组至恩施市，对长源轴承、腾龙水泥 2 家企业的“双强百佳党组织”创建情况进行考核调研。市领导王兰英、陶文胜等陪同。

【2011 年】全国第 6 所中南海爱心学校在沙地乡落户。市领导刘凡、向仕莲等出席落成仪式。

【2011 年】国家林业局驻武汉专员办事处处长易正树率考核组至恩施市，对护发展森

林资源目标责任制建立和执行情况进行考核,至24日结束。市领导秦斌、李国庆、肖家魁等陪同。

【2012年】国家动物疫病预防控制中心主任才学鹏率调研组深入思乐集团种猪基地及养殖基地、白果乡畜牧兽医服务中心和瓦场坝村村级动物防疫室、市动物疫病预防控制中心实验室等处,就动物疫病防控工作调研。州、市领导王志强、肖家魁、杨洪安等陪同。

9月21日

【民国八年(1919)】施宜镇守使署于宜昌成立,陆军十八混成旅旅长赵荣华出任镇守使,不久转驻恩施。

【1950年】县大队在境内活捉匪首郑济川(原白杨坪镇公所镇长),缴获步枪2支,子弹132发。

【1991年】市政府发出《关于严厉打击拐卖妇女儿童犯罪分子的通告》,于24日晚11时,全市开展统一行动。经过14个小时行动,全市抓获拐卖人口犯罪嫌疑人591人,流窜犯罪嫌疑人14名。至10月31日,全市抓获审查涉嫌拐卖人口犯罪嫌疑人1615人,其中重大案犯454人,摧毁团伙222个(成员1161人),缴获赃款赃物价值30多万元。

【2002年】由市政府承办的湖北省第五届少数民族传统体育运动会在恩施市举行,至25日结束。来自全省25个代表团、54个民族的552名运动员参加11个项目和1个表演项目的角逐。民运会期间,恩施市还举办经贸洽谈活动,签项目合同18个,金额4.27亿元。

【2009年】市环卫处被全国妇联授予"全国三八红旗集体"称号,屯堡乡妇联主席向玉华被"全国三八红旗手"荣誉称号。"全国三八红旗手(集体)"是中国妇女界最具影响的至高荣誉。

【2011年】省公安厅副巡视员黄树海率省安全生产督查组,深入天彩烟花爆竹专营有限公司、佳利气体有限公司、联合旅游运输公司、恩施州交运集团航空路车站、恩施锦联华商场等处,对恩施市安全生产情况进行检查,至22日结束。州、市领导沙玉山、陶文胜等陪同。

【2012年】省公安厅副巡视员鄢阳率省安委会安全生产综合督查组,深入恩施东源锦华苑住宅小区、恩运集团客运公司航空路车站、恩运集团GPS监控中心、四方坪采石厂等处,就安全生产工作督查。市领导黄波陪同。

【2012年】清华·恩施产学研合作座谈会在恩施市召开。清华大学港澳研究中心名誉主任、原清华大学教务长、原福州大学校长吴敏生,清华大学副秘书长、深圳研究生院院

长、教授康飞宇及清华·恩施产学研合作考察团成员，市领导向前进、郜志中等出席会议。会上举行《世界硒都——恩施硒资源研究概述》一书首发仪式。

【2012 年】省深化医药卫生体制改革领导小组办公室督办处处长黄伟率省医改工作督办组，深入白杨坪乡、白果乡卫生院及部分辖区卫生室等处，就恩施市医改工作督办调研，至 22 日结束。州、市领导刘青、张献宏等陪同。

【2015 年】省食药监局局长李昌海一行至恩施市，深入华硒生态园、恩施土家女儿城等地，对“食品放心工程”、安全隐患大排查大整治、机构改革后基层乡镇食药监所运行等情况进行督导调研。州、市领导赵晓珊、苏勇、杨洪安等陪同。

9 月 22 日

【1958 年】苏联林业专家沸·沸·波波娃(女)到白果区见天乡考察稀有金钱古松。

【1959 年】苏联北方《真理报》编辑委员会来信，转达“斯大林集体农庄”全体庄员对灯塔人民公社全体社员的国庆祝贺；转达阿尔汉尔斯德“红十月锯木厂”全体工人对恩施县为民木工厂全体工人的国庆祝贺。

【2002 年】第四届湘鄂渝陕四省边区经济协作会在恩施市举行，会议以集中力量打造“中华旅游黄金走廊”为主题。

【2005 年】省政协副主席翁行德一行至恩施市，就学习贯彻《中共中央关于加强人民政协工作的意见》情况调研。

【2011 年】州人大常委会常务副主任陈亚平，州人大常委会副主任于德海率州人大视察组至恩施市，深入白杨坪乡洞下槽村、朝阳坡村和崔家坝镇南里渡村等处，参观考察特色民居建设。州、市领导谭文骄、董永祥、许强、廖泽熙等陪同。

【2011 年】孝感市委常委、市委统战部部长、市对口支援工作领导小组副组长何霞江率队至恩施市，就对口支援工作进行接洽，并先后到小渡船中学、施州民族小学等处，对恩施市教育事业发展状况进行考察，至 23 日结束。市领导谭文骄、秦斌、刘凡、刘羽等陪同。

【2013 年】州委常委、常务副州长董永祥一行，深入盛家坝乡，就烟叶收购工作情况调研。市领导杨洪安陪同。

【2014 年】主题为“海峡两岸城市发展：比较、借鉴与合作”的第九届海峡两岸论坛在恩施市开幕，至 25 日结束。中国社会科学院院长王伟光，省委常委、省委宣传部部长尹汉宁，台湾中华经济研究院院长吴中书，州委书记、州人大常委会主任王海涛出席并致辞。中国社会科学院副院长李扬作主旨演讲。州、市领导杨天然、向前进、李国庆出席开幕式。

【2015 年】省委巡视组巡查试点工作调研组组长刘源超一行至恩施市，就巡查试点工

作调研。州、市领导陈江龙、向前进、万雪峰、王兰英、黎昔品等出席会议。

9 月 23 日

【1958 年】凌晨 3 时许，白杨区公所办公楼失火，大火焚毁房屋 30 间和部分档案资料，直接经济损失 1.56 万元。

【1989 年】恩施轴承厂厂长张中雄、双河区下坝乡下坝村药材场负责人赵正灼被省政府授予全省劳动模范称号。

【2008 年】州委书记肖旭明一行至腾龙水泥公司、锦华纸业、恩施工具、恩施卷烟厂等企业调研。州委常委、州委秘书长瞿赫之，副州长王建民，州政协副主席张龙光，市委书记、恩施经济开发区主任谭文骄，市委副书记、恩施经济开发区常务副主任部志中等陪同。

【2011 年】州委副书记、州长杨天然一行，深入城区航空路人行天桥、市民族体育场等处，实地调研航空路人行天桥工程建设情况，并对第二届“湖北·恩施生态文化旅游节”的现场筹备工作进行检查。州、市领导杨陈清、李云开、谭文骄、秦斌等陪同。

【2011 年】副州长董永祥一行，深入盛家坝乡安乐屯、车辽坝烟叶收购组，检查全市烟叶收购工作。市领导李国庆等陪同。

【2011 年】国家发改委社会司健康保障处处长周和宇一行，深入屯堡乡卫生院、屯堡乡马者村卫生室、沐抚办事处卫生院、市中心医院、市卫生监督局等处，对农村医疗卫生体系建设项目实施情况调研，至 24 日结束。州、市领导刘青、向仕莲等陪同。

【2015 年】台湾知名人士陈履安先生至恩施市，向恩施抗战历史陈列馆捐赠其父亲陈诚撰写的自传《陈诚回忆录》一书。该书是一部纪实风格自传，其中抗日战争章卷详细记述抗战时期恩施作为湖北省省会、第六战区驻节地指挥中心发生的一系列重大历史事件，对抗日战争、恩施抗战历史研究具有较强的参考价值。州委书记、州人大常委会主任王海涛接受捐赠，向陈履安颁发捐赠证书，并赠送陈诚在恩施的照片。州、市领导刘芳震、谭文骄、向前进、苏勇、杨洪安等出席捐赠仪式。捐赠仪式结束后，陈履安还与州、市领导一起参观恩施抗战历史陈列馆。

9 月 24 日

【2009 年】恩施州第六届运动会历时 4 开时间，在州民族体育馆闭幕。来自全州 8 个县市及州直共 9 个代表队约 10000 余名运动员参加运动会。恩施市代表团取得 146 名金牌，273 枚奖牌，继续蝉联金牌总数第一、团体总分第一。同时，州六运会组委会还特别为

恩施市政府颁发承办贡献奖“鼎盛千秋”鼎一尊。

【2014 年】州委常委、州委政法委书记沙玉山深入市第一高级中学、土桥坝派出所、市特勤大队等地，就平安建设“百日行动”开展情况进行督办。市领导黄波、范荣陪同。

【2014 年】恩施市反恐防暴处突综合实战演练在火车站站前广场举行，市公安局反恐特警大队、治安、刑侦等部门的 130 名民警和铁路公安、卫生部门人员联合参加演练活动，充分展示反恐防暴专业力量建设的最新成果，表达全市公安队伍严厉打击恐怖暴力犯罪，坚决维护人民群众生命财产安全的坚定决心。市领导张渊平、黄波、黎昔品、范荣，州公安局反恐特警支队长夏烈军等现场观摩演练活动。

9 月 25 日

【2004 年】中国、法国、英国、意大利、美国等洞穴专家在英国伦敦召开国际洞穴研讨会宣布：在湖北恩施板桥镇与重庆兴隆镇交界处，发现世界最长地下暗河，其出口位于板桥境内。次日，国内外众多媒体同时播发该消息。7 月 29 日，中法探险队第五次至湖北与重庆交界的恩施市板桥镇，通过 12 天的探险，运用 GPS 卫星定位仪和示踪试验，在板桥发现暗河出口，准确地测出暗河长 50 公里，比过去公认的最长暗河——地苏暗河系统（位于广西壮族自治区东安县境内）长 10 多公里。龙桥暗河由此成为迄今为止地球上发现的最长暗河。

【2012 年】国家教育部机关党委副书记、纪委书记王家勤率调研组，深入市小渡船中学、施州民族小学等处，就民族地区教育发展情况调研。州、市领导段超、张献宏等陪同。

【2013 年】国家督学、厦门市政府教育督导室主任陈江汉率评估组一行，深入市硒都民族实验小学、市实验小学、市第三实验小学、龙凤镇二坡村小学、新塘乡中心小学、舞阳中学、书院中学、新塘乡民族初中、屯堡乡初级中学、板桥镇中心小学等地，督导评估恩施市推进义务教育均衡发展工作，至 26 日结束。市领导胡平江、管书华、金德钧陪同。

【2014 年】省人民防空办公室主任杨世友率调研组赴恩施市，深入市矿山救护队、万福国际商贸城、恩施国际汽车城等地，就人民防空工作情况调研。州、市领导秦斌、杨局成、金德钧等陪同。

【2015 年】州委常委、副州长马尚云一行，至恩施大峡谷风景区，督办检查恩施大峡谷风景区国庆黄金周旅游筹备工作情况。市政府党组成员、恩施大峡谷风景区管理处主任王学渊等陪同。

【2015 年】中央统战部二局副局长张天昱，省委统战部副部长、省民族宗教事务委员会主任柳望春率联合督查组至恩施市，深入芭蕉侗族乡高拱桥村、市硒都民族实验小学等

地，就该市贯彻落实中央民族工作会议精神情况督查，至26日结束。州、市领导谭文骄、向前进、陈峣、杨洪安等陪同。

9月26日

【1983年】舞阳坝街道舞阳小学高级教师曾碧莹（女）出席在北京召开的中国妇女第五次全国代表大会，并当选为全国妇联第五届执委会候补委员。

【2007年】市八届人民政府举行第一次全体（扩大）会议，会议对前三季度经济和社会发展形势进行全方位的盘点，总结成绩，找出不足，安排部署下半年经济工作。市长秦斌、市委常委、常务副市长蔡平、市委常委、副市长肖家魁、副市长何慧、向仕莲、章言、童军、市政府党组成员黄敏、刘恩敏、曹云出席会议，市领导谭志国、李敏、周德金、向成舟应邀出席会。

【2010年】国家民委副主任吴仕民，深入芭蕉侗族乡枫香坡侗族风情寨，就少数民族地区经济社会发展进行考察。州、市领导张忠凯、陶军等陪同。

【2010年】在长阳县举办的省第七届少数民族传统体育运动会上，恩施市代表团获得金牌8枚、银牌5枚、铜牌13枚，共26枚奖牌，团体总分264分，金牌总数和奖牌总数、团体总分均排名第二，并获得体育道德风尚奖。

【2010年】全国检察新闻摄影“三有”检察文化建设研讨会在恩施市举行，至29日结束。中国检察日报社党委副书记、纪委书记刘金胜在开幕式上致辞。州、市领导谭文骄、王怀东等陪同。

【2011年】省政协主席杨松一行至恩施市，对旅游产业发展情况调研。州、市领导甘方谦、谭文骄、李春胜、刘志兵、张宇、李国庆等陪同。

【2011年】省委副秘书长张洪一行，深入恩施大峡谷风景区，对旅游资源和旅游产业发展等情况进行考察。市领导秦斌、胡平江等陪同。

【2012年】农工民主党恩施州委、武汉人福药业有限公司联合在市中心医院开展“同心建支点、同行促跨越”赠药活动，为该院捐赠价值80万元的药品。州、市领导刘青、陈卫平、邹炜、张献宏、向煦等出席活动。

【2013年】省社会主义新农村建设领导小组办公室主任贺曙光一行，深入芭蕉侗族乡高拱桥村，就新农村建设发展情况调研。

【2013年】州领导王海涛、董永祥、孔祥恩一行，深入龙凤镇综合扶贫改革试点，专题研究部署金龙大道、龙马生态休闲养生项目规划建设。市领导向前进、张渊平等陪同。

【2014年】省关心下一代工作委员会常务副主任周祖元率调研组赴恩施市，深入施州

民族小学、硒都民族实验小学、州中兴民爆总公司等地，就关心下一代工作情况调研。市领导洪波等陪同。

9 月 27 日

【1959 年】县公安局侦破屯堡“中国民主同盟党”反动组织案，抓捕首犯敖福扬等 9 人，缴获反革命纲领、伪造印信、假证明等 20 余件。

【1986 年】武汉市武昌区与恩施市结为友好市区。

【1996 年】市人民检察院检察科副科长黄光耀，被最高人民检察院追记一等功。

9 月 28 日

【嘉庆二年(1797)】白莲教首林之华窜至乐业坝，人皆逃匿。邑诸生，黄万全有剿贼陈耀川功，与民人黄振万以骂贼死。奉旨黄万全、黄振万俱准设主昭忠祠，并勒名于碑。

【1955 年】二区(白杨)三义乡三丰农业社会计瞿世焕(15 周岁)出席在北京召开的全国青年社会主义建设积极分子大会。15 时 07 分，在怀仁堂受到毛泽东主席接见。

【2010 年】副省长郭生练率省教育厅、省人口和计划生育委员会、省科技厅等部门负责人一行，深入六角亭街道头道水村、芭蕉侗族乡高拱桥村和枫香坡侗族风情寨、施州民族小学、市第一中学等处，就恩施“616”工程落实情况、计生以及教育工作调研。州、市领导张忠凯、吴红娅、李国庆、向仕莲等陪同。

【2014 年】在北京召开的国务院第六次全国民族团结进步表彰大会上，市政府被授予“全国民族团结进步模范集体”称号。

9 月 29 日

【1994 年】市政府作出《关于改革市对市直单位财政管理办法的决定》。

【1999 年】在国务院召开的第二次全国民族工作进步表彰会上，市人大常委会主任向诗才被授予“全国民族团结进步先进模范”称号。

【2002 年】省物价局以鄂价检〔2002〕194 号发文，对恩施市某实验小学乱收费案件查处情况进行通报。该小学采取自立项目收取借资款、社区教育服务费、捐资款、饮料费和保险费等合计总额 260761 元。事情披露后，引起省委高度重视，省委副书记邓道坤、省委书记俞正声相继作出批示。所收费用分别作出全额清退、按期偿还、补办手续和处以罚款

等处理,有关责任人给予行政处分。

【2010 年】国家统计局副局长谢鸿光、省统计局局长毛凤藻一行,深入崔家坝镇、九洲牧业有限公司等处,就全市经济发展情况及基层统计工作调研。州、市领导张忠凯、蔡平、谭祖明等陪同。

【2011 年】州委常委、常务副州长张忠凯一行,深入城区部分超市、酒店及建设工地,对人员密集场所及消防重点单位消防安全工作进行检查。市领导陶文胜等陪同。

【2011 年】副州长董永祥一行,深入原香精厂公租房、原玻璃厂火柴厂廉租房、耿家坪廉租房、许家坪机场隧道、航空路人行过街天桥等工程建设工地,对恩施市重点工程建设情况调研。市领导廖泽熙等陪同。

【2011 年】市审计局党组书记、局长杨穆应邀到省审计厅全省审计系统模范人员事迹报告会武汉主会场作先进事迹报告。杨穆在平凡工作岗位上,开拓创新、忠于职守、严格执法、吃苦在前、无私奉献,成为全省审计系统首次命名表彰的四位模范人物之一。州委书记肖旭明批示,要求州审计部门及恩施市委要在全州范围内对杨穆同志的先进事迹进行全面宣传,以表彰先进,弘扬正气,在治庸问责活动中体现出现实意义。

【2012 年】州委常委、常务副州长董永祥率州旅游委、州安监局、州公安局交警支队等单位负责人,深入恩施土司城风景区、恩施大峡谷游客接待中心、云龙河地缝等处,就“双节”期间旅游应急应对工作检查、督办。市领导向前进、张孝赤、廖泽熙、黎昔品等陪同。

【2012 年】《中国共产党恩施市组织史资料》(2004.01—2008.12)出版。编撰规模为66 万字,印数 800 册。

【2013 年】全国人大常委会法制工作委员会刑法室副主任雷建斌率调研组一行,深入市司法局、舞阳坝司法所和三岔乡司法所等地,调研恩施市社区矫正工作。市领导邵永政陪同。

【2015 年】省委组织部秘书长靳祖春一行至恩施市,深入恩施精准扶贫综合服务中心、龙凤镇双堰塘中心社区、龙马旅游风情小镇等地,调研龙凤镇综合扶贫改革试点工作情况,至 30 日结束。市领导向前进、苏勇、王兰英等陪同。

【2015 年】州委副书记、代理州长刘芳震,副州长张宇一行,至红庙污水处理厂、城市生活垃圾综合处理厂、中石油昆仑燃气恩施天然气站、恩施土司城风景区等地,就城市污水、垃圾处理项目建设,危化品、旅游景区安全监管等工作情况调研。市领导向前进、苏勇、罗永生等陪同。

9 月 30 日

【民国二十八年(1939)】日军飞机十八架于小渡船、赵家坝上空投弹数枚,炸死居民四人、重伤十人,轻伤二人,炸毁房屋九栋。

【民国二十八年(1939)】中华路德会福音堂医院遭日军飞机轰炸。后从薛家巷迁至窑湾。

【1999 年】在国务院召开的第三次全国民族工作进步表彰会上,市委书记曾祥国被授予“民族团结进步先进个人”称号。

【2008 年】国务院发展研究中心副主任(正部级)、国家财政部原部长金人庆,国家环保部副部长潘岳等一行至恩施大峡谷景区,对恩施市旅游产业的发展调研。州、市领导杨天然、朱惠民、谭文骄、秦斌等陪同。在州市领导陪同下调研。

【2010 年】市第八届人民政府第四次全体(扩大)会议召开。市长秦斌在会上作主题报告,市委常委、常务副市长蔡平主持会议,市“四大家”有关领导、恩施经济开发区有关领导等应邀参加会议。

【2011 年】中央专项彩票公益金支持乡村学校少年宫建设项目恩施州启动仪式在恩施市龙凤镇中心小学举行。省委宣传部机关工作处处长李悦,州、市领导杨陈清、王怀东等出席启动仪式。

【2011 年】副州长董永祥一行,到恩施大峡谷风景区,对景区项目建设及“十一”旅游黄金周期间的接待准备、景区规范化管理等工作调研。市领导李国庆等陪同。

【2015 年】副州长秦斌一行,至恩施远奕科技企业孵化器有限公司等地,就创新创业等工作专题调研。市领导郑晓斌等陪同。

【2015 年】9 时 28 分,恩施七里坪(罗家湾)220 千伏变电站一次性送电成功,标志着境内首座 220 千伏电压等级的 GIS 智能变电站建成投运。该工程于 2014 年 5 月开工,概算总投资 1.82 亿元,设计容量终期规模 3×180 兆伏安。

十　月

10 月 1 日

【1959 年】恩施城举行 2.5 万人参加的盛大集会游行,庆祝新中国成立 10 周年。专员石源在大会上讲话。

【1966 年】县印刷厂和专区印刷厂首次印刷《毛主席语录》和毛主席著作单行本。

【1969 年】大集区革委会主任申志扬赴北京参加中华人民共和国成立 20 周年国庆观

礼,受到毛泽东主席接见。

【1984 年】全市第二步“利改税”工作启动。

【1987 年】小渡船商场副食门市部主任李继炎被省政府授予“湖北省职工劳动模范”称号。

【2003 年】恩施市大龙潭水利枢纽工程开发公司、市政府举行工程截流仪式。该工程具有防洪、发电、城区供水、旅游、水产养殖等综合功能,总装机 3.60 万千瓦,库容 5200 万立方米。

【2011 年】国家人力资源和社会保障部副部长何宪至恩施市,先后深入恩施土司城、芭蕉侗族乡枫香坡侗族风情寨、恩施大峡谷风景区、清江画廊风景区等处进行考察,至 5 日结束。州、市领导杨天然、谭文骄、秦斌、李国庆等陪同。

10 月 2 日

【2005 年】瑞士国家卫生中心项目组组长卡斯帕先生和瑞士接赛尔医院骨科专家皮特博士一行 2 人考察降消项目。

10 月 3 日

【1955 年】县公安局破获双河桥反革命集团案,抓获潜伏的国民党京山联保主任、少校情报副科长赵力文等人(均遣送原籍地法办)。

【2010 年】全国人大常委会副委员长、民革中央主席周铁农,省政协副主席、省民革主委郑心穗,州人大常委会副主任、州民革主委杨兵一行,对恩施大峡谷风景区旅游产业开发及芭蕉侗族乡枫香坡新农村建设进行考察。州、市领导谭文骄、李明东等陪同。

10 月 4 日

【2011 年】省政协副主席陈天会一行赴恩施大峡谷风景区考察。市领导向前进等陪同。

10 月 5 日

【1984 年】市造纸厂麦草堆放不当再次自燃起火。与 9 月 18 日火灾,共焚毁麦草 180

万千克,造成直接经济损失 21.48 万元。

【1992 年】省政府批准建立湖北鄂西红庙经济开发区,恩施市红庙区公所为开发区驻地。开发区实行党委会、管委会、经济发展总公司“三位一体”体制,开发区面积 30 平方千米。24 日,州委批准成立中共鄂西红庙开发区委员会。28 日,开发区授牌暨新闻发布会在鄂西宾馆举行。红庙经济开发区是鄂西州唯一一个省级少数民族经济开发区。

【2010 年】国资委监事会主席李东序一行,深入恩施大峡谷风景区、梭布垭石林景区,对全市的旅游资源开发情况进行实地考察,至 6 日结束。市领导廖泽熙等陪同。

【2014 年】州委书记王海涛在副州长、州公安局局长汤文江、市委书记向前进等领导的陪同下,先后赴恩施市公安局 110 指挥中心、反恐特警大队,就国庆安保工作检查指导,并看望慰问节日执勤的民警。州公安局副局长、副市长、市公安局局长范荣等参加活动。

10 月 6 日

【1950 年】县大队驻板桥一排排长龙均国率领 15 名战士,在与恩施交界的奉节含瑞坝活捉瞿波平匪部恩施第一游击区第七纵队司令周绍穆。

10 月 7 日

【1980 年】全县举办地名普查培训班。参加地名普查 215 人,其中一级普查员 135 人。此举标志恩施县地名普查工作正式开展。

10 月 8 日

【1979 年】恩施县首届科学大会召开。大会对 56 项科技成果实行奖励。

【2001 年】三岔乡、龙凤镇,被中共中央宣传部、国家计生委授予“全国婚育新风进万家活动先进乡镇”称号。

【2003 年】恩施龙鳞宫风景区被国家水利部授予“国家水利风景区”称号。

【2010 年】州委副书记、州长杨天然,州委常委、副州长张忠凯,副州长曹毅及州政府秘书长吕金施一行,深入恩施民族高中工程工地,督促检查工程进度。市领导秦斌、何慧等陪同。

【2010 年】“激情省运 · 健康湖北”湖北省第十三届运动会“金龙泉啤酒”恩施州火炬传递活动起跑仪式在州城桥西广场举行。州、市领导曹毅、秦斌、向仕莲等出席起跑仪式。

【2011 年】州委副书记、州长杨天然一行到恩施大峡谷风景区，对景区重点建设项目进展情况调研。州、市领导谭文骄、秦斌等陪同。

【2015 年】中南民族大学党委书记陈达云一行至恩施市，就精准扶贫工作专题调研，至 10 日结束。市领导张渊平、陈哓陪同。

10 月 9 日

【1998 年】恩施市被省委、省政府授予“创建省级文明城市先进市”称号。

【2007 年】副省长郭生练一行先后深入市特校、小渡船中学、市计生服务站等单位调研。州委书记肖旭明、州委常委、常务副州长彭军、副州长曹毅、市委书记谭文骄、市长秦斌、副市长向仕莲等陪同。

【2012 年】副州长肖作文一行，深入三岔乡惠泽现代农业精细蔬菜基地、三岔烟草收购站（汾水收购组）、白杨坪乡熊家岩千亩茶园示范基地等处，就农业产业发展情况调研。市领导杨洪安陪同。

【2015 年】副省长任振鹤一行至恩施市，深入市精准扶贫综合服务中心、龙凤镇双堰塘村扶贫搬迁居民点、龙马村保扎片区、龙马风情小镇等地，就精准扶贫工作调研。州、市领导王海涛、刘芳震、孔祥恩、沙玉山、程水源、向前进、苏勇、张渊平等陪同。

10 月 10 日

【民国二十八年（1939）】湖北省临时省会田径运动会于恩施县举行。县人李东百获百米短跑第一名，刘明伦获百米自由泳第一名，简增富获二百米自由泳第一名，王伯寿获三级跳远第一名。

【民国三十四年（1945）】恩施县参议会成立。

【民国三十五年（1946）】中国国民党恩施县第二次党员代表大会召开。出席会议代表四十六人。

【1952 年】中共利川县委书记张子僚和其妻段兴芬及警卫人员赴省开会，途径屯堡乘木船至恩施，因船超载，行至三簸箕滩处翻沉。张一行 4 人与同船人员及船工 3 人同时遇难。

【1977 年】地委暨县委召开揭发、批判、控诉“四人帮”在恩施的帮派体系骨干分子和现行反革命分子罪行广播大会。会上宣布对两个“四人帮”帮派体系骨干分子、现行反革命分子依法逮捕。

【1986年】市委召开全市四级干部会议，至13日结束。贯彻省、州农村整党工作会议精神，决定集中3个月时间，在全市开展村级整党工作。

【1992年】恩施市化肥厂设计能力为4万吨的尿素工程动工。该工程总投资9610万元，上马后因地方自筹资金不到位而停工18个月，经贾志杰等省、州领导多次到工程现场办公解决资金缺口后复工，至1996年9月2日建成投产。

【2006年】副省长蒋大国带率省民政厅、省卫生厅、省民宗委等部门相关负责人到龙凤镇小龙潭村村务公开工作调研。州领导汤涛、周先旺、谭先振等陪同。

【2007年】全市扩大开放工作会议在小渡街道船会议中心召开，会议主要任务为传达和贯彻省、州扩大开放工作会议精神，研究部署恩施市对外开放和承接沿海地区产业转移工作，进一步加大招商引资力度，推动全市经济社会实现跨越式发展。市领导谭文骄、秦斌在家的市“四大家”领导及恩施经济开发区的领导出席会议。市委书记谭文骄在会上讲话，市长秦斌作主题报告，市委副书记、恩施经济开发区常务副主任郜志中主持会议。

【2008年】省政协副主席郑心穗一行，赴芭蕉侗族乡灯笼坝村、高拱桥村，就新农村建设工作实地调研。

【2013年】国家烟草专卖局副局长赵洪顺，省烟草专卖局局长、总经理赵全意一行，深入恩施现代烟草农业城郊基地单元、龙凤青堡现代烟草农业中心示范区等地，就烟草工作调研。州、市领导董永祥、李国庆、杨洪安陪同。

【2013年】副州长秦斌到恩施大峡谷风景区，就“十一”黄金周旅游工作调研。市政府党组成员、恩施大峡谷风景管理处主任王学渊陪同。

【2015年】州人大常委会副主任陈学明一行至恩施市，就市人大工作开展情况及《中华人民共和国预算法》实施等情况调研。市领导刘凡、王兰英、杨局成、侯萍、余秋红、张献宏等参加会议。

10月11日

【1989年】沐抚区境内发现流行性“出血热”，自即日起延续74天，发病49例，其中死亡10例。

【1991年】全国人大常委会副委员长费孝通一行到恩施市，考察民族经济状况。

【2007年】省发改委主任李宗柏一行深入至恩施市绿源污水处理厂调研。市委书记谭文骄、市长秦斌、市委常委、副市长肖家魁等陪同。

【2008年】中国硒资源开发利用研讨会在恩施富源国宾酒店开幕。会议主题为交流硒资源开发利用、硒产品开发及市场开拓方面的成功经验，研讨硒资源开发产业化和标准

化问题，发起并成立“中国硒资源开发协作组织”。省政协副主席郑心穗，中国营养学会常务理事、北京市疾控中心主任徐筠，州委副书记谭先振，市委书记谭文骄、市长秦斌等市领导出席本次研讨会开幕式。华中科技大学教授、博士生导师、省硒资源开发利用促进会理事长、省化学生物学与纳米药物重点实验室主任黄开勋，中国科学院地理科学与资源研究所研究员谭见安，华中科技大学教授高秋华等近20位国内知名专家、教授，国内部分企业家，以及来自贵州、陕西、湖南、广东、上海、黑龙江、江苏等省、市的代表参加研讨会。开幕式上，恩施市、紫阳县、开阳县先后就硒资源开发利用情况进行交流。

【2012年】州委副书记张忠凯一行，深入市社会管理创新办公室应急调度指挥中心，就社会管理创新工作调研。市领导胡平江、王兰英等陪同。

10月12日

【1992年】省政协副主席韩文卿一行至恩施市，就经济发展情况调研。

【2007年】省人大常委会副主任贾天增一行，先后深入民族广场、北门河坝、桥西广场等处视察市防洪工程。州、市领导记谭先振、陈亚平、朱惠民、谭文骄等陪同。

【2008年】由中央电视台、新华社、湖北电视台，湖北新闻网等媒体组成的采访团至板桥镇板桥社区、新田村部分农民家中和企业，对为民服务全程代理项目、程序等相关情况进行采访。板桥镇自2007年开始推行为民服务全程代理服务，群众只动嘴，干部去跑腿，搭建一个便民、公开、依法、免费、高效的平台。市委副书记李国庆等陪同。

【2010年】州委副书记、州长杨天然、副州长董永祥率参加恩施州重点县市旅游发展现场督办会的与会代表一行，就全市旅游发展情况进行参观考察。市领导秦斌、肖家魁等陪同。

【2012年】省人大原常委、省文联原主席、省楹联学会会长潘涛率检查组，深入白杨坪乡董家店村和鲁竹坝村、龙凤镇二坡村、三岔乡莲花池村、芭蕉侗族乡戽口村等处，就恩施市创建“湖北省楹联文化之市”工作检查、验收，至13日结束。市领导邹炜、张献宏、王国玮等陪同。

【2013年】省人大农业与农村委员会副主任委员高全明率省行评督查组一行，就人力资源和社保障系统行评工作情况调研。市领导洪波陪同。

10月13日

【2014年】恩施市中国共产党群众路线教育实践活动总结大会在市民之家四楼视频

会议室召开。省委第五督导组组长文成国,州委书记、州人大常委会主任王海涛,州委第一督导组组长吴耀先到会并讲话。市委书记向前进作总结讲话,市委副书记、市长李国庆主持会议。省委第五督导组副组长陈邦强及督导组其他成员,州委第一督导组副组长王新林及督导组其他成员,市"四大家"领导及恩施经济开发区班子成员,市法院、市检察院主要负责人,各乡镇、街道(办事处)党委书记,市直各部门党组织主要负责人,城区街道主任、纪委书记、组织委员及村(社区)党组织负责人,市委各督导组组长在主会场参加会议。各乡镇、街道(办事处)领导班子成员、村(社区)书记、主任及直属部门、企事业单位主要负责人在分会场参加会议。

【2015年】省农科院党委书记刘晓洪一行赴恩施市,深入龙凤镇二坡村山药品种对比试验基地、巨鑫农业设施蔬菜基地、尔军畜牧养殖专业合作社、二坡农业合作社蛋鸡示范场等地,就精准扶贫工作情况调研。市领导张渊平等陪同。

10月14日

【1984年】在全国第一届伤残人运动会上,市二中学生徐芳以截A型二级跳高1.6米创全国纪录,荣获金牌。

【1998年】省政府批复同意市政府和咸丰县、鹤峰县、宣恩县政府行政区域界线联合勘定协议书。

【2010年】国务院法制办公室行政复议司地方处处长张越率专项检查组一行,检查指导行政复议工作。市领导蔡平等出席汇报会。

【2011年】"东风汽车公司'616'工程对口支援恩施市环卫设施设备建设项目签约仪式"和"东风汽车公司万亩生态林碳平衡基地项目启动仪式"在恩施市举行。东风汽车公司与恩施市达成《东风汽车公司"616"工程对口支援恩施市环卫设施设备建设项目框架协议》,并签订《万亩生态林碳平衡基地项目协议》。东风汽车公司党委常委周强,东风商用车公司副总经理、深圳东风汽车有限公司董事长徐天胜,东风汽车股份有限公司党委副书记、纪委书记郑加坤,州、市领导谭文骄、沙玉山、秦斌、李国庆、陈江龙、刘羽等出席签约仪式。

【2012年】科技部火炬中心创新型产业集群处处长张峰海一行至恩施市,深入聚硒康农业科技有限公司、圣峰药业有限公司等处,就科技企业发展情况调研,至15日结束。州、市领导孙宇鹏、尹剑等陪同。

【2015年】国家民委经济发展司统计监测处处长朱卫东一行赴恩施市,深入屯堡、沐抚、龙凤等地,就民贸民品企业、民族文化、电脑农业、特色村镇等工作情况考察调研。市

领导陈峣等陪同。

10 月 15 日

【1993 年】州政协副主席刘元香一行至恩施市,就市文化馆现场办理“整顿文化市场”的提案进行督办。副市长吴武元等陪同。

【2007 年】州腾龙水泥有限责任公司日产 2500 吨水泥熟料干法旋窑生产线带纯低温余热发电项目在芭蕉侗族乡天桥村砂子坡组破土动工。该项目总投资 2.28 亿元,日产 2500 吨水泥,计划于 2008 年 10 月竣工投产。工程分两步实施,首期工程年产水泥熟料 77.5 万吨;二期工程为纯低温余热发电,装机 4500 千瓦。州政协副主席张龙光、恩施市委书记谭文骄、市长秦斌等出席开工仪式。

【2009 年】武汉中百集团恩施仓储超市总部暨恩施物流项目在恩施经济开发区奠基。项目拟投资 1 亿元。省商务厅厅长周先旺以及武汉市商务局负责人,州、市领导杨天然、瞿赫之、陶继东、谭文骄、秦斌、郜志中等领导出席奠基仪式并为该项目奠基。

【2010 年】中共中央对外联络部原副部长李北海一行,深入芭蕉枫香坡侗族风情寨、恩施大峡谷风景区等处进行考察,至 16 日结束。市领导许强、陶军等陪同。

【2011 年】国务院安全生产委员会办公室副主任、国家安监总局副局长孙华山率安全生产督查组一行至恩施市,检查工业企业、道路交通、旅游景区安全工作,至 16 日结束。州、市领导沙玉山、秦斌、胡平江、廖泽熙等陪同。

【2012 年】“视力义检赠送眼镜活动”在小渡船中学启动。省关心下一代工作委员会率省教育科学研究所、省眼镜行业协会和部分爱心企业一行为恩施市中学生赠送万副眼镜,并免费为学生检测视力。省关心下一代工作委员会主任张道恒,州人大巡视员、州关心下一代工作委员会主任马春菊,市领导洪波、张献宏等出席活动。

【2013 年】省质监局标准处副处长宋军杰率领省考核验收组一行,深入芭蕉侗族乡,就茶叶栽培国家级农业标准化示范区项目考核验收。市领导杨洪安陪同。

【2015 年】恩施市精准扶贫工作现场推进会召开。市委书记向前进主持会议。会议要求,全市各乡镇、街道(办事处)要严格落实“四个一批”,保持定力、精准发力、持续用力,切实抓好各项工作落实。市领导苏勇、张渊平等出席会议。

【2015 年】恩施市举行“一起过上好日子”社会扶贫在行动募捐活动,号召企业及社会各界爱心人士帮扶困难群众,共募善款 1685.24 万元。州委副书记、代州长刘芳震出席并讲话,州政协副主席王继刚出席活动,市委书记向前进致辞。苏勇等市“四大家”领导,恩施经开发区领导班子成员;乡镇、街道(办事处)党委书记,市直相关单位主要负责人;企业

家及社会爱心人士参加活动。

10 月 16 日

【2002 年】市委书记曾祥国出席全国农业生态环境与农村可再生能源建设工作会议，并代表市委、市政府作题为《推进生态家园文明新村建设，加快山区经济社会全面发展》的典型发言。

【2006 年】恩施市 AAA 级旅游景区（点）的授牌仪式在恩施土司城举行，恩施龙鳞宫、土司城、梭布垭风景区分别获得 AAA 旅游景区授牌。

【2007 年】纪念第十五个“国际消除贫困日”暨扶贫济困募捐大会在桥西广场举行。大会现场募集善款人民币 16.59 万元。州、市领导张泽洲、蔡平、黄永耀、何慧、孟明星等出席大会。会后，所募善款给付全市贫困人员，用于改善他们的生产生活条件。

【2009 年】恩施大峡谷旅游公路在恩施市屯堡乡开工建设。该旅游公路被列入《鄂西生态文化旅游圈交通规划》的旅游公路项目，设计时速为 30 千米/小时的三级公路标准建设，预计投资 1.5 亿元，建设工期为 24 个月。州、市领导肖旭明、杨天然、刘顺辉、谭文骄、秦斌等出席开工典礼。

【2011 年】市领导干部大会召开。州委决定向前进任市委委员、常委、书记及恩施经济开发区工委委员、书记；免去谭文骄市委书记、常委、委员及恩施经济开发区工委书记、委员，提名不再担任市人大常委会主任职务；提名李国庆为市长人选；免去秦斌市委副书记、常委、委员及恩施经济开发区第一副主任、工委副书记、委员，提名不再担任市长职务。

【2011 年】空军雷达学院政委黄宏一行，深入小渡船街道望城坡村、芭蕉侗族乡枫香坡侗族风情寨、恩施大峡谷风景区等处调研，至 19 日结束。州、市领导谭文骄、向前进、李国庆、黄秀武、廖泽熙等陪同。

【2012 年】省政府教育督导室副主任督学邓道玉一行至恩施市，深入新塘乡、白杨坪乡、崔家坝镇、龙凤镇等乡镇学校及部分市直学校，就义务教育均衡发展工作督导评估，至 17 日结束。市领导李国庆等陪同。

【2013 年】第四届中国硒资源开发与利用协作组织会议在湖南省桃源县举行，至 17 日结束。恩施市作为组织成员代表应邀在中国硒资源开发利用协作会议论坛上作交流发言，州、市领导檀坤华、赵萍出席会议。

【2014 年】省政协副主席陈天会，省政协副秘书长胡礼鸣，省民政厅厅长彭军一行赴恩施市，深入州文化中心、华硒物流园、华硒生态园、龙凤镇爱特家养老院、龙凤镇社会福

利院等地，就经济社会发展及养老服务体系建设情况调研。州、市领导王海涛、甘方谦、刘志兵、向前进等陪同。

【2015年】恩施市召开“六城”同创工作推进会，集中传达州“六城”同创现场推进会精神，通报全市“六城”同创“十大工程”“十项行动”推进情况及工作中存在的问题，部署下步工作。市委书记向前进主持会议。

10月17日

【1957年】15时30分，三岔区和湾街发生重大火灾。全街房屋296间和卫生所、学校、供销社、粮店及仓库3处悉数被焚毁，重伤4人、轻伤24人，损失粮食11万公斤，经济损失折款10万元。县公安局迅速破案，依法查办火灾责任人郭某集。

【2005年】渝鄂湘鄂部分县(市、区)人大工作联席会第31次会议在恩施市举行，至20日结束。重庆市武隆县、垫江县、黔江区，湖南省凤凰县、永顺县、龙山县、桑植县、吉首市，贵州省石阡县、沿河县、松桃苗族自治县、德江县、铜仁市及湖北省长阳土家族自治县、来凤县、宣恩县、咸丰县、利川市、恩施市等19个成员县(市、区)人大常委会的领导和工委负责人共120余人出席会议。

【2007年】市政府被省委、省政府、省军区表彰为“拥军优属拥政爱民先进单位”。

【2008年】市委七届四次全体(扩大)会议召开，讨论并通过《关于设立恩施市沐抚办事处的方案》。会议决定，设立恩施市沐抚办事处，为市政府派驻机构，受市政府委托，对恩施大峡谷风景区行政、经济及社会事务行使管理权，管辖范围为板桥镇的前山村和屯堡乡的大庙村、营上村、木贡村、高台村、沐抚社区，所涉及村(社区)建制及区域范围保持不变，驻地在沐抚集镇，与恩施大峡谷风景区管理处“一个机构，两块牌子”运行，其机构规模、行政职能、领导职数、人员编制及经费预算比照城区街道办事处设置和运行。

【2008年】武陵山区湘、黔、渝、鄂边区畜牧兽医工作协作会第19次年会在恩施市召开，至20日结束。会议由恩施市政府主办。会议围绕如何加强协作会组织建设、充分发挥协作会组织作用，如何群防群控、联防联控重大动物疫病等问题进行探讨和交流。湖南省凤凰县畜牧水产局、重庆市酉阳县畜牧兽医局、利川市畜牧兽医局在会上作典型发言。会上，恩施市与宣恩县举行会旗交接仪式。州、市领导田凤培、李国庆等出席会议。

【2012年】参加湖北省武陵山试验区现场会的代表，深入华硒农产品批发市场和金龙大道、州文化中心、五指湖酒店、恩施孝感幼儿园等在建项目现场，就省直部门和孝感市对口支援恩施市的项目及恩施市部分在建重点项目参观考察。州、市领导董永祥、李国庆等

陪同。

【2012 年】省政协副主席陈柏槐一行，深入恩施大峡谷风景区考察。州、市领导陈卫平、刘羽、向煦等陪同。

【2013 年】中华建设党主席、易康富生物科技有限公司董事长、长荣国际游艇有限公司董事长王格琦率台湾经贸考察团一行，深入龙凤镇吉心村，考察农业产业发展情况。市领导王国玮陪同。

【2014 年】恩施市举行学习贯彻州委六届七次全会精神暨落实“两个责任”报告会。州委理论宣讲团成员、州环保局副局长秦进对州委六届七次会议精神进行解读；州纪委常委王新林就落实“两个责任”进行专题宣讲。市委书记向前进主持会议。市领导李国庆、郑晓斌、张渊平、万雪峰、杨局成、黄秀武、陈峣，市直正科级单位、城区街道主要负责人和分管负责人在主会场听取报告，其他各乡镇在分会场以视频会形式收听收看报告会。

【2014 年】省武警总队参谋长高仕军、省公安厅监管总队副总队长万相世赴恩施市，就看守所监所安全进行检查。

10 月 18 日

【宣统三年（1911）】祁顺德，恩施县人，第一镇二协三标一营右队一排二棚士兵，武昌起义时随队攻击刘家庙，敌兵败北，追至三道桥铁路附近，中弹殒命，时年三十八岁。

【1991 年】恩施市土地资源详查工作在龙凤镇试点的基础上全面展开。

【1997 年】波音 737 客机在恩施许家坪机场顺利起降，试飞成功。翌年 1 月 16 日，机场荣获 4C 级机场认证。

【1998 年】恩施市持续干旱，至翌年 3 月 5 日，计 136 天，致多条河溪断流，多数堰塘干枯，电厂被迫停产或半停产，人畜饮水困难，冬播粮油作物和蔬菜大部分干死，农业生产严重受损。

【2002 年】日本国际协力银行驻中国北京代表王韫到恩施考察大龙潭移民安置工作。

【2008 年】恩施市大龙潭水库生态流量工程投入试运行。该工程为补充和完善大龙潭水利枢纽工程的生态环境功能而建，总投资 1180 万元。于 3 月 15 日动工，10 月 15 日通过验收，工程利用大龙潭水库大坝 8 号坝段供水口通过压力钢管输送到水轮机进行消能下汇，达到省水利厅提出的向下游清江河段泄放 6.95 立方米/秒生态流量的要求。州、市领导于德海、李春胜、秦斌、李国庆等出席该工程试运行启动仪式。

【2011 年】恩施华硒农产品批发交易市场开业暨土家女儿城奠基仪式举行。商务部

驻湖北特派员林萱，省商务厅副厅长李为群，州、市领导杨天然、谭文骄、董永祥、陈晓燕、向前进、李国庆等出席开业庆典和奠基仪式。

【2011 年】州委副书记、州长杨天然，州委常委、常务副州长张忠凯，副州长曹毅一行，深入至恩施市第三中学，调研新校区建设和运转情况。市领导李国庆等陪同。

【2011 年】省委第一巡视组至恩施市，对经济社会发展情况进行回访和指导，至 19 日结束。市领导向前进、郜志中、刘凡、刘羽等陪同。

【2012 年】国家教育部党组成员顾海良一行，深入恩施大峡谷风景区考察。州、市领导黄实海、郜志中、邹炜等陪同。

【2012 年】省社会管理综合治理委员会委员、省民族宗教事务委员会主任谭徽在，省民族宗教事务委员会党组书记、副主任柳望春一行至恩施市，深入市社会管理创新办公室应急调度指挥中心、小渡船街道民族路社区、六角亭街道胜利街社区等处，就社会管理综合治理工作调研。州、市领导段超、黄秀武等陪同。

【2013 年】省综治委委员、省民族事务委员会主任柳望春一行，深入龙凤镇吉心村和龙凤社区、市公安局等地，就政法综治工作和平安法治建设工作调研。市领导胡平江、张孝赤陪同。

10 月 19 日

【宣统三年(1911)】袁上培，恩施县人，第一镇二协三标二营右队一排三棚副目，武昌起义时在汉口刘家庙阵亡，时年十九岁。

【1964 年】全县初步“四清”运动在 10 个区、116 个公社、515 个大队、4411 个生产队中全面铺开。县成立社教团，区成立社教分团，公社成立社教工作队，大队成立社教工作组，组织社教工作队员 1814 人(其中省直 262 人、地专 78 人)。地委副书记赵文华、省委宣传部副部长密加凡分别在屯堡区的联合公社和白果区的新街公社蹲点，对全县初步“四清”运动进行具体指导。

【1966 年】恩施燕子公社办起共产主义大学。8 月中旬开办，9 月办 4 期，10 月将办 3 期，主要组织农民学习毛主席著作，请仇大苦深的老雇农、贫农进行回忆对比。

【1990 年】市委、市政府作出《关于发展农村区域性支柱产业的决定》。

【2003 年】15 时 10 分，双龙客运有限公司何开祥驾驶鄂 Q11038 号胜利牌小型客车，从城区挂榜岩车站行驶到环城路 1 千米处(旗峰坝)时，与迎面驶来的李周驾驶鄂 Q13429 号川路牌农用车相撞，发生特大交通事故，致 4 人当场死亡，2 人因抢救无效死亡，9 人受

伤。

【2007 年】省经委主任欧阳万坤一行先后到华新水泥责任有限公司、圣峰药业有限公司、金叶烟草公司以及正在建设中的硒都工业园和经济开发区标准厂房施工现场调研。副州长王建民、市委书记谭文骄等陪同。

【2008 年】位于三岔、新塘两乡交界处的风水河大桥通车。该桥是清江水布垭电站水库淹没区交通复建工程子项目之一，距恩施市城区 30 余千米。大桥全长 467.73 米。

【2010 年】省科协党组书记、常务副主席曲颖一行，就全市“科普示范助力新农村行动计划”“科学素质行动”等科普工作进行专题调研。州、市领导陶继东、李国庆、陶军等陪同。

【2011 年】省政协常委、省政协港澳台侨和外事委员会副主任、昌化行企业投资有限公司董事长马有恒一行，深入恩施大峡谷风景区、芭蕉侗族乡灯笼坝村茶叶基地和恩施市润邦国际富硒茶业有限公司，旅游资源和茶叶发展等进行考察，至 21 日结束。州、市领导李春胜、刘志兵、赵萍等陪同。

【2012 年】州委、州政府 2012 恩施·广州投资推介会召开。恩施市在该次推介会上共签订招商项目 4 个，分别为硒都大药谷项目、恩施物流港建设项目、大兴庵林场养生之都项目、富硒矿泉水项目，合同总金额 22.5 亿元。

【2013 年】市社会福利院在全国老龄工作委员会办公室主办的首届“敬老文明号”评选活动中，获得全国“敬老文明号”称号。

【2013 年】21 时 30 分，中央电视台 13 频道《新闻调查》栏目播出题为《整酒》专题片，介绍恩施市狠刹整酒风的做法。9 月下旬，央视新闻调查栏目组一行 4 人先后到红土乡、沐抚办事处、龙凤镇等地走访调查，进行为期半个月的采访拍摄，并制作时长 45 分钟的恩施市禁整无事酒新闻调查专题片。

【2015 年】市委书记向前进主持召开恩施市 2015 年第二十次市委常委（扩大）会议，研究部署当前相关工作。会议听取恩施市“十三五”国民经济和社会发展规划基本思路的汇报；听取全市司法体制改革工作汇报；听取全市基层党建有关工作汇报；开展“三严三实”第三次专题研学；学习王岐山在纪检监察干部监督工作座谈会上重要讲话精神和《中纪委关于六起违反中央八项规定精神问题的通报》《省纪委关于四起落实党风廉政建设主体责任不力典型案件的通报》，研究全市第三轮巡查工作相关事宜；研究有关干部处分事宜；研究干部人事任免。苏勇等市“四大家”领导、恩施经济开发区领导班子成员参加会议。

【2015 年】州人大常委会副主任、州“六城”同创指挥部副指挥长涂元玲一行，深入松树坪二手车交易市场、六角亭街道龙麟宫路、舞阳坝街道东风大道、小渡船街道机场路社

区等地,就“六城”同创工作开展情况进行督查。市领导蔡万高等陪同。

10 月 20 日

【民国二十一年(1932)】国民党为围剿红军和加强统治,在豫鄂皖三省设行政督察区。恩施县划归湖北省第十行政督察区(简称第十行政区)管辖,为专员公署(简称专署)驻地,实行专员兼县长制,县府业务概由专署兼理。十区专员兼保安司令蔡继伦兼任恩施县县长。杨澧离任。

【1963 年】新西兰共产党代表、亚洲及太平洋地区联络委员会委员路易·爱尼至五峰山公社灯塔大队、金子公社五大队(龙洞)及叶挺被囚禁旧址参观访问。县委副书记刘新顺陪同。

【1966 年】县委根据中共八届十一中全会通过的《中共中央关于无产阶级文化大革命的决定》(即《十六条》),成立恩施县“文革”小组,县委副书记徐成根任组长,县委常委、县长苏大章任副组长。

【2005 年】瑞士国家卫生中心项目组组长卡斯帕一行至恩施市中心医院,就该院利用瑞士政府购置医院设备项目进行评审验收。

【2007 年】省财政厅厅长罗辉一行深入芭蕉侗族乡灯笼坝村就新农村建设和茶叶产业化生产调研。州财政局局长邓正平、市委书记谭文骄等陪同。

【2012 年】“恩施旅游孝感月”推介会在孝感市举行。市领导张渊平、侯萍等出席会议。

【2015 年】省委第三巡视组副组长张家林一行至恩施市,开展督查回访工作,检查巡视反馈意见整改落实情况,至 23 日结束。市委书记向前进代表市委汇报有关工作情况。市领导苏勇、郑晓斌、张渊平、刘凡、刘羽、王兰英、黎昔品等参加会议。

10 月 21 日

【2009 年】市人大常委会常务副主任李明东率部分人大常委会组成人员和人大代表,就全市推进全民创业的具体政策、工作措施、重点行业、先进典型等工作情况进行视察。全市各类市场主体发展到 2.23 万户,注册资本 34.00 亿元;规模以上企业达 53 家,个体工商户 1.91 万户,从业人员 2.58 万人,申报注册资本金 5.00 亿元,农民专业合作社 77 户,资金 1944 万元。

【2011 年】在全省水利工作会议上,省政府授予恩施市 2011 年度全省农田水利建设

“大江杯”奖。

【2011 年】省政协副主席、农工党湖北省委主委周宜开率省政协农工党界别调研组至恩施市，对推进全省武陵山少数民族地区经济社会发展相关问题进行专题调研。市领导向仕莲、向成舟等陪同。

【2011 年】荷兰海尔德兰省国际事务部主任杨培德一行，深入恩施润邦国际富硒茶业有限公司、怡茗有机茶叶公司、巨鑫现代农业开发有限公司等处，考察恩施市特色农业发展、产品加工销售等情况。市领导陶军等陪同。

【2012 年】台湾新同盟会会长许历农率台湾退役将领湖北参访团，在省政协副主席、民革湖北省委主委郑心穗的陪同下，至恩施市参观访问。州、市领导杨兵、李国庆、刘羽等陪同。

【2014 年】州委常委、州委组织部部长周静率专家组一行，深入六角亭街道、芭蕉侗族乡等地，就“湖北党建论坛——基层治理现代化与创新基层组织工作制度专题研讨会”恩施市现场点筹备工作情况进行检查。市领导王兰英陪同。

10 月 22 日

【1985 年】14 时 30 时，武（汉）恩（施）航班一架英制 360 型客机在恩施机场降落时冲出跑道 49 米，撞倒机场围墙和市林业局房屋，致乘客 21 人、机组 4 人受伤，飞机报废。嗣后，恩施机场停航。

【2003 年】市民族文工团创作排练的土家歌舞小品《茶山春》，在中国首届农村题材文艺作品决赛中夺得表演一等奖和创作一等奖。

【2006 年】美国新泽西理工大学教授、国际茶叶科学文化研究会常务副会长王致远、马来西亚湖北同乡会会长、安嘉爱生物集团执行总裁张麒麟等一行 6 人到芭蕉侗族乡灯笼坝村就茶叶产业化、富硒茶的生产加工以及新农村建设进行参观考察。副州长童章舜等陪同。

【2007 年】恩施州农村党员干部现代远程教育电信模式接收站点在恩施市开通。

【2009 年】新华社湖北分社社长冯诚、常务副社长唐卫彬一行到恩施市考察，了解恩施旅游资源和民俗文化，并就恩施旅游文化的对外宣传情况调研。

【2010 年】全市学习贯彻中共十七届五中全会精神会议召开。州委常委、市委书记谭文骄主持会议并讲话。市长秦斌传达中共十七届五中全会有关精神。会议审议通过《中共中央关于制定国民经济和社会发展第十二个五年规划的建议》。

【2013 年】市委书记向前进主持召开市委常委（扩大）会议，传达学习贯彻州委六届五

次全会精神，组织学习州委书记、州人大常委会主任王海涛所作的题为《实施产业化城镇化双轮驱动，努力开创恩施综合扶贫改革发展新局面》的主题报告。市“四大家”领导、恩施经济开发区班子成员、市人武部政委、市法院院长、市检察院检察长参加会议。

【2015 年】市人民法院作出判决，香港男子吴某因犯组织、领导传销活动罪，判处有期徒刑 4 年，并处罚金 2 万元，依法追缴吴某违法所得 180 余万元。为恩施市首例网络传销案宣判。

10 月 23 日

【1985 年】恩施市地甲病控制标准达到省定目标，经省验收团验收合格。

【2000 年】省政协副主席蒙美路一行至恩施市，就民族文化遗址等工作实地考察。

【2008 年】湖北省二类城市语言文字工作评估团开始对州城语言文字工作进行评估验收。评估团通过听、看、查、谈及问卷调查等方式，对州城内一条示范街道（东风大道）和包括党政机关、学校、新闻媒体、公共服务行业在内的 18 个相关单位进行评估。评估内容包括语言文字综合管理、普及普通话和社会用字管理等方面。

【2011 年】副州长董永祥一行，深入城区亲水走廊、清和园广场、州城规划展览馆、风雨桥、凤凰山森林公园、华硒农产品批发交易市场、州文化中心和硒都茶城建筑工地，进行检查、指导。市领导李国庆、刘凡、万雪峰等陪同。

【2013 年】州领导杨天然、谭文骄、秦斌一行调研恩施土家女儿城。市领导李国庆、廖泽熙陪同。

【2014 年】省供销社副主任黄实海率调研组赴恩施市，深入龙凤镇杉木坝村级综合服务社、新旺家禽养殖专业合作社种鸡孵化场，就供销工作情况、再生资源产业园筹建、茶产业园建设和村级电子商务平台等项目建设情况调研，至 24 日结束。州、市领导陈晓燕、向前进、郑晓斌、张渊平等陪同。

【2015 年】市领导杨局成、黄波、谭也平一行前往贵阳市参加首届世界众筹大会，至 26 日结束。恩施市在世界众筹大赛网上挂牌有 33 个众筹项目，其中筹资超过 1.8 万元满标项目 17 个，并成功进入大赛 500 强。

10 月 24 日

【1970 年】屯堡区中渡口渡船超载翻沉，致 27 名驾乘人员遇难。

【1976 年】恩施山城 2 万余军民集会游行，庆祝华国锋任中共中央委员会主席、中共

中央军事委员会主席；庆祝中共中央粉碎王洪文、张春桥、江青（女）、姚文元反革命集团。

【1978 年】龙凤公社喻家河电站引水渠三门洞段土石方坍塌，致红旗（双堰塘）大队 3 名女社员遇难。

【2003 年】市政府作出《关于加快旅游业发展的决定》。

【2011 年】省住房和城乡建设厅副厅长袁善谋率省城市管理考察组，深入亲水走廊、清和园广场、州城规划展览馆、风雨桥、凤凰山森林公园、华硒农产品批发交易市场、州文化中心和硒都茶城建筑工地等处考察。州、市领导董永祥、李国庆、廖泽熙等陪同。

10 月 25 日

【1990 年】舞阳中学被国家教委、国家体委授予“国家体育锻炼标准先进单位”称号。

【1998 年】省政协副主席韩南鹏率省政协常委、民族宗教委员会主任袁仲由，省政协常委、民族宗教委员会副主任汪长俊，省政协副秘书长李云广等领导组成的省政协农业产业化调查组，至恩施市就农业产业化建设调研，至 28 日结束。

【2007 年】省农业发展银行行长丁伟一行至恩施市桂花树变电站建筑工地、金叶烟草公司，就恩施市经济发展情况调研。市长秦斌、副市长章言等陪同。

【2007 年】龙凤坝 220 千伏变电站投产，并接入 500 千伏恩施变电站。此举标志着恩施电网已整体接入 500 千伏系统运行。

【2008 年】国务院扶贫开发领导小组办公室主任范小建，省委常委张昌尔等一行至龙凤镇龙马村、芭蕉侗族乡灯笼坝村，就扶贫开发工作调研。州、市领导肖旭明、谭先振、李国庆、蔡平等陪同。

【2010 年】国家教育部副部长、总督学陈小娅一行，深入施州民族小学调研。州、市领导陶继东、秦斌等陪同。

【2011 年】国家发展和改革委员会社会司副司长刘宇南率调研组一行，深入市中心医院、市福利院、舞阳坝街道社区服务中心、市第二中学等处，就基本服务均等化政策实施情况调研。州、市领导刘青、张渊平等陪同。

【2011 年】市军休所军休干部胡全治家庭被民政部授予“和谐军休家庭”称号。恩施州仅此一家。

【2011 年】省人力资源和社会保障厅厅长邵汉生一行，深入小渡船街道大桥路社区、湖北思乐集团、芭蕉侗族乡人社服务中心等处，就人力资源和社会保障调研，至 26 日结束。州、市领导张忠凯、沙玉山、李国庆、张渊平等陪同。

【2011 年】由中国画报协会、省委宣传部、省文联、省旅游局、州政府主办，州委宣传

部、湖北画报社承办的“灵秀湖北——全国百名摄影家走进武陵山”摄影采风活动在恩施市举行。来自人民画报社、解放军画报社、民族画报社等34家全国及各省市和行业画报社的近百名摄影家，深入芭蕉侗族乡枫香坡侗族风情寨、恩施大峡谷风景区等处，对恩施市风土人情和自然景观等进行采风，至26日结束。市领导向前进、李国庆、部志中等陪同。

【2012年】州政协副主席杨兵率调研组，深入恩施圣峰药业有限公司、弘翔药业有限公司、九州通药业有限公司、恩施和诺生物工程有限责任公司、州农科院清江生物公司等处，就中药材发展情况调研。市领导王国玮陪同。

【2012年】省人大常委会党组副书记、副主任任世茂率调研组至恩施市，就农村道路建设、旅游景区建设等调研，至26日结束。州、市领导瞿赫之、向前进、李国庆、刘凡、洪波、管书华等陪同。

【2012年】省诗词学会常务副会长向进青率省检查组，深入市“四大家”机关、市检察院、市审计局、市文体局、施州民族小学、舞阳坝街道、六角亭街道、六角亭街道书院社区、龙凤镇二坡村、芭蕉侗族乡戽口村、亲水走廊等处，对全市创建“荆楚诗词之市”工作进行检查验收。市领导邹炜、朱卫东、张献宏、王国玮等陪同。

【2013年】省统计局局长李克勤到市深入小渡船街道、恩施土家女儿城、武陵国际装饰城、恩施锦华纸业有限责任公司等地，调研恩施市统计工作。州、市领导秦斌、李国庆、郑晓斌陪同。

10月26日

【2006年】应美国洛杉矶高等法院邀请，市法院党组书记、院长刘茂仕参加湖北法院代表团赴美考察。

【2007年】全省2007年路灯年会在恩施市召开。全市路灯总数为1.03万盏，总功率853.34千瓦，实现城区路灯全覆盖，城市亮化整体水平全面提升。

【2008年】东方航空武汉公司在富源国宾酒店举行新闻发布会并在恩施机场举行首航仪式。省旅游局副局长操福善，州、市领导肖旭明、李国庆等以及东航武汉公司、恩施机场公司有关领导，来自北京、上海、武汉三地的近40家旅行社负责人和省、州、市新闻界的朋友等出席首航仪式。

【2008年】15时50分，东方航空公司一架波音737－800型客机从恩施机场起飞，直航首都北京，机上乘坐的170多名旅客有幸成为首航的第一批乘客。

【2010年】州委副书记、州长杨天然一行，深入芭蕉侗族乡戽口村、灯笼坝村等处，就

新农村建设情况调研。市领导秦斌等陪同。

【2012 年】湖北银行行长段银弟一行，深入城区时代家居城、思乐集团等处，就恩施市中小企业发展情况调研。市领导李国庆、陶军等陪同。

【2012 年】湖北稻花香集团工会副主席、稻花香酒业公司副总经理王心高率考察团至恩施市，就稻花香集团恩施市产业园项目进行实地考察，至 27 日结束。市领导李国庆、郜志中、黄波等陪同。

10 月 27 日

【宣统三年（1911）】康云鹏，恩施县人，第一镇二协三标二营右队三排排长，武昌起义时随队攻打歆生路，被弹击毙，时年三十五岁。

【2006 年】谭文骄任市委书记，吴希宁任州委副秘书长，免去其市委书记、恩施经济开发区工委书记职务。秦斌任市委副书记，提名为市政府市长人选，程贤文调省直部门工作，免去其市长、恩施经济开发区主任职务。

【2010 年】市施州民族小学、市政府应急管理办公室被省政府表彰为全省应急管理工作先进集体。

【2012 年】省民政厅检查验收组一行至恩施市，就创建"全省模范光荣院"工作进行检查验收。市领导陶军陪同。

【2013 年】州委副书记、常务副州长董永祥到华中药用植物园、龙凤镇综合扶贫改革试点等地，就华中药用植物园园区建设及龙凤试点项目建设情况调研。市领导向前进、洪波、杨洪安陪同。

【2015 年】省地税局局长杨天然一行至恩施市，深入市地税局、龙凤生态城、好又多华硒物流园等地，就税收征管、纳税服务、地税文化、干部队伍建设等工作情况调研。市领导苏勇、杨局成等陪同。

10 月 28 日

【宣统三年（1911）】在武昌首义影响下，驻施清军三十二标第三营管带李汝魁召集恩施城绅商军学各界人士会议，宣布施南府反正，响应武昌首义，归顺湖北军政府。

【1978 年】地区行署批转地区建委《关于恩施城镇主要道路规划报告》，恩施城道路规划为主要干道 4 条，即东风大道、舞阳大道、航空路、清江路，宽度 20 ~ 34 米；次要干道 9 条，宽度 14 ~ 20 米；街坊道路为 10 ~ 14 米。

【1982 年】中国共产党恩施县第六次代表大会于清江电影院召开，至 11 月 2 日闭幕。出席代表 372 人。大会选举产生中共恩施县第六届委员会委员 28 人，候补委员 3 人和出席省党代会的代表。六届一次全委会议选出县委常委 11 人，郭同新任书记，胡元春（土家族）、柳昌权任副书记。同时选举产生县纪委委员及常务委员。

【2011 年】第二届硒与环境和人体健康国际会议·恩施富硒茶与人体健康论坛在恩施市开幕。州、市领导陶继东、向前进、李国庆等应邀参加开幕式。会前，与会中外专家一行 25 人，到新塘乡深入双河渔塘坝独立硒矿床参观考察。

【2015 年】2015 中国恩施大峡谷热气球挑战赛暨热气球旅游节在恩施大峡谷风景区启动。省政协副主席王振有出席活动并宣布 2015 中国恩施大峡谷热气球挑战赛开幕，州委常委、副州长马尚云致辞，市领导杨洪安、王学渊出席开幕式。

【2015 年】市委书记向前进主持召开市委常委会（扩大）会议，传达学习州委六届八次全会精神，部署当前重点工作。会议还就贯彻落实州委六届八次全会精神的学习宣传工作进行安排。传达中共中央相关文件通报。集中学习新修订的《中国共产党纪律处分条例》《中国共产党廉洁自律准则》中的重要精神。苏勇等市“四大家”领导，恩施经济开发区班子成员出席会议，各乡镇、街道（办事处）党委书记，市直单位主要负责人参加会议。

10 月 29 日

【民国三十三年（1944）】日军飞机轰炸恩施后山湾，造成十六人死伤，其中死亡五人、重伤九人、轻伤二人。城区六战区司令部驻地为日机轰炸的主要目标。

【2003 年】日本国协力银行贷款项目负责人到恩施市考察大龙潭移民安置工作。

【2003 年】州政协副主席刘元香率农科教调研组至恩施市，就农、科、教“三结合”开展情况调研。市领导甘立友、李明东等陪同。

【2004 年】省硒资源开发利用促进会第一次会员代表大会在恩施市召开，会议选举产生第一届理事会和省硒促会负责人，讨论并通过《湖北省硒资源开发利用促进会章程》《湖北省硒资源开发利用促进会财务管理办法》。省硒资源开发利用促进会第一次会员代表大会选出 34 名理事，选举华中科技大学教授、博士生导师黄开勋为理事长，选举市政协主席刘宗烈为常务副理事长。

【2008 年】中央检查指导组组长、全国人大常委、中华全国供销总社理事会副主任、党组成员周声涛，检查组副组长、全国政协常委、中宣部原副部长高俊良等一行到恩施市，就利用文艺形式宣传中共十七届三中全会精神和科学发展观，打造鄂西生态文化旅游圈，发

展旅游业等检查指导，至30日结束。市委副书记李国庆等陪同。

【2010年】全市勤政廉政歌咏大赛暨汇报演出落幕。市领导秦斌、陈江龙、李明东、刘羽、刘凡等出席。

【2011年】省民族和宗教委员会主任谭徽在一行，深入芭蕉侗族乡戽口村，考察侗族特色民居建设和产业发展情况。市领导张渊平等陪同。

【2011年】重庆市黔江区委副书记、区长吴忠率考察团，深入清和园广场、州城规划展览馆、风雨桥、湖北中烟工业有限责任公司恩施卷烟厂、恩施经济开发区标准厂房、州文化中心和硒都茶城建筑工地等处，就城市规划、建设与管理进行考察。州、市领导杨天然、沙玉山、李国庆、郜志中、等陪同。

【2012年】国家农业综合开发办公室处长李岩一行至恩施市，就2011年农业综合开发项目进行检查。市领导杨洪安陪同。

【2012年】国家民委专职委员兼财务司司长葛忠兴率调研组一行，深入六角亭街道胜利街社区、芭蕉侗族乡高拱桥村、施州民族小学等处，就全市基础教育、基层组织建设和民族团结进步等调研。州、市领导刘剑、朱卫东等陪同。

【2013年】全国政协教科文卫体委员会副主任、科技部副部长陈小娅率全国政协教科文卫体委员会、中国科协、科技部的专家学者一行，深入龙凤镇龙马村，开展科技下乡活动。州、市领导甘方谦、杨陈清、陈卫平、郑晓斌、刘羽等玮陪同。

【2013年】恩施市被省政府授予“金融信用县（市、区）”和“保险先进县（市、区）”称号。

【2013年】省国土资源厅党组成员、国土整治局局长陈新华率队一行，深入龙凤镇双堰塘村及龙马村等地，就龙凤镇综合扶贫改革试点社会经济及农村土地资源管理利用等情况调研，至30日结束。市领导向前进、郑晓斌、廖泽熙、王国玮陪同。

【2013年】州人大常委会副主任于德海率州督查组，到城区土家女儿城、奥山世纪城、恩施（万福）国际商贸城、恩施国际服装城、翔奥电器、鸥力服饰、长源轴承等地，就招商引资项目落户工作情况督查。市领导洪波、黄波、管书华陪同。

【2013年】国家教育部政策法规司副司长柯春晖一行，深入板桥镇中心小学、屯堡乡初级中学、硒都民族实验小学、施州民族小学等地，就教育教学和学校基础设施建设情况调研。市领导张献宏、林险峰陪同。

【2014年】省新闻出版广电局副局长鄢桃生、省政府政务督查室副主任陶军率督查组一行赴恩施市，就恩施“村村响”智能广播网建设情况进行检查。市领导杨洪安陪同。

【2014年】省基层治理现代化与创新基层组织工作制度专题研讨会在恩施州举行，至31日结束。恩施市为活动提供调研参观现场。省委常委、省委组织部部长贺家铁出席会

议并讲话。全国党建研究会会长虞云耀应邀参会。省政协原副主席、省党建研究会会长武清海,省委组织部副部长、省委老干部局局长、省党建研究会副会长杨汉军分别主持会议。州委副书记、州长杨天然致辞。会议期间,与会代表赴六角亭街道解放路社区、头道水村,芭蕉侗族乡枫香坡侗族风情寨农民专业合作社、寨湾村等地实地调研。州、市领导杨天然、董永祥、周静、向前进等陪同。

10月30日

【1988年】恩施市清江姊妹桥举行开工典礼。清江桥始建于1941年11月,原系木桥,后改建为混凝土结构桥。随着州城车流量增大,清江桥成为制约城区交通的"瓶颈"。恩施市申请州、省联合投资,紧靠原清江桥修建"姊妹桥",至翌年5月建成,8月完成对老桥的翻修,9月15日通车。

【1998年】恩施市"普九"工作经省政府"普九"评估验收团评估验收,至11月3日结束。7~12周岁适龄儿童入学率100%,初中在校学生入学率95.4%;辍学率小学为0、初中为2.3%;15周岁人口初等义务教育完成率99.3%,17周岁人口初级中等义务教育完成率90.1%,认定恩施市普及九年义务教育各项指标达到国家和省规定现阶段三类地区基本普及九年义务教育的标准。

【2004年】湖北清江沐抚大峡谷在武汉国际文化产业博洽会上正式向世人推出。大峡谷位于长江三峡附近的恩施市屯堡乡和板桥镇境内,为清江大峡谷中的一段,峡谷全长108公里,峡谷中百里绝壁、千丈瀑布、傲啸独峰、原始森林、远古村寨等景点众多。自然景区主要由大河扁风光、朝东岩绝壁、云龙峡瀑布、铜盆水森林公园、屯堡清江河画廊等组成。

【2005年】15时20分许,太阳河乡太阳矿业公司1号井发生安全事故,致2名作业人员死亡。死者雷某某、周某某均系该乡白果树村人。

【2010年】全省价格监测工作暨表彰会议在恩施市召开。

【2012年】州人大常委会常务副主任瞿赫之带领州人大评议调查组至恩施市,就恩施市"四个年建设"活动开展情况调研。市领导李国庆、胡平江、刘凡、洪波等陪同。

【2012年】芭蕉侗族乡被中国茶叶学会评选为"中国名茶之乡"。

【2014年】省环境科学研究院总工张斌率省"创模"评估组对恩施市创建"省级环境保护模范城市"工作进行中期评估,至31日结束。市领导李国庆等陪同。

10 月 31 日

【2007 年】恩施市在恩施宾馆召开“616”工程项目对接座谈会。来自省建设厅、省劳动就业局、省工商局、武汉大学、东风汽车公司、中国人民银行武汉分行等部门相关负责人以及部分州直对口单位和恩施市对口单位负责人参加座谈会。市及开发区领导秦斌、李明东、李敏、向仕莲、童军、尤连胜、刘恩敏出席座谈会。会议就如何落实湖北省《关于在民族县(市)实施“616”工程的实施意见的通知》精神,与恩施市政府及相关部门负责人进行广泛深入细致的研究。“616”工程即由“1 名省委省政府领导率领 6 个省直单位,对口支援一个县(市),每年办 6 件实事”。是湖北省在民族地区实施的一项德政工程,旨在加快少数民族地区发展步伐,缩小少数民族地区与发达地区的差距。

【2008 年】由中国汽车人才研究会理事长邵奇惠率领的全国汽车行业考察团一行 30 余人到恩施市考察。考察团成员中包括东风汽车公司副总经理李绍烛等嘉宾。东风汽车公司是全省“616”工程单位之一,对口支持恩施市发展。市李国庆、蔡平等陪同。

【2011 年】中共恩施市第八次代表大会在州民族礼堂召开,至 11 月 3 日闭幕。出席大会的代表应到 313 人,实到 304 人。市委书记向前进代表中共恩施市第七届委员会作《统筹城乡发展,推进绿色繁荣,勇当湖北武陵山经济社会发展试验区排头兵》的工作报告。市委副书记、代市长李国庆主持大会。市领导郜志中、刘凡、胡平江、万雪峰、张渊平、王兰英、张孝赤、黄秀武、邹炜等参加会议。市正县级以上离休退休干部代表,不是党代表的市人大、市政府、市政协的领导,乡镇、街道(办事处)、市直一级单位不是党代表的党政主要领导,部分民营企业家代表以及市直各单位副科级以上领导干部列席会议。大会以举手表决的方式,一致通过《中国共产党恩施市第八次代表大会关于中共恩施市第七届委员会工作报告的决议》和《中国共产党恩施市第八次代表大会关于中共恩施市纪律检查委员会工作报告的决议》。大会选出市第八届委员会委员和市纪委委员以及出席州第六次党代会的代表。市领导向前进、李国庆、郜志中、刘凡、胡平江、万雪峰、张渊平、王兰英、张孝赤、黄秀武、邹炜及大会主席团其他成员在主席台就座。市正县级以上离退休干部代表列席会议。州委驻恩施市换届督察组组长刘静和、成员周立春参加会议。

【2011 年】副州长董永祥一行,深入恩施大峡谷风景区,调研景区配套设施建设情况,并出席大峡谷旅游风情小镇建设项目评标会议。市领导张渊平等陪同。

【2014 年】中南财经政法大学新闻与文化传播学院党委书记赵楠一行赴恩施市,深入六角亭街道、舞阳坝街道、三岔乡和市文化体育局等,就基层文化阵地建设、非物质文化遗产传承与保护、传统文化挖掘等工作情况调研。市领导张伟等陪同。

十一月

11月1日

【2009年】凌晨0时许，恩施红庙地段发生一起特大交通事故，1辆日产天籁轿车车速过快，失控后撞在1辆大型铲车上，造成轿车内司乘人员5人死亡、3人重伤。

【2009年】市应急水源工程引水管道建设开工，工程预计在2011年2月完成。工程拟投资5500万元，全长7600米，最大饮水量可达19.2万吨/日。

【2010年】全市第六次全国人口普查工作启动。2849名指导员和普查员进行入户登记工作。州、市领导张忠凯、蔡平等参加启动仪式。

【2011年】《恩施大峡谷客运索道可行性研究报告》评审会在恩施市召开。州、市领导董永祥、张渊平等出席会议。

【2012年】《恩施市志》(1983—2003)由市政府首发。该志时间上限为1983年，下限为2003年，系统记载自恩施县、市合并以来21年间自然、政治、经济、文化、社会、人物诸多方面的变化和发展情况。由湖北人民出版社出版发行，志书规模为120万字，历时7年编纂而成。

【2012年】电视剧《血誓》开机仪式在恩施土司城风景区举行。州、市领导杨天然、杨陈清、董永祥、李国庆、邹炜出席活动。

【2015年】从第十二届中国武汉农业博览会上获悉，芭蕉侗族乡和沙地乡荣获“湖北生态农业特色示范品牌乡”称号，沙地乡白岩寨山庄荣获“湖北生态休闲特色山庄”称号，恩施市14个农产品获金奖农产品，2个产品荣获畅销农产品。本届农博会以“品牌创新·绿色发展”为主题，由湖北省政府主办，武汉市政府、湖北省农业厅承办。

11月2日

【民国三十八年(1949)】中国人民解放军湖北军区发起以解放恩施为中心的鄂西南战役。以军区第一副司令员王宏坤、参谋长张才千为首的战役指挥所统一指挥二野十一军、四野四十二军一一二师、一五五师、四七军、五〇军和湖北军区独立一师、二师。参战部队长途奔袭，运动神速，不日逼近恩施城外围。

【1950年】恩施县工商界第一届代表大会在中华圣公会(即和平街木瓦组)召开。全县26个同业公会选出62名代表出席会议,大会选举产生恩施县工商业委员会委员15人、候补委员3人,李巩一任主任委员,委员会下设总务组、协商调解委员会和学习研究经济委员会。

【1990年】省委副书记、省长郭树言到恩施市视察。

【2008年】省艺术研究所党委书记、国家一级导演龚战一行,至白杨坪乡洞下槽村,就该乡传统戏曲——"灯戏"实地调研。该调研活动是省文化厅对恩施州地方戏曲的一次搜集整理工作。特邀中央电视台戏曲频道记者、国家一级摄影师雷阳对搜集的地方戏曲进行拍摄录制。

【2011年】省教育厅副厅长黄俭、张金元一行,深入龙凤初中、武商小学、屯堡乡罗针田小学、市第一中学、市第三中学、市职业技术学校、施州民族小学、桂花园小学等处,教学教研工作和学校基础设施建设等情况调研。市领导向前进、李国庆、胡平江、张渊平、张献宏等陪同。

【2012年】湖北广播电视台台长王茂亮一行,深入恩施大峡谷风景区考察。州、市领导杨陈清、邹炜陪同。

【2015年】《法制日报》《经济日报》《中国青年报》等中央新闻媒体采访组一行至恩施市,深入屯堡花枝山村、沐抚营上村等地,就律师参与涉法涉诉信访矛盾化解工作进行专题采访,至3日结束。

11月3日

【民国二十四年(1935)】恩施执行国民政府法令,使用国家印制的法定货币,实行"法币"制,禁止银圆流通,白银收归国有。

【1975年】武汉军区副司令员林维先一行赴七里公社检查军事训练情况。地委副书记王保珉、恩施军分区司令员杨家麟、县委副书记方先寿、县人武部长刘双亭等陪同。

【2004年】恩施市被中国科学技术协会(CAST)命名为"全国科普示范市",成为全州唯一获此殊荣的国家级科普示范市。

【2008年】市民族文工团一行30人启程参加11月5—12日在江苏苏州举办的首届"全国农民艺术节"。该团《红红火火》《哈咯咂》《直尕思得》《担水》《民歌联唱》《叭一口》6个节目参加演唱。

【2009年】全省公安交通管理现场会在恩施市召开。会议号召全省学习推广恩施交通管理经验。省公安厅副厅长赵飞、省交警总队队长马国宪等参加现场会。

【2011 年】由市政府投资 180 万元，真维斯服饰有限公司捐资 25 万元援建的屯堡乡罗针田真维斯希望小学综合楼落成庆典仪式举行。省青少年发展基金会副秘书长张奕、共青团恩施州委书记郭玲，市领导张献宏等出席庆典仪式。

【2012 年】国家发改委宏观经济研究院副院长任伟民一行，深入恩施大峡谷风景区考察。市领导廖泽熙陪同。

【2014 年】州委副书记、常务副州长董永祥一行，深入龙凤镇双堰塘村、龙马村、青堡村等地，就龙凤镇综合扶贫改革试点项目建设情况调研。市领导张渊平等陪同。

【2015 年】省联合发展投资集团有限公司董事长李红云一行至恩施市，深入金龙大道北段施工工地及龙凤镇龙马中学、龙马卫生院、黄家大院居民安置点、龙马风情街、拦河坝蓄水工程项目施工现场等地，就如何支持试点建设进行调研。市领导向前进、张渊平、崔宇辉等陪同。

【2015 年】州人大常委会常务副主任瞿赫之率州、市人大常委会联合检查组至恩施市，就贯彻执行《中华人民共和国行政诉讼法》情况进行督查，至 5 日结束。市领导刘凡、杨局成、邵永政等参加座谈会。

11 月 4 日

【嘉庆十四年(1809)】虎晨至其村，啮毙郭氏儿，旋蹲于成泰屋后，一村皆惊。村民朱六率张起科、陈楚贵等十数人，各执械追逐。虎咐哮起，众皆震慑。虎乃扑朱六，伤右手及脊背，并啮叉，折其柄，势益猛厉，奋身一跃，以爪攫潘学超项及右膊，众益股栗。潘成泰(恩施县奇峰坝人，父学超世业农)挺矛直刺虎后，复连刺其胁。虎始舍学超走。陈楚贵趋而前，刃及虎口，力怯不能中。然虎已先负重伤，不暇顾。众亦遂听虎走伏林莽间，不敢复击。有顷，邻村方家坝方启荛闻之，约其村数人来视，逐之。虎复起，啮伤启荛。于是两村之人，始合力毙虎。

【宣统三年(1911)】驻施宜防营管带朱扬武蓄谋叛乱，是日夜晚杀死驻施清军三十二标第三营反正首领李汝魁、朱篡权，自认司令部部长。

【民国三十八年(1949)】驻恩施的国民党部队向四川逃窜，留守部队驻扎在土桥坝、五峰山、凤凰山等地，企图阻止解放军进恩施城；同时军警特政人员大肆散布谣言，城乡民众惊恐。土桥坝、舞阳坝一带居民逃避乡下；学校停课，店铺关门，乡村农民躲进山洞。

【1949 年】境内鸦鹊水率先解放。

【2011 年】国家 4A 级景区评定验收组组长、北京佳木青和旅游规划院院长高淑香率验收组一行，到恩施市梭布垭石林风景区，检查验收该景区创建国家 4A 级旅游景区相关

情况。市领导张渊平等陪同。

【2011 年】省档案局副局长吴绪成率省档案局、省民政厅、省农业厅组成的全省社会主义新农村建设档案工作示范县(市)验收组一行深入屯堡乡、小渡船街道、三岔乡、龙凤镇、市档案馆等处,就恩施市省级新农村建设档案工作情况进行检查验收,至 7 日结束。恩施市为全州首个省级新农村建设档案工作示范市。市领导张渊平、黎昔品等陪同。

【2014 年】省促进中部地区崛起工作办公室主任刘元成一行赴恩施市,深入龙凤镇双堰塘村、龙马村、青堡村等地,就龙凤镇综合扶贫改革试点项目建设情况调研。市领导张渊平等陪同。

【2014 年】省扶贫开发领导小组办公室副主任项克强率省调研组赴恩施市,深入龙凤镇杉木坝村、双堰塘村、龙马村、青堡村、吉心村和二坡村等地,就龙凤镇综合扶贫改革试点建设情况调研,至 6 日结束。市领导向前进、张渊平等陪同或参加座谈。

【2015 年】恩施市硒谷产业园企业联合会成立大会暨第一届会员大会举行。州科协主席马天平,市领导郑晓斌、赵萍等出席会议。

【2015 年】州委副书记、代理州长刘芳震一行,深入新塘乡下坝村、校场坝村、双河社区,红土乡大河沟村、石灰窑村等地,就高山连片集中贫困区域精准扶贫工作开展专题调研,至 5 日结束。市领导苏勇等陪同。

11 月 5 日

【民国三十八年(1949)】驻恩施的国民党溃军万余人,于长堰塘长沙河渡口用民船和义渡船三只渡清江,向宣恩、咸丰至四川彭水、秀山等地逃窜。是日上午开始,至次日拂晓渡河完毕,船夫被强迫征作挑夫。

【1956 年】恩施县法律顾问处成立。为恩施专区第一个法律咨询机构。

【1984 年】恩施市鄂西白肋烟打叶复烤厂,经中国烟草总公司批准建立。此系国家“七五”期间烟草行业重点技术改造项目之一,为中国白肋烟打叶复烤第一家。

【1985 年】省政府批准设立黄泥塘侗族乡(小乡),乡政府所在地黄泥塘。为恩施市第一个少数民族乡。翌年 7 月 13 日,成立庆典在黄泥塘举行,省、州民委和湖南、贵州及本州各县市祝贺团 200 余人到会祝贺,周边群众万人赴会。

【1995 年】市政府被省委、省政府授予“造林灭荒先进单位”称号。

【2013 年】深圳市龙岗中学与恩施市沙地中学友好对口支援与合作项目启动仪式在沙地乡举行。州、市领导王继刚、邹炜、廖泽熙、金德钧,广东省恩施商会深圳分会、南方教育时报、英国保城保险公司及市直有关单位负责人、部分企业和爱心人士参加启动仪式。

【2013 年】省地税局副局长肖厚雄率省调研组一行，深入市地税局，就党的群众路线教育实践活动开展情况及廉政建设工作情况调研。市领导张渊平陪同。

11 月 6 日

【1949 年】中国人民解放军湖北省军区独立二师部队与驻守在土桥坝、凤凰山、五峰山一带的国民党军队交火，敌军稍加抵抗即撤出阵地逃入老城。解放军乘胜攻占凤凰山、五峰山阵地。老城敌军放火烧清江桥。解放军集中火力压制烧桥之敌，部队随即入城，恩施解放。中共恩施县委随军进城，按照中央人民政府制定的城市政策和中国人民革命委员会及中国人民解放军总部颁布的《约法八章》，接管国民政府在恩施的各级机构，确立革命新秩序。

【2007 年】国家农业部环境能源专家车锡媛、张玉华、王飞一行深入盛家坝乡安乐屯村、夏云坝村中心小学、芭蕉侗族乡高拱桥村，就农村沼气池推广及使用进行考察。

【2011 年】原副省长韩宏树一行至恩施市，深入亲水走廊、清和园广场、州城规划展览馆、华硒农产品批发交易市场和硒都茶城建设现场等处，就城市建设情况考察，至 7 日结束。市领导陶军等陪同。

【2012 年】州委副书记、州长杨天然一行至恩施市，就烟叶收购工作调研。市领导李国庆、杨洪安陪同。

【2013 年】省高级人民法院院长李静一行，深入芭蕉侗族乡法庭、市人民法院等单位，就基层法院工作情况调研。州、市领导沙玉山、向前进、王峰陪同。

【2013 年】省农业发展银行行长丁伟一行，深入金龙大道北段项目施工现场、州城规划馆、华硒生态园、土家女儿城等地，就凤镇综合扶贫改革试点项目建设及相关工作情况调研。市领导李国庆、林险峰陪同。

【2014 年】中国牧工商(集团)总公司董事长张春新率考察团赴恩施市，深入盛家坝乡旺源牧业养牛场和退耕还草现场、芭蕉侗族乡金欣牧业富尔山羊养殖基地等地，就草食畜牧业发展情况实地考察。州、市领导董永祥、冯忠泽、李国庆等陪同。

【2014 年】省直机关关心下一代工作委员会主任张道恒一行赴恩施市，深入三岔乡初级中学、茅坝小学开展“帮扶助学”爱心捐赠活动。市领导洪波等陪同。

【2015 年】市委书记向前进赴孝感市汇报对口支援恩施市工作成果，并就新一轮对口支援工作进行对接。孝感市委书记陶宏，市委副书记、市长滕刚，市委常委、市委秘书长涂明珍，市委常委、常务副市长陈义国出席汇报会，市委常委、市委统战部部长、副市长周先来主持汇报会。市委副书记、代市长苏勇，市委常委、市委办公室主任黎昔品，市委常委、

副市长陈峣等出席汇报会。

11 月 7 日

【1949 年】恩施县人民政府宣告成立，经省人民政府任命，张树林任县长。县政府进驻原国民党恩施县政府所在地（即六角亭县文化馆内）。

【1949 年】全县建立城关、龙凤、屯堡、新塘、鸦鹊、芭蕉 6 个区。

【1981 年】国务院批准设立恩施市，实行县、市分设。原恩施县施南镇、红庙公社、七里公社所属七里坪、猫儿槽、鸭子塘、洗爵溪大队等行政区域划出，设立恩施市，行政区域总面积 168 平方公里，市直机关设施南镇。

【1993 年】市土管局职工万齐忠、方业成、谭学桃被国家土地管理局授予"土地定级估价、应用科学技术成果一等奖"和"日常地籍管理工作、应用科学技术成果三等奖"。黄应贵、杨启超被国家土地管理局授予"土地定级估价、应用科学技术成果一等奖"。

【2011 年】国家森林防火指挥部办公室副主任、国家森林公安局副局长焦德发一行，深入市森林防火指挥部、市森林公安局、屯堡乡森林派出所和林业站等处，调研恩施市森林防火责任制、林火监测、火险隐患排查、扑救预案准备、防火宣传、物资储备、队伍建设等情况，至 8 日结束。省林业厅森林公安局局长陈毓安，市领导胡平江等陪同。

【2012 年】省供销社主任赵东风一行，深入核桃坝村综合服务社、舞阳坝庄稼医院、华硒生态园、宜红茶科技园等处，就供销社改革发展工作调研。州、市领导陈晓燕、李国庆陪同。

【2012 年】省国家保密局局长李卫斌率检查组至恩施市，就全市保密工作检查、督办。市领导黎昔品陪同。

【2012 年】市公安局党委委员、经侦大队队长肖建恩被公安部表彰为"全国公安机关严厉打击经济犯罪破案会战先进个人"。湖北省仅 1 人获此殊荣。

【2013 年】恩施市九届人大常委会第十四次会议召开，至 8 日闭幕。会议听取和审议市人大常委会任命的 24 个市政府工作部门局长（主任）落实履职承诺书情况报告，并分别对其进行评议；听取和审议市政府关于提请审议松树坪经济适用房小区一、二、三标段 BT 项目回购款项纳入年度财政预算的议案。市人大常委会主任刘凡主持会议。副主任侯萍、黄永耀、许强、邵永政、洪波、余秋红出席会议。市委常委、副市长廖泽熙，副市长杨洪安、张献宏、黄波及市法院、检察院主要负责人列席会议。

【2014 年】省交通运输厅厅长尤习贵一行赴恩施市，深入龙凤镇龙马村、青堡村、碾盘村，就村村通客车和公路建设工程情况调研。州、市领导张宇、向前进、张渊平、黄波陪同

或参加座谈会。

【2015年】省委政法委委员、省纪委派驻省委政法委纪检组长刘兴祥一行至恩施市，深入舞阳坝派出所、小渡船司法所等处，就政法系统党建工作情况调研。市领导黄波等陪同。

【2015年】州"科学补硒·健康生活"公益宣传活动2015年度颁奖暨"世界硒都·养生恩施"旅游推介大会在恩施市举行。州、市领导程水源、苏勇、刘凡、赵萍出席会议并为获奖代表颁奖。中国保健协会理事长、中国卫生监督协会会长张凤楼，中国保健协会常务副理事长、国务院参事秦小明，中国保健协会副理事长兼秘书长徐华锋，中国保健协会副理事长王钟，中国保健协会科普教育分会会长于菁，中国社会科学院食品药品产业发展与监管研究中心主任张永建，以及硒产业相关科研专家等应邀出席活动。

11月8日

【嘉庆十一年(1806)】部议恩施县复还学额三名，文武童生各进取十五名。

【1958年】灯塔人民公社5268户社员开始领工资，共领到8～10月工资150131元。全公社202个食堂吃饭不要钱。

【2004年】省地区经济开发促进会与市政府联合主办的"2004恩施城市商业经济发展论坛"开幕。

【2007年】在州委、州政府组织的深圳投资项目推介暨签约仪式上，恩施市签约7个项目，合同金额16亿元，其中6亿元为意向性协议。

【2008年】恩施市第七届村民委员会和第二届社区居民委员会换届正式选举。全市172个村设172个中心会场，882个选举投票站，登记选民446930人，参加投票选民398200人，选出村委会主任171名。社区居委会换届选举采取推选居民代表参加正式选举的方式进行，居民代表1650名参加选举，选出社区居委会主任35名，委员165名。州、市领导葛德胜、李国庆等现场观摩、指导。

【2009年】中央扩内需第十二巡视组在中纪委驻中科院纪检组长、党组成员王庭大的带领下，就旅游产业发展情况进行考察。

【2011年】省烟草专卖局(公司)局长(总经理)赵全意一行深入舞阳坝街道、白杨坪乡、三岔乡等处，调研城郊基地单元建设、烟叶收购等情况。州、市领导刘志兵、向前进等陪同。

【2011年】省移民局副局长林光生率省国土资源厅、省交通运输厅、省卫生厅组成的验收组一行至恩施市，对青龙水电站水库工程建设区和围堰截流628.7米水位线以下的

征地移民和库底清理情况进行专项验收。市领导金德钧等陪同。

【2011 年】省农村饮水安全工程建设管理办公室主任陈楚珍一行，深入白杨坪乡集镇水厂和熊家岩村，检查农村饮水安全工作。市领导胡平江等陪同。

【2011 年】东风汽车公司原总经理马跃一行，深入恩施大峡谷风景区、恩施土司城景区等处，就旅游产业情况考察，至 10 日结束。市领导向前进、李国庆等陪同。

【2012 年】省人力资源和社会保障厅纪检组长易望汉率调研组，深入思乐牧业集团、芭蕉侗族乡等处，就恩施市 2012 年度人力资源社会保障工作目标任务完成情况调研。市领导陶军陪同。

【2012 年】副州长肖作文一行，深入思乐牧业集团、白果乡万头生猪养殖场等处，就思乐牧业集团产业发展情况调研。市领导黄永耀、杨洪安陪同。

【2013 年】市委在州文化中心举行学习宣传州委六届五次全会精神报告会，州委党校副校长覃章梁受邀走进“硒都讲坛”，为恩施市千余名党员干部作题为《双轮驱动促跨越，综合扶贫奔小康》的专题报告。

【2013 年】省安监局副局长舒永健一行深入思乐牧业集团、福恩砂石料厂、三岔乡小望坡采石场等地，调研恩施市安全生产工作，至 9 日结束。市领导邵永政、黄波陪同。

11 月 9 日

【1999 年】恩施市被省委、省政府授予“全省文明城市创建工作先进市”称号。

【2010 年】全国政协文史和学习委员会副主任卞晋平一行，深入恩施大峡谷风景区进行考察。州、市领导甘方谦、杜成明、刘羽等陪同。

【2010 年】由恩施职业技术学院教授邓治凡（恩施市人）主编，当代著名语言文字学家、《汉语大字典》常务副主编、武汉大学教授李格非担任首席顾问的《汉语同韵大辞典》由崇文书局出版发行。该典创新现代词典编排方式，以韵母顺序编排，收录字、词、词组、熟语约 7 万条、340 万字，是一部既能查韵又能查词义的大型工具书，填补我国现代辞书编纂的空白。

【2011 年】州委常委、州委宣传部部长杨陈清，副州长沙玉山一行，至市民族歌舞团，调研恩施土家风情歌舞诗剧《嗯嘎・女儿会》打造情况。市领导邹炜、张献宏等陪同。

【2015 年】省精准扶贫建档立卡质量交换检查组一行至恩施市，深入沐抚营上村、龙凤双堰塘村和恩施精准扶贫综合服务中心等处，就恩施市精准扶贫建档立卡工作情况督查。市领导杨局成、谭也平等陪同。

11 月 10 日

【1950 年】县大队设立招兵处,实行兵员扩征。

【1984 年】市第二届人民代表大会第一次会议在清江电影院召开,至 15 日闭幕。大会选举胡元春(土家族)为恩施市第二届人大常务委员会主任,杨家隆(土家族)、王明玉、孟郁成、邓相臣(土家族)、曾碧莹(女,不驻会)为副主任;选举吕成宗为市长,夏绪炳、李淑恒(女)、谭世湘(土家族)、何渭滨、李栋培、何孝政为副市长;选举于秉寿为市人民法院院长,李美堂为市人民检察院检察长。

【2010 年】省巡视组一行,对全市第六次人口普查前期工作进行检查,并对后期复查工作进行督办。市领导蔡平等出席汇报会。

【2010 年】州委常委、副州长瞿赫之就秋冬农业综合开发工作调研。市领导肖家魁等陪同。

【2011 年】省人大常委会《中华人民共和国民族区域自治法》执法检查组一行至恩施市,就执行《民族区域自治法》情况进行检查调研。州、市领导罗贤美、陈晓燕、蔡平、刘凡、张渊平、邵永政等陪同。

【2012 年】财政部部长助理余蔚平率调研组一行,深入屯堡乡财经所,就基层规范化财政所创建工作调研。州、市领导董永祥、李国庆陪同。

【2013 年】州委书记、州人大常委会主任王海涛至恩施市,就学习贯彻州委六届五次全体(扩大)会议精神情况调研。州、市领导孔祥恩、黄实海、秦斌、向前进、李国庆等参加活动。

【2015 年】州委书记、州人大常委会主任王海涛一行,深入恩施市润邦富硒茶业有限公司等处,专题研究企业遇到的困难和问题,落实"万名干部进万企"活动要求。市领导向前进等陪同。

【2015 年】国务院参事室特约研究员、农业部原总经济师张玉香一行至恩施市,深入市精准扶贫综合服务中心、沐抚营上村等地,就精准扶贫工作情况调研,至 11 日结束。州、市领导冯忠泽、谭也平等陪同。

【2015 年】省住建厅副厅长黄祥国一行至恩施市,深入城市综合垃圾处理厂、红庙污水处理厂、龙凤生态城、国际服装城、棚户区改造工程等城市重点项目工地现场,就城乡建设管理工作开展及本年度工作任务完成情况督查,至 11 日结束。州、市领导张宇、罗永生等陪同。

11 月 11 日

【1990 年】全国首次巴文化研讨会在恩施市举行。

【2008 年】中科院教授雒昆利、博士牛彩香等一行，到沙地乡秋木、花被、鹤峰口等实地勘查硒资源的含量及分布情况，对当地地质地貌进行取样分析，并选取当地马铃薯、玉米、红薯、萝卜、茶叶、大豆、板栗、煤矸石作为样品，进行硒含量测定分析，至 12 日结束。市政协主席刘宗烈等陪同。

【2010 年】省人民防空办公室主任谢继伦一行，就人民防空工作进行专项检查。州、市领导董永祥、许强等陪同。

【2011 年】省旅游局局长张达华一行，深入恩施梭布垭风景区，就景区建设情况进行考察。州、市领导董永祥、向前进、张渊平等陪同。

【2013 年】省扶贫开发领导小组办公室主任杨朝中一行深入金龙大道、龙凤镇龙马村和青堡村等地，就龙凤镇综合扶贫改革试点扶贫工作调研。市领导李国庆陪同。

【2015 年】国家农业部经管司承包合同管理处处长孙邦群，省农村经济经营管理局局长张清林一行至恩施市，深入龙凤镇向家村、龙凤社区，就农村土地确权工作情况调研督导。市领导杨局成等陪同。

【2015 年】州人大常委会副主任吕金施一行，深入旗峰坝麻纺厂、屯堡乡污水提升站、屯堡集镇、大岩阡垃圾中转站、沐抚集镇、红庙老街、金龙大道、五峰山隧道、大沙坝污水处理厂等处，就“十三五”规划编制情况和建设美丽恩施“城乡更美”专项工作实施情况调研，至 12 日结束。市领导刘凡、杨局成、邵永政、洪波、张献宏等陪同或参加座谈会。

11 月 12 日

【2001 年】恩施市“希之源”玉米爽在 2001 中国国际农业博览会上被认定为名牌产品。

【2012 年】州委常委、副州长段超一行，深入新塘乡、红土乡，就经济社会发展情况调研，至 13 日结束。市领导朱卫东陪同。

【2013 年】恩施市获 2013 年中央财政产油大县奖励资金 120 万元。该奖励主要用于改造农田水利设施、农产品的精深加工、“绿色”“富硒”食品的种植研发、农业技术推广运用等。

【2015 年】省民政厅副巡视员汪虹波率省减轻企业负担专项督查组至恩施市，深入恩

施长源轴承制造有限公司、湖北省思乐牧业有限公司、恩施好又多商贸有限公司（恩施土家女儿城）等企业，就减轻企业负担工作情况督查。州、市领导陈卫平、黄波、崔显琦等陪同或参加座谈。

11月13日

【1949年】恩施国营煤厂于县城南郊石家坡建成。为第一家县国营工业企业。

【2007年】由省委政研室副巡视员邓永桂、省社科院原副院长、博士导师陈文科等一行5人组成的课题组，深入芭蕉侗族乡灯笼坝村、高拱桥调研。市委常委、市委办公室主任李敏陪同。

【2010年】韩国驻武汉总领事馆总领事严基成夫妇、全成镇领事一行，对恩施经济开发区及旅游景点建设情况进行考察。州、市领导柳望春、谭文骄、王怀东等陪同。

【2012年】省纪委检查组至恩施市，就市纪委、监察局“创五好班子、建一流队伍”工作专项检查。州、市领导李云开、向前进、万雪峰、黎昔品陪同。

【2013年】州委副书记、州长杨天然，副州长庞红艳一行到市实验小学、舞阳中学等地，就教育调研工作。市领导向前进、张献宏、张伟陪同。

【2013年】州人大常委会副主任陈学明率州人大常委会视察组一行，深入圣峰药业等地，就恩施市科技创新工作情况视察。市领导侯萍、张献宏、张伟陪同。

【2014年】农业部发展计划司副司长刘北桦、省农业厅副厅长焦泰文一行赴恩施市，深入屯堡乡花枝山生态农业开发有限责任公司及其茶叶基地、花枝山村家庭牧场养殖户等地，就特色产业发展情况调研。州、市领导冯忠泽、张渊平等陪同。

【2015年】恩施市召开“万名干部进万企、创优服务稳增长”动员会议，部署全市机关干部开展企业排忧解难。市委副书记、代市长苏勇出席会议并讲话，市委副书记、恩施经济开发区工委副书记、恩施经济开发区主任郑晓斌主持会议，市委常委、市委办公室主任黎昔品出席会议，市委常委、市委政法委书记、副市长黄波就专项活动作具体安排。市直单位主要负责人，全市规模以上（含拟进规）工业企业、信息企业、物流、电子商务企业、商业综合体的法人代表参加会议。

【2015年】韩国忠清北道堤川市副市长金镇炯一行至恩施市，进行友好访问。州、市领导马尚云、张献宏等陪同。

11 月 14 日

【1966 年】县汉剧团剧场为串联红卫兵专场演出，散场时路灯熄灭，发生拥挤踩踏事故，致 4 名学生死亡，62 人受伤。

【1980 年】位于屯堡公社境内的车坝一级水库大坝截流合龙，为恩施地区最大水利电力骨干工程。地委、行署、军分区及恩施、利川等县领导，于现场指挥大坝截流合龙施工。

【2001 年】全国政协副主席张思卿、省政协副主席杨斌庆至恩施市，就文明新村建设、私营企业及旅游业工作等调研。

【2008 年】全市 16 个乡镇、街道和 10 多部门共建为民服务全程代理“绿色通道”。恩施市组建市、乡镇（街道）、村（社区）、村民小组四级为民服务网络，市行政服务中心和市直有关部门的功能向乡镇、街道延伸，把“政务超市”前移，各乡镇、街道设立为民服务全程代理中心，村（社区）设立代理室，村民小组设立代理点。对群众需要办理的事项实行“一个窗口”受理，上下联动服务、规定时限办结。

【2011 年】省直单位帮扶助学捐赠仪式暨理想教育报告会在三岔乡召开。省直机关关工委副主任倪祥水代表省直机关关工委、省司法厅、省公安厅、湖北福珍建筑工程公司等单位，为三岔中学、茅坝小学 212 名贫困学子捐赠 16.23 万元。市领导王兰英、洪波等出席捐赠仪式。

【2011 年】恩施市获国家科技部 2011 年“全国县（市）科技进步考核先进集体”荣誉称号。

【2011 年】政协恩施市第八届委员会第一次会议召开，至 16 日闭幕。大会应到政协委员 260 人，实到 249 人。会议听取《恩施市人民政府关于七届一次会议以来提案办理情况的通报》；审议并通过《政协恩施市第七届委员会常务委员会工作报告》和《政协恩施市第七届委员会常务委员会关于七届一次会议以来提案工作情况的报告》；选举产生新一届市政协主席、副主席、秘书长和常务委员，刘羽当选为政协恩施市第八届委员会主席，金德钧、赵萍、崔显琦、向煦、王国玮当选为副主席，赵树锋当选为秘书长。大会参会人员列席恩施市人大九届一次会议，听取并讨论《政府工作报告》及有关报告。市“四大家”领导向前进、李国庆等参加会议。省委换届督察组组长、省计生委巡视员裴大兴，省委换届督察组成员、省计生委干部姜元亭，州委换届督察组组长、州直机关工委调研员刘静和，州委换届督察组成员、州审计局副局长周立春，州委组织部副县级组织员、干部监督科科长彭立华应邀出席会议。市政协原主要领导甘立友、刘宗烈，在恩施市工作的省、州政协委员应邀参加会议。

【2013 年】州委常委、州委政法委书记沙玉山到龙凤镇、市第三中学、恩施孝感幼儿园、硒都民族实验小学、市司法局等地,就平安法治建设情况调研。市领导胡平江、张孝赤陪同。

【2015 年】中南财经政法大学党委统战部副部长畅安平一行至恩施市,深入龙凤、屯堡、芭蕉等乡镇,就校市合作项目、精准扶贫、人才建设、产业发展、文化传承等方面调研,至 15 日结束。市领导王兰英、张伟等陪同。

11 月 15 日

【1984 年】在境内原恩施师范专科学校基础上,组建鄂西大学举行成立大会。

【1991 年】国际粮援项目“WFP3779”恩施市项目实施区水利项目开工。

【1996 年】屯堡区恩川公路 7.5 千米处,一个体运输户驾驶万山牌客车坠入 60 米陡坡,致 15 人死亡,10 人受伤。

【2005 年】“板桥党参”地理标志产品保护通过国家级审查。板桥党参地理标志产品保护范围以国家质量监督检验检疫总局发布的《地理标志产品保护形式审查公告》(2005 年第 107 号)确认,即湖北省恩施市板桥镇现辖行政区域内的 11 个村,18 万余亩耕地适宜种植板桥党参。

【2006 年】位于屯堡乡双龙村的宜万铁路渡口河特大桥 5 号桥墩封顶,墩高 128 米,为目前铁路桥梁“亚洲第一高墩”。

【2008 年】中共十七届中央委员、全国政协经济委员会主任张左己,省政协副主席翁行德一行至恩施市,就梭布垭石林和恩施大峡谷等旅游景区建设情况考察。

【2011 年】省委换届督察组组长、省人口和计划生育委员会巡视员裴大兴一行,在州委换届督察组组长、州直机关工委调研员刘静和陪同下,就换届督察工作与市“四大家”领导举行座谈。市领导向前进、李国庆等参加座谈。

【2011 年】北京首都航空公司一架空客 A319 降落在恩施许家坪机场。此举标志着恩施—武汉—海口航线开通。

【2011 年】市第九届人民代表大会召开,至 17 日闭幕。大会应到代表 290 人,实到代表 277 人。会议听取、审查并批准《恩施市人民政府工作报告》;听取、审查并通过《恩施市第八届人民代表大会常务委员会工作报告》《恩施市人民法院工作报告》和《恩施市人民检察院工作报告》以及有关决议;听取《恩施市人民政府关于第八届人民代表大会议案执行情况和代表建议、批评、意见办理情况的报告》;选举产生市第九届人民代表大会常务委员会主任、副主任、委员,刘凡当选为市人大常委会主任,侯萍、黄永耀、许强、邵永政、洪

波、余秋红当选为副主任及委员；选举产生市长、副市长，李国庆当选为市长，张渊平、廖泽熙、杨洪安、张献宏、黄波当选为副市长；选举产生市人民法院院长，王峰当选为市人民法院院长；选举产生市人民检察院检察长，向朝敏当选为市人民检察院检察长（需报州人大常委会批准）；选举出席恩施州第七届人民代表大会代表。市"四大家"领导向前进、李国庆等参加会议。出席市政协八届一次会议的全体委员，不是市九届人大代表的市委、市人大、市政府、市政协、市人武部、恩施经济开发区领导，省下派领导干部，市级调研员、部分市级离退休老领导，市人大机关办委负责人，乡镇、街道（办事处）主任、乡人大主席团副主席，市直单位（含驻市垂直单位）主要负责人，以及部分企业负责人列席会议。

【2012 年】州委副书记张忠凯一行，深入市社会创新服务管理综合指挥中心，就社会管理创新工作调研。市领导胡平江陪同。

11 月 16 日

【1996 年】恩施城区清江电影院失火，剧场焚毁，直接经济损失 29 万元。

【2007 年】由中共中央宣传部组织的人民日报社、新华社、中央电视台、中央人民广播电台、中央国际广播电台、光明日报、经济日报等新闻单位记者组成的学习贯彻中共十七大精神中央新闻采访团至芭蕉侗族乡，就新农村建设、扶贫开发等方面进行采访。市委副书记李国庆等陪同，并接受记者专访。

【2008 年】副州长董永祥到华硒生态农牧业公司调研。该公司位于舞阳坝街道洗爵溪，由恩施好又多有限公司投资建设。公司拟投资 1.2 亿元建集科研、培训、养殖、有机肥加工、大棚蔬菜种植、万吨保鲜冷库、蔬菜物流于一体的花园式现代农牧基地。副市长殷晓东等陪同。

【2012 年】国家民委经济发展司副司长左朝刚率调研组，深入芭蕉侗族乡戽口村，就少数民族特色村寨建设情况调研。市领导朱卫东陪同。

【2012 年】州委常委、常务副州长董永祥一行，深入山寨皮革公司新厂建设工地、圣峰药业公司、思乐牧业集团等处，就工业经济发展情况调研。市领导李国庆陪同。

【2013 年】中国民主同盟恩施市第五届支部委员会盟员大会召开。大会听取、审议并通过《民盟恩施市支部第四届委员会工作报告》；选举产生民盟恩施市支部第五届委员会；通过《关于民盟恩施市支部第四届委员会工作报告的决议》。民盟恩施州委主委曹毅，市领导许强、金德钧出席会议。

2014 年】省铁路建设投资集团副总经理董伟率专家组赴恩施市，就利川腾龙洞至恩施大峡谷风景区旅游观光铁路项目建设进行前期调研。市领导黄波陪同。

11 月 17 日

【1953 年】中共中央办公厅秘书室致函恩施县给毛泽东主席写信的单位和个人，勉励全县人民积极开展互助合作运动，增加生产，改善生活，支援祖国大规模生产建设。

【1999 年】市慈善总会成立，办公地点设市民政局。全市慈善事业步入正轨。

【2012 年】省发改委巡视员、省开发区工作领导小组办公室主任黄光耀率调研组，深入恩施经济开发区武陵国际装饰城、农产品加工园、翔奥电气、欧力服饰和硒都茶城等处，就工业园建设、企业服务、招商引资等情况调研。市领导郜志中陪同。

【2014 年】住建部、文化部、国家文物局、财政部、国土部、国家旅游局等联合公布第三批中国传统村落名录，盛家坝乡二官寨村入选。

【2015 年】致公党湖北省委员会委员陈平一行至恩施市，深入巨鑫现代农业开发有限公司龙凤镇二坡村基地、中国恩施硒谷富硒产业联盟总部、州硒研究院、国家富硒产品质检中心等地，就“中国硒谷”建设情况调研。州、市领导程水源、谭建军、向煦等陪同。

11 月 18 日

【1949 年】恩施专区所属八县全部解放，鄂西南战役告捷。宋希濂、朱鼎卿残部逃往四川，其在恩施的湖北省政府宣告结束。

【2009 年】由湖北新楚源置业有限公司开发的恩施武陵国际装饰城暨五星级酒店奠基仪式在州城金桂大道入口处举行。该酒店建设面积约 25 万平方米，为集五星级酒店、建材装饰城、民族风情步行街、公寓于一体的国际复合型街区。州、市领导杨天然、李济、瞿赫之、于德海、吕金施、谭文骄、秦斌、郜志中、李国庆等出席奠基仪式。

【2013 年】省美术院院长董继宁、院党委书记陈周率专家团一行，深入市第三中学、龙凤初中迁建工程施工现场、龙凤镇文体服务中心等地，就龙凤镇综合扶贫改革试点工作进展情况调研，并开展文化扶贫捐赠活动，至 19 日结束。市领导张渊平、侯萍等出席捐赠仪式。

【2015 年】副州长秦斌一行至龙凤镇，就互联网明星小镇建设情况专题调研。市领导黄波等陪同。

【2015 年】副州长程水源一行，深入新塘乡，就渔塘坝独立硒矿床地质公园和华中药用植物园种质资源库建设情况调研。市领导赵萍等陪同。

11 月 19 日

【1953 年】张才万被选为恩施专区代表,随全国人民第三次赴朝慰问团参加在朝鲜的慰问活动,历时 75 天,翌年 2 月 2 日返回恩施。

【1986 年】崔家坝镇农业中学发生一起致 217 人食物中毒事故。案件查明,系该中学某教师新居落成,设宴酬宾,因鲜鱼中带有沙门氏菌所致。

【1993 年】中国共产党恩施市第四次代表大会在清江电影院召开,至 23 日闭幕。胡荫安作题为《适应市场经济体制,加快改革开放步伐,为建设好恩施州首府城市而奋斗》的报告。大会选举产生中共恩施市第四届委员会委员 29 名、候补委员 2 名,市第四届纪委委员 13 名。市委四届一次全体会议选举胡荫安、黄振益(土家族)、刘诗伟、冯国亮、伍绍春、许家兴、向诗才、吕金施、雷昌桃(女)、陈秀汉(土家族)、朱金玉(土家族)、郭银龙为市委常务委员,胡荫安为市委书记,黄振益(土家族)、刘诗伟、冯国亮、伍绍春为市委副书记。雷昌桃为市第四届纪委书记。

【1995 年】湖北省军区司令员、少将贾富坤检查恩施市征兵和民兵预备役工作。

【2003 年】国务院扶贫开发领导小组办公室主任吕飞杰到恩施市调研扶贫开发工作。

【2004 年】国家森防总站纪检书记李永成及检疫处赵宇翔博士一行到恩施市检查指导 2004 年度松线虫病工程治理和林业有害生物普查工作,至 21 日结束。

【2007 年】中央电视台,湖北电视台联合采访组赴深入芭蕉侗族乡就生态家园进行采访。市委书记谭文骄等陪同,并接受专访。

【2008 年】州委书记肖旭明一行到华硒生态、山寨皮革、九州牧业等公司调研。州、市领导柳望春、瞿赫之、秦斌等陪同。

【2013 年】省农业厅副厅长涂胜华率省考评组一行,深入白杨坪镇麂子渡村,就恩施市 2012—2013 年度“湖北省新农村示范村”建设情况考评。市领导杨洪安陪同。

【2013 年】省委老干部局副局长马在学一行,深入市老年大学新址、金龙大道北端、六角亭街道老干部活动中心及市老年大学旧址等地,检查指导恩施市老干部工作及《关于进一步加强老年大学工作的意见》贯彻落实情况。州、市领导周静、向前进、王兰英陪同。

【2013 年】凌晨 1 时 25 分,城区金山大桥东岸厢梁三号块在浇筑过程中,作业面突然发生坍塌,致 1 人死亡、10 人受伤。事故发生后,州、市相关部门连夜赶往事故现场进行处置,所有伤者均在事故发生后第一时间被送往医院接受救治。金山大桥是恩施州城金山大道建设的控制性工程,位于黄泥坝社区付家坡组。工程投资 9746 万元,于 2013 年 2 月开工建设,计划 2014 年 12 月建成通车。桥梁总长 280 米,是湖北省第一座矮塔斜拉桥,路基宽度为 28 米,行车道 23 米,双向四车道,设计时速为每小时 40 公里。发生坍塌的部位

在在建大桥的中部，工程名为“金山大道西段 S－02 标段（金山大桥）工程”，由武汉天创市政建设工程有限公司承建。

11 月 20 日

【1949 年】恩施行政区专员公署（简称恩施专区或专署）暨县政府于县体育场举行各界联欢大会，庆祝恩施专区全境解放，到会 5000 余人。军分区政委李人林、四野五十军军长曾泽生、县长张树林等在会上讲话。

【1959 年】县委、县人委在清江电影院召开全县特赦大会，特赦罪犯 3 名。同时，省、地分别特赦恩施籍罪犯 1 名、16 名。

【1959 年】中国共产党恩施县第二次代表大会于县汉剧团召开，至 22 日闭幕。到会代表 420 人。大会通过徐谦所作的工作报告和杨艺所作的《关于 1960 年至 1967 年恩施县全面发展规划》的报告。会议选举产生中共恩施县第二届委员会委员 22 人、候补委员 8 人。二届一次全委会议选举徐谦为县委第一书记，杨艺、王敏先、刘新顺为书记处书记。

【1980 年】解放路派出所破获“101 百万美钞”诈骗案，抓获四川籍流窜诈骗犯曹某某。

【2000 年】市政府作出《关于加快魔芋产业化建设的决定》。

【2004 年】云龙河水电工程发生重大事故，导致 3 人死亡、3 人受伤。经查明，系越峰云龙河三级水电开发有限责任公司所属施工项目部——葛洲坝第五工程公司越峰云龙河项目部在进行大坝左肩爆破时，其爆破产生的弃碴瞬间大量倾入云龙河，激起巨大的水浪，将在 300 米外导流洞施工便道避炮的 6 名民工卷入河中。

【2010 年】省总工会党组书记、常务副主席黄国庆，副主席陈义国等一行，深入梭布垭石林景区调研。州、市领导杨陈清、陈江龙等陪同。

【2010 年】省安监局局长刘必雄一行，对全市旅游景区安全工作进行专项检查。州、市领导沙玉山、陶文胜等陪同。

【2011 年】加拿大籍华人、加拿大蒙特利尔市中国和平统一促进会共同主席张琍玲一行，深入芭蕉侗族乡枫香坡侗族风情寨，就新农村建设情况考察。市领导胡平江、刘羽、邹炜等陪同。

【2013 年】市中心医院门诊住院综合大楼投入使用。该医院医疗基础建设系市重点民生工程之一，建设面积 43700 平方米，投资 20036 万元，病床数为 1200 张。

【2014 年】州委常委、州委政法委书记沙玉山深入屯堡乡花枝山村、沐抚办事处高台村等地，就普遍建立法律顾问制度工作情况调研。市领导张渊平陪同。

11 月 21 日

【民国三十二年(1943)】日军飞机三十九架,分四批次轰炸恩施城。国民党空军第十一大队以八架飞机迎击,击落敌新型 P44 驱逐机四架,自损战斗机三架。飞行员颜泽光、周福心、张传伟殉国。

【民国三十三年(1944)】中国空军第十一大队三名飞行员(分队长颜泽光,西康雅江人,时年二十八岁;周福心,江苏南江人,时年二十四岁;张传伟,安徽郎溪人,时年二十三岁)牺牲周年之际,湖北省政府在土桥坝将军山修建"抗日英雄纪念碑"。省主席王东原撰写碑记。

【1949 年】地委机关报《恩施新闻》(即《恩施日报》)创刊。

【2003 年】城区亲水走廊举行落成典礼,州委书记汤涛宣布开园,并与州长周先旺为陈连升铜像揭幕。亲水走廊从清江桥到东门黄石大桥,东岸长 960 米,西岸长 940 米,两堤上各有 4.5 米宽的步行道。该工程为州庆工程,7 个月建成。同时,北门和橘园段的城市防洪工程也全部竣工,长 1980 米。2004 年 11 月 30 日,亲水走廊二期工程西岸开园。

【2011 年】省住房和城乡建设厅副厅长袁善谋率省政府城市管理工作检查组一行深入州电力小区、后山湾高井河垃圾中转站、清和园广场、州城规划展览馆、凤凰山森林公园、华硒生态园、恩施民族高中、恩施土司城景区和耿家坪村、玻璃厂、火柴厂等处,进行检查、指导。州、市领导杨天然、董永祥、李国庆等陪同。

【2011 年】黑龙江省公安厅督察总队副总队长张所立率公安部湖北督察组深入恩施土司城景区、美美百货商场、舞阳坝派出所等处,就恩施市"清剿火患"战役开展情况进行检查、督导。市领导黄波等陪同。

【2011 年】州、市"万名药(医)师进基层"活动举行。州、市领导曹毅、张献宏等出席活动。

【2013 年】龙凤镇综合扶贫改革试点新一轮退耕还林启动仪式在龙凤镇青堡村举行。州、市领导董永祥、李国庆、刘凡、张渊平等出席活动。

11 月 22 日

【1949 年】国民党绥靖第十五旅第四十三团副团长刘天培(原国民政府恩施县副县长)、常备营营长刘海帆带 20 余人携步枪 62 支、手枪 5 支、机枪 2 挺和手榴弹若干枚到白杨坪主动向政府投诚。至年末,恩施县原国民党起义投诚人员 336 人,其中起义 294 人、投诚 42 人。起义投诚人员中,将级 3 人、校级 13 人、尉级 53 人。

【1983 年】县、市联合召开宣判大会，对流氓犯罪团伙头目、强奸犯谷军等 6 名罪犯和杀人犯王恩祥依法判处死刑并立即执行，对其余 20 名罪犯分别判处死缓、无期和有期徒刑。

【1987 年】政协恩施市委二届一次会议在市政协礼堂召开，至 29 日闭幕。会议选举宋金镜为政协恩施市第二届委员会主席，田兴启、张廷钦、高开群、王建军、王家声、刘义琦、覃继章、陈沛源为政协恩施市第二届委员会副主席。

【1996 年】《人民日报》发表《民办教师何润菊》通讯。12 月 26 日，中央政治局委员、国务院副总理李岚清作出批示，要求湖北省省长蒋祝平对献身山区教育事业的何润菊作为“民转公”特例解决。蒋祝平批转省教委及州、市有关部门解决。市委、市政府作出决定，授予何润菊“模范教师”称号。

【2003 年】舞阳坝街道境内市民业建材有限公司贺孝友采石场发生崩塌事故，致翁某某、谭某某 2 民工被垮落的岩石当场砸死；周某某被垮落的岩石击中背部，送州中心医院经抢救无效死亡。

【2011 年】省委高校工委书记、省教育厅副厅长蔡民族一行，深入市施州民族小学，就学校基础设施建设、学习生活环境、校园文化建设等情况调研。州、市领导刘艳红、曹毅、向前进、李国庆、张献宏等陪同。

【2012 年】州政协副主席谭建军率督查组至恩施市，就重点建议、提案办理工作检查、督办。市领导陶军、王国玮陪同。

【2013 年】州委副书记、常务副州长董永祥一行，深入沙地乡、崔家坝镇、白杨坪镇等地，就秋冬农业开发进展情况和扶贫攻坚工作推进情况调研。市领导李国庆、杨洪安陪同。

【2014 年】卓达集团副总裁杨新华率考察组赴恩施市，深入龙凤镇农产品加工园、硒茶产业园、西流水林场等地，就恩施市资源环境、产业现状、基础设施建设和招商引资政策等情况考察。市领导向前进、张渊平、詹厚兰陪同。

11 月 23 日

【1949 年】恩施贸易公司开业，主要业务收购土特山货和出售粮食、盐、布等生活必需品。为境内首家国营商贸企业。

【1987 年】恩施市第三届人民代表大会第一次会议在清江电影院召开，至 29 日闭幕。大会选举王明玉为恩施市第三届人民代表大会常务委员会主任，向诗才、邓相臣（土家族）、孟郁成、李明柱（土家族）为常务委员会副主任；选举吕成宗为市政府市长，陈永富、李

高轩、何孝政、谭世湘(土家族)、张纲为副市长;选举于秉寿为市人民法院院长、李美堂为市人民检察院检察长。大会通过《关于加强全市农村初级中学建设提高小学毕业生升学率的决议》。

【2010年】省委组织部副部长周崇堂率省委组织部第四调研组一行,就全市基层党建工作调研。州、市领导柳望春、刘艳红、谭文骄等陪同。

【2011年】省交通运输厅巡视员徐健率省综治检查考评组一行,深入市文体局、舞阳坝街道、六角亭街道、屯堡乡、市实验小学等处,就综治维稳及社会管理创新工作进行检查考评。州、市领导李云开、向前进、李国庆、胡平江、张孝赤、邵永政、崔显琦等陪同。

【2011年】全州"万名干部进万村挖万塘"活动启动仪式在舞阳坝街道周家河村举行。州、市领导肖旭明、张忠凯、孔祥恩、瞿赫之、向前进、李国庆等出席活动。

【2012年】中联部副部长陈凤翔率考察组,深入梭布垭风景区、恩施大峡谷风景区和润邦茶叶集团成品展示区和生产加工车间等处,就旅游产业和茶叶产业发展情况考察,至25日结束。州、市领导王志强、邹炜、朱卫东陪同。

11月24日

【民国二十七年(1938)】湖北省立联合中学恩施高中分校由"汉口市一中""省立江陵中学""宜昌中学"和"省立恩施十三中"合并成立,分校主任李叔熙。校址始设原十三中,翌年春,迁北郊五华里的金子坝,以金凤山和李、康、杜三家大院为校舍。学生报到一千二百余人(全部男生),分为二十六个班,其中高中十二个班,初中十四个班。十二月十二日上课。

【1985年】全省民族用品优质产品评选结果揭晓。恩施民族服装厂"清江牌"民族连衣裙两个产品被推选为轻工部优质产品。

【2007年】"楚天绝壁第一降"在恩施大峡谷成功举行。利川时代探险队队长何端傭率四川省攀岩精英赛男子组难度赛冠军郭勇,全国攀岩冠军曹荣武和来自武汉的巾帼英雄梁琳4名勇士靠着一根绳子,征服垂直高度826米的朝东岩绝壁。

【2010年】武汉钢铁集团公司党委书记王振有一行,对恩施大峡谷风景区进行实地考察。州、市领导沙玉山、陶文胜等陪同。

【2010年】州委常委、副州长余晓晨就农行恩施市支行商业运作情况调研。市领导陶军等陪同。

【2012年】非洲法语国家"实现联合国千年发展目标"官员研修班学员,深入芭蕉侗族乡岸口村、灯笼坝村、高拱桥村和白杨坪乡洞下槽村、熊家岩村等处,就新农村建设、产业

发展、生态环境、教育卫生、社会保障发展情况考察。该研修班由国家商务部主办、中国国际扶贫中心承办，于2012年11月15日开班，来自刚果(金)、吉布提、几内亚、科摩罗、马达加斯加、马里、尼日尔、塞内加尔、乍得、科特迪瓦、中非11个国家减贫与发展相关政府部门的27名代表参加该项研修。学员赴恩施市实地参观考察是该研修班"专家讲座、国别演讲、案例分析和实地考察"4个环节之一。

11月25日

【1981年】国家广播事业局《农村广播工作》刊登《湖北省恩施县广播站试行联产计酬管理办法》的经验交流专题材料，其经验主要为定任务、定人员、定经费、定质量、定奖赔"五定合同制"。

【1992年】板桥党参、双河魔芋产区被州委、州政府列入全州第一批17个专业化经济小区。

【1998年】国家广播事业局《农村广播工作》刊登《湖北省恩施县广播站试行联产计酬管理办法》的经验交流专题材料，其经验主要为定任务、定人员、定经费、定质量、定奖赔《五定合同制》。

【2003年】市首家城市污水处理厂开机试运行。该厂坐落于城区清江东岸五峰山麓，可日处理污水3万吨，经处理后的水质达到国家规定排放标准。工程投资1.46亿元，于2001年11月动工兴建。污水处理能力6万吨/日，城区污水处理率达70%～80%，削减COD8吨/日，削减氨氮1.6吨/日。

【2007年】黄泥坝小学拆建工程开工仪式举行。该小学位于学院路李家槽，占地面积50.3亩，建筑面积近2万平方米，规划班级48个，总投资计划5000万元。副州长曹毅、市领导谭文骄、秦斌、郜志中、李明东、刘宗烈、刘凡、向仕莲等出席仪式。

【2010年】国家林业局纪检书记陈述贤一行，就林药业发展情况调研。州、市领导谭文骄、陶继东、李国庆等陪同。

【2015年】省环保厅副厅长李国斌率省验收组一行至恩施市，就该市创建湖北省环境保护模范城市工作进行考核验收，至26日结束。州、市领导张宇、苏勇、罗永生、余秋红、赵萍等陪同。

11月26日

【2000年】21时30分许，崔家坝镇崔坝中学初中分部一年级70多名学生突发呕吐、

腹泻症状，经防疫、环保、医疗专家紧急抢救，未发生人员死亡事故。诊断为食物中毒。

【2003 年】国务院第三十次常务会议审议通过沪蓉国道主干线湖北宜（昌）恩（施）高速公路可行性研究报告和宜（昌）万（州）铁路可行性研究报告。

【2012 年】州委副书记、州长杨天然，州委副书记张忠凯、州政协副主席刘志兵率州社会管理创新暨网格化服务管理工作现场会与会人员，深入六角亭街道胜利街社区、小渡船街道大桥路社区和市社会管理应急调度指挥中心等处，就恩施市社会管理创新工作参观、考察。市领导向前进、胡平江陪同。

【2014 年】由州委政法委牵头、各县市政法委书记组成的全州综治维稳工作县市巡查组赴恩施市，深入沐抚办事处高台村、屯堡乡花枝山村、龙凤镇等地，就全市综治维稳工作情况全面巡查。市领导黄波、范荣、向朝敏陪同。

【2015 年】全州农村基层党建工作会议在恩施市召开。州委书记、州人大常委会主任王海涛出席会议并讲话。与会代表先后前往龙凤镇二坡村、双堰塘村和恩施精准扶贫综合服务中心等现场参观。州委常委、利川市委书记沙玉山，州委常委、州委组织部长张建文出席会议。州直相关部门负责人，各县市委书记、组织部长及相关县市直部门负责人参加会议。

【2015 年】省工商局局长王永高一行至恩施市，深入龙凤镇工商所、恩施精准扶贫综合服务中心、市民之家、恩施市润邦国际富硒茶业有限公司、小渡船工商所、市工商局等处，就恩施市工商系统各项重点工作情况调研。州、市领导陈晓燕、黄波等陪同。

11 月 27 日

【1959 年】出席全国群英会代表毛访刚、黎金福返回恩施，全县各界群众 7200 余人集会欢迎。

【2010 年】省硒资源开发利用促进会第二次会员代表大会在恩施市召开。州、市领导陶继东、秦斌、李国庆、赵萍、刘恩敏等出席会议。

【2011 年】零时 49 分，209 国道恩施前往宣恩方向 17 公里处，发生一起交通事故，一辆小轿车撞上道旁绿化树，在空中翻滚后砸至地面，造成车内 2 人死亡、2 人受伤。

【2013 年】省委组织部常务副部长梁伟年一行，深入金龙大道北段、龙凤镇双堰塘村、市委组织部等地，就基层党组织建设、人才工作、经济社会发展及龙凤镇综合扶贫改革试点推进情况调研。州、市领导王海涛、周静、向前进、李国庆、张渊平、王兰英陪同。

【2015 年】国家民族宗教委员会研究室主任石玉钢，省民族宗教委员会副主任邓汉光一行至恩施市，深入芭蕉侗族乡戽口村、高拱桥村，屯堡乡花枝山村、马者村，沐抚营上村

等地,就民族工作情况调研,至28日结束。州、市领导谭文骄、苏勇、陈晓等陪同。

11月28日

【民国三十三年(1944)】桅杆乡蒋世春因不满其保长职务被免,邀约民众将桅杆合作社和桅杆乡公所同时包围,将乡队副傅德明等六人杀害。次日,团管区组织四百余人缉拿蒋世春,蒋逃走。一个月后,被团管区便衣队擒获枪毙。

【1949年】中国人民解放军恩施军分区发布剿匪动员令,全县清匪反霸斗争展开。至翌年12月15日,歼匪693人,缴获长短枪382支、土枪刀矛403件、子弹2.19万发及军用器材一批。1951年11月,复剿散匪49人,收缴长短枪108支、其他武器85件、子弹8177发。

【1993年】全国人大常委会副委员长布赫一行到龙凤镇八龙坪村、市卷烟盘纸厂、烟叶复烤厂视察,并前往叶挺将军纪念馆参观。

【1993年】16时整,恩施许家坪机场通航,全国人大常委会副委员长布赫、湖北省人大常委会副主任王汉章为机场通航暨武汉市航空公司首航成功剪彩。该机场是1986年12月经国务院、中央军委同意新建的,于1989年5月6日破土动工。总投资9151.5万元。

【2013年】恩施市在2013年全国科技进步考核中,再次荣获“全国科技进步先进市(县)”称号,成为全州唯一三度蝉联该称号的市(县)。

【2013年】芭蕉侗族乡戽口村获得国家住房和城乡建设部首批公布的“美丽宜居村庄示范”称号。系全省唯一获得该项殊荣的村庄。

【2013年】恩施市龙马风情小镇修建性详细规划专题研究会议召开。州、市领导董永祥、秦斌、向前进、李国庆等出席会议。

11月29日

【1990年】省委、省政府授予龙凤镇八龙坪村“山区建设先进单位”称号。

【1992年】市邮电局引进具有20世纪90年代世界先进水平的中国与比利时合资、上海贝尔电话设备制造有限公司生产的5000门数字程控电话交换设备,经过1年6个月时间的建设,顺利割接成功。至此,全州6县、市(除巴东、鹤峰县外)及恩施市的龙凤、沙地区镇用户电话和16个区镇交换机同时进入国内、国际长途自动交换大网,结束人工接线长途电话和长途电话通话难的历史。

【1993年】国务委员、国家民委主任司马义·艾买提一行到恩施市考察。

【2008 年】州城红旗大桥、连珠大桥开工建设。红旗大桥位于恩施城区清江河段上游，全长 906.493 千米，东接恩施经济开发区，西接旗峰坝，是连接恩施城北新区与老城区的主要通道，设计为自锚式预应力钢筋混凝土悬索桥，桥梁总长 332 米，大桥主跨 152 米，桥宽 26 米，双向 4 车道。工程预算总价 8744.5 万元，建设工期 24 个月。连珠大桥及接线工程是配合旧城改造，恢复并保护六角亭老城区面貌，解决城市中心区过境交通和车辆向西快速出城问题而修建的。工程沿清江东岸五峰山连珠塔山脚直通 209 国道，全长 1086.49 米，其中接线道路长 939.93 米，桥梁长 146.56 米，整个工程建设概算投资 5000 万元，工期约 24 个月。州、市领导肖旭明、杨天然、谭文骄、秦斌等为大桥工程开工奠基培土。

【2012 年】全市学习宣传贯彻中共十八大精神大会召开。市委书记向前进组织学习中共十八大精神，传达中央、省委、州委关于学习宣传贯彻中共十八大精神的有关部署，并就全市学习宣传贯彻相关工作进行安排。李国庆等市“四大家”及恩施经济开发区领导参加会议。

【2013 年】恩施市“在职党员进社区，做好人办好事”活动启动。市领导王兰英、侯萍、金德钧出席启动仪式。

11 月 30 日

【1949 年】恩（施）巴（东）客车开通，为境内新中国成立后首次客运。巴（东）石（咸丰石门坎）公路恩巴段恢复不定期客运业务。

【1980 年】政协恩施县第六届委员会第一次全委会于县供销社礼堂召开，至 12 月 7 日闭幕。到会委员 85 名。会议选举徐国钦为第六届政协主席，归天麟、吴国顺、刘厚章、吴定源、杨荣耀、李嘉海、黄鹤皋为副主席。

【1993 年】省长贾志杰一行到恩施市化肥厂考察。

【2003 年】恩施机场扩建工程举行奠基仪式，省委常委、省委统战部长苏晓云宣布工程奠基。该工程将跑道南延 190 米，北延 150 米，延长后跑道长 2350 米。新建助航打光系统和航站楼，总投资 8470 万元，工期为 20 个月。

【2010 年】省综治委委员、省民族宗教事务委员会主任谭徽在，深入恩施市舞阳坝街道金子坝村柑子槽小区、舞阳大街社区沿江小区等处，就基层综治维稳工作进行检查。州、市领导谭文骄、沙玉山、张孝赤等陪同。

【2015 年】州委常委、利川市委书记沙玉山率党政考察团至恩施市，深入龙凤镇二坡村、双堰塘村和市精准扶贫综合服务中心等处，就村级党组织建设和精准扶贫工作情况考察。市领导苏勇、张渊平等陪同。

【2015 年】州人大常委会副主任、州“六城”同创指挥部副指挥长涂元玲，州政协副主席、州“六城”同创指挥部副指挥长郑开国率调研组至舞阳坝街道辖区，就“六城”同创工作调研与督查。市领导罗永生、余秋红等陪同。

十二月

12 月 1 日

【民国三十七年(1948)】民社党恩施县党部成立。

【1949 年】全县召开旧乡镇职员及绅士会议，到会 114 人。恩施军分区政委李人林、恩施县委书记王英先、县政府县长张树林等到会讲话，阐明党的政策，敦促其立功赎罪，悔过自新。至 12 月底，全县收缴各类枪支 1726 支、炮 315 门、刀 485 把、炮弹 85 枚、手榴弹 828 枚、子弹 4.76 万发、信号弹 20 发。

【1968 年】县军管小组破获鸦鹊区“中国民主自卫军”反革命集团案，查获纲领、会议草案等 8 种 20 余件。查明该集团在 5 年时间内，先后发展成员 29 人的事实。首犯汤克灯、郑兴才被依法判处死刑；主犯李某茂、汤某科、汤某俊被判处有期徒刑。

【1980 年】恩施县第八届人民代表大会第一次会议于清江电影院召开，至 6 日闭幕。到会代表 437 名，选举郑建涛为县第八届人民代表大会常务委员会主任，白俊生、王启彦、杨家隆(土家族)为副主任；选举胡元春(土家族)为县政府县长，王荣远、邓相臣、李先池、杨乾之、龚征为副县长；熊惠生为县人民法院院长，李美堂为县人民检察院检察长。

【1983 年】鄂西土家族苗族自治州成立庆祝大会在恩施市举行，十万民众参加庆祝游行。

【1990 年】市铁锅厂获“全国民族用品生产先进企业”称号，市橡胶厂厂长马桂松获“全国民族用品生产企业优秀厂长”称号。

【1993 年】恩施土家族苗族自治州成立 10 周年庆祝大会在州城举行。为祝贺建州 10 周年，中共中央政治局常委、全国人大常委会委员长乔石题词：“团结奋进，改革开放，建设繁荣文明的自治州。”

【1994 年】全国政协民族委员会副主任陈新率全国政协赴民族教育考察组至恩施市，赴板桥中学、职教中心、舞阳中学、实验小学、聋哑学校等就民族教育工作视察。市委副书记、市政协主席刘诗伟等陪同。

【1998 年】东门黄石大桥建成通车。该桥是省委省政府“616”工程之一,总投资 524.31 万元,全长 250 米,由恩施市友好城市黄石市根据对口支援协议投资 200 万元援建。该桥于 1997 年 4 月破土动工,由铁四院承建,1 年 6 个月时间建成,命名为东门黄石大桥。

【2003 年】宜万铁路工程奠基仪式在恩施市枫香坪村(恩施火车站选址处)举行。中共中央政治局委员、湖北省委书记俞正声,省委副书记、省长罗清泉,公安部常务副部长田期玉、铁道部副部长孙永福、国家民委副主任周明甫等参加。

【2003 年】恩施土家族苗族自治州成立 20 周年庆祝大会在市体育中心举行。

【2006 年】中央电视台、中央人民广播电台、新华社、经济日报、工人日报、光明日报、农民日报、湖北日报和湖北电视台等多家媒体组成的中央新闻采访团抵达恩施,赴芭蕉侗族乡采访。12 月 19 日晚,新华社播发图文通稿《“恩施模式”:大山深处的新农村同样精彩》,新华每日电讯、经济日报、工人日报、光明日报、中国政府网等在头版或显著位置刊发。20 日晚,中央电视台《新闻联播》以《湖北恩施破解推广难题、沼气发展成就生态家园》为题作重点报道。

12 月 2 日

【2008 年】由省委宣传部邀请新华社、人民日报社、中央电视台、中央人民广播电台、中国民族杂志、中国民族报、湖北日报、湖北卫视、湖北广播电台以及民族大家庭杂志等新闻媒体记者组成的“中央和省级新闻媒体民族团结进步湖北行”新闻采访团至芭蕉侗族乡,就民族团结进步、民族地区经济社会发展情况等方面进行采访。市领导蔡平、王怀东等陪同。

【2008 年】受韩国大路旅行社邀请,恩施市组织有市政府办公室、恩施大峡谷风景管理处、市旅游局及中国旅行社恩施分社、绿色硒都、清江源、问月旅行社等旅行社负责人参加的旅游考察团前往韩国进行旅游考察。

【2008 年】省人大常委会常务副主任周坚卫一行至沪蓉西高速公路清江特大桥建设工地、长友公司、恩施火车站、恩施烟厂建设工地调研,至 3 日结束。州、市领导肖旭明、杨天然、谭文骄、秦斌等陪同。

【2009 年】省农业厅厅长祝金水一行至恩施市,就农业农村工作调研。2009 年,全市农业农村经济总收入实现 40.5 亿元,较上年 37.5 亿元增长 8%,农民人均纯收入 2815 元,较上年 2509 元增加 306 元。

【2010 年】市委七届九次全体(扩大)会议召开,至 3 日闭幕。州委常委、市委书记谭文骄代表市委作题为《建设“仙居恩施”促进“十二五”经济社会发展》的主题报告。市委

副书记、市长秦斌就《恩施市经济社会发展“十二五”规划纲要(草案)》编制情况向全会作说明,并安排部署政府工作。市委副书记部志中主持会议。会议对深入贯彻落实中共十七届五中全会和省委九届九次全会、州委五届十次全会精神进行全面部署,并研究部署以建设“仙居恩施”总揽“十二五”时期经济社会发展工作。会议讨论并通过《关于转变经济发展方式建设“仙居恩施”的决定》和《关于2010年党建工作的情况报告》,审议并原则通过《恩施市国民经济和社会发展第十二个五年规划纲要(草案)》。

【2011年】州委副书记、州长杨天然,副州长董永祥一行深入州文化中心、恩施经济开发区农产品加工园、许家坪机场隧道、五指湖酒店等重点项目建设现场,调研州城重点项目建设情况。市领导向前进、李国庆、部志中、张渊平、廖泽熙等陪同。

12月3日

【民国十七年(1928)】贺龙部队经过恩施大集场、白果坝抵达利川老屋基,与杨维藩部会合,宣布成立湘鄂西前敌委员会。并改“施鹤临时特委”为“施鹤临时部委”,杨维藩任部委书记,由前委直接领导。

【1996年】13时18分,境内一辆“万山”牌中巴车从白杨坪区开往城区,行至航空路纸厂后门时,发生爆炸,致3人死亡,3人受伤。经查明,系陈某某(白杨坪区人)因失恋,在中巴车上引爆自杀身亡。

【2013年】国家烟草专卖局副局长何泽华一行,深入龙凤镇现代烟草农业中心示范区,就喻家河水源性工程项目建设、基本烟田土地整理、龙凤镇青堡村“四位一体”工作等情况调研。州、市领导秦斌、李国庆、杨洪安陪同。

【2013年】国家发改委农经司副司长吴晓松、国家林业局发展规划与资金管理司巡视员刘国强一行,深入沐抚办事处高台村和营上村等地,就石漠化综合治理工程及退耕还林荒山造林项目调研。市领导张渊平、张伟陪同。

【2015年】州、市第二个“国家宪法日”暨第十五个全国法制宣传日活动在城区桥西广场举行。市领导刘凡、黄波、邵永政等参加活动。

12月4日

【1949年】流散在恩施石灰窑一带的国民党湖北绥靖第一师师长傅锡章(即鄂保第五旅)部及宜昌专员鲁坚率所部千余人,集中到舞阳坝向中国人民解放军缴械投诚。

【2006年】省委副书记杨松一行深入芭蕉侗族乡灯笼坝村、润邦国际茶叶公司、长友

现代农业股份有限公司,就扶贫开发工作调研。州、市领导汤涛、陈亚平、甘方谦、谭文骄等陪同。

【2006 年】政协恩施市第七届委员会第一次会议召开,至 7 日闭幕。会议听取并审议副主席向成舟代表六届常委会向大会所作的工作报告;听取并审议副主席尤连胜代表六届常委会所作的提案工作情况的报告;听取常务副市长蔡平代表市政府通报六届一次会议以来的提案办理情况。会议期间,全体委员列席市八届人大一次会议,听取并讨论《政府工作报告》及其他报告。大会收到委员提案 89 件。会议选举刘宗烈为政协恩施市第七届委员会主席,向成舟、尤连胜、孟明星、金德钧为副主席,丁清传为秘书长。会议审议通过《中国人民政治协商会议湖北省恩施市第七届委员会第一次会议政治决议》。

【2008 年】日本国政府"利民工程"(又称"利民 · 人的安全无偿援助")无偿援助新塘乡集镇饮水建设项目在武汉举行签字仪式,市长秦斌与日本驻华大使馆一等秘书成田浩司在项目赠款合约上签字。"利民 · 人的安全无偿援助"是日本政府对中国实施的一种小规模无偿资金援助,根据日本"政府开发援助大纲"的理念与原则进行,每项合作的最高金额为 1000 万日元(约合人民币 69 万元)。该次在武汉签署的为新塘集镇饮水建设项目。该项目共需资金 360 万元,除日本援建资金外,另外的资金来源为市地方配套资金。省政府副秘书长骆新华,省、州外事侨务部门有关领导出席项目赠款签字仪式。

【2010 年】副州长董永祥深入恩施大峡谷风景区旅游公路建设各标段工地进行检查,并对停车场扩建、换乘服务中心建设等工作进行现场督办。市领导肖家魁等陪同。

【2012 年】全国第十二个法制宣传日纪念活动暨州、市"12.4"校园法制宣传周启动仪式在小渡船中学举行。州、市领导董永祥、吕金施、孙宇鹏、刘志兵、胡平江等出席活动。

【2013 年】省政府参事、省商务厅巡视员马大强一行深入湖北萌族电子商务有限公司(淘宝网 · 恩施馆)、恩施集群电子商务有限公司、恩施唯硒生态农业开发有限公司等企业,就电子商务运行情况调研,至 5 日结束。州、市领导陈晓燕、黄波、赵萍陪同。

【2014 年】省军区副政委刘建新,州委常委、恩施军分区司令员江明辉,恩施军分区政委李频一行赴恩施市,深入市人武部、市人武部新营区等地,就人武部工作情况调研,至 5 日结束。市领导黄秀武、罗永生,市人武部政委董高陪同。

【2014 年】全国旅游扶贫现场会在恩施市举行,至 6 日结束。国家旅游局局长李金早、国务院扶贫开发领导小组办公室主任刘永富出席会议,省政府副省长甘荣坤到会致辞,全国 24 个省市区旅游和扶贫部门负责人、国家发改委和国家开发银行代表、有关专家 200 余人参加会议。6 日,刘永富、欧青平、甘荣坤等赴恩施市,深入龙凤镇龙马村黄家大院居民点、龙马村保扎片区、龙马旅游风情小镇、龙马中低产田改造等项目建设现场,就龙凤镇综合扶贫改革试点项目建设、产业发展、移民建镇、社会民生等情况调研。州、市领导

王海涛、杨天然、董永祥、马尚云、向前进、李国庆、张渊平等陪同。

12月5日

【1981年】县电网第一期工程竣工,恩施县始有自办电网。

【1987年】国家农牧渔业部外事司派员到恩施市考察,确定每年给恩施市投资500万美元,实施联合国世界粮食计划署武陵山区农业综合开发项目,简称国际粮援项目,代号“WFP3779”。恩施市即启动该项目。

【1995年】恩施市第一个跨行业、跨所有制形式的大型经济联合实体——恩施东方建材工业(集团)总公司成立。1997年7月,易名为湖北恒丰水泥股份有限公司。

【2006年】市第八届人民代表大会第一次会议召开,至8日闭幕。会议听取和审议代市长秦斌所作的政府工作报告;审议恩施市2006年国民经济和社会发展计划执行情况和2007年国民经济和社会发展计划(草案)的报告;审议恩施市2006年财政预算执行情况及2007年财政预算草案的报告;听取和审议市七届人民代表大会常务委员会工作报告;听取和审议市人民法院工作报告;听取和审议市人民检察院工作报告;审议市政府关于市七届人民代表大会议案执行情况和代表建议、批评和意见办理情况的报告。大会选举出席州第六届人民代表大会的代表,选举谭文骄为市第八届人大常委会主任,选举李明东、侯萍、周德金、黄永耀、许强、刘少华为市第八届人大常委会副主任,选举秦斌为市政府市长,选举蔡平、肖家槐、何慧、向仕莲、章言为市政府副市长,选举王峰为市人民法院院长,选举刘全生为市人民检察院检察长。大会收到代表10人以上联名提出的议案36件,经议案审查委员会审查,决定将这些议案转为建议、批评和意见办理,大会收到其他建议、批评和意见134件。

【2008年】州委副书记、州长杨天然一行到华硒生态、长源轴承、清河纺织等,就企业生产运行情况调研,并与14位民营企业主座谈。市长秦斌等陪同。

【2010年】莫桑比克驻华大使安东尼奥·伊纳西奥一行至恩施市考察,至6日结束。州、市领导谭文骄、李国庆等陪同。

【2012年】恩施旅游接待中心(奥山世纪城)项目开工奠基仪式在恩施火车站站前广场举行。中心总占地面积约400亩,总建筑面积约60万平方米,项目以恩施土家地域文化为特色,倡导低碳经济,涵盖星级酒店,客栈,餐饮,娱乐,购物等土家风情休闲、文化区。省政协主席杨松、省政协副主席涂勇、省政协秘书长王树华,州、市领导肖旭明、杨天然、甘方谦、孔祥恩、刘志兵、陈卫平、向前进、李国庆等出席奠基仪式。

【2012年】龙凤镇店子槽村集体林地林权拍卖现场会上,标的面积约462.15亩林地,

流转 30 年，最终以 82.05 万元价格成交。在恩施市辖区内村级林场经营权尚属首例。

【2014 年】省政府法制办公室副主任魏月明率调研组赴恩施市，就依法行政工作情况调研。市领导杨局成、陈峣等陪同。

【2014 年】中南财经政法大学新闻与文化传播学院院长胡德才一行赴恩施市，深入市非物质文化遗产保护传承展演中心、土家女儿城、三岔乡、沐抚办事处、芭蕉侗族乡等地，就基层文化阵地建设、非物质文化遗产传承与保护、传统文化等工作情况调研，并与市文体局、三岔乡政府签订《合作备忘录》。市领导王兰英、杨局成、杨洪安、张伟陪同或出席签约仪式。

12 月 6 日

【1953 年】城关镇派出所破获一起诈骗案。主犯刘金生、何前信从湖南省邵东县至恩施县，以牛骨中膝 400 公斤、牛膝 20 对佯充虎骨行骗。刘、何分别被判有期徒刑 15 年和 10 年。

【1993 年】恩施市被省政府批准为“全省农村初级电气化县（市）”。

【1993 年】省民委主任袁仲由、省政协民宗委副主任李云广率省边贸经济考察组，至恩施市板桥区调研。

【1995 年】新塘区龚家坪乡被省政府授予“楚天明星乡镇”称号。

【2007 年】省委副书记杨松调研市境内的铁路建设。到白杨坪乡施工现场看望建设者。

【2009 年】市委第七届八次全体（扩大）会议在怡和国际大酒店召开。市委书记谭文骄讲话，市委副书记、市长秦斌主持会议，会议讨论通过《中共恩施市委关于贯彻落实〈中共中央关于加强和改进新形势下党的建设若干重大问题的决定〉的实施意见》，通过《中共恩施市委七届八次全体会议公报（草案）》。出席会议的市委委员 29 人，候补委员 8 人，不是市委委员的市“四大家”领导、恩施经济开发区的领导，市级调研员、市纪委委员和乡镇、街道，市直一级单位负责人列席会议。

【2012 年】恩施市在第二届湖北省森林城市创建工作会议上被授予“湖北省森林城市”称号。

【2012 年】省人大常委会副主任刘友凡至恩施市，就恩施大峡谷风景区生态旅游业发展情况调研。市领导许强陪同。

12 月 7 日

【1957 年】五峰山灯塔社被国家农业部授予“全国农业增产模范”称号。同时,授予社主任史代富爱国生产奖章 1 枚。

【1959 年】县公安局破获新塘“中国人民革命党”反动组织案。首犯廖明永、主犯谭楚才和 9 名案犯分别被判处死刑、死缓和 15 年以下有期徒刑。

【1977 年】全国恢复高考招生制度。恩施县组织下乡知青、“文革”初毕业的“老三届”学生和应届高中毕业生复习、备考。城关高中设置考点,参加考试的考生近 1000 名。

【1983 年】省委书记关广富、省人大常委会主任韩宁夫、省长黄知真视察恩施县大山顶牧业基地、铜盆水林场、龙王塘水电站和文昌阁画廊,并听取工作汇报。

【2011 年】恩施市“616”对口支援工程联络员会议在省住房和城乡建设厅召开。省住房和城乡建设厅副厅长张学峰,市领导陈江龙、杨洪安等出席会议。省住房和城乡建设厅、省公安厅、省工商局等省直 10 个对口支援单位联络员及恩施市有关市直单位负责人参加会议。

【2011 年】州委常委、常务副州长、州综治委副主任张忠凯率州综治委综治维稳工作考评组,深入沙地乡黄广田村综治维稳中心、沙地社区、舞阳坝派出所、市第一中学、六角亭街道胜利街社区等处,就恩施市综治维稳及社会管理创新工作进行检查、考评。市领导向前进、胡平江、黎昔品等陪同。

【2015 年】州委书记、州人大常委会主任王海涛,州委常委、州委秘书长孔祥恩,州委常委、组织部部长张建文一行,深入三岔乡、白果乡等地,就精准扶贫工作情况专题调研。市领导苏勇、张渊平等陪同。

【2015 年】省农业综合开发领导小组办公室主任周希祥一行至恩施市,就该市 2014 年农业综合开发项目实施情况调研督办。州、市领导周静、杨局成、赵萍等陪同。

12 月 8 日

【2007 年】省委办公厅副巡视员胡功友率省委、省政府综治考评验收组深入白杨坪乡、龙凤镇、小渡船街道和市自来水公司、市中心医院、市粮食局等,就恩施市社会治安综合治理工作进行检查,至 9 日结束。市长秦斌向检查组一行汇报全市综治工作,市领导周德金、向成舟以及市人民法院、市人民检察院的负责人参加汇报会。市公安局、司法局等相关市直部门负责人参加汇报会。

【2010年】国家民委副主任丹珠昂奔、省民委主任谭徽在、副主任胡祥华一行，深入芭蕉侗族乡黄泥塘中学、高拱桥村等处，就民族体育运动项目以及民族团结示范村工作调研。州、市领导张忠凯、谭文骄、沙玉山、蔡平等陪同。

【2014年】恩施市举行硒都讲坛·学习宣传中共十八届四中全会精神报告会，中共中央党校政法部教授、博士生导师、法学理论教研室主任封丽霞作《全面推进依法治国——中共十八届四中全会决定解读》专题报告。市委副书记、市长李国庆主持报告会。市"四大家"领导，恩施经济开发区领导班子成员，各乡镇、街道（办事处）负责人，市直正科级单位班子成员及二级单位负责人，市直政法机关干部、各民主党派代表等共900余人现场聆听报告。

【2015年】省委副书记、省长王国生，副省长任振鹤率省政府秘书长王祥喜、省财政厅厅长王文童、省扶贫开发领导小组办公室主任杨朝中一行至恩施市，深入三岔乡、白果乡等地，就脱贫攻坚工作情况专题调研。州、市领导王海涛、刘芳震、孔祥恩、马尚云、向前进、苏勇等陪同调研。

【2015年】省旅游局局长钱远坤率调研组至恩施市，深入盛家坝乡二官寨村等地，就旅游产业发展及旅游扶贫工作开展情况调研，至9日结束。市领导郑晓斌、王学渊等陪同。

12月9日

【1950年】县委传达中共中央关于开展镇压反革命运动的指示，成立以县委、县政府为领导的，有各界民主人士参加的案件审查委员会，即日起在全县范围内大张旗鼓地开展镇压反革命运动。

【1978年】县交通局技术干部熊明清受省交通局派遣，前往埃塞俄比亚支援该国公路建设。

【2010年】国家发展和改革委员会政策研究室贾民博士一行，深入恩施经济开发区园区，对武陵装饰建材城、恩施山泰水电设备有限公司、九州通药业、滨湖印刷以及中烟恩施分公司等企业发展情况调研。市领导部志中、刘恩敏等陪同。

【2010年】州委副书记柳望春就"全国全省双拥模范城"创建工作进行检查督办。州、市领导谭文骄、李国庆等陪同。

【2011年】省政府督查专员陈明江率督查组一行至恩施市，深入城区民苑综合楼、锦联华商场等处，就公共场所重大火灾隐患整改情况进行检查。市领导黎昔品、金德钧等陪同。

【2011 年】首届湖北省少数民族文艺会演在武汉工人剧院举行。恩施市选送的恩施土家风情歌舞诗剧《嗯嘎·女儿会》参演,并以总分第一名获奖。市领导李国庆、邹炜、张献宏等出席活动。

【2012 年】全市“万名干部进万村洁万家”活动动员会在富源国宾会议大厅召开。会上对全市“三万”活动进行部署。市委书记向前进出席会议并讲话,市委副书记、市长李国庆主持会议,市委副书记胡平江作主题报告。市“四大家”有关领导出席会议。

【2013 年】省委统战部常委副部长盛国玉率省督查组一行,就党外代表人士队伍建设工作督查。州、市领导谭文骄、向前进等出席座谈会。

【2014 年】省统计局贸易外经统计处处长马泽民、省统计局人口和就业统计处处长刘洪赴恩施市,深入恩施国际商贸城、新长城汽车贸易有限公司、时代家居、红星美凯龙、硒都茶城、土家女儿城等地,就大型专业市场建设运营情况调研。市领导杨局成陪同。

【2015 年】省公路局局长熊友山一行至恩施市,深入鸦沙公路建设现场和恩鹤公路建设现场,就公路建设工作情况专题调研。市领导黄波等陪同。

【2015 年】省经济和信息化委员会主任欧阳万坤一行至恩施市,深入创偲诺电气科技股份有限公司、润邦国际富硒茶业有限公司、长源轴承制造有限公司等处,就工业企业发展情况调研。州、市领导赵晓珊、杨局成、黄波等陪同。

12 月 10 日

【1954 年】首批木材 6321 立方米从清江河流送宜都。

【1955 年】首批 500 名城镇居民赴大山顶移民开荒。

【1976 年】县委书记及树华出席第二次全国农业学大寨会议。

【1982 年】国家农牧渔业部畜牧总局副局长陈凌风等至大山顶考察,就使用内资、外资,开发利用草山草坡问题与县委磋商。

【1986 年】国务院国函〔1986〕182 号文件批复,同意新建许家坪民用机场,机场规模按三级机场、供安—24 等型飞机起降的技术要求进行设计、建设。1989 年 5 月 6 日,机场主体工程破土动工。

【1996 年】恩施市政府与利川市政府签订两市《联合勘定行政区域界线协议书》。

【2002 年】万宜铁路恩施火车站选址舞阳坝街道枫香坪村,东起烂草湾大桥,西止清江铁路大桥,全长约 3 千米,宽 100 ~ 500 米,占地面积 1000 余亩。恩施火车站是万宜铁路新建的最大火车站,也是东部地区进入西部地区的第一大站。

【2005 年】湖北省地方标准“恩施富硒茶”通过省级审查。该标准规定恩施富硒茶的

术语和定义、产地范围、产地环境条件、技术要求、试验方法、检验规则、标志、包装、贮存和运输要求，适用于恩施市境内富硒绿茶、红茶的加工和销售。

【2008 年】恩施市沐抚办事处挂牌成立。该办事处为市政府派驻机构，与恩施大峡谷风景区管理处合署办公，对景区行政、经济、社会事务及景区开发实行统一管理、统一协调和统一服务。其管辖范围为板桥镇前山村和屯堡乡大庙村、营上村、木贡村、高台村、沐抚社区。州、市领导瞿赫之、于德海、谭文骄、秦斌等出席挂牌仪式。

【2010 年】市公安局通过侦查，摧毁一恶性抢劫团伙，将犯罪嫌疑人龙某某、陈某某、陈某某现场抓获。经查在一个多月时间内，该团伙作案 10 起。犯罪嫌疑人已刑事拘留。

【2013 年】州委副书记、常务副州长董永祥，副州长肖作文率全州畜牧产业链动员会与会代表一行，深入华硒正虹饲料、思乐食品加工园、家琪生态蛋鸡养殖场、思乐集团白果万头养猪场、思乐肉质腌制品加工厂等地，就畜牧产业链条建设推进情况考察。市领导李国庆、杨洪安陪同。

【2013 年】恩施市非物质文化遗产保护传承展演中心创作表演的恩施扬琴《镇船石》，作为湖北省唯一代表，在来自全国 14 个省、区、市，18 个少数民族，28 个曲种，计 34 个决赛作品中摘得在内蒙古呼和浩特举办的第五届全国少数民族曲艺会演表演、创作两项金奖。

【2014 年】副州长陈晓燕一行，深入恩施市创偲诺电气科技股份有限公司、恩施国际商贸城、奥山世纪城、慧聚太阳能电力有限公司、鸥力服饰制造有限公司、时代家居、红星美凯龙等企业，就工业经济及商务经济运行情况调研。市领导黄波陪同。

【2015 年】国家民族事务委员会监督检查司司长陈乐齐率 15 个创建全国民族团结进步示范州（地、市、盟）“互观互检”活动代表团到恩施市，深入市硒都民族实验小学、六角亭街道解放路社区、市财政局、华硒文化旅游有限责任公司等民族团结进步示范点，就民族团结进步示范工作参观考察。州、市领导张宇、陈峣等陪同。

【2015 年】省政府法制办公室主任张绍明率省检查组至恩施市，深入市自来水公司、市国土资源局等处，就“六五”普法工作检查验收。市领导黄波、邵永政、崔显琦等陪同。

【2015 年】省城市管理工作考评组一行到恩施市，深入航空路车站、市城市生活垃圾综合处理厂、南山小镇、市城管局、小渡船街道机场路社区等地，就该市城市管理工作进行考核验收。市领导罗永生、邵永政、金德钧、余典语等陪同。

【2015 年】21 时 15 分，春秋航空空客 320 降落恩施机场，上海直飞恩施首航成功。为恩施州首条连接国内一线城市的航线，直飞上海仅需约 1 小时 40 分。

【2015 年】新塘司法所所长龙兆开被国家司法部评为“全国模范司法所所长”。

12 月 11 日

【1951 年】恩施专区首次土特产展览会在恩施县城开幕，展出土特产品 1500 多种，历时 18 天，4.96 万人前往参观。

【2008 年】由光明日报、经济日报、中央电视台经济频道、中国日报等 10 多家中央媒体组成的新闻采访团到盛家坝乡宏光水库和安乐屯现代烟草农业进行采访。省烟草专卖局（公司）主要负责人赵全意、省烟草专卖局（公司）副总经理杨树以及州政协副主席刘志兵，市长秦斌等陪同。

【2012 年】省民政厅副厅长彭军率省调研组，深入芭蕉侗族乡福利院和高拱桥村、六角亭街道胜利街社区等处，就基层民政工作调研。州、市领导杨天然、肖作文、向前进、李国庆、胡平江、张渊平陪同。

【2013 年】国家教育部教育工作司副司长殷长春、省教育厅副巡视员孙望安一行，深入白果乡中心小学、白果中学、硒都民族实验小学等地，就义务教育均衡发展及农村教师队伍建设情况调研。市领导张伟陪同。

【2015 年】市委书记向前进主持召开 2015 年第 24 次市委常委（扩大）会议。会议听取市委八届九次（扩大）会议筹备工作情况汇报，讨论《中共恩施市委关于制定国民经济和社会发展情况第十三个五年规划的建议（讨论稿）》，讨论《〈中共恩施市委关于制定国民经济和社会发展第十三个五年规划的建议〉的说明》。苏勇等市“四大家”领导、恩施经济开发区领导参加会议。

12 月 12 日

【1983 年】恩施县被国务院列入建设农村电气化 100 个试点县之一。

【2005 年】市政府和上海索鑫科技有限公司签订《铁厂坝铁矿综合开发项目和工业试验合同书》。

【2007 年】省创建“中国优秀旅游城市”检查组一行至恩施市，开始进行为期 4 天的创优工作检查、指导。

【2008 年】市长秦斌分别与中国民主同盟恩施州委、中国民主建国会恩施州委、湖北民族学院生物科学与技术学院、恩施恩泰实业有限公司在恩施宾馆签订共同推进恩施市柳州城片区新农村建设意向书。柳州城片区新农村建设计划用 5 年时间，为片区内周家河、长堰塘、莲花池 3 个村 1063 户农民人均纯收入增加 1000 元。实施包括以民族村寨、文

化遗产、自然环境和山地特色农业为依托，把发展乡村生态休闲旅游与推进农村产业结构调整，拓宽村民就业渠道，增加农民收入，配套建设无公害花果园、茶园、蔬菜生产，建设大型生态养殖场，推动所在地周家河村进入全国1万个农村特色旅游村，使柳州城综合旅游收入达到1亿元。州、市领导曹毅、秦斌、何慧等出席签字仪式。

【2010年】国家发展和改革委员会政策研究室博士贾民一行，深入芭蕉侗族乡，就全市新农村建设情况调研。州、市领导刘艳红、谭文骄、王兰英等陪同。

【2014年】省环境保护厅副厅长李瑞勤率督查组赴恩施市，深入华新水泥恩施分公司、恩施蓝坤医疗废物处置中心、恩施山寨皮革有限公司、机动车尾气监测站、硒都茶城第二期工程施工现场等地，就恩施市环保重点工作情况进行督查。州、市领导秦斌、罗永生陪同。

【2015年】中共恩施市委八届九次全体(扩大)会议召开。会议应到市委委员33人、实到31人，应到候补委员8人、实到8人，符合法定人数。市委书记向前进代表市委常委会作《中共恩施市委关于制定国民经济和社会发展第十三个五年规划的建议》说明，并主持当天的闭幕会。市委副书记、代市长苏勇主持开幕式。会议讨论并通过《中共恩施市委关于制定国民经济和社会发展第十三个五年规划的建议》。会议要求，全市上下要牢固树立“创新、协调、绿色、开放、共享”的发展理念，以科学发展、创新发展为主导，以精准扶贫、竞进小康为主题，以绿色、低碳、高效发展为主线，优化产业结构，转变发展方式，深化各项改革，加快推进新型城镇化、农业现代化、新型工业化和信息化“四化同步”进程，努力建设宜居、宜业、宜旅的“美丽恩施”。市“四大家”领导出席会议。市委委员、候补委员出席会议，非市委委员和候补委员，恩施经济开发区班子成员及市人武部政委、市人民法院院长、市人民检察院检察长，市委调研员，市委、市政府老顾问，市纪委委员，乡镇、街道(办事处)党委书记，乡(镇)长、主任，市直正科级单位主要负责人，市人大工委、市政协专委主要负责人，恩施经济开发区一级单位主要负责人，驻外机构负责人列席会议。

12月13日

【2011年】国家烟草专卖局副局长何泽华一行，深入响板水库水源性工程、仙女洞土地治理项目工程、城郊烟草站工程等建设现场，就现代烟草农业基地单元建设和烟叶生产工作等情况调研。州、市领导瞿赫之、杨洪安等陪同。

【2011年】国家农业部发展计划司副司长刘北桦一行，深入屯堡乡、芭蕉侗族乡、思乐牧业集团恩施市凤凰山种猪有限公司等处，就茶叶产业、畜牧业发展等情况调研，至14日结束。州、市领导王志强、王国玮等陪同。

12 月 14 日

【2010 年】州委常委、副州长瞿赫之一行,深入恩施经济开发区园区及部分涉农企业,就涉农企业发展情况等事项调研。市领导郜志中、刘恩敏等陪同。

【2015 年】中央电视台著名主持人敬一丹在州文化中心恩施大剧院以《恩施——我遇到你》为题就新媒体运用进行精彩解读。市委常委、宣传部部长、统战部部长杨洪安主持讲座。来自全市干部、教师、学生等 1000 余人聆听讲座。

12 月 15 日

【民国三十年(1941)】高桥坝灌溉工程破土动工,为境内首个水利工程。

【1950 年】专区法院在城关依法审判和处决参与反革命阴谋暴乱的原国民党恩施县县长张家训、原国民党恩施县三青团干事长叶涤亚、原国民党恩施县参议长李子尚、原国民党恩施县芭蕉区区长李仲常等。

【1985 年】中国共产党恩施市第一次代表大会在清江电影院召开,至 19 日闭幕。李贵生作题为《团结一致,再展宏图,为推进恩施市社会主义现代化建设而努力奋斗》的报告。大会选举产生中共恩施市第一届委员会委员 29 名、候补委员 3 名,市第一届纪委委员 18 名。市一届一次全体会议选举产生李贵生、吕成宗、朱永松、陈行高(土家族)、陈永富、陈沛源(土家族)、易英仲、胡元春(土家族)、蔡万顺(土家族)、钟良政、徐先寿为市第一届常务委员,李贵生为书记,吕成宗、朱永松、陈行高(土家族)、易英仲、蔡万顺(土家族)为副书记。

【1995 年】市工商局被省政府授予"全省打假先进单位"称号。

【2006 年】三岔乡三岔中学发生一起一般突发公共卫生事件。经流行病学调查,为宋内氏志贺氏痢疾杆菌引起的细菌性痢疾。15 日,发生首例病例,24 日,达到高峰,26 日 12 时,启动预案,全力救治患者,控制疫情;至 28 日,发生最后一例病人,发病 97 人。无危重病人,无死亡病人,所有病人全部治愈。省政府两次作出批示,要求积极救治患者,及时查明原因,对相关责任单位和个人依法严肃进行处理。

【2013 年】市委、市政府主办,市委宣传部、市文体局、龙凤镇承办的"热爱恩施、发展恩施、维护恩施"2014 年元旦春节文体活动启动仪式暨文化、科技、卫生"三下乡"活动启动仪式在龙凤镇龙马便民服务中心广场举行。市领导邹炜、金德钧出席活动。

【2014 年】省民族宗教事务委员会主任柳望春赴恩施市,深入六角亭街道解放路社区

和市老干部活动中心，就社会管理综合治理工作情况调研。市领导黄波陪同。

【2014 年】市中心医院普外科医师运用胆道镜，完成全市首例“肝内结石取出术”，成功取出患者肝内胆管结石 20 多枚。

【2015 年】中国人民解放军湖北省军区参谋长、少将杨万军一行至恩施市，深入市武装部等处，就基层武装部和民兵连建设工作检查指导。州、市领导江明辉、董高等陪同。

12 月 16 日

【1992 年】恩施市叶挺纪念馆、连珠塔、文昌祠、柳州城遗址及引种西瓜碑等被省政府确定为省级文物保护单位。

【1997 年】市委四届八次全会讨论通过《恩施市社会主义精神文明建设“九五”规划》。

【2005 年】恩施市被科技部授予“2003—2004 年度全国科技进步工作先进市（县、区）”称号，市长程贤文、市科技局局长吴承亚被授予“2003—2004 年度全国科技进步工作先进个人”称号。

【2010 年】全市文化摩尔城项目开工建设。该项目占地总面积 6888 平方米，建筑总面积 13800 平方米。内设多功能剧院、文化演艺排练中心、图书馆、文化馆、青少年培训中心、健身娱乐休闲、购物广场等，总投资约 1 亿元人民币。州、市领导谭文骄、曹毅、李国庆等出席开工典礼。

【2010 年】省安监局总工程师刘奇晓率省安委会安全生产工作考核督查组，深入恩施腾龙水泥有限公司、四方坪采石厂、恩施天彩烟花爆竹有限公司、三岔乡等处，就全市安全生产工作进行检查。州、市领导沙玉山、郜志中、蔡平、陶文胜等陪同。

【2013 年】省统计局副局长叶青率省经济普查督查组一行，就第三次全国经济普查工作情况督查。市领导向前进、李国庆、廖泽熙陪同。

【2013 年】省住建厅副巡视员、省住建厅城市管理处处长冯家清率省检查组一行，深入州文化中心、东风大道示范街、六角亭街道胜利街社区等地，就城市管理工作督查，至 17 日结束。市领导李国庆、万雪峰、廖泽熙、许强、金德钧陪同。

12 月 17 日

【民国二十二年（1933）】红三军由恩施大集场进入咸丰小村，召开湘鄂西中央分局小村会议，讨论湘鄂边区失败的教训和当前任务，将“恢复湘鄂边”口号改为“开创湘鄂川黔边新苏区”。

【1978 年】红庙公社土桥大队青年胡某林伙同胡某、曾某，夜晚窜入地区体委，盗窃东风牌小口径手枪 5 支、子弹 4000 余发。地、县公安机关实施联合侦破，抓捕胡某、曾某，搜出手枪 4 支和子弹 3850 发。胡携枪潜逃，19 日 18 时许，窜到龙洞大队抢劫财物，开枪致 1 人死亡。20 日凌晨，胡被捕获归案。

【1990 年】市塑料一厂被国务院授予“全国民族团结进步先进单位”称号；盛家坝区区长王祖勤被国务院授予“全国民族团结进步先进个人”称号。

【1991 年】恩施市国际及港澳台长途直拨电话，于是日 9 时 04 分开通。

【1999 年】国务院办公会议决定，批准湖北省清江水布垭水利枢纽工程立项。该工程库区淹没区移民安置涉及境内沙地、红土、新塘、三岔、芭蕉、舞阳坝、六角亭等 7 个乡镇、街道共 28 个村、57 个村民小组计 4874 人。

【2008 年】州委书记肖旭明一行到白果乡瓦场坝村，就新农村建设调研。州、市领导瞿赫之、谭文骄等陪同。

【2012 年】省监察厅副厅长张家洪率省委第十四检查考核组，深入市反腐倡廉预防犯罪警示教育基地、芭蕉侗族乡高拱桥村等处，就恩施市落实党风廉政建设责任制和推进惩防体系建设情况检查考核。州、市领导张忠凯、向前进、万雪峰陪同。

【2012 年】州委常委、常务副州长董永祥率检查考评组至恩施市，对全市社会管理综合治理工作检查。市领导李国庆、胡平江、张渊平、崔显琦、向朝敏陪同。

【2013 年】交通运输部规划司投资处副处长王广民率检查组一行，深入恩施客运中心站项目建设现场、七里坪清江航道整治工程指挥部、芭蕉侗族乡楠木园村和戽口村等地，就交通扶贫项目开展情况督查。市领导黄波陪同。

【2013 年】崔家坝镇滚龙坝村、白果乡金龙坝村被国家住房城乡建设部、文化部、财政部公布为第一批“中国传统村落名录”。

12 月 18 日

【1949 年】中国人民银行恩施支行成立。

【2003 年】中共恩施市第六次代表大会在州民族礼堂召开，至 21 日结束。吴希宁作题为《抢抓机遇，加快发展，为恩施市全面建设小康社会而努力奋斗》的报告。大会选举产生市第六届委员会委员 33 名、候补委员 6 名，市第六届纪委委员 23 名。市第六届委员会第一次全体会议选举产生吴希宁（土家族）、程贤文、田凤培（土家族）、邓升志、张安俊、侯萍（女）、谭明威、刘凡、李国庆、胡福先、秦斌、李明东、谭志国为市第六届委员会常委，吴希宁为市委书记，程贤文、田凤培、邓升志、张安俊为市委副书记。邓升志为市第六届纪委书

记。

【2008 年】恩施市白果乡茅坝槽村现代烟草农业综合开发示范区建立。示范区由州烟草公司经理、州香城现代烟草农业开发有限公司和茅坝槽村经济联合社三方共同组建。白果乡茅坝槽村地处城郊 26 千米,海拔 1340 米,州烟草公司将茅坝槽村所辖 2800 亩耕地、林地按照依法有偿、自愿的原则,租赁给州香城现代烟草农业开发有限公司,进行现代烟草农业综合开发。首期投资 1300 万元,与农民签订租赁协议 2250 亩,租赁开发期为 50 年。市领导谭文骄、秦斌等出席签约仪式。

【2010 年】恩(施)来(凤)、恩(施)黔(江)高速公路开工。

【2011 年】银(川)北(海)高速公路恩建段、利万高速公路湖北段开工仪式在六角亭街道松树坪村举行。省人大常委会副主任任世茂、省政府副秘书长文振富,省交通运输厅厅长尤习贵、省交通运输厅巡视员徐健、省交投公司董事长张嗣义等省直有关部门领导及重庆市来宾,州、市领导杨天然、甘方谦、赵德利、于德海、向前进、李国庆等出席开工仪式。

【2012 年】省委宣讲团中共十八大精神恩施市报告会在州民族礼堂举行。省委宣讲团特聘教授,经济管理博士,中南民族大学马克思主义学院院长、教授、硕士研究生导师,湖北省高校马克思主义理论教育研究会理事阎占定作党的十八大精神专题宣讲辅导。市"四大家"及恩施经济开发区领导现场聆听报告。

【2013 年】市科级干部预防渎职侵权违法犯罪暨"三纪四德"教育培训会在州文化中心举行,州人民检察院检察长吴忠良作专题讲座。市委副书记胡平江主持会议,近千名干部参加培训。

【2013 年】湖北煤矿安全监察局纪检组长王亚林率省安委会目标考核督查组一行,深入湖北凯龙集团有限公司恩施分公司、三岔乡、航空路车站、恩运集团等地,就安全生产工作考核督查,至 19 日结束。市领导黄波陪同。

【2014 年】州委副书记、州长杨天然深入新塘乡长岭岗华中药用植物园、双河鱼塘坝硒矿床、红花石林等地,就生态旅游产业发展情况专题调研。市领导李国庆等陪同。

12 月 19 日

【民国二十八年(1939)】日军飞机二十六架分三批轰炸恩施飞机场和北门外。炸死四人、炸伤十九人,炸毁房屋四十余栋。

【2007 年】州委书记肖旭明,州委副书记、副州长杨天然等一行先后深入金桂路沙河工业园区、恩施经济开发区上官田片区、红庙片区、龙凤坝衙门台片区、小龙潭片区等实地调研。市领导谭文骄、秦斌、肖家魁等陪同。

【2011 年】州委常委周静一行至恩施市,就换届后市级领导班子运行和组织工作等调研。市领导向前进、王兰英、黎昔品等陪同。

【2012 年】副省长王君正一行,深入恩施大峡谷风景区,就旅游产业发展情况调研。州、市领导董永祥、张渊平陪同。

【2013 年】州领导王海涛、董永祥、孔祥恩一行,就龙凤镇综合扶贫改革试点工作调研。市领导向前进、张渊平、向煦、王国玮等陪同。

【2013 年】中国恩施·韩国首尔旅游文化展演活动在湖北恩施土家女儿城举行。市政府党组成员、恩施大峡谷风景管理处主任王学渊出席活动。

【2014 年】省委第三巡回督查组组长陈邦强率督查组赴恩施市,对市委常委会党的群众路线教育实践活动整改落实情况进行督查。市委副书记、市长李国庆通报市委党的群众路线教育实践活动整改落实情况。州委整改督查办公室副主任田景福及市“四大家”领导、恩施经济开发区领导班子成员及市直相关部门、各乡镇、街道(办事处)负责人参加整改落实情况汇报会和测评。

12 月 20 日

【1954 年】首批木材 6321 立方米,从清江河道流运宜都。

【1965 年】恩施县第六届人民代表大会第一次会议召开,至 27 日闭幕。到会代表 371 名。大会选举苏大章为县长,郑建涛、吴保忠、归天麟、王明玉、李嘉诲为副县长,王继三为县人民法院院长。

【1985 年】市文物管理所副所长贺孝贵被国家文化部授予“全国文物博物馆系统先进工作者”称号。

【2004】恩施云龙河水电工程发生重大事故,导致 3 人死亡、3 人受伤。经查明,系越峰云龙河三级水电开发有限责任公司所属施工项目部——葛洲坝第五工程公司越峰云龙河项目部在进行大坝左肩爆破时,其爆破产生的弃渣瞬间大量倾入云龙河,激起巨大的水浪,将在 300 米外导流洞施工便道避炮的 6 名民工卷入河中。

【2011 年】恩施市被省政府授予“2010 年度保险先进县(市、区)”荣誉称号。为恩施州唯一获此殊荣的县(市)。

【2012 年】州委常委、副州长王志强一行,深入华硒生态园,就农产品批发交易市场经营情况调研。市领导陶军陪同。

12 月 21 日

【民国三十一年(1942)】抗日演出队六队队员李虹(中共党员),为避免特务控制,保全其他党员安全,开枪自杀。

【2009 年】市委常委、市公安局长谭志国作为湖北省唯一代表,在北京主会场通过视频向全国近 40 万名综治干部介绍恩施市农村“治安中心户”防控机制及经验作法。

【2010 年】州委常委、副州长瞿赫之,州人大常委会副主任冯国亮率参加全州秋冬季农业综合开发推进会的代表,深入白杨坪乡生态文化走廊、标准茶园示范区、熊洞槽新农村建设示范走廊及丰茗圆茶叶有限公司拟建基地,就秋冬季农业综合开发情况进行参观考察。市领导李国庆、肖家魁、许强、向成舟等陪同。

【2012 年】副省长许克振一行,深入屯堡乡鸭松溪村、恩施大峡谷旅游公路、恩运集团航空路客运站等处,就安全生产工作调研。州、市领导杨天然、张宇、向前进、管书华陪同。

【2013 年】州委副书记、常务副州长董永祥一行,深入龙凤镇综合扶贫改革试点调研,并专题督办试点烟草项目建设工作。市领导向前进、张渊平等陪同。

12 月 22 日

【1985 年】由武汉飞往恩施的英制肖特 360 型民航客机,在恩施着陆时失事,致 25 人受伤。

【1985 年】板桥区委书记向海滨被省委、省政府授予“全省山区先进工作者”称号。

【2008 年】恩施硒资源开发研究中心授牌成立。公司由恩施市与中国科学院地理科学与资源研究所联合成立,致力于生物硒资源的深度开发与应用研究。同日,恩施市与中国科学院地理科学与资源研究所《关于成立中国科学院地理科学与资源研究所恩施硒资源开发研究中心的合作协议》签字仪式在恩施宾馆举行。中国科学院地理科学与资源研究所副所长、博士生导师教授葛全胜,中国科学院地理科学与资源研究所党委副书记、副所长、纪委书记、高级工程师教授孙俊杰,中国科学院地理科学与资源研究所研究员、医学地理学专家谭见安,中国科学院地理科学与资源研究所研究员、博士生导师教授雒昆利等专家和市领导谭文骄、秦斌等出席成立仪式。

【2010 年】铁道部重点建设项目,史上用时最长耗资最多的宜万铁路分别在重庆市万州和恩施火车站举行首发列车通车典礼,标志着宜万铁路建成开通运营。省委副书记、代省长王国生宣布宜万铁路恩施火车站开通。铁道部、国家发展和改革委员会等相关领导,

副省长段轮一,州领导肖旭明、杨天然、陈亚平、甘方谦等出席通车典礼。

【2013 年】省委组织部副部长、省人力资源和社会保障厅厅长、省公务员局局长翟天山一行,深入龙凤镇政府、龙马保扎片区、双堰塘村等地,就龙凤镇综合扶贫改革试点工作调研。州、市领导周静、向前进、张渊平等陪同。

【2013 年】州委副书记、常务副州长董永祥一行至恩施市,就 2013 年度社会管理综合治理和平安建设工作检查督办。市领导李国庆、胡平江、张孝赤、邵永政参加汇报会。

12 月 23 日

【1950 年】县公安局战士詹厚钱夜晚于清江桥头站哨时,被匪特暗杀。翌年,主犯刘慎五、王汉青、李永清伏法。

【2005 年】中共恩施市第六届委员会第四次全体(扩大)会议在恩施军分区招待所举行,至 25 日结束。会议由市委书记吴希宁主持,市委副书记、市长程贤文就《恩施市经济社会发展第十一个五年规划主要目标和措施的报告》向全会作出说明。会议审议并原则通过《市政府党组关于恩施市国民经济和社会发展第十一个五年规划主要目标和措施的报告》。市委常委会、市人大常委会党组、市政府党组、市政协党组、恩施经济技术开发区工委和市纪委向全会作出书面报告。会议总结“十五”时期恩施市经济社会发展取得的成绩,提出恩施市制定“十一五”规划的指导思想、目标任务和工作措施。

【2010 年】省委副书记、代省长王国生率省政府秘书长傅德辉及省直有关部门负责人,深入芭蕉侗族乡、施州民族小学、中烟恩施分公司、湖北民族学院以及沪蓉高速公路恩施服务区等处,对全市城乡经济社会发展情况调研。州、市领导肖旭明、杨天然、柳望春、张忠凯、孔祥恩、谭文骄、秦斌、蔡平等陪同。

【2011 年】市委八届二次全体会议召开。会议应至恩施市委委员 39 人,实到 35 人。会议听取市委常委会,乡镇、街道(办事处)党委,市直机关工委,市“两新”组织工委书记关于履行基层党建责任制情况述职;对市委常委会,乡镇、街道(办事处)党委,市直机关工委,市“两新”组织工委书记抓基层党建工作情况进行测评并提出评价意见。会议还确定中共十八大代表候选人建议名单。市“四大家”领导向前进、李国庆等参加会议。

【2011 年】省人力资源和社会保障厅副巡视员吴世林率省消防安全检查组一行,深入恩施土司城风景区、六角亭街道胜利街社区和锦联华商场等处,就恩施市 2011 年度消防工作责任目标落实工作进行考评验收。市领导黄波等陪同。

【2012 年】州委副书记张忠凯、副州长肖作文率全州秋冬季农业综合开发现场推进会与会代表至恩施市,就秋冬季农业综合开发工作考察。市领导胡平江、黄永耀、杨洪安、王

国玮陪同。

【2013 年】恩施大峡谷梯田被农业部认定为“中国美丽田园”，为全国 108 项农事景观之一。为全州唯一入选景观。

【2013 年】国家烟草专卖局局长凌成兴，省政协副主席肖旭明，省烟草专卖局（公司）局长、总经理赵全意，省中烟工业公司总经理彭明权一行，深入龙凤镇现代烟草农业中心示范区，就喻家河水源性工程项目建设、基本烟田土地整理、龙凤镇青堡村“四位一体”等工作情况和烟草产业发展情况考察，至 24 日结束。州、市领导王海涛、杨天然、董永祥、刘志兵、向前进等陪同。

【2014 年】小渡船街道小渡船中学宋光荣、龙凤镇龙凤中学毕文学、市第一中学沈道国被授予“湖北省特级教师”称号（第 9 批）。

【2015 年】省水利厅巡视员、省政府参事刘烈玉率省督查组至恩施市，深入龙凤镇双堰塘村等处，就“三严三实”专题教育开展情况专项督查。州、市领导张建文、苏勇等陪同。

【2015 年】从中国美丽乡村建设经验交流会上获悉，盛家坝乡二官寨村荣获“中国最美乡村”提名奖。CCTV7 寻找“中国最美乡村”推介活动自 2013 年始，已成功举办 3 届，盛家坝乡二官寨村是该次湖北省唯一入选单位。

12 月 24 日

【2009 年】由市委精神文明建设指导委员会举办的首届“十大道德模范”评选揭晓，10 名道德模范从 51 名参选人员中脱颖而出，另有 10 名候选人获得道德模范提名奖的荣誉称号。

【2010 年】省民政厅副厅长、省双拥工作办公室主任万幼清率全国、省级双拥模范城检查考评工作组，深入市光荣院、消防特勤中队、航空路车站、市中心医院、恩施土司城、市卫生局、小渡船街道民族路社区、恩施烈士陵园、市军休所、市军粮供应站、市第一中学等处，对全市双拥工作进行检查。州、市领导柳望春、秦斌、李国庆、蔡平、黄秀武等陪同。

【2011 年】副州长沙玉山一行至恩施市，就基督教、天主教活动场所建设调研，并走访慰问基督教、天主教代表人士。市领导张渊平、邹炜等陪同。

【2012 年】市委八届五次全体（扩大）会议召开。会议应到市委委员 39 人，实到 36 人。会议听取市委常委会履行管党责任制工作情况报告，并就落实情况进行测评。向前进、李国庆等市“四大家”领导，各乡镇、街道（办事处）党委书记、市委市直机关工委、市委“两新”工委、市委办公室、市委组织部相关负责人参加会议。

【2015 年】州委书记、州人大常委会主任王海涛一行，深入舞阳坝街道五峰山村，现场

办公部署五峰山环境综合整治工作。王海涛强调,要把五峰山作为“美丽恩施”建设的突破口,着力推进五峰山净化、绿化、美化、现代化建设。州、市领导孔祥恩、涂元玲、张宇、郑开国、苏勇等陪同。

【2015年】8时许,209国道恩施绕城线2公里处,一辆货车与摩托车相撞,致摩托车司乘人员2人死亡,1人重伤。死者系父子关系。

12月25日

【民国十七年(1928)】中共湘鄂西前敌委员会第四军由利川向东转移,经恩施崔家坝去鹤峰。

【民国二十六年(1937)】日机首次空袭恩施,在南门外狮子岩、李家磨投弹三枚,均落荒郊,未造成人员伤亡和财产损失。

【2006年】中共恩施市第七次代表大会在州民族礼堂召开,至29日闭幕。出席大会代表306名,列席代表52名。市委书记谭文骄作《全面贯彻落实科学发展观,为建设富裕民主文明和谐恩施市而努力奋斗》的报告。大会审议通过《中国共产党恩施市第七次代表大会关于中共恩施市第六届委员会工作报告的决议》,通过《中国共产党恩施市第七次代表大会关于中国共产党恩施市纪律检查委员会工作报告的决议》。大会选举产生市第七届委员会委员37名、候补委员8名,市纪委委员29名,并选举产生出席州第五次党代会的代表64名。在市第七届委员会第一次全体会议上,谭文骄、秦斌、李国庆、刘凡、蔡平、谭志国、徐青安、刘羽、王怀东、肖家魁、李敏等11人当选市委常委委员;谭文骄当选为市委书记,秦斌、李国庆当选为市委副书记。全会通过《关于中国共产党恩施市纪律检查委员会第一次全体会议选举结果的报告》,选举产生参加省第十七届党代会的代表。

【2009年】由省名牌产品推进委员会、省实施质量兴省战略工作领导小组办公室、省质量协会联合评定,恩施市润邦国际富硒茶业有限公司生产的“恩施玉露”,被列入全省240家企业的240项“湖北名牌产品”之列。该市累计拥有6个“湖北名牌产品”,位居全州前列。

【2012年】恩施市在湖北省第二届关注森林活动授牌会上,获得省级“森林城市”称号。

【2015年】州委书记、州人大常委会主任王海涛,州委常委、州委秘书长孔祥恩,州委常委、副州长马尚云一行,深入龙凤镇佐家坝村和市精准扶贫综合服务中心等处,就龙凤镇综合扶贫改革试点推进情况调研。王海涛强调,要以“创新、协调、绿色、开放、共享”五大发展理念为指导,推进试点转型升级,坚决打赢脱贫攻坚战,打造落实“四个全面”战略

部署的示范标杆。市领导苏勇、张渊平、杨局成、黄波、崔宇辉陪同。

12 月 26 日

【民国十六年(1927)】川东土著武装国汝洲部受川军挤压,流窜鄂西。纠集土匪、“神兵”六千余人围攻恩施城,至翌年一月四日败退。

【民国十九年(1930)】红军独立团团长贺炳南和副团长文苗率六百人驻扎红土白果坪,趁团总黄在元在红土街过生日时将其包抄、处决。

【1950 年】恩施芭蕉供销合作社建立,为恩施专区第一个基层供销合作社。

【1996 年】市建设委员会被国家建设部授予“全国市政公用设施普查先进单位”称号。

【2001 年】市自来水公司三水厂建成投产。该工程投资 6925 万元,1999 年 11 月 18 日奠基,2000 年初动工建设,2001 年 6 月,完成第一组净水工程,投入试运行。

【2003 年】何功伟、刘惠馨烈士陵园(又名方家坝烈士陵园)竣工。何功伟、刘惠馨烈士墓迁入,并举行开园仪式。陵园位于小渡船街道方家坝村,占地 63 亩,建筑面积 618 平方米,投资 197 万元。

【2005 年】中央政治局委员、省委书记俞正声至恩施市,走访慰问困难群众,考察扶贫开发工作,至 28 日结束。州委书记汤涛等陪同。

【2008 年】国家创建优秀旅游城市检查组组长、省旅游局质量规范与管理处处长李伟率国检组一行至恩施市,代表国家旅游局开始对恩施市创建中国优秀旅游城市进行检查验收。28 日,国家“创优”检查组召开国检情况通报会,恩施市具备中国优秀旅游城市的条件,通过验收。市领导谭文骄、秦斌等陪同。

【2011 年】副州长董永祥一行,深入恩施大峡谷风景区旅游服务中心建筑工地、大峡谷旅游综合服务枢纽中央主干道施工现场、倒灌水生态停车场、云龙河地缝景区等处,就项目建设情况调研。市领导张渊平等陪同。

【2014 年】省法学会秘书长王龙率省综治工作检查组赴恩施市,深入小渡船、舞阳坝、六角亭街道、龙凤镇等地,就社会治安综合治理情况进行检查,至 27 日结束。州、市领导沙玉山、黄波陪同。

12 月 27 日

【1956 年】恩施县第二届人民代表大会第一次会议召开,至翌年 1 月 2 日闭幕,到会代表 350 名。大会宣布改县人民政府为县人民委员会(人大代表会闭会期间,县人民委员会既是行政机关,同时履行人民代表大会常务委员会职能)。作出优先发展农业,在保证粮

食自给有余的前提下，大力发展多种经营和副业生产；发展地方工业、手工业、交通运输业、国营和合作商业、文教卫生事业；对手工业和小商小贩的社会主义改造3个决议。会议选出县长贾长庚、副县长刘永扬、王明玉、李嘉诲，人民法院院长宫敏以及县人委委员。选出贾长庚、李嘉诲为湖北省第二届人民代表大会代表。

【1984年】红土区漆树坪乡彭家垭村农民张开柏自筹资金购买“661型”大客车1辆，开通恩(施)红(土)客运班车。为恩施市第一位个体客运户。

【2000年】六角亭工商分局被国家工商总局授予“全国工商系统先进工商所(分局)”称号。

【2013年】13时15分，红土乡境内一小轿车(鄂Q9M250)途径红高公路9km+700m处，坠入垂直高度约100米的深沟，致3人死亡，1人重伤。

【2013年】全市学习宣传中共十八届三中全会精神报告会在州文化中心举行。州委党校教授李玉华对党的十八届三中全会精神进行全方位解读。市“四大家”在家领导，各乡镇、街道(办事处)、市直部门主要负责人及部分工商界人士现场聆听报告。

12月28日

【1954年】恩施县第一届人民代表大会第二次会议召开，至31日闭幕。议题为传达全国人民代表大会决议精神，继续贯彻增产节约、全面开展互助合作运动和总结统购统销工作；对市场供应、工商改造工作安排、文化教育事业、地方财政开支、中西医团结等问题进行讨论。会议作出关于传达贯彻全国人民代表大会精神和今冬明春开展以互助合作为中心的增产节约运动两项决议。

【1965年】政协恩施县第五届委员会第一次全委会召开，至31日结闭幕。到会委员64名。会议选举刘兴顺为五届全委会主席，徐成根、苏大章、李嘉诲、黄鹤皋、李巩一、刘厚章为副主席。

【1984年】市公安机局破获一起署名“兵军锐”致信给美国驻华大使馆转台湾敌特机关进行反革命挂钩案。

【1998年】由国家民委、湖北省政府在武昌召开全国民族团结进步表彰大会上，恩施市民委被评为模范集体，市委书记曾祥国被评为模范个人受到表彰。

【2008年】湖北恩施州经济开发区在舞阳坝街道金子坝挂牌成立。为恩施州扩大对外开放、加快发展的又一省级经济开发区。

【2001年】恩施城区防洪工程开工，至2003年底，建成清江姊妹桥至东门黄石大桥两岸防洪堤暨亲水走廊。

【2010 年】州委常委、常务副州长张忠凯，国家发展和改革委员会政研室博士贾民一行，深入全市重点项目建设工地，现场督办廉租房、恩施大峡谷风景区旅游公路等工程建设进度。市领导蔡平等陪同。

【2012 年】中共中央政治局常委、国务院副总理李克强在中共中央书记处书记杨晶及有关部门负责人陪同下至恩施市，深入龙凤镇青堡村茶园沟组、屯堡乡等处，冒雪探访深山农户，进入街边商铺，并召开多个基层座谈会，深入倾听百姓心声，共谋发展之计，至 29 日结束。

12 月 29 日

【1949 年】恩施专署和恩施军政办事处宣布人民币为唯一合法流通货币。人民币始在境内流通。

【2009 年】国家工商行政管理总局发起，中华商标协会主办，中国中学生报承办，市政府和得力集团有限公司协办的"恩施玉露杯"第二届全国中学生商标知识竞赛、地理标志征文系列活动在北京启动。国家工商行政管理总局、中华商标协会、中国中学生报社、市政府、恩施玉露茶产业协会、得力集团等单位负责人、首都 20 余家媒体、部分中学老师及中学生代表等 100 余人参加启动仪式。

【2009 年】恩施市启动"恩施州城历史文化观光一日游"活动。来自州城各媒体记者，景区、旅行社、星级宾馆代表现场考察华龙村、文昌祠、施南府古城门、洗马池、古民居和老街等 3 条旅游线路。

【2010 年】州委书记肖旭明深入恩施经济开发区、湖北中烟恩施卷烟厂、湖北金叶烟草恩施复烤厂、弘翔药业、钜鑫工贸、鸥力服饰、惠农农业、锦华纸业等企业，就企业生产经营以及来年发展规划情况调研。州、市领导孔祥恩、谭文骄等陪同。

【2012 年】国土资源部部长徐绍史、省国土资源厅厅长孙亚一行，深入市国土资源局，就基层国土资源部门服务地方经济社会发展、服务人民情况调研。市领导向前进、李国庆、廖泽熙陪同。

【2015 年】市委副书记、代市长苏勇参与指导屯堡乡党委班子"三严三实"专题民主生活会。

12 月 30 日

【1959 年】全省红旗青年观摩团到达恩施，受到 500 余名青年欢迎。

【2004 年】市廉租房建设室内装修完工,入住对象确定。至此,州、市政府承诺为市民兴办的 12 件实事全部兑现。

【2008 年】州城 2 万多名公务员及市民从民族体育场出发,参加州、市实施《全民健身计划纲要》领导委员会联合举办的“全民健身与奥运同行”迎新年万人长跑活动。该活动主题为“我锻炼、我健康,全民健身健康行”。

12 月 31 日

【1950 年】县政府决定对美国在恩施建立的路德会及其医院进行管制。1951 年 1 月正式接管。

【1951 年】恩施县抗美援朝捐款达 8.82 万元,名列全专区第一。

【1996 年】日本株式会社木下食品有限公司滨川到白果区油竹坪租种荒山 3000 亩,创办魔芋生产基地——中日合资湖北楚业魔芋食品有限公司楚业农庄。

【2010 年】州城“迎新年”环亲水走廊长跑活动举行。州直、市直部门、城区街道等单位干部职工共 2550 人参加该项活动。州、市领导马春菊、吴红娅、杜成明、李国庆等出席。

【2011 年】州城迎新年环凤凰山休闲公园万人长跑暨 2012 年全民健身活动启动仪式在市第一中学体育场举行。州、市领导瞿赫之、马春菊、李春胜、邹炜、洪波、张献宏、金德钧等出席活动。

【2011 年】恩施市“2012 年深圳招商联谊会”在深圳举行。市领导向前进、李国庆、郜志中等出席活动。

【2011 年】市地质灾害防治中心主任文理被国土资源部表彰为“2011 年地质灾害防治优秀群测群防监测员”,并作题为《情系山村千万家》典型发言。全国仅 100 名、湖北省仅 4 名获此殊荣。

【2013 年】全市“万名干部进万村惠万民”活动动员会在市行政服务中心视频会议室召开。市委书记向前进讲话,市长李国庆主持会议,副市长杨洪安作主题报告。市领导王兰英、邹炜、黄永耀、向煦出席会议。嗣后,恩施市集中 4 个月时间,分“政策宣传、兴办实事、检查验收”三个阶段,开展“万名干部进万村惠万民”活动。

今天的历史

——恩施市大事记

附 文

主要资料来源

1.《恩施市志》(1983—2003),恩施市地方志编纂委员会编,湖北人民出版社2011年12月出版。《恩施县志》(清嘉庆·同治版合卷),恩施市地方志编纂委员会刊印,湖北人民出版社2014年5月出版。《恩施县志》(1840—1982),恩施市地方志编纂委员会修订,湖北人民出版社2015年8月出版。

2.《恩施州志》(1840—1985),鄂西土家族苗族自治州地方志编纂委员会编,湖北人民出版社1998年12月出版。《恩施州志》(1983—2003),恩施土家族苗族自治州地方志编纂委员会编,湖北人民出版社2013年7月出版。

3.《施南府志》,清道光十七年(1837)丁酉版(校注本)。《施南府志续编》,清光绪十年(1884)甲申版(校注本)。

4.《湖北省恩施县地名志》,恩施县地名志编纂办公室编,《鄂西报》社1984年2月出版。

5.《中国共产党恩施市历史》(第一卷),恩施市史志办公室著,中共党史出版社2008年12月出版发行;《中国共产党恩施市历史》(第二卷),中共党史出版社2013年3月出版发行。

6.《中国共产党恩施市组织史资料》(1925.冬—1987.11),中共恩施市委组织部、恩施市史志办公室、恩施市档案局合编,湖北人民出版社1994年1月出版。《组织史资料》(1987.12—1988.12),鄂恩图内〔2001〕字第29号,2001年6月印刷。《组织史资料》(1999.1—2003.12),鄂恩州新出印〔2010〕第004号,2009年12月印刷。《组织史资料》(2004.1—2008.12),恩州新出印〔2012〕第027号,2012年9月印刷。

7.《恩施市公安志》(1908—2010),恩施市公安志编纂委员会编,湖北人民出版社2015年9月出版。

8.《历史恩施》,贺孝贵著,西安出版社2014年2月出版。

9.《恩施市年鉴》(2004—2006),恩施市人民政府主办,恩施市史志办公室编,恩州新出印〔2010〕第020号,2010年8月印刷。《恩施市年鉴》(2007—2010),恩州新出印〔2011〕第027号,2011年8月印刷。《恩施市年鉴》(2011),鄂恩内图字〔2012〕第004号,2012年4月印刷。《恩施市年鉴》(2012),鄂恩内图字〔2013〕第017号,2013年4月印刷。《恩施市年鉴》(2013),〔2014〕鄂省内图字第47号,2014年2月印刷。《恩施市年鉴》(2014),〔2014〕恩内图字第 014 号,2014 年 12 月印刷。《恩施市年鉴》(2015),〔2015〕恩内图字第 014 号,2015 年 12 月印刷。《恩施市年鉴》(2016),〔2016〕恩内图字第 003 号,2016 年 10 月印刷。

10.《铭记历史——恩施市抗战史料馆藏珍品》,恩施市档案局(馆)史志办公室汇编,〔2015〕恩图内字第 103 号。2015 年 10 月出版。《中共恩施市简史》,恩施市史志办公室著,2001 年 9 月出版。《恩施市五十年大事记》(1949—1999),恩施市档案局(馆)史志办公室编,1999 年 10 月出版。《恩施市人大五十年》,恩施市人大常务委员会编,2004 年 4 月出版。《恩施市政协五十年》,政协恩施市委员会编,1999 年 9 月出版。

后 记

当《今天的历史——恩施市大事记》最终付梓印刷时，作为主要承编者，我不由得轻舒了一口长气，八年的辛勤劳动终于结出了丰硕的成果。

我是2009年2月，调任市档案局(馆)长史志办公室主任的。这一期间，正赶上全国第二轮地方志编纂和地方党史编撰这一契机，在组织《恩施市志》(1983—2003)正编地方志编纂与后续的《恩施县志》(清嘉庆·同治版合卷)刊印、《恩施县志》(1840—1982)修订和《中国共产党恩施市历史》第一、二卷编撰以及《恩施市年鉴》各卷编纂的过程中，我就陆陆续续，也是无意间对大事记的内容进行了一些集中的收集和初步的整理。除上述作品外，我还注重对《恩施州志》《施南府志》《恩施市公安志》《中共恩施市简史》《中国共产党恩施市组织史资料》(五卷本)、《恩施市五十年大事记》《恩施市人大五十年》《恩施市政协五十年》以及贺孝贵先生的《历史恩施》的研究，从中吸收了大量的素材，从而形成较为厚重的史志资料。这样，编者遂萌发了编纂一部大事记专著的设想。

2016年5月12日，市人民政府办公室以恩市政办文〔2016〕33号文件形式印发《恩施市贯彻落实〈全国地方志事业发展规划纲要(2015—2020年)〉实施细则的通知》，明确《恩施市大事记》为“十三五”期间全市大型地情资料编纂目录，从政策上取得了项目支撑。同年9月，编者经向组织申请，改任非领导职务，继续留在原单位工作，这无非是为了对史志工作还作一些研究与探讨。这样，按照大事记编纂“广征、精编、严核”原则和“大、要、特、新”标准，编者本着对历史负责的态度，忠于史实，反复论证，着手对原稿进行了一次较为系统而全面的整理、归类。在整理过程中，记录力求真实、客观，材料力求全面、详细，结构力求简便、明晰，语言力求简洁、平实。

《今天的历史——恩施市大事记》上溯唐虞夏商时期即有文字记载之时，下迄2015年即国民经济与社会发展“十二五”时期末，绵延相连数千年。按照详今略古，详近略远，统合古今的修志传统，通过条目式对恩施的经济、政治、文化、社会的大事、要事进行忠实记载。根据国家志书出版规范和方志出版社的要求，正式出版时，将大事记按上、下部合装成籍，一以朝代、年度排列，日期为条目；一以月份、日期排列，年度为条目。可谓将纷繁复杂的历史与浩瀚烦冗的的文献，浓缩于尺幅之间，让人们简明、直接地对恩施历史发展过程有个大概而且清晰地了解。这正是编者的初衷。

《今天的历史——恩施市大事记》的编纂出版，得到了社会各界的关注和支持。其间，特别是王寿襄老先生对通稿进行了全面审定。在此，谨向为编纂出版付出辛勤劳动的各界人士，致以由衷的感谢！但由于时间跨度久远、印证材料缺乏，文史征辨困难，加之编者文学素养和史学修养有限，数千年的大事、要事难免遗漏，恳请读者和方家予以补充与修正。

主　编

2017 年 10 月